La continentalisation du Mexique et du Canada dans l'Amérique du Nord

Les voisins du Voisin

Collection « Inter-National »
dirigée par Denis Rolland,
Joëlle Chassin et Françoise Dekowski

Cette collection a pour vocation de présenter les études les plus récentes sur les institutions, les politiques publiques et les forces politiques et culturelles à l'œuvre aujourd'hui. Au croisement des disciplines juridiques, des sciences politiques, des relations internationales, de l'histoire et de l'anthropologie, elle se propose, dans une perspective pluridisciplinaire, d'éclairer les enjeux de la scène mondiale et européenne.

Série générale (dernières parutions) :

Eric DICHARRY, *Théâtre, résidence d'artiste, médiation et territoire*, 2014.

Catherine DURANDIN et Cécile FOLSCHWEILLER, *Alerte en Europe : la guerre dans les Balkans (1942-1913)*, 2014.

Estelle POIDEVIN, *L'Europe : une affaire intérieure ? Ce qui change en Europe*, 2014.

Juliette MAFFRE, *La légalisation du mariage homosexuel en Argentine*, 2014.

Pierre-Philippe BERSON, *Sous le soleil de Chávez. Enquête sur le Venezuela d'Hugo Chávez*, 2014.

Mathieu CRETTENAND, *Le rôle de la presse dans la construction de la paix, Le cas du conflit basque*, 2014.

Pierre JOURNOUD, *La Guerre de Corée et ses enjeux stratégiques de 1950 à nos jours*, 2014.

Philippe SAUNIER, *Politique de la comptabilité publique*, 2014.

Laurent BORZILLO, *La Bundeswehr. De la pertinence des réformes à l'aune des opérations extérieures*, 2014.

Jean-Yves PARAÏSO, *La perception de la théologie latino-américaine de la libération en République Fédérale d'Allemagne. L'exemple du cercle d'étude « Eglise et libération » (1973-1978)*, 2013.

Edouard BOINET, *Hydropolitique du fleuve Sénégal. Limites et perspectives d'un modèle de coopération*, 2013.

Eric DICHARRY, *L'écologie de l'éducation. Un anthropologue à l'école du bertsularisme en Pays basque*, 2013.

Sébastien BARRERE, *Les Etats-Unis face au franquisme. 1936-1956, la croisée des chemins*, 2013.

Marc PAVE, *La pêche côtière en France (1715-1850). Approche sociale et environnementale*, 2013.

Marianne GUILLEMIN, *Femmes officiers de communication dans l'armée de Terre. Le parcours des combattantes*, 2013.

Ariane LANDUYT & Denis ROLLAND (org.), *Construire l'espace politique européen. Historiographies, politiques et territoires*, 2012.

Julien GYGAX, *Olympisme et guerre froide*, 2012.

Daniel AARÃO et Denis ROLLAND (dir.), *Modernités nationales, modernités importées. Entre Ancien et Nouveau monde (XIXe-XXIe siècle)*, 2012.

Jean-Luc GRANDRIE, avec Nathalie COSTA et Denis ROLLAND, *Les Tréteaux de France, 2001-2011. Récit d'une reconquête théâtrale*, 2012.

Dominique VILLEMOT, *Marc-Aurèle et le gouvernement de soi-même*, 2012.

Danièle HENKY et Michel FABRÉGUET (sous la dir.), *Grandes figures du passé et héros référents dans les représentations de l'Europe contemporaine*, 2012.

María Teresa GUTIERREZ HACES

La continentalisation du Mexique et du Canada dans l'Amérique du Nord

Les voisins du Voisin

Préface de Jean-Michel Lacroix

L'Harmattan

5-7, rue de l'École-Polytechnique ; 75005 Paris
http://www.harmattan.fr
diffusion.harmattan@wanadoo.fr
harmattan1@wanadoo.fr
ISBN : 978-2-343-05516-9
EAN : 9782343055169

À Sebastián, Lupita et Alexander Hiernaux

SOMMAIRE

REMERCIEMENTS

Cet ouvrage est le résultat de nombreuses années de recherche : il ne s'agit pas ici d'en faire une histoire mais plutôt de mettre en évidence que les dettes acquises tout au long de ce processus ne manquent pas d'être profondes.

C'est sans doute au côtoiement régulier du regretté Leopoldo Zea, qui a contribué largement à ma première formation d'historienne et de chercheur, que je dois cette ouverture au monde et cet intérêt pour une vision propre – à partir de l'Amérique latine et pas seulement sur elle –, qu'il a si bien manifesté dans sa pensée latinoaméricaniste et que j'essaie en permanence d'intégrer dans mes travaux.

Je ne peux m'empêcher de penser aussi à ce que je dois à mes études en Belgique, à Louvain, à Anvers et finalement à Paris pour mon doctorat à l'Université Paris III, où j'ai pu assimiler les bases de la formation qui m'ont portée vers l'étude des mécanismes du développement et du sous-développement et de la science politique en général.

Par la suite, mon intégration d'abord à l'Institut de Recherches économiques, puis, pour une courte période au Centre de Recherche sur l'Amérique du Nord de l'Université Nationale Autonome du Mexique (UNAM) m'a offert un cadre stable et créatif de travail. Je tiens particulièrement à remercier les directeurs de cette institution qui m'ont toujours appuyée dans mes recherches et par la suite, dans l'élaboration de cette livre, la tâche professionnelle la plus significative de ma trajectoire académique.

Mais je tiens aussi à souligner l'apport significatif qu'a représenté pour moi le contact avec les chercheurs canadiens : mes très nombreux séjours dans les Universités canadiennes, le travail collectif avec de nombreuses personnes qui m'ont épaulée durant mes séjours, me permettant ainsi de devenir une vraie « canadianiste » au fil des années, ont été le fruit non seulement de mes intérêts personnels, mais aussi le résultat de la capitalisation professionnelle et affective de relations continues avec les chercheurs (et les « chercheures » comme on dit au Québec) canadiens et canadiennes : je tiens donc à remercier tout particulièrement : Stephen Clarkson de l'Université de Toronto, Christian Deblock et Dorval Brunelle de l'Université de Québec à Montreal, Marie Lapointe de l'Université de Laval, Fernand Harvey de l'Institut National de la Recherche Scientifique Urbanisation, Culture et Société, de Québec, Daniel Drache de l'Université de York, Duncan Cameron de l'Université d'Ottawa, Marjorie Cohen de l'Université Simon Fraser, Laura MacDonald de l'Université de Carleton et Bruce Campbell du Canadien Center for Policy Alternatives, avec lesquels j'ai eu l'occasion, au fil des années, de discuter des résultats de mes recherches.

Je tiens aussi à remercier M. Jean Labrie et Brian Long, chargé de la promotion des études canadiennes dans le monde dans le cadre du ministère des Affaires étrangères et Commerce internationaux (MAECI) : leur appui durant de longues années de recherche sur le Canada et particulièrement dans les Archives nationales et les bibliothèques les plus diverses. Finalement, du côté canadien, je tiens à mettre en évidence, les excellents rapports d'amitié tissés avec les collègues de Conseil International d'Études Canadiennes (CIEC), qui ont aussi partagé avec moi une vision du Canada depuis l'extérieur ; spécialement Jean-Michel Lacroix, professeur à l´Université de Paris III-Sorbonne nouvelle (Institut du Monde anglophone), qui pendant des années, a encouragé les études canadiennes en France.

Du côté européen, je tiens à exprimer mes remerciements au soutien illimité et à la profonde amitié qu'au fil des ans m'ont offert mes mentors et amis de l´Institut des Hautes Études de l´Amérique Latine : Jean Revel-Mouroz, Polymnia Zagefka, et Jean-Michel Blanquer, ainsi que Alain Joxe de l´École des Hautes Études en Sciences sociales et Martine Azuelos de l´Université de Paris III.

Pour la réalisation de ce travail, j'ai compté en permanence sur l'appui de mon assistante de recherche de longue date, Mme Carmen Uribe, qui m'a patiemment aidée pour la construction des données, la mise en page et dans tellement d'activités importantes pour la recherche qu'il serait trop long de les énumérer ici.

Enfin, je remercie mon fils Sebastián Hiernaux qui m'a accompagnée durant toutes ces années avec son amour, sa patience et sa compréhension tout au long de cette longue et parfois solitaire expérience de recherche ainsi que mes frères et sœurs qui m'ont toujours soutenue dans des circonstances parfois très difficiles. Je tiens aussi à exprimer tout ma reconnaissance et mes remerciements à Daniel qui, au cours des années les plus déterminantes de ma vie, m´a offert avec générosité son soutien et ses conseils dans ma vie professionnelle.

PRÉFACE

Cet ouvrage traite d'un concept majeur et tout à fait pertinent pour les spécialistes des Amériques, celui de continentalisation en Amérique du Nord. Nous disposons ici d'un livre séminal qui approfondit une question essentielle, celle du processus d'intégration en Amérique du Nord mais il est original en ce sens qu'il propose des analyses qui renversent ou questionnent des postulats antérieurs.

Son auteure est mexicaine, spécialiste en questions d'économie politique internationale à l'Institut de Recherches Économiques de l'Université Nationale Autonome du Mexique (UNAM) ; elle est aussi très avertie des réalités canadiennes. Pendant de nombreuses années, elle s'est activement engagée dans les organisations scientifiques de canadianistes aux niveaux national et international. Maria Teresa Gutierrez est donc parfaitement qualifiée pour traiter du Mexique et du Canada. Il n'est pas si évident de trouver une spécialiste de deux pays qui se sont longtemps ignorés mais qui ont eu à se connaître (c'est tout le sens du « voisinage interféré »), une fois dépassée la période de l'atlantisme du Canada et de la latino-américanité du Mexique.

Par rapport à l'approche traditionnelle de la géopolitique américaine qui fait des États-Unis la puissance insulaire par excellence, l'idée de continentalisation correspond à un renversement de perspective en orientant les États-Unis vers un ancrage dans son environnement immédiat.

En outre l'analyse qui nous est proposée des relations des États-Unis avec ses deux voisins immédiats n'est plus celle de « voisins invisibles » qui subissent la relation sans l'influencer. La relation nouvelle fonctionne dans les deux sens et elle permet de dégager les points de convergence et d'asymétrie entre le Canada et le Mexique par rapport aux États-Unis. Dans la relation à trois, il est possible de dégager des différences qui ne sont pas univoques mais qui rapprochent deux pays par contraste vis-à-vis du troisième : deux puissances moyennes face à une hyper puissance, deux anciennes colonies anglaises face à une ancienne colonie espagnole mais aussi deux républiques émancipées et soudées par une histoire de l'indépendance face à un Canada plus bipolaire et marqué par son appartenance à l'Empire britannique.

La « continentalisation progressive » est un mouvement géopolitique et macroéconomique descriptif d'un processus de formation, dans le contexte de la mondialisation, d'un ensemble continental plus large que les États-Unis et, sans sous-estimer la portée de l'accord de libre-échange de 1988 entre le Canada et les États-Unis, le moment tournant est l'accord trilatéral de libre-échange de l'Amérique du Nord de 1994. L'ALENA a certainement constitué un élément déclencheur important dans ce ménage à trois et les relations commerciales ont toute leur place dans ce riche travail pluridisciplinaire mais l'économiste est aussi historienne quand elle rappelle avec bonheur l'ancrage dans le passé des partenaires.

Cet ouvrage, novateur par le regard qu'il offre, renouvelle l'approche de l'intégration et vient enrichir les relations internationales des trois pays concernés.

Fort bien documenté, ce livre est le fruit d'une re-écriture distanciée à partir d'une thèse de doctorat, soutenue à l'université Paris 3 Sorbonne nouvelle. En ma qualité de président du jury de soutenance, je puis mesurer l'évolution, la clarification et l'approfondissement d'une réflexion stimulante qui repose sur une documentation souvent inédite et le plus souvent authentifiée par des sources premières.

Recteur Jean-Michel LACROIX
Professeur émérite à la Sorbonne Paris 3

INTRODUCTION

Prétendre écrire une fois de plus sur le caractère des relations entre le Mexique et les États-Unis est une tâche plutôt difficile si l'on prend en compte tout ce qui a été dit et écrit depuis des décennies sur ce thème : le risque de retomber sur des lieux communs est en effet particulièrement imposant. Ne resterait-il donc que des interstices, des morceaux secrets de la relation comme matériau de travail pour les chercheurs ? Certainement pas, car ces relations qui unissent le pays le plus puissant du monde et son voisin du Sud, se sont profondément modifiées au cours des vingt dernières années.

On est loin des discours enflammés du patriotisme officiel du côté mexicain ou des « *gringos go home* » populaires qui entretenaient une sorte de folklore qui ne manquait pas de trouver des échos du côté américain dans le rejet des « greasies » et de la mexicanité en général ainsi que dans les images pitoyables du pays véhiculées par le cinéma hollywoodien par exemple.

Il ne fait aucun doute que c'est l'Accord de libre-échange de l'Amérique du Nord (ALENA) de 1994 qui a modifié le plus profondément les images populaires des deux côtés de la frontière. Mais c'est aussi, et voilà un des thèmes centraux de notre travail, la présence grandissante du Canada, si peu connu au Mexique, sauf comme un territoire lié à l'imaginaire du froid et de l'hiver.

Dans un contexte de nouveaux accords commerciaux, le Canada ayant signé un premier accord avec les États-Unis en 1988 se présente comme un nouveau voisin, mais indirect, le « voisin du voisin », comme nous l'avons affirmé ailleurs. Malgré le manque évident de contacts entre le Mexique et le Canada au cours du XXe siècle, il n'en est pas moins vrai que les deux pays ont dû affronter la présence grandissante des États-Unis au long de leur histoire, présence qui les a obligés à prendre certaines décisions de politique commerciale entre autres, et qui les a mis en face d'une situation concrète : l'impossibilité de ne pas tenir compte de leur destin continental.

Il nous a donc paru indispensable de mettre en évidence cette relation entre les deux voisins territoriaux de l'Empire : non pas comme des relations individuelles présentées de façon séparée, mais plutôt en recherchant systématiquement les points communs ou les divergences, et en les mettant en évidence dans un contexte historique.

Les États-Unis ont investi de nombreuses années avant de voir pleinement construit leur empire : au cours de ce processus, le Mexique et le Canada furent des pièces clés, du fait de leurs richesses territoriales et naturelles, qui n'ont pas manqué d'éveiller l'intérêt expansionniste de leur voisin. Si l'histoire de la cession forcée de la moitié du territoire mexicain aux États-Unis en 1847 est toujours cuisante dans la mémoire historique mexicaine, le souvenir de leur lutte pour défendre leur territoire et ses richesses, dont la faune et les forêts, n'est pas moins présent dans la mémoire des Canadiens, tout comme les multiples essais d'annexion des États-Unis, même avant la guerre de 1813. Tout au long de l'histoire de leurs relations mutuelles avec les États-Unis, tout autant le Mexique que le Canada ont dû repenser leurs relations transatlantiques et se situer dans le contexte territorial évident qui englobait leurs relations : L'Amérique du Nord. C'est pourquoi nous n'avons pas manqué de retrouver, au cours de nos recherches historiques dans les archives publiques des trois pays, des signes évidents d'un certain intérêt des deux pays entre eux, qui n'ont toutefois pas débouché sur une relation significative, stable et continue comme nous le démontrerons tout au long de ce travail.

Aujourd'hui, le Canada et le Mexique affrontent leur relation avec les États-Unis de façon beaucoup plus pragmatique que par le passé ; mais ils ont aussi commencé à comprendre que leur participation conjointe dans un processus de renégociation du voisinage avec les États-Unis les oblige à se comprendre mutuellement, à prendre voix et cause communes dans certains cas et donc à participer à une entente renégociée entre les trois pays qui implique des avantages et des inconvénients.

Objectifs du travail

Ce travail n'est donc pas une présentation séparée des relations du Mexique et du Canada avec les États-Unis, mais avant tout un essai d'envisager la relation de ces deux pays avec le voisin qui les sépare (et les unit aussi en quelque sorte), dans un cadre plus vaste qui permette de mettre en évidence les points communs, les différences, les moments historiques de rapprochement et ceux qui furent marqués par une mésentente : ce cadre plus vaste est la constitution – qu'il faut faire remonter à la construction même des trois pays – d'un processus de continentalisation progressive, qui intègre les pays de l'Amérique du Nord dans un ensemble de plus en plus articulé, capable de jouer un rôle central dans les processus de mondialisation.

Notre travail ne prétend donc pas, nous insistons là-dessus, se centrer sur les États-Unis, ou développer une analyse en parallèle de ces derniers, comme acteur des nouvelles politiques en Amérique du Nord et au niveau mondial. La présence des États-Unis ne sera pourtant pas éliminée, car ce n'est pas rapport à eux, que le Canada et le Mexique sont forcés de se construire pour de nombreuses questions. On analysera donc la relation du Canada et du Mexique envers les États-Unis mais aussi entre eux et cela de façon prioritaire, car ce thème n'a pas été suffisamment abordé dans les deux pays, principalement du fait de leur méconnaissance mutuelle.

Hypothèses

Nous pensons, et c'est un des points essentiels de ce travail, que la continentalisation dont nous donnerons une définition plus avant, est un processus historique dont les premières manifestations remontent à la fondation même des trois pays de l'Amérique du Nord, comme nous venons de le souligner. Cette constatation, qui sera amplement étayée par notre recherche, est centrale dans notre travail : face aux nombreuses voix qui situent les relations actuelles entre les trois pays hors de leur contexte historique et qui en font ainsi un simple résultat positif des accords commerciaux des vingt dernières années, nous posons donc comme hypothèse cette historicité même de la continentalisation. Celle-ci est donc un processus progressif, et non pas le résultat immédiat du volontarisme des gouvernements récents.

La mise en perspective chronologique de la continentalisation, n'est cependant pas suffisante : la pose de jalons historiques pour la comprendre, doit être complétée par une perspective généalogique par laquelle nous avons cherché à démontrer que la continentalisation est loin d'être un concept totalement délimité de prime abord : c'est avant tout à une construction progressive et changeante du concept que l'on assistera. Nous ne pouvons ni ne voulons offrir au lecteur une définition toute faite de la continentalisation dès le point de départ de ce travail : nous préférons montrer comment se sont construites les conditions pour l'imposition progressive de la reconnaissance de la continentalisation comme destin des trois pays, processus qui leur permet et les oblige à repenser leurs relations, au-delà des poncifs et des clichés qui ont jalonné l'histoire de leurs relations.

Pour en revenir à la recherche généalogique sur le terme de continentalisation, il nous faudra mettre en évidence, tout au long du livre, que d'autres perspectives se sont affrontées en permanence à la continentalisation : elles se sont d'ailleurs manifestées, elles aussi, par des concepts relativement peu construits mais amplement utilisés par les politiciens, dont ceux de panaméricanisme, régionalisme, latinoaméricanisme, et même continentalisme. Selon les époques et les contextes politiques, certains pays se sont situés dans une optique particulière, qu'ils ont arborée comme fer de lance de leurs politiques et de leurs engagements au niveau international. Nous reviendrons sur cette comparaison des concepts dans un autre point de cette introduction.

Une autre hypothèse de notre travail est le fait que l'établissement de la continentalisation ne se fait pas dans un contexte d'équilibre entre les trois pays, particulièrement quant aux sphères économique et sociale : nous affirmons donc que le Canada et le Mexique – malgré leurs différences évidentes – se situent dans la semi-périphérie – et que cette condition doit être prise en compte pour comprendre leur relation avec les États-Unis. Toutefois, nous ne pensons pas que le concept de semi-périphérie doive être utilisé comme outil permanent pour comprendre la continentalisation. Nous l'envisageons plutôt comme une situation de fait, un point de départ lié à de nombreux facteurs que nous n'analyserons pas ici, la recherche ne se focalisant pas sur le développement économique de l'Amérique du Nord.

Nous pensons plutôt que c'est à partir de cette situation acquise de semi-périphérie que nous pouvons étendre notre analyse à d'autres champs, dont celui des politiques commerciales, des accords et des divergences politiques, entre autres, qui sont les thèmes centraux de notre travail. Il ne s'agissait donc pas de construire une recherche qui explique la continentalisation à partir de la condition de semi-périphérie des deux pays face aux États-Unis, mais plutôt d'assumer cette condition comme contexte dans lequel s'établissent des relations fortement marquées par des inégalités et même certaines formes de dépendance.

Dans cette ligne, la continentalisation est un concept qui permet de mettre en évidence qu'il y a bien une convergence d'intérêt entre les trois pays, qui se traduit par des prises de position semblables sur de nombreuses questions, sans pour autant que les divergences ne cessent d'affleurer, comme nous le verrons tout particulièrement avec l'application de l'Accord de libre-échange de l'Amérique du Nord (ALENA). Et c'est bien l'un des aspects centraux de ce travail : le fait qu'au-delà des divergences évidentes, des écarts dans le développement économique – écarts parfois insoutenables –, et des mésententes politiques sur des thèmes centraux, dont l'énergie et la migration sud-nord, on assiste progressivement à la mise en place de processus partiels de continentalisation qui induisent une homogénéisation croissante, mais prudente, entre les politiques des trois pays, particulièrement dans le cadre du commerce international.

On en est cependant très loin des mécanismes d'intégration mis au point de façon lente, posée et démocratique par les pays membres de l'Union européenne ; ceux-ci reposent en effet sur une construction institutionnelle remarquable qui n'a pas son pareil en Amérique du Nord. Toutefois, la continentalisation nord-américaine représente un modèle particulièrement intéressant qu'il faut étudier sous toutes ses facettes, en évitant une comparaison permanente avec le modèle européen, qui ne pousserait qu'à en critiquer les mécanismes si on en ignore l'histoire et la généalogie.

La continentalisation : un concept clé

Nous allons maintenant présenter quelques réflexions préliminaires sur le concept de continentalisation en avertissant que bon nombre des points ici traités seront détaillés par la suite dans le travail : nous prétendons donc offrir une première approximation du thème même du livre qui servira de référence pour ancrer les divers chapitres dans un cadre de lecture.

En premier lieu, il faut signaler que ce travail essaie de construire une conceptualisation de la continentalisation qui déconstruit en même temps les approches traditionnelles ; celles-ci ont accordé la priorité à l'analyse des relations bilatérales entre les trois pays, envisagées séparément. Cette perspective qui permet de mettre en évidence certains aspects significatifs des relations internationales, échoue face à une complexité croissante qui ne touche pas seulement les relations binationales, mais qui met aussi en jeu d'autres dimensions de relations multiples, qu'elles soient antagoniques ou de complémentarité.

Pour de nombreux auteurs, l'existence d'éléments culturels extrêmement différents entre le Mexique et le Canada, est une condition suffisante pour éviter la mise à plat des relations entre ceux-ci et du rôle mutuel qu'ils sont capables de jouer dans l'établissement d'un nouveau type de relation qui touche la partie nord du continent américain, relation que nous appellerons désormais « continentalisation ».

Pour pouvoir développer une approche de ce genre, il a été nécessaire d'analyser conjointement les réponses données par le Mexique et le Canada à leur principale contrepartie en Amérique du Nord et à l'échelle mondiale : les États-Unis. En d'autres termes, c'est à partir de la relation mutuelle entre les deux pays et les États-Unis que l'on peut comprendre la constitution de l'espace nord-américain mais aussi, et en complément, sur la base de la constitution de réponses parfois parallèles et en certaines occasions contradictoires offertes par le Canada et le Mexique aux stimulations positives ou négatives introduites par les États-Unis. Dans ce contexte, l'établissement de relations souvent difficiles – « interférées » – comme nous le signalons au chapitre 4, entre les deux pays semi-périphériques, est un élément central à éclairer.

Il ne fait aucun doute que cette approche a rendu l'analyse particulièrement difficile, car il a fallu prendre en compte une vaste littérature en trois langues, souvent basée sur des points de vue historiquement différents, qu'il a été obligatoire de replacer dans leur contexte particulier.

Nous avons ainsi privilégié un certain type de réponse : il s'agit de la politique internationale du commerce de ces pays, dans laquelle s'exprime le mieux à notre avis la façon de résoudre la relation avec les États-Unis. C'est ce qui explique l'accent mis sur ce thème qui est étudié dans les chapitres 2 et 3 du livre, qui se répondent mutuellement dans leur analyse des relations commerciales et politiques, construites progressivement et de façon non linéaire par les deux pays vis-à-vis des États-Unis.

La continentalisation doit aussi être comprise comme un processus de long terme, qui répond aux incitations des États-Unis envers ses deux voisins, incitations qui sont parfois rejetées dans la cadre de visées atlantistes, ou de propositions nationalistes qui visent à se protéger de cette influence grandissante et souvent dangereuse. Mais il n'en est pas moins évident que ce sont aussi ces incitations qui conduisent le Canada et le Mexique à adopter une certaine ligne de politique commerciale internationale qui, à l'heure actuelle, semble bel et bien liée au projet continental des États-Unis.

Le long terme qui caractérise l'imposition progressive de la continentalisation, nous a donc forcée à faire un usage important de sources historiques et, entre autres, à effectuer un travail d'archives considérable pour mettre à jour les documents qui sous-tendent cette dimension historique de la continentalisation dont nous avons fait une hypothèse centrale de cette recherche.

Il y a en effet, de nombreux symptômes d'une présence de bonne heure de concepts voisins à celui de la continentalisation, sans toutefois en être des synonymes : rappelons à ce sujet l'usage de l'expression de « Premier Congrès continental » pour qualifier la réunion qui donnera naissance aux États-Unis. Dans le premier chapitre, nous passerons justement en revue les éléments qui nous font affirmer que la continentalisation est un processus qui trouve ses origines dans la formation même des trois États de l'Amérique du Nord. Toutefois, il reste clair qu'avant la Deuxième Guerre mondiale, on a assisté à une lutte sans merci entre diverses tendances contradictoires, dont l'atlantisme, le nationalisme, etc.

Dans ce contexte, on peut aussi affirmer que la continentalisation naît de la vision que les États-Unis maintiennent de leur propre rôle dans le continent américain : face au « Bolivarisme » qui propose une intégration des pays de l'Amérique latine, les États-Unis se sont hâtés de construire des concepts différents, dont le « Panaméricanisme » qui prétend justifier la touche expansionniste qui marquera toujours sa politique extérieure, mais aussi le « Monroïsme » qui déclare que l'Amérique doit rester dans les mains des Américains, déclaration faite par Monroe (la Doctrine Monroe) et qui permet aux États-Unis de justifier ses visées par rapport aux autres pays de l'Amérique (du Nord et du Sud, soulignons-le) face aux possibles manifestations expansionnistes de l'Angleterre ou de tout autre pays (rappelons à ce sujet que la France a manifesté à plusieurs reprises ses intérêts américains, entre autres par son appui décidé à la malheureuse constitution de l'Empire de Maximilien d'Autriche au Mexique).

Toutefois, l'usage que feront le Canada et le Mexique du terme continentalisation est assez différent de celui qu'en a proposé les États-Unis. Pour sa part, le Canada a utilisé le terme comme un moyen de décrire l'identification progressive de ses élites dominantes avec celles des États-Unis, avec lesquelles elles partageaient non seulement la langue et la culture, mais aussi le besoin de se construire une identité propre face à l'Angleterre et à ses groupes dominants encore très puissants. Le continentalisme, selon les Canadiens, est donc avant tout une réaction face à une obligation d'atlantisme revendiqué par l'Angleterre à laquelle ils ne veulent plus se soumettre.

Le continentalisme vu par les Canadiens est alors un euphémisme utilisé historiquement pour décrire une recherche de plus grande intégration avec les États-Unis, et cela a constitué une force motrice pour le développement du pays.

Le Mexique fera un usage distinct du terme, l'utilisant parfois pour caractériser la situation de l'Amérique latine et sa relation avec ses voisins du Sud, ce pays prendra bien garde de ne pas l'utiliser par rapport aux États-Unis, la continentalisation étant vue comme une menace d'intégration et même d'annexion pure et simple. Le plus fréquemment, sauf dans quelques moments particuliers, le Mexique fera référence à des concepts nationalistes pour contrecarrer les tendances expansionnistes américaines, qui lui paraissaient dissimulées sous la volonté de continentalisation.

Le poids économique des États-Unis est à l'origine du fait que les relations à l'intérieur de l'Amérique du Nord tendent à constituer une certaine forme de régionalisation plus intense que la mondialisation. En quelque sorte, l'ouverture au monde, la participation aux processus globaux qui s'imposent de plus en plus, va se faire, pour le Canada et le Mexique, par l'intermédiaire ou avec l'interférence des États-Unis.

En fait, le Canada et le Mexique doivent d'abord résoudre leur dilemme entre atlantisme et nationalisme versus continentalisation, pour se décider à accepter cette dernière, et c'est à partir de ce moment que les deux pays utiliseront leur politique internationale de commerce et particulièrement les accords commerciaux, pour consolider leur position et faire admettre leur présence dans les sphères internationales. Il faut rappeler à ce sujet que l'entrée de la Grande-Bretagne dans le Marché Commun européen (1973), a rompu en quelque sorte le triangle de l'Amérique du Nord qui l'unissait encore au Canada et aux États-Unis, ce qui renforce évidemment les liens entre ces deux derniers.

Les traits essentiels de la continentalisation sont les suivants :

– elle est produite par les États-Unis mais elle rencontre toutefois un écho dans les réponses de ces voisins. Ceux-ci ne se voient pas imposer des mesures au sens strict, au contraire ils considèrent que la continentalisation est un levier pour garantir leur développement ;

– d'autre part, les États-Unis ont toujours dépendu de leurs voisins quant aux ressources naturelles et humaines, on assiste donc ainsi à une sorte d'interdépendance inégale assumée par les trois parties. Toutefois il faut bien noter que la relation commerciale entre les États-Unis et le Canada est sensiblement plus intense qu'avec le Mexique, mais cette dernière a tendance à augmenter progressivement, en fonction de l'acceptation de la continentalisation par le Mexique ;

– la présence de l'Amérique latine sur l'échiquier américain est particulièrement significative pour le Mexique, qui y a aussi des intérêts économiques majeurs. De ce fait, pour ce dernier la continentalisation n'implique pas une soumission politique totale aux stratégies des États-Unis. Le Canada (qui montre aussi parfois des signes d'indépendance politique) est certainement plus aligné politiquement sur les États-Unis ;

– le Mexique n'a commencé à partager le projet international du Canada et des États-Unis que vers 1986, avec son entrée dans le GATT et par la suite à l'OCDE, ce qui explique un certain retard dans ses mécanismes d'intégration continentale ;

– la frontière est un élément géographique de premier ordre pour comprendre la continentalisation ; l'économie mexicaine n'a commencé sa « marche vers le Nord » que depuis une vingtaine d'années (malgré des jalons antérieurs importants comme le programme de « *maquiladoras* », mais rappelons que ce programme a toujours été considéré comme une politique d'exception). Son centre est encore et toujours Mexico et la Région centrale du Mexique, malgré la croissance récente de l'économie des villes du nord, particulièrement de Monterrey. Le Canada a toujours été une économie de frontière et, de ce fait, la continentalisation a été plus facile, provoquant une forte intégration des entreprises de part et d'autre de la frontière, situation qui émerge depuis peu au Mexique ;

– la frontière Canada-États-Unis est beaucoup plus ouverte que celle du Mexique avec son voisin, entre autres parce que l'immigration clandestine est un élément mineur et que les deux économies ont acquis une certaine articulation stable et équilibrée.

Dans ce sens, l'expression de « régionalisme ouvert » proposée par la CEPAL (Commission économique pour l'Amérique latine) est applicable au contexte de la continentalisation nord-américaine : il s'agit : « *d'un processus croissant d'interdépendance économique dans la région, promu par des accords préférentiels d'intégration et de libéralisation commerciale, renforcé par la proximité géographique* ». De ce fait, l'existence d'un régionalisme ouvert impose la reconsidération des frontières, des articulations territoriales et de la division spatiale du travail entre les entités géographiques en cours d'intégration, ce qui impose une modification radicale des systèmes d'infrastructure qui ont été établis dans des phases antérieures de développement.

Pour résumer, on peut définir la continentalisation, comme *la constitution progressive d'un espace politique et économique qui intègre le Canada, les États-Unis et le Mexique, dans un bloc économique complémentaire,* processus inéluctable qui implique la renégociation graduelle des relations entre pays voisins et de leurs effets sur la base d'une plateforme de discussion politique différente de celle qui avait été utilisée par le passé.

Une définition de cette nature impose donc d'analyser attentivement l'évolution des espaces économiques au niveau international, et pour ce qui nous intéresse dans ce travail, la façon dont se sont construites les politiques internationales de commerce, entre autres via la signature d'accords commerciaux, afin de construire cette interdépendance articulée avec une internationalisation restreinte et calculée entre les trois pays et le reste du monde.

Plan du livre

L´ouvrage est construit en trois grandes parties : la première s'intitule, « la continentalisation comme processus d'institutionnalisation des espaces ». Dans un premier chapitre, nous nous interrogeons sur les racines historiques du développement économique du Mexique et du Canada face à la continentalisation. Il s'agit ici d'examiner deux processus de développement qui, en principe, ont été très différents mais qui, dans la pratique, enseignent que les deux pays se sont vus confrontés aux mêmes débats, un des aspects importants étant la relation avec l'ancienne métropole, l'Espagne pour le Mexique, et l'Angleterre pour le Canada.

Comme chacun sait, les voies de solution ont été différentes car le Mexique n'a pu se construire comme pays qu'après une guerre d'indépendance et une longue période d'instabilité qui ne se termina qu'avec l'ascension au pouvoir de Porfirio Díaz. Pour sa part, le Canada a assumé une relation d'indépendance relative vis-à-vis de la métropole, qui n'est pas encore totalement consumée puisque la reine d'Angleterre est toujours la souveraine de ce pays, mais qui lui a néanmoins permis de consolider avec succès un modèle économique spécifique.

De plus, les deux modèles de développement envisagés durent affronter un expansionnisme croissant des États-Unis, dont le Mexique a fait une cruelle expérience avec la perte de la moitié de son territoire suite à la guerre entre les deux pays.

Le deuxième chapitre est construit autour de la compréhension de la politique économique internationale du Canada. Ce dernier a très vite compris l'importance de bâtir une diplomatie basée sur les relations économiques, du fait des limites imposées par le gouvernement anglais à l'établissement d'une politique extérieure autonome. Avec beaucoup de pragmatisme, les gouvernements canadiens successifs construiront progressivement une politique propre toujours marquée par la présence inévitable des États-Unis, mais aussi par la loyauté envers la mère patrie, l'Angleterre. Nous retracerons les divers moments de cette politique économique, et de la relation qui s'établit progressivement avec un modèle de continentalisation.

La contrepartie de ce deuxième chapitre est le troisième chapitre qui réalise un cheminement similaire pour le cas mexicain. Il est évident qu'après la séparation douloureuse d'avec l'Espagne, les Mexicains se tournèrent vers d'autres partenaires. Nous passerons en revue les premiers accords commerciaux que le Mexique essaya d'établir avec la Grande-Bretagne puis avec les États-Unis durant le XIXe et le début du XXe siècle, et les accords signés dans le contexte de la Seconde Guerre mondiale. Ensuite, nous nous attacherons au mouvement contraire de nationalisme et de défense du Mexique par rapport aux États-Unis, dans un moment fortement marqué par une idéologie tiers-mondiste, qui sera suivi par une nouvelle intégration dans le courant de continentalisation dont les premiers signes précurseurs sont beaucoup plus anciens que ce que l'on a l'habitude de penser.

Une fois établis les parallélismes et les différences dans les histoires économiques et dans la construction progressive des politiques commerciales internationales des deux pays, nous nous centrerons, dans la seconde partie de ce travail sur le thème de la convergence des relations économiques mutuelles. Dans un premier chapitre (chapitre 4) c'est au voisinage interféré des deux pays que nous nous attacherons : nous démontrerons que l'intérêt mutuel que se sont portés les deux pays depuis le dix-neuvième siècle a été littéralement court-circuité par la présence des États-Unis. Malgré cela, comme nous le montrerons dans le texte, les intérêts économiques canadiens ont été présents à plusieurs étapes de la modernisation du Mexique, particulièrement durant le Porfiriat. Une rencontre difficile, qui pourra finalement éclore dans un premier temps avec l'établissement officiel de relations diplomatiques entre les deux pays en 1944 et l'ouverture des ambassades mutuelles, relation qui se renforcera et prendra le cours d'une relation permanente et institutionnalisée sous l'impulsion de l'ALENA, sans pour autant pouvoir se soustraire de l'interférence américaine.

Le chapitre 5 propose une analyse détaillée des conditions et des réactions qui ont marqué la signature de l'Accord de libre-échange entre le Canada et les États-Unis, signé en 1988. Il ne s'agissait pas ici d'analyser en détail les clauses de cet accord, ce qui a déjà été fait par d'autres auteurs et par moi-même dans d'autres contextes, mais plutôt de situer cet accord dans la tendance vers la continentalisation que nous avons démontrée dans les chapitres précédents. Il nous a paru particulièrement intéressant d'expliquer les conditions de la négociation et les difficultés éprouvées par les négociateurs canadiens face à leurs contreparties américaines, comme une bonne représentation des modes de négociation américains, et de la façon d'envisager la relation avec leurs voisins.

Le chapitre 6 offre une analyse similaire de l'ALENA, soit l'accord trilatéral signé en 1994, qui lie maintenant les trois pays dans un processus formalisé de relations commerciales. Dans ce chapitre nous avons décidé de ne pas reprendre non plus les nombreuses interprétations faites autour des contenus, mais plutôt d'essayer de mettre en évidence ce qui pour nous en fait l'essence : quels sont les éléments clés de l'ALENA qui permettent de renforcer notre hypothèse centrale que nous sommes en voie d'une continentalisation *de facto* renforcée par une continentalisation *de jure* ? Une fois encore, la négociation nous apparaît comme un processus révélateur de l'état des forces des trois pays. Nous nous intéressons aussi dans ce chapitre au thème de la réaction de la société civile, qu'il s'agisse des chambres de commerce et des groupements patronaux ou des syndicats, sans oublier les confluences de forces qui se sont constituées *ad hoc* pour s'opposer à la signature de cet accord. Cette analyse a aussi été faite dans le cas canadien pour le traité de 1989, dans le chapitre antérieur, et les deux cas permettent clairement d'affirmer que l'accélération de la continentalisation par la signature des traités a aussi poussé à l'ouverture des sociétés civiles des deux pays, qui se sont retrouvées côte à côte face à un processus très peu démocratique qui les a obligées à apprendre à mieux se connaître et à lutter ensemble.

La troisième partie du livre offre plusieurs analyses de « la continentalisation comme système d'articulation du pouvoir élargi ». Une des questions que l'on peut légitimement se poser par rapport à ce processus d'intégration très particulier que nous nommons « continentalisation », c'est de savoir comment est envisagée à présent la relation avec l'Amérique latine. Si l'on sait que le Canada maintenait des intérêts économiques dans les grands pays d'Amérique latine de longue date, il est évident que le Mexique avait aussi une grande influence dans le Sud et pas moins d'intérêts économiques. Les enjeux de la relation avec l'Amérique latine sont neufs, car ils partent maintenant d'une relation de plus en plus marquée par la présence des États-Unis, mais aussi d'une volonté de multilatéralisme du Canada, qui a démontré un certain succès dans les dernières années.

Dans le cadre de ce passage en revue des dimensions locales qui dérivent de cette continentalisation croissante, nous avons jugé opportun de soumettre à révision un cas très particulier, celui de la province du Québec. Toujours en quête d'une autonomie vis-à-vis du gouvernement fédéral canadien mais aussi d'une reconnaissance internationale, le gouvernement de cette province a commencé depuis longtemps à jouer la carte d'une politique commerciale indépendante qui accompagne et parfois se cache sous une politique de défense de la spécificité culturelle. Face au processus de continentalisation en cours, il est bien évident que le Québec ne pouvait rester les bras croisés : on observe une présence accrue en Amérique latine, dans des domaines souvent différents de par le passé, cherchant ainsi sa propre voie, entre l'interdépendance et la continentalisation.

Le livre se termine par des conclusions générales et la vaste bibliographie que nous avons abondamment consultée et à laquelle nous avons fait référence tout au long du texte.

PREMIÈRE PARTIE

LA CONTINENTALISATION COMME PROCESSUS D'INSTITUTIONNALISATION DES ESPACES

CHAPITRE 1

Racines historiques du développement économique du Mexique et du Canada à la lumière de la continentalisation

Ces dernières années on a assisté à la publication d'un nombre considérable d'essais, d'articles et de livres qui utilisent la notion d'Amérique du Nord comme axe d'analyse.

Même si aujourd'hui c'est un lieu commun de dire que cet engouement est dû à l'accord de libre-échange nord-américain (ALENA), il est indiscutable que l'environnement économique, politique et social créé par l'accord a bouleversé les lignes d'analyse habituelles consacrées aux relations bilatérales des trois pays signataires, et aux aspects précis des binômes Mexique – États-Unis ou Canada – États-Unis.

Ce chapitre voudrait réviser l'analyse traditionnelle qui insiste sur les aspects purement bilatéraux, en étudiant de façon comparative certains événements importants qui expliquent l'orientation prise par la dynamique de développement économique du Mexique et du Canada, et, à un moindre niveau, des États-Unis[1]. Ces événements se sont déroulés bien avant 1986 et 1990, dates qui marquent le début des négociations de l'accord de libre-échange Canada - États-Unis et de l'accord de libre-échange nord-américain.

Au moment où la discussion autour de la création d'une communauté nord-américaine[2] commence à prendre une certaine ampleur et où l'orchestration de l'ALENA entre dans sa phase finale (2004-2013), ouvrant la voie à la création d'une union douanière[3], l'analyse du développement économique passé et présent du Mexique et du Canada semble particulièrement pertinente.

Il est certain que pendant la négociation de l'ALENA, les fonctionnaires des trois pays ont dû mener de front le processus de négociation et l'apprentissage sur le tas des divers problèmes de développement économique de leurs partenaires. Dans ce processus, il est évident que le Mexique et le Canada en savaient suffisamment sur leur associé étasunien, puisqu'il est leur partenaire économique dominant, alors qu'ils ignoraient de nombreux aspects de leurs économies mutuelles.

Même si le thème des asymétries économiques a été officiellement ignoré à la demande expresse des négociateurs mexicains, celles-ci ont été présentes

---

[1] Nous analyserons principalement la façon dont les États-Unis ont influencé le développement économique du Mexique et du Canada mais nous ne ferons pas une étude séparée du développement économique de chacun des pays d'Amérique du Nord.

[2] Pour une étude de ce thème consulter : Pastor, 2002.

[3] Journal Officiel de la Fédération, Canales Clariond, Fernando de Jesus, ministre de l'Économie. *Avis de demande d'explications sur une possible harmonisation des droits de douane de la nation la plus favorisée entre le Mexique, les États-Unis et le Canada et une possible libéralisation des règles d'origine du traité de libre-échange d'Amérique du Nord.*

en permanence et ont influencé l'orientation de la négociation[1]. Paradoxalement, l'équipe mexicaine a revendiqué un traitement égalitaire, se sentant confortée par son entrée récente (1994) dans l'Organisation de Coopération et de Développement économiques (OCDE) comme si, par magie, une telle appartenance pouvait effacer le fait que les relations entre les trois pays étaient et resteront asymétriques.

Les asymétries économiques n'ont donc pas été officiellement prises en considération et aucun mécanisme de compensation n'a été mis en place pour corriger celles pouvant être décelées au Mexique ou au Canada lors de la mise en place de l'ALENA.

Le thème des asymétries économiques en Amérique du Nord est sans aucun doute ce qui explique le mieux le déroulement du processus de développement économique au Mexique, aux États-Unis et au Canada, mais aucune explication sérieuse sur l'origine de ces asymétries n'a encore été formulée.

La prise en considération de ce phénomène nous conduit à analyser dans ce chapitre les principales caractéristiques du développement économique du Mexique et du Canada en cherchant à démêler la complexité des deux processus asymétriques à l'origine desquels on constate la présence de trois pouvoirs hégémoniques : l'Espagne, l'Angleterre et les États-Unis. Ces acteurs ont, au cours de l'histoire, influencé de façon flagrante le caractère contemporain de l'État dans les deux pays.

L'argumentation centrale de notre analyse est que le capitalisme recrée en permanence un nombre considérable d'inégalités qui jouent un rôle essentiel dans l'aspect accumulateur de ce système. Ces inégalités ont fortement influencé le développement économique de ces pays et, en même temps, ont permis l'établissement d'un mode de relation spécifique entre les deux semi-périphéries de l'Amérique du Nord et le Centre étasunien[2].

---

[1] Le concept d'asymétrie a été utilisé par les gouvernements pour rendre compte des différences flagrantes qui existaient entre leurs économies. Il est souvent utilisé par les économistes néo-libéraux car il est plus aseptisé et plus neutre que le concept d'inégalité dont la portée est plus complexe, nous semble-t-il. Dans ce travail, nous utiliserons le terme inégalité tel que nous l'avons défini dans les paragraphes suivants, mais nous utiliserons parfois le terme asymétrie avec la même signification, pour alléger la lecture.

[2] Cette partie de notre analyse repose sur la vision de l'histoire du capitalisme développée par Immanuel Wallerstein (1930), et plus particulièrement le mode d'organisation ou configuration interne du système-monde capitaliste lui-même. Il s'organise autour d'une structure tripartite hiérarchisée, polarisée et inégale qui subdivise ce système-monde en une petite zone centrale, une zone semi-périphérique moyenne et une grande zone périphérique. Il s'agit d'une organisation interne stratifiée en trois ou parfois quatre zones différentes, si l'on inclut dans le schéma les « arènes extérieures » du système-monde. Dans cette configuration, le centre et la périphérie sont les extrêmes opposés, alors que le niveau intermédiaire est appelé « semi-périphérie » parce qu'il est plus riche que la périphérie mais moins que le centre et parce que son développement est moyen économiquement, politiquement et socialement. Cette position différente des pays à l'intérieur du système-monde possède un caractère à la fois changeant et permanent qui fait que, sur quelques dizaines d'années ou parfois sur des périodes plus longues, un pays ou une zone précise est capable de modifier son statut spécifique dans le système et cette position particulière explique aussi le destin historique de chacune des nations ou des espaces dans les cinq derniers siècles (Aguirre, 2003 : 45-46 ; Wallerstein, 1984, 1998a, 1998 b).

En ce sens, pour comprendre le développement économique de ces pays et démêler les raisons de leurs rapprochements et ruptures avec les États-Unis, il est inévitable d'étudier les diverses réponses qu'ils ont données, selon le moment, à la proposition de faire partie du projet de développement économique des États-Unis.

Dans une analyse de cette nature, les critères de choix des variables utiles pour expliquer les différences et les ressemblances du développement économique de ces pays sont innombrables. Nous opterons pour une analyse qui met l'accent sur le caractère périphérique et donc asymétrique du développement économique du Mexique et du Canada et sur le fait que leurs économies sont en permanence sous l'influence de leur voisin étasunien.

1. Antécédents

Le développement économique du Canada s'est fait parallèlement à l'évolution du système capitaliste européen. Cette caractéristique, qu'il partage avec les États-Unis et à un degré moindre avec le Mexique, fait qu'il est dès le départ très lié à deux centres, l'Angleterre d'abord, les États-Unis ensuite, à cause d'une série de circonstances historiques que nous analyserons en détail plus tard. Parmi celles-ci se détache le fait que ces deux puissances ou pays-centres ont été, au fil du temps et chacun à leur tour, l'épitomé du pouvoir capitaliste. Il faudrait ajouter à cela la dimension géographique qui octroie au Canada une position privilégiée aux côtés des États-Unis, situation partagée bien sûr par le Mexique, troisième composante territoriale de l'Amérique du Nord.

D'autre part, on ne peut pas bien comprendre le Mexique si l'on ne tient pas compte du fait que son développement économique a toujours été dépendant de sa relation avec les États-Unis. Contrairement au Canada, dont les références historiques sont l'Angleterre et les États-Unis, à partir de la moitié du XIXe siècle, le Mexique a une référence conceptuelle unique pour expliquer sa propre périphérie : les États-Unis.

La présence de l'Espagne, attache principale pendant la conquête armée et la période coloniale, a indiscutablement été prépondérante au Mexique (1521-1810), mais ce lien avec la péninsule est quasiment rompu par le mouvement d'indépendance qui s'achève en 1821[1].

Le fait qu'un nombre considérable d'habitants des treize colonies d'Amérique du Nord (États-Unis) et des colonies britanniques d'Amérique du Nord (Canada) aient décidé de renoncer à se libérer politiquement de

[1] À cette date, un officier créole, Agustin de Iturbide, profite de sa position à la tête des troupes pour s'unir avec Vicente Guerrero, l'unique insurgé rebelle encore sur le pied de guerre dans le sud. En février 1821, le plan indépendantiste d'Iguala est proclamé et le 27 septembre de la même année, le dernier représentant de la couronne d'Espagne, Don Juan O'Donoju, abandonne le pouvoir. La Nouvelle-Espagne se convertit pour une période éphémère en Empire mexicain (1821-1823).

l'Empire britannique[1], au XVIIIe et au XIXe siècle respectivement, est un élément important pour comprendre les débuts du développement économique des États-Unis et du Canada. Ce comportement n'a pas grand-chose à voir avec l'expérience mexicaine qui rompt avec l'Espagne et devient alors l'objet d'une légende noire qui influence l'historiographie du Mexique et l'imaginaire populaire[2].

Cet aspect est particulièrement important puisque, comme aux États-Unis et au Canada, certains secteurs mexicains – connus comme créoles – plaident, bien qu'ils soient déjà indépendants de la monarchie espagnole, pour le maintien de certaines institutions coloniales monarchiques en échange d'une modification de la politique commerciale de la métropole. Nous reviendrons sur ces problèmes plus tard (Stanley et Stein, 1977 : 166).

Très prudents, les États-Unis précisent dans leur Constitution que « le président des États-Unis n'est pas le roi d'Angleterre », mais, de façon paradoxale, le Mexique établit à deux reprises un gouvernement monarchique alors qu'il est déjà indépendant[3]. Dans ce contexte, il est donc tout à fait significatif que les fondateurs de la Confédération canadienne décident de rester sous la protection politique de l'Empire britannique et qu'en plus ils proposent que le nom de leur nouvelle confédération (1867)

---

[1] Selon les historiens Nevins, Commanger et Robertson, jusqu'en juillet 1776 seule une minorité des colons nord-américains était convaincue que se séparer de l'Empire britannique était un choix judicieux. Probablement plus de la moitié des colons désiraient éviter la séparation politique. Tout au long de la guerre, un tiers des treize colonies s'est toujours opposé à la rébellion et un autre tiers y était indifférent. Par conséquent, ces auteurs estiment qu'il serait plus exact de dire que la révolution, entre 1776 et 1783, a été la lutte d'une minorité pour s'imposer sur le reste des colons et obtenir que le gouvernement britannique reconnaisse leur autonomie politique et économique (Nevins, Commanger, Morris, 1994 : 69 ; Robertson, 1967 : 149). Pour leur part les colonies britanniques d'Amérique du Nord ne sont pas stimulées par leurs voisins étasuniens et n'ont pas envie de faire une autre guerre d'indépendance. Elles sont encore moins intéressées par une annexion à la nouvelle nation. Ces colonies veulent leur autosuffisance à l'intérieur de l'Empire britannique et se protéger des États-Unis qui, pendant la guerre civile (1861-1865), ont exprimé à plusieurs reprises leur projet expansionniste : « Après viendra le Canada ». La constitution du Dominion du Canada en 1867 et leur décision de rester dans l'Empire britannique obéissent en partie à ces raisons (Brown, 1994 : 15, 341-355).

[2] Au Mexique, le sentiment anti-espagnol se développe à la suite du mouvement d'indépendance (1810). Pendant des années, le mot *gachupin* est utilisé de façon péjorative pour désigner une personne d'origine espagnole. À part quelques cas isolés, que nous mentionnerons plus tard, les relations avec la Mère-Patrie pendant les premières années du Mexique indépendant se caractérisent par des tiraillements et de l'hostilité. L'Espagne a attendu de nombreuses années pour reconnaître l'indépendance du Vice-Royaume de la Nouvelle-Espagne et tente à plusieurs reprises de récupérer au moins une partie de ses possessions, en particulier celles qui sont situées au bord de l'océan Atlantique. Pratiquement aucun Espagnol n'est resté au Mexique après la guerre et les créoles, fils d'Espagnols nés au Mexique et détenteurs du pouvoir dans les mines et le commerce, doivent affronter la méfiance de la population indigène et métisse, surtout quand ils deviennent la classe dominante. Entre 1930 et 1940 apparaît un courant nationaliste qui se définit comme anti-espagnol et qui exalte à outrance tout ce qui rappelle le passé indigène. Ce sentiment perdure jusqu'à la guerre civile espagnole, quand le gouvernement du président Lázaro Cárdenas modifie partiellement l'attitude officielle en accueillant les républicains réfugiés de la guerre civile et en rompant les relations diplomatiques avec le général Francisco Franco. Malgré tout, la population conserve un sentiment d'hostilité contre tout ce qui a trait à la mère-patrie.

[3] Le premier empire est celui d'Agustin de Iturbide qui gouverne en 1821 et 1823 comme Empereur du Mexique, le second s'établit grâce à un accord politique entre les conservateurs et Napoléon III qui soutient l'installation d'un gouvernement dirigé par Maximilien d'Autriche (1864-1867) qui terminera son bref règne face à un peloton d'exécution mexicain.

soit Royaume du Canada, proposition vite repoussée par la Couronne Anglaise qui a peur que cela n'envenime ses relations avec les États-Unis (Brown, 1994 : 350-353).

Les études sur la période mentionnée plus haut ont rarement donné de l'importance au fait que, dans toutes ces colonies établies sur le territoire de l'Amérique du Nord, il existe d'importants secteurs sociaux qui considèrent comme excessif d'annuler le lien politique et économique avec les métropoles européennes qui leur ont donné naissance. Pour cette raison, une fois l'indépendance installée, ils insistent pour conserver une grande partie des institutions coloniales[1].

Des trois pays, le Canada est sans doute le plus touché par ce phénomène car, pendant la guerre d'indépendance des États-Unis, un grand nombre d'Anglais royalistes se sont déplacés vers les territoires qui, à l'époque, sont le siège des colonies britanniques d'Amérique du Nord[2]. Ce groupe de fidèles à la couronne anglaise, en s'installant dans ce qui reste du territoire britannique en Amérique du Nord[3], peut conserver ses idées politiques et économiques dans une sorte de serre. Par contre, au Mexique, les groupes aux idées similaires sont actifs à l'intérieur du pays récemment indépendant, formant une tendance contre-révolutionnaire qui influencera profondément le futur développement politique du pays.

Au début de la période indépendante, l'Empire britannique a une présence importante au Mexique, plus importante que celle des États-Unis. Le premier traité de libre-échange que le Mexique signe avec une nation européenne est un accord avec le gouvernement anglais (1825). Lors de la première modernisation économique du pays, pendant la dictature de Porfirio Díaz (1876-1880 et 1884-1911), l'Empire britannique exerce une forte influence sur le pays grâce au commerce, aux investissements directs, surtout dans les mines, et aux emprunts. Quelques années plus tard, lors de la révolution mexicaine (1910), sa puissance économique subit un dur revers et elle reçoit le coup de grâce à partir de 1938, lors de l'expropriation des compagnies pétrolières, des mines, des chemins de fer et de la réforme agraire. Plus la présence économique anglaise diminue, plus celle des États-

[1] Une des œuvres les plus reconnues qui analyse ces aspects est le livre de Lipset, 1990.

[2] Toute personne qui refusait la Déclaration d'Indépendance (1776) et se considérait comme loyale à l'Angleterre était proscrite, et *le tory* était attaqué physiquement. S'il s'enfuyait vers le territoire protégé par les troupes anglaises laissant derrière lui ses biens, ceux-ci étaient immédiatement confisqués. On ne peut pas dire avec précision combien de personnes sont restées fidèles à la Couronne pendant la guerre. Entre 80 000 et 100 000 personnes ont abandonné les colonies rebelles pendant le conflit, ce qui correspond à 2 ou 3 % de la population, alors que la Révolution française (1789) n'avait provoqué l'émigration que de 0,5 % de la population. La majorité des loyalistes cherche asile au Canada et dans les îles des Indes occidentales britanniques. Beaucoup d'entre eux occupaient des postes publics, possédaient des terres, étaient marchands en gros ou religieux anglicans et quakers.

[3] Seymour Martin Lipset affirme : « Les Étasuniens ne le savent pas, mais les Canadiens ne peuvent pas oublier que de la révolution étasunienne ont surgi deux nations et non pas une seule. Les États-Unis sont le pays de la révolution, le Canada de la contre-révolution ». Pour une analyse plus approfondie de ce thème, consultez Lipset, 1990 : 19.

Unis, qui se fixent au Mexique à partir du Porfiriato, augmente. La consolidation de la présence étasunienne intervient de façon décisive à la fin de la Seconde Guerre mondiale.

À partir de cette date, le Mexique se débat entre des essais pour sortir de l'orbite des États-Unis et des tentatives pour y trouver sa place, le plus souvent comme opposant, pratiquement tout le temps comme acteur sur la défensive.

Le Canada passe par des situations analogues, mais il est certain que son rôle au sein de l'orbite étasunienne est plus faible et moins défensif que celui du Mexique.

2. Croître à l'ombre du mercantilisme

Si l'on compare le processus de développement économique du Mexique et celui du Canada, d'un point de vue à la fois économique et historique, il apparaît que les deux pays ont établi les bases de leur croissance économique sur le commerce et les exportations de matières premières et de produits de base. En ce sens, la théorie des *Staples* développée par Harold Innis (1894-1952) au Canada[1], propose des clefs intéressantes pour analyser les origines du développement économique du Mexique.

Bien que les deux pays se soient intégrés à l'économie mondiale en tant que pays coloniaux exportateurs, leurs processus économiques respectifs ne se déroulent pas dans des temps et des espaces similaires. Le Mexique se lance dans le commerce d'outre-mer plus tôt que le Canada : son insertion a lieu pendant la première étape du mercantilisme, quand la valeur économique prépondérante est celle des métaux précieux[2].

[1] La théorie de *Staples* affirme que le rythme et la nature de la croissance économique sont déterminés par les caractéristiques d'un produit (*Staple*) qui est exporté et dont dépend l'économie du pays. La croissance économique est ainsi intimement liée à la demande de *Staples* de la part des économies industrialisées. Innis explique à partir de son travail sur le commerce des peaux au Canada que les caractéristiques économiques du *Staple*, lorsqu'il est exporté, déterminent l'évolution de l'économie canadienne. Selon l'auteur, l'exportation de *Staples* permet la consolidation d'un secteur-clé de l'économie canadienne (Innis, 1956 ; Watkins, 1963 ; Drache, 1995 ; Pomfret, 1989 ; Howlett et Ramesh, 1992 ; Drache et Wallace, 1985).

[2] Le mercantilisme est le nom donné à un groupe d'idées et de pratiques particulièrement caractéristiques de la période 1500 et 1800, pendant laquelle les gouvernements européens ont exploité et commercialisé les minerais pour assurer leur propre unité et leur propre pouvoir, face aux autres États. Le mercantilisme en Angleterre a été moins structuré qu'en France, mais il a été aussi influent. La politique coloniale britannique s'est forgée sur la loi de la terre et les intérêts de la classe des marchands. Le but principal était d'aider les commerçants maritimes en expansion, de les protéger de la concurrence étrangère et de faire la promotion de l'autosuffisance en ressources et produits manufacturés. Pour y parvenir, la clé a été *les Actes de Navigation* de 1651. Les biens produits en Asie, Afrique et Amérique ne pouvaient être importés en Angleterre que dans des bateaux anglais. Les exportateurs européens pouvaient utiliser les bateaux anglais ou ceux de leur propre pays mais, après 1661, les marchandises transportées de cette façon devaient payer des impôts élevés. Le *Staples Act* de 1763 précise qu'aucune marchandise européenne ne peut être acheminée vers les colonies si elle ne provient pas d'Angleterre (Norrie et Owram, 1996 : 18).

Le processus de développement économique du Canada se fait également pendant la période du mercantilisme, mais dans une étape plus tardive et grâce à l'exportation de produits de valeur secondaire, selon les critères établis, comme le poisson, les peaux et le bois principalement.

Sans aucun doute les biens exploitables au Canada sont d'une valeur relativement inférieure à l'écrasante production minière de la Nouvelle-Espagne. Néanmoins, la demande européenne en *staples* prouve que les marchés se créent par l'accumulation de plusieurs demandes, et que les *staples* du Canada comme les métaux précieux de la Nouvelle-Espagne font partie de l'offre coloniale. Au début du processus industriel en Angleterre puis aux États-Unis, le bois, les peaux et le poisson répondent à la demande d'une population en augmentation. Bien sûr, cet échange commercial a lieu, alors que les premiers Européens débarqués sur les côtes de ce qui sera le Canada ont déjà exploré le territoire atlantique de l'Amérique du Nord à la recherche de gisements d'or et d'argent.

En 1543, les premières incursions à Terre-Neuve ont été l'objet d'une grande déception pour Jacques Cartier[1] (Brown, 1994 : 21).

En 1521, Hernán Cortés conquiert le Mexique et sa phrase célèbre : « je suis venu pour trouver de l'or, pas pour cultiver la terre comme un paysan » est une prémonition de ce que sera l'entreprise espagnole en Amérique. La coïncidence entre le projet des conquistadors et la découverte d'une richesse minière inimaginable définit l'avenir du développement économique du Mexique. Peu après, en 1534, Cartier en voyant le territoire du Canada dit : « cette terre ne devrait pas s'appeler Terre Neuve car elle n'est faite que de pierres et roches horribles et rugueuses… je crois plutôt que c'est la terre que Dieu a donné à Caen » (cité in Ray, 1994 : 21).

Presque tous les gouvernements européens ont rêvé de la conquête et de la colonisation des Amériques[2] pour diverses raisons, mais les motifs économiques dominent tous les autres, même les religieux et sont le pilier des efforts expansionnistes.

La caractéristique principale du mercantilisme est l'accumulation de métaux précieux qui servent à acheter des bateaux, des armes, des soldats,

[1] Il est certain que l'or et l'argent sont les métaux précieux les plus appréciés pendant la première période du mercantilisme, surtout à cause de leur valeur monétaire, mais cet aspect doit être envisagé avec précaution car lorsque les progrès du processus capitaliste deviennent évidents, il apparaît clairement que l'on a aussi besoin d'autres métaux comme le fer, l'acier, le cuivre et plus tard l'aluminium, entre beaucoup d'autres. Tous sont des ingrédients indispensables à la fabrication d'un grand nombre de biens durables et de capital indispensables à la révolution industrielle. Avec l'utilisation de la machine à vapeur, la mécanisation de l'agriculture, l'utilisation de transports réfrigérés et la fabrication de clôtures métalliques pour le bétail, la demande d'autres types de métaux a permis l'entrée d'autres pays dans le commerce international. La vision sur la rareté de certaines richesses minérales du Canada change radicalement à partir de 1858 avec la découverte d'or dans la rivière Fraser située sur le territoire de ce qui sera la Colombie-Britannique et plus tard avec la découverte de gisements de pétrole en Alberta, de nickel à Sadbury et finalement avec la production d'aluminium au Québec et en Ontario.

[2] Tout au long de ce texte, le lecteur trouvera l'expression « les Amériques » que j'utilise pour désigner l'Amérique du Nord et l'Amérique latine. Un synonyme de cette expression est « continent américain ».

des biens de consommation et à faire des dépenses somptuaires. Si de nombreuses colonies européennes ne peuvent pas obtenir directement l'or et l'argent, contrairement à ce que fait l'Espagne, il leur est possible de les acquérir par la vente d'autres biens comme les peaux, les textiles, le bois et de nombreux outils de travail.

Au fil du temps, cette forme idyllique de commerce est remplacée par un échange plus violent qui se fait à la « pointe du fusil » : la contrebande et la piraterie se convertissent en une pratique parallèle qui permet d'obtenir les marchandises que les colonies ne produisent pas.

Il existe un échange commercial intense entre les colonies des Amériques et celles des Indes occidentales, mais pour y participer, la Nouvelle-Espagne, « joyau de la couronne espagnole », se retrouve paradoxalement dépendante des Anglais qui contrôlent le commerce européen. En revanche, l'on retrouve dans cet échange des produits en provenance des colonies britanniques d'Amérique du Nord.

De ce fait les colonies espagnoles comme les colonies anglaises y participent, avec une balance des paiements positive, en offrant des matières premières introuvables en Métropole contre toutes sortes de biens manufacturés.

La puissance espagnole est amplement illustrée par l'exemple de la production d'argent en Nouvelle-Espagne[1]. La monnaie mexicaine, connue comme *Ocho Reales ou Real de a Ocho*, est la première monnaie universelle qui circule amplement dans le monde (López Rosado, 1971 : 293-294 ; Rosenzweig, 1965 : 791). Son origine remonte à 1497, lorsque les Rois Catholiques Isabelle et Ferdinand (1474-1504) publient l'ordonnance qui réglemente la frappe de la monnaie et fait du Real l'unité monétaire. À partir de 1572, Philippe II (1556-1598) donne au vice-roi le pouvoir de frapper cette monnaie en utilisant la production d'argent des mines mexicaines. Cette monnaie est connue en anglais sous le nom de *spanish milled dollar o pillar dollar* et circule dans les possessions espagnoles et dans le reste des possessions européennes, principalement en Angleterre (*dollar*), en Allemagne (*saeulen piaster*), en Hollande (*real von achten*) et en Italie (*colonnato*), etc. Pendant plus de trois siècles, le *Real de a Ocho* est le principal produit d'exportation extrait des terres mexicaines. Son rayon d'action comprend l'Amérique du Nord, les Antilles, les Philippines, la Chine, le Japon, l'Indochine, l'Inde et la Malaisie. Pour leur part, l'Angleterre, la France et les États-Unis l'utilisent dans les transactions

---

[1] La partie de l'empire espagnol qui touche les États-Unis est la Nouvelle-Espagne et constitue le vice-royaume le plus riche de la couronne. Vers le sud, son territoire s'étend jusqu'au nord de l'isthme de Panama (Costa Rica), y compris les possessions des Caraïbes. Vers le nord du continent, il comprend les territoires du Nouveau-Mexique, du Texas, de la vieille et de la nouvelle Californie, l'Arizona et le nouveau Santander, le Coahuila et le Nuevo León. Les Îles Philippines font aussi partie de ce vice-royaume à partir de 1565. En 1819, après l'indépendance mexicaine, il arrive jusqu'au 42e parallèle et, au Nord-Est, il touche la Louisiane.

commerciales surtout avec l'Orient. 96,75 % de la monnaie frappée jusqu'au XIXe siècle est en argent et seulement 3,22 % est en or, 0,03 % en cuivre. On comprend alors l'impact économique que l'argent a exercé sur le développement de la Nouvelle-Espagne et du Mexique (Bátiz, 1976 : 14).

Le *spanish dollar* a été pendant 285 ans la monnaie universelle des exportations. La *pieza de a ocho*[1], est connue dans les pays de langue anglaise sous le nom de *dollar*, sans doute parce qu'il a la même taille qu'un *thaler* allemand : cette monnaie est si utilisée qu'elle finit par devenir l'unité monétaire des États-Unis (Robertson, 1967 : 114).

À la fin du XIXe siècle, à cause du surplus d'argent dans certains pays, parmi lesquels les États-Unis, divers mécanismes sont mis au point pour détrôner le *Real de a Ocho* et pénétrer le puissant marché oriental. En 1873, les États-Unis émettent le *Trade Dollar* qui circule jusqu'en 1885 seulement car cette monnaie est impopulaire dans son pays comme en Orient où le *Real de a Ocho,* connu comme le *Mex-dollar*, vaut jusqu'à 30 % de plus que sa valeur en argent et atteint à certaines périodes 80 % de plus que sa valeur métallique. Pendant la première moitié du XIXe siècle, le Mexique produit 57,5 % du total de l'argent mondial (Willem, 1959 : 194).

Tout au long de la période coloniale, le Mexique vit un développement économique continu qui combine les formes mercantilistes de production et de commerce, utilisant des pratiques d'exploitation pré-capitaliste des classes inférieures de la société et particulièrement des communautés indigènes.

Le système colonial espagnol a pour but d'obtenir la plus grande quantité possible de métaux en dépensant le moins possible d'argent provenant de la métropole, mais cela n'est possible que parce que le butin de la conquête en plus de l'argent se compose aussi d'hommes et de terres.

La présence de fortes populations indigènes, possédant avant la conquête une organisation qui les rend utilisables par l'économie coloniale, est fondamentale pour le succès de l'entreprise coloniale (Halperin, 2000 : 19).

Contrairement à ce qui s'est passé aux États-Unis, les indigènes n'ont pas été exterminés par les Espagnols. Ils ne sont pas non plus les fournisseurs et les intermédiaires du commerce des peaux comme au Canada. Ils ont été conquis et donc soumis, christianisés et assimilés à une société mixte sur le plan racial dans laquelle de nombreuses institutions indigènes sont maintenues, parallèlement aux institutions espagnoles. La splendeur et la grandeur de l'organisation indigène que les Espagnols doivent affronter les obligent à une véritable guerre de conquête suivie d'un processus complexe de pacification qui conduit au métissage des deux civilisations.

[1] La monnaie s'appelait *pieza de a ocho* à cause du numéro VIII gravé sur une de ses faces pour indiquer sa valeur de huit *reales*. Dans beaucoup d'endroits des États-Unis et jusqu'au milieu du XXe siècle, on utilisait encore fréquemment les expressions *two bits, four bits et six bits*.

Les Espagnols se mélangent avec les indigènes et ces deux groupes se mélangent également avec les esclaves africains et quelques Asiatiques. Le mélange entre tous ces groupes est monnaie courante dans les coutumes de la Nouvelle-Espagne, mais les Blancs des secteurs les plus riches ne font pas ouvertement partie de cette tendance et sont donc facilement identifiables[1]. Cela donne naissance à une société de classe où chaque groupe (caste en langage colonial) a un statut plus ou moins défini, pris en compte par le gouvernement colonial et l'Église catholique (Vázquez et Meyer, 1982 : 16-17).

Le mélange racial, associé à une politique de reconnaissance de l'égalité de tous les individus que prônent l'Église catholique et la Couronne espagnole, ouvrent le chemin au libéralisme du XIXe siècle et aux lois du Mexique indépendant qui établiront l'égalité juridique pour tous les habitants du futur pays.

Les indigènes sont inclus dans cette réforme légale, ce qui entraîne immédiatement la disparition de leurs privilèges.

Malheureusement, cette mesure juridique n'est pas associée à une politique gouvernementale capable d'en amortir l'impact sur les communautés indigènes qui se retrouvent alors sans défense. La réforme libérale associée à la politique du président Benito Juárez (1858, 1861-1862, 1867-1872) marginalise pour toujours les groupes qui ont vécu sur ce territoire et l'ont dominé jusqu'en 1521[2].

Pendant la période coloniale, avant que le libéralisme ne se convertisse en une idéologie importante du Mexique indépendant, l'indigène reçoit un traitement particulier car il est considéré comme un enfant mineur dans la société de la Nouvelle-Espagne. Cette attention est bafouée à maintes reprises par les secteurs les plus puissants qui considèrent que les indigènes sont légalement soumis à leur autorité[3] et qu'ils peuvent donc disposer de leurs personnes.

L'histoire de cette période est remplie d'exemples qui démontrent qu'à l'intérieur de la structure ecclésiastique et coloniale de la Nouvelle-Espagne, l'attitude envers les communautés indigènes est faite d'un mélange d'injustice, de considération et d'amour.

La force de travail d'origine africaine est relativement peu utilisée en Nouvelle-Espagne en comparaison des États-Unis. Les Africains commencent à être embauchés au XVIe siècle, quand la population indigène

[1] Pendant la deuxième moitié du XVIIIe siècle, à l'apogée des activités économiques, la classe sociale des commerçants et chefs d'entreprise formée en majeure partie de créoles (Blancs nés en Nouvelle-Espagne) prend beaucoup d'importance. Ils deviendront les promoteurs des idées révolutionnaires et indépendantistes de la colonie.

[2] Il est paradoxal de constater que le seul président d'origine indigène (Zapotèque) du Mexique est justement celui qui met en place une série de mesures qui affectent de manière négative et irréversible l'insertion des communautés indigènes dans la structure sociale du Mexique, au milieu du XIXe siècle.

[3] Les conquistadors espagnols et leurs héritiers pouvaient prendre le titre d'*encomenderos*, grâce auquel ils recevaient un lot d'indigènes qui travaillaient comme paysans. Basé sur la terre et le travail des indigènes s'est installé un mode de vie de « seigneur » qui a persisté jusqu'au XIXe siècle en conservant ses caractéristiques d'opulence et de misère.

diminue de façon drastique. Les esclaves noirs seront émancipés[1] avec une relative facilité, pour trois raisons principales : 1) ils ne sont pas la base ni le moteur de l'économie, contrairement à ce qui se passe dans le sud des États-Unis ; 2) parce que les idées calvinistes sur la prédestination n'ont pas cours dans une colonie entièrement christianisée où les discours officiels de l'Église catholique prêchent la résignation, l'acceptation de la place occupée dans la structure coloniale où chacun doit supporter son lot de souffrance (porter sa croix) ; 3) parce que le mélange racial est tellement répandu que les Africains peuvent difficilement déclencher des actions de violence ethnique (Vázquez et Meyer, 1982 : 17).

Vers 1700, la présence espagnole établit un réseau de centres miniers relié à de puissantes régions agricoles et d'élevage qui, à leur tour sont liés à des centres urbains qui servent d'axes d'approvisionnement pour les vivres, les matières premières, les biens de consommation durables et de capital.

Le système commercial colonial est organisé pour exporter en Espagne l'argent et l'or sous forme de lingots. Ceux-ci servent à l'acquisition de biens produits en Europe ou en provenance des colonies anglaises, hollandaises, portugaises et françaises et qui se vendent aussi sur le vieux continent. L'âge d'or de l'Espagne est surtout une époque de conquêtes et de guerres pour défendre son hégémonie face à l'avidité des autres monarchies européennes, en particulier l'Anglaise : c'est l'âge de l'argent et non pas l'âge de l'or (Stanley et Stein, 1977 : 30).

Pendant les premiers deux cents ans, le secteur minier colonial est conçu pour soutenir l'économie de la métropole et la position internationale de l'Espagne. Les centres miniers ont besoin d'une énorme quantité de main d'œuvre indigène qui vit entassée dans des zones proches des mines. Périodiquement, les indigènes sont remplacés car ils rentrent « à moitié morts» dans leurs villages d'origine où l'on recrute de nouveaux bras par ruse. Les statistiques démographiques disponibles de cette période montrent que la population native a rapidement été réduite à sa plus faible expression à cause des maladies attrapées au contact des Européens (variole et maladies vénériennes), du déracinement des familles et des conditions de travail dans les mines.

Les mines créent un marché intérieur puissant et la production de textiles de laine et de coton n'a rien à envier aux produits importés d'Europe. Comme dans beaucoup d'autres cas, la Couronne espagnole applique des mesures draconiennes pour empêcher que les produits coloniaux n'entrent en compétition avec les Européens. L'interdiction de produire de l'huile d'olive et des olives dans les champs de Culhuacán, de planter de la vigne, de

---

[1] L'abolition de l'esclavage a été une revendication récurrente pendant le mouvement indépendantiste. Miguel Hidalgo, héros de l'indépendance, dans sa proclamation du mouvement en 1810, annonce l'abolition de l'esclavage. Plus tard, pendant le Congrès de Chilpancingo (1813), José Maria Morelos « décide d'en finir avec l'esclavage et toutes les distinctions de castes » et en 1829, l'abolition est à nouveau officiellement déclarée (Cockcroft, 2001 : 73 et 84).

produire du vin, et plus tard de cultiver le ver à soie démontre la façon dont les autorités ont tronqué le développement industriel vernaculaire.

Les Anglais comme les Espagnols et les Portugais pillent les ressources naturelles et humaines de leurs colonies et imposent des mesures féroces pour les empêcher de produire et de s'organiser localement. L'innovation est surveillée, contrôlée et souvent anéantie lorsqu'elle représente une concurrence « déloyale » pour le commerce de la métropole.

Entre 1545 et 1610, l'essor minier est un exemple classique d'entreprise privée où les propriétaires des mines, les commerçants et l'état colonial travaillent à l'unisson et se répartissent les bénéfices d'une association basée sur l'exploitation des indigènes.

Malgré la richesse de ses colonies, l'Espagne ne parvient pas à s'engager dans la transition d'un régime économique à caractère féodal vers un système capitaliste : en termes modernes, on peut dire que l'Espagne est au sein de l'Europe une économie sous-développée[1].

Néanmoins, les métaux précieux trouvés en Nouvelle-Espagne représentent environ la moitié de tout ce qui arrive en Europe pendant les XVIe et XVIIe siècles. Ces métaux provoquent à cette époque une terrible inflation, mais ils lancent le processus de développement capitaliste sur le vieux continent et sa plus grande réussite : la révolution industrielle (Jiménez Codinach, 1991 : 206).

L'argent comme les autres richesses est transporté jusqu'au port de Séville pour équilibrer la balance des paiements avec les commerçants français, hollandais, anglais et italiens. La production minière mexicaine finance jusqu'à 90 % des importations consommées en Espagne et dans ses colonies. C'est le prix que la couronne doit payer pour n'avoir pas su créer à temps une bourgeoisie commerciale locale et n'avoir pas développé une production coloniale de produits comme le fer, l'acier, le papier, les tissus et autres biens importés (Stanley et Stein, 1977 : 31-34).

Selon Jiménez Codinach (1991) et les travaux d'historiographie d'Angel Palerm, l'argent est un élément clé dans la formation de l'économie de la Nouvelle-Espagne. Son rôle est très important car c'est l'élément sur lequel repose toute la vie économique : l'agriculture locale, le réseau de transports intérieurs et d'outre-mer, et l'industrie textile principalement. Sa triple fonction de métal précieux, bien commercial et monnaie l'a transformé en produit clé et par conséquent convoité par toutes les puissances européennes de l'époque (Palerm, 1979 : 93-97 ; cité in Jiménez Codinach, 1991 : 205 et 206).

La richesse minière est incomparable, mais il ne faut néanmoins pas oublier l'importance de la production agricole qui alimente la production locale et obtient aussi des excédents pour l'exportation. En plus des espèces traditionnelles de consommation principalement indigène, comme le maïs et

---

[1] Aux XVIIIe et XIXe siècles, l'Espagne passe du statut d'espace semi-périphérique fort à celui d'espace semi-périphérique faible et même franchement périphérique du système-monde (Aguirre, 2003 : 46).

le haricot, apparaissent de nouvelles cultures comme la canne à sucre, la pomme de terre, la vanille, le cacao et la tomate[1], qui avec les produits d'origine animale comme la cochenille et d'origine végétale comme le bois de Campeche ont sucré et épicé la cuisine européenne et teinté de bleu et de carmin les Gobelins et les textiles européens[2].

À la fin du XVIIIe siècle, l'Espagne entame sa décadence et doit défendre ses bateaux marchands sur la route atlantique. Il lui est pratiquement impossible de fermer les frontières de ses colonies aux produits fabriqués par la florissante industrie britannique. Sa richesse minière et derrière elle son pouvoir économique sont insuffisants pour répondre à la demande croissante d'importations.

En même temps, l'organisation politique, militaire et économique des colonies américaines a dépassé les limites de ce qu'elle peut contrôler et soutenir. La mise en place de vastes structures de supervision et de défense, comme la *Casa de Contratación* de Séville, le coût de maintenance des galions, de leurs escortes et d'une bureaucratie coloniale pesante, la spéculation des prêteurs et des commerçants, associée à une pénétration économique incontrôlable des autres puissances européennes, assiègent l'Espagne comme les barbares ont assiégé Rome.

3. Le dilemme : croître ou faire du commerce, à l'intérieur ou hors de la métropole

Jusqu'en 1700, l'Empire britannique est prêt à pénétrer sur le territoire que le reste de l'Europe considère comme la source royale des métaux précieux et des matières premières et comme un vaste marché de consommateurs et fournisseurs de lingots d'or et d'argent.

L'économie anglaise se conjugue avec celles de l'Espagne, du Portugal et de ses propres colonies de différentes façons. Les textiles, d'abord de laine puis de coton, sont transportés en Afrique pour être échangés contre des esclaves. Dans le port de Cadix, ils permettent d'acquérir de l'argent avec lequel on achète les matières premières dont l'Angleterre a besoin pour sa révolution industrielle, pendant que la contrebande anglaise dans les Caraïbes permet de se procurer le bois de Campeche (Stanley et Stein, 1977 : 11).

Toutes ses activités sont fondamentales pour le développement économique de l'Angleterre grâce auquel, à partir de la moitié du XIXe siècle, le commerce international deviendra une réalité du système capitaliste. Cependant, au siècle précédent, la nature politique des acteurs fait de l'échange commercial une puissante activité mercantile dépourvue de

[1] Pendant la période des Médicis, la tomate mexicaine a été utilisée comme plante d'ornement en Italie (pomme d'or) et ce n'est que plus tard que l'on a découvert la valeur culinaire d'un produit qui deviendra irremplaçable dans la cuisine italienne sous le nom de *pomodoro*.

[2] L'argent était très lié à l'agriculture locale, au transport, à la planification urbaine, l'industrie textile, les tendances culturelles et religieuses et il était lié au système économique mondial.

l'universalisme caractéristique du commerce international du milieu du XIXe siècle.

Le commerce fonctionne alors en circuit fermé, l'échange commercial se fait principalement entre les colonies et leur propre métropole, et l'achat des marchandises produites en dehors de ce circuit ne peut se faire qu'à prix fort[1]. En termes strictement économiques, les échanges entre les colonies et les métropoles ne sont pas des mouvements d'import-export, ce sont seulement des échanges intérieurs élargis à l'outre-mer : un outre-mer particulièrement vaste si l'on pense au rayon d'action de l'Empire espagnol ou de l'Empire britannique.

L'indépendance des treize colonies anglaises d'Amérique du Nord (1776-1783)[2] et celle de la Nouvelle-Espagne (1810-1823) obligent à réorganiser le commerce structurellement dépendant de la mère patrie, mais dans ce processus, le Mexique ne bénéficie pas des facilités que les Anglais accordent aux États-Unis.

En 1783, par le traité de Paris, la Grande-Bretagne reconnaît l'indépendance des États-Unis ; malgré les conséquences de ce virage politique, la relation économique et politique n'est pas touchée et les liens continuent à se resserrer sans interruption jusqu'au début du XIXe siècle, quand les États-Unis déclarent la guerre à leur ancienne métropole (1812)[3].

---

[1] L'Espagne fait les premiers pas pour libérer le commerce de ses colonies en 1765, en autorisant qu'elles fassent du commerce entre elles. Puis, en 1788, elle expédie « l'ordonnance ou pragmatique du libre commerce » qui supprime le monopole des commerçants de Cadix et de Séville. En 1796, elle facilite l'accès du marché métropolitain aux commerçants américains et, à la suite de la guerre contre l'Angleterre, accepte que certaines puissances neutres fassent du commerce avec ses possessions américaines. Le changement de la politique espagnole ne signifie pas qu'elle adopte les idées du libre-échange, c'est davantage le résultat de ses difficultés avec les puissances européennes et avec ses colonies américaines (Flores Caballero, 1971 : IX-X).

[2] La publication en 1776 de l'ouvrage d'Adam Smith, *The Wealth of Nations*, coïncide avec la Déclaration de l'Indépendance des États-Unis. Les idées anti–mercantilistes de ce livre ne provoquèrent pas d'effet immédiat sur les idées politiques et économiques dominantes de l'époque. Néanmoins, deux ans plus tard, elles eurent un effet important contre les politiques protectionnistes et le rôle de l'État. Entre 1776 et 1846, les politiques mercantilistes s'érodent et finalement les lois protectionnistes britanniques comme les *Corn laws* sont abrogées. À partir de 1846, l'Empire britannique adopte officiellement le libre-échange ce qui affecte directement ses relations commerciales avec deux pays indépendants, le Mexique et les États-Unis et avec ses colonies en Amérique du Nord (Norrie et Owram, 1996 : 71).

[3] Au début du XIXe siècle, l'affluence d'Étasuniens dans le Haut-Canada est inquiétante. En 1812, les États-Unis déclarent la guerre à la Grande-Bretagne et attaquent le Canada. Le gouvernement des États-Unis mais surtout les Étasuniens fixés dans le Haut-Canada déclarent que « le Haut-Canada est une colonie totalement étasunienne ». Le gouvernement des États-Unis est convaincu « qu'il faut aider le Haut-Canada à se libérer du joug britannique ». Thomas Jefferson pensait que cette conquête serait « une simple promenade ». En 1813, les envahisseurs tentent de couper le Canada en capturant Kingston et en attaquant York (Toronto). Le lac Erié passe sous domination étasunienne pour le reste de la guerre. En 1814, les Anglais et leurs colons d'Amérique du Nord attaquent et incendient la ville de Washington et la Maison-Blanche. La paix est signée en 1814 par le traité de Gant, la démilitarisation des Grands Lacs et la décision de prendre le 49e parallèle comme frontière entre les territoires étasuniens et britanniques se déroulent entre 1817 et 1818 (Brown, 1994 : 234-236). La similitude de cet épisode avec celui de l'annexion du Texas qui commence aussi par une invasion pacifique d'agriculteurs, l'établissement de centres urbains et une campagne orchestrée pour « libérer les colons de l'Empire espagnol » est flagrante.

Au contraire, les Mexicains récemment indépendants sont confrontés à la perte virtuelle de leur principal marché dans une ambiance politique hostile. À l'intransigeance de l'Espagne, il faut ajouter la position des États-Unis qui, ne reconnaissant pas l'indépendance mexicaine, parient que leur isolement international, la faim et leurs querelles internes finiront par les pousser dans leurs bras. Il ne faut pas oublier que l'Espagne met très longtemps avant de reconnaître officiellement l'indépendance de ses colonies américaines. Concrètement, dans le cas du Mexique, elle place ses bateaux face au port de Veracruz et continue à occuper une bande de terre ferme sur la côte, dans l'espoir d'une reconquête.

L'attitude des États-Unis change quand les ambitions des puissances européennes considèrent que l'ostracisme contre le Mexique leur ouvre le chemin pour s'approprier, au moins une partie, du territoire mexicain.

La réponse du gouvernement des États-Unis ne se fait pas attendre et en 1823, la doctrine Monroe[1] déclare : « *aucune puissance européenne ne peut s'imposer dans les nations récemment indépendantes* ». Cette déclaration arrête d'un coup les rêves expansionnistes de certains gouvernements européens. Le Mexique perd l'espoir de récupérer son marché métropolitain et voit sa relation commerciale avec l'Angleterre momentanément bloquée ce qui le pousse à accepter les possibilités apparemment offertes par les États-Unis. L'héritage colonial en Amérique latine et les conditions extérieures avant, pendant et après l'indépendance créent des conflits d'intérêts qui restent sans solution pendant des décennies et qui poussent davantage vers des guerres internes que vers des accords constitutionnels.

Deux faits importants surgissent pratiquement dès le début de la guerre anticoloniale : la résistance aux contrôles économiques transatlantiques et la lutte entre factions pour dominer le gouvernement. La politique coloniale

---

Finalement, dans ce cas, les Étasuniens ont eu plus de chance, les Texans ont obtenu leur indépendance de la Nouvelle-Espagne et ensuite ont fait partie du territoire des États-Unis (1836 et 1846).

[1] En 1823, les troupes de la Sainte-Alliance (Autriche, Russie, Prusse et Angleterre) restaurent par la force le pouvoir absolu en Espagne, et cela ravive les craintes que l'Espagne ne cherche à récupérer ses possessions coloniales. La Grande-Bretagne invite donc les États-Unis à reconnaître officiellement l'indépendance des pays latino-américains et au passage elle déclare inadmissible que celles-ci passent sous la domination d'une autre puissance. La répartition de l'Amérique paraissait chose faite. Alexandre Ier de Russie rappelle ses droits sur la côte nord-ouest de l'Amérique du 51e au 71e. La Grande-Bretagne a toujours les colonies britanniques du Nord et, de fait, est la seule métropole européenne qui conserve en Amérique des territoires voisins avec les États-Unis. Ceux-ci décident donc d'agir pour leur propre compte et le 2 décembre 1823 le président James Monroe explique dans son message annuel ce que la postérité appellera la doctrine Monroe : les États-Unis n'admettront aucune intervention ni colonisation européenne dans les Amériques. Cette déclaration rassure le gouvernement mexicain qui devait encore affronter la présence espagnole dans le fort de San Juan de Ulua, face au port de Veracruz qui était la porte de sortie de toutes les marchandises vers l'Europe. La reconnaissance de l'Indépendance du Mexique était urgente car elle était nécessaire à l'obtention d'un prêt de l'Angleterre pour acheter des armes et des bateaux pour expulser les Espagnols du territoire. Finalement l'Angleterre reconnaît l'indépendance du Mexique (1825) et accorde le prêt, et les États-Unis se dépêchent de nommer Joël R. Poinsett ministre plénipotentiaire devant le gouvernement mexicain. Cette nomination, associée à la doctrine Monroe, tente de devancer les Anglais au Mexique et en Amérique latine et d'affirmer que le continent américain est leur aire naturelle d'influence (Vázquez et Meyer, 1982 : 22).

espagnole qui consistait à gouverner en divisant, poussant un groupe d'intérêt contre un autre, s'écroule en 1810, laissant un héritage de conflits régionaux.

On dit souvent que les mouvements d'indépendance latino-américains veulent en finir avec le monopole de la prise de décisions économiques par la métropole. Peut-être serait-il plus correct de dire qu'une bonne partie de l'élite coloniale veut rester loyale à l'Espagne, profitant de son droit de faire du commerce à la fois avec l'Europe et avec les États-Unis.

Les habitants de la Nouvelle-Espagne ne cherchent pas à détruire la société coloniale, mais à élargir leur accès aux positions lucratives du monopole colonial. Le conflit ouvert surgit quand l'agressivité espagnole répond aux revendications de liberté pour le commerce direct par l'augmentation des forces militaires contre les réformateurs : la seule sortie possible est alors l'insurrection armée.

Certains éléments de l'élite coloniale latino-américaine tentent de rationaliser le système économique à leur profit. Alors que jusqu'en 1793, les États-Unis tirent parti du conflit européen, les colonies espagnoles se sentent frustrées. Leur production de sucre, fourrage, café, cuirs et viande séchée augmente, mais la marine marchande espagnole est bloquée par les navires de guerre anglais omniprésents.

Après l'indépendance, le commerce de la Nouvelle-Espagne est en état de siège car la politique espagnole bloque la création d'une industrie navale dans les colonies et celles-ci n'ont pas suffisamment de moyens de transport pour écouler les produits coloniaux. Les Espagnols refusent de donner des vivres et des produits manufacturés aux colonies et celles-ci ne peuvent donc les obtenir que grâce à une contrebande massive avec les bateaux anglais et nord-américains qui rôdent près de leurs côtes.

Au début de leur mouvement d'indépendance, les États-Unis se sont trouvés dans une situation relativement similaire. Comme nous l'avons déjà souligné, en 1776 de nombreux colons ne désirent pas rompre avec l'Angleterre, mais veulent seulement changer les règles en vigueur. Contrairement à la guerre mexicaine, la guerre ne se prolonge pas pendant des années, et se déroule dans une zone géographique beaucoup plus restreinte : les effets de la lutte armée sont donc moins forts aux États-Unis et les impacts économiques mieux amortis. Il ne faut pas oublier que le territoire des États-Unis n'augmente qu'après 1776 avec la cession des États au gouvernement fédéral (1781-1802), l'achat de la Louisiane (1803) et des Florides (1819), l'annexion du Texas (1845) et un peu plus tard l'appropriation de plus de la moitié du territoire mexicain (1846-1848). Non contents de ses acquisitions, les Étasuniens favorisent l'extension de leur territoire vers l'ouest et achètent l'Alaska (1867). Il faut remarquer que toutes ces annexions sont faites sur le territoire continental de l'Amérique du Nord.

Tableau 1 Expansion territoriale des États-Unis, 1781-1970		
Territoire	*Année*	*Superficie en milles carrés*
Les États cédés à l'Union	1781-1802	370,041
Traité de Paris avec Grande-Bretagne	1783	845,882
Achat de la Louisiane	1803	827,988
Bassin du Fleuve Rouge	1803	46,253
Cédé par l'Espagne	1819	72,102
Annexion du Texas	1845-1846	390,143
Oregon	1846	285,580
Cédé par le Mexique	1848	529,017
Achat du Texas	1850	123,323
Gadsden	1853	29,640
Alaska	1867	586,412
Hawaï	1898	6,450
Philippines	1898	115,600
Puerto Rico	1899	3,435
Guam	1899	212
Samoa	1900	76
Canal de Panama	1904	553
Îles des Vierges	1917	133
Îles Pacifiques	1947	8,489
Surface totale	1970	3,628.066
Territoire des États-Unis avant	1846	2,162.366
Territoire mexicain cédé	1846-1853	10,721.232

Source : United States Bureau of the Census, Historical Statistics of the United States, colonial times to 1970, Washington, 1970, Series 1-2, J 4.

Malgré tout, la guerre de Sécession (1861-1865) revêt les mêmes caractéristiques que les guerres intestines du Mexique : dans les deux cas, l'indépendance vis-à-vis des métropoles n'a pas résolu les différents politiques, économiques et surtout régionaux des nouvelles nations qui cherchent à les résoudre par le biais de la guerre civile.

Des trois pays qui constituent l'Amérique du Nord, le Canada est le seul qui réussit à conserver ses liens avec la métropole, mais le coût politique en est élevé. Il y parvient lorsque la restructuration de sa relation avec l'Empire britannique a lieu en 1867, alors que l'Angleterre a déjà adopté le libre-échange (1846) et signé un accord commercial avec la France (1860).

La création du Dominion Canada[1], et son maintien au sein de l'Empire britannique, n'est pas dû uniquement à l'adoption du libre-échange par les

[1] Après 1783, le nom de Canada doit être utilisé avec une certaine prudence car il désigne plusieurs espaces géographiques. Politiquement, le Canada ne correspond pas à toute l'Amérique du Nord britannique, dénomination qui a cours entre 1776 et 1867. La province du Canada a été créée en 1791 et comprend deux colonies : Haut-*Canada et Bas-Canada.* Après 1840, *l'Acte d'Union* la transforme en *Canada Ouest et Canada Est* : ces deux colonies recouvrent à peu près les provinces actuelles de

deux mères patries qui lui ont donné naissance : la relation avec les États-Unis qui viennent de conclure un Traité de réciprocité commerciale avec l'Angleterre, négocié au nom des colonies d'Amérique du Nord (1854), joue également un rôle.

Des trois pays étudiés, le Canada est probablement celui qui vit de la façon la plus complexe le processus de séparation économique de sa métropole. La période de rupture entre le Mexique et l'Espagne est longue et violente alors qu'au départ les habitants de la Nouvelle-Espagne voulaient prendre leur indépendance de façon amicale et conserver des liens avec les Espagnols. Pour les États-Unis, la rupture se fait par étapes. La phase de dissolution des liens avec la Grande-Bretagne se déroule en deux temps : l'année 1783 marque la reconnaissance officielle de l'indépendance des colonies, mais en 1812 la déclaration de guerre contre l'Angleterre démontre que, 29 ans plus tard, la rupture avec la mère patrie n'est pas totalement consommée et qu'il y a des problèmes en attente qu'apparemment seule la guerre peut résoudre.

Pour le Canada, le processus a lieu des années plus tard, alors que le contexte économique et politique a radicalement changé. L'attitude de la métropole britannique vis-à-vis des colonies qui lui restent repose sur deux points : ses relations avec les colonies doivent avoir le coût le plus bas possible pour ses intérêts politiques et économiques et elles ne doivent pas être une source de conflit ou d'affrontement avec les États-Unis.

En général, le processus de création de la Confédération canadienne passe sous silence les faits qui ont lieu entre 1763 et 1867 et qui démontrent que cette création est difficile car les colonies sont partagées entre les intérêts économiques et politiques qui les lient à la Grande-Bretagne et les liens commerciaux et consanguins qu'ils ont tissés avec les États-Unis pendant leur histoire commune[1].

Cette situation se complique particulièrement après 1776 quand le gouvernement britannique considère que ces colonies doivent remplir une grande partie des fonctions commerciales que les États-Unis assumaient pendant leur période coloniale.

---

l'Ontario et du Québec. À partir de 1867, on crée le Dominion du Canada qui comprend les colonies antérieures, plus la Nouvelle-Écosse et le Nouveau-Brunswick. En 1870, les terres de la baie d'Hudson sont incluses dans le Dominion. La Colombie-Britannique et l'île du Prince-Édouard s'y rattachent en 1871 et 1873 respectivement. Plus tard, les provinces des plaines – Manitoba, Saskatchewan et Alberta – s'y joignent. Ces distinctions se révèlent extrêmement importantes lorsque l'on parle de la création du Dominion Canada qui, plus tard, se compose de ce qui sera le Québec et l'Ontario et deux colonies très éloignées dans la région des Maritimes (Brown, 1994 : 212).

[1] À Londres en 1763, année de la signature du traité de Paris qui fixe l'avenir de la Nouvelle-France, butin de la guerre de Sept Ans entre la France et l'Angleterre (1756-1763) qui se solde par la déroute de la France à la bataille d'Abraham (1759), on discute pour savoir si la Grande-Bretagne va conserver tous les territoires occupés par son armée ou si elle va en rendre. Certains réclamèrent l'île de la Guadeloupe, productrice de canne à sucre, présentant un futur plus lucratif que le froid Canada. Finalement il fut décidé que le Canada, sans la présence française, était stratégiquement important car il mettait fin à la concurrence du commerce des peaux et ouvrait la perspective d'une expansion économique vers l'Ouest (Brown, 1994 : 210).

L'Angleterre va donc appliquer à ses colonies américaines des politiques allant en ce sens, mais elles sont mal accueillies par les colons et servent de détonateurs à d'importantes protestations et rébellions menées par Louis Joseph Papineau (1837).

Un des aspects les plus intéressants de cette période est le mouvement annexionniste qui se développe à Montréal (1849) et qui propose ouvertement l'union territoriale du Bas-Canada et des États-Unis (Cross, 1971 : 9-22).

4. Annexionnisme ou réciprocité commerciale : un débat

Suite aux changements que l'Angleterre impose à ces colonies à partir de 1846, l'avenir des colonies britanniques d'Amérique du Nord devient la question centrale de tous les débats politiques. Divers thèmes s'en dégagent : dans un premier temps, les sujets discutés sont la réciprocité commerciale, l'annexion et l'abolition mutuelle de tous les droits de douane entre les États-Unis et les colonies. Un second niveau de discussion porte sur l'urgence du choix entre l'adoption d'une politique douanière propre ou l'adhésion au libre-échange qui commence à entrer en vigueur en Grande-Bretagne.

En 1846, s'établit à Montréal le *Free Trade Association* dirigé par des commerçants du Bas-Canada. À la même époque se crée le journal *Canadian Economist* qui devient rapidement un des plus importants promoteurs du libre-échange. Ces deux événements mettent le thème de l'annexion au centre du débat.

La dépression économique aux États-Unis et la demande relativement faible de produits canadiens servent d'aiguillon aux commerçants les plus influents des colonies qui considèrent que la politique britannique les a mis dans un état déplorable. Face à la perte de ses avantages commerciaux au sein du commerce impérial, le Canada doit chercher rapidement un substitut. Évidemment, les États-Unis sont la meilleure alternative qui se présente et de la recherche de la réciprocité commerciale à l'annexion politique, il n'y a qu'un pas.

L'annexion est une option qui ne manque pas de logique dans un contexte politique marqué par le passage d'un système mercantiliste fermé à l'adoption du libre-échange. Les commerçants des colonies se sentent privés de la protection de la mère patrie et sont apparemment acculés à chercher dans les États-Unis une autre matrice impériale (Cross, 1971 : 5-9).

Le mouvement annexionniste part du Bas-Canada et particulièrement de Montréal, mais on le retrouve dans le Haut-Canada où est fondée la *British American League* qui organise des conventions : la première a lieu à Kingston et la seconde à Toronto en 1849. En corollaire à ces événements, en octobre de la même année est publié à Montréal l'*Annexation Manifesto*, mais son impact hors de cette ville est limité.

Les soutiens à la proposition annexionniste viennent en majorité des grands chefs d'entreprises qui sont touchés par la fin des préférences britanniques, en particulier ceux qui sont mêlés au commerce du bois, mais le reste de la population n'est pas très convaincu. L'existence de ce mouvement est relativement courte et, finalement, la majorité des habitants des colonies confirment leur fidélité à l'Empire britannique.

Celle-ci est encouragée par la récupération économique des États-Unis (1849-1850) et l'abrogation des Lois de Navigation qui, à partir de 1850, ouvre le fleuve Saint-Laurent à tous les bateaux, ce qui diminue le coût du transport des marchandises canadiennes. D'autre part, la fièvre de l'or en Californie bat son plein et son rayon d'action s'élargit grâce au butin territorial que les États-Unis obtiennent de la guerre contre le Mexique.

Il faudrait ajouter encore d'autres événements en provenance du Mexique : le mouvement annexionniste du Bas-Canada coïncide avec la séparation du Texas (1836) puis son annexion aux États-Unis (1845), suivie de l'échec du mouvement de rattachement du Yucatan au voisin du Nord (1836) et de la guerre entre les deux pays (1846-1848).

Le fait que des idées annexionnistes se développent en même temps au Mexique et dans les colonies britanniques, traduit le fait que le marché étasunien est devenu attrayant pour ses voisins et que des liens commencent à se créer entre les communautés d'affaires des trois pays.

Il est important de noter que l'annexionnisme, tout en étant une tendance d'assez faible amplitude, encourage l'expansionnisme des États-Unis et avec lui le besoin urgent de peupler les territoires récemment acquis et de bâtir des villes dans le Middle West américain, ce qui implique une demande insatiable de bois, de céréales, d'aliments et l'ouverture de nouvelles voies de communication (Cross, 1971 : 12).

En 1850, les idées annexionnistes s'apaisent et à leur place ressurgit l'idée de la réciprocité commerciale, c'est-à-dire de la réduction réciproque des droits de douane appliqués par le Canada aux produits d'un autre pays. Pendant 65 ans (1846-1911), la réciprocité sera le principal objectif de la politique économique internationale du Canada.

L'annexionnisme et la réciprocité, comme nous l'avons dit, ont une origine commune : la dépression économique et le mécontentement généralisé produit par l'abrogation par le Parlement britannique de la loi sur les céréales (*Corn Law*) durant 1846. Jusqu'à cette date, les agriculteurs des colonies ont bénéficié d'un accès préférentiel au marché britannique, mais à partir de 1849 la réduction généralisée des droits de douane impose aux colonies une dynamique de libre concurrence au même titre que n'importe quel autre exportateur étranger. La recherche de préférences commerciales sur le marché étasunien devient alors un objectif politique (Tucker, 1936 : 99-112).

Alors que l'annexionnisme est une proposition principalement issue du Bas-Canada, la réciprocité commerciale trouve ses racines dans le Haut-

Canada. Nous verrons plus tard que l'appui que le reste des colonies apporte à cette idée varie selon les régions.

Aux États-Unis, l'idée de réciprocité commerciale n'est pas très bien accueillie par les membres de l'Union. La proposition d'un traité de réciprocité tombe à un moment politiquement difficile car les États du Sud ne voient pas d'un bon œil un rapprochement avec les colonies britanniques qui pourraient soutenir la cause des États du Nord : en résumé la réciprocité commerciale est perçue comme l'antichambre de l'annexion (Masters, 1932 : 4 ; Tucker, 1936 : 110-111).

La réciprocité commerciale commence à se négocier entre Washington et l'Angleterre en 1847 et n'aboutit à la signature d'un traité qu'en 1854. Cette négociation est particulièrement importante, malgré le faible intérêt que lui portent les États-Unis. Pendant sept ans les intérêts des colonies et surtout ceux de l'Angleterre sont soumis à une très forte pression car, comme nous le verrons plus bas, l'Angleterre dépend elle aussi indirectement du commerce des États-Unis.

5. Entre deux orbites économiques : l'Angleterre et les États-Unis

Au milieu du XIXe siècle, deux événements favorisent ostensiblement les États-Unis dans leur ascension vers le pouvoir commercial. D'une part, les mouvements d'indépendance des diverses colonies espagnoles situées sur tout le continent américain entraînent l'ouverture d'un grand nombre de marchés et l'apparition de nombreux consommateurs pour une grande diversité de produits. D'autre part, après 1783, les circonstances qui président aux relations entre l'Angleterre et les États-Unis font que ces pays vont, du moins au début, fonctionner en symbiose sur le plan commercial.

À partir de cette date, les États-Unis entament un processus d'expansionnisme économique, grâce à une stratégie de pénétration commerciale qui inclut les possessions anglaises comme les possessions espagnoles. Cette entreprise n'aurait pas eu de succès si les États-Unis n'avaient pas possédé leurs propres bateaux. Ceux-ci transportent vers l'Europe le sucre de Cuba, les bois et les teintures d'Amérique centrale, les soies et les épices de l'Orient, mais le plus souvent réexportent les produits manufacturés européens vers les Amériques, particulièrement depuis la Grande-Bretagne. De ce fait, l'Angleterre devient le principal fournisseur de marchandises que les États-Unis réexportent.

Peu à peu, le Mexique devient un consommateur important de ses marchandises réexportées par ses voisins du Nord. Entre 1820 et 1836, les Mexicains achètent les deux cinquièmes des réexportations des États-Unis et tous ces achats sont payés en argent (Jiménez Codinach, 1991 : 197-199).

La relation entre l'Angleterre et les États-Unis n'est pas toujours harmonieuse : à partir de 1797, la jeune nation observe avec méfiance les mouvements de la mère patrie dans les Caraïbes et en Amérique du Sud, particulièrement après l'invasion de Buenos Aires et de Montevideo en 1806-1807. Les Anglais sont également préoccupés par le puissant commerce étasunien dans des secteurs qu'auparavant ils contrôlaient entièrement.

Il est certain que les États-Unis ont amplement profité de leur neutralité dans les guerres menées par les pays européens. Cela leur permet de naviguer à leur guise et de faire du commerce là où cela est interdit pour la France, l'Angleterre ou l'Espagne.

Évidemment, ce qui exaspère le plus les Anglais est qu'en très peu de temps les Étasuniens sont devenus de puissants armateurs sans recourir aux importations anglaises. En 1816, le journal *The Times* déclare que : « les bateaux et tout leur équipement peuvent être fabriqués sans l'aide des pays étrangers. Avec ces outils en mains, les Étasuniens ont grand espoir de disputer le pouvoir naval à la Grande-Bretagne dans un avenir assez proche » (cité in Jiménez Codinach, 1991 : 201).

Aux États-Unis, l'industrialisation conduit à la construction de la nation mais pas de la même façon qu'en Angleterre. Après la guerre de 1812, les Américains commencent un lent mais ferme chemin vers la consolidation du secteur secondaire. En 1860, les États-Unis ont déjà un pouvoir industriel qui défie les positions britanniques, mais pour y arriver ils ont dû affirmer leur pouvoir comme nation, au-delà des intérêts régionaux.

L'ascension économique des États-Unis, et sa croissance territoriale sont en concurrence ouverte avec les tentatives de la Grande-Bretagne pour se positionner aux Amériques. Paradoxalement, le Mexique et le Canada encerclés par cette bataille vont tous les deux choisir, pour affirmer leur indépendance face aux grands pouvoirs et assurer leur développement, la négociation de traités commerciaux même s'ils y perdent en autonomie économique.

6. Échappatoire ou survie : les traités commerciaux

En 1846, *le Britain's Enabling Act* bouleverse toutes les préférences coloniales et, sous la menace du Colonial Office, oblige toutes les colonies à se rassembler dans une même union douanière. Malgré l'insistance britannique, la mise en place d'une zone de libre-échange entre les colonies est quasiment boycottée et, au contraire, les colons insistent pour que l'Angleterre négocie un accord de commerce préférentiel avec les États-Unis (Pomfret, 1989 : 69-73).

Avant que Lord Elgin ne commence la négociation d'un traité, plusieurs initiatives cherchant à établir une relation de réciprocité commerciale avec les États-Unis voient le jour. En 1849, le New Brunswick organise une conférence sur ce thème et, la même année, l'île du Prince-Édouard promulgue une loi autorisant un traité de libre-échange pour toute une liste de marchandises étasuniennes, à condition qu'il y ait réciprocité. En 1850, la Nouvelle-Écosse et le Nouveau-Brunswick prennent une initiative semblable.

Deux ans plus tard se répand la nouvelle que les Étasuniens veulent inclure dans ces accords le libre accès aux eaux territoriales des colonies atlantiques et aux eaux territoriales étasuniennes, ce qui aura pour conséquence de diminuer la compétitivité des pêcheries de Nouvelle-Écosse, du Nouveau-Brunswick et de l'île du Prince-Édouard. Face à cette éventualité, l'option d'un traité de réciprocité incluant toutes les colonies gagne du terrain (Norrie et Owram, 1996 : 181).

Que des colonies politiquement séparées, mais individuellement liées à la Grande-Bretagne, parviennent à un accord de réciprocité commerciale avec une nation indépendante est tout à fait remarquable. Cet antécédent permet d'expliquer pourquoi les provinces canadiennes ont, tout au long de leur histoire, manifesté une grande indépendance dans le maniement de leur politique commerciale internationale, parfois au détriment des intérêts d'autres provinces ou de l'État fédéral.

Entre 1854 et 1866, ces colonies jouissent d'une situation doublement exceptionnelle car elles bénéficient d'un libre accès au marché étasunien grâce au traité commercial et d'une augmentation exceptionnelle de la demande étasunienne à cause de la guerre de Sécession. Cette situation trouve évidemment sa contrepartie au Canada avec le début de la puissance économique des États-Unis et de la dépendance canadienne à son égard (Masters, 1932 : 3-22).

Le traité de 1854 est important pour les deux partenaires, mais pour des raisons différentes. Les colonies veulent assurer l'entrée préférentielle de leurs ressources naturelles sur le marché américain et donc elles poussent fortement l'Angleterre à mener rapidement les négociations. De leur côté, les États-Unis ont des intérêts très spécifiques comme le libre accès aux eaux territoriales des colonies et au fleuve Saint-Laurent. Finalement les deux parties obtiennent ce qu'elles désirent, du moins pendant les dix ans que dure le traité (Cross, 1971 : 14).

Sur le plan économique, la création de la Confédération fait partie du réajustement structurel de l'Empire britannique, qui, parce qu'il a lieu en pleine Révolution industrielle, touche tout le monde atlantique. Cet ajustement, comme nous l'avons déjà dit, commence en 1845 quand le système mercantile britannique commence à s'affaiblir, touchant durement les colonies britanniques d'Amérique du Nord, modifiant sans aucun doute le comportement des colonies, et précipitant la négociation d'un traité commercial ainsi que la création de la Confédération canadienne (Norrie et Owram, 1996 : 171).

Après 1866, l'annulation du traité de réciprocité commerciale oblige les colons à déployer une stratégie ambivalente : d'une part, ils considèrent que leur unification et leur transformation en une entité politique unique devraient attirer l'intérêt économique des États-Unis, mais en même temps ils craignent l'expansionnisme de ce pays qui a déjà donné des preuves de sa voracité au Mexique. Pour cette raison, ils choisissent de rester sous la protection de la Métropole et de prendre le statut de Dominion[1], prolongeant par ce geste leur subordination. Ce n'est qu'en 1931 que le Statut de Westminster les libèrera en douceur de l'Angleterre.

Le traité de réciprocité reflète, pour une bonne part, la position des colonies sur l'utilisation des ressources naturelles. Les articles 1 et 2 offrent un accès réciproque, mis à part quelques exceptions concernant les pêcheries de la côte atlantique de l'Amérique du Nord britannique et des États-Unis, au nord du 36ème parallèle. Certaines variétés comme le saumon sont exclues de la réciprocité, tout comme la pêche en rivière et dans les estuaires et la pêche des crustacés le long des côtes étasuniennes. L'article 3 établit la libre importation réciproque d'une variété considérable de produits qui couvrent pratiquement tout ce que leur secteur primaire peut offrir. Les produits inclus dans le traité représentent environ 90 % du commerce entre les colonies et la frontière des États-Unis[2].

Tableau 2
Valeur totale du commerce entre les États-Unis et les Colonies Britanniques d'Amérique du Nord (millions de dollars)

1850	14,6	1861	44,4
1851	17	1862	39
1852	15,6	1863	45,1
1853	18,9	1864	56,1
1854	32,8	1865	62
1855	42,8	1866	73,3
1856	50,3	1867	46
1857	46,2	1868	50,3
1858	39,3	1869	52,6
1859	47,3	1870	61,6
1860	46,2		

Source : Masters, La Réciprocité 1846-1911, 1933 : 22.

La durée du traité est fixée à dix ans, mais chacune des deux parties peut l'annuler en respectant un préavis de douze mois. C'est ce que font les États-Unis en 1865, et le traité s'achève le 17 mars 1866, année de la fin de la guerre de Sécession.

[1] L'Acte britannique d'Amérique du Nord est approuvé le 29 mars 1867. Dans le préambule, elle est décrite comme « une loi pour l'union du Canada, de la Nouvelle-Écosse, et du Nouveau-Brunswick qui ont exprimé leur désir de s'unir en une fédération dans un Dominion. Une telle union devrait enrichir les provinces et promouvoir leurs intérêts dans l'Empire britannique. Des provisions sont prévues pour une éventuelle acquisition, à l'intérieur de cette union, d'autres parties de l'Amérique du Nord britannique ». Le 1er juillet 1867, le Dominion Canada est officiellement constitué et enregistré comme partie de l'Empire britannique (Norrie et Owram, 1996 : 170).

[2] Pour une liste plus détaillée des produits inclus dans le traité et de ceux qui en sont exclus, il faut consulter Masters, 1932 : 7.

La guerre a coûté au gouvernement des États-Unis plus de deux milliards de dollars par an et les réclamations indirectes à la Grande-Bretagne sont estimées à 4 milliards de dollars.

À la fin du traité de réciprocité de 1854, les États-Unis, se sentant libres de tout compromis avec l'Angleterre, affirment ouvertement que la cession du territoire occupé par les colonies britanniques pourrait constituer l'indemnité compensatoire de son ingérence dans la guerre civile.

Les Britanniques ne peuvent pas laisser faire les Étasuniens comme au Mexique et s'emparer de ce territoire, mais ils affirment que si les colons veulent se charger eux-mêmes de leur avenir, l'orgueil britannique n'en sera pas affecté : ils vont donc promouvoir le mouvement en faveur de la Confédération (Brown, 1994 : 349-350).

Les futurs Canadiens, démontrant leur énorme pragmatisme, oublient l'incident expansionniste des États-Unis et, pendant les deux premières années de vie du Dominion Canada (1867-1879), tous les gouvernements en place chercheront à négocier un nouveau traité avec le voisin du Sud. Cette initiative échoue à plusieurs reprises et, à partir de 1867, cet échec répété renforce la position des secteurs économiques partisans des pratiques commerciales protectionnistes qui seront appliquées plus tard sous le nom de Politique nationale (1879).

L'argument utilisé en faveur du protectionnisme est que le marché interne doit être réservé aux producteurs du Dominion et que la seule façon d'y parvenir est de mettre des barrières douanières suffisamment élevées pour freiner la concurrence étrangère.

7. Troc ou négociation : la reconnaissance de l'indépendance du Mexique et la réciprocité commerciale

Malgré l'anarchie évidente qui règne après l'indépendance, le Mexique devient un espace économique où les rivalités entre la Grande-Bretagne et les États-Unis s'exaspèrent profondément.

L'intérêt britannique ne se limite pas au territoire mexicain et les Anglais sont présents dans tous les pays sud-américains, en Amérique centrale et bien sûr dans les Caraïbes. Cette présence irrite les États-Unis qui considèrent, eux aussi, que le continent américain est une extension naturelle de leur espace vital.

Au milieu du XIXe siècle, les Britanniques proposent de convertir les ex-colonies espagnoles et portugaises en zone d'influence de la livre sterling. Ils pensent utiliser la puissance de vente de produits manufacturés, leur importante flotte marchande et l'implantation du libre-échange, au profit des intérêts britanniques (Meyer, 1991 : 15).

Le Mexique se retrouve donc coincé dans un conflit d'intérêts et tente, avec maladresse, d'en tirer le maximum de profit. Les Britanniques expriment clairement leur désir d'investir au Mexique, particulièrement dans les mines, le commerce, les chemins de fer et le secteur textile, ce qui est formidable pour un pays isolé politiquement et dévasté par une guerre d'indépendance.

Dans la vision britannique, l'économie mexicaine, encore à l'état embryonnaire si on la compare aux économies anglaise et étasunienne, est une montagne de possibilités auxquelles il serait très difficile de renoncer. L'Angleterre est, parmi les puissances européennes, celle qui a le plus besoin de placer son excédent de capital et de produits manufacturés. C'est aussi la première nation présente dans l'espace américain, remplissant le vide que la couronne espagnole a été obligée de laisser.

Entre 1824 et 1825, l'Angleterre vit une période de croissance économique, et elle va créer 624 compagnies pour opérer à l'étranger, parmi lesquelles 46 sont destinées à l'Amérique latine. Les investissements anglais au Mexique se concentrent dans l'acquisition de valeurs et l'exploitation des ressources naturelles, surtout les métaux précieux. En 1824, il se crée six compagnies d'exploitation des mines de métaux précieux : *United Mexican, Anglo-Mexican, Real del Monte, Mexican, Tlalpuxahua et Guanajuato* (Rippy : 17, cité in Ceceña, 1973 : 30).

La Grande-Bretagne renonce à prolonger son Empire formel en Amérique latine après le revers militaire qu'elle subit en voulant occuper la région du Rio de la Plata. Sa stratégie se modifie et elle décide de s'installer de façon informelle dans les réseaux commerciaux, financiers et de transports des pays comme le Mexique puisque cela lui permet de tirer profit de l'Amérique latine sans avoir à en assumer la responsabilité politique contrairement à ce qu'il lui faut encore faire avec ses colonies d'Amérique du Nord (Meyer, 1991 : 16).

C'est pour cette raison que le nom officiel du Mexique est actuellement celui qui fut imposé par les Anglais dans le traité.

Grâce au *Traité de commerce, navigation et amitiés entre les États-Unis du Mexique et sa Majesté le roi de Grande-Bretagne et d'Irlande*, l'Angleterre devient le principal fournisseur du Mexique et le client prioritaire des exportations mexicaines. En 1824, le montant total des importations mexicaines atteint 12,1 millions de pesos dont 7,4 millions (61 %) sont des produits anglais. En 1845, les importations en provenance de Grande-Bretagne atteignent 14,4 millions de pesos contre 2,8 millions venant de France et 2,5 millions des États-Unis. Ces chiffres montrent que l'Angleterre est, durant cette période, le principal fournisseur de produits manufacturés du Mexique. Sa présence économique est encore plus importante dans les investissements indirects, particulièrement après la mise en place de la « dette de Londres » qui consiste en deux grands prêts accordés au gouvernement mexicain entre 1824 et 1825 et dont le montant total est, en 1831, de 5.281.400 livres. Ce chiffre augmente et passe à 14.014.277 livres sterling en 1848 avec les amortissements et les intérêts cumulatifs. En 1867, il faut ajouter à cette somme 3.593.684 livres qui correspondent aux dommages et intérêts réclamés par les citoyens anglais pour les préjudices subis pendant de la guerre expansionniste des États-Unis contre le Mexique (1846-1848) (Nicolau, 1974 : 936, 1005, 1011, 1029 ; Ceceña, 1973 : 30-39).

8. Réciprocité versus Continentalisation

De toute urgence, compte tenu de la quasi-faillite de son économie, le gouvernement mexicain ouvre les portes à l'expansionnisme des États-Unis.

Le traité est signé à Mexico le 5 avril 1831. L'échange des éléments de ratification a lieu un an après et la promulgation de l'accord intervient par décret le premier décembre 1832[1]. Le traité ne sera ratifié par Washington que six ans après sa conclusion, le 5 avril 1832, son contenu devra être révisé au bout de six ans, et sa durée de vie est limitée à 12 ans. Peu de temps après son entrée en vigueur, le Texas se sépare du Mexique (1836) réalisant ainsi le vœu le plus secret du négociateur Poinsett[2]. Douze ans plus tard, lorsque le traité arrive à son terme, deux événements viennent perturber la relation : d'une part, cédant aux pressions étasuniennes, la République du Texas est annexée à ce pays (1845) et d'autre part, les États-Unis déclarent la guerre au Mexique (Zea, 1982 ; Ibarra Bellon, 1998).

Les droits de douane, les investissements étrangers sous leurs deux formes les plus répandues, productive et de portefeuille, jouent un rôle déterminant dans le développement économique du Mexique et du Canada. Les premiers traités commerciaux que ces pays signent avec les États-Unis, en 1831 et 1854 respectivement, ont un point commun : ils sont négociés et signés alors que ni le Mexique ni le Canada ne sont réellement des nations indépendantes.

L'Espagne, comme nous l'avons dit, ne reconnaît l'indépendance du Mexique qu'en 1836. À cette date, les relations des États-Unis avec le Mexique sont franchement mauvaises car celui-ci refuse obstinément de vendre une grande partie du nord de son territoire. Finalement les États-Unis se lancent dans une invasion progressive puis dans une guerre expansionniste.

De son côté, le Canada n'acquiert une personnalité politique définie qu'en 1867 avec la création de la Confédération, mais il est indiscutable que sa transformation en Dominion n'entraîne pas toutes les conséquences désastreuses que les guerres d'indépendance du Mexique et des États-Unis ont eues quelques années auparavant.

Les traités à caractère commercial que nous analysons ici ont des prétentions plus larges que les résultats purement économiques. Ils reflètent les grands événements et les grands changements du XIXe siècle : le

---

[1] Pour plus d'informations, consulter : Secretaría de Relaciones Exteriores, 1999, 83-100.
[2] Le 2 mars 1836 naît la République du Texas. Le 16 février 1846, le Texas est annexé aux États-Unis.

renforcement du commerce international dans une optique franchement capitaliste, l'apogée de l'expansionnisme territorial, la lutte contre les pays qui s'octroient le droit d'intervenir dans la politique internationale en vertu de la « grâce divine[1] » et le combat contre les mouvements libéraux et nationalistes. Ni le Canada, ni le Mexique n'échappent à ces événements et le récit des circonstances dans lesquelles ces traités sont signés est un témoignage éloquent des difficultés qu'ils rencontrent dans leurs tentatives d'acquérir une relative autonomie économique.

La délimitation des frontières continentales, la réglementation de la navigation et la définition des routes commerciales sont, sans aucun doute, les éléments les plus importants que les négociateurs anglais et étasuniens imposent au gouvernement mexicain. Les traités signés avec l'Angleterre d'abord, puis avec les États-Unis ressemblent plutôt à un coup de force pour s'assurer le contrôle de l'espace mexicain que sa position géographique rend très intéressant.

Le Mexique voit dans ses traités un moyen de faire pression sur l'Espagne qui ne se décide pas à retirer ses troupes du port de Veracruz et encore moins à accepter officiellement la perte de ses possessions américaines. Plus ce refus de renoncer se prolonge, plus l'acceptation des exigences anglaises et étasuniennes devient évidente.

Les traités signifient pour le Mexique la promesse d'une modernisation largement désirée qui réunit tous les ingrédients dont il a besoin pour se développer : les chemins de fer, les routes, l'industrialisation, les marchés et les investissements, en somme, tout ce qui peut lui ouvrir l'accès à un véritable développement économique[2].

Le pari du gouvernement mexicain est de freiner le morcellement et la division politique de son territoire, au sud comme au nord du pays, car les gouvernements régionaux refusent d'accepter un gouvernement centralisé (1836). Alors que le gouvernement tire ses revenus des droits de douane sur

---

[1] La Sainte-Alliance considère qu'elle a le droit d'intervenir dans un pays, de l'envahir et de lui déclarer la guerre en vertu de la « grâce divine ». Au départ, cette force est constituée par l'Autriche, la Russie et la Prusse. Peu après le Royaume-Uni se joint à ces pays pour former la Quadruple Alliance (1815). L'appui de l'Angleterre aux révolutions pour l'indépendance en Amérique latine, à la fin de 1830, met un terme à la puissance interne de la Sainte-Alliance.

[2] Entre 1810 et 1876, le Mexique est dans une phase de stagnation économique pour deux raisons. La première est la guerre qui a pratiquement détruit l'industrie minière, anéanti l'agriculture et provoqué une fuite massive des capitaux. La deuxième est la durée du conflit armé qui, pendant onze ans, désarticule la vie du pays et se solde par un million de morts. Le système politique mexicain est pratiquement décapité pendant les cinquante premières années de l'indépendance, et la vie politique est dirigée par plus de cinquante gouvernements et trente présidents différents. En plus des luttes internes, le Mexique subit deux guerres, une contre la France et une autre contre les États-Unis, sans parler des troupes étrangères qui sont fréquemment stationnées devant ses côtes et menacent de l'envahir. En 1820, le Mexique ne possède que trois chemins que l'on peut difficilement qualifier de routes. En 1860, le pays n'a que 24 kilomètres de voies ferrées utilisables. En 1867, 95 % des revenus des douanes qui constituent plus des quatre cinquièmes des revenus de l'État sont hypothéqués pour payer la dette extérieure. Un système de transport précaire, l'instabilité politique et les impôts élevés se lient contre le producteur mexicain dont les coûts de production sont plus élevés que ceux de ses concurrents européens et étasuniens (Hansen, 1971 : 19-21).

les importations et les exportations, les gouvernements locaux appliquent de façon discrétionnaire un impôt supplémentaire sur les transitions commerciales, imposé de façon arbitraire et différente selon la région[1] et connu sous le nom de *alcabala.*

Dans un autre ordre d'idées, le traité de réciprocité commerciale de 1854 n'a pas l'intention explicite de délimiter la frontière Sud des colonies britanniques, son objectif principal est le commerce et le libre accès aux ressources naturelles. Contrairement aux Mexicains du Nord dont la population est dispersée, les colons britanniques et français installés le long d'une grande partie de la frontière des États-Unis forment une sorte de barrière de contention face à d'éventuelles prétentions expansionnistes de leur voisin.

De plus, il ne faut pas oublier que sur cette ligne frontière, il existe une importante vie commerciale stimulée par les relations entre colons et l'on ne peut donc pas se référer à cette zone comme un lieu de vide économique, politique et humain contrairement à certaines portions de la frontière mexicaine considérées comme « terre de personne ».

Néanmoins, ces circonstances ne freinent pas les ambitions des États-Unis, mentionnées dans les négociations entre l'émissaire anglais Lord Elgin et l'Étasunien Marcy, sur les pêcheries des Maritimes et particulièrement sur les côtes de la Nouvelle-Écosse.

Contrairement à ce qui se passe au Mexique où la négociation des traités ressemble plus à une répartition économique et territoriale du Mexique qu'à un arrangement commercial entre nations autonomes, au Canada le traité de 1854 veut donner aux colonies un accès préférentiel au marché étasunien. En échange, les États-Unis obtiennent leur entrée sur un double marché, celui de leurs voisins et celui de leur mère patrie grâce à la préférence impériale. En cela, les colonies sont un pont commercial à double sens entre les États-Unis et l'Angleterre.

Ces deux traités ont une durée de vie limitée. Celui de 1854 ne sera pas prolongé par les États-Unis au-delà des limites fixées : cela leur semble inutile puisque, de toute façon, ils ont accès à presque toutes les matières premières canadiennes. Pour ce qui est du traité avec le Mexique, les véritables intérêts étasuniens, qui se situent au-delà des droits de douane, n'y sont pas inclus et les États-Unis décident donc de prendre, sans besoin d'accord, ce qui réellement les intéresse : le territoire mexicain.

Indépendamment de ces raisons, l'héritage de ces traités est la mise en place d'une relation de longue haleine dans laquelle le Mexique comme le

---

[1] Le cas du Yucatan est un bon exemple de ce problème, car une bonne partie des conflits avec le gouvernement fédéral sont dus aux divergences sur la politique des taxes. Par deux fois, le Yucatan se sépare de la République mexicaine, en 1836 et en 1844, à la suite d'un conflit fiscal. Une affaire similaire est celle du gouverneur du Nuevo León et Cohahuila qui, en 1855, ouvre six nouveaux postes frontières et fixe des droits d'importation qui sont entre 40 et 60 % plus élevés que les droits nationaux établis en 1856. Finalement, le gouverneur du Tamaulipas établit en 1858 une zone de libre-échange sur une partie du territoire qu'il gouverne par laquelle les importations destinées à la consommation locale entrent librement (cité in Riguzzi, 2003 : 70).

Canada fondent ce qui, avec le temps, deviendra une relation de profonde dépendance économique vis-à-vis du marché et des investissements des États-Unis. Pendant des années, après l'abrogation de ces traités, les pays cherchent de différentes manières à rétablir une relation de réciprocité commerciale avec les États-Unis. Le Mexique va négocier d'autres traités avec les États-Unis en 1857, 1859, 1876-1879, 1883-1886, 1909-1911, qui pour toute une série de raisons politiques variées chez les deux partenaires, ne seront jamais approuvés et encore moins ratifiés[1].

Paradoxalement, quand le gouvernement des États-Unis manifeste un véritable intérêt pour une stratégie commune vis-à-vis du Mexique et du Canada, connue sous le nom de « diplomatie du dollar », et veut entamer de nouvelles négociations sur la réciprocité commerciale, les traités sont repoussés, le Mexique (1909-1911) et le Canada (1911) commençant alors à exprimer leur nationalisme antiyankee.

Au Canada, durant cette période, l'investissement étranger ne produit pratiquement pas de réactions chauvines : au contraire, il est toujours bien accueilli, sans discrimination, quelle que soit son origine et sa destination économique au Canada.

Tableau 3
Capital étranger au Canada, 1900-1960

Année	*Direct*	*Portefeuille*	*Total*	*Royaume-Uni*	*États-Unis*
1900			1.2	85	14
1905			1.5	79	19
1910			2.5	77	19
1913			3.7	75	21
1920			4.9	53	44
1926	1.8	4.2	6	44	53
1930	2.4	5.2	7.6	36	61
1939	2.3	4.6	6.9	36	60
1945	2.7	4.4	7.1	25	70
1950	4	4.7	8.7	20	76
1960	12.9	9.4	22.2	15	75

Source : Pomfret, The Economic Development of Canada, 1989 : 62.

On ne peut affirmer la même chose de la politique commerciale qui est une source de conflit permanent avec les États-Unis. En 1867, ces désaccords favorisent la formation de la Confédération des colonies et en

[1] Le traité *Forsyth-Montes de Oca* (1857) n'est pas discuté au Sénat des États-Unis, il est refusé par le président Pierce en 1856 et par son successeur Buchanan en 1857. Le traité *McLane-Ocampo* (1859) est rejeté par le Sénat. Le traité *Grant-Romero* (1883) est approuvé par le Sénat en 1866, mais la chambre des représentants refuse de discuter l'initiative de loi qui le mettrait à exécution. Le traité de réciprocité commerciale (1909-1911) n'est pas accepté par le gouvernement de Porfirio Díaz qui considère que cette proposition est une atteinte aux intérêts nationaux. L'éclatement de la révolution mexicaine empêche ensuite la possibilité d'une deuxième ronde de négociations.

1879 l'adoption de la Politique nationale et la chute du gouvernement du Premier ministre Laurier (1911) qui avait négocié un traité de réciprocité commerciale avec les États-Unis, traité que les Canadiens estiment néfaste. Ils choisissent alors comme leitmotiv de leurs revendications contre le gouvernement : *« No truck nor trade hit the yankees »* (Gutiérrez-Haces, 2002 : 27-30 ; Twomey, 1993 : 44).

Si l'on relie les événements précédents, on peut facilement conclure que les négociations commerciales comme les traités de cette période ont peu de choses en commun car ils concernent deux pays économiquement dissemblables qui maintiennent des relations clairement différentes avec les États-Unis. Néanmoins, une analyse plus détaillée révèle l'existence d'une série d'éléments qui prouvent qu'au moins dans quatre des traités auxquels nous avons fait référence, il existe un système de vases communiquant entre les objectifs que les États-Unis poursuivent au Mexique et au Canada. (Cette affirmation prouve éventuellement que l'asymétrie économique des deux pays n'a pas beaucoup d'importance quand la contrepartie est les États-Unis).

Cela nous conduit à proposer plusieurs hypothèses qui sont apparues implicitement tout au long de ce chapitre.

- La stratégie économique et commerciale des États-Unis vis-à-vis des pays qui forment avec eux l'espace nord-américain a un caractère très homogène. Les résultats clairement différents au Mexique et au Canada peuvent donc s'expliquer par la corrélation entre les forces politiques internes dominantes à un moment donné et le contexte international.
- Puisque ces deux pays ont une relation de dépendance économique avec un pays qui détient l'hégémonie mondiale depuis 1940, leur contexte international est pratiquement réduit à une relation de force avec les États-Unis.
- Les deux extrêmes de la dialectique qui marque les négociations de ces traités et les relations en Amérique du Nord mettent face à face la recherche de la réciprocité commerciale et la continentalisation économique.

Le traité *Forsyth-Montes de Oca* négocié par le Mexique à partir de 1857 et le traité *McLane-Ocampo* de 1859 sont de bons exemples pour étayer ces hypothèses. Au moment de la négociation de nouveaux traités, la coalition internationale des forces avec la fin de la guerre de 1847, la redéfinition de la frontière nord du Mexique et de la relation politique avec les États-Unis (pour un pays militairement vaincu), joue un rôle important. Il faut y ajouter les revendications des sudistes qui influencent beaucoup le contenu des négociations. Celles-ci incluent à nouveau la réciprocité commerciale, mais comportent aussi l'idée de s'assurer de manière exclusive le libre passage par l'isthme de Tehuantepec et d'acquérir plus de territoire au nord du Mexique, dans la péninsule de Basse-Californie et dans l'état du Sonora.

Du point de vue de la coalition interne, le Mexique est un pays qui n'arrive pas à décoller sur le plan économique et politique à cause des luttes intérieures entre les libéraux et les conservateurs. Cette confrontation polarisée est avivée par la France, l'Espagne et l'Angleterre qui, dans un geste clairement interventionniste, appuient le groupe conservateur et menacent militairement d'une invasion armée pour non-paiement.

Face à cette coalition de forces franchement défavorables, la logique voudrait que le gouvernement mexicain refuse de négocier un quelconque traité. Néanmoins, il fait exactement le contraire car les traités représentent la possibilité de maintenir le gouvernement libéral de Comonfort puis de Juárez au pouvoir, de payer les dettes les plus urgentes, de vaincre l'opposition conservatrice et finalement d'obtenir la reconnaissance officielle des États-Unis[1].

Si l'on tient compte du fait que seulement trois ans auparavant se négociait le traité Elgin-Marcy, on peut se demander si le gouvernement des États-Unis n'a pas utilisé une partie de l'expérience acquise lors du traité de 1854 pour les négociations de 1857 et 1859.

Il serait encore plus important de déterminer si Washington suit alors un plan choisi à l'avance pour franchement harmoniser ses intérêts économiques, commerciaux et territoriaux chez ses deux voisins. Si la réponse est oui, nous sommes alors devant le premier indice du projet de continentalisation des États-Unis.

La réciprocité commerciale représente dans les deux cas le fil conducteur qui donne le ton des discussions. Les instructions que le Département d'État donne au négociateur Forsyth indiquent clairement que le contenu, le rythme et les limites des négociations doivent respecter le contenu du traité de 1854 avec la Grande-Bretagne. Le négociateur McLane maintient une attitude similaire lors de la négociation du traité McLane-Ocampo en 1859 (Riguzzi, 2003 : 69).

Les négociateurs étasuniens considèrent les avancées du traité de 1854 comme cadre de référence pour les négociations avec le Mexique, mais il y a néanmoins beaucoup de différences avec ce que les Mexicains et les Canadiens négocient finalement, comme nous pouvons le voir dans le tableau suivant.

---

[1] Par exemple, le traité McLane-Ocampo est négocié après la reconnaissance diplomatique du gouvernement de Juárez par les États-Unis.

Tableau 4 Différences entre les traités Elgin-Marcy, Forsyth-Montes (1857) et McLane-Ocampo (1859)	
Canada 1854	**Mexique 1857 et 1859**
Accès réciproqueue Libéralisation de vingt-huit produits : les matières premières et les produits d'origine agricole et animale	Baisse des droits de douane en échange d'un prêt Libéralisation d'un plus grand nombre de produits que ce qui était prévu dans le traité britannique. Certains produits manufacturés* et des produits agricoles
Exemptions : les produits manufacturés, le saumon. La pêche dans l'estuaire des fleuves. Le traité ne s'applique pas à la côte atlantique au sud du 36° parallèle. La pêche des crustacés est interdite sur la côte des États-Unis. La pêche sur les côtes du Pacifique britannique n'est pas autorisée Comprend tout le territoire des colonies britanniques d'Amérique du Nord	Exemptions : les différents types de coton, particulièrement la cotonnade beige et le sucre (seulement dans le traité de 1857). Ne comprend pas le commerce dans les ports ni sur les côtes du Golfe du Mexique Comprend seulement le commerce de la zone frontière du nord du Mexique avec les États-Unis
Validité : dix ans Niveau préalable d'échange commercial entre les deux pays : faible	Pas de date prévue pour la fin Les produits négociés représentent 90 % du commerce bilatéral

* Les produits manufacturés non artisanaux figurant dans les deux traités sont : maisons en bois, pièces de rechange, matériel de typographie, livres non brochés, machines et appareils, tôles pour les toits, embarcations fluviales, les araires et leurs grilles (Romero, 1896, cité in Riguzzi, 2003 : 70).

Source : Basé sur l'information fournie par Norrie, A History of the Canadian Economy, 1996 : 180-185 ; Pomfret, The Economic Development of Canada, 1989 : 73 et 75-76 ; Riguzi, ¿Reciprocidad Imposible ?, La Política de Comercio entre México y Estados Unidos, 1857-1938, 2003 : 70-72, et Masters, La Réciprocité 1846-1911, 1932 : 7.

Le traité Elgin-Marcy n'a jamais été renouvelé par les États-Unis, et le Dominion du Canada a dû inventer une politique commerciale de rechange à long terme. Il faut tenir compte d'une part de son intérêt croissant pour le marché étasunien et d'autre part de la politique mercantile du gouvernement des États-Unis qui, au fil des années, tend à mélanger l'imposition de droits de douane avec la proposition de réciprocité vis-à-vis de ses partenaires commerciaux.

La mise en place d'une telle politique aurait difficilement pu être menée à bien sans l'intervention de l'État. Une des caractéristiques les plus importantes du développement économique du Canada est que, dès sa fondation, l'État se convertit en un agent de promotion et de défense de l'économie de la Confédération.

Pour y parvenir, il utilise trois stratégies : l'unification politique et commerciale du territoire canadien en créant les voies de chemin de fer, une politique de peuplement des provinces de l'Ouest pour qu'à moyen terme, elles s'unissent aux provinces les plus anciennes de l'Est du territoire, et finalement l'implantation d'une politique douanière nationale (Laux et Molot, 1988 : 44).

Entre 1866 et 1874, le gouvernement fédéral tente au moins à trois reprises de négocier un nouvel accord commercial avec les États-Unis. L'échec répété de ces tentatives est un excellent argument pour les habitants du Dominion qui insistent auprès du Premier ministre MacDonald (1867-1873 et 1878-1891) pour que l'on change les règles du jeu des relations avec le pays voisin. À partir de 1859, ces réclamations permettent l'augmentation des droits de douane et deviennent l'axe de la stratégie commerciale de la Confédération (Gutiérrez-Haces, 2002 : 25-26).

Cette politique rivalise avec celle qui est déjà appliquée par les États-Unis, si bien que pendant une longue période la relation entre les deux pays se développe dans une situation de caractère symbiotique qui combine le protectionnisme avec les concessions, le marchandage et les représailles mutuelles. Après tout, ni le Dominion, ni les États-Unis ne sont véritablement disposés à renoncer totalement au commerce bilatéral. En ce sens, il faut ajouter que l'adoption d'une stratégie d'industrialisation par substitution d'importations se met en place sous la protection de l'économie des États-Unis (Williams, 1987 : 15-40).

Malgré la permanence de la Politique nationale, les gouvernements fédéraux libéraux ou conservateurs établissent une double stratégie. D'une part, ils continuent leurs relations avec ceux qui cherchent à relancer la réciprocité commerciale et en même temps ils cultivent leur relation commerciale avec la Grande-Bretagne. Pour leur part, les Anglais poursuivent leur politique de libre-échange lancée dans les années 1840, alors qu'autour d'eux le protectionnisme se développe. Ce n'est que vers 1920 qu'ils adopteront un système de préférences impériales qui favorise à nouveau les relations économiques avec leurs Dominions et colonies. Néanmoins le mal est fait et le Dominion de Canada est tombé dans les bras des États-Unis (Hart, 1998 : 13).

Si la Politique nationale n'entraîne pas de réponse favorable de la part du gouvernement des États-Unis, elle a un effet considérable sur les investisseurs qui y voient l'occasion rêvée de prendre position directement dans certains secteurs économiques du Canada, en particulier dans celui des ressources naturelles. La perspective de pouvoir produire *in situ*, d'avoir un marché captif de consommateurs et de jouir d'un système d'imposition favorable sont des stimulants importants pour l'émigration du capital étasunien vers le Canada.

La présence étasunienne augmente parallèlement au processus d'industrialisation protectionniste : cela se traduit par de l'investissement direct, mais aussi par des transferts de technologie facilités par la *Canadian Patent Act* de 1872 qui offre des conditions très favorables (Niosi, 1982).

Au début du XXe siècle, la prise de contrôle par l'étranger d'un nombre considérable de compagnies canadiennes et l'établissement de filiales étasuniennes est un fait acquis. Le capital étasunien se place petit à petit dans d'importants segments de l'industrie chimique, électrique et métallurgique (automobiles) (Laux et Molot, 1988 : 46).

En janvier 1910, la chance du gouvernement canadien semble tourner et le Premier ministre libéral Sir Wilfrid Laurier (1896-1911) négocie un accord de réciprocité avec le président Taft. Il instaure le libre-échange sur les produits agricoles primaires et sur les ressources naturelles et leurs dérivés, en plus d'une baisse des droits de douane sur un nombre déterminé de produits manufacturés, principalement les outils et les machines agricoles. Paradoxalement, l'accord est approuvé assez rapidement par le pouvoir législatif des États-Unis pendant le mois de juillet 1911, alors que depuis février, au Canada, le monde des affaires, le secteur financier et les chefs d'entreprises de Toronto et de Montréal le repoussent publiquement.

Le mouvement anti-traité atteint son apogée lorsqu'un groupe de 18 libéraux de la ville de Toronto publie un manifeste dans lequel ils dénoncent l'accord et appellent la population à s'y opposer en bloc[1]. Peu après se constituent à Montréal la *Anti-reciprocity League* et à Toronto la *Canadian Nacional League*. Toutes ces protestations attirent l'attention de la haute hiérarchie gouvernementale qui commence à s'inquiéter : « *The feeling in Montreal and Toronto against the Agreement could hardly be stronger if the United States troops had already invades our territory* » (Lord Grey, Governor-General, cite in Stevens, 1970).

À la fin du mois de février, un groupe de membres du caucus libéral demande à Laurier le report de l'accord jusqu'à sa ratification réelle par le Congrès des États-Unis, puisque l'expérience passée démontre que dans d'autres occasions les accords ont été repoussés par les sénateurs des États-Unis. Il semble donc oiseux et politiquement risqué de déclencher une discussion au Parlement, surtout que les esprits sont déjà passablement échauffés. Le Premier ministre refuse d'écouter ses confrères et durant les 25 jours suivants se déroule une bataille parlementaire qui précipite sa mort politique et la débâcle du parti libéral[2].

Les principaux arguments contre, formulés dans d'interminables débats parlementaires peuvent se résumer ainsi : 1) la réciprocité détruira l'économie canadienne et l'axe commercial construit entre les régions de l'Est et de l'Ouest ; 2) L'accord favorisera et approfondira les échanges Nord-Sud entre les deux pays au détriment de ceux qui existent déjà entre les régions canadiennes (Foster, 1910-1911 : 3327, 3336-3342) ; 3) La

---

[1] Publié dans *The Mail and Empire*, 1911. À la tête de ce groupe se trouve Zebulon Lash, un célèbre avocat de Toronto et Sir Edmund Walker, président de la Canadian Bank of Commerce.

[2] Laurier par ce geste pousse un grand nombre de ses collaborateurs et membres du parlement à chercher une sortie politique hors du parti libéral, en s'alliant avec les torys pour bloquer l'accord et éliminer le gouvernement de Laurier.

réciprocité conduira à l'absorption économique du Canada ; 4) Sa durée incertaine est une menace pour les intérêts des transporteurs et des producteurs qui seront en concurrence permanente avec les États-Unis (Sifton, 1911 : 4385-4409) ; 5) Cela signifiera pratiquement la disparition des industries locales ; 6) La réciprocité conduira à moyen terme à la séparation de la Grande-Bretagne[1] parce que tôt ou tard elle détruira les préférences britanniques dont jouit le Dominion (Hawkes, 1911) ; et 7) Cela va éliminer le commerce entre provinces qui a été obtenu après de gros efforts et la construction du chemin de fer[2] (Foster, 1910-1911 : 3530-3563).

Pour leur part, les arguments favorables à la réciprocité, soutenus de façon partielle par les Libéraux et Laurier, ont moins de force car il existe dès le départ une forte animosité à leur égard. Ces arguments affirment que : 1) la réciprocité va élargir le marché des ressources naturelles ; 2) la prospérité du système de transport sera assurée par un plus grand nombre de produits à transporter ; 3) Laurier considère surtout qu'il faut que les gens utilisent les voies commerciales les plus proches d'eux, c'est-à-dire l'axe Nord-Sud et qu'il ne faut pas les obliger à faire un commerce plus coûteux en faisant des échanges entre l'Ouest et l'Est Canadien (Dafoe, 1911 ; Laurier, 1910-1911 : 4751-4771).

Finalement, les parlementaires demandent certains changements au contenu du traité, mais cette demande est également repoussée par le Premier ministre. Le 29 juillet 1911, le gouvernement dissout la Chambre des Communes et appelle à une nouvelle élection générale programmée pour le 21 septembre. Cette élection marque la déroute des libéraux et du traité.

Le processus électoral de 1911 ouvre une boîte de Pandore d'où surgissent deux positions antagoniques : le nationalisme et le continentalisme. Depuis longtemps, ces deux tendances revenaient périodiquement à la surface, parties centrales d'un débat de longue date pour essayer de définir la position du pays face aux États-Unis. Ces deux tendances anciennes ont souvent cohabité au sein du gouvernement, des partis politiques et de la population en général, mais en 1911, l'annonce que le gouvernement libéral négocie un accord de réciprocité commerciale déjà approuvé par le Sénat des États-Unis est interprétée comme un acte de trahison.

Le problème n'est absolument pas résolu par la chute de W. Laurier et du parti libéral, car le fond du conflit réside dans la façon dont *Western Canada*

---

[1] Cette affirmation est intéressante lorsqu'on lit le pamphlet intitulé « An appeal to the British Born » publié par Arthur Hawkes dans le *British News of Canada* et qui s'inspire du slogan de la campagne électorale de MacDonald en 1891 : « *A British subject I was born, a British subject I will die* ».

[2] Tous ces arguments sont confortés par une lettre écrite personnellement par le président Taft qui dit : « *The amount of Canadian products we would take, would produce a current of business between Western Canada and the United States that would make Canada only an adjunct of the United States* » (cité in Stevens, 1970 : 3).

et *Eastern Canada* situent leurs intérêts commerciaux à l'intérieur de la Confédération et vis-à-vis des États-Unis et de la Grande-Bretagne.

Le Premier ministre est un partisan convaincu du libre-échange et donc il considère que cet accord est extrêmement avantageux pour le Canada. Cette initiative répond aux exigences des fermiers et des agriculteurs de l'Ouest et du Centre du Canada qui réclament la réduction des droits de douane. En revanche, cette décision ne satisfait pas la majorité des habitants de la province du Québec[1].

L'accord de 1911 est bien différent de ce qui avait été décidé en 1854 lorsque les négociateurs américains étaient surtout intéressés par le libre accès aux pêcheries Nord-atlantiques et très peu par le commerce avec la province du Canada. Il est probable que les intérêts étasuniens, bien qu'ils voient dans l'activité industrielle débutante de ce qui sera plus tard l'Ontario les bases matérielles pour l'installation de leurs filiales, préfèrent donner la priorité au problème d'accès aux pêcheries de la côte Atlantique. L'accord de 1911 semble accordé aux provinces de l'Ouest et du Centre des positions plus avantageuses qu'au Québec et à l'Ontario (Stevens, 1970 : 3-4).

Malgré les différences régionales que le traité peut provoquer, le sort du Canada dans son ensemble est jeté. À cette époque, la structure économique du pays se compose d'un groupe important d'entrepreneurs locaux qui ont grandi avec les investisseurs étasuniens grâce à la protection donnée par la Politique nationale et qui sont satisfaits à l'idée de produire pour un marché captif.

Pendant des décennies, la politique économique a un double objectif : favoriser les exportations d'une industrie basée sur les ressources naturelles et protéger un secteur industriel domestique pour lequel les frontières entre le contrôle national et l'étranger n'existent pratiquement pas. En 1914, les filiales étasuniennes parviennent à renforcer le secteur industriel. Le Canada compte davantage de compagnies contrôlées par des capitaux étasuniens que n'importe quel autre pays et devient la destination la plus importante de capitaux en provenance de son voisin. Environ 40 % de ce flux d'investissement est destiné à la production des industries de *staples* : minéraux, papier journal et combustibles qui exigent une technologie sophistiquée pour leur extraction ou transformation. Les capitaux canadiens, au contraire, se retrouvent dans les industries plus traditionnelles qui exigent plus de travail et moins de technologie comme les chaussures, les textiles, les vêtements, les meubles, le fer et l'acier (Laux et Molot, 1988 : 46).

[1] Les déclarations de l'homme politique québécois Henri Bourassa, dans l'éditorial du journal *Le Devoir*, vont dans ce sens. Il faut noter que Bourassa avait été très favorable à la réciprocité avec les États-Unis considérant que cela évitait un « Zollverein » impérial qui était une Association douanière des États de la Confédération germanique. Son changement d'opinion est motivé par les élections générales qui pourraient lui offrir des possibilités mais c'est aussi l'occasion de s'opposer à la conscription obligatoire en cas de guerre impériale qui entraînerait le Canada derrière l'Angleterre.

Le débat politique suscité au Canada par le traité de réciprocité de 1911 n'est pas inconnu au Mexique. Ce pays a également négocié pendant des années deux traités avec les États-Unis. Le premier se situe entre 1883 et 1886 : il est interrompu dans sa dernière étape, bien qu'il ait été approuvé par le pouvoir législatif des deux pays, et n'entre pas en vigueur car la Chambre des Représentants des États-Unis refuse de discuter le projet de loi nécessaire à son implantation (1886) (Romero, 1890 ; Flores Caballero, 1971 : IX-XXVIII). Le second, négocié entre 1909 et 1911, est particulièrement important car, comme nous le verrons plus loin, il n'est pas repoussé par un organe du gouvernement des États-Unis comme à l'habitude, mais par le gouvernement mexicain. Les deux traités sont négociés presque entièrement pendant la longue dictature du général Porfirio Díaz (1876-1880 et 1884-1911).

Le processus de négociation des deux accords provoque au Mexique un débat intéressant mais avec les mêmes clairs-obscurs qu'au Canada. Le gouvernement mexicain assume une position politique très favorable au traité, s'appuyant sur une situation économique prospère grâce à l'importante présence d'investissements étrangers qui ne sont pas tous d'origine étasunienne.

Il faut noter que si les initiatives de réciprocité commerciale négociées semblent avoir irrémédiablement un destin malheureux lors de la dernière ligne droite de la négociation et de l'approbation législative, elles ne font pas peur au pouvoir exécutif des États-Unis ni aux fonctionnaires du ministère du Commerce. Les deux instances proposent d'autres formules qui finalement aboutissent à des résultats similaires à ceux qu'auraient pu avoir les traités de réciprocité. On ne peut pas passer sous silence ce qui se passe pendant la première conférence panaméricaine (1889-1890) convoquée par le gouvernement des États-Unis, quand est évoquée la possibilité de faire une union douanière continentale qui : « protège tant que cela est possible et avantageux le commerce des nations américaines entre elles » (cité in Riguzzi, 2003 : 135).

Les raisons invoquées par le gouvernement mexicain pour s'opposer à une union douanière sont précises. Nous en retiendrons trois. La première est d'ordre économique : le gouvernement mexicain ne peut accepter un arrangement de libre-échange continental car cela signifierait éliminer ou réduire les droits de douane sur le commerce extérieur qui sont les sources de son financement central. Le second argument est très semblable à celui invoqué par les Canadiens contre le traité de 1911 : il faut protéger l'industrialisation du pays. La troisième raison est que la proposition met véritablement en danger l'autonomie du pays et le précipite dans une situation de dépendance vis-à-vis des États-Unis (Riguzzi, 2003 : 136).

Le Secrétaire d'État Blaine, pressentant le refus de la délégation mexicaine et des autres représentations latino-américaines, décide de négocier séparément avec chaque groupe pour déterminer quels sont les pays leaders. Blaine, tente de coopter Matias Romero, chef de file de la délégation mexicaine et vieux négociateur de l'accord non conclu de 1883. Il lui offre donc de reprendre le cours des négociations bilatérales à condition qu'il intercède auprès des autres délégués. Cette proposition ne trouve pas d'écho auprès de Matias Romero, la conférence est un véritable échec pour le projet continental des États-Unis, mais elle est très positive pour les pays latino-américains qui savent maintenant plus clairement qu'attendre de leurs relations mutuelles[1].

Finalement, comme ce qui se passa avec Blaine en 1890, quand le Congrès des États-Unis créa le droit de douane McKinley[2] qui contredisait l'esprit de libre-échange de la conférence panaméricaine.

À l'époque, le droit de douane McKinley eut des effets précis sur l'économie mexicaine. De notre point de vue, cet instrument protectionniste a directement provoqué l'installation au Mexique d'importantes filiales américaines comme celles qui existent au Canada. Ces entreprises transférèrent tout ou partie du processus productif de leurs compagnies qui avaient besoin d'importer des minéraux mexicains, car le droit de douane McKinley augmentait beaucoup leurs charges. Les compagnies décidèrent donc de déménager au Mexique et de faire sur place le processus de production dès son origine. C'est le cas de l'installation des usines de traitement des minéraux et des fonderies liées aux entreprises *ASARCO (Guggenheim), Kansas City Smelting and Refining et la Omaha Grant* (Gutiérrez-Haces, 2003d ; Riguzzi, 2003 : 142).

Cette expérience fut une importante victoire pour le Mexique car, avec le transfert de ces fonderies, la vie économique des régions qui les accueillirent s'améliora sensiblement. Encore plus important est le fait que pour la première fois une mesure protectionniste des États-Unis fut détournée au profit du Mexique grâce à l'action d'acteurs non gouvernementaux. Les chefs d'entreprise étasuniens démontrèrent une plus grande sagacité que les fonctionnaires.

Ces événements en évoquent d'autres similaires. Par exemple, lorsque la Politique nationale canadienne conduit les chefs d'entreprises étasuniens à s'établir dans les régions canadiennes pour produire des biens qu'auparavant ils exportaient du Canada, car cette délocalisation leur permet de diminuer

---

[1] Riguzzi expose quelques aspects qui illustrent bien ce phénomène surtout ce qui concerne la recommandation faite aux gouvernements de « négocier des traités de réciprocité partielle avec d'autres pays américains » et les déclarations de l'Argentine qui considère que toute tentative de créer un marché commun américain « serait une guerre d'un continent contre l'autre, une mesure hostile à l'Europe où se trouvent les clefs de la prospérité : capitaux, technologie, émigrants et marchés » (McGann, 1960 : 151, cité in Riguzzi, 2003 : 138).

[2] Le taux de douane McKinley a gagné sa réputation du fait de l'introduction de variations importantes à la politique commerciale des États-Unis. L'innovation provient de ce qu'il a été utilisé dans un premier temps, pour obtenir un plus grand nombre de concessions douanières réciproques, sous peine de représailles. Dans une seconde étape, un pays menacé pouvait être mis dans l'obligation de négocier un accord, sans faire l'objet des velléités du Congrès, du fait qu'il s'agissait d'un simple accord, de rang inférieur à un traité et qui pouvait donc être négocié par le pouvoir exécutif (Riguzzi, 2003 : 139).

les coûts de production et de monopoliser le marché. Cette expérience est également vécue au Mexique à partir de 1940 quand la stratégie de l'industrialisation par substitution d'importations entraîne l'entrée massive de filiales étasuniennes. À cette époque, le Mexique assume la même position que le Canada depuis 1879 : l'investissement étranger direct est un levier du développement économique et donc on ne doit pas lui imposer de restriction.

Porfirio Díaz, rusé et astucieux comme il l'était, attire l'investissement étranger direct sans distinction de credo ou de couleur, reconnaissant toujours que son projet de modernisation du Mexique sauvage ne peut ni ne doit en faire abstraction. Si le président mexicain retarde volontairement la ratification définitive d'un accord commercial qui depuis 1909 se négocie avec le gouvernement des États-Unis, c'est parce que le pays reçoit tout l'investissement dont il a besoin sans devoir s'exposer, ni retomber dans un processus épuisant comme celui de 1896.

La présence des chefs d'entreprise canadiens pendant le Porfiriato est importante pour la construction d'infrastructures modernes dans la ville de Mexico et d'autres villes importantes de l'intérieur du pays. Díaz admire leur style qui, de son point de vue, reprend le meilleur des conceptions britanniques, françaises et étasuniennes. Il est le contemporain des gouvernements de Sir John MacDonald et de Sir Wilfrid Laurier, il connaît les avatars du projet d'unification de la Confédération canadienne et sait comment la Politique nationale et les chemins de fer attirent les investissements étrangers.

Le président Díaz, comme ces Premiers ministres du Canada, applique quelques mesures protectionnistes, beaucoup moins que la Politique nationale, pour protéger l'industrialisation naissante du Mexique. Il parie sur le fait que les chemins de fer, même s'ils sont construits avec des crédits et des concessions étrangères, entraîneront l'unification du pays et en finiront avec les *caudillos* régionaux fomenteurs de guerres et de sécessions. Il croit fermement que le progrès arrive avec le commerce extérieur et assume avec enthousiasme le rôle de fournisseur de matières premières et de produits de base que le système capitaliste destine à l'économie mexicaine. Sa longue administration permet la première modernisation du Mexique, tendant une main amicale au capital étranger et réprimant de l'autre main une population qui reste indigène et paysanne (Gutiérrez-Haces, 1997 : 11-32, Nicolau, 1974 : 1017-1018 et 1087-1090).

Le traité de réciprocité commerciale proposée au Mexique depuis 1909, repoussé par le gouvernement de Díaz en 1911, n'est pas un traité de plus dans la longue liste des propositions et négociations avortées qui ont perturbé à maintes reprises la relation bilatérale. C'est un traité proposé en même temps que celui qui se négocie avec le gouvernement de Laurier au Canada et dans les deux cas, comme nous l'avons dit, ils sont repoussés par les forces politiques internes opposées à la réciprocité. Cela démontre que malgré leur dépendance vis-à-vis de l'économie étasunienne, le Mexique et le Canada ont toujours une marge de manœuvre considérable bien loin de la subordination.

La tentative d'homologation simultanée, même partielle, que représentent ces traités passe sous silence l'asymétrie économique entre les trois pays car de fait, la relation inégale tissée au long de ces années convient parfaitement aux intérêts des États-Unis.

Le projet continental de réciprocité commerciale n'apparaît pas entre 1990 et 1994 quand l'ALENA refait le trajet déjà parcouru par d'autres traités, il démarre en 1910 quand le gouvernement des États-Unis propose, en se basant sur « les relations spéciales issues du voisinage » deux traités commerciaux au Mexique et au Canada dans une tentative évidente de créer un marché nord-américain avec les États-Unis à sa tête. À partir de cette date, la proposition revient régulièrement sous différentes formules diplomatiques, recevant selon le moment une multiplicité de réponses qui formeront par la suite ce que l'on appelle l'Agenda bilatéral de ces pays (Hanningan, 1980 : 14; Pringle, 1964 : 584; Wolman, 1992 : 167; Riguzzi, 2003 : 181).

CHAPITRE 2

La construction à long terme de la continentalisation : la politique économique internationale du Canada

La majorité des analyses sur la spécificité et la singularité de la politique extérieure du Canada (PEC) ne s'intéressent pas beaucoup à l'aspect économique et commercial des relations internationales, alors que ce thème est un élément clef du processus de construction de cette politique internationale.

Il s'agit là d'un des paradoxes de la PEC qui, bien qu'elle participe pleinement à la construction de l'ordre économique international à partir des années 1930 et plus particulièrement après la Seconde Guerre mondiale, acquiert une notoriété internationale surtout grâce à son rôle en faveur du multilatéralisme et à son action de médiateur et de pacificateur dans de nombreux conflits provoqués par la Guerre froide. Il faut bien sur replacer cette affirmation dans un contexte où l'internationalisme du Canada est au centre de sa stratégie de puissance moyenne[1].

L'analyse de la politique économique internationale du Canada[2] est particulièrement intéressante s'agissant d'un pays qui a obtenu son autonomie et son indépendance politique de manière pacifique et en plusieurs étapes. La première a lieu en 1926 avec la Déclaration de Balfour qui établit l'égalité hiérarchique de la Grande-Bretagne et des Dominions, à

[1] La définition apparaît dans le jargon diplomatique canadien après la Seconde Guerre mondiale. Certains l'attribuent à Lester Pearson, Premier ministre du Canada et prix Nobel de la paix en 1957. Ce terme décrit le Canada comme « trop petit pour être considéré comme une grande puissance et trop grand pour être marginal » Keohane le définit comme : « *a state whose leaders consider that it cannot act alone effectively, but may able to have a systematic impact in a small group or through an international institution* » (Keohane, 1969 : 295, cite in Cooper, 1997 : 19).

[2] Tout au long de ce travail, nous parlerons indifféremment de politique internationale du commerce, de politique économique internationale et de politique économique extérieure pour décrire les actions économiques et commerciales de la politique internationale qui mettent en cause les gouvernements et leurs institutions. Pratiquement tous les pays considèrent qu'il est important d'appliquer des politiques favorables à l'investissement étranger, mais cela ne signifie pas toujours qu'ils ont une politique internationale du commerce ou une politique économique extérieure. Pour cela il faut que le gouvernement donne, dans son activité diplomatique, un espace considérable aux relations économiques. En général, les pays les plus enclins au libre-échange manifestent un intérêt particulier au développement d'une diplomatie plus économique que politique : les États-Unis et le Canada en sont de bons exemples, alors que le Mexique a, jusqu'au milieu des années 80, une politique internationale du commerce de basse intensité à cause, du moins en partie, de son engagement dans un projet de développement économique protectionniste. À partir des années 1950, la prédominance du point de vue réaliste dans les relations internationales influence la diplomatie et les relations économiques internationales. La création d'instances économiques internationales comme le GATT n'échappe pas à cette vision qui considère que les relations commerciales participent aux conflits entre les pays. Dans toutes ces initiatives, il est flagrant qu'il s'agit d'une lutte pour la domination économique et que ce combat fait partie du quotidien de la politique internationale.

l'intérieur d'une communauté de nations appelée Commonwealth[1]. En 1931, grâce au statut de Westminster, le Canada étend son contrôle sur ses politiques intérieure et extérieure : il peut formuler et diriger sa propre politique internationale. La troisième phase intervient en 1982 avec le rapatriement de la Constitution qui, jusqu'à cette date, se trouvait déposée au Parlement de Westminster. Le gouvernement fédéral peut alors ajouter à l'Acte britannique d'Amérique du Nord (1867), considérée jusque-là comme la Constitution du Canada, la Lettre constitutionnelle des Droits et Libertés et une formule d'amendement conçue au Canada (Cook, 1994 : 479). Dans l'organisation politique du Canada, la Reine d'Angleterre est encore aujourd'hui considérée, politiquement parlant, comme le chef de l'État, puisqu'elle est la Reine du Royaume-Uni et du Commonwealth, auquel le Canada appartient, alors que le Premier ministre est le chef du pouvoir exécutif du gouvernement canadien. Cela joue un rôle important dans la formulation de la PEC au sens large, surtout en ce qui concerne les problèmes d'ordre commercial et économique liés à la politique internationale du commerce de ce pays.

Le Canada a toujours été lié politiquement et économiquement, d'abord à l'Empire britannique puis aux États-Unis et ce fait devient particulièrement important lorsque l'on analyse sa gestion des problèmes économiques internationaux.

La politique économique internationale du Canada ne peut pas être bien comprise si l'on ne tient pas compte des prémices fondamentales que sont la politique commerciale internationale des gouvernements et celles des institutions qui prônent le libre-échange, en particulier les États-Unis, la Grande-Bretagne et les institutions internationales comme le GATT (Accord général sur les tarifs douaniers et le commerce)[2], et qui sont cruciales pour le Canada.

Ce chapitre analyse, depuis le point de vue de l'économie politique des relations internationales et de l'histoire économique, les circonstances dans lesquelles le Canada a construit sa politique commerciale internationale, dans des conditions difficiles : la substitution du Royaume-Uni, référence politique et économique dominante, par les États-Unis, centre hégémonique d'attraction et d'influence, pèse énormément sur la formulation de la politique canadienne intérieure et internationale.

---

[1] Pendant la conférence impériale de 1926, on déclare : « le Canada et les autres dominions britanniques deviendront des communautés autonomes au sein de l'Empire britannique, non subordonnées à l'Empire britannique mais unies par une loyauté commune à la Couronne ». Le Canada, pour montrer son attachement à la Couronne, décide, lors de l'ouverture de sa première représentation diplomatique à Washington en 1927, qu'au lieu d'utiliser les termes "d'ambassade" et "d'ambassadeurs" il emploiera les mots "légation" et "ministre" (Thompson et Randall, 1994 : 104-105).

[2] L'Accord général sur les Tarifs douaniers et le Commerce, *General Agreement on Tariffs and Trade* (GATT), a été conçu comme un ensemble de normes permettant de créer des conditions favorables à l'augmentation du commerce entre les parties.

Il faut tenir compte du fait que le Canada a toujours utilisé sa politique économique internationale comme un instrument de négociation à l'intérieur d'un espace frontière situé entre le centre hégémonique – d'abord l'Angleterre puis les États-Unis – et lui-même en tant que pays semi-périphérique d'Amérique du Nord.

Face à l'impossibilité d'avoir, avant 1930, une politique internationale indépendante de l'Angleterre, le Canada a établi des relations internationales avec un fort accent commercial au détriment de ce que l'on pourrait nommer une vision traditionnelle basée sur la formulation de principes et déclarations éthiques et moraux. L'absence de déclarations diplomatiques grandiloquentes rappelle le poids de la tradition diplomatique anglaise qui, généralement, agit d'abord et se prononce ensuite. Ce chapitre analyse sous des angles différents, les stratégies suivies par un grand nombre de gouvernements canadiens, indépendamment de leur étiquette politique, pour construire une PEC qui leur soit propre. Nous insisterons particulièrement sur les aspects qui démontrent que la PEC a mis en place une activité diplomatique dont l'inflexion économique est évidente.

Dans une première partie, nous examinerons particulièrement les origines de la politique commerciale canadienne et ses liens avec les deux centres hégémoniques qui se sont disputé le contrôle de son territoire et de son économie : l'Empire britannique et les États-Unis. Nous analyserons les efforts qu'il a faits pour s'assurer un marché préférentiel dans ses deux pays en insistant sur les accords commerciaux avec les États-Unis de 1854, 1911, 1935, 1938. Pour terminer, nous examinerons la participation du Canada dans la construction des institutions économiques, après la Seconde Guerre mondiale, à partir de la fondation du GATT, en 1948, et les conséquences de sa croisade pour un multilatéralisme jumelé à la non-discrimination commerciale. Pour terminer, nous passerons en revue tous les événements qui, dans les années 70, ont poussé le Canada à augmenter le caractère économique de sa politique internationale et à la placer, en 1988, sur la voie de l'option continentaliste, à travers la Zone de libre-échange des Amériques (ZLEA).

Ce travail se fonde sur trois hypothèses principales. La première est que la construction de la politique commerciale internationale du Canada est au départ une soupape de sécurité qui lui permet de s'exprimer sur le plan international d'une façon plus indépendante que sa subordination politique à l'Angleterre peut le faire croire. La seconde hypothèse est que cette politique permet de promouvoir une série de principes, en particulier le multilatéralisme et le libre-échange, qui seront utilisés à plusieurs reprises comme une manière fiable de se battre, et même de survivre, dans un environnement international où la prédominance de l'Angleterre d'abord, des États-Unis ensuite, pèse sur le Canada. La troisième hypothèse que nous cherchons à démontrer est que, dans la formulation de sa politique économique internationale, le Canada a une prédilection pour l'établissement de règles de comportement commercial *de facto* et *de jure,* en signant des accords commerciaux avec ses principaux partenaires économiques dont font bien sûr partie l'Angleterre et les États-Unis. Ce penchant, comme nous le démontrerons plus loin, a pour principale caractéristique son désir d'établir une normativité répondant au moins à trois exigences : la réciprocité commerciale, la protection contre les pratiques déloyales avec des mesures de rétorsion et la garantie d'accès et de permanence sur les marchés hégémoniques. Les Canadiens ont toujours été convaincus que le multilatéralisme est le meilleur instrument pour respecter ses exigences.

Tableau 5
Évolution de la politique internationale du commerce du Canada
1854-1930

Signature du traité de Réciprocité avec États-Unis (libre circulation des matières premières)	Abandon du traité de Réciprocité	Adoption d'une politique protectionniste canadienne (Politique nationale)	Entente réciproque de réduction des tarifs	Début de la Crise économique	Adoption de tarifs élevés sur les importations canadiennes et américaines
1854	1866	1879	1911	1929	1930

Tableau 6
Évolution de la politique internationale du commerce du Canada
1935-1988

Accord de libre-échange Canada-États-Unis					
Entente réciproque de réduction des tarifs	Accord de libre-échange Canada-Royaume-uni	Le Canada entre au GATT	Signature du Pacte de l'automobile	Accord Canada-Communauté européenne sur la coopération économique	Accord de libre-échange Canada-Éats-Unis
1935	1937	1947	1965	1976	1988

Tableau 7
Évolution de la politique internationale du commerce du Canada
1989-1997

					Arrangement de Coopération commerciale et économique entre Canada et Gouvernement de la Confédération Suisse
		Le Projet d'une Zone de Libre-échange des Amériques (ZLEA)			Accord de libre-échange entre Canada et Gouvernement de l'État d'Israël
Le Canada et les États-Unis entrent à l'APEC	Déclaration sur les relations transatlantiques Canada-Communauté européenne	Accord de libre-échange nord-américain (ALENA)	Arrangement de coopération commerciale et économique entre Canada et Gouvernement d'Australie	Déclaration de politique commune et plan d'action Canada-Union Européenne	Accord de libre-échange Canada-Chili
1989	1990	1994	1995	1996	1997

Tableau 8
Évolution de la politique internationale du commerce du Canada
1998-2005

Arrangement relatif à la coopération commerciale et économique entre Canada et gouvernement de la République d'Islande					
Entente de coopération en matière de commerce et d'investissements et plan d'action entre le Canada et le MERCOSUR			Négociations lancées en vue d'un accord de libre-échange Canada et Communauté des Caraïbes (CARICOM)		
Mémoire d'entente portant sur le commerce et l'investissement entre Canada et gouvernements du Costa Rica, du Salvador, Guatemala, Honduras et Nicaragua	Accord-cadre de coopération économique et commerciale entre Canada et l'Organisation de libération de la Palestine	Négociations lancées en vue d'un accord de libre-échange Canada et l'Amérique centrale (Guatemala, Nicaragua et Salvador)	Négociations lancées en vue d'un accord de libre-échange Canada et Singapour	Accord de libre-échange Canada-Costa Rica	Négociations lancées en vue d'un accord de libre-échange entre Canada et Corée
1998	1999	2000	2001	2002	2005

Tableau 9
Évolution de la politique internationale du commerce du Canada
2007-2013

		Négociations lancées pour un accord de libre-échange Canada-Ukraine	Négociations lancées en vue d'un accord de libre-échange Canada-Maroc		
	Négociations lancées en vue d'un accord économique et commercial global Canada-Union européenne	Discussions préliminaires en vue de conclure un accord de libre-échange entre le Canada et la Turquie	Négociations lancées en vue de moderniser l'accord de libre-échange Canada-Costa Rica		
	Accord de libre-échange Canada-l'Association Européenne de libre-échange	Négociations lancées en vue de conclure un accord de Partenariat économique global entre le Canada et l'Inde	Accord de libre-échange Canada-Honduras	Accord de libre-échange Canada-Jordanie	Négociations en vue d'un accord de libre-échange Canada-Partenariat transpacifique
Négociations lancées en vue d'un accord de libre-échange entre le Canada et la République dominicaine	Accord de libre-échange Canada-Pérou	Accord de libre-échange Canada-Panama	Accord de libre-échange Canada-Colombie	Négociations lancées en vue d'un accord de libre-échange Canada-Japon	Accord de libre-échange Canada-Panama
2007	**2009**	**2010**	**2011**	**2012**	**2013**

1. Vers l'institutionnalisation d'une politique commerciale internationale[1]

La formulation de la PEC est directement liée à la Constitution du Canada en tant qu'État : son processus de construction a donc été très lent à cause des circonstances qui ont donné naissance à la Nation canadienne.

Initialement, le Département des Affaires étrangères (DAE)[2] n'a pas la faculté de formuler officiellement les normes composant le cadre des activités diplomatiques, c'est-à-dire la politique extérieure.

Ce Département n'a pas le droit d'ouvrir des représentations diplomatiques dans aucun pays puisque ses intérêts sont représentés et gérés par les représentations diplomatiques de la Grande-Bretagne (Department of External Affairs, 1984 : 3).

Au départ, le DAE est présidé par Sir Joseph Pope (1919-1925) qui est chargé de s'occuper de tous les problèmes entre Ottawa et Londres. Petit à petit sa responsabilité s'étend à la relation avec les pays les plus importants de ce début de XXe siècle, et la majeure partie de ces problèmes concernent donc Washington, la France et l'Angleterre[3] (Barry et Hilliker,1993 : 7, cité par Story, 1993).

En 1914, le budget du Département est très réduit et il n'y a que 14 fonctionnaires pour s'occuper de toutes les relations internationales du pays. Deux s'occupent de la gestion, l'un d'entre eux est J. Pope lui-même et l'autre son assistant. Ils devront se battre avec les problèmes internationaux du Canada pendant la Grande Guerre. Le DAE commence à changer quand J.Pope prend sa retraite : le nouveau responsable du Département, O.D. Skelton (1925-1941) et le Premier ministre Mackenzie King (1921-1926, 1926-1930, 1935-1948) veulent travailler sur plusieurs plans pour parvenir, tôt ou tard, à l'autonomie du Dominion Canada, ce qu'ils obtiendront, comme nous le savons, en 1931.

À partir de 1909, date de création du DAE et jusqu'en 1930, tous les problèmes de commerce international sont gérés par le *Trade Commisioner Service* qui est directement lié au pouvoir britannique.

C'est en 1930 que l'on mentionne, pour la première fois au sein du DAE, l'idée d'une politique économique extérieure. Le gouvernement du Premier

---

[1] Dans ce paragraphe, nous voulons réviser les principaux aspects qui ont contribué à la formulation de la politique commerciale internationale du Canada, mais il ne s'agit pas de passer en revue toute la politique extérieure du pays qui sera analysée dans d'autres parties du livre.

[2] La création du ministère des Affaires étrangères est autorisée en mai 1909 par le Parlement sous le nom de « *External Affairs* » et non pas « *Foreign Affairs* » parce que le Canada fait partie de l'Empire britannique et que les autres membres de cette Communauté ne sont donc pas réellement des étrangers pour les Canadiens. En 1919, le Canada signe le Traité de Versailles en tant qu'entité séparée de la Grande-Bretagne et, en 1923, il signe, à Washington, le Traité Halibut marquant par là le début de son autonomie en matière de traités.

[3] Avant la création du DAE, le Canada avait un *High Commissioner* à Londres, un *Commissioner General's Office* à Paris, un bureau à Genève qui s'occupait principalement des relations avec l'Organisation internationale du Travail et la Ligue des Nations, et un bureau dans l'ambassade britannique à Washington.

ministre Bennett (1930-1935) affirme ouvertement que le Département doit servir les intérêts économiques du Canada face au protectionnisme des États-Unis qui ont récemment approuvé au Congrès une loi commerciale « scandaleusement » protectionniste : La Loi Smoot-Hawley.

Mais le besoin de donner une orientation plus économique aux activités du Département ne repose pas uniquement sur les pressions commerciales des étasuniens, il répond aussi à la politique commerciale de la Grande-Bretagne qui, comme nous le verrons plus loin, a adopté le coûteux Système de Préférences douanières qui se révèlera encore plus nuisible pour les pays qui, comme le Canada, font partie de la Communauté Britannique.

Pendant la Seconde Guerre mondiale, le nouveau responsable du DAE, Norman Robertson, considère que le Canada doit s'intégrer aux organismes qui centralisent les ressources économiques nécessaires au conflit armé et à la reconstruction des pays les plus affectés par la guerre comme l'Angleterre.

Toutes ces activités donnent au Canada une dimension internationale qui lui permet de s'affirmer de plus en plus. En 1945, le profil diplomatique du Canada a tellement augmenté, qu'il se situe au centre des négociations économiques internationales. Ce bond qualitatif conduit le gouvernement canadien à ouvrir 26 représentations à l'étranger : ce chiffre est considérable si l'on pense qu'en 1936 ce pays n'avait que six représentations[1] (Barry et Hilliker, 1990 : 9).

Poursuivant cette même stratégie, en 1946 le gouvernement canadien, dont le Premier ministre est Mackenzie King, promulgue la *Loi des Affaires étrangères* qui donne un ministère au DAE et nomme Louis St Laurent Ministre et Lester Pearson sous-secrétaire[2]. À partir de cette époque, le Canada se baptise lui-même « *Puissance moyenne* » c'est-à-dire qu'il se reconnaît comme un État modeste disposant des ressources suffisantes pour fonctionner comme médiateur international (Holmes, 1970 : 17-19).

Sur cette base, Pearson et son équipe construisent peu à peu une stratégie internationale à la fois constructive et active. L'un des principaux objectifs est l'obtention d'un siège de membre non permanent au Conseil de Sécurité de l'Organisation internationale des Nations Unies (ONU) en 1948-1949.

Leaster Pearson est le premier serviteur public qui met en pratique le rôle de puissance moyenne du Canada et donne au ministère une dimension réellement internationale : par sa médiation, il parvient à empêcher des conflits internationaux entre autres en intervenant dans celui du canal de Suez en 1956.

On peut citer également le rôle de ce ministère et du DAE dans la création de l'Organisation du traité de l'Atlantique nord (OTAN). Le

[1] En 1925, il y avait déjà des bureaux à Genève. La délégation canadienne à Washington s'ouvre en 1927, à Paris en 1928, à Tokyo en 1929 et en Belgique et aux Pays-Bas en 1939.

[2] Lester Pearson est nommé premier Sous-secrétaire puis Secrétaire d'États pour les Affaires étrangères (1946-1957). Plus tard il entre en politique et deviendra Premier ministre du Canada (1963-1968).

premier mouvement est convoqué par Dana Wilgress[1] qui, dans un mémorandum, recommande aux pays membres de l'ONU de former, sous la direction des États-Unis, une organisation régionale pour veiller à la sécurité de l'hémisphère et mettre un terme à l'avance de l'Union Soviétique.

Grâce aux bons offices de Pearson, St Laurent, le Premier ministre de l'époque, prononce en 1947 devant l'assemblée générale de l'ONU un discours qui propose l'établissement « d'un accord régional de défense pour préserver la paix et la démocratie des pays ». Cette proposition permet de créer l'OTAN en 1949, et l'intervention des fonctionnaires canadiens permet d'y inclure des clauses par lesquelles les pays signataires s'engagent à coopérer entre eux sur le plan économique. Pour le Canada, cette motion est un précédent important pour l'obtention d'intérêts économiques dans le cadre de ses relations internationales.

Pendant la période de l'après-guerre, le DAE donne priorité aux problèmes économiques et à ceux qui concernent la défense du continent. En même temps, la croissance de ce ministère lui permet de prendre contact avec d'autres bureaux gouvernementaux qui s'occupent d'économie et de commerce. On peut citer par exemple, le Cabinet du Comité de Politique commerciale extérieure, créé en 1946 et dirigé par le Secrétaire d'État aux Affaires Étrangères, et le Comité interdépartemental du Commerce (1946). En 1949, ce cabinet est remplacé par le Cabinet du Comité économique. La nomination de fonctionnaires expérimentés à la direction de ces bureaux est encore plus importante, car ils pourront soutenir une politique internationale du commerce (Barry et Hilliker, 1995 : 13).

Dans les premières années du DAE, un des moments les plus intéressants se situe en 1953 lorsque toute l'équipe de ce département prend la défense du Premier ministre Louis St. Laurent pour bloquer une initiative étasunienne en faveur d'un accord bilatéral de libre-échange. Le Département parvient, avec l'accord du Premier ministre, à bloquer l'information destinée à d'autres départements du gouvernement et à empêcher que les fonctionnaires favorables à cette initiative utilisent l'information pour faire triompher leur cause[2].

La PEC et son aspect économique prennent pour la première fois une teinte partisane pendant le mandat du Premier Ministre St Laurent (1948-1957) qui a une position très critique vis-à-vis du parti conservateur et de ses relations avec l'Europe, mettant ainsi en question la traditionnelle position atlantiste des gouvernements antérieurs.

Avec le temps, le DAE prend de l'importance et son influence augmente au sein des gouvernements successifs. Tous les Premiers ministres ne

[1] Ex-ambassadeur en URSS qui participe activement aux discussions pour la création de l'OIC et de la Carte de La Havane entre 1947 et 1948.

[2] Le président Eisenhower propose, lors d'une réunion avec St Laurent, en mai 1953, de discuter de la faisabilité d'un accord commercial, mais ce projet n'arrive pas à se concrétiser à cause de la réticence de nombreux fonctionnaires et du Premier ministre lui-même (cité par Barry et Hilliker, 1995 : 13).

considèrent pas d'un bon œil l'existence du DAE, et certains vont tenter de l'affaiblir car ils considèrent que ses membres font une concurrence déloyale aux intérêts du Premier ministre, surtout lorsque celui-ci appartient au parti conservateur[1]. Pendant la gestion du conservateur Diefenbaker (1957-1963), la méfiance vis-à-vis du Département augmente, parce que ce dernier est devenu un refuge des libéraux. De plus, les relations avec les partenaires traditionnels, l'Angleterre et les États-Unis, se trouvent dans un de leurs pires moments. Les relations entre Diefenbaker et Kennedy sont très tendues, et à l'époque, le Royaume-Uni cherche à entrer dans la Communauté européenne, ce qui pour le Premier ministre canadien est un acte de trahison.

Pierre Trudeau (1968-1979 et 1980-1984)[2] est également très critique vis-à-vis du travail du DAE, bien qu'il appartienne au parti libéral et, en 1982, il annonce la création d'un nouveau Département dans lequel il fusionne le vieux DAE, la Commission du Service commercial, toutes les unités du Département de l'Industrie et du Commerce chargées de la politique et de la promotion commerciale, la Corporation de Développement des Exportations et la Corporation Commerciale canadienne ; la restructuration du DAE donne naissance au ministère des Affaires étrangères et du Commerce international – MAECI – (Nossal, 1993 : 37).

L'intégration du commerce international dans la dénomination officielle du ministère répond à deux exigences. La première est liée au scepticisme et au mépris de Trudeau pour le style désuet de certains diplomates du DAE formés dans le fracas des guerres et du conflit Est-Ouest. En de multiples occasions, le Premier ministre questionne publiquement le rôle de cette dépendance dont le style ne lui paraît pas en accord avec les besoins internationaux du Canada. La deuxième raison est que Trudeau est absolument convaincu qu'il ne devrait pas y avoir de séparation entre les ministères qui s'occupent du commerce et de l'économie et ceux qui font de la diplomatie, surtout lorsque la situation économique internationale s'annonce très conflictuelle, comme dans les années 70.

---

[1] Les membres du parti conservateur sont toujours favorables aux relations avec le gouvernement britannique et le Commonwealth, même après la Seconde Guerre mondiale. L'atlantisme des conservateurs provoque d'innombrables conflits au sein du DAE, surtout quand ils gouvernent le pays. Plus le temps passe, plus le Canada arrive à se forger une personnalité internationale propre et plus il a de marge de manœuvre pour se prononcer contre la cause anglaise, ou mettre des conditions à son appui. Après le long gouvernement libéral de Trudeau, les choses changent pour les libéraux comme pour les conservateurs. La ligne séparant la position atlantiste et la position continentaliste n'est plus si clairement marquée car, avec la globalisation, les deux partis sont plus favorables à une diplomatie commerciale et ont des positions plus proches des États-Unis.

[2] Pierre Trudeau est l'unique Premier ministre qui arrive à ce poste sans avoir été auparavant au ministère des Affaires étrangères. Paradoxalement, alors qu'il n'a jamais travaillé au DAE, la réputation de Trudeau vient en grande partie de sa politique internationale. Le fait de ne pas avoir été ministre des Affaires étrangères lui a certainement permis de jouir d'une plus grande indépendance et, puisqu'il n'avait pas de compromis politique avec le DAE, il a pu le restructurer avec une entière liberté.

Ce dernier point a sans aucun doute été déterminant dans sa décision de doter le DAE d'une orientation plus économique. Il faut rappeler qu'à cette époque le Canada, comme le reste du monde, vit la crise du pétrole (1973), et que quelques années plus tôt le président Nixon a lancé un programme économique qui incite les entreprises étasuniennes installées à l'extérieur à revenir aux États-Unis pour y investir. Si l'on tient compte du fait que l'investissement étasunien occupe au Canada la première place et qu'un grand nombre d'entreprises subsidiaires y sont encore installées, on peut facilement s'imaginer l'impact de ces mesures.

Dans le même ordre d'idées, en 1971, Nixon fixe un impôt à toutes les importations qui entrent dans son pays, ce qui, ajouté à la situation économique peu brillante du Canada à cause de sa dépendance croissante vis-à-vis des États-Unis, pousse Trudeau à reconsidérer sa politique internationale en des termes plus liés à ses intérêts économiques. Le ministère doit donc être confié à des fonctionnaires compétents en gestion des problèmes économiques internationaux.

L'idée de Trudeau est claire : il cherche à gommer la séparation entre les ministères et les départements qui exercent la diplomatie et le commerce. En même temps, cette proposition reflète de façon voilée la mauvaise opinion de Trudeau sur le DAE, et sa conviction qu'il faut le réformer à la base pour remédier à son inefficacité et lui donner une projection plus économique.

Il faut ajouter à ces changements la discussion sur l'avenir de la politique extérieure concernant les marchés potentiels que le Canada doit explorer, en particulier aux États-Unis. Il est certain que ce débat, qui aboutit finalement à la formulation de la Troisième Option, est lié au processus de *canadisation* économique que le pays expérimente depuis 1965.

La réorganisation du Département par Trudeau oblige les fonctionnaires qui en font partie à analyser la politique intérieure et la politique internationale comme un tout et donc de concevoir la PEC comme une activité ne dépendant pas seulement du gouvernement fédéral mais aussi des provinces. L'orientation commerciale et économique du MAECI est aussi marquée par la création, dans le ministère lui-même, d'un département consacré exclusivement à la promotion des exportations canadiennes et au renforcement des relations commerciales avec le reste du monde. Ce changement répond aux inquiétudes de nombreux fonctionnaires qui pensent que la PEC est totalement inadaptée au rôle qu'Ottawa veut jouer sur la scène internationale :

> *« External has become irrelevant to the Ottawa game because it has lost sight of the fact that economic considerations led Canada to set up a foreign service in the first place... Canada's external policies and its foreign activities must relate directly to our national interest, and that interest is 90 % oriented toward trade and commerce. Questions of peace and war are vital, and should be understood and taken into account, but concern for economic issues must be predominant »* (Royal Commission on Conditions of Foreign Service, 1981 : 80-81).

À partir des années 80, la PEC continue à se développer. Les nouvelles données de l'économie internationale contribuent à accentuer le versant commercial de la diplomatie canadienne, surtout lorsque les gouvernements de Mulroney (1984-1993), Chrétien (1993-2003), Martin (2003-206), et Harper (2006-) encore plus favorables à la continentalisation, arrivent au pouvoir.

Entre 1989 et 1990, le MAECI se restructure et révise ses objectifs, donnant une importance particulière à la poursuite des intérêts corporatifs liés à la promotion des exportations. À cette date, le ministère renforce sa stratégie commerciale internationale et donne, au sein de la PEC, une place plus importante à la promotion des intérêts corporatistes, comme le démontre la publication en 1995 du document intitulé « *le Canada dans le monde* » où la promotion des valeurs économiques du libre-échange occupe une place centrale (Gutiérrez-Haces, 2003a : 33-36).

Ce document ainsi que celui publié par le gouvernement Trudeau, « *La politique étrangère au service des Canadiens* (1970) », démontrent le principe et la continuité d'un des objectifs les plus appréciés de la PEC : la promotion d'une politique commerciale internationale.

2. La construction de la politique économique internationale du Canada

Les circonstances historiques de la transformation du Canada en un des Dominions de l'Empire britannique, avec une Constitution qui demeure, par la volonté des Pères fondateurs, sous la surveillance du Parlement anglais (1867-1982), démontrent que, dès le départ, la politique internationale du Canada est segmentée et compartimentée.

Son aspect éminemment commercial se manifeste simultanément sur deux niveaux : d'une part, il seconde la politique militaire et économique de la diplomatie anglaise tout en suivant une stratégie économique et commerciale personnelle pour conserver une importante marge de manœuvre face à l'Angleterre. Au second niveau, il construit sa propre personnalité internationale comme médiateur et promoteur des principes de l'internationalisme et du multilatéralisme, surtout à partir des années 1940.

Le Canada construit sa politique commerciale internationale en respectant les principes économiques du mercantilisme puis du libre-échange, en utilisant comme principal point de référence l'expérience économique de l'Angleterre et des États-Unis. Par conséquent le bilatéralisme et parfois le trilatéralisme sont les forces qui dynamisent cette politique dans ce que l'on appelle traditionnellement le *North Atlantic Triangle* – Angleterre, États-Unis, Canada – (Bartlet, 1945 ; Stacey, 1976 ; McKercher et Aronsen, 1996). Néanmoins, dans cette optique et jusqu'à la Seconde Guerre mondiale, la politique commerciale britannique fait systématiquement obstruction à toute forme de multilatéralisme qui ne se situe pas à l'intérieur de l'espace économique du Commonwealth. Cette attitude va progressivement limiter la marge de manœuvre commerciale du Canada au niveau international, le poussant peu à peu à resserrer ses liens avec les États-Unis.

Nous avons vu dans le chapitre précédent que le Canada est une nation qui a construit de façon précoce des stratégies de développement économique basées sur ses exportations de ressources naturelles, de matières premières ou de produits manufacturés et semi-manufacturés. Dans ce cadre, la mise en place de la politique commerciale extérieure occupe un espace fondamental qui est celui de moteur de l'activité économique du pays.

Pendant les vingt dernières années du XXe siècle, le Canada se heurte à un environnement économique hostile très différent de celui dont il avait bénéficié durant la Seconde Guerre mondiale et qui lui avait permis de construire une infrastructure politique, économique et sociale le transformant en un pays doté d'un niveau de vie élevé.

Pendant les années 70, l'Angleterre prend la décision de rentrer dans l'Union européenne (1973), ce qui signifie un changement radical de la relation économique avec le Canada. Dans les années 80, les Canadiens subissent une crise économique profonde qui les oblige à remettre en question les termes mêmes de leur politique économique et sociale. À cette époque, leur participation comme membre actif dans les discussions de l'Accord général sur les Tarifs douaniers et le Commerce (GATT) est aussi mise à l'épreuve.

Au cours des années 90, le Canada réalise des changements essentiels dans sa politique commerciale internationale qui se traduisent par la signature de l'Accord de libre-échange avec les États-Unis en 1988, et celle de l'Accord de libre-échange nord-américain ou ALENA (1994). Il approuve aussi, dans le cadre de l'*Uruguay Round*, un grand nombre de mesures commerciales qui déboucheront sur la création de l'Organisation mondiale du Commerce (1995).

D'autre part, à partir de 1990, le Canada manifeste activement son intérêt commercial pour l'Amérique latine. Concrètement, il fait, cette même année, son entrée à l'Organisation des États américains, et signe un Accord de libre-échange avec le Chili en 1997. Finalement, le Canada propose une négociation commerciale au Marché Commun du Cône Sud (MERCOSUR)[1] et crée le *Team Canada* qui regroupe des hommes d'affaires, des banquiers, des agences du gouvernement et des ministres pour assurer la promotion des intérêts commerciaux du Canada à l'extérieur.

Ce serait un lieu commun que d'affirmer que la politique économique internationale canadienne a toujours été favorable à la négociation d'accords multilatéraux. Toutefois, cette affirmation maintient dans l'ombre l'analyse des trois grandes tendances qui structurellement ont servi tour à tour

[1] Créé en 1991 lors de la signature du Traité d'Asunción, par l'Argentine, le Brésil, le Paraguay et l'Uruguay.

d'inspiration et d'orientation aux Canadiens qui ont exercé la responsabilité de cette politique.

Ces tendances ont également symbolisé les trois grandes options économiques nationales sur lesquelles la société canadienne et ses gouvernants se sont affrontés à maintes reprises.

Ces trois orientations sont l'*Atlantisme*, le *Continentalisme* et le *Nationalisme* qui, sans l'ombre d'un doute, ont influencé la configuration géoéconomique du Canada. Tout au long de ce chapitre, ces trois tendances seront le fil conducteur permettant d'expliquer la politique commerciale extérieure du Canada.

L'*Atlantisme* est la relation étroite que le Canada maintient avec l'Empire britannique ; il a une influence énorme sur ses décisions commerciales jusqu'à la fin des années soixante quand, comme nous l'avons déjà souligné, l'Angleterre modifie l'ordre commercial du Commonwealth en entrant dans l'Union européenne[1]. Cette décision pousse le Canada à chercher une relation économique plus étroite avec les États-Unis.

Le *continentalisme* ou *continentalisation* est une tendance qui se manifeste d'abord de façon pendulaire, et fait référence à la manière dont le Canada s'insère dans une relation politique et économique de plus en plus étroite avec les États-Unis.

Au fil du temps, cette option supplante l'*Atlantisme*, et devient le trait dominant du Canada : « ... *The influence of the United States on the Canadian economy had grown more steadily dominant; but they made no conscious move to question or resist this growing domination* » (Creighton, 1976 : 267).

Au Canada, ces deux grandes tendances s'expriment dans les débats politiques et économiques. Il faut y ajouter le rôle des écrits théoriques des économistes Adam Smith et David Ricardo, qui ont sans aucun doute influencé les débats entre le protectionnisme et le libre-échange défendu par Alexander Galt, Sir John McDonald et les autres Pères de la Confédération Canadienne, bien avant 1867 (Moore, 1997 ; Brown, 1994).

Dans les débats plus récents, on ne peut ignorer l'influence profonde de John Maynard Keynes, surtout dans la période comprise entre la grande dépression de 1930 et la Deuxième Guerre mondiale, lorsque la politique de plein-emploi justifie l'entrée massive d'investissements étrangers directs au Canada.

---

[1] Conçue au début comme une zone commerciale protégée pour l'industrie britannique, elle s'est étendue à ses colonies et dominions, comme le Canada et l'Australie ; les liens étroits entre les pays du Commonwealth dépassent le cadre des taxes douanières préférentielles. La Grande Dépression et la loi Smoot-Hawley de 1930 aux États-Unis provoquent un renforcement des préférences impériales. Comme ses membres d'outremer doivent aussi protéger leurs industries de la compétition britannique, le Commonwealth ne s'est jamais transformé en un marché commun dans le sens général du terme (Dell, 1981).

Cet aspect est particulièrement important car, en analysant les principales orientations de la politique économique canadienne, on observe la forte influence de ces auteurs sur la formulation des décisions économiques et commerciales du Canada.

Finalement, le *Nationalisme* est une tendance qui influence l'économie et la politique extérieure du Canada à la fin des années soixante du XXe siècle ; toutefois sa durée de vie est courte à cause de la crise de 1982 qui pousse le gouvernement canadien à abandonner la « *canadanisation* » et à se tourner vers l'option *continentaliste* en signant en 1988 un accord de libre-échange avec les États-Unis (Gutiérrez-Haces, 1994a).

3. Aux origines de la nation canadienne : l'esprit commerçant

Donald Creighton, historien canadien, écrit en 1937 le livre *The commercial Empire of the St Lawrence, 1760-1850.* Cette œuvre décrit avec brio les origines de l'État canadien qui s'est fondé sur le commerce et l'exploitation des ressources naturelles. Il souligne :

> « *It is impossible to understand the political objectives of the commercial class without an understanding of its business system. The first British Canadians were merchants before they were Britons, Protestants, or political theorists... the merchants became a political power because they controlled and represented a commercial system which, in turn dictated their main political demands... For them the conquest was the capture of a giant river system and the transference of commercial power...* » (Creighton, 1976).

Cette citation offre une description pointue des origines de la future nation commerçante qui, dès le départ, fonde ses espoirs sur des marchés extérieurs presque toujours plus vastes et plus puissants que les siens.

Le recours au marché extérieur se justifie par l'immensité du territoire et les difficultés initiales pour cimenter le commerce interne sur une infrastructure qui, dans les premiers temps, est très restreinte. En ce sens, notons que pendant des décennies les Canadiens ont une très forte tendance à faire du commerce au sud-est de leur territoire et de leurs frontières, dans les espaces limitrophes des États-Unis. Parallèlement, ils développent une autre stratégie commerciale qui privilégie les échanges transatlantiques avec l'Angleterre et finalement la zone des Grands Lacs devient le cœur industriel du Canada ouvrant ainsi la porte à la Continentalisation.

Avec l'entrée du Manitoba en 1870, de la Colombie-Britannique en 1871, de l'Alberta et Saskatchewan en 1905, et de Terre-Neuve en 1949, le territoire du Canada s'élargit, mais les tendances commerciales des nouvelles provinces continuent à privilégier la connexion internationale. D'autre part, les provinces commencent à bâtir un protectionnisme marchand qui débouche sur l'instauration de barrières commerciales inter provinciales :

elles ne seront éliminées que plusieurs années après la signature des deux accords commerciaux de 1988 et 1994 (Gutiérrez-Haces, 1994c).

Deux éléments complémentaires contribuent à expliquer le caractère ouvert du marché canadien. Le premier est que le Canada, avant même d'acquérir ce nom, est né et a grandi dans le cadre de deux systèmes commerciaux, le Français et l'Anglais. Ces influences étaient au départ deux options alternatives, et la prédominance de l'une d'elles a toujours été liée à la dispute politico-militaire entre la France et l'Angleterre.

Pendant plus de deux siècles, le Canada est un territoire qui prolonge les guerres et les conflits européens sur le nouveau continent. Si les habitants de ces contrées ont toujours eu du mal à s'identifier pleinement au pouvoir colonial[1], ils ont néanmoins décidé de profiter des réseaux commerciaux impériaux, spécialement ceux de l'Empire britannique et ce n'est que dans un deuxième temps qu'ils recentreront leurs intérêts vers leur propre espace géographique.

L'ouverture du commerce trouve également une explication dans les intérêts économiques et commerciaux exprimés par les colonies britanniques d'Amérique du Nord. Ils sont divers et parfois contradictoires sur le plan politique car ces colonies sont gouvernées par des pouvoirs locaux qui ne fonctionnent pas forcément de concert. Sur le plan économique, il s'agit d'entités séparées qui, pour écouler leurs produits, se tournent d'abord vers les marchés européens. Elles sont clairement fidèles à l'Empire britannique, mais pas obligatoirement animées du même sentiment vis-à-vis des autres colonies britanniques du futur Canada.

La politique commerciale internationale de ces provinces n'est apparue à proprement parler que vers la moitié du XIXe siècle, quand les colonies britanniques d'Amérique du Nord obtiennent une certaine autonomie pour conduire elles-mêmes leurs affaires économiques et commerciales. Cette autonomie relative coïncide avec les changements économiques en Angleterre (1846), particulièrement avec l'abandon progressif des pratiques mercantilistes et l'adoption d'un système commercial orienté vers le libre-échange, thème sur lequel nous reviendrons par la suite.

Toute politique commerciale est construite sur deux options qui ne s'excluent pas forcément l'une l'autre : le protectionnisme et le libre-échange. Dans les deux cas, le rôle principal est joué par la mise en application ou la disparition des droits de douane. À partir du moment où l'Empire britannique, à la fin du XIXe siècle, opte pour la création progressive d'un système de droits de douane appliqués à ses propres

[1] Cette perception a été récemment étudiée par l'historiographie du Québec, principalement dans les manuscrits et les récits de l'histoire orale qui décrivent les habitants du Québec comme les spectateurs plus que comme les acteurs du conflit que la France perd face à l'Angleterre en 1763. Le traité de Paris par lequel la France abandonne ses territoires en Amérique est ressenti comme un abandon de la mère patrie, le même sentiment sera ressenti plus tard vis-à-vis de l'Angleterre lorsqu'elle décrétera que le Canada lui coûte trop cher.

colonies doublé d'un autre système applicable au reste du monde, il instaure les bases pour définir les politiques commerciales.

Cet aspect pourrait nous amener à conclure que toute politique commerciale est liée au protectionnisme, mais pour le Canada ce n'est pas le cas, du moins au début, car les droits de douane imposés par l'Empire britannique sont avant tout destinés à payer les dépenses administratives de l'empire *in situ* ; ce n'est que beaucoup plus tard que l'argent des droits de douane sera utilisé pour protéger l'industrialisation débutante.

Jusqu'en 1846, le marché britannique est la destination obligatoire des produits canadiens : les peaux, le poisson, le blé, les produits forestiers, les métaux, les minéraux, etc., y trouvent leurs débouchés. Cette destination commerciale est profondément touchée par la décision britannique unilatérale d'en finir avec l'accès préférentiel des produits canadiens et des autres colonies sur ses marchés. Cette mesure oblige les colonies anglaises d'Amérique du Nord à chercher rapidement des marchés alternatifs : le marché le plus proche et le plus attractif est bien sûr celui des États-Unis.

Cette option crée un problème supplémentaire au Canada car, au même moment, les États-Unis se livrent à une féroce lutte interne entre deux projets économiques antagoniques directement liée à l'abolition de l'esclavage, au protectionnisme et au libre-échange (Gutiérrez-Haces, 2002 : 23-24).

Malgré tout, en 1854, les colonies britanniques du Canada réussissent à signer un Traité de Réciprocité avec les États-Unis. Ce traité est négocié par le Gouverneur général, Lord Elgin et donne un court répit aux producteurs canadiens.

Les circonstances dans lesquelles s'est faite la négociation de ce document sont très importantes pour comprendre l'ambiance des débuts de la politique commerciale. En premier lieu, il s'agit d'un accord commercial négocié entre un État qui est indépendant de l'Empire britannique depuis 78 ans, et un groupe de colonies toujours sous la férule anglaise qui, bien qu'elles disposent d'une certaine liberté de mouvement pour mener leur politique commerciale, n'en doivent pas moins compter avec l'accord anglais. Les négociations, exceptionnellement longues à cause des problèmes internes des États-Unis et de l'attitude du Congrès qui se méfie des colonies anglaises, sont finalement couronnées de succès.

La capacité des colonies anglaises du Canada à négocier cet accord commercial avec les États-Unis est particulièrement significative. À partir de 1850, cet accord ainsi que la construction du chemin de fer sont la démonstration que la création d'un État national peut être précédée par des projets de grande envergure, qui sont traditionnellement considérés comme les conséquences de la consolidation d'un État.

Il faut rappeler qu'en 1854, le Canada, en tant que colonie britannique, ne possède pas une constitution propre ni un territoire unifié aux frontières clairement délimitées. Malgré tout, l'accord avec les États-Unis est signé et provoque l'envie de plusieurs pays européens.

Le réseau ferroviaire qui se construit au Canada vise à une meilleure communication commerciale tout au long de ce vaste territoire ; d'ailleurs, il survivra au traité de Réciprocité qui sera annulé unilatéralement par les États-Unis en 1866.

Le proverbe « *à quelque chose malheur est bon* » peut s'appliquer à l'annulation de ce traité : face à la perte de ce marché préférentiel, les colonies britanniques du Canada commencent à étudier la possibilité d'une unification entre la province du Canada, la Nouvelle-Écosse et le Nouveau-Brunswick.

Cette unification est entérinée par l'Acte britannique de l'Amérique du Nord de 1867, et le nouveau territoire est désormais baptisé Dominion du Canada. Ce Dominion consacre les dix premières années de son existence à reprendre des négociations commerciales pour tenter de signer un nouveau traité avec les États-Unis. À partir de 1867, l'échec de cette initiative renforce la position des secteurs économiques favorables aux pratiques commerciales protectionnistes, à travers ce que l'on appellera par la suite la Politique nationale (1879).

Au centre du débat, mélange de frustration, de nationalisme et d'opportunisme, on trouve la figure de Sir John MacDonald, que la postérité reconnaît comme le père de la Confédération canadienne[1]. L'argument utilisé pour renforcer le protectionnisme est que le marché interne doit être réservé aux producteurs du Dominion. Pour y parvenir, il faut construire des barrières douanières suffisamment élevées pour décourager la concurrence extérieure (Dales, 1966 : 143-145).

Paradoxalement, le goût de MacDonald pour ce genre de mesure ne se fonde pas seulement sur le besoin de protéger l'industrie locale car son projet dépasse encore une fois les frontières du Canada.

La création de la Politique nationale obéit à trois objectifs fondamentaux : le premier veut donner satisfaction aux producteurs qui sont favorables au protectionnisme et aux droits de douane ; le deuxième, qui découle du premier, cherche à consolider une industrie manufacturière nationale ; le troisième est le véritable défi de MacDonald : il s'agit de provoquer l'intérêt des États-Unis et de négocier avec eux un nouvel accord permettant aux producteurs canadiens de s'introduire de façon préférentielle sur le marché de leurs voisins (Gutiérrez-Haces, 2002 : 25-26).

La Politique nationale consiste *grosso modo* à imposer des tarifs douaniers aux importations qui entrent en concurrence avec les produits de l'industrie canadienne et, en même temps, permettre l'entrée de certaines importations utiles à la production interne.

Cette stratégie se traduit par la mise en place de mesures spécifiques qui orientent le secteur manufacturier canadien vers la transformation des matières premières, les produits semi-élaborés et les activités d'assemblage.

[1] Pour plus de détails sur l'œuvre de cette personnalité, consultez Creighton, 1952.

Cette politique n'a pas grand-chose à voir avec le processus d'industrialisation substitutif des importations qui apparaît beaucoup plus tard au Mexique et que l'on désigne comme une stratégie d'usines subsidiaires (Williams, 1983).

La politique nationale ainsi définie affronte plusieurs problèmes dont le principal est la dimension du marché canadien. Grâce à la protection dont ils jouissent initialement, les producteurs canadiens réussissent à améliorer substantiellement leur niveau de production, mais ils se heurtent très vite aux limites du marché interne et réitèrent leur demande de marchés extérieurs garantis.

Le désir du Premier ministre MacDonald est partiellement exaucé car la politique nationale réussit à attirer l'attention non pas du gouvernement des États-Unis mais de ses investisseurs et hommes d'affaires qui trouvent de grands avantages au protectionnisme canadien, sans la nécessité d'un accord commercial entre les deux pays.

Progressivement, un grand nombre d'entreprises, dont la maison mère se trouve aux États-Unis, établissent des filiales sur le sol canadien, calculant qu'il leur sera facile de contrôler l'industrie canadienne ainsi que d'autres secteurs économiques, parmi lesquels les ressources naturelles, et donc de prendre le contrôle du marché intérieur.

C'est ainsi que l'économie canadienne a été pratiquement cooptée par les capitaux des États-Unis, alors que la probabilité d'un nouveau traité de réciprocité s'éloignait de plus en plus.

Entre 1879 et 1911, tous les gouvernements successifs essayent de signer un tel traité, mais l'hermétisme des États-Unis devient plus intense quand ils se rendent compte des avantages que leur offre le marché captif de producteurs et consommateurs, grâce à la Politique nationale canadienne.

Paradoxalement, alors que la présence économique des États-Unis au Canada se fait sentir davantage, la présence canadienne à l'extérieur se multiplie à la recherche de marchés pour écouler ses produits de base[1].

4. La connexion impériale par défaut : la recherche du multilatéralisme à travers la connexion britannique

Pendant près de trente-deux ans, les Canadiens ont construit les bases de leur politique commerciale, sans avoir de cadre légal leur garantissant l'accès au marché des États-Unis. Cela n'a pas empêché le développement de l'intérêt des entrepreneurs des États-Unis, qui, grâce à la Politique nationale, ont un marché assuré au Canada.

---

[1] Nous faisons référence principalement aux produits liés aux ressources naturelles qui s'orientent surtout à l'exportation ; dans la littérature économique canadienne, on les connaît comme « *staples* » et ils ont fait l'objet d'une analyse théorique publiée durant les années 20 par des auteurs comme Harold Innis et McIntosh. « *Staple products* » a été traduit traditionnellement par l'expression « produits de base » (voir notre analyse dans le chapitre précédent).

Face à ce problème, le gouvernement canadien cherche un contrepoids en se tournant vers l'empire : « ... *if Canadian goods could not gain a privileged status in the United States market, then they had to regain such status in Great Britain* » (Hart, 1998 : 33).

Obtenir une telle connexion n'est pas évident car les politiques économiques et commerciales de la Grande-Bretagne sont orientées vers le libre-échange pratiquement jusque dans les années 20, et les Anglais ne sont donc pas très enclins à offrir à un traitement préférentiel aux marchandises canadiennes. Toutefois, cet élément n'empêche pas les échanges commerciaux.

Même si le Canada ne bénéficie pas du traitement de *nation la plus favorisée*[1], ni avec les États-Unis ni avec la Grande-Bretagne, cela ne l'empêche pas d'octroyer unilatéralement un traitement préférentiel aux produits britanniques. Il cherche également à signer des accords préférentiels réciproques avec plusieurs pays ayant eux aussi eu à subir la férule britannique, comme l'Australie et la Nouvelle-Zélande, entre autres.

À ce propos, il faut signaler que le commerce international du Canada a utilisé le statut de *nation la plus favorisée* dès son apparition vers la moitié du XIXe siècle, en même temps que l'application d'un régime de droits de douane au service d'une politique commerciale internationale déterminée. Face à l'impossibilité d'obtenir ce statut, le Canada décide de négocier avec d'autres pays, européens et latino-américains. Ce n'est en 1911, sous le gouvernement libéral du Premier ministre Laurier, que les négociateurs canadiens obtiennent un nouvel accord commercial avec les États-Unis, qui paradoxalement ne peut être mis en œuvre à cause de l'opposition des Canadiens et précipite la chute de Laurier[2]. Derrière le slogan : « *No truck nor trade hit the yankees* », les conservateurs se regroupent, se déclarent protectionnistes et préfèrent la connexion impériale avec l'Angleterre (Norrie et Owram, 1996 : 20).

Derrière ce rejet, on retrouve les intérêts économiques de l'Association des industriels et des agriculteurs les plus puissants, secteurs qui se sont développés à l'ombre de la Politique nationale. Pour eux, de toute évidence, un accord de libre-échange met en péril les avantages acquis sous le protectionnisme canadien.

---

[1] C'est en 1417 qu'apparaît pour la première fois la clause de « nation la plus favorisée » dans le cadre d'un accord entre l'Angleterre et les Flandres concernant les échanges maritimes entre les deux pays ; en 1434 le terme réapparaît dans un traité entre l'Angleterre et la ligue hanséatique qui d'ailleurs fait allusion à la citation antérieure de ce concept. En 1778 apparaît la première clause conditionnelle dans un traité de nation la plus favorisée signée entre la France et les États-Unis, clause qui subordonne la mise en œuvre de ce traité à la concession compensatoire d'avantages équivalents à ce que ferait en son temps un troisième pays qualifié de plus favorisé.

[2] Les circonstances du débat pour et contre l'accord de 1911 sont développées dans le chapitre 1, et nous ne les citerons que rapidement pour renforcer notre analyse sur la politique commerciale internationale du Canada qui, dès le départ, révèle un fort penchant vers les États-Unis.

L'accord de 1911 est approuvé par les deux chambres du Congrès des États-Unis et le refus canadien est donc très mal accepté par les négociateurs et les congressistes américains, entraînant de fortes répercussions au Canada. Un des effets les plus importants est la relation qui s'instaure entre les principes d'une politique commerciale internationale et les intérêts électoraux des partis politiques. Ainsi, les principes de libre-échange et de réciprocité dans le traitement commercial entre pays proposés par le gouvernement canadien, sont sévèrement combattus par les conservateurs.

À partir de cette date, les partis politiques et tout spécialement les libéraux et les conservateurs font de la politique commerciale internationale, leur cheval de bataille. Paradoxalement, il faut noter que ce sont les conservateurs qui, à la fin du XXe siècle, utiliseront le triomphe électoral de Brian Mulroney pour soutenir la négociation d'un accord de libre-échange avec les États-Unis.

5. L'entrée du Canada dans le Commonwealth

Traditionnellement, le Canada est un pays qui sait tirer avantage de l'adversité économique. Par exemple, il sort renforcé politiquement et économiquement de la Première Guerre mondiale (1914-1918) aux côtés de l'Angleterre et des Alliés. Le fait le plus marquant est qu'à partir de 1926, il obtient des Anglais le droit de mener sa propre politique internationale.

Sans aucun doute, la crise mondiale de 1930 met à l'épreuve la résistance des économies de tous les pays et l'on assiste donc à la recrudescence des politiques protectionnistes. Les effets sur l'économie canadienne sont dévastateurs : les marchés exportateurs traditionnels du blé, des minéraux et des ressources naturelles en général s'effondrent et de nombreuses usines doivent fermer leurs portes.

Dans la majorité des pays, une des réactions immédiates est l'augmentation des droits de douane et le pays qui, sans aucun doute, prend les mesures protectionnistes les plus intenses est les États-Unis. En 1930, le Congrès approuve la loi Smoot-Hawley[1] sur les droits de douane qui impose aux exportations canadiennes des taux de presque 60 %. La réaction du Premier ministre Mackenzie King est violente, et il élève à son tour fortement les impôts sur les exportations des États-Unis (Muirhead, 1992 : 5-11 ; Cook, 1994 : 489). D'autre part, depuis les années vingt, la Grande-Bretagne a commencé elle aussi à s'éloigner des politiques de libre-échange, et avec la crise de 1929 et ses répercussions internationales elle adopte un changement de direction de sa politique économique et de son commerce international.

[1] Cette loi est considérée comme une des mesures les plus protectionnistes dans l'histoire économique des États-Unis. Elle est le résultat des pressions exercées sur le Congrès par certains secteurs industriels et agricoles qui désiraient des mesures protectionnistes.

En 1930, la situation économique du Canada devient insoutenable, et les relations entre Washington et Ottawa prennent la tournure d'une guerre commerciale, poussant encore une fois le Canada dans les bras de l'Empire britannique. La Conférence impériale de 1930 sert aux Canadiens de forum pour exposer leur intérêt à renforcer les liens et les accords avec les autres membres du *Commonwealth*[1]. Le Canada offre alors 10 % de taux préférentiels sur ses marchés à condition de recevoir une offre réciproque ; cette proposition est repoussée immédiatement. Toutefois, finalement, les membres de la Conférence acceptent de ne pas modifier les tarifs préférentiels pendant les trois années suivantes (Muirhead, 1992 : 6).

Il faut noter le parallélisme qui existe entre la Politique nationale implantée en 1879 pas MacDonald et la proposition du Premier ministre R.B. Bennett en 1930 : dans les deux cas, l'augmentation des droits de douane sur les importations étasuniennes et britanniques est présentée comme la manière la plus efficace d'ouvrir la voie aux exportations canadiennes. Le Premier ministre a promis dans son discours de campagne qu'il « *ferait se battre les droits de douane* » et qu'il « *les utiliserait pour ouvrir le chemin des marchés qui avaient été fermés* ». Son agressivité vis-à-vis de la politique commerciale britannique est encore plus importante et il propose ouvertement d'établir « *une préférence impériale* », proposition immédiatement repoussée par le gouvernement britannique.

En août 1932, a lieu à Ottawa la Conférence sur le Commerce et l'Économie, avec la participation des Dominions et des autres possessions de l'Empire. Lors de cette réunion, commence à s'ébaucher ce qui sera un système de préférences tarifaires, dans le cadre d'accords bilatéraux. Le Canada obtient des accords commerciaux intéressants avec l'Australie, la Nouvelle-Zélande, l'Afrique du Sud, la Rhodésie et l'Irlande. Un des éléments marquants de cette rencontre est le fait que les négociateurs signent des traités bilatéraux entre eux et avec le Royaume-Uni, aboutissant à la création d'un bloc commercial avec un système croisé de préférences douanières dans lequel l'hégémonie anglaise est relative et où l'on commence à percevoir le caractère *semi-périphérique* du Canada.

Malgré la recherche du multilatéralisme, le gouvernement canadien est obligé de recourir au bilatéralisme à l'intérieur d'une communauté britannique apparemment multilatérale (Cook, 1994 : 490).

Les membres du Commonwealth s'accordent des préférences réciproques et s'allient sur un ajustement préférentiel commun qui débouche sur l'application de la clause de « *la nation la plus favorisée* »[2] et sur une politique commerciale commune de type libre-échange.

---

[1] Cette expression fait référence à la Communauté Britannique des Nations, le terme a été utilisé pour la première fois lors de la conférence impériale et fut reconnu officiellement par le Parlement britannique par le biais du Statut de Westminster de 1931.

[2] Cette clause s'exprime par l'obligation de reconnaître que l'autre partie ou ses nationaux recevront un traitement non moins favorable que le pays ou ses nationaux dans des circonstances similaires. Par

La mesure qui provoque aux États-Unis la plus forte commotion est la décision des pays membres de la Conférence d'élever conjointement les droits tarifaires aux autres pays non membres du Commonwealth, au moment où ils réduisent ceux qui existent entre eux. Cette décision inaugure un modèle assez complexe de politique commerciale internationale, dans laquelle on applique simultanément le bilatéralisme et la trilitéralité, dans le cadre d'un commerce multilatéral, celui de la Communauté britannique[1].

Pour les États-Unis, la création de la zone de la livre sterling, monnaie qui régit les transactions commerciales entre les membres du Commonwealth, est une inquiétude supplémentaire. Jusqu'à 1914, le système monétaire était centré à Londres. Tous les pays membres de la Communauté britannique étaient très liés au commerce, à l'investissement et au système de prêts anglais et ils constituaient une sorte de prolongation du système monétaire et commercial britannique suivant les politiques et les orientations dictées par la banque centrale anglaise. Toutefois, le Canada n'adhère pas à la zone de la livre sterling, ce que l'on pourrait interpréter comme une tentative de se libérer un tant soit peu du contrôle britannique pour ne pas augmenter le malaise américain (Chapoy Bonifaz, 2000 : 12-18 ; Muirhead, 1992 : 5).

La Grande Dépression de 1929 accélère la perte de l'hégémonie économique britannique et particulièrement de sa monnaie, la livre sterling. L'incertitude financière est d'une telle ampleur que le système monétaire international s'effondre. Les prêts à long terme octroyés par l'Angleterre ne peuvent être honorés, le Royaume-Uni lui-même ne pouvant obtenir des ressources fraîches de l'extérieur, ne pouvant pas non plus convertir en or les immenses réserves accumulées par d'autres pays, face à cette situation décide de dévaluer sa monnaie, le 19 septembre 1931 (Chapoy Bonifaz, 2000 : 17).

D'autre part, la coordination interne des accords reflète très clairement le problème du développement économique asymétrique des pays du Commonwealth. Aucun des participants n'est en mesure d'offrir aux industries britanniques une entrée sans frein sur son marché, puisque l'on considère presque toujours qu'un certain degré de protectionnisme est indispensable pour garantir le développement industriel.

La Grande-Bretagne ne peut pas non plus pénaliser les importations de matières premières sans risquer une augmentation de ses coûts de production qui mettrait sa compétitivité en risque. Il s'établit alors un modus vivendi qui permet la coexistence du protectionnisme et du traitement préférentiel : « *the*

conséquent, si les nationaux reçoivent un traitement plus favorable, celui-ci devra immédiatement être étendu à l'autre partie ou à ses nationaux.

[1] La conférence d'Ottawa pose les bases des futures relations commerciales internationales en affirmant que les accords de libre-échange peuvent être négociés de façon bilatérale dans un schéma plus ample de multilatéralisme avec le consentement et le consensus de chacun des pays membres. Ce mode de fonctionnement est un précédent important de ce que sera le fonctionnement du GATT (Hart, 1998 : 21).

British received an undertaking from Australia, Canada and New Zealand to protect only "plausible industries" and not impose prohibitive duties on other UK manufactured goods » (Drummond, 1972 : 32).

Quelques années plus tard, la structure du Commonwealth commence à montrer ses faiblesses, particulièrement quand les États-Unis se proposent de le fracturer par le biais de négociations commerciales directes faites séparément avec le Royaume-Uni et le Canada. Les autres membres de la communauté se posent alors la question de savoir si les bénéfices de ces négociations s'étendront aux autres membres du Commonwealth[1] (Hart, 1998).

Les origines de ce problème sont à chercher dans la façon dont les accords bilatéraux établissent les préférences commerciales. Pendant le gouvernement libéral, les fonctionnaires canadiens insistent lourdement sur le fait que les préférences impériales doivent être autorisées ou retirées librement. Mais, en 1912 lors de la négociation d'un accord avec les *West Indies*, les conservateurs, alors au pouvoir au Canada, décident qu'elles doivent être obligatoires. À partir de cette date, cette pratique se répand dans tout le Commonwealth et lorsque, quelques années plus tard, les États-Unis négocient individuellement des accords commerciaux, un avec le Canada (1935 et 1938) et un avec le Royaume-Uni (1937), ce problème devient un motif de mésentente[2]. Plus tard, ce problème devient un sérieux obstacle lors des négociations entre les pays du Commonwealth et ceux qui appartiennent au GATT (Hart, 1998 : 22). En effet, dès 1933, le gouvernement du Président Roosevelt profite de chaque réunion pour rappeler au Canada comme à la Grande-Bretagne que les préférences impériales sont des pratiques rétrogrades qui vont à l'encontre de l'esprit actuel du commerce international (Drummond et Hillmer, 1989 : 27).

Il est évident que ce qui dérange le plus les États-Unis est le fait que la Grande-Bretagne puisse être à la tête d'un bloc commercial et monétaire qui va à l'encontre de ses propres intérêts commerciaux. D'autre part, dans ses discours sur le multilatéralisme et le libre-échange, le Président Roosevelt préfère ne pas rappeler qu'entre 1930 et 1932 le gouvernement étasunien a appliqué des droits de douane catastrophiques pour ses partenaires commerciaux. Il a fallu l'intervention du Secrétaire d'État Cordelle Hull

---

[1] Les Canadiens se poseront d'ailleurs la même question en 1990, quand le Mexique commencera des négociations bilatérales avec les États-Unis : ils préfèrent alors entrer directement dans la négociation, craignant de ne pas bénéficier des mêmes avantages. On observe un cas similaire entre le Mexique et les pays latino-américains lorsque ces derniers réclament l'extension des avantages de l'ALÉNA dans le cadre de l'ALADI (Association latino-américaine d'Intégration). En 1990, le refus mexicain remet sérieusement en cause la participation mexicaine à cette association.

[2] Les États-Unis ont toujours affirmé leur désaccord devant les préférences douanières, surtout lorsqu'elles sont discriminatoires pour l'économie étasunienne. Les Anglais sont conscients du fait qu'il est impossible de répondre aux exigences des États-Unis sans libérer les Dominions de certaines obligations. Ce problème porte directement préjudice aux Dominions puisqu'il a pour conséquence la perte des avantages obtenus à travers les accords bilatéraux préférentiels et la clause de la Nation la plus favorisée.

pour combattre les effets de la loi Smoot-Hawley qui était une mesure protectionniste à outrance.

6. L'incursion du Canada chez les grandes puissances

À partir de 1932, la relation du Canada avec le reste du Commonwealth devient une sérieuse préoccupation pour les États-Unis qui voient avec méfiance la force commerciale et monétaire constituée par cette communauté.

Ils sont gênés par l'attitude du Canada qui reste fidèle à certains principes économiques : il ne s'agit pas seulement de sa participation au Commonwealth mais aussi de son attachement à d'autres accords de type monétaire comme l'accord sur les paiements, signé à cette époque avec l'Allemagne.

Ces faits marquent un tournant dans la relation commerciale et politique entre le Canada et les États-Unis. En 1933, conscients des effets négatifs de la loi Smoot-Hawley et de la crise économique, ils entament des négociations qui débouchent sur l'accord de libre-échange de 1935 sous le gouvernement de Mackenzie King (1921-1926). « *C'est le premier accord commercial avec les États-Unis qui est ratifié par le Parlement canadien : l'accord de réciprocité commerciale de 1854 avait été signé par le Parlement de Westminster en Angleterre* » (Granatstein, 1981 : 51).

L'importance de cette initiative ne réside pas seulement dans son objectif commercial, mais plutôt dans le fait qu'il met clairement en évidence l'intention du gouvernement américain de se lancer dans une politique commerciale internationale de caractère multilatéral dont le Canada serait la pierre angulaire : « *the United States was engaged in too much of a lone fight against trade barriers and requested Canadian help* » *(*cité in Muirhead, 1992 : 9 et Drummond, 1972).

Bien évidemment, les Canadiens perçoivent cette intention cachée et pendant un certain temps ils emploient des techniques d'équilibriste pour conserver les faveurs de leurs deux grands alliés. Ainsi, le Canada signe en 1935 un accord avec les États-Unis et en 1937 un accord avec l'Angleterre (Hart, 1998 : 259).

Cette pratique renforce l'image que le gouvernement américain se fait du gouvernement canadien, dans lequel il voit un obstacle sérieux à la politique de *démontage économique* qu'il a entrepris avec la publication de la *Loi sur les Accords commerciaux* (1934), sous l'impulsion du président Roosevelt et son secrétaire d'État Cordell Hull[1].

Cette loi du Congrès américain tente de lutter contre les effets déplorables de la loi précédente, la loi Smoot-Hawley, en donnant au Président

---

[1] Les *Reciprocal Trade Agreements Programs* donnent au président des États-Unis la faculté de négocier les droits de douane. Pendant huit ans, environ 30 accords de réciprocité commerciale seront signés avec 28 pays sous la responsabilité du Secrétariat d'État : les droits de douane étasuniens sont réduits d'environ 50 % pour les pays participant à ce programme (Hart, 1998 : 259).

l'autorisation de négocier, pendant les trois prochaines années, des accords réciproques de commerce et de réduction des droits de douane. Ce genre d'accord n'exige pas l'approbation du Sénat et la loi les y autorisant a été rédigée et négociée par le Congrès (1933) pour donner au Président la liberté de consolider son leadership dans les affaires économiques internationales[1].

Ce changement accélère la stratégie américaine et en même temps mine la force économique du Commonwealth. Avec le temps, le Canada devient un partisan convaincu du multilatéralisme et un des alliés de la nouvelle stratégie commerciale des États-Unis. La bureaucratie canadienne trouve dans le multilatéralisme la solution à sa bipolarité historique : l'atlantisme et le continentalisme, ou la loyauté envers deux États impérialistes.

7. Le passage du Canada de l'orbite impériale britannique à l'orbite des États-Unis

Dans les années 30, la relation du Canada avec la politique commerciale internationale est loin d'être simple. Les pressions exercées par les États-Unis et par les Britanniques augmentent avec le temps. Le Canada est agressé en même temps par les deux pays, mais les désaccords avec l'Angleterre et la confirmation progressive que la relation commerciale anglaise s'affaiblit à cause de la situation économique britannique elle-même poussent les Canadiens à accepter, en 1935, la négociation d'un nouvel accord commercial avec les États-Unis[2].

Les États-Unis vont utiliser cet accord à leur profit, dans leurs relations avec le Canada et l'Angleterre. C'est ainsi qu'à plusieurs reprises les États-Unis demandent au Canada son appui contre le bilatéralisme et le protectionnisme de la Grande-Bretagne, lui promettant en échange un élargissement des termes de l'accord de 1935.

De son côté, le Canada cherche par cet accord à équilibrer sa relation avec la Grande-Bretagne. Il y parvient temporairement lorsqu'en 1937 les États-Unis et le Royaume-Uni avec ses Dominions négocient de façon trilatérale la réduction des droits de douane et des marges de préférences, parvenant ainsi à amortir le protectionnisme commercial ambiant.

---

[1] Après le passage de cette loi, des modifications importantes ont été apportées à l'autorisation du Congrès. Parmi les plus récentes, on se souviendra de celle qui a été proposée durant l'*Uruguay Round* des négociations du GATT, connue comme « *Fast Track* ». Fin 2000 se crée le *Trade Promotion Authority* qui permet au pouvoir exécutif de négocier des accords commerciaux avec des pays tiers pour ensuite les soumettre au Congrès qui peut les accepter ou les rejeter mais ne peut pas y apporter d'amendements. La loi du commerce du 2002 inclut la dernière autorisation du TPA et a expiré en 2007. Actuellement le président Obama espère obtenir l'autorisation du Congrès pour utiliser la *fast track* et de conclure ces négociations de l'Accord de Partenariat Trans-Pacifique (APT) et éventuellement conclure la signature d'un accord de libre-échange avec l'Union européenne.

[2] Cet accord est d'abord négocié par le Premier ministre Bennett, mais c'est son successeur, Mackenzie King qui le signe quelques semaines après avoir gagné les élections. Cette négociation permet au Canada d'obtenir la réduction des droits de douane sur ses exportations primaires et sur certains produits manufacturés et le libre accès pour un grand nombre de produits.

Entre 1931 et 1938, il est particulièrement difficile au Canada de maintenir les objectifs qu'il s'est fixés en matière politique commerciale internationale. La guerre ouverte entre les États-Unis et l'Angleterre pour s'assurer l'hégémonie commerciale prend le Canada en otage. Très souvent, les Étasuniens font pression sur le gouvernement canadien pour que, depuis l'intérieur du Commonwealth, il anime un courant d'opinion qui leur soit favorable. Ils tentent aussi de convaincre les Canadiens d'abandonner les avantages commerciaux qu'ils ont obtenus des Anglais en leur promettant qu'en faisant pression sur les Britanniques, ils bénéficieraient de l'élargissement des préférences commerciales sur le marché étasunien.

Finalement, le Canada est entraîné sur l'orbite commerciale des États-Unis grâce à la promesse trompeuse d'être admis dans de futures négociations commerciales multilatérales : cette idée a tout de suite fasciné le gouvernement canadien qui pense que le multilatéralisme étasunien donnera de l'oxygène à ses intérêts économiques et fera contrepoids à l'influence de la Grande-Bretagne et des États-Unis sur l'économie canadienne (Muirhead, 1992 : 11).

Si l'on récapitule tout ce qui s'est passé depuis 1930 jusqu'à la fin de la Seconde Guerre mondiale, il est évident que l'attitude des Anglais vis-à-vis du Canada contraint celui-ci à mettre l'option atlantiste de côté et le pousse à renforcer rapidement le processus de continentalisation.

Il existe une importante bibliographie qui considère qu'entre 1945 et 1957 on assiste à ce que l'on appelle « la vente du Canada », action très liée à la politique économique et au commerce international des gouvernements libéraux des Premiers ministres Mackenzie King (1921-1926, 1926-1930, 1935-1948) et Louis St. Laurent (1948-1957). Ces gouvernements sont considérés comme des artisans du processus de continentalisation de l'économie canadienne, à cause de la façon dont ils ont orienté les relations économiques avec les États-Unis.

Selon plusieurs auteurs, les gouvernements de Mackenzie King et de Saint-Laurent ont favorisé des politiques de développement économique ayant besoin de la liaison continentaliste pour réussir. Ils ont fait du Canada un pays fournisseur de matières premières pour une économie étasunienne en expansion, où la création d'emplois est hautement dépendante des investissements étasuniens, et où apparaissent de nombreuses usines subsidiaires. En échange, le Canada a obtenu un accès au marché étasunien.

Des auteurs, comme Donald Creighton, affirment qu'entre 1937 et 1952, « *Canada made a number of crucial decisions about its direction. It chose one fork of the road to the future* ». Kari levitt, James Laxer et Melissa Clark-Jones sont d'accord pour affirmer que la forte orientation du commerce canadien vers l'économie étasunienne, à partir de la Seconde Guerre mondiale, provoque l'aliénation de l'économie canadienne.

Au contraire, des intellectuels comme Granatstein et Muirhead affirment que les gouvernements en question ont beaucoup travaillé pour renforcer la connexion atlantiste comme le prouvent les propositions faites par le Canada pendant les conférences impériales. Mais le fait que le projet économique de la Grande-Bretagne, basé sur la non-convertibilité et la discrimination des pays hors Commonwealth, soit resté dominant jusqu'au milieu des années 50 est l'élément le plus important. Ce projet a sacrifié les pays appartenant à la communauté britannique et, après la Deuxième Guerre mondiale, comme nous le verrons plus loin, les États-Unis sont l'unique option viable pour le Canada.

8. La recomposition des forces dans les années 40

Le Canada, en tant que membre du Commonwealth, a participé de multiples façons aux nombreuses guerres impériales de la Grande-Bretagne[1] ; en particulier, sa participation aux deux guerres mondiales est inestimable. Ces expériences ont permis à sa relation politique et commerciale avec l'Angleterre de progresser. Les améliorations les plus spectaculaires ont bien sur lieu après les deux conflits mondiaux. La Première Guerre lui donne une grande partie de son indépendance politique et le droit de gérer sa politique internationale de façon autonome. La seconde lui permet d'obtenir sa totale maturité politique et une place privilégiée dans le dialogue multilatéral, au côté des États-Unis et de l'Angleterre, à travers des instances comme le GATT, le Fonds Monétaire International et l'Organisation des Nations unies, même s'il ne partage pas tous ses objectifs avec ces pays.

Ces expériences permettent au Canada d'atteindre ses objectifs politiques et d'obtenir d'importants avantages économiques grâce à une stratégie souvent mise à l'épreuve d'auprès des Anglais qui consiste, comme nous le verrons plus loin, à lier les aspects militaires à des arrangements de caractère économique et commercial.

Il faut toujours rappeler que dès le début, le Canada soutient la cause des Alliés et que son engagement absolu aux côtés de la Grande-Bretagne dans la Seconde Guerre mondiale (1939-1945) précède de beaucoup celui des États-Unis qui restent neutres jusqu'à l'attaque japonaise sur Pearl Harbor (1941).

Pendant les premières années de guerre, le Canada dépense beaucoup d'énergie pour convaincre les États-Unis de s'unir à la cause des Alliés. Le président Roosevelt n'a jamais eu de doutes sur le camp qu'il devait soutenir et il a toujours pensé que toute initiative devait avoir le soutien du Canada puisqu'il était convaincu de la nécessité d'une défense commune de

[1] Lors de la guerre des Boers en 1899 ; comme observateur militaire au Cachemire après la guerre indo-pakistanaise en 1948 ; à Colombo comme observateur en 1952 ; au canal de Suez, Égypte, en 1956.

l'Amérique du Nord. C'est cette certitude qui est à l'origine de l'Accord d'Ogdensburg en 1940, qui instaure une Junte mixte permanente de Défense, puis de la Déclaration de Hyde Park[1] qui permet de prendre les mesures financières nécessaires pour que le Canada produise le matériel de guerre destiné à la Grande-Bretagne selon un accord de prêt-location concerté entre les États-Unis et la Grande-Bretagne.

Ces deux actions sont particulièrement significatives pour le Canada qui, pour la première fois, devient l'échelon le plus important de la relation entre les deux puissances et obtient, en plus, une importante stimulation financière grâce à l'industrie de guerre. En 1948, alors que le conflit armé semble appartenir au passé, le Congrès des États-Unis décide de renouveler la majeure partie des avantages de la coopération économique dont le Canada a bénéficié au titre de l'accord de Hyde Park, comme participation au Plan Marshall de reconstruction de l'Europe[2] (Cook, 1994 : 502 et 515).

Grâce à des opérations liées aux principes de cet accord, les États-Unis et le Canada obtiennent, pendant la Deuxième Guerre mondiale, un niveau élevé de coopération économique industrielle. Depuis le départ, il est clair que les deux gouvernements veulent instaurer les principes d'une sécurité mutuelle d'assistance au sein de leurs obligations inscrites dans la Chartre de l'ONU et dans le Traité de l'Atlantique Nord. Il leur semble indispensable d'assurer ensemble une défense commune de la production et des ressources des deux pays.

Après la Seconde Guerre mondiale, le Canada ouvre ses portes aux investissements étasuniens. Ces investissements à grande échelle contribuent à la croissance et à la prospérité de l'économie canadienne : ils contrôlent la majeure partie des usines subsidiaires installées au Canada, ce qui influence le comportement des filiales qui se retrouvent soumises à la législation étasunienne, avec, par exemple, l'interdiction de faire du commerce avec Cuba.

En 1945, il y a 2522 entreprises canadiennes sous contrôle étranger, en majorité étasunien. En 1969, ce chiffre est de 4839 entreprises dont 3686 sont d'origine étasunienne (Bonin, 1967 : 101-102).

---

[1] La description de Muirhead révèle l'importance de ce traité pour le Canada : « ... the prime minister [Mackenzie King] travelled south to Roosevelt's home at Hyde Park, New York, in April 1941. There the two leaders agreed on the Hyde Park Declaration, which promised a more effective integration of the Canadian and American economies... ». Dans cette déclaration l'importance de l'effort économique des deux pays pour coordonner un plan commun de défense, de production et d'utilisation des ressources naturelles des deux pays est réaffirmée. C'est de là qu'est issu le concept de coopération économique qui tente de bâtir des conceptions de base qui guideront les futures activités des deux gouvernements (Muirhead, 1992 : 13, 68 ; Morton, 1994 : 515).

[2] L'accord de Hyde Park est renouvelé en 1950 pour calmer les tensions dans la négociation d'un accord commercial bilatéral entre le Canada et les États-Unis. Cet accord est en négociation depuis 1947 et fait partie de la stratégie étasunienne qui fait la promotion d'accords de libre-échange dans le cadre de l'OIC. Ces discussions se déroulent à Torquay, Angleterre (1950-1951) à cause de la réunion du GATT qui doit être l'antichambre de l'Organisation internationale du Commerce (OIC).

Le gouvernement canadien considère à cette époque que la grande majorité des Canadiens accueille avec bienveillance l'investissement étasunien et déclare :

> « Nous ne sommes pas allergiques au capital étranger et nous ne lui mettons pas d'obstacles car cela voudrait dire entraver le développement économique du Canada. Depuis que le Canada est un des pays les plus libres du monde et qu'il n'y a pas d'obstruction au mouvement des capitaux vers l'intérieur ou l'extérieur, certains Canadiens ont choisi d'investir à l'extérieur et à l'intérieur du pays : les Canadiens ont investi davantage aux États-Unis que les Étasuniens au Canada » (cité in Bonin, 1967).

Le résultat net est que les trois quarts du capital canadien sont financés par l'épargne intérieure, ce à quoi les patrons canadiens de l'époque répondent :

> « Nous souhaitons la bienvenue aux capitaux du sud, nous souhaitons la bienvenue aux entreprises, à l'expérience sur le marché, à la technique et à la recherche qui peuvent nous aider à construire notre pays plus vite que si nous le faisions tout seul ».
>
> « Ensemble les États-Unis et le Canada ont profité de ces nouveaux marchés et ont obtenu de nouvelles sources de matières premières. Les bénéfices des États-Unis contrôlent une bonne part des corporations canadiennes et sont réinvestis au Canada, le reste étant librement transféré sous forme de dividendes aux entreprises étasuniennes aux États-Unis ».
>
> « Notre proximité avec les États-Unis, nos institutions et nos coutumes similaires font qu'au niveau commercial les Étasuniens traitent les Canadiens comme s'ils faisaient partie des États-Unis » (cité in Bonin, 1967).

9. La technique diplomatique à l'épreuve : la construction institutionnelle de l'économie de l'après -guerre

Une des affirmations les plus fréquemment utilisées par les politiciens et les intellectuels est que le Canada a toujours été en faveur du multilatéralisme, en politique comme en commerce.

Cette affirmation, bien qu'elle soit exacte, doit être nuancée car il faut reconnaître que le Canada utilise cette technique comme une cuirasse pour se protéger des pressions des États-Unis et de la Grande-Bretagne.

Les négociations internationales auxquelles le Canada participe dans les années 40 s'inspirent des principes défendus par les États-Unis depuis l'administration Roosevelt : libéralisation économique et commerciale, rejet de tout type de protectionnisme masqué de nationalisme, réciprocité de tous les accords et multilatéralisme dans la participation à des accords commerciaux.

De fait, la dernière de ces propositions est acceptée par les gouvernements canadiens dès 1931[1].

---

[1] Le Canada met tous ses espoirs dans le multilatéralisme : il lance son propre projet et lutte avec ténacité pour que les principes qu'il défend soient pris en compte dans les réunions internationales qui jouent un rôle important dans le début de l'après-guerre. En 1944, le Canada participe à la conférence de Breton Woods, New Hampshire, qui donne le jour au Fonds Monétaire International et à la Banque Internationale

Il faut souligner que, dans l'optique des États-Unis, l'objectif immédiat est l'élimination des barrières douanières entre les pays et que, pour mener cette idée à terme, ils commencent des conversations avec le Canada et les pays alliés pour créer l'Organisation internationale du commerce (OIC)

Pour les Étasuniens, la reconstruction économique de l'après-guerre offre la possibilité de mettre un point final aux préférences impériales du Commonwealth et d'établir par tous les moyens un système commercial basé sur le multilatéralisme et le libre-échange. L'autre objectif des Étasuniens est de continuer à affaiblir la livre sterling qui était jusqu'il y a peu de temps la devise qui régnait sur le commerce mondial.

Avec cette mentalité, le gouvernement étasunien publie, en appendice à l'accord de prêt anglo-étasunien, un document appelé *Proposals for expansion of World Trade and Employment,* en décembre 1945. Le Royaume-Uni perçoit les intentions étasuniennes, mais la guerre a mis ce pays dans un tel état qu'il ne peut absolument pas offrir une réponse différente aux pressions étasuniennes[1].

Parallèlement, les États-Unis commencent en 1945 des conversations avec le Canada et les pays alliés pour créer très rapidement l'OIC.

Un comité préparatoire dont le Canada et le Royaume-Uni font partie est mis en place. Ce groupe rédige le brouillon d'une lettre constitutive qui sera ensuite discutée à la Conférence internationale sur le Commerce et l'Emploi, à La Havane, Cuba en 1947[2].

Le long processus de discussion de ce que l'on appellera ensuite la Lettre de La Havane offre au Canada une chance exceptionnelle d'exprimer dans les réunions préparatoires son opinion sur ce que devraient être les futures règles du commerce international et de se construire une solide réputation de négociateur. L'équipe canadienne menée par Dana Wilgress commence à donner au Canada l'espace international si recherché, et à ce sujet Wilgress écrit au ministre Lester Pearson :

> « *This status has enabled us to play a leading role in all the discussions leading up to the formulation of the Draft Charter. We have participated on an equal footing with the United Kingdom and the United States... This is an indication not only of the ability of the members of the delegations, but also our status as a commercially great power* » (Wilgress to Pearson, 30 September 1947, cité in Muirhead, 1992 : 199).

---

pour la Reconstruction et le Développement (BIRD), qui plus tard se convertit en Banque Mondiale (BM).

[1] Cet appendice établit que Londres doit accepter les règles qui mettent fin aux préférences douanières. La situation économique de la Grande-Bretagne ne lui laisse aucune marge et ne permet aucune opposition à la proposition imposée par les États-Unis en échange du sauvetage financier.

[2] En novembre 1946 une réunion préparatoire a lieu à Londres : les représentants de 16 pays discutent la *Suggested Charter for an International Trade Organization.* Cette proposition propose l'élimination des systèmes de préférences douanières et la révocation des restrictions quantitatives discriminatoires et l'établissement d'un contrôle strict sur les subventions aux exportations. Ce groupe poursuit son travail à New York jusqu'en février 1947. Finalement, en avril de la même année, 23 pays se réunissent à Genève pour discuter du document qui prétend fonder l'OIC et le présenter pour approbation à la Conférence mondiale sur le Commerce et l'Emploi à La Havane, Cuba, 1947-1948.

Il est certain que la participation du Canada aux réunions préparatoires de l'OIC a été l'occasion idéale pour forger définitivement les bases de son profil de puissance moyenne capable de servir de médiateur entre deux rivaux commerciaux de la stature de la Grande-Bretagne et des États-Unis (Gutiérrez-Haces, 1999a).

Le Canada doit affronter un nouvel obstacle qui est celui de l'harmonisation de ses intérêts avec ceux d'autres pays soumis à de fortes asymétries économiques, notamment parce que les États-Unis, profitant de la position acquise après la fin de la Deuxième Guerre mondiale, lui rendent la chose plus difficile en voulant imposer leur point de vue (Gutiérrez-Haces, 2002 : 41).

Le Canada partage certaines positions avec les États-Unis dont le principe de non-discrimination et celui de la réciprocité commerciale, mais il se sent peu à l'aise face à l'indifférence et aux manières arbitraires employées vis-à-vis des pays moins développés où des pays qui affrontent des problèmes dans leur balance de paiements.

La Conférence internationale de 1947 sur le Commerce et l'Emploi qui a lieu à La Havane se propose de discuter les règles de construction de l'OMC. Les États-Unis poussent la discussion vers l'annulation du système britannique de préférences impériales : « *U.S. public opinion would judge the success of these negotiations by the success achieved in cracking the Empire preference system...* » (Joyce et Kolko, 1972).

De son côté, après la guerre, l'Empire britannique affronte une situation interne chaotique qui ne lui donne pas une position de force face à ses alliés nord-américains.

Après la guerre, les Anglais, par la voix de John Maynard Keynes alors Secrétaire du Trésor, reconnaissent que « la générosité financière du gouvernement canadien a été extraordinaire ». Effectivement, les prêts et les donations ont momentanément sauvé la nation anglaise d'une débâcle bien pire. Les Canadiens aident les Anglais en un geste où se mêlent leur loyauté envers la « mère patrie » et leur profond pragmatisme économique qui leur permet d'entrevoir l'impasse dans laquelle ils pourraient se voir entraînés.

Les Anglais continuent de soutenir la zone de la livre sterling, et la non-convertibilité de leur monnaie, comme ils l'ont décrété depuis 1939. Toutes les importations en provenance du Canada sont donc payées dans une monnaie non convertible, alors que le Canada a un besoin urgent de devises pour payer les importations venues des États-Unis indispensables à son industrialisation.

Le Canada abrite aussi l'espoir que l'aide apportée à la Grande-Bretagne lui permettra de désengorger les caisses de l'État qui sont pleines d'une monnaie non convertible, ce qui permettrait de réactiver l'économie anglaise et le commerce entre les deux pays, mais ce pari ne fonctionnera qu'à moitié.

Les accords de Hyde Park entre le Canada et les États-Unis tentent de sauver le Canada d'une véritable banqueroute en procédant à l'intégration croissante de leurs deux économies. Dans les années qui suivent, les investissements américains au Canada augmentent en même temps que le pouvoir de leurs entreprises (Thompson et Randall, 1994 : 169, 170-172, 182 ; Granatstein, 1996 : 87, 88, 96),

En général, l'abondante bibliographie publiée en espagnol sur l'OIC et la création du GATT privilégie le profond antagonisme que ces initiatives ont déclenché entre les pays sous-développés et les pays développés, en particulier en Amérique latine. En effet, les intérêts de ces nations ne sont représentés ni dans les discussions ni dans le contenu de la Lettre de La Havane. Bien que le Canada soit sensible à l'inégalité économique de ces pays et à l'attitude de prédateur souvent prise par les États-Unis, il reste un pays très favorable au libre-échange et n'accueille pas favorablement la façon dont l'Amérique latine s'organise pour former un front qui remet en cause les décisions du GATT au fur et à mesure qu'elles sont prises (Gutiérrez-Haces, 2004c).

Le corollaire à cette situation apparaît en 1948, lorsqu'un groupe d'économistes, principalement latino-américains, menés par Raoul Prebisch, se fiant aux propositions de l'ONU, créent la Commission économique pour l'Amérique latine (CEPAL). Cette initiative est mal vue par le gouvernement canadien qui désapprouve ce « type de régionalisme commercial[1] ».

Il n'y a pas qu'Ottawa qui est inquiet à cause du régionalisme proposé par la CEPAL, d'autres membres de l'équipe dirigée par Dana Wilgress qui suit le processus OIC/GATT le sont également, surtout qu'ils ont été les témoins oculaires de la profonde dissension existant entre les Étasuniens et les Britanniques à cause du Commonwealth : ils voient donc avec méfiance l'apparition d'un bloc régional qui, avec le temps, pourrait bien établir un front commun de préférences douanières. L'histoire de cette époque explique comment les États-Unis font pression sur les pays latino-américains pour qu'ils entrent dans le GATT et quelles stratégies ils utilisent à l'égard de chaque pays en particulier pour combattre une solidarité naissante (Spencer, 1957 : 215).

Entre 1945 et 1950, le Canada considère que sa politique économique internationale en faveur du multilatéralisme ne lui rapporte rien. La guerre a fait des États-Unis le seul pays avec un marché capable d'absorber la grande quantité d'exportations canadiennes et d'aider le pays à atteindre son objectif qui est de créer une plus grande prospérité intérieure. Néanmoins, le Canada préférerait atteindre ses objectifs au sein d'un environnement commercial multilatéral. Dans les faits, la politique canadienne qui voudrait être

---

[1] Paul Martin, Secrétaire d'État pour les Affaires étrangères s'oppose à la création de la CEPAL et déclare : « Nous sommes inquiets à l'idée que, dans l'avenir, le régionalisme et l'autarcie régionale jouent le même rôle dangereux que le nationalisme et l'autarcie nationale ont joué dans un passé récent. Un mur construit autour de plusieurs pays dans une seule partie du monde n'est pas une barrière moins importante au bien-être et à la prospérité du monde qu'un mur élevé autour d'un seul État » (cité in Miller, 1947 : 66-82).

multilatérale est contrainte à être bilatérale par nécessité et continentale par défaut (Gutiérrez-Haces, 2003d : 231-250).

En 1950, la guerre de Corée provoque un véritable « boom » de la demande de matières premières industrielles comme l'acier et l'aluminium et le gouvernement des États-Unis augmente considérablement ses achats au Canada alors que le commerce avec l'Angleterre tombe en flèche. Il devient évident que le Canada commence à se sentir mieux avec les États-Unis et son rôle continental (Muirhead, 1992 : 46).

La participation du Canada à la construction d'un nouvel institutionnalisme économique aux côtés des États-Unis fait partie de la tonalité politique canadienne des années 40 et 50. Sa présence lors de la création du Fonds Monétaire international (FMI)[1] et de la Banque Internationale de Reconstruction et Développement, mieux connue sous le nom de Banque Mondiale (IRDB-BM)[2], le prépare à adopter une image de « puissance moyenne ». Les négociateurs canadiens acquièrent la réputation de fins médiateurs sachant bien mener leurs affaires et ménager leurs intérêts[3] (Gutiérrez-Haces, 1999b).

10. La continentalisation de la stratégie commerciale canadienne

Quand en 1952, le président Harry Truman et le gouvernement des États-Unis publient une étude intitulée *Resources for Freedom. Report of the President's Materials Policy Commission,* connue aussi sous le nom de *Rapport Paley*[4], le Canada se revalorise géopolitiquement, car on découvre sur son territoire 12 des 29 matières premières stratégiques que le rapport considère essentiels pour la sécurité économique et militaire des États-Unis (Gutiérrez-Haces, 2002 : 44).

Dans ce rapport, on affirme aussi que les États-Unis ont vu leurs importations destinées à la production industrielle de matières premières augmenter de 400 % : la majorité est fournie par le Canada qui devient donc le principal distributeur de ressources naturelles (Muirhead, 1992 : 77 ; Brunelle et Deblock, 1989 : 68-69).

---

[1] Le FMI est créé le 27 décembre 1945 lors de la Conférence monétaire et financière des Nations unies, qui a lieu à Bretton Woods. Ses objectifs sont : pousser à la coopération internationale et en même temps développer les économies internes des membres, stabiliser les taux de change et réduire ou rectifier les déséquilibres dans les balances de paiements.

[2] L'objectif de la BIRD est de contribuer à la reconstruction et au développement économique des pays membres en favorisant un meilleur usage des ressources, en stimulant les investissements de capitaux privés, et quand ceux-ci ne sont pas suffisants, en utilisant les fonds de la banque sous forme de crédits.

[3] L'activisme canadien ne se limite pas à la création d'organisations économiques internationales, il parvient également grâce à un lobbying très bien orchestré à introduire des clauses économiques dans les actes de fondation de ces institutions. Par exemple, l'article II, plus connu sous le nom « article Canada », du traité de l'Atlantique Nord (OTAN) signé en 1949 et qui comprend une référence au multilatéralisme qui lie les signataires à la non-discrimination douanière et aux restrictions quantitatives du commerce.

[4] L'auteur de cette étude est William Paley.

Il est probable que le Canada aurait préféré un autre destin mais les investisseurs britanniques l'ont pratiquement abandonné et préfèrent investir et faire du commerce dans une autre zone que celle de la livre sterling, c'est-à-dire des celle des États-Unis. Le gouvernement canadien pratiquement privé de liens atlantiques, à cause de la guerre, apprend à se battre avec la réalité de la continentalisation face à l'indifférence calculée de la Grande-Bretagne.

Mais le rapport Paley ne se contente pas de dresser la carte des lieux où se trouvent ces ressources indispensables pour les États-Unis en temps de paix, il prend aussi en compte la possibilité de mettre en œuvre une stratégie de sécurité nationale en cas de conflit. Le Canada est un espace qui pourrait alors être utilisé pour transporter les matières premières en toute sécurité et éventuellement déplacer hommes et armement.

Pour avoir une idée plus claire du rôle joué par les ressources naturelles et le territoire canadien dans l'horizon géopolitique américain, nous pouvons signaler qu'entre 1950 et 1955, le Canada a fourni à son voisin 23 % du total de ses importations, volume supérieur à ce que l'Amérique latine ou les pays européens pouvaient fournir ensemble au même moment (Brunelle et Deblock, 1989 : 67-72).

Pour répondre aux recommandations du rapport Paley, le Canada fait construire une voie maritime le long du Saint Laurent, qui, à partir de 1959, est capable de se transformer en une véritable voie de ravitaillement, qui va de Schefferville, Sept-îles et Port-Cartier jusque dans la région des Grands Lacs, frontière industrielle entre les deux pays.

Ces travaux d'infrastructure ont notablement favorisé l'industrie automobile de la région de l'Ontario. En 1965, on y signera le Pacte de l'Automobile, un accord sectoriel entre les deux pays qui par la suite servira de base aux discussions de l'accord de libre-échange entre les deux pays.

Le rapport Paley n'est pas le seul indice que le gouvernement étasunien se déplace vers une politique économique internationale où la géopolitique gagne de l'espace, au fur et à mesure que la Guerre froide s'installe. Bien évidemment, cela n'est pas sans influence sur le Canada qui est son voisin septentrional.

Pendant cette période, Washington montre de plus en plus son inconstance vis-à-vis des principes commerciaux qu'il brandit depuis les premières réunions du GATT : par exemple, il applique des quotas à ses importations agricoles et le Congrès devient de plus en plus protectionniste ce qui produit de nombreux affrontements avec le pouvoir exécutif qui n'a pas toujours le même point de vue que les élus.

Cette situation est renforcée par la création de la Commission sur la Politique économique extérieure, plus connue sous le nom de Commission Randall, dont le but est d'examiner la politique internationale et de présenter au président Roosevelt des recommandations sur les positions à prendre, surtout en ce qui concerne le GATT[1].

Pendant presque 20 ans, l'équipe de Canadiens qui participe aux diverses réunions du GATT a comme tâche de renforcer le code de conduite des relations commerciales internationales qui a été mis en place après la Seconde Guerre mondiale. Dans ce travail, l'interlocuteur le plus difficile est les États-Unis qui continuent à appliquer la stratégie de l'entonnoir : exiger une plus grande libéralisation commerciale des autres pays membres tout en appliquant diverses formes de protectionnisme à leur encontre.

À cette époque, une des plus grandes préoccupations du gouvernement canadien est la possibilité que le manque d'intérêt des Étasuniens fasse échouer les négociations du GATT. En 1953, Dana Wilgress, un des artisans de cette organisation et son représentant à cette date, affirme, dans un discours dirigé au président Eisenhower, à propos des opinions émises par la Commission Randall :

> « *The recommendation of your Commission and the resulting trade policies of the United States are positive, I feel the prospects are good for making a real advance towards an effective system of multilateral trade and payments, from which all countries, including the United State, would benefit. If United States policies are not encouraging, I very much fear a progressive deterioration in world trading relations, a resumption of restrictions and discriminatory policies, and a revival of autarky and economic blocs in many parts of the world*[2]. »

11. À la recherche d'alternatives à la continentalisation

Le débat autour d'une stratégie de plus grande ouverture économique vers les États-Unis devient un élément quotidien de la politique canadienne entre 1947 et la fin des années soixante. Plus tard, sous le régime libéral de Pierre Elliot Trudeau[3], on commencera à discuter la possibilité d'une troisième option commerciale et économique au niveau international. En 1970, est publié un *White Paper*[4] intitulé *Foreign policy for Canadians / La Politique Étrangère au Service des Canadiens* qui analyse six lignes diplomatiques sur lesquelles le gouvernement libéral entend concentrer sa

[1] Il ne faut pas oublier que Eisenhower a vécu des moments très tendus avec l'Union Soviétique. Le département d'État considère comme essentiel le renforcement de la présence des États-Unis dans les forums multilatéraux pour rencontrer des alliés dans la Guerre froide. En 1956, Eisenhower invite le président mexicain Ruiz Cortines et le Premier ministre St Laurent à une réunion à White Sulphur, West Virginia. Lors de cette réunion, un haut fonctionnaire canadien demande à un Mexicain : pourriez-vous me dire franchement quels problèmes nos pays ont en commun pour que l'on nous réunisse ici ? Le fonctionnaire mexicain répond : les États-Unis (cité in Thompson et Swanson, 1971).

[2] Voir : Statement Delivered to the Randall Commission by M. R. Wilgress, 11 November 1953. D. D. Eisenhower Presidential Library, White Hose central files, 1953-61 (Muirhead, 1992 : 139-142).

[3] Trudeau fait d'importants changements au DAE, en particulier la diplomatie commerciale et la création d'instances institutionnelles concernant l'aide financière aux pays en voie de développement.

[4] On appelle *White Paper (le Livre Blanc)* un document publié officiellement par le gouvernement d'un pays et qui reflète la position du gouvernement sur un sujet d'intérêt national, dans ce cas la formulation de la politique extérieure du Canada dans les années 70.

stratégie : croissance économique ; souveraineté et indépendance ; paix et sécurité ; justice sociale ; amélioration de la qualité de vie et conservation de l'harmonie de l'environnement.

La lecture de ce document démontre l'importance du caractère économique de la politique internationale canadienne à travers deux stratégies : la diplomatie commerciale et l'aide au développement (Gutiérrez-Haces, 2003a : 242).

En 1972, commence à circuler un document qui passera à la postérité comme celui de la « Troisième Option » et qui analyse la politique économique internationale du Canada vis-à-vis des États-Unis. Il décrit trois alternatives dont le Canada doit tenir compte :

1. *Canada can seek to maintain more or less its present relationship with the United States with a minimum of policy adjustments ;*
2. *Canada can move deliberately toward closer integration with the Unites States ;*
3. *Canada can pursue a comprehensive, long-term strategy to develop and strengthen the Canadian vulnerability*[1].

Les ministres traitant les problèmes économiques et commerciaux favorisent en général la première option et, à cette époque, personne n'approuve la deuxième qui implique une plus grande intégration économique avec les États-Unis et la négociation d'un accord de libre-échange avec le pays voisin. Quelques ministres et secrétaires, comme Donald MacDonald et Simon Reisman, changeront ensuite d'avis et, en 1986, ils joueront un rôle capital dans les négociations d'un accord de libre-échange.

Au contraire certains ministres, comme Sharp, s'opposent aux négociations de 1986, non pas parce qu'ils sont contre le libre-échange, mais parce qu'ils sont des promoteurs convaincus du multilatéralisme :

> « *What I considered a deplorable error in terms of nacional policy, was to shift from a multilateral or internacional approach to a continental aproach, to accord better treatment to trade with the United States, than to trade with Europe and Japan. Until then we had done what we could to resist the overwhelming influence of the United States in our economy, our culture, and ours politics. By entering into an exclusive free-trade agreement designed to integrate the economies of our two countries, we were not only abandoning our resistance, we were deliberately inviting ourselves to be overwhelmed* » (Sharp, 1994 : 185).

Parmi les trois options de politique commerciale internationale, la mise en place d'une stratégie qui renforce les liens avec le Commonwealth, la

[1] Le *White Paper* et le document connu sous le nom de Troisième Option sont publiés par le ministre des Affaires étrangères Mitchell Sharp, qui est enregistré comme l'auteur de ces deux documents. En réalité, la Troisième Option a été rédigée par Klaus Goldschag un haut fonctionnaire du ministère, à la demande du ministre Sharp. La version préliminaire (*draft paper*) est longuement discutée pendant plusieurs mois par le *Priorities and Planning Comité* et par le cabinet de Trudeau. La version définitive est publiée en 1972 (Sharp, 1972).

Communauté économique européenne, l'Amérique latine et le Japon est un contrepoids à l'augmentation de la dépendance envers les États-Unis.

Ce débat implique un double changement pour le Canada : la « Troisième Option », comme on la nomme, cherche à restructurer l'économie canadienne et à lui faire jouer le rôle de *puissance moyenne* dans la communauté internationale. Le premier rapprochement mexicano-canadien date de cette époque. Les deux pays sont unis par leur voisinage commun et par des intérêts similaires au niveau diplomatique, par exemple en Amérique centrale (Gutiérrez-Haces, 1997).

Cette double stratégie accentue l'interventionnisme de l'État et certaines politiques d'inspiration keynésienne. Ce n'est en fait que la continuation de la politique mise sur pied dès 1941 sur base du Rapport Rowell-Sirois et qui, en son temps, proposait à l'État canadien d'assumer un rôle plus actif dans le développement économique et social du pays.

La Troisième Option apparaît dans un climat international défavorable, marqué par la politique du président Richard Nixon qui, en août 1971, décide de suspendre la convertibilité or du dollar et impose une nouvelle taxe supplémentaire de 10 % à toutes les importations vers les États-Unis. Cette décision met fin à la relation spéciale qui existe entre les États-Unis et le Canada (Sharp, 1984 : 178).

Ne pouvant obtenir des États-Unis un statut commercial préférentiel et pensant que les étroites relations actuelles joueraient en sa faveur, l'administration Trudeau instaure des mesures protectionnistes internes qui débouchent sur la loi C-73 qui prévoit la congélation des prix et des salaires à partir d'octobre 1974. Elle crée l'Agence de révision de l'investissement étranger (1973), puis la Société Petro-Canada (1975) et le Programme énergétique national (1981) (Gutiérrez-Haces, 1995a ; Clarkson, 1968, 1985).

Dix ans plus tard, la récession économique marque la fin du régime Trudeau. Les changements à échelle mondiale du début des années 80 ont mis à mal l'économie canadienne. Dans ce contexte, la société canadienne et particulièrement les groupes économiques les plus puissants procèdent à une remise en question de l'interventionnisme de l'État.

Les politiques et les lois appliquées jusqu'à cette date apparaissent soudain comme un obstacle à la libre entreprise et aux objectifs de libre concurrence des groupes nationaux et transnationaux.

Il s'instaure alors un sentiment généralisé de réprobation contre l'État canadien qui est reconnu coupable de ne pas avoir pu contrôler la crise économique malgré son interventionnisme excessif. Cette vision se généralise et le paradigme national-keynésien, qui avait inspiré trente ans de politique économique, est progressivement substitué par un nouveau paradigme de libre-échange et de vision continentale.

Cette mesure, comme d'autres qui seront appliquées plus tard, a comme principal objectif de faire du Canada un pays compétitif au sein d'une économie globalisée et les initiatives de dérégulation et privatisation qui vont en ce sens sont quelques-uns des pas que les États-Unis considèrent indispensables pour assumer une politique de libre-échange et se rapprocher davantage de l'économie étasunienne.

Après la publication de « *La Politique étrangère au Service des Canadiens* », le Sénat et la Chambre des Communes, en association avec le Comité spécial sur les Affaires étrangères du Parlement canadien, écrivent le *Green Paper*[1], intitulé *Indépendance et Internationalisme*, dont la particularité est de rassembler les témoignages de nombreux Canadiens sur les divers aspects politiques et économiques de la politique étrangère du pays[2] (Gutiérrez-Haces, 2003a : 32-35).

Même si l'unité nationale est au centre de ce rapport, on y trouve aussi largement répété le thème de la proximité des États-Unis, surtout parce qu'il s'agit d'un *Green Paper* qui recueille l'opinion des citoyens.

Il est en cela très différent du *White Paper* de 1970 qui a été très critiqué parce qu'il ne contient pas de mention spéciale sur les États-Unis, alors que dans sa réflexion sur les trois options commerciales il est question de l'Europe, de l'Amérique latine, de l'Aide Extérieure, du Pacifique et des Nations unies[3]. Dans ces mémoires, Mitchell Sharp admet qu'il manque dans ce document une analyse de fond sur la relation entre les États-Unis et le Canada et il le compare avec un : « *Hamlet without the Prince of Denmark* » (Sharp, 1994).

La politique internationale des années 80 jette un regard différent sur le lien économique unissant le Canada et le reste du monde, particulièrement en ce qui concerne la deuxième option.

En 1984, le parti conservateur, avec Brian Mulroney à sa tête, gagne les élections fédérales : la victoire de ce parti introduit une manière différente de voir la politique étrangère du Canada, particulièrement la relation avec les États-Unis, comme le montre la publication d'un document intitulé : « *Compétitivité et Sécurité : Orientations pour les relations internationales du Canada* » (1985). Ce document suscite, dès sa parution, une controverse considérable chez les Canadiens : la publication du *Green Paper* de 1986 est la réponse des citoyens, par l'intermédiaire du Parlement canadien, aux nouvelles propositions de Mulroney.

---

[1] Il s'agit d'un document qui rassemble les points de vue des citoyens et qui est ensuite publié par le pouvoir législatif.

[2] On peut tirer deux conclusions de la lecture de ce document. La première, dont nous avons déjà parlé, est que sa publication établit un précédent dans la politique étrangère du pays : l'enquête auprès des citoyens donne un caractère plus démocratique à l'élaboration des lignes directrices de cette politique. En deuxième lieu, il faut noter que c'est la première fois que la PEC est analysée par un Comité parlementaire ad hoc, ce qui conduit à un débat sur le sujet au Sénat et à la Chambre des Communes.

[3] L'omission du *White Paper* de 1970 a été corrigée plus tard par la publication d'un article signé par Mitchell Sharp, ministre des Affaires étrangères pendant le gouvernement libéral de Trudeau : « *Canada-U.S. Relations : Options for the Future », International Perspectives, 1972.*

Une des premières initiatives du gouvernement est la création, en 1985, de la *Commission royale sur l'Union Économique et les Perspectives de Développement du Canada* : celle-ci va faire un grand nombre d'études sectorielles qui procèdent à la dissection politique et économique du pays. Ces travaux, dans lesquels l'option du libre-échange acquiert une plus grande crédibilité, sont utilisés pour procéder à un changement de fonds : grâce aux résultats publiés par la Commission, le paradigme keynésien arboré par l'État reçoit le coup de grâce.

Les négociations formelles d'un accord de libre-échange avec les États-Unis commencent en 1986 et, fin 1987, le Canada peut compter sur un accord qui sera la concrétisation de la seconde option qui, en 1970, avait été rejetée par le gouvernement libéral.

À partir de cette date, la politique économique extérieure du Canada commence à cheminer par des voies insoupçonnées dans les années 40, lorsque l'option multilatérale paraissait la plus viable pour un pays qui l'avait toujours considérée comme le meilleur instrument de sa politique extérieure.

CHAPITRE 3

La construction de la continentalisation dans le long terme : la politique économique internationale du Mexique

Les origines de la politique économique internationale du Mexique et du Canada ont plusieurs points en commun. Contrairement à ce que l'on a pu affirmer, la présence de l'Empire britannique a tout autant marqué profondément la vie politique du Mexique que celle du Canada.

Les Anglais laissèrent aux deux pays un héritage économique suffisamment important pour marquer profondément leur futur comme pays périphériques. Une des hypothèses de cette recherche, est que la continentalisation en tant que processus qui guide progressivement vers l'intégration du Mexique et du Canada dans l'économie américaine, ne pourrait avoir eu lieu, sans l'existence préalable d'une longue phase de relations économiques avec l'Empire britannique, qui a permis de poser les bases de la position économique postérieure des États-Unis.

Même avec des différences et des nuances, il ne faut pas oublier que les États-Unis tout comme le Canada, formèrent partie de l'Empire britannique, soit de « l'empire formel » alors que le Mexique formait partir de « l'empire informel »[1] depuis la fin de son processus d'indépendance jusqu'à la Révolution de 1910. Certains auteurs considèrent que l'influence anglaise au Mexique dépassa la période révolutionnaire et se prolongea jusqu'en 1938, date de l'expropriation pétrolière des compagnies anglaises. L'empire informel anglais a été présent en Amérique centrale et dans les Caraïbes, en Argentine comme en Uruguay (Meyer, 2000 ; Ferns, 1960 ; Winn, 1975).

Le Mexique a aussi dû se débattre historiquement entre les trois options atlantiste, continentaliste et nationaliste quant à la définition de sa politique extérieure mais avec des différences fondamentales par rapport à ce qui a été décrit dans le cas canadien. Entre autres, il ne faut pas oublier que le Mexique a affronté des contradictions de ce genre en tant qu'État indépendant alors que le Canada n'a obtenu ce statut qu'en 1931.

D'autre part, on observera que la tendance atlantiste a pratiquement disparu dans le cas mexicain, au début du XXe siècle et que les deux autres tendances ont lutté l'une contre l'autre pour s'imposer à partir de la Seconde Guerre mondiale. Même s'il s'agit d'une affirmation un tant soit peu schématique on peut affirmer que le nationalisme économique a dominé au

[1] Au début de la troisième décennie du XIXe siècle, certains leaders britanniques se sont proposés de transformer l'ancienne Amérique espagnole et le Brésil en une zone d'influence de la livre sterling. Ce projet conçu à Londres était essentiellement économique : les dirigeants politiques et financiers britanniques étaient sûrs que les avantages de l'industrie anglaise outre la capacité de sa flotte marchande, pousseraient les forces de libre-échange de l'Amérique latine, vers les intérêts britanniques (Meyer, 1991 : 15-16).

Mexique jusqu'en 1983, quand la crise de la dette externe a poussé le gouvernement à reposer les bases de son modèle économique. À partir de cette époque, la continentalisation a gagné les espaces au Mexique, même avant 1986, quand ce pays décide de devenir un membre à part entière du GATT. Il est évident que c'est 1994, date de la signature de l'Accord de libre-échange nord-américain (ALENA) qui marque la consolidation *de jure* du processus de continentalisation de l'économie mexicaine, de la même façon que l'accord du Canada avec les États-Unis de 1988 puis celui de 1994 entre les trois pays scella aussi l'orientation canadienne.

Tableau 10
Évolution de la politique internationale du commerce du Mexique
1827-1980

						Accord cadre de Coopération entre le Mexique et la Communauté européenne	
Traité de commerce, navigation et amitié entre le Mexique et la Grande-Bretagne	Traité d'amitié et commerce avec la France	Traité d'amitié de commerce et navigation entre le Mexique et les États-Unis	Traité de paix et amitié avec l'Espagne	Traité de Commerce avec les États-Unis	Le Mexique entre à l'Association latino-américaine de libre-échange (ALALC)	Le Mexique entre au Système économique latino-américain (SELA)	Le Mexique entre à l'Association latino-américaine d'Intégration (ALADI)
1827	**1831**	**1835**	**1836**	**1942**	**1960**	**1975**	**1980**

Tableau 11
Évolution de la politique internationale du commerce du Mexique
1983-1992

		Accord de Portée Partielle n° 14 Mexique-Cuba				
		Accord de Portée Partielle n° 10 Mexique-Guatemala	Accord de Portée Partielle n° 15 Mexique-El Salvador	Accord de Complémentarité Économique n° 6 Mexique-Argentine		
	Accord de Portée Partielle n° 38 Mexique-Paraguay	Accord de Portée Partielle n° 11 Mexique-Honduras	Accord de Portée Partielle n° 14 Mexique-Panama	Accord de Complémentarité économique n° 8 Mexique-Pérou		
Accord de Portée Partielle n° 29 Mexique-Equateur	Accord de Portée Partielle n° 1 Mexique-Costa Rica	Accord de Portée Partielle n° 13 Mexique-Nicaragua	Le Mexique entre au GATT	Accord Cadre sur le Commerce et l'Investissement avec les États-Unis	Accord Mexique-Communauté européenne sur la Coopération économique	Accord de libre-échange Mexique-Chili
1983	**1984**	**1985**	**1986**	**1987**	**1991**	**1992**

Tableau 12
Évolution de la politique internationale du commerce du Mexique
1993-2000

	Projet d'une Zone de libre-échange des Amériques (ZLEA)	Accord de libre-échange Mexique, Colombie et Venezuela (G3)				Accord de Complémentarité économique n° 51 Mexique-Cuba
Accord de Portée Partielle n° 38 Mexique-Paraguay (Protocole d'adaptation)	Le Mexique entre à l'OCDE	Accord de libre-échange Mexique-Bolivie			Accord partiel de la complémentarité économique n° 37 Mexique-Guatemala	Accord de libre-échange Mexique-Israël
Le Mexique entre à l'APEC	Accord de libre-échange nord-américain (ALENA)	Accord de libre-échange Mexique-Costa Rica	Accord d'Association Économique, Concertation Politique et Coopération entre la Communauté européenne et le Mexique	Accord de libre-échange Mexique-Nicaragua	Accord de libre-échange Mexique-Chili	Accord de libre-échange Mexique-Union européenne
1993	**1994**	**1995**	**1997**	**1998**	**1999**	**2000**

Tableau 13
Évolution de la politique internationale du commerce du Mexique
2001-2012

Accord de Complémentarité économique n° 5 Mexique-Uruguay	Accord de Portée Partielle de Renégociation n° 29 Mexique-Équateur					
Accord de libre-échange le Mexique et l'Association européenne de libre-échange (AELE)	Accord de complémentarité économique n° 53 Mexique-Brésil					Négociations en vue d'un accord de libre-échange Mexique-Partenariat transpacifique
Accord de libre-échange Mexique-G3 (Guatemala, Honduras et le Salvador)	Accord de complémentarité économique n° 55 entre Mexique-Mercosur (secteur de l'automobile)	Accord de libre-échange Mexique-Uruguay	Accord de libre-échange Mexique-Japon	Accord Cadre n° 54 Mexique-Mercosur	Accord de Complémentarité économique n° 66 Mexique-Bolivie	Accord de libre-échange Mexique-Pérou
2001	**2003**	**2004**	**2005**	**2006**	**2010**	**2012**

1. Protectionnisme et libre-échange au Mexique

L'abolition du monopole colonial dans le commerce international, et l'instauration du libre-échange ou du protectionnisme en Amérique latine et spécialement au Mexique, a impliqué un débat politique et économique de fond ; dans celui-ci, les impôts aux importations et d'autres mécanismes du commerce extérieur, furent des éléments centraux d'un débat plus profond sur lequel s'est construit le projet national mexicain.

Sans vouloir minimiser le débat qui a eu lieu au Canada à partir de 1866, celui qui a eu lieu au Mexique pendant et après la lutte armée sanglante qui permit de le rendre indépendant de la métropole espagnole entre 1810 et 1821, s'est déroulé dans un contexte de coûts humains, économiques et sociaux extraordinaires qui laissèrent le pays dans un état de désastre incalculable.

De plus, les gouvernements mexicains postérieurs à l'Indépendance durent affronter l'indifférence politiquement calculée des puissances européennes, le blocus commercial en plusieurs occasions et l'invasion militaire punitive pour ne pas pouvoir honorer ses dettes[1].

Il est incontestable que le débat sur le protectionnisme et le libre-échangisme a été au centre du processus de formation de l'État au Mexique. Dans ce sens, les discussions sur ces options économiques, même si elles eurent lieu plus tôt qu'au Canada, soit entre 1821 et 1824, n'en furent pas moins assez semblables aux canadiennes de l'époque de Sir John McDonald et Alexander Galt.

Dans le cas mexicain, pendant des décennies les protectionnistes et libre-échangistes furent identifiables avec les groupes politiques conservateurs et libéraux. Un travail de D. Stevens (1991) cité par Ibarra (1998) propose une typologie pour distinguer les libéraux des conservateurs et des radicaux : 1) l'organisation de l'État ; 2) les méthodes de contrôle social ; 3) l'intervention de l'État dans l'économie ; 4) les relations entre Église et État ; 5) les attitudes en relation avec le passé colonial.

Pour ce que nous nous proposons, il faut mettre en évidence le fait que tout autant des libéraux de renom comme José Maria Luis Mora et un conservateur comme Lucas Alaman, se rejoignaient dans leur rejet des États-Unis ; de même ces deux personnages et Valentin Gomez Farias, partageaient-ils l'acceptation du lien économique et de l'appui que l'Angleterre offrait au Mexique après la guerre d'indépendance (Ibarra, 1998).

[1] Au contraire, le Canada n'a livré aucune guerre d'indépendance face à la métropole anglaise, et son processus d'autonomie politique et territoriale a eu lieu par la voie parlementaire, après une très longue discussion qui déboucha en 1931. Ajoutons même que jusqu'en 1982, quand le Parlement anglais décide la « repatriation » de la constitution, ses discussions constitutionnelles continuaient tranquillement de se dérouler à Londres. Alors que le Canada continue à se débattre pour se consolider en un État-nation, le Mexique l'a réalisé en suivant un chemin ardu et tortueux.

Ces points de vue ne coïncidaient pas forcément avec les positions politiques des conservateurs et des libéraux mexicains, mais définitivement sur les aspects commerciaux et économiques, on pouvait observer de nombreuses convergences. Lucas Alaman acceptait la vision économique de Mora qui considérait que le Mexique était avant tout un pays agricole et minier, mais il était également un partisan ouvert de la promotion du développement industriel.

La pensée économique de Lucas Alaman anticipait d'ailleurs les projets de développement économique postérieur à 1946, dans plusieurs sens : la substitution des importations ; la protection non seulement tarifaire mais aussi sélective sur base de permis d'importation ; l'établissement de banques de développement et de fonds de crédit pour stimuler l'industrie ; l'acceptation de l'investissement étranger mais avec des limites et des contentions ; l'intention de promouvoir une zone de libre-échange hispano-américaine et la défiance par rapport à la pénétration économique américaine ; et finalement, une direction gouvernementale de l'économie (Calderon, 1955 et 1985).

Les libéraux, de leur côté, inclinaient vers le développement de l'activité minière et considéraient que le commerce extérieur devait se baser sur l'exportation des matières premières et opter pour l'importation des produits manufacturiers.

La différence centrale qui existait entre la vision économique des libéraux et celle des conservateurs résidait essentiellement dans la position qu'ils adoptaient face au libre-échange. Lucas Alaman favorisait la protection par taxes pour impulser particulièrement l'industrie textile. Il la justifiait comme un instrument qui renforçait l'industrie nationale et permettrait par la suite de rompre la dépendance du commerce extérieur. Les libéraux quant à eux, étaient beaucoup plus enclins à un modèle d'échange qui rappelait la Colonie : matières premières contre biens manufacturiers.

Lucas Alaman, malgré son inclination vers un État fort et centralisé qu'il identifiait avec un régime monarchique, était plus avancé sur certains points de politique économique que les libéraux.

Finalement, le débat économique ne se centrait pas seulement sur la relation économique avec l'Angleterre et les États-Unis – du fait que la lutte interne entre centralistes et fédéralistes avait aussi un fond de dispute lié au contrôle du marché interne –, et pas seulement comme on l'a cru dans un premier temps sur les secteurs qui devaient s'intégrer au commerce extérieur.

De même que le Canada, le Mexique a ses débuts a dû affronter une résistance assez forte des pouvoirs régionaux et locaux réticents à céder leurs avantages et leurs ressources au gouvernement central. Rappelons que les colonies britanniques d'Amérique du Nord, après avoir perdu les avantages du Traité de Réciprocité avec les États-Unis (1854) penchèrent vers l'option de l'unification sous le couvert de l'Acte britannique de l'Amérique du Nord de 1867, en pensant que cela ouvrirait les portes d'un nouvel accord commercial.

Dans le cas mexicain, les disputes régionales, outre leur durée et les coûts politiques et économiques, tournèrent à la lutte armée, ce qui retarda la reconnaissance officielle du Mexique comme pays indépendant par les pays européens, mais aussi empêcha la signature de traités commerciaux pour un certain temps.

L'anarchie régionale et les disputes locales entre région et contre le centre, ont aussi été l'occasion pour les États-Unis et l'Angleterre de canaliser des capitaux dans le secteur manufacturier sous des conditions léonines vers certaines régions, en profitant du désordre politique et social[1]. L'Angleterre disposait de capitaux qu'elle pouvait offrir sous la forme de prêts mais aussi des services de ses compagnies maritimes, de ses entreprises électriques et de gaz, et finalement elle pouvait aussi intervenir dans la construction et le financement des réseaux de chemin de fer et de tramways, dans les banques, les compagnies d'assurance, et elle était prête à écouler ses excédents manufacturiers :

> « Quand l'Angleterre jetait son regard sur le Mexique, elle y découvrait deux avantages : d'un côté un grand marché commercial pour ses filatures et tissus de coton et de laine ; de l'autre un terrain propice pour exporter ses capitaux excédentaires et les investir dans l'activité minière » (Chávez Orozco, 1947, cité in Ibarra, 1998 : 42).

La politique économique internationale du Mexique a trouvé ses origines dans une trajectoire erratique, conséquence directe des événements politiques du pays ; un des problèmes les plus sérieux que dut affronter le Mexique (mais aussi d'autres pays de l'Amérique latine) fut le besoin de trouver des ressources financières pour appuyer le développement économique intérieur mais aussi pour financer son commerce extérieur. La mentalité de l'époque était que l'endettement par rapport aux prêteurs britanniques allait forcément attirer l'intérêt des investisseurs anglais vers les pays latino-américains. Marichal a écrit à ce sujet :

> « Les hommes d'affaires et les politiciens de Grande Bretagne étaient convaincus que les prêts seraient les canaux d'accès aux marchés, aux mines et aux trésors des jeunes nations, et permettraient le renforcement de son pouvoir naval dans le Pacifique et dans l'Atlantique » (Marichal, 1988 : 32).

La diplomatie commerciale mexicaine s'est concentrée après 1821 sur quatre grands points : 1) renforcer le commerce extérieur ; 2) obtenir des ressources financières sous la forme de prêts d'origine étrangère ; 3) promouvoir l'investissement étranger ; et 4) conclure des accords

[1] Rappelons que le Canada avait choisi la voie de l'unification de ses provinces pour affronter le commerce extérieur.

commerciaux internationaux qui garantiraient l'investissement de capitaux pour dynamiser les activités commerciales et productives.

Jusqu'à la fin du XIXe siècle, la diplomatie mexicaine s'est concentrée sur la recherche de la reconnaissance officielle de son indépendance politique et pour ce faire, elle a utilisé les accords et les traités commerciaux ; dans le cadre de cette stratégie, la reconnaissance officielle des États-Unis et de l'Angleterre était essentielle.

La formulation d'une politique commerciale internationale semblait difficile, particulièrement pour les gouvernements mexicains successifs qui devaient en même temps rechercher de nouveaux prêts, payer les précédents, fixer une politique fiscale dont l'État retirerait des avantages, avec en prime le fait de ne pas s'attirer les foudres des groupes qui se disputaient les avantages du commerce extérieur.

La décision en faveur du protectionnisme ou du libre-échange n'étaient pas seulement politiques ou idéologiques, le point central étant la fixation des impôts, pour laquelle les impôts locaux « *alcabalas* » et les douanes jouaient un rôle central.

Les groupes dominants acceptaient la mise en œuvre d'une politique fiscale, mais leur préoccupation était surtout le montant de ces impôts et l'usage qui serait fait de ceux-ci. Ceux qui étaient partisans du libre-échange les voulaient le plus bas possible, particulièrement les commerçants qui vivaient des importations de produits élaborés. Au contraire, certains groupes étrangers, vivant au Mexique (particulièrement les Anglais liés à la finance), étaient paradoxalement en faveur du protectionnisme, car ils savaient que la recette fiscale, particulièrement celle qui proviendrait du commerce extérieur, servirait au paiement de la dette, les douanes étant contrôlées par le gouvernement central. Par ailleurs, d'autres communautés étrangères, dont les commerçants français et espagnols, étaient pour le libre-échange, car le plus gros de leurs marchandises était importé.

Pour une politique de protection, s'engageaient pleinement les commerçants de produits nationaux, les propriétaires fonciers et les paysans et surtout les guildes des artisans qui produisaient naturellement pour le marché national.

Le gouvernement qui craignait qu'une politique fiscale trop austère n'approfondisse le mécontentement populaire, opta durant de nombreuses années, pour lever davantage d'emprunts au lieu d'augmenter les impôts ; fin des années 1820, la recherche de crédits n'étant plus une option, le gouvernement se replia sur les impôts au commerce extérieur (Bulmer-Thomas, 1994).

Face à cette situation, le renforcement du commerce extérieur devient un élément clé pour le gouvernement mexicain ainsi que les accords commerciaux, mais aussi pour les gouvernements étrangers qui cherchaient un marché sûr pour leurs produits et leurs investissements face au protectionnisme par application de taxes.

À partir de cette époque, la diplomatie mexicaine n'a pas uniquement travaillé à la reconnaissance internationale du Mexique comme pays indépendant mais aussi à promouvoir l'économie par la signature d'accords commerciaux. On peut citer en particulier, celui avec la Grande-Bretagne (1827), la France (1831), les États-Unis (1835) et l'Espagne (1836).

Comme première conclusion de cette partie, on peut affirmer que pendant le XIXe siècle, les impôts au commerce extérieur ont été la source la plus importante de revenus fiscaux pour le gouvernement mexicain. Toutefois, du fait des conflits entre pouvoir central et locaux, il fut accordé à partir de 1824, que les revenus des douanes portuaires et frontalières correspondaient au gouvernement fédéral, alors que les États pourraient administreraient les revenus des taxes locales *alcabalas*, ceux qui se dérivaient de l'or et de l'argent, du pulque et des combats de coqs (Carmagnani, 1982 cité in Ibarra Bellon, 1998 : 78).

De 1824 à 1847, le gouvernement mexicain modifia plusieurs fois les niveaux de ses taxes, en 1829, 1837, 1842 et 1843. ces mesures étant destinées à augmenter ses revenus et à protéger spécifiquement le secteur textile.

Tableau 14
Phases de la politique fiscale, 1821-1872

Période	*Orientation de la politique*
1821-1824	libre-échange avec quelques touches de protectionnisme et de prohibition
1824-1829	protectionnisme et plusieurs prohibitions
1829-1837	Système prohibitif en théorie, protectionniste en réalité
1837-1853	Système prohibitif (avec des exceptions fréquentes)
1846-1848	Taxes américaines
1848-1853	Anarchie des niveaux de taxe
1853-1872	Transition au libre-échange
1872-	libre-échange

Source : Ibarra Bellon, El Comercio Exterior de México 1821-1862, 1989 : 70.

2. Premiers accords commerciaux du Mexique indépendant

Comme nous venons de le signaler, le Mexique devenu indépendant commença à signer plusieurs accords avec des puissances étrangères. Voyons maintenant le cas de ces accords avec la Grande-Bretagne et avec les États-Unis.

L'Accord avec la Grande-Bretagne

Malgré l'anarchie évidente qui régnait après l'indépendance, le Mexique est devenu un espace de rivalité économique entre la Grande-Bretagne et les États-Unis. Lors de la construction de l'État mexicain post-indépendance, le modèle américain était dans la tête de nombreux politiciens mexicains. Ce modèle ne fut pas la seule source d'inspiration, l'expérience britannique a eu aussi beaucoup d'influence, particulièrement dans les orientations économiques.

La présence anglaise au Mexique (mais aussi dans les Caraïbes et en Amérique centrale et du Sud comme nous l'avons vu précédemment), inquiétait les États-Unis, ce qui a donné le ton à la Doctrine Monroe exprimée pour la première fois en 1823 :

> « Nous considérons comme dangereux pour notre paix et sécurité, toute intention de la part de ces puissances, d'étendre leurs systèmes à n'importe quelle portion de notre hémisphère. Nous ne sommes pas intervenus et nous n'interviendrons pas dans les colonies et dépendances existantes d'aucune puissance européenne. Mais par respect aux gouvernements qui ont déclaré et maintenu leur indépendance, que nous avons reconnue en nous basant sur les grandes considérations et les principes justes, nous ne pourrions pas contempler si ce n'est comme une manifestation de dispositions peu amicales pour les États-Unis, le fait que n'importe quel pays européen intervienne dans ces pays, dans le but de les opprimer ou de dominer leur destin de quelque façon que ce soit » (Monroe, 1823, cité in Boorstin, 1997 : 212).

De cette façon, le Mexique s'est retrouvé pris dans un conflit d'intérêts et avec quelques difficultés, il essaya d'en sortir le mieux possible. D'une part, la volonté britannique avait clairement exprimé l'intérêt à investir au Mexique, surtout dans les mines, le transport ferroviaire et le textile. Dans ce contexte, pour les Anglais l'économie mexicaine – dans un stade embryonnaire par rapport à l'économie anglaise – représentait une accumulation d'opportunités, à laquelle ils leur étaient difficiles de renoncer. L'Angleterre, tout particulièrement par rapport aux autres puissances européennes, est le pays qui devait placer ses excédents de capitaux et de biens manufacturiers. C'est aussi la première nation européenne qui avait pris position sur le continent américain après le départ des Espagnols. Cette vision étant amplement partagée par les habitants du Canada, encore sous la coupe anglaise à l'époque du Porfiriat, comme nous le verrons par la suite (Gutiérrez-Haces, 1997).

D'autre part, les États-Unis manifestaient aussi un intérêt tout particulier envers le Mexique, même si à l'époque l'économie se centrait surtout sur l'agriculture et en second lieu sur les manufactures. Ses exportations étaient surtout des produits alimentaires et pas le coton (Foreman-Peck, 2000). Même si la taille et le profil des économies américaines-anglaises étaient différents, elles ne manquaient pas de se sentir en concurrence sur l'espace latino-américain.

En 1822, le Mexique reçut un envoyé spécial du gouvernement britannique, qui voyageait dans le but d'explorer les possibilités commerciales qu'offraient le gouvernement et l'économie mexicaine. Mais sous ce couvert, l'envoyé britannique avait d'autres préoccupations non avouées, dont celle de barrer le chemin à l'Espagne en signant un accord commercial avec le Mexique. Les Anglais savaient de bonne source que l'Espagne recherchait un tel accord, qui lui donnerait le monopole du commerce mexicain en « exclusion à toute autre nation », sans pour autant qu'il y ait eu une reconnaissance officielle de l'indépendance mexicaine (Bosch, 1946a).

Sous la présidence de Guadalupe Victoria, l'envoyé anglais, Patrick Mackie, réussit à négocier quelques aspects commerciaux en termes assez favorables pour l'Angleterre, sans pour autant en arriver à un accord commercial comme le voulait le gouvernement mexicain. Entre autres, le président offrait une réduction des impôts à l'importation de 25 à 15 % ; tandis que Mackie essayait d'obtenir une réduction encore plus forte pour le lin et le coton.

L'intérêt du gouvernement mexicain pour signer un accord commercial était tel que le président Victoria allait jusqu'à « offrir tous les avantages commerciaux qu'il était en son pouvoir d'accorder » (Bosch, 1946a : 499). De son côté, l'Angleterre désirait aussi accélérer les négociations commerciales, sachant que le gouvernement des États-Unis était décidé à reconnaître l'indépendance *de facto* des pays latino-américains.

Certes, un des aspects qui provoquait le plus de difficulté pour le commerce extérieur mexicain était le manque d'infrastructure, surtout navale et ferroviaire. Cet aspect présentait un double avantage pour les Anglais : d'une part, il limitait leur commerce avec le Mexique, mais d'autre part, ces derniers pouvaient envisager de construire les chemins de fer en offrant des prêts, et de prendre en charge les marchandises mexicaines, sous pavillon anglais. Ce dernier aspect sera particulièrement difficile au cours des négociations pour l'accord commercial avec les États-Unis. Malgré ses avantages, l'Angleterre finira par signer un accord commercial conditionné à la reconnaissance espagnole et à l'offre à l'ancienne métropole, d'une clause de « *nation la plus favorisée* ». Cette manœuvre anglaise avait pour but de fermer le passage aux Américains, et de ne pas soulever l'opposition des puissances européennes, dont l'Espagne.

Le Mexique se montra étonné de la proposition anglaise, et insista pour que les avantages se fassent contre la reconnaissance officielle de son indépendance ; pendant assez longtemps, les gestions diplomatiques de Michelena parurent sans résultats. L'Angleterre continuait à insister sur l'affaire espagnole ; avec le temps, la stratégie anglaise devint claire et si le Mexique acceptait la clause de nation la plus favorisée, il devrait bien l'étendre dans les accords futurs avec d'autres partenaires[1].

Fin 1824, face aux progrès des États-Unis au Mexique, l'attitude anglaise changea rapidement, reconnaissant l'indépendance de celui-ci et envoyant un négociateur pour signer un accord commercial[2]. Le traité fut signé le 6 avril

---

[1] Le commerce anglais ne serait pas touché par un accord commercial avec l'Espagne car depuis 1810, un permis espagnol lui permettait de faire du commerce avec les pays hispano-américains.
[2] Pour une analyse à détail, voir Bosch, 1946a et 1986.

1825, mais ne fut pas ratifié par les Anglais, car ceux-ci considérèrent que l'accord était trop favorable au Mexique. En particulier, le gouvernement britannique proposait que, même si le Mexique était une république, ce soit le terme « État » qui figure dans l'accord ; les négociateurs mexicains n'y virent pas d'inconvénient et proposèrent la dénomination « États Unis Mexicains » pour éviter des confusions avec l'État de Mexico qui existait déjà.

Les Anglais s'opposaient aussi à l'article 4 qui indiquait que le Mexique avait le droit de concéder des termes spéciaux dans des accords futurs avec d'autres nations, ce qui supposait qu'il les enlèverait alors à l'Angleterre. Le fait que l'Espagne y avait des privilèges supérieurs aux autres nations européennes, les États-Unis étant une exception, ne fut pas non plus bien vu : dans la perspective anglaise, l'Espagne devait avoir le statut de nation la plus favorisée mais pas au-delà.

Les États-Unis étaient intéressés à ce que l'accord se signe dans ces termes, car cela faciliterait ses négociations futures. Les Anglais considéraient comme dangereux que les États-Unis fussent assimilés dans l'accord à une « nation américaine » car cela semblait ouvrir la voie à une espèce de fédération américaine, dont les États-Unis prendraient la tête ; ils étaient également peu accommodants avec le fait que le Mexique veuille étendre les privilèges reçus au reste des pays de l'Amérique du Sud.

Finalement, le négociateur Ward conseilla au Mexique de céder sur ce dernier point, car de ce fait le Mexique serait libre de traiter préférentiellement les pays du Sud, ce qui forcerait les États-Unis à faire de même.

Après de longues négociations, l'accord commercial fut signé avec les corrections antérieures, en décembre 1826, et ratifié le 16 juillet 1827.

Le *Traité de commerce, navigation et amitié entre le Mexique et la Grande-Bretagne* est particulièrement intéressant pour notre recherche, car il introduit les clauses de nation la plus favorisée et de liberté réciproque de commerce, qui seront utilisées par la suite par l'Angleterre, le Mexique mais aussi le Dominion du Canada dans leurs négociations commerciales avec des tiers. Ce dernier signa d'ailleurs, comme nous l'avons vu auparavant, un Traité de réciprocité commerciale avec les États-Unis en 1854, qui aura de profondes conséquences sur la continentalisation car il permettra la libre circulation des matières premières entre les deux pays, ce qui posera les bases pour l'intégration manufacturière dans la région des Grands Lacs.

L'accord avec les États-Unis

Jusque vers 1825, les liens entre les États-Unis et le Mexique furent relativement informels : la représentation américaine était officieuse malgré le fait que dès 1822, Agustin de Iturbide avait envoyé à Washington un ambassadeur en réponse à la visite de Poinsett. Dans un article de 1946, Carlos Bosch mentionnait que l'envoyé mexicain poursuivait deux objectifs :

la négociation d'un prêt de 10 millions de pesos, pour lequel il était autorisé à « négocier le nécessaire et hypothéquer les rentes de la Nation » et scruter les intentions véritables des États-Unis par rapport à la frontière mexicaine et ses plans d'expansion (Bosch, 1946b : 330).

Effectivement, Poinsett explora la possibilité d'un accord commercial, mais Zozaya, l'envoyé de l'Empereur Iturbide, manifestait ses inquiétudes à ce sujet dans sa correspondance diplomatique : 1) il considérait que ce traité se rédigerait en accord avec la législation américaine ; 2) il jugeait qu'il y avait une asymétrie profonde entre les marines marchandes des deux pays ; 3) il pensait que la réciprocité commerciale, aspect centra d'un accord de ce type, était pratiquement une utopie du fait que les échanges commerciaux seraient faits par la flotte américaine, avec les coûts que cela impliquerait pour le commerce extérieur mexicain ; 4) finalement, il exprimait son alarme quant à l'ambiance politique auprès du gouvernement de Washington, qui considérait qu'il n'était pas seulement la capitale des États-Unis mais aussi de l'Amérique latine.

Les inquiétudes et soupçons de Zozaya n'étaient pas hors de proportions : effectivement, Poinsett avait des consignes secrètes en relation à sa visite au Mexique, la principale consistant à mettre le gouvernement mexicain sous pression, pour lui faire octroyer de meilleures facilités aux colonies d'Austin, au Texas, qui faisait alors partie du territoire mexicain. Henry Clay, par l'intermédiaire de John Quincy Adams, fit savoir à Poinsett ce qu'il attendait de lui ; au vu de l'importance de ce texte nous le reproduisons ici :

> « Vous êtes le premier ministre que sort réellement des États-Unis afin de résider près d'une puissance souveraine établie sur ce continent dont les territoires son limites des nôtres... soit que nous prenions en compte sa condition actuelle, soit que nous fassions mémoire de son histoire ancienne et de sa fortune, les États-Unis mexicains méritent notre plus haute considération... mais ce qui est du plus haut intérêt du président en relation avec votre mission, c'est qu'elle a pour objet de poser les fondations d'une correspondance en amitié, commerce, navigation et voisinage qui puisse exercer une influence puissante à long terme pour la prospérité des deux états » (Clay, 1825, cité in Bosch, 1946b : 340).

Derrière ce message il en existait un autre, plus torve : en réalité le gouvernement américain considérait qu'il avait certains droits sur le Mexique, pas seulement en tant que voisins, mais aussi parce qu'il avait été le premier pas à reconnaître *de facto* son indépendance. En conséquence, il jugeait que le Mexique ne pouvait octroyer aucune facilité de commerce et navigation qu'il n'aurait pas donnée avant à son voisin (Manning, 1916).

Sur les effets des initiatives de Poinsett au Mexique et sur la séparation et postérieure indépendance du Texas (1836), il existe une vaste littérature. Il faut rappeler que le traité commercial et de navigation avec les États-Unis intégrait, depuis le début, l'accord de l'obligation de délimiter la frontière terrestre entre les deux pays.

Pour le Mexique, le plus urgent était de conclure un accord qui stipulerait avec clarté, les relations commerciales entre les deux pays afin d'obtenir des ressources financières et sa reconnaissance officielle. Le Mexique n'avait ni les moyens matériels ni les moyens humains pour définir et délimiter clairement sa frontière et les États-Unis insistaient pour que l'accord commercial inclue avec précision les chemins qui partiraient de la frontière occidentale du Missouri, jusque la ligne frontalière des États-Unis en direction américaine, ce qui incluait les États-Unis.

D'autres aspects traités furent l'usage des drapeaux sur les navires marchands et la façon d'éviter la piraterie et la contrebande ; on y définissait aussi le traitement à donner aux indigènes, esclaves et fuyards à la frontière, mais le thème qui revenait constamment sur la table des négociations, était celui du traitement commercial offert à des pays tiers. Poinsett insistait sur le fait que les relations entre les deux pays ne devaient pas dépendre d'un tiers (lettre de Poinsett aux négociateurs Alamán et Esteva, 1825).

Quant à la clause de la nation la plus favorisée, il y a deux interprétations : d'un côté on entend que les pays qui formaient partie de cette clause comme résultat de négociations antérieures, en conservaient les droits, mais de l'autre côté, les États-Unis considéraient que le Mexique faisait des concessions à certains pays dont ceux de l'Amérique latine mais que cela excluait les États-Unis ou pour le moins leur imposait des conditions d'infériorité.

Cette clause, en droit international contemporain, détermine que les concessions données à un pays deviennent extensives aux pays tiers, qui auparavant avaient accordé cette même clause lors de traités antérieurs. Il est possible qu'à l'époque soit en 1825, les négociateurs n'aient pas perçu cette clause comme un plan d'égalité, mais plutôt comme concessions particulières.

Poinsett voulait éviter que l'on prenne comme modèle les principes établis dans le traité avec la Grande-Bretagne : « *les intérêts des États-Unis étaient américains et non lucratifs, comme ceux des nations européennes* ». Il proposa même aux Mexicains :

> « D'abolir les divers droits qui mettaient sur pied d'égalité les citoyens de chaque pays en relation avec les objets du commerce et de la navigation, au lieu d'étendre ces privilèges et l'exemption de la nation la plus favorisée, de telle sorte que le traité entre le Mexique et les États-Unis ne dépende pas d'un tiers » (Bosch, 1946b : 334).

Malgré les objections antérieures, la clause de la nation la plus favorisée a bien été introduite dans le traité, pendant la septième conférence des ministres plénipotentiaires du 17 mai 1826. Mais il faut signaler que le Traité d'Amitié, de commerce et de navigation entre les deux pays, signé le 10 juillet 1826, ne fait aucune mention de cette clause, et au contraire affirme dans l'article second :

> « Voulant prendre pour base de l'accord, l'égalité la plus parfaite et la réciprocité, (les pays) se compromettent mutuellement à ne concéder aucun privilège particulier à d'autres nations pour le commerce et la navigation qui ne soit pas immédiatement rendu commun librement à l'autre partie, si la concession eût été conditionnelle » (Bosch, 1946b : 342).

Le traité fut donc signé en juillet 1826, après accord sur la délimitation de la frontière et la prise en charge des coûts de cette opération. Un aspect crucial fut que les activités des Indiens de la frontière ne seraient pas un argument de possession de territoire (note des ministres mexicains à Poinsett, entre les 15 et 25 juin 1826).

Le traité, renvoyé pour corrections par le Congrès américain fut de nouveau discuté en 1828, mais l'approbation américaine fut plus longue que prévu. Entre-temps, la relation économique entre les deux pays se détériorait du fait des réclamations de Poinsett, mais cela n'était qu'un rideau de fumée pour cacher les conspirations autour des limites frontalières et de la situation du Texas. La ratification du traité à Washington en 1835 mentionnait une durée de six ans, suivi d'une révision qui permettrait de le mettre en œuvre pour 12 ans. Mais un an après, la sécession du Texas commençait (Zea, 1982 ; Ibarra, 1998)

3. La continentalisation

Il est évident que l'étape du Porfiriat (1876-1911) est l'antécédent le plus solide pour décrire les débuts de la formulation par le gouvernement, d'une stratégie économique internationale qui rapprocherait le Mexique des États-Unis. Durant cette étape, le Mexique connut une phase de forte croissance capitaliste, dont les principales transformations économiques furent liées à son insertion dans l'économie internationale. Les capitaux financiers et commerciaux commencèrent à affluer au Mexique, grâce à une stratégie bien articulée de Porfirio Díaz et ses collaborateurs ; elle peut se résumer comme suit : 1) créer des conditions économiques favorables pour les investissements étrangers ; 2) faciliter et stimuler les exportations mexicaines, et 3) assurer à tout prix la stabilité politique du Mexique (Ayala et Blanco, 1981).

La majorité des investissements étrangers ont suivi un patron semblable à la situation canadienne : ils se canalisèrent vers l'activité minière, la construction des chemins de fer, la création d'usines électriques et plusieurs branches manufacturières.

Pendant cette époque, la stratégie économique s'est mise en accord avec les exigences de l'économie internationale, et le commerce extérieur est devenu ainsi l'axe dynamique de l'économie mexicaine alors que le marché interne augmentait dans sa foulée. De 1877-1878 à 1910-1911, la valeur des exportations mexicaines a augmenté de 32,5 à 281,1 millions de pesos, soit une croissance de 864 % (Ayala et Blanco, 1981 : 17).

La nature des exportations mexicaines a été en accord avec la demande des économies centrales, et elles demandèrent la construction de ports et surtout de voies ferrées. Celles-ci furent d'abord construites en direction du Golfe du Mexique, ce qui révélait des tendances atlantistes particulièrement vers la Grande-Bretagne, mais par la suite elles furent étendues vers le Pacifique et la frontière Nord. Selon Ayala et Blanco, c'est à partir de 1880 que le commerce vers les États-Unis a dépassé celui vers l'Angleterre pour atteindre en 1910-1911, 76 % des exportations et 55 % des importations mexicaines.

Le processus de continentalisation n'avait pas besoin de nouveaux accords commerciaux, et la dynamique et l'orientation que le gouvernement de Díaz imposait à la politique économique, particulièrement au commerce extérieur, pouvaient se faire sans traité spécifique avec les États-Unis. D'autre part, la croissance industrielle du pays exigeait l'amplification du marché interne et des communications, particulièrement les chemins de fer :

> « Dans le calcul des entrepreneurs des grands systèmes de communication qui arrivaient à nos frontières, entrait nécessairement en compte la possibilité de les compléter au Mexique, qui du point de vue des communications, était déjà considéré comme une seule région avec le Sud-Ouest des États-Unis. Le résultat final de cette intégration de notre pays dans l'immense réseau ferroviaire des États-Unis était l'espoir de dominer industriellement nos marchés. Cet énorme besoin américain pouvait être satisfait soit en déclarant ingouvernable et impossible de pacifier notre pays, soit en y pénétrant au nom de la protection pour réaliser les objectifs des chemins de fer, soit de façon pacifique si on en arrivait à la conviction qu'il pouvait y avoir au Mexique, un gouvernement avec qui traiter et passer des contrats » (Sierra, 1948 : 364 cité par Ayala et Blanco, 1981 : 19).

Outre la construction des chemins de fer, la suppression des impôts locaux au commerce « Alcabalas » en 1896, fut un moyen de permettre l'élimination des coteries fiscales régionales, de renforcer l'État central qui trouvait dans ce protectionnisme des taxes contrôlées depuis le centre, une source importante de revenus[1].

Pendant la dictature de Porfirio Díaz, on assistera à l'appui aux manufactures par le biais de taux de douane, et d'autres mesures de protection. L'industrie mexicaine a compté sur un niveau de protection qui

---

[1] L'« *alcabala* » est un impôt royal sur toute transaction mercantile ; principalement sur les biens immobiliers, les meubles, les ventes, échange et cession de propriétés immeubles rurales et urbaines. Cet impôt devait se payer aussi pour tout ce qui se collectait, se vendait, ou serait soumis à contrat des travaux agricoles ou artisanaux. Établie en 1571, son élimination fut demandée dès la constitution de 1857, mais après des essais de suppression en 1822, 1884 et 1886, son abolition finale n'eut lieu que le 1er mai 1896.

allait de 50 à 200 % de la valeur des importations ; un des secteurs les plus avantagés fut le textile.

À la fin de la dictature, des capitaux anglais et canadiens commencèrent à investir dans le secteur électrique et dans les services urbains de la capitale, entre autres en éclairage public, télégraphies et tramways (Gutiérrez-Haces, 1994a).

En 1911, les investissements américains représentaient presque la moitié de la richesse du pays qui se calculait alors à 2.434 millions de dollars, dont 1.058 d'origine américaine (Dunn, 1927).

Selon une analyse faite par Alfredo Navarrete (1958), tout le capital étranger combiné était supérieur à celui de tous les Mexicains ensemble. Malgré le conflit révolutionnaire de 1910 à 1920, l'investissement étranger direct continua à couler, l'industrie pétrolière reçut une énorme impulsion en conséquence de la Première Guerre mondiale (1914-1918), ce qui lui permit de capter 200 millions de dollars de 1904 à 1924. En 1929, l'investissement étranger atteignait 2.214 millions de dollars, dont 975 en provenance des États-Unis, et 201 millions de livres sterling en provenance de l'Angleterre.

En 1935, le capital étranger contrôlait 98 % des mines, 99 % du pétrole, 79 % des chemins de fer et des tramways et 100 % de l'énergie électrique, entre autres.

L'entrée des États-Unis dans la Seconde Guerre mondiale en 1941 changea la corrélation de forces politiques et économiques avec ses voisins immédiats ; au lieu de s'infléchir du fait du rapprochement avec l'Europe, le processus de continentalisation s'est approfondi, rendant nécessaire la signature d'accords commerciaux des États-Unis avec ses deux voisins. La guerre obligeant l'économie américaine à travailler à pleine capacité, cela rendait nécessaire l'appui du Canada et du Mexique, comme fournisseur de matières premières et de biens durables et semi durables.

L'éloignement momentané des États-Unis et du gouvernement mexicain du fait de l'expropriation pétrolière de 1938, fut arrangé par une déclaration *ad hoc* formulée par le président des États-Unis et connue comme la Convention sur les Réclamations de 1941. L'arrangement légal entre le gouvernement mexicain et le capital étranger faisait partie d'un accord plus vaste, qui incluait la stabilisation du peso mexicain par le biais d'un fonds de stabilisation déposé au Trésor des États-Unis pour un montant de 40 millions de dollars. Il comprenait aussi la négociation d'un nouvel accord commercial, l'achat de l'argent mexicain et l'offre de nouveaux crédits par l'intermédiaire de l'Export-Import Bank Américain (Navarrete, 1958).

4. L'accord commercial entre le Mexique et les États-Unis 1942-1950

Durant la décennie des années quarante, il y avait de la part du gouvernement des États-Unis une volonté politique de promouvoir, de soutenir et de partager les projets de développement économique avec le

Canada et le Mexique. Le degré de mise en pratique de cette participation a dépendu de la décision interne de ces deux pays, mais dans aucun des deux cas la présence économique américaine ne s'est affaiblie.

Pour ce qui a trait au Mexique, il était indispensable que la politique de substitution des importations puisse se consolider ; cette intention souleva rapidement des problèmes dans sa relation avec les États-Unis, surtout parce qu'il fallait prendre une décision du côté mexicain quant à l'acceptation ou le refus d'une participation américaine importante dans ce processus.

Le problème était aussi lié à certaines considérations politiques qui pesaient sur le choix à faire : permettre une participation économique plus ample risquait d'être dangereux en termes de consensus politique, car la présence économique étrangère avait été l'objet d'une très forte manipulation des gouvernements précédents. En même temps, le gouvernement mexicain ne désirait pas provoquer un affrontement avec les secteurs privés liés au processus d'industrialisation.

Outre ces aspects, il fallait bien prendre en compte certaines relations économiques incontournables ; la Seconde Guerre mondiale avait accentué la dépendance du Mexique par rapport au marché américain, et en même temps affaibli les liens avec l'Europe. Le processus d'industrialisation dépendait de l'importation de biens intermédiaires et de capital, en bonne mesure importés des États-Unis. En même temps, la structure de la balance commerciale s'était modifiée, reflétant les intérêts du marché américain : cela avait accentué le caractère agricole des exportations mexicaines, organisant la production du Mexique qui tendait ainsi à s'ouvrir dans le secteur agricole vers le Nord et à s'industrialiser pour la consommation interne.

En termes économiques, les États-Unis ont proposé au cours des années 1940, un resserrement des liens commerciaux avec d'autres pays par le biais d'accord de libre-échange ; de plus, le gouvernement américain montrait clairement qu'il était contre l'étatisme économique qui se profilait dans le processus d'industrialisation mexicaine et insista aussi sur sa participation dans des secteurs clés de l'économie mexicaine, comme c'est le cas du pétrole.

Les pressions envers l'adoption du libre-échange comme directive dans la relation Mexique-États-Unis ont acquis une grande force dans les années 1940, mais il serait erroné de lier cela aux faits de guerre. Alors que le gouvernement mexicain basait ses préoccupations sur l'urgence de consolider l'industrialisation substitutive aux importations, les États-Unis dans la ligne en cours depuis les années 1930, cherchaient par leur politique économique extérieure à étendre leurs marchés :

> « Notre tâche actuelle n'est pas de découvrir ou d'exploiter des ressources naturelles ou de produire nécessairement plus de biens. Il s'agit d'une tâche plus sobre : administrer les entreprises et la richesse existante ; rétablir les marchés pour nous excédents de production, trouver une solution à la consommation insuffisante, ajuster la production à la consommation,

distribuer de façon plus équitable la richesse et les produits et adapter les organisations économiques existantes aux besoins du peuple » (F.D. Roosevelt, 1932, cité in Reyes Heroles, 1950 : 50).

Pendant ce qui a été appelé les « 100 jours de Roosevelt » qui commencèrent en mars 1933, celui-ci convoqua le Congrès des États-Unis session extraordinaire afin de promulguer une série de lois, parmi lesquelles la *National Recovery Act*, dont l'objectif central était « [d']éliminer les obstacles de la libre circulation du commerce interne et externe » (Reyes Heroles, 1950 : 58).

Un an plus tard, une loi additionnelle fut publiée, la Loi des Accords réciproques de Commerce, qui avait pour but de « *faire croître les marchés étrangers des produits américains* ». Ces accords bilatéraux contenaient une clause de nation la plus favorisée, qui durait trois ans et avec une limite de 50 % dans la réduction des taxes. Selon des données de José Attoloni (1950), le commerce extérieur américain se distribuait de la façon suivante : 61,8 % correspondait à des pays qui avaient signé des accords comme ceux décrits auparavant ; 1,2 % avec des pays qui étaient en cours de négociation de tels accords, 1,5 % avec l'URSS et 35 % avec des pays non liés par des accords réciproques.

L'accord Mexique-États-Unis de 1942 avait commencé à être négocié dès 1940, mais seulement appliqué en janvier 1943[1]. Quelques aspects contenus dans cet accord méritent notre attention : un premier élément qui avait focalisé les discussions était le thème des taxes applicables et des permis préalables à l'importation en relation avec la politique économique en cours.

Pour certains observateurs, le gouvernement mexicain avait la capacité de diminuer ou de suspendre l'impôt de 15 % pour aider les exportations et soutenir ainsi certains produits qui en avaient besoin ; mais on considérait aussi que les impôts obtenus du développement économique interne devraient payer les subsides et qu'il ne fallait pas prétendre financer le projet d'industrialisation avec les taxes collectées sur le commerce extérieur.

Un autre aspect se centrait sur le caractère de la négociation qui dans l'opinion de nombreux observateurs, se centrait trop sur les concessions en taxes et non pas sur les montants absolus de la recette du commerce extérieur.

Le modèle d'industrialisation était une pièce centrale de la négociation et représenta un grand obstacle quand la délégation mexicaine rejeta un premier groupe de propositions américaines, du fait que la réduction des

---

[1] Selon Blanca Torres (1979) et Sandra Kunz (2003), la signature du traité commercial avait eu comme antécédent un contrat signé en juillet 1941, qui réservait la vente exclusive de l'ensemble de la production mexicaine de biens stratégiques et de fibres dures aux États-Unis pour une période de 18 mois. Ce contrat est particulièrement important si on se souvient de l'accord de Hyde Park de 1941 avec le Canada, qui assurait le ravitaillement en biens stratégiques vers les États-Unis et liait le développement économique du Canada aux intérêts militaires et géo-économiques des États-Unis.

taxes proposée ne permettait pas de protéger le développement de l'industrie mexicaine et qu'il portait tort à la balance des paiements.

Dans un même ordre d'idées, les négociateurs mexicains rejetèrent l'exigence américaine de prendre en compte que les deux pays se trouvaient sur pied d'égalité face à l'accord, alors que les États-Unis ne s'interrogeaient sur l'énorme effort que ce type d'accord signifiait pour le Mexique.

Une observation plus généralisée auprès des négociateurs mexicains était le danger qu'ils pressentaient pour l'avenir du modèle d'industrialisation et le risque qu'il y avait de se retrouver face à un seul marché et à une faible diversification des produits d'exportation. En général, la conviction de la majorité des membres de l'équipe mexicaine était qu'après la guerre, le Mexique serait capable de diversifier ses marchés et ses produits, et seule une minorité d'entre eux considérait que le modèle à suivre était de se centrer sur un projet de lien étroit avec l'économie des États-Unis.

De son côté, ce pays voyait dans cet accord, la possibilité d'assurer la vente de ses propres excédents de produits manufacturiers, il faut rappeler à ce sujet, que les États-Unis avaient encore en mémoire la crise de surproduction de 1929, ce qui les poussait à voir dans le marché mexicain, une « soupape de sécurité » naturelle.

Mais il y avait aussi le thème des matières premières et des ressources naturelles, dont il fallait à tout prix garantir l'approvisionnement continu surtout en temps de guerre, ce qui était au centre d'une politique très claire à ce sujet, qui visait non seulement le Mexique mais aussi le Canada, comme nous l'avons vu plus haut. Rappelons que le gouvernement américain formula un inventaire de ressources naturelles indispensables pour son économie (le Rapport Paley) et que le Mexique et le Canada en étaient les principaux fournisseurs. Cela a impliqué que ces deux pays se retrouvaient au centre des questions de sécurité nationale des États-Unis, pour ce qui a trait à leurs économies et leurs territoires (Gutiérrez-Haces, 1990a).

Finalement, une des grandes pressions exercées par les États-Unis se porta sur la question du pétrole : plusieurs pays exportateurs de pétrole essayaient d'introduire leur production sur le marché américain, ce qui ne se faisait alors que sous de fortes restrictions car seulement 5 % des produits de pétroliers entraient aux États-Unis avec une taxe réduite : de ces 5 %, Le Venezuela en accaparait 79,9 %, alors que le Mexique n'y participait qu'à la hauteur de 3,8 %.

Les États-Unis prétendaient aussi participer à l'exploitation pétrolière mexicaine, pour occuper le vide laissé par les entreprises étrangères après la nationalisation de 1938. Ces actions américaines n'aboutirent pas car dans l'esprit des négociateurs, il fallait éviter que les accords ne mettent en péril la consolidation des industries mexicaines.

Alors que le gain des États-Unis sur le thème pétrolier fut mince, son insistance quant aux garanties que le Mexique devait offrir aux capitaux américains fut significative, faisant référence à la *clause de Traitement national* qui les protégeait face à la concurrence de l'investissement national mexicain.

L'accord signé en décembre 1942 proposait une réduction ou une limitation à 50 % sur 203 fractions de taxes du Tarif général à l'Importation du Mexique, sur les produits les plus vendus entre les deux pays. Dans ce cadre, le secteur industriel de biens manufacturés reçut un traitement privilégié, particulièrement le textile, les articles de confection, les appareils domestiques, les produits agricoles industrialisés et certains biens semi-durables[1].

Le Mexique obtint une meilleure position pour son pétrole, le zinc et le plomb sur les marchés américains, mais ce gain ne fut que transitoire car les conditions se modifièrent après la guerre, et l'ouverture de nouveaux marchés. La négociation et la signature de l'accord commercial Mexique-États-Unis doivent aussi être comprises dans le cadre du climat international de l'après-guerre, avec la signature de l'Accord général sur les Tarifs douaniers et le Commerce (GATT), la réunion qui déboucha sur la Charte de La Havane (1947) et la Réunion de Chapultepec (1945), qui furent toutes des rencontres d'une énorme importance où l'on régla le futur du commerce international sous les paramètres du libre-échange et de la géopolitique.

Au cours de toutes ces réunions, le gouvernement mexicain a clairement affirmé sa décision de ne pas céder au libre-échange comme base de ses relations économiques bilatérales, en faisant référence au besoin de protéger son industrie. Cela a bien sûr marqué les limites de la relation avec les États-Unis et le cours très différent du développement économique mexicain en comparaison avec celui du Canada qui, rappelons-le, négociait à l'époque une ouverture plus forte de son secteur manufacturier et d'extraction.

Outre ces considérations, au fil du temps il est apparu que si l'industrie mexicaine avait réussi à maintenir un niveau élevé de protection, les capitaux étrangers avaient quand même réussi à se faufiler entre les mailles du filet bureaucratique mexicain et à participer activement dans certaines branches industrielles. Comme certains produits industriels n'étaient pas disponibles au Mexique, le capital américain mit à profit le protectionnisme mexicain pour s'insérer dans l'économie de ce dernier. De la sorte, cette entrée de l'investissement étranger direct d'origine américaine est détectable non seulement dans des branches industrielles mais aussi dans le commerce intérieur : c'est le début de l'arrivée des entreprises multinationales au Mexique.

Pendant les années de référence, il n'y eut pas de position claire des deux gouvernements pour essayer de mettre sur pied une relation économique différente ou plus complète que ce qui était marqué par l'accord de 1942. Le

---

[1] Il faut signaler que cet accord fut négocié par Don Ramón Beteta, nommé ambassadeur spécial dans ce but ; il dut demander une licence comme secrétaire d'État aux finances, poste auquel il revint après la signature de l'accord (Llinas Alvarez, 1996).

projet d'industrialisation mexicain était la pierre d'achoppement, car il dépendait d'un certain niveau de protection ; d'autre part, le secteur privé, à l'occasion opportuniste et contraire aux positions du gouvernement mexicain, ne manquait pas non plus de mettre des bâtons dans les roues de la relation bilatérale.

L'accord de 1942 fut officiellement annulé le 24 juin 1950, par accord mutuel, au vu de l'intérêt explicite du Mexique de s'en séparer. La détermination était due à plusieurs circonstances : d'abord, la relation entre les deux pays n'avait pas manqué d'être souvent complexe. Par exemple, en 1943, le Mexique décida unilatéralement d'imposer une augmentation considérable aux taxes douanières sur certains produits : cela fâcha considérablement les États-Unis, bien que cette décision ne les touchât pas et provoquât finalement le recul mexicain. Cela provoqua, selon Rafael Izquierdo (1975), un rejet mexicain à la négociation d'accords commerciaux de caractère international, jusqu'aux années 1970. Effectivement, le gouvernement mexicain sentait que ce genre d'accord entamait la souveraineté nationale et réduisait sa marge de manœuvre fiscale.

Un deuxième fait qui a poussé à l'annulation de l'accord de 1942 vint de la Conférence interaméricaine sur les problèmes de la Guerre et de la Paix, de 1945 à Mexico connue comme la Conférence de Chapultepec[1].

Il est clair que la différence d'opinions sur ces thèmes entre le Mexique et les États-Unis mettait en péril non seulement la relation bilatérale, mais aussi l'accord ; il faut bien le dire, les entrepreneurs et le gouvernement mexicain partageaient le même malaise face aux États-Unis. La révision de l'accord entreprise par le gouvernement mexicain en 1948 approfondit le malaise entre les deux pays ; face à la stagnation de négociations, le gouvernement américain demanda des compensations, mais le Mexique préféra demander la résiliation pure et simple de l'accord, ce qui eut lieu en 1950, comme nous l'avons signalé plus haut.

5. Le développement stabilisateur, base du premier essai de libéralisation commerciale du Mexique

Malgré le fait que les États-Unis mirent bien à profit le protectionnisme mexicain pour développer certaines branches au Mexique, les relations entre les investisseurs étrangers et le gouvernement mexicain furent toujours de

[1] Les États-Unis y insistèrent sur une série de mesures pour réguler le commerce international dans le but d'établir un régime international de libre-échange ; cette proposition provoqua l'opposition ouverte du Mexique et de la majorité des pays latino-américains. Postérieurement, en 1947, une nouvelle proposition de ce genre fut faite à la Conférence de La Havane et face au rejet mexicain et latino-américain en général de créer une Organisation internationale du Commerce (OIC), les pays favorables au libre-échange, dont le Canada et les États-Unis décidèrent de créer l'Accord général sur les Tarifs douaniers et le Commerce (GATT).

confrontation. Les premiers voyaient toujours avec défiance les ambitions nationalistes du gouvernement mexicain.

Pendant les gouvernements de Manuel Ávila Camacho (1940-1946) et surtout sous Miguel Alemán Valdés (1946-1952) cette situation s'améliora sensiblement, car les deux présidents s'attachèrent à neutraliser la politique antérieure de Lázaro Cárdenas del Río (1934-1940), entre autres en rectifiant la politique de distribution des terres, et les questions syndicales.

À partir de 1950, la politique de commerce extérieur fut renforcée car on prenait en compte qu'une partie non négligeable du revenu national dérivait justement du commerce extérieur. Dès 1952, on commença a parler officiellement d'une politique économique internationale liée directement au développement économique du Mexique.

De ce fait, la relation avec les États-Unis était un élément central : la balance des paiements, par exemple, dépendait pour le tourisme en 90 % des États-Unis ; les envois d'argent des travailleurs mexicains à l'étranger provenaient aussi totalement de ce pays ; d'autre part, les investissements étrangers directs avaient la même provenance ainsi que la majorité des prêts officiels.

L'industrialisation avait des effets pervers sur la balance des paiements : pour dynamiser l'industrie, le gouvernement poussait aux importations de biens de capital et des matières premières dont celle-ci avait besoin. La balance en pâtissait d'autant.

Pour ce qui a trait aux réserves internationales, celles-ci étaient confortables du fait de la guerre de Corée (1950-1952), et le gouvernement voulait éviter de se retrouver dans des situations comme celle qui avait eu lieu à la fin de la Seconde Guerre mondiale, quand les restrictions mondiales aux exportations avaient sérieusement mis en péril les réserves internationales du pays (Banco Nacional de Comercio Exterior, 1953)[1].

La politique de promotion du commerce extérieur concevait un régime fiscal dont les bénéfices devaient avoir un but régulateur et pas seulement des finalités protectionnistes.

La recette des taxes du commerce extérieur avait baissé en pourcentage du total des impôts collectés par l'État ; en 1951, elle ne représentait que 30,4 % de ce total, et l'année suivante cette proportion était descendue à 23,7 %.

---

[1] Après l'annulation de l'accord de 1942, le Mexique retrouva sa liberté fiscale et commerciale. À partir de 1952, la Loi sur les Attributions du Pouvoir exécutif fédéral avait renforcé la capacité d'intervention de l'État sur l'économie. Entre autres, le pouvoir exécutif était faculté pour imposer des restrictions aux importations et aux exportations ; déterminer la forme de distribution des biens importés rares ; établir des priorités pour répondre à des demandes préférentielles d'intérêt général ; de plis, il était stipulé que les producteurs devaient satisfaire d'abord la demande nationale, avant que d'exporter. Finalement, cette loi établissait que la politique de taxes douanières devait continuer à soutenir le développement économique national, comme c'est le cas pour les biens de capital et les matières premières d'usage industriel, et empêcher l'importation excessive de biens de luxes.

En 1957, la décision de protéger tout investisseur qui accepterait de produire au Mexique représenta un changement de cap. Dans de telles circonstances, l'investissement étranger direct tendait à se transformer en un élément central de la politique de substitution des importations, particulièrement en relation avec la production des biens intermédiaires et de consommation durables.

De 1954 à 1960, le gouvernement mexicain a considéré que l'investissement étranger était favorable, et évita d'imposer des restrictions trop fortes : le gouvernement déclara dans ce sens, en 1955, que : « les capitaux étrangers sont un groupe qui doit partager la responsabilité d'atteindre le développement économique du pays » (Ortiz Mena, 2000 : 46).

L'attraction de l'investissement étranger a impliqué d'éviter les dévaluations monétaires, de soutenir la liberté du change, d'offrir des incitations fiscales non exclusives aux investisseurs mexicains et de mettre sur pied un contrôle modéré, ce qui fut le cas de 1952 à 1958.

Avec des investissements étrangers relativement peu restreints et une politique d'appui aux investisseurs, on aurait pu s'attendre à une relation plus cordiale entre les États-Unis et le Mexique, mais il n'en fut pas ainsi, le nouveau problème étant celui créé par la migration temporaire de travailleurs mexicains, qui avait été réglementée en 1942.

Pendant les administrations présidentielles d'Adolfo López Mateos (1958-1964) et de Gustavo Díaz Ordaz (1964-1970), le développement économique du Mexique put bénéficier de taux élevés de croissance et d'une stabilité économique considérable. Cette période connue comme le « développement stabilisateur » se caractérise par une grande importance accordée aux progrès macroéconomiques, entre autres pour ce qui a trait à la balance de paiements et aux prêts des banques privées internationales et aux relations avec les institutions financières internationales, qui montrèrent leur accord avec le modèle de développement mexicain, en lui octroyant de nombreux crédits.

La croissance obtenue durant ces années de développement stabilisateur fut, pendant 12 ans consécutifs, plus forte que durant n'importe quelle autre période du Mexique moderne. Elle correspondit pratiquement aux deux mandats présidentiels. Dans ses mémoires, Antonio Ortiz Mena, responsable des finances publiques du Mexique de 1958 à 1970, et dans une bonne mesure artisan de la croissance, affirme que la croissance moyenne annuelle du produit interne brut atteignit 6,8 % et celle du PIB par tête 4 %. En voici les résultats comparatifs sur le long terme, jusqu'à ce que la décennie des années 1990.

Tableau 15 **Croissance économique et inflation par mandats présidentiels 1934-1994**			
Période	*Président*	*Taux de croissance moyenne annuelle du PIB*	*Inflation moyenne annuelle*
1934-1940	Lázaro Cárdenas	4,52 %	5,52 %
1941-1946	Manuel Ávila Camacho	6,15 %	14,56 %
1947-1952	Miguel Alemán Valdez	5,78 %	9,86 %
1953-1958	Adolfo Ruiz Cortínez	6,42 %	5,80 %
1959-1964	Adolfo López Mateos	6,73 %	2,28 %
1965-1970	Gustavo Díaz Ordaz	6,84 %	2,76 %
1971-1976	Luis Echeverría Álvarez	6,17 %	12,83 %
1977-1982	José López Portillo	6,10 %	29,64 %
1983-1988	Miguel de la Madrid	0,34 %	92,88 %
1989-1994	Carlos Salinas de Gortari	3,92 %	15,91 %

Source : INEGI, Estadísticas Históricas de México, tome II, 1994 : 34, et Ortíz Mena, 2000 : 50.

Paradoxalement, malgré la croissance notable de la population connue par le Mexique durant ces années, la croissance économique s'est aussi traduite par une augmentation de la croissance par tête, et de ce fait, les inégalités sociales ne furent pas officiellement considérées comme un problème majeur pendant le développement stabilisateur. En voici les résultats comparatifs sur le long terme, jusqu'à l'époque actuelle.

Cette situation privilégiée toucha à sa fin au début du sexennat de Luis Echeverría comme nous le verrons par la suite, période à partir de laquelle on assistera à une inégalité croissante des revenus et à une concentration de ceux-ci dont nous observons encore les ravages dans l'actualité.

La croissance économique accélérée du Mexique pendant cette période de développement stabilisateur, ne fut dépassée que par le Japon, Singapour et la Corée et fut très semblable aux résultats de pays comme les États-Unis, le Canada, l'Allemagne, la France ou le Brésil. En termes absolus, le PIB du Mexique à cette époque était supérieur à celui du Brésil et devint ainsi le plus élevé de l'Amérique latine (Ortiz Mena, 2000 : 50).

L'évolution de l'inflation au Mexique durant cette période a été basse même en comparaison avec les pays développés. La croissance de l'indice des prix fut semblable au cas américain, entre 1958 et 1970, celle du Mexique étant de 34,5 % accumulés pendant la période, contre 34,3 % aux États-Unis (Ortiz Mena, 2000 : 53).

Pour ce qui a trait aux échanges internationaux, la stabilité et la croissance interne ont également permis leur amélioration, comme le reflète le tableau ci-dessous pour 1958.

Tableau 16
Exportations du Mexique par groupes principaux de produits en 1958

Groupes et produits	*Millions de dollars*	*Pourcentage*
Agriculture et élevage	377,5	53,24
Coton	193,8	27,33
Café	79,2	11,17
Tomate	22,7	3,20
Bétail et viande	53,6	7,56
Autres	28,2	3,98
Pêche	33,9	4,78
Minéraux	159,0	22,42
Plomb	35,1	4,95
Soufre	23,2	3,27
Zinc	19,9	2,81
Cuivre	29,9	4,22
Pétrole et gaz naturel	29,4	4,15
Autres	21,5	3,03
Biens manufacturés	82,2	11,59
Sucre	17,1	2,41
Autres biens comestibles	13,3	1,88
Sisal	18,3	2,58
Autres textiles	8,4	1,18
Chimie	15,1	2,13
Autres manufactures	10,1	1,42
Autres exportations	56,5	7,97
Exportations totales	709,1	100,0

Source : Prospections de placements de bons du Mexique à l'extérieur, 1963 : 122.

Pendant cette période, la composition de la structure sociale et économique du Mexique a changé radicalement, les effets les plus notables étant la croissance de l'industrie et la réduction de l'importance relative du secteur agricole et élevage qui passèrent de 17,4 % de la production nationale en 1958 à 11,6 % en 1970 tandis que, de son côté, l'industrie passait de 5,2 à 23,3 % du PIB en 1970. Le commerce, l'électricité, la construction et l'industrie minière augmentèrent légèrement leur participation au PIB, alors que l'on assistait à une faible diminution des transports, de la communication et des services (Ortiz Mena, 2000 : 54).

Parallèlement la population rurale diminuait, passant de 49 % en 1960 à 47 % en 1970. L'évolution favorable de la productivité du travail s'est d'ailleurs reflétée sur les salaires ; ceux-ci connurent une croissance à un taux réel moyen de 3,5 % entre 1959 et 1970 pour l'industrie, et un relèvement de 6 % du salaire minimum (Ortiz Mena, 2000 : 56). Quant au financement de la croissance, la politique économique a eu pour objectif de ne pas utiliser des sources de revenus inflationnistes ; de ce fait, le déficit du secteur public a pu être maintenu à des taux réduits, entre autres par la promotion de l'épargne des consommateurs. Le déficit du gouvernement fédéral n'a pas dépassé une moyenne de 1,3 % du PIB de 1958 à 1970, et le déficit total 2,6 % du même indicateur. L'épargne externe fut utilisée de façon modérée pendant le développement stabilisateur, ce qui poussa d'ailleurs le FMI à utiliser le peso mexicain comme une des devises de sa corbeille de devises utilisées pour appuyer les pays avec des problèmes macroéconomiques. De même, en 1968, les États-Unis utilisèrent les ressources prévues dans les accords financiers bilatéraux pour soutenir le dollar américain (Ortiz Mena, 2000 : 57).

Il faut aussi rappeler que le contexte international de cette époque était particulièrement difficile, du fait de la Guerre froide, et des pressions militaires et économiques du voisin du Nord. Le Mexique a du mener sa politique économique interne avec prudence, et de même sa politique internationale dut éviter de se transformer en un instrument des puissances mondiales en lice[1].

Pendant le gouvernement de López Mateos et Díaz Ordaz, le Mexique a réaffirmé les principes historiques de sa politique extérieure, et a mis en œuvre une politique économique internationale qui a consisté à déployer des relations intenses avec les centres financiers du monde ; la stratégie de ces deux présidents fut assez conservatrice et tous deux se rapprochèrent des institutions financières internationales, en considérant que cela permettrait de meilleures relations avec les investisseurs internationaux et donc un flux croissant d'investissement étranger direct et de portefeuille vers le Mexique.

En termes comparatifs, on peut observer que pendant le sexennat de Miguel Alemán (1946-1952), l'investissement américain a maintenu une présence très visible, et durant les sexennats suivants, un effort fut fait pour maintenir cette tendance. Elle en devint ainsi un des éléments clé du développement et fut acceptée comme telle.

Au début de 1960, le gouvernement du président Eisenhower créa un fonds spécial de 500 millions de dollars, pour promouvoir le progrès social du sous-continent latino-américain, destiné aux programmes de santé, éducation, et réforme agraire. Il poussa aussi à la création de la Banque Interaméricaine de Développement (BID). Ces initiatives formaient partie d'une stratégie américaine pour freiner les progrès du communisme au Mexique et en Amérique latine. Ces initiatives n'étaient aussi finalement que le reflet d'un courant d'opinion largement répandu aux États-Unis, selon lequel le manque de croissance économique n'était pas une bonne affaire pour les intérêts politiques et économiques de ce pays.

---

[1] Nous avons déjà abordé le thème du rôle des États-Unis comme axe géo-économique de la continentalisation, et nous reviendrons sur ce thème dans le chapitre consacré aux relations entre le Mexique et le Canada.

Pendant la campagne présidentielle américaine de 1960, le candidat démocrate John F. Kennedy mit en évidence le besoin de mettre en place une politique économique plus active. Dans ce sens, il lança le projet de politique intégrale envers la région latino-américaine connu comme l'Alliance pour le Progrès (ALPRO), conçu à la demande de Kennedy par les chercheurs de Harvard et du *Massachusetts Institute of Tecnology* (MIT) (Ortiz Mena, 2000 : 70).

Lors d'un sommet à Punta del este, Uruguay, en août 1961, ce projet fut présenté officiellement. Les points principaux en étaient les suivants :

1. Parvenir à une croissance économique des pays de la région qui représenterait une croissance du PIB par tête d'au moins 2.5 % annuels ;
2. Mettre en œuvre une réforme sociale avec un fort accent sur la tenure de la terre ;
3. Diversifier et augmenter les exportations ;
4. Promouvoir l'éducation et éliminer l'analphabétisme ;
5. Parvenir à une stabilité des prix et éviter l'inflation et la déflation ;
6. Réformer le système des impôts en faveur des groupes de bas revenus ;
7. Élaborer des plans intégraux de développement.

L'ALPRO a été de toute évidence, le premier rapprochement intégral entre le gouvernement Kennedy et les Latino-américains ; dans un certain sens, il a signifié une réponse alternative au Plan Marshall pour la région et un essai de produire un antidote aux progrès du communisme dans la région. Mais l'ALPRO doit aussi être compris comme un premier essai de rendre plus homogènes les économies latino-américaines à moyen terme, surtout si l'on prend en compte que plusieurs gouvernements de ces pays suivaient des politiques qui n'étaient pas bien vues par les États-Unis.

Pour comprendre les réactions provoquées par ce projet, nous devons prendre en compte que ces pays ne formaient pas partie du GATT et étaient loin de mettre en pratique le libre-échange ; leurs gouvernements mettaient en œuvre des pratiques protectionnistes pour appuyer l'industrialisation substitutive des importations et ils avaient aussi souscrit des accords d'intégration commerciale régionale, dont le Marché Commun de l'Amérique centrale et l'Association latino-américaine de libre-échange (ALALC) en 1960.

La mise en place des principes du projet américain n'a pas rencontré les mêmes difficultés dans tous les pays de la région. Dans le cas mexicain, ces principes coïncidaient entièrement avec ceux issus de la révolution mexicaine, dont la réforme agraire, la lutte contre l'analphabétisme, les réformes fiscales en vue d'une meilleure distribution des revenus, qui étaient appliquées par les gouvernements successifs depuis les années 1920. Mais la majorité des régimes dictatoriaux de la région étaient contre les réformes agraires et fiscales au bénéfice des secteurs plus pauvres.

L'ALPRO a provoqué des réactions discordantes : d'une part, les avantages économiques étaient un argument en faveur de l'acceptation du programme alors que l'obligation de suivre une discipline stricte soulevait des inquiétudes dans la région.

Dans les faits, l'ALPRO a représenté un transfert important de fonds vers la région : il se proposait de mettre à la disposition des pays latino-américains une somme de 20 milliards de dollars, par tranche de 2 milliards annuels durant dix ans, et de leur offrir un appui formel en assistance technique.

Le Mexique a obtenu des avantages économiques et politiques certains de ce projet, et une meilleure relation avec son voisin, malgré le fait que l'appui donné par le gouvernement mexicain à la révolution cubaine ait provoqué un moment difficile dans leur relation[1]. Selon des fonctionnaires mexicains, l'ambiance de la Guerre froide a provoqué de nombreuses complications pour le gouvernement mexicain, qui dut développer une politique de gouvernement très ferme afin de préserver la souveraineté nationale. Il fallait éviter l'ingérence des États-Unis dans les décisions mexicaines, tout en prenant avantage de la relation avec un voisin qui était l'économie la plus forte du monde[2] (Ortiz Mena, 2000 : 74).

En 1959, dans une lettre envoyée par le gouvernement mexicain au FMI dans le cadre de son plan économique, il est fait mention de la mise en œuvre d'une réforme fiscale intégrale. Avec l'expédition de la nouvelle loi des ministères de 1958, les bases des programmes de développement furent mises en place. Le gouvernement de López Mateos s'était aussi proposé de continuer la réforme agraire et de donner une nouvelle impulsion à la lutte contre l'analphabétisme.

Toutes ces mesures étaient très similaires à celles proposées par l'ALPRO et le gouvernement mexicain n'eut pas trop de difficulté pour recevoir des fonds de ce programme ; d'autre part, c'était un motif d'orgueil pour le gouvernement de démontrer aux autres pays latino-américains qu'il pouvait remplir toutes les conditions imposées par l'ALPRO.

Même si les aspects que nous allons aborder dans les paragraphes qui suivent ne sont pas du ressort central de ce travail, nous ne pouvons manquer de mentionner le fait que malgré le résultat économique positif de cette époque, le gouvernement mexicain a dû faire face à un essai de déstabilisation de la part du Parti Communiste Mexicain en 1958-59. En 1958, 740 grèves furent lancées contre 150 en moyenne durant les cinq

---

[1] En 1959, le régime dictatorial de Batista fut renversé par le mouvement dirigé par Fidel Castro ; le harcèlement américain poussa celui-ci dans l'orbite soviétique. En avril 1961, le président Kennedy autorise l'invasion de Cuba par la Baie des Cochons (Bahia de Cochinos) mais l'opération fut ratée. Le gouvernement mexicain a été pratiquement le seul pays latino-américain à donner son appui à Cuba.

[2] Durant la visite au Mexique de Kennedy en 1962, celui-ci demanda au ministre des Finances, Antonio Ortiz Mena quels étaient les principaux défis de la relation économique entre les deux pays ; la réponse fut directe : « maintenir de bonnes relations avec les autorités financières et les principaux investisseurs en général, et avec tous les participants du système financier des États-Unis » (Ortiz Mena, 2000 : 74).

dernières années. Tous ces mouvements ont provoqué une situation sociale très polarisée qui a eu une importance décisive pour l'orientation du nouveau gouvernement de López Mateos[1].

Dans ce sens, les préoccupations majeures du gouvernement furent de renforcer la stratégie de stabilisation macroéconomique car il pensait que l'un des enjeux de ces groupes de contestation était de provoquer une dévaluation qui amènerait une grogne généralisée de la population contre le gouvernement.

Celui-ci a pris un soin exagéré de l'image politique du pays et malgré le fait qu'il prétendait continuer dans la ligne du nationalisme économique, il fit attention à ne pas donner un ton qui aurait pu être perçu comme « socialiste » aux discours et déclarations officielles. Pour ce qui a trait à la politique économique, pendant la phase du développement stabilisateur, plusieurs mesures importantes furent prises pour éviter de donner des signaux erronés à la communauté internationale, comme dans le cas de la nationalisation de l'industrie électrique de 1960.

L'enjeu dans ce cas fut de présenter la mesure comme une action exclusivement technique, nécessaire pour un développement correct du secteur électrique mexicain et non pas une action contre les capitaux étrangers.

Une part des changements dans les relations entre le Mexique et les États-Unis provient de cette nationalisation : malgré le fait que l'*American Foreign Power* et la *Mexican Light and Power Co*, furent achetées par le gouvernement mexicain, celui-ci évita de donner un ton trop nationaliste à cette mesure, comme ce fut le cas pour l'expropriation pétrolière de 1938[2].

La situation internationale du Mexique se compliqua en 1961 du fait de son appui à la Révolution cubaine, et le gouvernement dut donner des manifestations claires à la communauté internationale et aux groupes d'investisseurs en particulier, que le gouvernement mexicain suivait une conviction politique historique, et la détermination de ne pas provoquer un précédent qui pourrait justifier l'intervention d'une puissance étrangère.

Pour réduire l'impact récurrent des crises économiques aux États-Unis, le Mexique a aussi cherché à établir des relations économiques plus étroites avec plusieurs pays européens qui furent visités par le président. Un rapprochement avec la France fut entrepris pour deux raisons essentielles : la première fut que la stratégie proposée par le Général de Gaulle vers une recherche de plus d'autonomie envers les États-Unis était très attrayante pour le Mexique tellement marqué par la relation avec son voisin ; en deuxième lieu, on y voyait la possibilité d'obtenir de la France un

[1] Les principaux mouvements politiques contre le gouvernement durent ceux des télégraphistes, des instituteurs, des travailleurs des chemins de fer et du pétrole ; c'est à cette époque que les centrales syndicales liées à ces branches ont acquis un pouvoir important.

[2] La seconde entreprise était de propriété canadienne et ne fut pas totalement nationalisée, elle a gardé une partie de ses actions jusqu'à la négociation de l'ALÉNA et la conserve encore dans l'actualité.

financement dans de meilleures conditions que celles établies dans l'accord de Berne de 1962.

Cette année-là, Giscard D'Estaing étant ministre des Finances, il réalisa un voyage au Mexique en vue de commencer la négociation d'un crédit qui combinerait des ressources de banques privées françaises et de la principale institution de développement de ce pays. Les conditions furent meilleures que celles de l'accord de Berne, entre autres quant au délai de remboursement et à la possibilité pour le Mexique d'acquérir des biens nationaux ; ce crédit fut utilisé dans la construction de plusieurs raffineries de sucre de canne, et plus tard, pour la construction du métro de Mexico (Ortiz Mena, 2000 : 79).

Postérieurement, le gouvernement mexicain envisagea de négocier un nouvel accord commercial avec les États-Unis ou de changer l'orientation de sa politique économique interne, mais ce n'est que vers 1960 qu'il décida d'abandonner son isolement et de s'unir au Brésil, l'Argentine, l'Uruguay, le Pérou, l'Équateur, la Colombie, le Chili et le Paraguay dans le cadre de l'Association latino-américaine de libre-échange (ALALC).

Cette détermination a bien sûr renforcé les liens entre ces pays et le Mexique, mais bien évidemment sans toucher les intérêts américains et l'étroite relation entre les deux pays : à cette époque, le flux des investissements américains était déjà très élevé et ceux-ci tendaient à lier le Mexique à leurs propres intérêts, contre le protectionnisme et le nationalisme traditionnel.

Un grand nombre d'entreprises américaines avaient pris la décision de produire *in situ*, au Mexique pour le marché interne de celui-ci, mettant à profit l'absence de concurrence d'autres pays, et l'existence d'un marché captif de consommateurs. Cette stratégie avait déjà été mise à l´épreuve de façon satisfaisante dans le cas canadien, avec les usines subsidiaires (*Branch plants*) auxquelles nous avons fait référence auparavant.

Malgré la *Politique nationale* du Canada et celle *d'industrialisation substitutive des importations* au Mexique, le processus de continentalisation autour des États-Unis était capable de se développer à l'intérieur même de ces pays, en mettant justement à profit les mesures protectionnistes qui avaient été mises en œuvre en supposant qu'ainsi on pourrait protéger les usines nationales face aux exportations américaines (Gutiérrez-Haces, 2000).

Sous le gouvernement de López Mateos (1958-1964), le Mexique a donc utilisé sa politique économique extérieure comme élément de légitimation et de nouvelle articulation sociale autour du projet politique et économique en cours ; il ne faut pas négliger le fait que les nombreux voyages internationaux du président ont servi aussi à donner une meilleure visibilité internationale au pays, et surtout au Parti révolutionnaire institutionnel (PRI). En même temps, il faut comprendre cette époque comme un essai de réduire le bilatéralisme excessif par rapport aux États-Unis par l'ouverture de nouveaux marchés pour le Mexique.

6. Le tiers-mondisme d'État comme antidote à la continentalisation

Durant les années 1970, la diplomatie mexicaine commence à prendre une orientation plus économique, sans abandonner les principes recteurs traditionnels qui la caractérisaient dans le passé. Ce trait devint un aspect central de la gestion des gouvernements du PRI jusqu'en 2000. Selon Carlos Rico, la politique extérieure et l'accent sur les liens internationaux du pays rencontrèrent un écho favorable dans pratiquement toutes les options économiques mises en œuvre depuis les années soixante-dix (Rico, 2000 : 15).

Avec la victoire du Parti d'Action nationale (PAN) avec Vicente Fox en 2000 et Felipe Calderon en 2006, le caractère économique des relations internationales du gouvernement mexicain s'est renforcé, suivant la ligne des trente dernières années, et cela est particulièrement visible dans les politiques de libéralisation de l'investissement étranger et le commerce international.

Cela est important, car on peut ainsi démontrer que ce caractère de plus en plus économique de la politique extérieure devient une constante au Mexique, au-delà des orientations politiques et des partis au pouvoir.

C'est à partir du sexennat de Luis Echeverría Álvarez (1970-1976) que ce lien entre le projet économique interne et une stratégie ancrée à l'extérieur se renforce après la phase initiée durant le gouvernement de López Mateos. Pendant le sexennat écheverriste, l'isolement diplomatique caractéristique de la politique extérieure mexicaine fut sérieusement remis en question par le gouvernement mais aussi par les groupes d'entrepreneurs[1]. Outre cette critique, d'autres questionnements furent émis, entre autres sur le thème de l'excès d'attention à la relation bilatérale avec les États-Unis et le manque de contacts avec d'autres pays. On considérait alors que la passivité internationale du Mexique avait été une erreur et que cela avait fini par toucher le processus même de développement du pays.

Beaucoup d'idées et de propositions faites par le président Echeverría au Mexique, gardent des similitudes profondes avec celles exprimées par Pierre Elliot Trudeau au Canada à la même époque, et montre bien les affinités entre les orientations de la politique extérieure des deux pays, tout au moins pour ce qui a trait à son caractère de plus en plus économique.

Les deux gouvernants étaient convaincus que l'isolement international et l'extrême dépendance d'un seul partenaire commercial étaient extrêmement négatifs pour le futur des deux pays et que prolonger cette situation ne faisait qu'approfondir l'expansion de la continentalisation sur les deux pays.

[1] Il faut se rappeler que c'est à partir des années soixante-dix que l'on assista à la poussée la plus forte des entreprises multinationales au Mexique. De nombreux entrepreneurs avaient établi des liens d'investissements avec celles-ci ; les lois mexicaines réduisant la participation étrangère dans les entreprises, les Mexicains étaient des pions essentiels dans le cadre des plans d'expansion des ces entreprises.

Toutefois, ce fut le président Echeverría, qui démontra un activisme politique inusité pour le Mexique mais aussi pour les États-Unis, en vue du changement des règles du jeu au niveau international. Echeverría déclarait ainsi en 1974 :

> « L'isolement est aujourd'hui plus que jamais, une doctrine impraticable. Le progrès de chaque pays dépend dans une bonne mesure, de la façon dont s'établissent les relations complémentaires avec les autres. Nous devons prendre conscience du fait que notre destin est lié aux transformations qui ont lieu au-delà de nos frontières. Nous abstenir de participer à celles-ci signifierait transférer à l'extérieur la possibilité de déterminer le futur de la nation et compromettre les profils de son identité. Cela équivaudrait aussi à déplacer l'exercice de la souveraineté à des centres de pouvoirs externes au pays. C'est pour cela qu'il est nécessaire de multiplier les contacts avec l'extérieur, faire de la diplomatie un moyen plus apte pour la défense de nos principes et intérêts et s'ouvrir au monde pour affronter les problèmes qui nous touchent » (Secretaria de la Presidencia, 1976 : 193).

Malgré l'intérêt manifesté par le gouvernement de Mr Echeverría en vue de rompre avec le bilatéralisme excessif qui caractérisait la relation avec les États-Unis par le biais d'actions diplomatiques plus dynamiques et intenses, les résultats politiques obtenus en matière internationale, n'allèrent souvent pas plus loin que des déclarations spectaculaires publiques, du fait que le Mexique ne disposait pas d'une base internationale de pouvoir politique et économique suffisamment solide pour réaliser un virage d'envergure qui permettrait une diminution du poids économique de sa relation centrale avec les États-Unis, contrairement à ce qui se passa plus tard, durant le sexennat de López Portillo, quand le Mexique commença à être reconnu comme une puissance moyenne, grâce au boom pétrolier (Rico, 2000).

La période présidentielle d'Echeverría s'est caractérisée non seulement par la multiplicité des déclarations et des initiatives en vue de la restructuration de la politique du gouvernement en matière diplomatique, mais aussi par l'accent mis sur la restructuration de tous les aspects économiques liés au commerce international. Une de ses premières mesures fut de créer l'Institut mexicain de Commerce extérieur (IMCE) par décret officiel publié dans le Journal Officiel du 31 décembre 1970, à trente jours de son entrée à la présidence. Ce décret reflétait bien l'intérêt central du président afin de mettre en marche une réforme économique interne qui visait à établir des changements dans la politique de substitution des importations et donc dans la structure de la protection par taxes. Il mit aussi en œuvre des politiques spécifiques pour appuyer l'exportation de produits manufacturiers avec une forte proportion de valeur ajoutée nationale ; par ce biais, Echeverría cherchait à renforcer le marché interne à court terme ; cette situation est d'ailleurs très différente à celle que vit le Mexique dans l'actualité avec la mise en application de l'ALENA.

Tableau 17
Les appuis fiscaux au commerce extérieur, 1970-76
(pourcentage)

	1970	1971	1972	1973	1974	1975	1976
Valeur totale (millions de dollars)	225,7	211,3	287,3	292,8	451,7	451,8	406,0
Total	100,0	100,0	100,0	100,0	100,0	100,0	100,0
Impôts au commerce extérieur	100,0	95,7	87,6	70,0	69,3	67,6	55,2
Appuis au commerce extérieur	0,0	4,3	12,4	29,7	30,7	32,4	44,8
Autres	0,0	0,0	0,0	0,0	0,0	0,0	0,0

Source : Flores Quiroga, Proteccionismo versus Librecambio : La Economía Política de la Protección comercial en México, 1998 : 145.

Dans le cadre de cette stratégie, Echeverría se proposait de modifier le modèle économique en cours et, pour ce faire, il chercha l'appui international par le biais d'une activité internationale intense qui avait pour but, entre autres, de donner une meilleure visibilité au Mexique.

C'est un fait que ces modifications représentent le premier espace d'expression des nouvelles réalités qui conditionnèrent la diplomatie mexicaine pendant les vingt années postérieures (Rico, 2000 : 22).

Une première lecture de ces faits pourrait laisser croire à un excès de changements institutionnels accompagné de maigres résultats ; au contraire, si nous approfondissons l´étude des motifs, nous verrons apparaître des aspects très utiles pour notre travail,

En premier lieu, il faut prendre en compte le fait qu'Echeverría hérita d'une structure bureaucratique terriblement sclérosée, qui s'était développée sous le couvert du projet d'industrialisation substitutive des importations, et qu'il dut faire face aux séquelles de la nationalisation du pétrole, de celle de l'électricité et des chemins de fer, entre autres. Les syndicats jouissaient d'une force incroyable, grâce à la connivence du PRI, et une bonne part de la classe des entrepreneurs avait connu la croissance et s'était enrichie sous le couvert du protectionnisme économique lié au projet central d'industrialisation.

Face à ce panorama, les possibilités de changement à partir d'une initiative présidentielle étaient complexes, du fait de la situation de privilèges dont jouissaient la bureaucratie et les syndicats officiels qui appuyaient le PRI et avaient lancé la phrase célèbre que « vivre hors du budget public est une erreur ».

La grande quantité d'initiatives lancées ayant donné naissance à des décrets, des lois, et à la création d'institutions, de directions, de départements et de bureaux spécialisés, en relation avec l'économie et le commerce extérieur pendant ce sexennat doivent être interprétées comme un processus qui cherchait à promouvoir, dans une nouvelle institutionnalité, une vision rénovée du commerce extérieur.

Echeverría a ainsi réussi en quelques années à établir une structure officielle parallèle, mieux accordée à ses objectifs de rénovation institutionnelle ; cette structure fut mise aux mains de fonctionnaires plus modernes, moins technocrates que ceux qui avaient surgi des rangs du PRI par le passé.

Le président rencontra des difficultés pour mettre en place ces changements, du fait des blocages produits par ses propres bases politiques : les déclarations internationales de type progressiste lui étaient permises à l'extérieur, mais ses initiatives eurent du mal à prendre effet à l'intérieur du fait des groupes politiques et d'entrepreneurs liés au PRI.

Dans un premier temps, une des préoccupations centrales du président fut liée au constat de l'essoufflement du modèle d'industrialisation par substitution des importations était en train de s'essouffler, ce qui finirait par toucher le pouvoir de la classe dominante et donc du parti officiel. Conscient que les inégalités dans la distribution des revenus étaient une bombe à retardement il soutenait toutefois que les réformes proposées pourraient automatiquement résoudre cette question épineuse.

Dès le début du gouvernement, le défi économique et politique allait donc au-delà de la simple reconnaissance du poids excessif des États-Unis dans l'économie. La remise en question portait surtout sur l'usage abusif d'une politique industrielle et commerciale vicieusement protectionniste. Cependant, Echeverría n'a pas hésité à utiliser un discours anti-américain pour justifier et lancer les changements économiques. En conséquence, la politique extérieure mexicaine a renforcé son orientation pragmatique en accentuant son rôle comme instrument central pour les fonctions d'accumulation de l'action de l'État (Rico, 2000).

Un second aspect à prendre en compte pour comprendre la stratégie commerciale d'ouverture pendant ce sexennat, c'est la conjoncture internationale et en particulier la relation avec les États-Unis. Un an après l'arrivée au pouvoir de Mr Echeverría, l'IMCE soulignait la situation défavorable de la balance commerciale avec les États-Unis au moment où le gouvernement Nixon annonçait le gel des prix et salaires, la suspension de la convertibilité or du dollar, un impôt additionnel de 10 % sur les importations tout en offrant des avantages aux entreprises américaines à l'étranger pour rapatrier leurs bénéfices. Toutes ces mesures touchaient directement le commerce extérieur mexicain et canadien, précipitant ces deux pays vers un processus de détérioration économique qui allait éclater en 1982 ; nous reviendrons sur ces mesures par la suite.

La première évaluation de fond de l'industrialisation par substitution des importations fut réalisée par le gouvernement Echeverría. Elle déboucha sur deux stratégies économiques en vue de renverser la tendance au déclin des exportations mexicaines pendant les années soixante. La première visait une rationalisation de la protection par taxes et la seconde, était centrée sur une stratégie de promotion des exportations[1].

La réforme commerciale de ce sexennat s'est fondamentalement orientée vers la promotion des exportations. L'élément explicatif a été que les règles commerciales adoptées depuis les années quarante avaient été dépassées par les circonstances économiques en cours et qu'elles avaient produit des pratiques de protection commerciale très viciées. Les données sont très claires à ce sujet : de 1960 à 1970, le déficit du compte courant du Mexique a augmenté à un taux annuel de 19 % en contraste avec 14 % dans les vingt années antérieures. Ce relèvement du taux de croissance du déficit courant était dû essentiellement à l'incapacité des exportations de biens et services à financer les besoins croissants d'importations pour le secteur de la production. Pendant la décennie des années soixante, le total des exportations a eu un taux de croissance annuel inférieur de 6 % au 8 % du taux d'accroissement des importations, et le déficit commercial est ainsi passé de 260 millions de dollars en 1959 à 950 millions en 1970 (Flores Quiroga, 1998 : 156).

Aux données antérieures il faut ajouter que la croissance de l'emploi due à l'industrialisation par substitution des importations, commença à se réduire en même temps que le frein à la croissance, menaçant de se situer à un taux inférieur à celui de la croissance de la population, à cette époque supérieur à 3 %. La production industrielle, qui avait atteint 8,3 % de taux de croissance moyens annuels pendant les années 60, se retrouvait à près de 6 % après 1970. Il faut y ajouter une administration inefficace du régime de substitution, devenu excessif, non discriminé et permanent (Villareal, 1997).

Selon cet auteur et Flores Quiroga, la structure de la protection au Mexique était en contradiction avec la proportion des importations soumises à des restrictions quantitatives, celles-ci étant de 17,7 % en 1956, pour en arriver à 68,3 % en 1970.

Parallèlement à l'augmentation de la protection, les industries mexicaines étaient de moins en moins poussées à être compétitives et il y avait de moins en moins d'espace pour l'établissement de nouvelles firmes. De nombreux fonctionnaires de l'époque reconnurent par la suite qu'il devenait de plus en plus difficile de maintenir la compétitivité et de remplacer les importations.

Echeverría avait reconnu pendant sa campagne présidentielle de 1970, les déficiences de la politique industrielle et commerciale, et lors de son discours de prise de pouvoir, il annonça son projet de réformer la politique commerciale existante et de promouvoir les exportations. Un an après, lors de son premier rapport annuel, il confirma cette position et mit l'accent sur

---

[1] Selon l'étude d'Aldo Flores, la première mesure visait concrètement à réduire la dispersion du processus de protection et à assurer une protection relative plus importante aux produits plus élaborés, alors que la seconde prétendait offrir des subsides plus importants aux exportateurs. Ces politiques furent mises en application entre 1971 et août 1976, pour être ensuite abandonnées et remplacées par un contrôle des importations plus strict qu'avant 1970 (Flores Quiroga, 1998 : 152).

le fait que la promotion des exportations devait se concentrer sur les produits à plus haute valeur ajoutée[1].

Il semble bien que le gouvernement mexicain cherchait à limiter la dépendance de l'investissement étranger et à créer de nouveaux emplois, pour consolider la popularité du parti officiel.

Un troisième aspect, qui a aussi renforcé la détermination du gouvernement mexicain à modifier le commerce extérieur, a été la constatation de l'existence d'un commerce triangulaire : une bonne part des exportations mexicaines vers les États-Unis était réexportée vers d'autres pays. Cela était conçu par de nombreux économistes comme antiéconomique pour le Mexique, réduisant la possibilité d'introduire directement ses produits dans les marchés externes (Arellano García, 1980).

La politique de promotion des exportations mexicaines s'est appuyée sur plusieurs institutions paraétatiques : la Banque Nationale du Mexique, SA (BANAMEX), la Banque Nationale du Commerce extérieur (BANCOMEXT) et IMCE que nous avons déjà mentionnés. Une Commission technique pour les Processus d'Intégration fut aussi mise en place pour discuter de ces thèmes.

La réorganisation du service extérieur mexicain ne pouvait être en reste ; le nombre d'ambassadeurs avec une formation économique fut augmenté et l'on assista à une meilleure articulation entre les ambassades, les consulats et les représentations commerciales à l'étranger (Rico, 2000 : 28).

Le secteur privé se mit d'abord du côté du gouvernement dans son effort pour augmenter le commerce extérieur ; ce fut le cas du Conseil d'hommes d'affaires mexicains pour les Affaires internationales (CEMAI), l'Association Nationale des Importateurs et Exportateurs de la République mexicaine (ANIERM), l'Association pour l'Impulsion des Exportations mexicaines (AFEM), la Confédération des Chambres industrielles des États-Unis mexicains (CANACINTRA), et la Confédération des Chambres nationales de Commerce (CONCANACO).

Les changements dans la politique commerciale contribuèrent à modifier l'attitude des hommes d'entreprise mexicains, particulièrement ceux liés au commerce international, et dans ce sens, la demande de plus de sécurité pour l'accès aux marchés internationaux devint un aspect central de la relation entre le gouvernement et le secteur privé[2].

---

[1] Au long de la gestion du président Echeverría, de nombreuses mesures furent prises pour augmenter le contenu national des exportations mexicaines, cette décision a beaucoup aidé la production nationale et a évité que le processus de continentalisation n'avance aussi vite qu'au Canada par exemple, où le niveau de contrôle de l'investissement américain dans ses manufactures atteignait 42 % de l'investissement, et même 45 % dans les activités minières et 60 % dans l'exploitation du gaz et du pétrole en 1975 (Brunelle et Deblock, 1989 : 237).

[2] Dans un premier temps, les entrepreneurs considéraient que les mesures du gouvernement étaient positives, mais au fil du temps, on passa à une relation froide et par la suite d'affrontement, exacerbé par une série de séquestres et d'assassinat d'hommes d'affaires aux mains de la guérilla urbaine ; et cela particulièrement à Monterrey.

Le président Echeverría soutenait que l'État ne devait jamais s'éloigner du secteur privé mais rejetait aussi l'idée que les investissements privés puissent dominer les publics. Dans une des multiples entrevues accordées au journaliste Luis Suárez, il affirma textuellement : « le secteur privé, fréquemment associé au capital étranger, voudrait administrer le pétrole, l'électricité et les chemins de fer » (Suárez, 1983 : 157).

Dans cette même série d'entrevues, il exprimait aussi son point de vue sur le capital étranger et le rôle joué par les entrepreneurs mexicains à l'époque :

> « S'il faut promouvoir des nationalisations ou mexicanisations, celles-ci doivent se faire en accord avec eux et il faudra les partager avec eux, pour affronter conjointement les risques économiques. Ce qu'il faut écarter, c'est l'idée que l'investissement privé doive dominer le public. Beaucoup d'investisseurs mexicains sont partenaires des capitaux étrangers » (Suárez, 1983 : 157).

Un des aspects les plus intéressants fut celui du service extérieur ; outre la création de l'institut en charge de la promotion du commerce extérieur et des banques qui travaillaient aussi dans la même direction, ce sont les changements dans les niveaux de taxe qui donnèrent le ton à la politique présidentielle : ces niveaux furent adaptés à la Nomenclature des Taxes de Bruxelles, adoptée dans les années soixante.

Dans ce processus, ce qui doit être mis en évidence c'est le fait que le gouvernement mexicain lança un grand nombre de mesures mais toujours en accord avec les principes posés dans le cadre de l'ALALC. Ce fait signifie que la vision de l'intégration soutenue par le gouvernement mexicain était en harmonie avec celle des autres pays latino-américains, et cela jusque-là négociation de l'ALENA à partir de 1990, quand le Mexique admit délibérément la vision de l'intégration économique défendue par les États-Unis et le Canada.

Comme nous le soulignions auparavant, pour une meilleure promotion des exportations, le gouvernement mexicain se devait de participer aux forums internationaux de négociations commerciales à l'intérieur et au dehors de l'espace latino-américain. C'est donc cela qui a poussé plus sérieusement le Mexique à se proposer pour participer au GATT et à entrer dans l'espace d'interlocution offert par la Conférence des Nations unies sur le Commerce et le Développement (CNUCED) où il pouvait exercer une activité intense de lobbying entre les pays en voie de développement.

Comme on s'en souviendra, la possibilité de créer une Organisation internationale du Commerce avait été durement rejetée lors de la Conférence de La Havane, en 1947. En conséquence, certains pays dont le Canada et les États-Unis avaient constitué le GATT en 1948, auxquels de nombreux pays latino-américains, dont le Mexique, ne se joindront pas, comme nous l'avons déjà souligné[1]. De ceux qui participèrent à la Conférence et qui souscrivirent au GATT, il faut nommer Cuba, le Brésil et le Chili.

La mesure prise par les États-Unis sous Nixon d'augmenter de 10 % les impôts aux importations signifiait une perte de 50 millions de dollars pour le Mexique, alors que les revenus des exportations commençaient à augmenter (Suárez, 1983 : 176).

La réaction des entrepreneurs fut critique envers cette mesure et les pressions de leur part assez fortes sur le gouvernement mexicain pour trouver une solution rapide à ce problème. Le gouvernement Echeverría essaya de mettre en évidence sa condition de pays voisin et de partenaire privilégié, en faisant allusion à l'existence d'une « relation spéciale » avec les États-Unis : tous ces arguments tombèrent à plat, ce qui marqua définitivement le cours de la diplomatie entre les deux pays, et accéléra l'impression qu'il était plus que temps que le Mexique se diversifie pour neutraliser la vulnérabilité économique qui l'étouffait[2].

Cet incident, maillon d'une longue chaîne de malentendus et de représailles commerciales, suscita chez de nombreux fonctionnaires mexicains l'avis que la relation avec les États-Unis devait être réglementée, ce qui ne devait déboucher que plus tard, dans le cadre de l'ALENA.

Paradoxalement, la majorité de l'opinion publique maintenait une vision villageoise du problème, en attribuant au nationalisme économique et à l'activisme international du président les causes de ces mesures, sans se pencher sur le fait que celles-ci touchaient tous les pays qui commerçaient avec les États-Unis, ou qui avaient tiré profit de longue date des investissements étrangers dans leurs territoires.

Le Mexique chercha une dispense comme le firent tous les gouvernements touchés ; l'intransigeance du gouvernement américain poussa le Mexique à entreprendre des négociations commerciales multilatérales dans le but de diversifier et d'augmenter ses marchés (Suárez, 1983 : 176).

Un autre fait contribua à cette recherche de multilatéralisme, c'est l'annonce faite en 1972 par l'Europe, le Japon et les États-Unis d'entreprendre une nouvelle ronde de négociations multilatérales dans le cadre du GATT, ce qui préoccupa le gouvernement mexicain, qui y voyait une menace à son propre projet d'ouverture graduelle de son économie aux marchés internationaux.

---

[1] Le GATT conçu par les États-Unis fut soutenu par le Canada, la Belgique, la France, la Hollande, le Luxembourg et le Royaume-Uni, comme un traité international sous la forme d'un accord commercial multilatéral. La figure légale d'un accord a permis au président des États-Unis de le mettre en œuvre de façon administrative, sans avoir besoin d'avoir l'accord u Sénat pour le ratifier. Le Mexique ne l'a pas signé pour la même raison qu'il refusa de souscrire la Charte de La Havane : cela pouvait mettre en danger son projet de développement économique en cours.

[2] À l'époque 60 % des exportations mexicaines se dirigeaient ver les États-Unis, un bon indicateur de la vulnérabilité.

Concrètement, les États-Unis envisageaient d'incorporer au commerce mondial de nouvelles barrières non basées sur des taxes, dont l'utilisation s'était considérablement accrue depuis la Seconde Guerre mondiale. La réaction du gouvernement mexicain à cette annonce a été assez intéressante : il avait en effet décidé de changer graduellement sa stratégie de développement économique, mais en appliquant ses propres règles du jeu, sans pour autant se plier aux exigences du GATT et moins encore à celles des États-Unis. Il voulait pouvoir entreprendre des relations sélectives avec certains pays, et surtout en recourant à la CNUCED, créer un front économique commun des pays en développement, qui revendiquerait un traitement différent de celui que voulaient leur imposer les États-Unis.

Quant à sa relation économique avec les États-Unis, le Mexique était bien conscient de sa dépendance mais ne prétendait pas chercher une solution multilatérale comme celle que poursuivait le Canada dans le cadre du GATT. Au contraire, il décida de conduire sa propre stratégie en utilisant les forums des Nations unies. Il faut d'ailleurs affirmer qu'en revitalisant l'espace multilatéral offert par la CNUCED, le Mexique donnait davantage de consistance aux principes de l'ONU, car c'est en fait à la CNUCED que devait revenir la direction de la mise en place d'une organisation du commerce mondial dans l'après-guerre, et non à un accord commercial comme le GATT, même s'il avait des relations avec les Nations unies.

Il est intéressant de souligner que la solution multilatérale était en accord avec le contexte politique et économique de la gestion d'Echeverría, qui avait aussi eu recours aux forums multilatéraux pour exposer ses idées sur les inégalités mondiales et les droits et devoirs économiques de pays, particulièrement dans la relation entre pays développés et tiers-monde.

Appuyé par ces idées, le ministère des Finances mexicain envisagea de changer les règles commerciales internationales, dans le contexte de la recherche de la dynamisation des exportations ; il entreprit donc de lancer des négociations commerciales multilatérales en laissant pour plus tard les récriminations et les négociations bilatérales et tout particulièrement celles avec le voisin du Nord.

Les fonctionnaires mexicains étaient totalement convaincus que le contexte international avait changé et qu'il serait insensé de maintenir une position comme celle qui s'opposait aux principes du GATT depuis 1947. La position mexicaine est bien illustrée par cette citation de la revue économique Expansion de 1975 : « le modus operandi du GATT est en route, et il semble que les pays en développement ont tout à perdre et peu à gagner s'ils décident de se maintenir à l'écart des négociations multilatérales » (cité in Flores Quiroga,1998 : 179).

Mais malgré les changements de point de vue, c'est un fait que le Mexique ne faisait pas partie du GATT ; un fait difficile à contourner, c'est le fait que le président avait insisté de façon répétée qu'il était inadmissible que s'établisse une inégalité dans les relations économiques entre le premier et le tiers-monde à cause des asymétries entre ces pays. Le GATT ne les avait pas prises en compte jusque vers 1965, et de ce fait exigeait de tous ses membres les mêmes obligations sans prendre en compte les différences de situation économique[1]. De ce fait, le Mexique se trouvait attrapé dans une contradiction politique centrale, entre ce qu'il prêchait et ce qu'il recherchait dans sa relation semi-informelle avec le GATT.

Cette situation commença à se modifier quand la pression d'un groupe important de pays, dont le Mexique, obligea cette institution à modifier le chapitre XVIII de la Deuxième partie (1950) qui se centrait sur les asymétries économiques, le rôle de l'État comme pièce centrale du développement économique, et l'acceptation que ces pays imposent des mesures protectionnistes au bénéfice de leur développement économique (Gutiérrez Haces, 2003d).

À partir de 1964, la CNUCED s'est convertie en un forum pour les pays en développement et en un instrument d'expression et d'action face au GATT, et les pays en développement firent pression sur les développés pour introduire une quatrième partie dans la réglementation du GATT pour prendre en compte le thème du commerce et du développement, ce qui fut chose faite en 1965[2].

Cette partie comprenait trois principes qui exprimaient la base philosophique et normative entre les participants développés et les non développés dans le GATT[3]. Il faut noter que les participants en jeu n'espéraient pas de réciprocité dans les obligations contractées lors de négociations commerciales. Le Mexique joua un rôle décisif dans l'adoption

[1] Le GATT pouvait imposer « informellement » un grand nombre de ses règles aux pays qui ne faisaient pas partie officiellement de cet accord, parce que ceux qui en étaient membres étaient les plus puissants du monde. Dans le cas des États-Unis, à partir de la Seconde Guerre mondiale il était le marché principal des exportations latino-américaines et la source principale de l'investissement étranger dans la région, ce qui lui donnait un poids évident pour faire pression sur les politiques des pays.

[2] Le 30 décembre 1964, l'Assemblée générale des Nations unies durant sa 19e période de sessions, établit par sa résolution 1995 (XIX) la Conférence des Nations unies sur le Commerce et le Développement (CNUCED) comme organisme de l'Assemblée générale. Les membres de la CNUCED sont les états membres des Nations unies ou des membres des organismes spécialisés et de l'Organisme international de l'Énergie atomique et doivent se réunir au moins tous les trois ans. Les fonctions principales de la CNUCED sont : 1) promouvoir le commerce international, particulièrement dans le but d'accélérer le développement économique et en particulier, le commerce entre les pays qui se situent à des niveaux différents de développement, entre les pays en développement et entre des pays avec des systèmes différents d'organisation économique et sociale ; 2) formuler des principes et des politiques sur le commerce international et sur les problèmes affins au développement économique ; 3) présenter des propositions afin de mettre en pratique des principes et politiques et adopter les mesures pertinentes dans ce but, dans le champ de ses compétences ; 4) lancer des mesures, quand cela s'avère nécessaire, avec les organismes compétents des Nations unies, pour négocier et approuver des instruments juridiques multilatéraux dans la sphère du commerce, en prenant en compte l'adéquation des organes de négociation existants et sans dupliquer les activités ; 5) servir de centre d'harmonisation des politiques commerciales y de développement des gouvernements et des groupements économiques régionaux (Díaz, 1980 : 65-66).

[3] Les pays industrialisés acceptèrent que l'élévation du niveau de vie et le développement progressif de l'économie étaient urgents pour les pays sous-développés, et que les revenus des importations pouvaient représenter un rôle fondamental dans le développement économique, et aussi qu'il fallait accorder une priorité aux exportations des produits primaires de ces pays en leur offrant des conditions favorables d'accès aux marchés mondiaux (Malpica, 1988 : 29-30).

de ces nouvelles clauses, ce qui est d'autant plus significatif qu'il ne faisait pas partie du GATT. Malgré les progrès issus de ces nouvelles dispositions, elles ne furent pourtant pas prises en compte dans la Kennedy Round ni dans la Tokyo Round. Toutefois il faut mentionner que les progrès réalisés, politiques tout autant qu'économiques, furent substantiels car le Mexique arriva à convaincre les pays les moins développés non membres du GATT à participer à la Tokyo Round en revendiquant leur participation sur la base de la non-réciprocité.

Par ce recours, les pays en marge de l'accord purent obtenir un meilleur accès aux marchés des pays développés sans avoir besoin de leur concéder les mêmes bénéfices, ce qui leur permettait de poursuivre leur politique d'industrialisation basée sur le protectionnisme commercial. L'approbation de la proposition mexicaine d'abord à CNUCED III au Chili puis au GATT, permit ainsi à 24 pays moins développés de commencer des négociations commerciales multilatérales[1] (Malpica, 1988 : 178).

Malheureusement, le Mexique qui avait tellement lutté pour la prise en compte des asymétries économiques jeta l'éponge face au Canada et aux États-Unis, quand il entreprit avec eux les négociations pour l'ALENA à partir de 1990 et lors de son entrée à l'Organisation de Coopération et de Développement économiques (OCDE).

La tactique du Mexique visant à obtenir des avantages du GATT sans y participer de plain-pied, n'a pas provoqué de grandes contestations de la part du secteur privé, parce que, précisément, la ruse avait été d'obtenir quelques avantages sans devoir modifier abruptement le régime commercial mexicain. Cette tactique apparut comme ayant visé juste à l'époque, mais au fil du temps le réformisme qui l'avait poussé finit par produire une politique hybride qui ne satisfaisait plus personne complètement.

Le gouvernement créa la Commission interministérielle pour la Négociation d'Accords multilatéraux, présidée par le ministre des Finances et intégrée par ceux de l'Industrie et du Commerce, les Affaires étrangères et l'Agriculture, mais aussi la Banque centrale, la Banque Nationale du Commerce extérieur et l'IMCE. La fonction de cette commission étant de préparer les études sectorielles sur une liste de produits que le Mexique introduirait dans les négociations.

Au début du Tokyo Round en septembre 1973, le ministre des Finances, José López Portillo, présenta sept revendications aux pays développés : leur contenu reflétait clairement la position du Président Echeverría en relation avec les pays développés et le tiers-monde. La première demande se centrait sur le besoin d'une participation plus effective des pays en développement

---

[1] La proposition du Mexique fut acceptée sous l'intitulé de Résolution 82 en 1972 à la CNUCED.

dans le commerce mondial, ce qui avait déjà été souligné par le président lors de la réunion CNUCED III au Chili[1].

La position mexicaine avait été très transparente dans les deux cas : elle reflétait l'urgence de ne pas laisser les pays en développement en marge du GATT. López Portillo proposa la mise en place de mécanismes pour garantir une participation de tous les pays, membres ou pas, aux négociations du GATT (Malpica, 1988 : 94).

Un autre aspect de ces propositions était la question des barrières non tarifaires et du code de comportement ; il y insistait sur la consolidation et l'élargissement du Système général de Préférences (alors incomplet), particulièrement sur le thème de la suppression des barrières mentionnées qui en limitaient les avantages.

Il insistait aussi, dans la quatrième proposition, sur le fait qu'en vue des circonstances particulières des pays en développement, pour ce qui avait trait aux questions des taxes et des autres mesures, il fallait mettre en œuvre des mécanismes de sauvegarde, toujours soumis à la vigilance internationale et fonctionnant selon des critères très clairs, afin de prévoir une croissance constante du commerce et d'incorporer des traitements différentiels dans le cas des pays sous-développés, en leur permettant une stabilité de leurs marchés d'exportation (Malpica, 1988 : 95).

L'incorporation des principes de non-réciprocité, non-discrimination et traitement préférentiel dans le GATT, a été une des demandes les plus importantes du gouvernement mexicain ; López Portillo insista sur le fait que :

> « La seule façon de consolider les avantages que les pays en développement peuvent obtenir de ces négociations, c'est par l'incorporation dans le texte de l'accord, des éléments antérieurs, et spécialement, des principes de non-réciprocité, de non-discrimination et de traitement préférentiel ou différentiel à leur faveur… nous voulons garantir que ces efforts combinés nous conduisent à une incorporation pleine des pays en développement dans l'économie mondiale, en prenant soin que les progrès dans certains thèmes ne s'annulent pas par des décisions prises sur d'autres, sinon qu'elles soient congruentes et assurent un transfert net de ressources réelles vers le Tiers Monde » (cité in Malpica, 1998 : 95).

Finalement, il demanda :

> « Des bases claires de participation pleine et effective », car dans des négociations antérieures, le monde en développement n'avait pratiquement pas obtenu d'avantages. Il affirma qu'« il nous faut établir des relations claires qui nous permettent de participer de façon effective, pleine et continue pendant tout le processus de négociation » (Malpica, 1988 : 95).

Pendant la Tokyo Round, le ministre affirma aussi que :

---

[1] Lors de cette réunion, le président présenta un document intitulé la Charte des Droits et Devoirs économiques des États, proposant de le négocier au sein des Nations unies ; Echeverría y définissait son concept de « tiers-mondisme » et quelle devait être la relation entre les pays développés et le tiers-monde.

« Le Mexique participera avec la conviction ferme que la volonté politique des pays développés les conduira à assumer leur responsabilité historique complète et que les négociations offriront une opportunité exceptionnelle pour réorganiser les bases des relations commerciales, en leur donnant un nouveau sens à celles qui s'appliquent au commerce [...] le Mexique est conscient de sa responsabilité, et exprimer formellement son intention de participer dans des négociations commerciales multilatérales car il considère que celles-ci peuvent contribuer, par le biais d'une révision du système commercial mondial, à la mise en place d'un ordre économique plus favorable aux intérêts des pays en développement » (Malpica, 1988 : 94-96).

C'est durant cette étape que furent publiés les documents officiels qui proposaient les principes de politique économique extérieure du gouvernement mexicain ; entre autres, la Carte des Droits et des Devoirs économiques des États, déjà citée. On y affirme :

« Le Mexique ressent le besoin latent d'appuyer le développement du droit international. La Carte des Droits et des Devoirs économiques des États est la proposition d'un code de conduite international en vue de restaure la situation économique internationale dans son ensemble, par des négociations entre pays en voie de développement et pays industrialisés » (Arrelano, 1974).

Trois ans plus tard, les négociateurs mexicains obtinrent un accès plus large aux marchés, sous la forme de 248 concessions de taxes de pays membres du GATT en échange de libérer de droits seulement 8,5 % de la valeur totale des importations de 1976, principalement en biens que le Mexique ne produisait pas (Excelsior, 1973, cité in Arellano, 1974 : 54).

Des points cités plus haut, il est surtout intéressant de prendre en compte que les changements introduits par Echeverría se firent en deux temps, la rationalisation de la protection ayant été plus lente que celle de promotion des exportations, ce qui, à notre avis, finit à long terme, par provoquer une grande instabilité dans la politique industrielle mais aussi de type macroéconomique.

Un aspect lié aux questions antérieures fut la nécessité de créer des consensus et de négocier des temps et des délais pour la réduction des taxes ; en termes clairs, tous les secteurs étaient d'accord pour recevoir des appuis et de subsides dans le cadre de la promotion des exportations mais au contraire, ils étaient réticents et même contestataires pour ce qui avait trait aux changements dans les questions des taxes. Celles-ci ne touchaient pas à tous de la même façon, et ceux qui se sentaient touchés en voulaient tous les avantages sans les inconvénients.

Malgré tout, des négociations furent réalisées entre les fonctionnaires et les représentants de la CONCAMIN et de la CANACINTRA ; mais le hic de l'affaire était la question du temps. Les discussions commencèrent en 1971 et terminèrent en 1975, par l'acceptation d'un schéma de réduction des taxes en trois étapes, avec l'intention d'avoir réduit considérablement le niveau de protection en 1980 (Arellano, 1974 : 179).

Avec le recul actuel, nous pouvons affirmer que les mesures eurent du mal à se mettre en place dans les délais prévus, car le facteur politique a joué un rôle négatif pour le projet officiel, et le président eut maille à partir avec le secteur privé comme nous l'avons déjà souligné. En 1980, la réduction des taxes n'était pas une réalité et le président López Portillo imprimait ses propres critères à la politique économique.

Les fonctionnaires des gouvernements postérieurs ont extrait les leçons de l'époque 1971-1975, et dans les négociations commerciales dont l'entrée du GATT de 1985 et l'ALENA de 1990, il fut décidé expressément de laisser une marge de manœuvre réduite aux participants afin de museler la politisation, mais aussi de céder aux contreparties internationales le pouvoir de décision, afin que les accords puissent être pris hors des pressions politiques externes et que le principe d'obligation (*enforcement*) soit totalement respecté.

Contrairement à ce qui sera proposé plus tard (1986), l'idée d'une « réforme de choc » n'avait aucune chance de passer. L'idée acceptée par le gouvernement et le secteur privé était que les réformes devaient être graduelles, pour permettre aux producteurs mexicains d'acquérir les technologies ou de faire les ajustements nécessaires pour affronter la concurrence internationale. La vitesse, le rythme et le niveau de la réorganisation des taxes commerciales et l'élimination de patentes étaient alors déterminés par voie de consultation entre fonctionnaires publics et représentants de l'industrie, surtout des chambres déjà signalées ; dans ce sens, et malgré l'opinion courante, le président Echeverría démontra plus de sensibilité politique et sociale que celle de Salinas lors des négociations de l'ALENA.

Une mention spéciale doit être faire aux programmes de promotion des exportations mis en place par l'IMCE. Celui-ci fut chargé de découvrir de nouveaux marchés pour les produits mexicains, d'aider les exportateurs dans les démarches officielles, de superviser le niveau de qualité des produits, d'organiser des missions et des conventions commerciales, et en général de faciliter les activités d'exportation.

En mars 1971, les autorités lancèrent un nouveau programme de promotion des exportations selon deux orientations : faciliter l'accès aux permis d'importation de machines et de biens intermédiaires et de matières premières utilisées dans la production de biens exportables, et rembourser les impôts aux exportateurs ; ces mesures servirent entre autres à renforcer le règlement de l'industrie des maquiladoras (1972)[1].

[1] Le régime des *maquiladoras* se caractérisait par le fait de permettre aux intéressés de réaliser des activités de production, d'assemblage et de finition. Les *maquiladoras* pouvaient importer ou obtenir des matières premières, des pièces ou des ensembles dans le marché national ou importer libres de taxes, les

Indubitablement, le fait que 40 % du coût de la manufacture d'origine nationale soient obligatoires pour autoriser l'importation de matières premières, biens semi-manufacturés ou terminés, donne bien l'idée du type d'ouverture commerciale que l'on prétendait promouvoir.

Les réductions fiscales furent connues sous le label de Certificats de Dévolution d'Impôts (CEDI) et se substituèrent au triple subside que le gouvernement offrait auparavant aux exportations. Les mesures antérieures consistaient en des réductions des impôts directs, des bénéfices et des taxes d'importations, sous la condition de 80 % de contenu national. Dans les nouvelles conditions, les exportateurs recevaient des réductions de 10 % sur cinq ans, sur les impôts indirects et les taxes d'importations s'ils démontraient un contenu national de 50 %.

Les CEDI devinrent rapidement la principale motivation pour les exportations, et 80 % des subsides furent attribués au secteur des manufactures. D'autre part, le gouvernement proposait aussi des crédits préférentiels aux exportateurs. Ces crédits étaient distribués par National financier ou par le Fonds de Promotion des Produits manufacturés (FOMEX).

Le total des crédits attribués par ce fonds entre 1971 et 1976 était approximativement de 1,5 milliard de dollars, et près d'un tiers des exportations mexicaines purent obtenir des avantages de ce fonds (BANCOMEXT, 1987, cité in Flores Quiroga, 1998 : 175).

Tout au long de cette analyse, nous avons vu divers aspects de la stratégie économique du président Echeverría, qui dérangea la politique traditionnelle liée à la substitution des importations. Un des aspects centraux est le changement d'orientation de la politique industrielle, basé sur l'importance accordée au contenu national des exportations, par une politique pratiquement non discriminatoire d'appuis fiscaux et financiers. Ces mesures ne pouvaient pas se soutenir par des ressources fiscales, et le gouvernement se servit largement de financements internationaux.

Du fait de l'absence quasi totale de sources de financement interne, la dette augmenta pour arriver à 22 milliards de dollars en fin de sexennat, dont 70 % avaient été faite avec des banques privées, le reste avec des institutions financières internationales. D'autre part, la spéculation contre le peso et les fuites de capitaux détériorèrent les possibilités de manœuvre du gouvernement (Flores Quiroga, 1998 : 192).

Un aspect peu mentionné dans les analyses sur cette période, c'est l'intérêt du président envers les ressources naturelles non renouvelables. Leur exportation fut lourdement taxée, l'objectif étant de les protéger et de

---

machines, les appareils, les instruments, les équipements et les pièces de rechange nécessaires pour la production. De même, les exportations se faisaient sans taxe.

les transformer dans le pays, ou au moins de les utiliser pour la demande nationale[1].

La recherche de règles plus justes pour le commerce extérieur était liée aussi à une préoccupation pour le sort des secteurs les plus défavorisés de la société mexicaine. C'était le cas des producteurs de café et de régions marginales : la création de l'Institut Mexicain du Café (IMECAFE) et du Fonds National pour la Promotion du Tourisme (FONATUR) qui développa les projets de tourisme de masse de Cancún et Ixtapa entre autres, avaient l'obligation de bénéficier aux paysans des *ejidos* dans tous les cas. Même si ces initiatives n'eurent pas toujours le succès escompté, ce fut la première fois que la promotion du commerce extérieur et de l'investissement étranger était conçue dans une perspective plus sociale et non pas seulement au bénéfice des secteurs économiques traditionnellement privilégiés. Sans se le proposer de façon nette, ces mesures du gouvernement Echeverría se situaient déjà dans la perspective de promouvoir un développement soutenable lié à la politique commerciale extérieure.

L'entrée en vigueur de la Loi sur le Registre du Transfert de Technologie et l'Usage et Exploitation de Brevets et Marques en décembre 1972, et celle pour la Promotion de l'Investissement Mexicain et la régulation de l'Investissement étranger de l'année suivante, servirent de base légale pour que le gouvernement Echeverría puisse soutenir, dans les faits, son discours internationaliste sur la protection des ressources naturelles et la nécessité d'un code de conduite quant aux droits et devoirs des nations.

Une des hypothèses que nous pouvons formuler, c'est que le gouvernement de l'époque était convaincu qu'une modernisation économique était nécessaire, intégrant une diversification du commerce international et des partenaires, ainsi que la mise en place d'un processus progressif d'ouverture commerciale, comme le meilleur antidote pour arrêter le processus de continentalisation américaine sur l'économie mexicaine.

La conscience du poids économique des États-Unis était toujours latente auprès des fonctionnaires qui cherchaient à introduire des changements dans le pays ; mais la résistance obstinée du secteur privé mexicain et le lobby des États-Unis empêchèrent finalement que ces changements puissent arriver à maturité.

D'autre part, le stigmate politique sur le président après les événements de 1968 empêcha à plusieurs occasions d'évaluer objectivement les initiatives politiques et économiques prises pendant son mandat en vue de lancer un processus d'ouverture commerciale moins dépendante des États-Unis.

Soulignons que pendant sa présidence, on a pu assister à la revendication de l'usage des ressources naturelles ; la rationalisation dans l'usage et l'exportation des matières premières, le traitement préférentiel pour le transfert de technologie

[1] Affirmation de la Comission Technique pour les Processus d'Intégration, *Principales instrumentos de la política de comercio exterior y desarrollo industrial de México,* 1973.

vers les pays en développement ; une responsabilité plus forte dans l'usage des sources énergétiques : la création d'entreprises multinationales communes aux pays en développement et la fondation du Système économique Latino-américain conjointement avec le Venezuela, en 1975[1].

Ces propositions ne sont que quelques exemples des initiatives qui projetèrent la politique économique extérieure de l'époque vers une dimension plus liée aux nécessités du tiers-monde et des Pays non alignés, afin d'établir une saine distance face aux tendances à la continentalisation promue par les États-Unis.

Mais en épilogue, le Mexique passa par une profonde crise économique en 1976, qui déboucha sur la dévaluation du peso et l'obligation d'entrer en négociation avec le FMI. La dette externe étant de 22 milliards comme nous l'avons déjà souligné, soit 6 fois plus qu'à la fin du sexennat antérieur. Sur ces derniers aspects, il existe une grande quantité de sources bibliographiques ; il nous paraît toutefois intéressant de souligner que ce sexennat peut être qualifié d'étape de transition vers la consolidation de l'ouverture économique du Mexique, qui commencera après 1986, et qui avait été tronquée par la crise de 1976. L'intervention du FMI a frustré cette étape et les mesures imposées par cette institution ont réorienté l'économie mexicaine vers un processus évident de continentalisation par le fait de conditionner l'appui financier au démantèlement immédiat du système de protection industriel et à la non-intervention économique de l'État.

7. L'État « pétrolisé » et la continentalisation

José López Portillo (1976-1982) monte au pouvoir en tant que président de la République au milieu d'une crise profonde qui met en cause la confiance en un système politique articulé autour du Parti révolutionnaire institutionnel (PRI) et d'un modèle de développement économique usé et responsable de contradictions sociales sérieuses.

Entre l'élection du président et sa prise de pouvoir, il a été flagrant que plusieurs secteurs, autant internes au gouvernement qu'externes à celui-ci, opinaient qu'il fallait que non seulement le gouvernement change de stratégie de politique économique, mais aussi de politique extérieure ; toutefois, ces deux objectifs étaient mis en cause par la situation économique du pays.

Le président Echeverría avait utilisé les six ans de sa gestion pour lancer le pays dans les sphères internationales ; même si sa stratégie n'obtint pas tout le succès escompté, cela a permis que le Mexique obtienne une meilleure audience dans les forums internationaux et qu'il entre dans un

[1] La crise du projet d'intégration économique en Amérique latine a contribué au lien du gouvernement mexicain avec de nouveaux projets économiques multilatéraux, comme le GEPLACEA un groupe lié à la commercialisation du sucre, le NAMUCAR sur les communications maritimes, ou l'OLADE sur la politique de l'énergie (Voir Rico, 2000 : 55).

processus de cosmopolitisme et internationalisation plus profond, de telle sorte qu'il était devenu difficile de penser à essayer de revenir à un passé caractérisé par l'isolement et le protectionnisme.

Carlos Rico interprète de la façon suivante la crise de la fin du sexennat d'Echeverría :

> « Les difficultés économiques de sa conclusion, n'étaient que la confirmation de la distance entre la capacité et la volonté de participer activement à la redéfinition des règles du jeu international en cours, qui était devenu évident pendant les deux dernières années » (Rico ; 2000 : 69).

De 1977 à 1980, le gouvernement mexicain a essayé sans résultats de remplacer la stratégie d'industrialisation par substitution des importations, par un autre davantage orienté à l'exportation de manufactures ; cet essai, outre le fait d'inclure de nouvelles mesures de libéralisation commerciale, a pris un tournant non prévu quand le gouvernement décida officiellement de lancer des négociations pour entre au GATT en 1979.

Ce nouvel essai de lancer une réforme a eu lieu dans un contexte économique beaucoup moins favorable que celui du sexennat antérieur : la crise économique et les mesures d'ajustement imposées par le FMI ayant lié les mains du gouvernement, dès la prise de pouvoir.

Toutefois, alors que tout semblait fonctionner correctement pour mettre en place des réformes, un coup de barre inusité du président et de ses collaborateurs provoqua l'annulation du protocole d'adhésion au GATT, thème sur lequel nous reviendrons par la suite. De la même façon que pendant le sexennat d'Echeverría, ce gouvernement entreprit des mesures régressives à la fin du sexennat, en instaurant de nouvelles régulations de protection plus élevées que celles qui étaient en vigueur au début du sexennat.

Cela pourrait paraître irrationnel si on ne prend pas en compte le phénomène très particulier du boom pétrolier. Pendant ce sexennat, les réserves pétrolières testées, passèrent de 6 milliards de barils de pétrole brut en 1976 à 20 en 1978 et 72 en 1981 ; et en même temps, la valeur des exportations de pétrole passa de 1,019 milliards de dollars en 1977 à 13,303 milliards en 1981, année de la crise des prix pétroliers sur les marchés mondiaux, et début d'une nouvelle et longue crise pour le Mexique (Rico ; 2000 : 81).

Pendant ce temps, la politique extérieure du Mexique a crû au rythme de sa production pétrolière, en se convertissant ainsi en une « diplomatie économique pétrolisée : « Le pétrole est notre potentiel d'autodétermination parce qu'il nous fera moins dépendants du financement externe et améliorera nos relations économiques internationales » (López Portillo, 1988).

De telle sorte, la production de pétrole se transforma en une sorte d'écran de fumée face aux pressions du FMI. Rappelons que le 20 septembre 1976, le gouvernement de Luis Echeverría avait dû signer une carte d'intention avec cet organisme international, afin de recevoir 1,2 milliard de dollars du Fond de Facilité ample sous la condition que le gouvernement mexicain applique un programme d'ajustement économique et une série de réformes structurelles pour stimuler l'entrée de capitaux ; la promotion des exportations et le meilleur accès du capital étranger ; cet apport servirait aussi à payer les engagements financiers pris par le gouvernement envers des institutions étrangères[1].

Grâce au boom pétrolier qui débuta en 1979, les conditions du FMI furent partiellement neutralisées, la force de l'exploitation pétrolière servit aussi à calmer les réclamations de la communauté financière internationales quant à la dette externe, et permit au gouvernement mexicain de mettre en place une politique économique moins orthodoxe que ce que l'on prétendait lui imposer fin 1976. Le boom pétrolier a donné à la politique extérieure un appui économique non prévu et l'a dotée d'un activisme plus important ; tous ces aspects ont contribué à ce que de nombreux politiciens et universitaires mexicains commencent à envisager sérieusement que le Mexique était en train de devenir une puissance intermédiaire comme le Canada.

À partir de 1979, on vit apparaître de nouvelles variantes dans la mise en œuvre de la politique extérieure économique : des programmes d'assistance économique furent conçus au bénéfice de l'Amérique Centrale et les Caraïbes[2], et pour la première fois, on activa une « diplomatie de parti » déjà lancée sous Echeverría.

Le pétrole changea radicalement la corrélation des forces, non seulement avec les États-Unis mais aussi avec le reste de la communauté internationale en général, et modifia les critères économiques et politiques du gouvernement : l'administration de López Portillo, soutenu par une richesse pétrolière impensable quelques années auparavant, s'est ainsi lancé dans une gestion caractérisée par un nationalisme économique qui n'a pas manqué d'être contradictoire en maintes occasions.

Généralement, quand on analyse ce sexennat, on a tendance à omettre le fait que non seulement le pétrole changea le type de dialogue entre les deux pays, mais aussi que le gouvernement américain commença a voir le Mexique avec d'autres yeux. On se rappellera que le Mexique avait acquis un statut de leadership international indiscutable parmi les pays

[1] Le programme de stabilisation du FMI, comme tous les programmes de ce genre, obligeait le gouvernement mexicain à mettre en oeuvre certaines politiques macroéconomiques. En même temps, il forçait la réduction des dépenses publiques, à augmenter les impôts, élever les prix des biens et services publics, contrôler les salaires nominaux, dévaluer la monnaie et éliminer totalement les barrières commerciales à l'exportation.

[2] Un bon exemple en est l'Accord de San José de 1980 par lequel le Mexique et le Venezuela accordent un quota pour le ravitaillement en pétrole des pays centre-américains et caribéens. Les premiers a en toucher des bénéfices furent le Nicaragua, Costa Rica et la Jamaïque, pendant la première année. Par la suite, Les Barbades y furent intégrées, de même le Salvador, le Guatemala, le Panama et la République Dominicaine. L'accord précisait que les pays signataires apporteraient en parts égales, 160 mille barils journaliers, dont 30 % de la facture pétrolière à crédit de cinq ans et à un taux d'intérêt annuel de 4 %. Le délai pouvait être augmenté à deux ans et le taux réduit à 2 % (Rico, 2000 : 99).

périphériques, entre autres du fait de sa participation récente à la CNUCED et au GATT, mais aussi dans le cadre de la CEPAL (Commission économique pour l'Amérique latine), qui lui donna une autorité morale considérable.

Paradoxalement, le boom pétrolier situa le Mexique à un rang économique supérieur à ses interlocuteurs en développement, mais cela entraîna immédiatement deux problèmes : d'une part, les États-Unis mirent à profit cette circonstance et commencèrent à faire pression sur le Mexique en argumentant que celui-ci n'étant plus un pays en développement, n'avait plus le droit aux avantages dont il jouissait dans le GATT ou que lui avait accordé le Département du Commerce américain par le passé. D'autre part, il essaya par ce biais de rompre le leadership historique du Mexique auprès des pays périphériques, et l'invita à participer au GATT du fait de sa puissance économique ; ces gestes démontrent bien une manœuvre claire des États-Unis pour séparer le Mexique du reste de ses alliés.

Ces faits commencèrent à être évidents quand plusieurs exportations mexicaines qui avaient des dispenses de taxes dans le cadre du Système général de préférence américain furent passées à la loupe. En fait, les mesures prises n'eurent pas de conséquences importantes, car entre 1974 et 1978, quatre-vingt-dix produits mexicains avaient déjà été éliminés du SGP en conséquence directe de la position américaine par rapport au Mexique, sous le même prétexte que celui-ci n'était plus un pays en développement.

López Portillo était donc convaincu, au début de son mandat, qu'il devait lancer une réforme commerciale plus intense que celle qu'essaya de mettre en place son prédécesseur. Donc, dans un certain sens, les pressions du FMI n'étaient pas totalement en accord avec ce qu'il se proposait : toutefois, deux aspects interviendront et changeront radicalement l'orientation de cette stratégie.

D'une part, il faut se rappeler que López Portillo fut le ministre des Finances d'Echeverría et qu'à ce titre, il avait participé à la troisième réunion de la CNUCED et au début du Tokyo Round, ce qui indique qu'il était familiarisé avec la problématique des pays en développement face au commerce international. Pendant le sexennat d'Echeverría, López Portillo a eu aussi un contact étroit avec les idées nationalistes et tiers-mondistes du chef de l'État de telle sorte, qu'il en tira des conséquences pour la définition de sa propre orientation de gouvernement, appuyé en plus par une prospérité économique incomparable, grâce au boom pétrolier.

D'autre part, le président avait en tête le fait que le protectionnisme des États-Unis ne faisait qu'augmenter et que de ce fait il fallait méditer attentivement le type de réforme commerciale à mettre en place dans ces conditions ; cette réflexion a sûrement un poids dans ses décisions, surtout au début du sexennat quand il envisagea de choisir la voie multilatérale dans le GATT pour lancer la réforme commerciale.

On comprend donc, sur bases des arguments antérieurs, pourquoi López Portillo a pensé que le boom pétrolier lui donnait un support suffisant pour envisager les réformes commerciales à sa propre façon.

Il est évident que cette position n'allait pas avoir le consentement du gouvernement des États-Unis qui considéraient que l'autonomie excessive du Mexique était une menace latente pour ses intérêts économiques et politiques ; spécialement, si on prenait en compte que sous la présidence d'Echeverría on avait pu observer des actions multiples destinées à mettre un frein au processus de continentalisation des États-Unis. C'est pour cela que les États-Unis ont incité et postérieurement invité ouvertement le gouvernement mexicain à ouvrir ses frontières commerciales et à entrer formellement au GATT qui était en train de terminer la Tokyo Round en 1979 (Vega Cánovas, 1987).

L'insistance à pousser le Mexique à entrer au GATT peut être lue d'au moins deux manières : la première étant le fait que les États-Unis se proposaient d'utiliser leur espace hégémonique au sein du GATT pour augmenter ses formes de contrôle sur le Mexique ; la seconde étant que l'entrée au GATT du Mexique garantirait que celui-ci mette en œuvre des politiques économiques internes capables de produire un excédent du compte courant qui pourrait se substituer aux revenus de pétrole en cas de problème et garantir le paiement des obligations internationales (Flores Quiroga, 1998 : 203). Dans les deux cas, il s'agit bien d'un durcissement de la continentalisation.

Tout au long du sexennat, l'élite économique regroupée autour du Conseil Coordinateur des Entreprises (CCE) s'opposait à quasi toutes les actions du gouvernement, et particulièrement les actions économiques et celles qui relevaient de la diplomatie. La pression sur le gouvernement s'est exercée durant cette époque par le biais d'actions de déstabilisation, dont la fuite des capitaux et de devises aux mains du secteur privé, la spéculation et le repli de l'investissement privé et en général le manque d'appui aux initiatives économiques du gouvernement. Le CCE réclamait entre autres, une participation plus grande dans l'activité économique et il pensait que l'intervention excessive de l'État était une limitation sérieuse, outre le fait d'être néfaste pour ses propres intérêts comme secteur privé.

La polarisation en arriva à un tel niveau qu'une véritable impasse s'imposa entre eux et que, de ce fait, ni l'agenda du gouvernement ni celui du secteur privé n'arrivaient à s'imposer ; durant ce sexennat, à la différence de l'antérieur, les demandes du secteur privé n'étaient pas assez distinctes de celles des entreprises multinationales, le premier demandant une reforme graduelle du genre de ce qui avait été proposé pendant le sexennat d'Echeverría, alors que les secondes – poussées par la vague néolibérale – voulaient un processus de libéralisation commerciale rapide et implacable.

Un aspect mentionné par Flores Quiroga est d'une importance toute particulière pour comprendre la situation de l'époque ; c'est le fait que le secteur privé mexicain n'avait pas vu d'un bon œil l'accord signé avec le

FMI, pour considérer qu'il était contraire à la souveraineté nationale, mais en fait il faisait plutôt référence à la *« souveraineté du secteur privé ». Ceux-ci voyaient les mesures d'ajustement imposées par le FMI comme la réduction de sa « capacité d'influencer les décisions du gouvernement en matière de politique économique »* (Flores Quiroga, 1998 : 204).

Pendant le sexennat de López Portillo, il y eut donc un essai d'ouverture graduelle de l'économie : la Commission des Taux de Douane et contrôles du Commerce extérieur s'est attelée à la tâche pour remplacer les permis par des taux de taxation, et diminuer les impositions. Les appuis fiscaux aux exportations furent de deux types : les premiers mis en place en 1977 étaient une nouvelle mouture des CEDI, du sexennat antérieur. Rappelons l'importance que ce mécanisme attribuait au pourcentage du contenu national des exportations ; celui-ci fut réduit de 50 à 30 % pour avoir droit à un remboursement des impôts aux exportations. Ces remboursements étaient calculés entre 25 et 100 % selon le niveau des exportations des entreprises et celui du contenu national. Il faut signaler que la conception des CEDI fut revue et ajustée en accord avec les orientations proposées par la Banque Mondiale et de plus, ils devaient être compatibles avec les exigences du FMI (Flores Quiroga, 1998 : 209-210).

Le deuxième mécanisme a été les CEPROFI ou Certificats de Promotion fiscale qui offrait cinq ans de crédit pour le paiement des impôts fédéraux aux entreprises qui investiraient dans les industries considérées comme « prioritaires » (agro-industries, ciment, acier, biens de capitaux et produits pharmaceutiques) et dans certaines zones hors de Mexico ou de certains centres urbains[1]. Dans la pratique ces subsides n'auraient pas pu être aussi généreux si ce n'est du fait des ressources pétrolières, qui permirent aussi d'augmenter le montant des crédits préférentiels pour les exportateurs qui participaient au programme de substitution des importations.

Tableau 18
Mexique : Appuis fiscaux au commerce extérieur, 1977-1982
(pourcentage)

	1977	1978	1979	1980	1981	1982
Valeur totale (millions de dollars)	186.6	651.3	896.1	961.6	1552 6	933.7
Total	100	100	100	100	100	100
Ceprofi *	s.d.**	s.d.	0.5	17.3	34	40.3
Appui au commerce extérieur	44.9	29.8	25.8	22.4	21.1	24.4

*Certificats de promotion fiscale
** sans données
Source : Secretaria de Hacienda y Credito Publico.

[1] Les CEPROFI étaient aussi considérés comme un des mécanismes importants pour stimuler la déconcentration industrielle. En effet, l'inquiétude quant à la croissance exponentielle de Mexico était à l'ordre du jour, et avait encouragé la mise en place d'une politique d'aménagement du territoire qui contemplait entre autres, la promotion publique de nouveaux foyers industriels et touristiques, et d'autre part, des contraintes de plus en plus rigides pour l'implantation de nouvelles industries autour de la capitale (Hiernaux, 1984).

Pendant que la réforme commerciale se mettait en marche, le contexte international était aussi en train de se modifier, dans une bonne mesure du fait des négociations de la Tokyo Round du GATT de 1978. De nouvelles règles pour le commerce international en sont sorties, parmi lesquelles sept codes de conduite pour réguler l'usage de barrières non tarifaires : subsides à l'exportation, droits compensatoires, politiques des achats du gouvernement, valorisation douanière, mesures anti-dumping, licences et produits agricoles. Ces codes devaient bien sûr toucher ceux qui étaient en application au Mexique, particulièrement du fait que ces codes allaient faire partie de la Loi du Commerce des États-Unis et de ce fait allaient être pris en compte dans la relation avec le Mexique (Vega, 1989 : 235).

Ces divers aspects ont aussi été le détonateur d'un courant d'opinion qui proposait que le Mexique propose officiellement son entrée au GATT (en janvier 1979) comme l'option la plus viable pour le gouvernement qui cherchait alors à diversifier son commerce et étendre ses marchés tout en cherchant à diminuer la dépendance par rapport aux États-Unis (Falk et Torres, 1989 : 11-12).

L'argument[1] étant que si la négociation du Protocole d'Adhésion garantissait réellement au Mexique d'être traité comme un pays en développement, si certains fondements de la constitution mexicaine étaient respectés et la période pour l'élimination des licences était suffisante pour garantir une libéralisation graduelle du commerce, ces éléments seraient suffisants pour envisager cette adhésion de façon sérieuse (Flores Quiroga, 1998 : 236).

Toutefois la situation interne ne rendait pas les choses aussi faciles : à l'intérieur du cabinet des ministres, les opinions quant à l'adhésion au GATT étaient divisées ; le ministère des Finances et le vice-ministère du Commerce extérieur étaient plutôt favorables alors que le ministère du Patrimoine et de la Promotion industrielle invoquait le risque de porter du tort à l'industrie (Olea, 1994).

Un aspect qui n'aidait pas à créer une ambiance favorable à cette initiative était la situation économique interne, dont nous pouvons énumérer certains aspects : 1) un déclin de l'orientation exportatrice des manufactures, notable dans la baisse relative de sa participation aux exportations totales.

2) En même temps, le ministère du Patrimoine et Promotion industrielle et celui des Finances étaient sur le point de lancer les CEPROFI, ce qui allait totalement à l'encontre des codes sur les subsides et les droits compensatoires dans le GATT ; 3) Notons aussi que ce nouvel appui

[1] Les principes de base défendus par la délégation mexicaine étaient les suivants : 1) le Mexique est un pays en développement : 2) il continuera à mettre en œuvre des politiques de développement économique et social ; 3) le Mexique devra obtenir une certaine flexibilité dans la régulation de ses importations, car s'il ouvrait ses portes aux libres-échanges et à la concurrence sans frein, il ne saurait résoudre le problème démographique et le besoin de créer chaque année entre 800.000 et un million d'emplois ; 4) Il a besoin de protéger son secteur agricole ; 5) il doit aussi protéger et promouvoir le développement industriel, sur la base de ses propres politiques internes ; 6) le cadre juridique interne devrait se maintenir (Malpica, 1988 : 226).

représentait de grands bénéfices pour les producteurs nationaux tournés vers l'exportation, et 4) le marché interne était en reprise, sans devoir pour autant se lancer sur une ouverture des marchés par le biais du GATT.

Ces raisonnements ont fait penser à beaucoup de spécialistes que l'entrée au GATT n'était finalement pas si urgente que cela, particulièrement du fait d'accepter des clauses ou des règles du jeu qui pourraient faire du tort au secteur privé mais aussi à certains secteurs du gouvernement qui considérait que la mise en marche d'une réforme commerciale toucherait leurs intérêts de pouvoir. Finalement, les producteurs nationaux pensaient que le GATT allait entraîner une concurrence plus forte des importations qui leur serait nocive. Malgré cela, le président López Portillo paraissait très favorable à cette mesure sûrement du fait de son poste antérieur à la direction de la délégation mexicaine à la Tokyo Round de 1973. Il instruisit donc le ministre du commerce mexicain, le 17 janvier 1979 afin d'organiser un groupe de travail qui lancerait la négociation[1].

La décision du président est un reflet du climat politique de l'époque, particulièrement surprenante alors que le président venait de mettre en place une réforme commerciale de longue haleine, qui allait en sens contraire des négociations qu'il venait de lancer.

Cette façon de faire la politique devenait d'autant plus contradictoire que le président avait sélectionné des ministres de grandes qualités professionnelles mais de positions politiques et idéologiques polarisées : le cabinet intégrait des ministres d'inspiration structuraliste en économique, des personnalités de gauche et des modérés, et des personnes favorables au libre-échange, avec aussi une polarisation entre nationalistes et partisans du continentalisme[2]. Sans aucun doute, on se souviendra du gouvernement de López Portillo du fait de cette discussion de l'entrée au GATT, à contre-courant avec tout ce qui avait été promu par les gouvernements antérieurs au cours de réunion internationale, durant lesquelles il montra son scepticisme face au libre-échange.

Le Collège National des Économistes (CNE) n'était pas non plus très favorable à ce projet. Cette institution avait des contacts très étroits avec

---

[1] Le groupe de travail fut créé le 29 janvier 1979 avec la participation des pays suivants ; Argentine, Autriche, Brésil, Canada, la CEE, Colombie, Égypte, Espagne, États-Unis, Inde, Japon, Nouvelle-Zélande, Nicaragua, Pérou, Roumanie, Suède, Suisse et Uruguay. Les négociateurs mexicains furent : Hector Hernández, vice-ministre du Commerce extérieur du ministère du Commerce ; Abel Garrido (SC) ; Luis Bravo Aguilera (SC) ; Javier Matus (SRE) ; Luis de Pablo (SPP) ; Sergio Delgado, conseiller économique ; Mauricio de María y Campos (SHCP) ; Salvador Arriola (SHCP) ; Ruby Betancourt (STPS) (Malpica, 1988 : 227).

[2] Tout au long de son sexennat, le président s'entoura de personnes de tous bords ; il le fit délibérément afin de pouvoir confronter des opinions diverses ; il nomma ainsi José Andrés de Oteyza (SEPAFI), un économiste structuraliste lié à l'école de Cambridge ; Julio Rodolfo Moctezuma Cid, David Ibarra et Jesus Silva Herzog, trois économistes modérés au SHCP ; un économiste de gauche, Carlos Tello, un homme d'affaires conservateur Garcia Sainz et un avocat modéré Miguel de la Madrid à SPP, un politicien de vieille trajectoire au PRI, Jorge de la Vega et Fernando Solana au ministère du Commerce (Flores Quiroga, 1998 : 207).

certains membres du cabinet ministériel et ces contacts représentaient un appui économique très fort ce qui explique en partie la prise de position, mais il faut aussi prendre en compte que plusieurs hauts fonctionnaires faisaient partie du Collège et de ce fait en profitaient pour l'utiliser comme plate-forme d'expression[1].

L'importance politique du CNE était considérable à l'époque : il n'est donc pas surprenant que le président en personne assistât à la session finale de son troisième congrès annuel en avril 1979, durant laquelle plusieurs membres du CNE et son propre président firent des critiques très dures et analysèrent les implications de la négociation avec le GATT (Flores Quiroga, 1998 : 238 ; Malpica, 1988 : 273).

Cette anecdote montre bien que les critiques faites au sein de l'influent CNE étaient soutenues par plusieurs membres du cabinet ministériel ; cette association représentait aussi des points de vue indépendants, certes liés au PRI, mais pas tout à fait alignés sur celui-ci et avec les positions officielles comme cela sera le cas durant les sexennats postérieurs (Miguel de la Madrid et Salinas de Gortari). On voit donc qu'il y avait des fissures importantes dans le caractère monolithique des positions officielles, qui se centraient alors sur l'orientation que devait prendre la politique économique et commerciale du pays.

La poussée protectionniste du CNE ne s'arrêta pas là et, au cours de la même année, il publia une lettre ouverte dans la presse nationale exposant au président une série d'arguments pour le dissuader de prolonger la négociation avec le GATT. Les principaux arguments étaient les suivants : 1) ni le secteur agricole ni l'industriel n'étaient préparés pour affronter la concurrence étrangère ; 2) les objectifs de la promotion industrielle au Mexique pouvaient être atteints en mettant en œuvre les instruments de la politique économique existants, sans avoir besoin du GATT ; 3) le GATT était incapable d'affronter le protectionnisme croissant des États-Unis, et avait démontré son manque d'efficacité envers les besoins des pays en développement.

Le CNE proposait concrètement de perfectionner les instruments de la politique commerciale afin de réduire ses défauts anti-exportateurs. Il fallait adopter face au GATT une politique semblable à celle qui avait été utilisée face à l'Organisation des Pays Producteurs de Pétrole (OPEP), c'est à dire, respecter les accords de cet organisme sans pour autant en faire partie (Malpica, 1988 : 239). La lettre publiée dans les journaux par le CNE a lancé un processus de grande importance pour l'époque, ce qui entraîna une pluie d'articles de fond et d'opinion dans la presse et les forums de discussion, autour de la question de la négociation de l'entrée du Mexique au GATT.

La pression politique devint tellement forte que le président décida d'ouvrir une phase de consultation nationale pendant le mois de novembre,

[1] Voir à ce sujet l'excellente présentation détaillée de ce débat dans Malpica, 1988 : 273-291.

en réunissant des groupes d'intérêt, dont les universitaires, les entrepreneurs et les commerçants, mais aussi les partis politiques.

Paradoxalement, fin octobre, le Protocole était terminé et le président prit la décision surprenante de passer à la presse nationale le texte du protocole et le rapport du groupe de travail, considérant que ce geste servirait de point de départ pour la consultation nationale de l'entrée au GATT (1979-1980). Cette attitude causa un impact très important auprès des fonctionnaires mexicains qui avaient obtenu des conditions très favorables pour le Mexique, et de la hiérarchie du GATT qui y voyait un acte de grande frivolité du président mexicain[1].

Tableau 19
Négociation du Mexique au GATT en 1979
Négociation des permis d'importation

	Quantité de catégories de droits de douane	*Valeur (millions de dollars des importations de 1976)*
1. Permis d'importation maintenus indéfiniment	48	81 531
2. Permis d'importation maintenus indéfiniment et établissement d'une quote-part d'importation	24	163 545
3. Élimination ou consolidation du permis d'importation au terme d'une période de 10 à 12 ans	76	79 851
4. Élimination immédiate du permis d'importation	150	179 274
a. Niveau de taxes sans changements	33	7 482
b. Niveau de taxes augmenté	88	156 262
c. Niveau de taxes qui diminue graduellement	28	15 068
d. Niveau de taxes qui diminue immédiatement	1	462
5. Élimination immédiate du permis d'importation et établissement d'un niveau de taxe plus élevé	2	119
Total	300	504 320

Source : Flores Quiroga, Proteccionismo versus Librecambio : la Economía de la Protección Comercial en México 1970-1994, 1998 : 242.

Vue sous un autre angle, cette mesure ouvrit un des rares espaces démocratiques de la décennie : pendant près de quatre mois, la population intéressée, quoique pas toujours bien informée, est entrée en polémique autour de thèmes qui dépassaient de loin l'adhésion au GATT ; en fait ce qui était en discussion, c'était le modèle de développement que le Mexique devait adopter dans le futur proche : une œuvre en fait d'ailleurs un passage

[1] Le Protocole d'Adhésion comprenait des clauses qui permettaient au gouvernement mexicain de continuer d'utiliser des subsides et des contrôles aux exportations pendant un certain temps, ainsi que de mettre en œuvre un Plan de Développement industriel. Il pouvait aussi continuer à protéger l'agriculture, mettre en oeuvre le Décret automobile de 1977 et laisser le pétrole hors de l'accord. D'autre part, les membres du GATT acceptèrent de traiter le Mexique comme un pays en développement. Pour une information plus détaillée, voir Malpica, 1988 ; Flores, 1998 et Rico, 2000.

en revue : « *Le Mexique, la dispute pour la Nation* » de Cordera et Tello deux protagonistes centraux de cette discussion (Cordera et Tello, 1981).

López Portillo n'était pas en condition de contrôler totalement le processus qu'il avait engagé ni la polémique entre certains membres de son gouvernement et les secteurs privés : celle-ci devint un thème de débat national. La CONCAMIN, la COPARMEX et l'ANIERM ont été les organisations du secteur privé les plus en faveur de l'adhésion au GATT et à la mise en œuvre d'une politique de libre-échange (Rico, 2000 : 86).

Les principaux arguments proposés par celles-ci étaient les suivants : la protection des intérêts économiques du Mexique pouvait se faire dans le cadre des instances multinationales comme le GATT ; il valait la peine de profiter de la protection légale qu'offrait le GATT dans un environnement international qui pouvait appliquer des mesures discriminatoires contre le Mexique ; le protocole d'adhésion offrait des avantages dont le caractère graduel de l'ouverture des marchés, la flexibilité des règles du jeu et des bénéfices à long terme, du fait de participer dans un accord multilatéral de commerce (Malpica, 1988 : 237-238).

Un des arguments centraux était le fait que le libre-échange forcerait les industries mexicaines à devenir plus efficaces face à la concurrence internationale. Cette supposition s'accompagnait de l'argument complémentaire qui considérait que l'entrée au GATT rendrait irréversible l'ouverture des marchés mexicains, et renforcerait les changements qui y étaient liés (Bravo Aguilera, 1989 : 25).

Il est paradoxal de constater que ces mêmes arguments furent repris pour la négociation de l'ALENA plus tard, et que dans les deux cas, la vision qui dominait était celle d'un changement clairement vertical et hiérarchique, toute transformation économique ne pouvant que dériver d'une initiative du président et de son gouvernement. De plus, ces arguments ne faisaient que reprendre le darwinisme économique courant dans certains secteurs du gouvernement et du privé, qui pensaient que les plus faibles devaient disparaître.

Les groupes opposés à l'adhésion au GATT provenaient de secteurs économiques, sociaux et idéologiques, très divers ; toutefois ils arrivèrent à mettre en place un discours qui a eu beaucoup de prise auprès de nombreux secteurs. En termes généraux, ils se manifestaient en faveur de l'intervention de l'État et défendaient les petites et moyennes entreprises, qui semblaient plus faibles face à la concurrence internationale ; ils sonnaient l'alerte du risque de perte d'emplois et celui de la vulnérabilité de la souveraineté nationale ; ils manifestaient aussi leur préoccupation de perdre cette capacité de négociation qu'offrait le pétrole si on se soumettait aux clauses du protocole. Mais de toute évidence, l'argument de poids était le danger que représentaient les États-Unis dans le GATT, particulièrement du fait qu'ils jouissaient d'une prépondérance telle, qu'ils pouvaient toujours faire pencher la balance à leur avantage dans les négociations commerciales.

Malgré le fait que le gouvernement mexicain avait réalisé les démarches pour entrer au GATT, le président décida, du fait de la polémique interne, d'organiser un vote entre les ministres liés à cette question. Le vote eut lieu en mars 1980, et les adversaires de l'adhésion gagnèrent la votation[1]. Quelques jours plus tard, le 18 mars 1980, le président López Portillo retira la proposition d'adhésion malgré le fait que celle-ci avait été reçue et approuvée par le GATT[2].

Le choix de la date de refus de l'adhésion au GATT n'était pas fortuit : c'est au cours de la cérémonie commémorative de l'expropriation pétrolière de 1938 que le président fit un discours particulièrement émotif qui cherchait clairement à obtenir l'appui politique de la population et à unifier son cabinet particulièrement divisé.

Il est clair que ce discours fut le signal évident que l'option nationaliste non seulement avait dominé le débat, mais aussi qu'elle en était sortie renforcée ; c'est l'orientation qu'allaient prendre par la suite, et jusqu'à la fin du sexennat, les discours et les mesures politiques de cette administration.

Notre opinion est que plusieurs faits essentiels ont précipité cette rectification de l'orientation présidentielle : d'une part, l'intérêt répété et évident des États-Unis à pousser le Mexique vers le GATT a créé des inquiétudes et des soupçons ; d'autre part, la mention de l'intention de créer une zone de libre-échange avec le Canada et les Caraïbes et l'annonce de la création d'un marché continental de l'énergie, qui évidemment intègrerait le Mexique, ont été des aspects clés qui ont poussé López Portillo à annuler l'entrée au GATT, car ils conduisaient à un contrôle plus poussé des États-Unis sur les questions internes du Mexique. Il semble bien que le fait de refuser l'entrée au GATT ait été le meilleur moyen d'arrêter les progrès de la continentalisation, particulièrement si on prend en compte certaines des questions posées par la relation bilatérale pendant cette période.

L'annulation de l'entrée au GATT était en effet la deuxième occasion pour López Portillo d'annuler un engagement dans lequel les États-Unis jouaient un rôle important, le premier étant l'annulation de la construction du gazoduc Cactus-Reynosa, qui devait aller du Chiapas pour arriver à la frontière dans l'État de Tamaulipas. Le processus antérieur à cette annulation, illustre bien le ton de la relation bilatérale au début de ce sexennat.

Contrairement à ce que l'on pourrait penser, López Portillo avait l'intention d'améliorer substantiellement la relation avec son voisin du nord :

---

[1] Selon Flores (1998), les mémoires de López Portillo (1988) et un reportage de la revue Proceso (1985) les votes furent remis par écrit ; le résultat fut 5 votes contre et 3 pour : cela met en évidence que ce vote est aussi le reflet des antagonismes entre ministres et pas le résultat d'un vote raisonné pour le bien du Mexique.

[2] La décision négative du président se basait sur les arguments suivants : 1) la question était au centre des controverses et impliquait des coûts politiques très élevés pour le président ; 2) ce n'était pas le moment de prendre cette décision ; 3) on pouvait discerner un conflit entre le GATT et le Plan d'Énergie nationale ; 4) rejet aux codes de conduite du GATT qui provenaient de la Ronde Tokyo ; 5) la libéralisation du commerce n'impliquait pas un ordre économique mondial plus juste ; 6) les négociations bilatérales sont meilleures que les multilatérales (voir Malpica, 1988 : 291).

la première visite du président à Washington avait été précédée de l'annonce de l'envoi d'exportations d'urgence de pétrole et de gaz vers les États-Unis[1], geste totalement unilatéral du gouvernement mexicain qui désirait lancer un signal de cordialité et de bonne volonté, mais qui, sans le vouloir, mit le thème des hydrocarbures au centre de l'agenda bilatéral (Rico, 2000 : 78). Malgré ce geste, le président Carter avait d'autres priorités et dans son agenda de voyages internationaux, le Mexique n'était pas une des priorités ; toutefois, l'annonce que le Mexique avait augmenté ses réserves de pétrole, qui représentaient déjà 106.000 barils par jours en 1976, changea radicalement le point de vue américain.

D'autre part, le gouvernement mexicain annonça par le biais de PEMEX qu'il entreprendrait l'extraction de gaz dans les gisements pétroliers du sud-est du Mexique ; on estimait alors une production de l'ordre de 2 millions de pieds cubiques ce qui dépassait largement les besoins de consommation interne du pays (Rico, 2000 : 79). En conséquence, on pouvait envisager de vendre les excédents au marché américain, et de là l'idée du gazoduc déjà mentionné. Le financement proviendrait d'un consortium d'entreprises américaines, conçu en 1977. Au moment de la signature de cet accord, le prix convenu était de 2,6 dollars par millier de pieds cubiques (Grayson, 1977 : 80-81 cité in Rico, 2000 : 81).

Cet accord provoqua de nombreuses critiques, qui peuvent se résumer par le fait que le Mexique mettait en jeu sa souveraineté nationale sur son territoire et engageait indéfiniment les exportations de gaz vers un seul marché. En effet, le gazoduc Cactus-Reynosa liait les exportations de gaz à la construction de cette infrastructure qui représentait un pas important vers la continentalisation du territoire national. Notons que cette infrastructure était particulièrement ambitieuse non seulement parce que cela traversait tout le territoire national mais aussi du fait de son financement par des entreprises pétrolières américaines.

Ce projet fut annulé par le gouvernement mexicain, quand le ministre de l'Énergie des États-Unis, Arthur Schlesinger, appuyé par plusieurs sénateurs dont Adlai Stevenson, questionna le prix du gaz convenu, soulignant que ce prix provoquerait une augmentation automatique du prix du gaz qui était importé du Canada : celui-ci était à 2,25 dollars par millier de pieds cubiques.

Schlesinger soutenait aussi que « du fait des bas coûts de production du gaz au Mexique et de la rationalité de l'exporter vers le marché américain, tôt ou tard, PEMEX devrait le vendre au prix du marché intérieur des États-Unis, soit 1,75 dollar, et non pas aux prix internationaux » (Rico, 2000 : 81). Face à cette position, le président López Portillo décida d'annuler l'accord

[1] Il faut rappeler qu'après 1973, le monde vivait les conséquences de la crise pétrolière ce qui avait provoqué de sérieux problèmes dans les économies des pays développés, dont les États-Unis fortement dépendants des hydrocarbures.

mais de poursuivre le gazoduc, qui terminerait à Cadeyreta, Nuevo León, site d'une raffinerie et proche des grandes industries de cette région.

Un autre exemple fut le Plan global de l'Énergie, présenté aux Nations unies en septembre 1979 ; il établissait un maximum de 50 % du total des exportations pour la vente du pétrole à n'importe quel pays ; de plus, il se proposait de mettre en œuvre une stratégie très claire quant aux objectifs de croissance de la production et la composition des exportations pétrolières[1].

Grâce à la manne pétrolière, une bonne part des dépenses publiques pendant ce sexennat furent orientées vers les entreprises paraétatiques, dont celles liées à l'acier, les engrais ou le pétrole ; toutes ces mesures touchaient fortement la relation avec les États-Unis qui auraient préféré un gouvernement moins enclin au nationalisme et à l'intervention publique dans l'économie.

Il est impossible de ne pas établir des parallélismes entre la situation du Mexique et du Canada à cette époque : la mexicanisation de l'économie durant les sexennats de Luis Echeverría et de José López Portillo, et le processus de canadianisation entrepris par le premier ministre Pierre Trudeau ont cherché respectivement des options économiques différentes face à la prépondérance des liens économiques avec les États-Unis ; ces actions politiques provoquèrent le mécontentement de nombreux secteurs sociaux ; les deux pays partagèrent une politique d'appui et de solidarité envers l'Amérique centrale et s'opposèrent aux dictatures militaires en Amérique du Sud. Dans les deux cas, ils durent affronter la déstabilisation économique provoquée par la guérilla urbaine et les rapts ; et les secteurs privés des deux pays se rapprochèrent davantage des intérêts de la classe des entrepreneurs états-uniens. Les pressions pour l'instauration d'une économie plus ouverte, sans protectionnisme et sans intervention de l'État, ainsi que la demande d'une modération dans le langage pour éviter les antagonismes envers les États-Unis furent des revendications partagées par les hommes d'affaires mexicains et canadiens à la fin des mandats Trudeau et López Portillo. Finalement, leurs mandats débouchèrent sur des crises économiques et financières très intenses.

Autre point de similitude entre les deux pays : la proposition d'alternatives proposées par Trudeau[2] sous le nom de *Troisième Option*, et les options contradictoires entre elles, proposées durant le sexennat de López Portillo pour trouver une solution à la relation avec les États-Unis : 1) la multilatéralité qui impliquait l'adhésion au GATT ; 2) la bilatéralité qui impliquait un accord avec les États-Unis ; 3) la voie unilatérale qui proposait un ajustement interne au système d'appuis aux exportations en accord avec le Programme immédiat de Réorganisation économique (Olea, 1994).

---

[1] Une initiative similaire fut faite au Canada, avec la création du Programme énergétique national en 1981, et la création de l'entreprise pétrolière du gouvernement, Petro-Canada en 1975.

[2] La période de Trudeau et du Parti libéral au pouvoir a été très longue de 1968 à 1979 et de 1980 à 1984, ce qui couvre plusieurs sexennats au Mexique, depuis la fin du mandat de Gustavo Díaz Ordaz (1964-1970), jusqu'à la seconde année de Miguel de la Madrid (1982-1988).

DEUXIÈME PARTIE

LA CONVERGENCE DES RELATIONS ÉCONOMIQUES MUTUELLES

CHAPITRE 4

Le voisinage interféré du Mexique et du Canada

À la fin de l'année 1990, le Canada et le Mexique décident d'ouvrir le processus de négociations d'un accord de libre-échange qui inclut également les États-Unis. Étonnamment, ce processus met en évidence l'état des relations entre les deux pays qui se retrouvent alors confrontés au fait que, bien qu'ils partagent le même espace géographique, l'Amérique du Nord, ils n'ont pas progressé dans leur connaissance mutuelle au cours des cinquante dernières années.

Au contraire, leur relation se distingue par un désintérêt apparent à cause, d'une part, de la vocation atlantiste affirmée par le Canada depuis le siècle dernier, et, d'autre part, de la vocation latino-américaine cultivée par le Mexique depuis les débuts de sa vie indépendante. Bien qu'ils soient, géographiquement parlant, des Nord-Américains, le Canada et le Mexique ont, pendant des années, préféré s'identifier autrement. La raison de ce choix ne dépend pas uniquement des vocations que nous venons de mentionner, mais peut-être aussi du fait que, depuis le départ et jusqu'à nos jours, les États-Unis se sont eux-mêmes baptisés « Amérique du Nord » ou tout simplement « Amérique », laissant très peu de marges de manœuvre à leurs proches voisins. Ils les ont ainsi empêchés d'envisager la création d'un lien qui, en d'autres circonstances, aurait été naturel. Il est certain que la nature de l'hégémonie exercée par les États-Unis sur ses deux voisins a, durant toutes ces années, pratiquement toujours empêché que le Mexique et le Canada aient une relation structurée et durable.

Ce n'est qu'au moment de négocier et d'adopter l'Accord de Libre-Échange d'Amérique du Nord avec les États-Unis que les deux pays ont simultanément assumé le fait d'être Nord-Américains. C'est-à-dire qu'il a fallu un accord de codification des relations commerciales et d'intégration économique régionale entre les trois nations nord-américaines pour que le Canada et le Mexique se décident, pour la première fois, à la fin du XXe siècle, à assumer une vocation qui leur appartenait géographiquement mais qu'ils n'avaient pas affirmée jusque-là.

Néanmoins, l'intérêt mutuel que se portent le Mexique et le Canada n'est pas nouveau. Pour ce qui est du Mexique, il suffit de rappeler l'attention avec laquelle, il y a un siècle, Don Matias Romero, représentant du Mexique à Washington, suivait le débat des congressistes des États-Unis sur l'éventuelle annexion du Canada, sur la formulation d'un accord commercial de réciprocité ou sur la discussion d'une union commerciale entre les deux pays[1]. Malgré l'intérêt mutuel, le voisinage commun avec les États-Unis – qui joue un rôle constant dans le développement de la relation bilatérale entre le Canada et le Mexique – est un des facteurs les plus importants pour expliquer à la fois l'ignorance qui régnait traditionnellement entre les deux pays et leur rapprochement récent. Pendant des années, ce voisinage s'est transformé en un épais « rideau de fumée » entre le Mexique et le Canada, puisque chacun donnait priorité aux relations bilatérales avec le puissant voisin, au point de les transformer en des relations privilégiées et quasiment exclusives. *L'atlantisme* canadien et le *latino-américanisme* mexicain ne seraient donc, du moins en partie, que des réactions pour contrebalancer la relation souvent inconfortable avec les États-Unis.

Ce chapitre se propose d'analyser quelques-uns des éléments les moins connus du début et de l'évolution de la relation entre le Canada et le Mexique[2], un voisinage souvent parasité par la présence des États-Unis. Il ne faut absolument pas considérer le rapprochement récent (1990), grâce à la conclusion de l'accord de libre-échange, comme le début de la relation bilatérale. Il ne se situe pas non plus en 1970, lorsque la politique extérieure menée par le Premier ministre Pierre Trudeau (1968-1979, 1980-1984) cherche en Amérique latine la réponse à sa politique de « troisième option ». Même s'il est extrêmement important pour la relation bilatérale le rapprochement récent entre les deux pays n'est qu'une étape supplémentaire dans l'évolution de cette relation.

En tenant compte des réserves émises antérieurement, nous avons divisé de façon schématique l'analyse de l'évolution de la relation bilatérale en quatre grandes périodes[3] en nous appuyant surtout sur des sources de premières mains consultées au Canada et au Mexique. Par chance, nous avons pu, dans les deux pays, consulter des archives publiques et des archives diplomatiques qui ne sont pas encore complètement classifiées. Les Archives de Concentration du ministère des Relations extérieures et les Archives historiques du ministère des Affaires étrangères et du Commerce international se sont révélées très intéressantes pour notre recherche malgré les difficultés inhérentes à la consultation de documents qui n'ont pas encore

---

[1] Voir les lettres envoyées par Matias Romero depuis Washington entre 1888 et 1892, dans les Archives du ministère des Relations extérieures du Mexique (AREM pour ses initiales), AREM, 3-3-4012, 1989.

[2] Il y a peu d'écrits concernant l'historique de cette relation bilatérale et donc la consultation des sources primaires a été d'un grand intérêt. Notre travail fait partie d'une recherche plus large, exclusivement basée sur des sources primaires : la majorité provient de l'AREM, cité ci-dessus ; Les Archives historiques du ministère des Relations extérieures du Mexique (AHREM) qui appartient également à la SRE ; les Archives publiques du ministère des Relations internationales et du Commerce du Canada (PARC, selon les initiales en anglais). Certains des dossiers diplomatiques consultés n'avaient jamais été ouverts et étaient donc inconnus de tous les chercheurs contemporains. Pour clarifier certains passages de l'histoire des deux pays, nous avons eu recours à certaines sources secondaires, que nous citons dans les notes, lorsque l'information fournie par les archives est fragmentaire, obscure ou mutilée.

[3] Dans ce chapitre, nous analyserons de façon plus succincte trois des quatre étapes qui conforment notre analyse de la relation bilatérale. Celle qui a trait à l'ALCCEU et à l'ALÉNA est analysée plus à fond dans les chapitres 5 et 6 de ce travail. La majorité des aspects liés au Canada et à l'Amérique latine n'apparaît pas dans cette partie et fera l'objet du chapitre 7.

été totalement mis en ordre depuis leur sortie des ambassades et des consulats et qui donc renferment toutes sortes de papiers, certains très révélateurs et d'autres manquant totalement de valeur historiographique[1].

La lecture de tous ces documents et de sources secondaires extraordinaires nous a permis de découvrir plusieurs aspects qui nous semblent essentiels à une véritable compréhension du contexte dans lequel évolue la relation bilatérale. Le plus évident, mais ce n'est pas le seul aspect intéressant, est la peur de dépendre des États-Unis et d'être dominé par eux. C'est là la préoccupation principale de la diplomatie de ces pays et paradoxalement plus présente dans les sources canadiennes que dans les sources mexicaines.

Il devient donc encore plus intéressant d'analyser la relation bilatérale sous l'éclairage du processus de Continentalisation puisque ce dernier a toujours été considéré comme une identification croissante et une adhésion progressive aux États-Unis se déroulant en dehors de la relation Mexique-Canada et n'ayant pas d'influence sur elle. En réalité, nous savons maintenant qu'il a eu une influence, fragilisant et parfois obstruant cette relation. Grâce à la consultation de plus d'informations sur chacune des étapes, on peut maintenant affirmer que le processus de continentalisation a influencé la relation entre les deux pays même si sur le moment ce fait n'était pas vécu de manière très consciente.

C'est seulement à partir des années 1960 que le Mexique et le Canada commencent à vouloir diminuer le poids de la réalité continentale et, cherchant sérieusement des alternatives, tentent un rapprochement qui n'aura pas forcément le succès escompté. À partir des années 1990, le climat engendré par l'ALENA offrira cette possibilité mais selon une optique inversée par rapport à celle qui était envisagée dans les années 1960. En

---

[1] Concrètement, dans le cas du Mexique, les archives des ambassades et des consulats subissent généralement un premier tri, dans les ambassades elles-mêmes, avant de partir pour le Mexique où elles seront classées plus ou moins rapidement, puis transformées en documents publics. Les fonctionnaires des ambassades et des consulats font généralement un premier tri dont on est sûr qu'il existe, même si l'on ne peut pas le prouver. Il suffit de constater parfois la pauvreté du matériel qui arrive dans les caisses de l'AHREM pour se rendre compte qu'il y a eu une censure préalable. Le chemin suivi par les documents diplomatiques est en fait très long car dans la plupart des cas, par manque de personnel qualifié, les caisses en provenance de l'étranger peuvent rester fermées dans les entrepôts du ministère des Relations extérieures pendant des années avant d'être classées. Il faut ajouter à cela la réglementation sur l'accès du public à ces archives, qui fixe le délai à 25 ans et donc aggrave le dilettantisme en la matière. Mon expérience personnelle a été très intéressante, mais aussi terriblement épuisante car les caisses des Archives de Concentration étaient à « l'état brut » et leur donner une certaine cohérence a donc nécessité un travail de titan. Le cas du Canada est différent car la section historique du MAECI procède à une première classification de tout le matériel reçu des représentations diplomatiques et le passe ensuite aux Archives nationales où un groupe de personnes est chargé de superviser la libération des documents publics. Alors que les documents sont techniquement publics, il arrive souvent que l'on décide que certaines personnes ne peuvent pas y avoir accès, sur décision du Clerk. On peut alors faire appel à la loi d'accès à l'information pour finalement recevoir le document, mais celui-ci est inutilisable car de nombreux paragraphes sont raturés pour en empêcher la lecture. Pendant ma recherche au Canada, j'ai parfois rencontré ce genre d'obstacles car j'étais la première chercheuse mexicaine demandant ces documents concernant le Mexique, documents qui comportaient souvent des jugements et des réflexions peu favorables au Mexique et à certains personnages de la vie politique de mon pays.

1990, la proposition est d'assumer la continentalisation, de la vivre ensemble, d'arrêter de la repousser ou de rechercher de meilleures alternatives.

Le Porfiriato (1876-1911) est la première phase d'un processus continu de continentalisation, interrompu par la révolution mexicaine et redessiné par la Première Guerre mondiale et la grande crise. Une seconde étape de la relation bilatérale surgit en réponse à l'arrêt de liens commerciaux transatlantiques et transpacifiques, à cause de la Seconde Guerre mondiale, qui accélère l'intégration économique avec les États-Unis. À cette époque, le processus de continentalisation n'est pas tant une décision politique nationale qu'une conséquence du manque de possibilités offertes à partir des années 1940.

La troisième phase est celle de la négociation tri nationale, vécue comme une nécessité pragmatique. Apparaît alors un point commun entre les trois pays qui les unit comme cela n'était jamais arrivé auparavant. L'intérêt économique commun du capital privé des trois pays et de leurs gouvernements coïncide avec l'idée que les frontières géographiques et économiques ne sont qu'un obstacle aux intérêts commerciaux. Comme nous l'avons dit dans d'autres parties de ce travail, le Mexique renforce alors son adhésion aux principes de la libéralisation économique.

La quatrième phase correspond à l'époque actuelle où, après 20 ans de fonctionnement de l'ALENA, les gouvernements des trois pays tentent de mettre en marche un projet d'intégration profonde impliquant la création d'une communauté d'Amérique du Nord. Cette phase a été stimulée par les événements du 11 septembre aux États-Unis qui ont provoqué des changements, que l'ALENA n'avait pas réussi à faire, sur la politique des frontières et la politique de sécurité nationale des trois pays.

1. L'apparition de l'intérêt du Canada pour le Mexique

Les origines de la relation entre le Canada et le Mexique remontent à la seconde moitié du XIX siècle[1]. En 1865, quatre colonies britanniques d'Amérique du Nord s'intéressent au Mexique : le Canada, la Nouvelle-Écosse, le Nouveau-Brunswick et l'Île du Prince-Édouard qui, lors d'une réunion à Québec sur « les mouvements commerciaux », discutent des possibilités que le marché mexicain peut leur offrir sur le plan commercial pour faire face à l'expansionnisme du marché étasunien[2]. Cette première

[1] Auparavant le Mexique avait déjà éveillé l'intérêt des voyageurs soucieux de connaître la diversité géographique du pays et son potentiel économique. Samuel de Champlain, un des premiers colons du Canada français, visite le Mexique et prend contact avec Alexandre de Humboldt dont le travail colossal permet de connaître la richesse du pays. On retrouve dans la maison de Humboldt à Taxco, Guerrero, le nom de Champlain dans la liste des visiteurs étrangers qui y sont venus discuter de la réalité mexicaine.

[2] PARC, Record Group (RG 25), numéro d'identification des thèmes internationaux dans les archives nationales du Canada.

mission, qui par la suite prend le chemin de l'Amérique latine, devient soudain d'une importance vitale pour les futurs pères fondateurs de la Confédération car, un an après la réunion de Québec, ils doivent affronter l'abrogation du traité de réciprocité commerciale avec les États-Unis qui existait depuis 1854. Le rapport de la réunion affirme : « Ce sujet devient des plus importants puisque notre commerce avec les États-Unis est menacé d'interruption et qu'à partir de maintenant il se poursuivra certainement sur des bases différentes à celles existantes » (Report of the Commissioners, 1866 : 4).

L'importance de cette initiative provient, tout d'abord, du statut de ces quatre colonies britanniques qui n'ont même pas encore obtenu la qualité de dominion territorial britannique. Malgré leur statut colonial, elles possèdent une forte vocation commerciale, comme le démontre leur intérêt pour le Mexique. Cette vocation commerciale est partagée par leurs voisins du sud, ce qui n'est pas étonnant si l'on se souvient des liens étroits qui existent entre les habitants des colonies et les États-Unis. De nombreux habitants des colonies britanniques sont des royalistes, fidèles à la couronne, qui ont fui vers le Nord après l'indépendance des États-Unis (1776). De plus, comme le résume très bien Seymour M. Lipset, « *les Étasuniens ne le savent pas, mais les Canadiens ne peuvent oublier que de la révolution étasunienne sont nées deux nations et non pas une seule. Les États-Unis sont le pays de la révolution, le Canada celui de la contre-révolution* » (Lipset, 1993 : 19). La relation entre les colonies britanniques d'Amérique du Nord et la mère patrie se heurte à certaines difficultés dans la recherche de marchés alternatifs. Les projets commerciaux des colonies, comme toutes les initiatives qu'elles tentent de prendre, doivent passer par le filtre des autorités anglaises. Le Conseil Confédéré du Commerce lorsqu'il propose un échange commercial hors de l'orbite britannique affirme :

> « Nous considérons qu'il serait hautement souhaitable de solliciter auprès du Gouvernement de Sa Majesté Impériale l'autorisation pour que les Provinces Britanniques d'Amérique du Nord établissent une communication avec les îles des Indes occidentales, avec l'Espagne et ses colonies, avec le Brésil et le Mexique, et sachent de quelle manière et sur quelles bases elles peuvent étendre le plus avantageusement possible le trafic avec ces pays » (Linscott, 1900, 300 ; cité in Ogelsvie, 1989 : 11).

Ce conseil cherche principalement des marchés pour les productions des colonies et insiste sur le fait que l'échange doit être basé sur le principe de la réciprocité commerciale. Il faut noter que la proposition du Conseil oblige à nommer, dans chaque colonie, un représentant qui se rendra tout d'abord à Londres puis dans les régions mentionnées. Il est évident que l'on découvre dans cette motion les origines de la politique du commerce international des provinces.

Pour sa part, le Conseil Exécutif canadien, en contact permanent avec le Bureau des Colonies et le ministère des Colonies d'Amérique du Nord établis à Londres, transmet les plans en provenance des colonies. Ces plans sont approuvés par les *Lords of Trade* (Ogelsby, 1989 : 11). Selon les documents diplomatiques de l'époque, le gouvernement britannique veille à ce que la première mission commerciale des colonies *« n'acquière aucun caractère indépendant ni pour négocier ni pour signer des traités » (*PARC, RG 7, G21/22). Le responsable anglais devant les représentants provinciaux fait attention de définir précisément les buts du voyage : « *enquêter, rassembler des données, s'informer, faire des recommandations auprès des gouvernements respectifs qui doivent laisser les négociations et les futurs accords entre les mains des autorités compétentes, c'est-à-dire du gouvernement britannique* » (Report of the Commissioners, 1866 ; 1). Les limitations imposées par le fonctionnaire anglais aux agissements des colonies ne sont pas les seuls nuages qui assombrissent l'enthousiasme naissant des colons. Les États-Unis manifestent également leur réticence particulièrement lorsque la mission visite le Brésil et Cuba et commence à évaluer le coût économique du rôle d'intermédiaire joué par les États-Unis dans l'achat de nombreux produits d'exportation comme le sucre :

> « Le commerce entre Cuba et l'Angleterre nord-américaine est considérable, mais son importance et sa valeur n'entrent pas dans les statistiques de notre commerce parce qu'aujourd'hui encore une grande partie de ces échanges entre Cuba et les provinces britanniques et réciproquement se fait à travers les ports des États-Unis » (Report of the Commissioners, 1866 : 2).

À la fin de leur périple, les représentants des Colonies ont une idée plus claire de ce que représentent l'Amérique latine et les Caraïbes pour leurs intérêts. Ils sont particulièrement inquiets de constater que, pour toute action pratique, les Colonies britanniques sont menottées par l'Angleterre ou les États-Unis et qu'il ne sera donc pas facile d'avoir des échanges commerciaux directs avec ces pays. Ces envoyés doivent reconnaître que le commerce direct est peu réaliste et que le mieux à faire dans ces conditions est de continuer à participer au commerce triangulaire à l'intérieur de l'Empire et d'accepter que les produits continuent à être réexportés par l'Angleterre ou les États-Unis.

2. Les premières missions commerciales canadiennes au Mexique

Au milieu du XIXe siècle, les premiers commerçants qui arrivent au Mexique, comme dans le reste de l'Amérique, se présentent comme les citoyens d'un Empire européen possédant des territoires sur le continent. Leur présence est donc considérée par les Mexicains comme faisant partie des activités des Britanniques installés au Canada.

Les premières missions commerciales canadiennes se méfient de la situation qui prévaut au Mexique. Sans aucun doute, les incidents armés qui affectent périodiquement le pays donnent une image d'insécurité peu favorable aux capitaux étrangers et les Canadiens ne peuvent l'ignorer. La première mission commerciale envoyée au Mexique n'est jamais arrivée : à cette époque le pays vit la fin de l'empire de Maximilien de Habsbourg et les Canadiens préférèrent annuler l'étape mexicaine de leur premier voyage commercial en Amérique latine : « les émissaires, voyant que le Mexique était encore en guerre, ont jugé inopportun de retarder leur retour pour visiter la capitale de cet empire[1] » (Report of the Commissioners, 1866 : 1-2).

La présence canadienne au Mexique devient significative à partir des premières années du XXe siècle. Un groupe de chefs d'entreprise avides d'aventures se lance dans des investissements pour moderniser l'infrastructure de certaines villes du Mexique. Ces pionniers sont le produit de la période d'intense développement économique vécue par le Canada à partir de 1900. En Amérique latine et surtout au Mexique, ils trouvent un espace économique leur permettant d'augmenter leur capital et de réaliser des affaires colossales.

3. Les chefs d'entreprises canadiens et le Porfiriato

Au Mexique, le régime du président Porfirio Diaz (1876-1880 et 1884-1911) passe pour être une étape de grande ouverture aux investissements étrangers qui sont considérés comme indispensables à la modernisation du pays. Avec le slogan « ordre et progrès », le président Diaz commence la première modernisation du Mexique, cherchant à transformer environ 10 millions de Mexicains en « *citoyens actifs, consommateurs et producteurs* » grâce à « une vigueur productive et entreprenante qui participe au grand futur industriel et agricole » du Mexique (Romero, 1898 ; 76-80; cité in Konrad, 1995 ; 18). Les « scientifiques », comme on nomme les proches collaborateurs de Diaz, sont imprégnés des idées libérales en vogue à cette époque et le pays est un terrain vierge où ils peuvent les mettre en pratique.

Matias Romero, ministre des Finances, considère alors que la position géographique du Mexique, proche des États-Unis, est enviable et qu'il faut profiter des avantages économiques de ce voisinage :

> « *I look forward to the time, which I do not think far distant, considering our continuity of territory to the United States and our immense elements of wealth, when we shall be able to provide the United States with most of the*

[1] Malgré tout, le titre du rapport présenté par cette mission inclut le nom de notre pays. Voir : Report of Commissioners for British-North America Appointed to Inquire into the Trade of the West Indies, Brazil and Mexico (PARC, RG 25). Ce rapport précise que la Nouvelle-Écosse et le Nouveau-Brunswick ont déjà un modeste échange commercial avec le Mexique qui représente un total de 20 000 dollars (importations et exportations).

tropical products ... which they now import from several other countries » (Romero, 1998 : 9, cité in Konrad, 1995 : 18).

Cette vision est largement partagée par J.W.Foster, le représentant des États-Unis au Mexique. Il mène très rapidement un travail de lobbying pour épauler un projet de modernisation commerciale et industrielle, proposé par le président Diaz qui, évidemment, favorise les intérêts étasuniens.

Le représentant étasunien fait une bonne évaluation de l'économie mexicaine et conclut que les exportations de ce pays sont peu diversifiées, pratiquement réduites à l'or et à l'argent et que l'agriculture n'exporte quasiment rien. En effet, environ 77 % des exportations proviennent du secteur minier et la majorité de la population de l'époque est d'origine rurale et pratique une agriculture de subsistance. Foster essaye d'influencer la politique fiscale et commerciale de Diaz, tentant de faire éliminer les impôts sur les exportations et la mécanisation de l'agriculture. Ces deux propositions sont, bien sûr, favorables aux investisseurs et exportateurs étasuniens qui ont des visées sur le Mexique[1].

Ainsi le projet de modernisation de Diaz, basé sur l'industrialisation, la création d'un projet agricole exportateur[2] et la diversification des exportations sont très bien vues aux États-Unis et au Canada et chez les principales puissances européennes.

Porfirio Diaz sait que sans un réseau de chemins de fer, sans télégraphe, sans électricité et sans infrastructure urbaine, il ne pourra attirer ces capitaux. Néanmoins, une certaine animosité de son gouvernement vis-à-vis des États-Unis favorise la présence des autres pays. Le Canada, grâce à ses liens avec l'Empire britannique et à son attitude relativement indépendante des États-Unis, est donc un pays attrayant pour le Mexique (Gutiérrez Haces, 1995b : 62, et 1997 : 15-17 ; Konrad, 1995 : 17). Les constructeurs de chemin de fer, connus sous le nom de *Canadian Pacific*, et les entreprises minières cherchant de nouveaux marchés, la conjonction d'intérêts ne pouvait être meilleure.

---

[1] L'ouverture des *North American Great Plains* à l'agriculture commerciale transforme cette région partagée entre les États-Unis et le Canada en une zone de grand développement économique. Ce processus entraîne un grand nombre d'activités industrielles parmi lesquelles on remarque la production de machines et d'outils agricoles, qui répondent à la demande de ces deux pays et sont également exportés vers des pays comme le Mexique qui sont en pleine transformation et ouverture de leur agriculture. L'exportation de cet outillage permet à un État comme le Yucatan de faire un bond économique spectaculaire qui le convertit en principal exportateur mondial de sisal.

[2] Le modèle de développement du Porfiriato cherche à convertir l'agriculture traditionnelle mexicaine en un pôle d'exportation de produits tropicaux. Néanmoins le modèle appliqué s'inspire d'un programme appliqué avec succès dans les pays au climat tempéré. Cette stratégie propose la transformation d'une population rurale consacrée à l'agriculture de subsistance en une population travaillant à l'exploitation forestière, l'agriculture commerciale et la production à l'exportation. À la longue, l'application de ce programme est devenue un sérieux problème pour le gouvernement de Diaz. Vouloir implanter des stratégies très éloignées de la réalité géographique et sociale mexicaine s'est révélé être une grave erreur (Konrad, 1995 : 20-21).

4. Les premiers pas

Le premier pas important dans la relation commerciale bilatérale a lieu en 1904. Le gouvernement de Diaz signe la Convention postale entre la direction générale des postes mexicaines et le département des postes du dominion du Canada. Dans le document original figurent la signature de Diaz lui-même, celle du directeur général des postes mexicaines et celle du *Postmaster* général du Canada, W.M. Lock. Les deux pays se déclarent prêts à augmenter leurs relations commerciales en facilitant le service postal et le système des virements postaux. Les villes de Nuevo Laredo et Montréal sont choisies comme sièges des bureaux de change (AREM, 1904 et 1906, 27-4-50).

Le premier attaché commercial envoyé par le gouvernement canadien arrive au Mexique en 1905. La nomination de A.W. Donly ouvre une nouvelle étape dans la relation bilatérale, démontrant un changement d'attitude du gouvernement canadien vis-à-vis du Mexique suite aux informations favorables au marché mexicain que les patrons et les banquiers canadiens ont envoyées. Ces rapports commerciaux ont une forte influence sur le gouvernement canadien qui, malgré son statut de dominion britannique, commence à suivre une politique de plus en plus indépendante de l'Empire (Ogelsby, 1989 : 62, Gutiérrez-Haces, 1997 : 18). Le Mexique est l'un des premiers pays d'Amérique latine à recevoir un attaché permanent, ce qui montre l'intérêt que le Canada porte déjà au marché mexicain. Dans le même ordre d'idées, une discussion est ouverte pour créer un service de bateaux à vapeur, avec l'appui financier des deux gouvernements. Ce projet de communication se concrétise en 1905 et fonctionne parfaitement jusqu'en 1913, date à laquelle le service est suspendu à cause de la Révolution mexicaine.

En 1920 le gouvernement mexicain prend l'initiative de reprendre contact avec les gouvernements avec lesquels il avait eu de bonnes relations. En juillet 1920, il envoie Luis M. Martinez à Toronto en tant que nouvel attaché commercial. Il est chargé de rétablir le service des bateaux à vapeur avec le gouvernement canadien de façon à sauver le passage par les États-Unis qui est le chemin le plus pratique pour l'exportation des produits mexicains.

Les premiers Canadiens qui viennent au Mexique sont persuadés que leurs bénéfices seront supérieurs à ceux qu'ils obtiendraient en travaillant pour le seul marché canadien. Ils pensent que l'économie du Canada a des limites inhérentes à la structure du pays et que, tôt ou tard, elles affecteront leur liberté d'action et surtout la rentabilité de leurs opérations. De plus, ils sont convaincus que la niche de marché qu'ils sont décidés à occuper loin du Canada les rend invincibles : la technologie et la mise en place des services publics de communication et de transport sont leurs spécialités[1].

---

[1] Les principales entreprises qui s'installent à cette époque sont : Mexico City Tramways Company, Mexico City Light and Power Company, Mexican Northwestern Railway Company, Veracruz Electric

Les chefs d'entreprise canadiens au Mexique sont les premiers à appliquer les principes de la « gestion » combinés à l'utilisation de la technologie de pointe et à une conduite efficace du fonctionnement des services publics. Avec l'appui des banquiers canadiens, ils profitent des voies ouvertes par les Britanniques en Amérique latine et aux Caraïbes. Conscients de leur supériorité sur les entrepreneurs locaux débutants, ils décident de profiter des avantages que la conjoncture internationale leur offre : un Empire britannique en repli, un secteur économique dont les États-Unis ne se sont pas emparés et le besoin urgent de modernisation de l'infrastructure de nombreuses villes qui ont hâte d'être reliées à l'espace national et international.

Ces Canadiens du début du siècle sont persuadés que les imperfections du marché rendent les économies locales d'Amérique latine encore plus attrayantes. C'est pour cette raison que l'investissement canadien au Mexique se concentre sur le transfert de technologie durable vers les régions marginales qui, à cette époque, reçoivent avec grand plaisir les investisseurs, les ingénieurs, les chefs d'entreprise qui viennent construire au Mexique les premières centrales hydroélectriques comme celle de Necaxa (Gutiérrez Haces, 1997 : 20).

La compétence technologique, les connaissances en gestion et le ré-investissement des capitaux permettent aux chefs d'entreprise canadiens de constituer un empire des services urbains qui, peu à peu, réunissent entre elles les grandes voies économiques du Mexique. Ils bénéficient également, entre autres avantages, d'un taux de rentabilité supérieur à ce qu'ils peuvent espérer au Canada, d'une supériorité technique et d'une main-d'œuvre bon marché. Ils ne payent pas d'impôts, peuvent jouir gratuitement de la terre, et finalement bénéficient du consentement d'un gouvernement qui leur permet d'agir avec une liberté probablement inimaginable au Canada. Tous ces éléments ont joué en faveur des Canadiens anglais et du président Porfirio Diaz[1].

Light, Power and Traction Company, Anglo Mexican Electric Company, Monterrey Waterworks and Sewerer Company et Yucatan Power Company (Armstrong et Nelles, 1988 : 85-104, 185-226 ; French, 1981 ; Konrad, 1995 : 26).

[1] L'adhésion du gouvernement de Diaz aux demandes des chefs d'entreprise étrangers, et parmi eux les Canadiens, est très bien reçue dans les milieux financiers. Les droits exclusifs d'exploitation des fleuves Necaxa, Tenango et Catapuxtla donnés aux Canadiens pour y construire des barrages, des canaux et de tunnels pour produire de l'électricité sont suivis par des concessions pour construire des usines hydroélectriques partout dans le pays en expropriant des terres. De plus l'exemption d'impôts pour les entreprises étrangères devient une pratique courante. L'aspect le plus attractif pour les investisseurs reste cependant le fait qu'ils peuvent facilement établir de véritables holdings contrôlant les centres nerveux de la capitale du pays. Ces entreprises contrôlent les ressources naturelles, leur exploitation, leur distribution, et en plus fixent les prix à la consommation avec la protection des autorités.

5. F.S. Pearson et le début des monopoles dans les services publics

En 1902, en pleine période forte du porfiriato, Frederick Stark Pearson découvre le Mexique[1]. Selon ce que raconte J. Ogelsby, la vue de l'impressionnante chute d'eau de la rivière Necaxa (bien sûr à la saison des pluies) le conduit à imaginer son premier grand projet : vanter au gouvernement mexicain et à ses appuis financiers au Canada les possibilités commerciales liées à la construction d'une centrale hydroélectrique au Mexique[2] (Ogelsby, 1976 : 139-162 ; Armstrong et Nelles, 1988 : 85-87). Peu après, il fonde la *Mexican Ligth Power Company,* avec des capitaux venus de Montréal et il entre en compétition directe avec la *Mexican Electric Works*, entreprise allemande qui sera par la suite, en 1903, achetée par les Canadiens lors d'une opération réalisée en argent liquide. Le pouvoir de F.S. Pearson est à son apogée lorsqu'il obtient la concession pour distribuer l'électricité dans la ville de Mexico jusqu'en 2012[3] (Ogelsby, 1976 ; Godoy, 1996, Armstrong et Nelles, 1988).

F.S. Pearson crée trois grandes entreprises pour fournir de l'électricité aux rues, à l'industrie, aux mines, aux trains et aux trolleybus[4]. Ces

---

[1] Pour beaucoup d'historiens, la nationalité de F.S. Pearson est douteuse. Armstrong et Nelles affirment dans leur livre que c'est un « ingénieur yankee » qui a appris aux Canadiens à moderniser leur infrastructure et à gérer les services urbains et le système de transport. Pour ces auteurs, F.S. Pearson a poussé les Canadiens à investir au Brésil puis au Mexique dans usines hydroélectriques. Cependant des auteurs comme J.C.M. Ogelsby, 1989 : 141, Meyer Lorenzo, 1991 : 76, 126, 213, et Priscilla Connolly, 1997 : 2, parlent dans leurs livres d'un patron d'origine britannique portant le nom de Weetman Dickinson Pearson et qui passe à la postérité comme le premier Lord Cowran. W.D. Pearson appelé « l'entrepreneur de Don Porfirio » fonde *S. Pearson and Son Ltd* et est le principal bénéficiaire de la politique porfiriste d'ouverture à l'investissement étranger, bien que, comme le mentionne Connolly, ce Pearson soit plus un entrepreneur qu'un investisseur, qualificatif qui caractérise parfaitement bien le Pearson Canadien. W.D. Pearson est le constructeur du grand canal de drainage de la vallée de Mexico. Il a mené à bien des travaux de construction et d'assainissement des ports de Veracruz, Coatzacoalcos et Salina Cruz. Il reconstruit le chemin de fer de Tehuantepec. Il contrôle les compagnies électriques de Veracruz, Cordoba, Puebla et Tampico et est actionnaire des compagnies de son homonyme F.S. Pearson, principal promoteur de l'industrie électrique du Mexique. Un des exploits qui lui donne sa notoriété est l'exploration pétrolière qui, en 1910, lui permet d'exploiter le puits *Potrero del Llano* numéro 4 et assure à sa compagnie pétrolière *El Aguila* la possibilité d'exporter. Deux ans plus tard, *El Aguila* contrôle environ la moitié de la production de pétrole du pays et il crée des entreprises secondaires qui gèrent le transport, le stockage et la distribution hors du Mexique. Les deux Pearson ont ainsi pu construire de solides empires basés sur l'exploitation des ressources naturelles et la réalisation de travaux et de services publics indispensables au projet de Porfirio Diaz.

[2] F.S. Pearson vient pour la première fois au Mexique en 1901 pour assister à une réunion internationale d'ingénieurs. Il est accompagné par le docteur Arnoldo Vacquie pour visiter la cascade de 739 mètres de haut du fleuve Necaxa. Un an plus tard, en mars 1902, Pearson achète la concession de Vacquie et commence la construction d'une énorme centrale hydroélectrique qui doit fournir de l'électricité à la ville de Mexico et aux états avoisinants.

[3] La seule chose qui a pu freiner son énergie d'entrepreneur est le naufrage du Lusitania, bateau sur lequel il voyageait en 1915. Dans certains articles, parus dans l'Universal (1925) et Electra (1928), Vasconcelos se réfère à lui comme un exemple à suivre (Godoy, 1996).

[4] F.S. Pearson n'est pas le premier Canadien lié à cette activité. Selon les archives canadiennes, le premier qui a acquis une certaine notoriété au Mexique est A.E. Worwich, un ingénieur chargé de l'électrification du système de tramways de la ville de Mexico pour l'entreprise *Mexico City Tramways* qui remplace le système ancien de traction animale aux environs de 1898. F.S. Pearson s'occupe du système hydroélectrique de la ville de Mexico à partir de 1902 et, sous sa direction, les investisseurs canadiens

entreprises ont des administrateurs d'entreprise, des assureurs, des courtiers en bourse, des ingénieurs, des techniciens et d'importants capitaux canadiens, belges, allemands et britanniques[1], mais il en reste le leader indiscutable. En 1906, S. Pearson est président de la Compagnie des tramways de la ville de Mexico et les investisseurs canadiens en contrôlent 75 % des actions[2].

Les chefs d'entreprise comme F.S. Pearson découvrent qu'au Mexique on peut créer des *monopoles de services publics intégrés* qui, comme de véritables poulpes, étendent leurs activités et parviennent à contrôler tout le marché de l'énergie hydroélectrique et du gaz. Par exemple, dans la ville de Pachuca, même le fonctionnement des mines dépend de ce monopole. Les banques sont également liées à cette stratégie commerciale, entre autres la Banque de Montréal (1906) et la Banque Canadienne du Commerce (1910) dont la mission est d'assurer et de réguler l'usage du capital appartenant à ces chefs d'entreprise[3].

En 1911, le Canada et la Grande-Bretagne représentent 29,1 % de l'investissement étranger total au Mexique[4]. Ils sont en plus responsables de 89 % de l'investissement étranger dans le télégraphe, le téléphone, l'eau, l'électricité et les centrales hydroélectriques[5]. Ces chiffres révèlent l'important poids économique que le Canada et la Grande-Bretagne ont acquis au Mexique au début du siècle (Armstrong et Nelles, 1988 : 188-189 ; Konrad, 1995 : 23).

---

prennent le contrôle de presque tout le système de services électriques du District fédéral. F.S Pearson diminue de moitié les tarifs en vigueur ce qui lui assure une énorme popularité (Ogelsby, 1989 : 141-142).

[1] Ces compagnies sont la *Mexican Light Power*, la Mexico Tramways Co., et la *Mexico North Westwern Railway Co.* Voir les essais cités de Ogelsby, 1989 et Godoy, 1996, et le livre de Armstrong, 1988.

[2] Il est étonnant de penser qu'en 1906 le représentant britannique au Mexique affirme avec orgueil et condescendance que la montée du capital et des patrons canadiens devient notable dans le pays : « the Canadian colony here is not numerous one, but its members make up in enterprise what they lack in number. They seem to combine the push of the Yankee with the recognized commercial integrity of the Englishman » (cité in Armstrong et Nelles, 1986: 178-203, et Armstrong et Nelles, 1988 : 85).

[3] On observe actuellement une attitude similaire avec l'arrivée de plusieurs banques canadiennes qui font des co-investissements avec des banques mexicaines. La banque de Nouvelle-Écosse avec Inverlat, la Banque Nationale du Canada avec la banque Confia et la Banque de Montréal avec Bancomer. En particulier, en 1995 la première joue un rôle important dans l'opération du sauvetage financier du Mexique. Voir Gutiérrez Haces, 1997.

[4] Les États-Unis occupent la première place avec 38 %, la France la troisième avec 26,7 % et l'Allemagne n'a que 1,9 %.

[5] Les États-Unis à eux seuls représentent 6 % de l'investissement dans ces domaines. La France représente 4 % et les Pays-Bas 1,6 % seulement.

Tableau 20
Investissements étrangers au Mexique par pays et par secteur en 1911 (pourcentage %)

Secteur	États-Unis	Grande-Bretagne	France	Allemagne	Hollande	Autres	Total
Dette publique	4.6	8.4	36.1	3.0	48.2		14.6
Banques	2.7	1.8	11.0	18.3	3.7		4.9
Chemins de fer	41.4	40.6	12.8	28.5	43.2	40.0	33.2
Infrastructure	1.0	21.4	1.1		4.9		7.0
Mines	38.6	11.8	19.8			23.9	24.0
Terres	6.3	9.2	1.8	9.1			5.7
Industrie	1.6	1.1	7.9	41.1			3.8
Commerce	0.7		8.8			36.1	3.6
Pétrole	3.1	5.8	0.7				3.1
Valeur de l'investissement ($millions)							
Pesos	1,292.4	989.5	908.7	65.7	53.5	91.1	3,401
US$	646.3	495.0	454.4	32.9	26.8	45.6	1,700

Source : H.K. May et J.A.F. Arena, *Impact of Foreign Investment in Mexico*, 1972 : 10, 61-2, et Historia Moderna de México, la vida económica, 1965, 1150-1156.

À cause de leur condition de dominion britannique, les Canadiens ne peuvent pas participer officiellement aux festivités du centenaire de l'Indépendance du Mexique, car le gouvernement anglais impose le deuil pour la mort du roi Édouard VII. Cela n'empêche pas les Canadiens d'offrir au gouvernement de Porfirio Diaz, une allée plantée d'érables d'un mile de long dans le bois de Chapultepec[1].

La révolution mexicaine éclate en 1910 et coupe brutalement la relation commerciale avec le Canada, puis les relations diplomatiques. Les compagnies d'électricité, les chemins de fer et les tramways sont rapidement touchés car, après tout, la première révolution sociale du XXe siècle a besoin pour sa cause des voies et des moyens de communication et de transport. En 1916, la majorité des banques canadiennes ferment leurs bureaux au Mexique car les décrets révolutionnaires sont contraires à leurs intérêts. La période des privilèges gigantesques du Porfiriato touche à sa fin[2]. Pendant

---

[1] C'est là l'origine de la « Calzada de la Milla » aujourd'hui Avenue Gandhi. Les arbres canadiens ont survécu et portent sur leurs troncs et dans leur écorce 94 ans de relations entre les deux pays, consulter : García Genaro, 1911.

[2] L'apparition d'un mouvement révolutionnaire au Mexique est un événement qu'aucun investisseur n'a voulu voir malgré le grand nombre d'incidents annonciateurs du malaise social et politique du pays. Selon les informations que nous avons consultées, les chefs d'entreprises et les investisseurs étrangers ont, au début, considéré la révolution mexicaine comme une rébellion armée à l'existence éphémère. Aucun d'entre eux ne considère que ses intérêts sont réellement en danger et ils font confiance à la poigne de Don Porfirio puis à celle des chefs révolutionnaires qui finiront bien par contrôler la situation. Ces étrangers négocient avec chaque révolutionnaire qui prend le contrôle de la ville de Mexico en soudoyant

des années, les intérêts canadiens avaient eu leur siège dans les bureaux de la banque de Londres ; en 1923, Noel Wilde, attaché commercial canadien au Mexique a toujours ses bureaux dans cette banque (Gutiérrez Haces, 1997).

Les événements qui ont lieu au Mexique entre 1910 et 1916 produisent d'énormes changements dans l'attitude des chefs d'entreprise canadiens qui, en grande majorité, sont obligés de quitter le pays sans possibilité de recours légal ni d'indemnisation réelle, principalement parce qu'ils déposent leur plainte à travers une Commission représentée par la Grande-Bretagne au Mexique[1]. Des années plus tard, lorsque les relations entre les gouvernements mexicain et britannique sont rompues à cause de l'expropriation pétrolière de 1938, la présence du Canada au Mexique s'affaiblit encore davantage car celui-ci n'a pas de représentation diplomatique officielle, indépendante de celle de l'Angleterre (Meyer, 1991).

6. La fin d'une étape

Quelles sont les caractéristiques de l'héritage reçu du porfiriato par la relation entre le Canada et le Mexique ?

Le premier aspect notable est que les Canadiens qui arrivent au Mexique au début de XXe siècle sont le plus pur produit de la pensée capitaliste qui règne à cette époque. Ces personnes considèrent que tous les pays pauvres ont l'obligation de s'ouvrir au commerce proposé par les pays puissants, que leurs ressources naturelles et leur force de travail doivent se mettre au service de leurs intérêts. Mais, comme ce principe peut être mal accepté par la population, les gouvernements de ces pays doivent fournir protection et conditions favorables à ces opérations. Le capital étranger réclame un meilleur traitement que celui réservé aux nationaux, il exige d'être mieux reçu et veut bénéficier des mêmes avantages que les habitants même si en réalité seule une poignée de nationaux jouit du même statut que les étrangers. Porfirio Diaz administre donc un modèle de gouvernement parfait : respecté internationalement et craint à l'intérieur, décidé à moderniser son pays avec l'aide du capital étranger, autoritaire et efficace, empêchant toute opposition aux opérations des étrangers et suffisamment acquis aux idées économiques en vogue pour adopter l'étalon or alors que durant des décennies la grande production d'argent avait donné au pays sa

---

et payant pour leur protection. Cependant, lorsque le mouvement armé prend de l'ampleur, il devient évident que les propriétés ne sont pas à l'abri et peu à peu ils abandonnent le pays. Diaz reste au pouvoir jusqu'en 1911, puis il part vers l'exil. Pearson lui offre, en gage d'amitié, refuge dans un de ses châteaux en Grande-Bretagne, mais il préfère finir ses jours à Paris.

[1] Plus la révolution affiche son côté lutte des classes et son caractère nationaliste plus les gouvernements révolutionnaires successifs cherchent un moyen pour que les règles du jeu internationales soient plus favorables au Mexique qu'aux investisseurs étrangers. Cela veut dire que les Canadiens, comme les autres investisseurs étrangers, ont du mal à survivre entre les incessants changements de gouvernement qui de plus en plus souvent pratiquent la confiscation de leurs propriétés. Au début, les usines hydroélectriques échappent aux attaques car leur fonctionnement est d'une grande complexité, mais les moyens de transport et les ports sont rapidement pris par les groupes révolutionnaires.

stabilité monétaire. Jamais un gouvernement mexicain n'avait été si populaire dans les milieux internationaux et par la suite les investisseurs étrangers n'auront jamais eu si peur des changements imposés par la révolution mexicaine.

Les Canadiens se savent protégés par les deux grandes puissances du moment, la Grande-Bretagne et les États-Unis, mais ils savent aussi combien il est précaire de dépendre des actionnaires des deux pays. Le grand marché installé dans le domaine services publics, bien qu'essentiellement canadien, dépend des banques européennes et étasuniennes. De même, la construction de l'infrastructure urbaine dépend d'un complexe réseau de prêts qui met en jeu pratiquement tous les investisseurs étrangers présents au Mexique. Lorsque la révolution mexicaine en détruit un, tous les autres commencent à tomber à cause des liens étroits qui existent entre eux. Porfirio Diaz avait été le seul capable d'épauler et de soutenir une telle puissance[1].

Le deuxième aspect fondamental est l'existence, au sein de la relation bilatérale, de deux types d'acteurs sociaux. Le premier groupe est composé d'investisseurs et de chefs d'entreprise qui, pratiquement à titre individuel, décident de s'aventurer au Mexique. Le second groupe est formé par les quelques fonctionnaires gouvernementaux qui, à partir de 1905, viennent au Mexique. Ces deux groupes reflètent la structure de la société canadienne du début du siècle : les groupes économiques privés ne sont pas encore véritablement associés à la stratégie économique et diplomatique du gouvernement fédéral et provincial, alors qu'ils le seront par la suite.

Il faut se souvenir que les chefs d'entreprise constituant le premier groupe ont choisi d'investir dans les transports, les télécommunications et la prestation de services liés à l'exploitation des ressources naturelles comme l'eau, le pétrole, les bois et les mines. La situation n'a pas beaucoup changé depuis cette date. Aujourd'hui comme hier, les chefs d'entreprise canadiens qui investissent au Mexique pensent qu'il est important de s'associer au marché local et de créer une chaîne de services reliés les uns aux autres. Cette stratégie a été difficile à appliquer compte tenu de l'histoire économique du Mexique. Au Canada, l'exploitation des ressources naturelles n'est pas nationale et n'a jamais fait partie d'un monopole d'État, sauf pendant une courte période dans les années 70-80 lors de la *canadianisation* (Watkins : 1968). Au Mexique, l'État est encore présent de nos jours dans les domaines qui intéressent le Canada : mines, télécommunications, électricité et routes. L'attitude erratique des divers

[1] Le moment le plus difficile pour les investisseurs et les chefs d'entreprise est sans aucun doute 1915 lorsque la *Mexico Tramways* et la *Mexican Light and Power* passent aux mains de leurs employés et clients sans que l'Angleterre et les États-Unis ne fassent rien pour l'empêcher. La Première Guerre mondiale a commencé et les puissances en guerre ne peuvent ni ne désirent s'occuper de problèmes mineurs. D'autre part la doctrine Monroe marque clairement les limites d'intervention de la Grande-Bretagne en Amérique latine et celle-ci ne veut pas entrer en conflit avec les États-Unis à cause des Canadiens.

gouvernements mexicains qui, à partir de 1910, oscillent entre le nationalisme économique, l'interventionnisme de l'État et la recherche d'investisseurs étrangers est une source de frustrations et de conflits entre les deux pays.

En ce qui concerne le second groupe, il faut noter que le début de la présence officielle du Canada au Mexique reflète l'évolution du ministère des Relations étrangères du Canada qui se crée en 1909, et du conflit existant entre la politique commerciale internationale et la diplomatie canadienne. Cette présence officielle va également évoluer. Par exemple en 1920, l'attaché commercial du Canada au Mexique est durement réprimandé par ses supérieurs pour avoir accordé à certains représentants du gouvernement mexicain des entrevues pour connaître les possibilités d'investissement au Mexique. Cette attitude change de façon substantielle à partir du moment où la chancellerie canadienne considère que la diplomatie commerciale relève de sa compétence. En 1946, le Mexique et le Canada signent un accord de Réciprocité commerciale : c'est le premier accord que le Canada signe sans la tutelle de l'Angleterre (PARC, 1920, RG 25).

En troisième lieu, la présence économique et politique de la Grande-Bretagne, qui des années plus tard sera remplacée par celle des États-Unis, est un élément fondamental dans l'évolution de la relation Mexique/Canada. (Konrad, 1995 : 31) Le fait que pratiquement jusqu'en 1994 le Canada continue à régler ses problèmes diplomatiques avec le Mexique par l'intermédiaire de l'Angleterre, influence beaucoup le profil de la relation. On peut dire qu'en certaines occasions, le Canada a « hérité » de conflits avec le Mexique à cause de son statut de dominion[1].

Finalement les Canadiens vont vite apprendre ce que signifie perdre la majorité de leurs investissements au Mexique. La lutte armée détruit physiquement la plupart des installations canadiennes, mais il est certain que le coup le plus dur ne vient pas de la révolte populaire mais des gouvernements successifs que, depuis l'époque de Porfirio Diaz, les Canadiens ont sans cesse courtisés. Les mesures prises par le Président Carranza (1917-1918) assènent le coup de grâce aux Canadiens. L'État devient le seul propriétaire de tous les minéraux et de toutes les ressources naturelles, et comme toutes les entreprises étrangères ont fait des affaires au Mexique comme « citoyens mexicains », elles ne peuvent demander la protection des lois se leurs pays d'origine ce qui signifie la perte de leurs avoirs au Mexique.

Les idées lancées par Carranza seront ensuite reprises en partie dans l'article 27 de la Constitution mexicaine (1917), qui est rédigée de manière si précise que, durant des années, les investisseurs étrangers ne peuvent oublier

[1] Par exemple en 1914, le consul mexicain à Toronto informe la Chancellerie que les autorités canadiennes ont ordonné la réquisition des armes appartenant à des ressortissants des pays ennemis de l'Angleterre qui résident sur le territoire canadien. Il annonce également que 50 000 Canadiens sont envoyés à la guerre en Europe (AREM, 1914, 16-13-24).

les risques que représente le fait d'investir au Mexique et baptisent cet article constitutionnel la « Bête noire » des relations avec le gouvernement mexicain[1].

7. Les relations Mexique-Canada au temps de la géopolitique

La révolution mexicaine, en interrompant les relations commerciales, entraîne le refroidissement des relations bilatérales. Les quelques fonctionnaires des deux pays chargés de maintenir la relation pendant les deux guerres mondiales prennent des décisions et font des propositions reflétant le climat international produit par l'alignement des pays autour de l'Allemagne ou de la Grande-Bretagne. Mais la relation n'est pas uniquement soumise aux conséquences de ces alignements, elle dépend également du recul économique provoqué par le *crack* des années trente. Celui-ci joue un rôle important dans le réarrangement des principes mêmes de la relation.

En février 1918, presque à la fin de la Première Guerre mondiale, la délégation du Mexique à La Havane fournit des informations, obtenues par les services cubains à Washington, sur un complot que le Canada et les États-Unis auraient ourdi contre le Mexique. Le chargé d'affaires *ad interim* à La Havane précise que la rumeur est née d'une note publiée dans le journal *Le Démocrate* (AREM, 1918, 17-11-250)[2]. Bien évidemment, les Étasuniens et les Britanniques nient cette information. Il faut néanmoins remarquer que ce journal était inscrit sur la liste des journaux mexicains payés par le ministre allemand Von Eckardt[3]. Nous ne disposons pas de plus d'informations, mais nous savons que le Mexique est resté neutre pendant

---

[1] L'année 1911 n'est pas seulement celle du départ de Porfirio Diaz pour l'exil, c'est aussi la première année où la production pétrolière du Mexique commence à se faire remarquer pour son importance. En 1917, le Mexique se retrouve à la 3e place mondiale, après les États-Unis et la Russie. Le pétrole est extrait par environ 277 compagnies, mais les parts les plus importantes sont entre les mains des compagnies anglaises, hollandaises et étasuniennes. Les compagnies mexicaines ainsi que d'autres compagnies étrangères de moindre importance sont soumises aux grandes compagnies pour le transport et l'exploitation du pétrole par manque de technologie et d'équipement. Parmi toutes les factions révolutionnaires, seule la faction Constitutionnaliste dont le chef est Venustiano Carranza remarque l'importance géostratégique du pétrole. L'article 27, fraction 4, de la Constitution promulguée à Queretaro le 5 février 1917 reflète cette préoccupation, mais c'est le décret du 19 février 1918, en relation avec l'article 27, qui durcit encore plus les relations entre le président Carranza et les compagnies pétrolières. En 1917, les compagnies étasuniennes et anglaises forment l'Association des producteurs de pétrole au Mexique pour se protéger de la menace qu'ils perçoivent dans le gouvernement Carranza. Elles orchestrent une formidable campagne publicitaire pour tenter de discréditer la Constitution, la qualifiant de nationaliste. Pour sa part le président Wilson doit s'opposer aux compagnies pétrolières qui réclament une intervention militaire sous le prétexte que Carranza est germanophile et que l'article 27 exige qu'ils payent davantage pour l'usufruit des terrains où se trouvent les puits de pétrole, les magasins, les ports et centres de transport (Matute, 1995 : 33-45).

[2] Dans les archives canadiennes, l'information concernant cet incident est censurée.

[3] Selon une liste publiée dans les travaux de l'historien Álvaro Matute, le Démocrate recevait 8 000 pesos. La tendance germanophile de ce journal s'opposait à la tendance favorable aux alliés de l'Universal. Voir Matute, 1995 : 12-22.

toute la guerre[1] : nous pouvons donc penser qu'il s'agit d'une conspiration journalistique destinée à provoquer des frictions entre le Canada, les États-Unis et le gouvernement de Venustiano Carranza. *Le Démocrate* a reproduit une note du journal le *Washington Post* de février 1918, concernant la mobilisation de l'armée étasunienne en vue de prendre possession des champs pétroliers à Tampico. Cette information sera démentie officiellement par le gouvernement états-unien dans le journal l'*Excelsior* en décembre 1918 (Matute, 1995 : 15-22).

Il est certain que la relation entre le Mexique et le Canada acquiert une dynamique très particulière puisqu'elle ne peut pas échapper aux luttes pour le pouvoir et pour l'espace géographique, provoquées par la guerre européenne. À partir de 1918, le gouvernement canadien prend des mesures protectionnistes de contrôle qui se prolongent jusqu'en 1920. La publication de « listes noires » des marchandises qu'il est interdit d'exporter illustre un climat de « lynchage commercial » (AREM, 1918 et 1919, 16-23-34). En 1920, par exemple, le consul mexicain à Toronto fait part, de manière confidentielle, de l'offre qu'il a reçue d'acquérir 30 000 armes dernier modèle utilisées par l'armée canadienne, et qui seraient livrées à un certain port mexicain. Selon ce fonctionnaire, l'exportation d'armes du Canada est possible « puisqu'il n'existe aucune disposition qui l'interdise ». Il déclare également que : « … il est presque certain que si le gouvernement des États-Unis est mis au courant d'une négociation quelconque, il essayera d'empêcher la vente ou l'exportation et le Canada suivra les indications qui lui seront données par l'Angleterre ». Ceci démontre bien l'influence que les Britanniques et les Étasuniens exercent sur le Canada (AREM, 1920, 17-17-338).

Entre les deux guerres, la relation bilatérale vit une sorte de période « d'hibernation ». Elle n'est pas exempte de conspirations, espionnage et lutte géopolitique, habitudes adoptées lors de la Première Guerre mondiale. Le climat politique international qui accompagne la promulgation de la constitution de 1917 joue également un rôle important. Malgré sa neutralité déclarée, le nouveau gouvernement mexicain vit des moments de grande tension car l'Allemagne, la Grande-Bretagne et les États-Unis jouent leur propre guerre sur le territoire mexicain.

À cause de son voisinage avec les États-Unis, de son énorme potentiel pétrolier et de ses matières premières stratégiques, le Mexique possède une importance géopolitique primordiale. Pour les États-Unis, avoir le Mexique à ses côtés est une question de survie (de la même façon que l'européanisme canadien représente une menace). Pour les Européens, le Mexique est une base

---

[1] Malgré la neutralité du Mexique pendant la Première Guerre mondiale, le gouvernement des États-Unis a toujours suivi de très près tous les mouvements politiques à l'intérieur et à l'extérieur du gouvernement mexicain. Il ne faut pas oublier que le premier avion de guerre utilisé par les États-Unis en avril 1914, a effectué des missions de reconnaissance au-dessus du territoire mexicain, principalement sur la frontière nord et les champs pétroliers.

parfaite pour l'espionnage, et il constitue le chemin le plus court pour construire une ceinture pro européenne autour de la frontière sud des États-Unis.

Dans les années 20, l'influence des États-Unis et du Royaume-Uni sur le Mexique et le Canada va profondément marquer la relation entre ces deux derniers pays. Le voisinage parasité date de cette époque et non pas de la Guerre froide qui fait suite à la Seconde Guerre mondiale.

8. Le redémarrage des relations économiques

Heureusement, même si les relations entre le Mexique et le Canada sont rares, elles ne se limitent pas à un enchaînement d'intrigues et d'ambitions. Les services consulaires du Mexique à Vancouver, Winnipeg et Montréal, par exemple, commencent un travail titanesque pour construire une liaison diplomatico-commerciale avec le Canada : elle se concrétisera pendant les années 1940. La correspondance échangée par ces diplomates entre 1920 et 1933 est un exemple de la vision de ces fonctionnaires mexicains qui, pour échapper au climat géopolitique décrit plus haut, exposent dans leurs rapports la nécessité de construire un pont commercial alternatif entre le Mexique et le Canada. Par exemple, Héctor Villatoro, représentant diplomatique du Mexique dans la province de Colombie-Britannique, explique depuis Vancouver, et avec une clairvoyance étonnante, combien il est important de créer une ligne de bateaux à vapeur pour assurer le commerce entre les deux pays. En effet, l'absence de moyens de transport organisés est un énorme obstacle à la croissance de la relation commerciale (AREM, 1922, 37-14-130).

Les diplomates mexicains mettent en évidence des freins à la relation commerciale qui aujourd'hui encore restent des problèmes : le protectionnisme commercial états-unien qui empêche que les tomates mexicaines entrent au Canada, le manque de rigueur des producteurs mexicains dans leurs livraisons, la mauvaise qualité des emballages et la triangulation imposée aux producteurs mexicains et canadiens qui doivent réexporter vers les deux pays à partir des ports et des hangars étasuniens (AREM, 1930, III-185-2).

Les tentatives mexicaines de rétablir les relations commerciales avec le Canada sont tenaces. En décembre 1920, le visiteur des consulats, Enrique A. González, va voir le ministre du Commerce du Canada sous le prétexte de discuter du commerce des tomates mexicaines, mais en réalité il cherche le moment opportun pour signer un accord commercial entre les deux pays (AREM, 1930, III-185-2).

La documentation diplomatique sur ce thème est rare, mais on connaît les réactions qu'elle suscite dans la presse. Ainsi, dans le *Trade Supplement* du journal *Times* sont publiés en janvier 1931 des commentaires qui suggèrent qu'il serait préférable de donner la priorité aux importations de fruits et légumes frais depuis les Indes Occidentales Britanniques plutôt qu'aux importations mexicaines, puisqu'il faut que le commerce « se fasse à l'intérieur de l'Empire ». Les empires contre-attaquent à nouveau. Ils rappellent sans cesse que les droits de douane communs aux pays du Commonwealth, formellement définis depuis 1926, doivent s'appliquer à tous les pays qui n'en font pas partie (AREM, 1931, III-185-2 et 1931, III-302-48).

Ces pressions n'empêchent pas le Mexique et le Canada d'échanger des courriers et d'effectuer des visites diplomatiques pour concrétiser un accord commercial. Les informations et les commentaires du Consul Barrera Guerra et du Consul Magaña auraient pu servir de livre de chevet aux négociateurs de l'accord de libre-échange de 1994. Un des thèmes centraux de cette correspondance est la discussion sur la nature obligatoire du passage des marchandises canadiennes et mexicaines par le territoire des États-Unis, passage qui, selon eux, maintient un fossé entre les deux pays. Le bénéficiaire de ce transit est bien évidemment les États-Unis qui : « étant l'intermédiaire entre l'acheteur et le vendeur, peut influencer les prix et les bénéfices en échange de l'efficacité de ses moyens de transport » (AREM, 1931, III-185-2). Le consul Magaña conclut ses rapports en invitant la Chancellerie mexicaine à signer un accord commercial avec le Canada.

L'influence britannique sur le Canada sur le chapitre de ses relations avec le Mexique est extrêmement forte, comme le démontrent les sources primaires que nous avons consultées. En plus des intérêts proprement commerciaux de l'Empire britannique qui, dans les années trente, empêchent un rapprochement et, plus tard, interviendront à nouveau dans la relation du Mexique et du Canada, les documents diplomatiques canadiens de cette époque mentionnent à plusieurs reprises l'impossibilité d'installer une représentation canadienne au Mexique. L'argument utilisé est que le Mexique a rompu ses relations diplomatiques avec la Grande-Bretagne, à la suite de l'expropriation pétrolière de 1938. Néanmoins, les pressions du Mexique vont en augmentant. Pour sa part, le Canada doit prendre une décision et choisir entre ses liens traditionnels avec le Royaume-Uni et ses nouveaux intérêts américains, étasuniens et mondiaux.

Il faudrait également étudier la composante géopolitique depuis l'angle de la relation Europe/Canada/Mexique, même si, historiquement, elle a toujours été liée à la relation avec les États-Unis. L'historiographie contemporaine fait une grande place, justifiée, à la Guerre froide, mais on s'aperçoit qu'en réalité de nombreuses politiques de cette époque trouvent leurs racines et leurs causes dans la période que nous étudions.

En conclusion, il nous semble que l'on ne peut plus affirmer que la relation Mexique/Canada débute dans les années quarante et se consolide à la fin de la Guerre froide, avec la signature de l'Accord de Libre-Échange d'Amérique du Nord. Ce serait nier l'importance de cette étape et la transcendance de ce qui s'y est passé. Il ne faut pas l'étudier comme le début mais comme une partie d'un processus continu qui prendra de l'importance plus tard.

9. L'établissement de relations diplomatiques avec le Mexique

La différence la plus importante entre la première vague de Canadiens venus au Mexique et celle des années quarante est sans doute que cette dernière est régie par les principes de la Guerre froide. Ce phénomène affecte toutes les relations internationales et les place sous une vision bipolaire, mais, pour le Mexique et le Canada, il est particulièrement important à cause de leur voisinage géographique qui influence toutes les actions politiques, diplomatiques et commerciales que les deux pays tentent d'établir entre eux. Quelques exemples trouvés dans l'information diplomatique de cette époque illustrent le climat qui, de 1940 à 1990, règne entre le Mexique et le Canada.

Le Canada commence à entretenir des relations diplomatiques avec les pays d'Amérique latine dans les années quarante, alors qu'il a installé les premières missions diplomatiques en Europe à la fin des années vingt. Les premiers pays latino-américains avec lesquels le Canada établit des relations sont l'Argentine, le Brésil et le Chili.

En 1938, le gouvernement du Brésil est le premier à proposer au Canada d'établir des relations diplomatiques. Sachant que du côté canadien les restrictions budgétaires seraient une excuse, le Brésil propose d'envoyer un ambassadeur canadien chargé de toute l'Amérique du Sud et installé à Rio de Janeiro. La proposition semble plaire, surtout à un moment où le Canada discute l'ouverture de nouvelles missions diplomatiques selon le critère des pays ABC c'est-à-dire selon la possibilité d'expansion économique offerte au Canada par les pays latino-américains (Ogelsby, 1989 : 38).

Le critère ABC place le Brésil au deuxième rang derrière l'Argentine et le Chili. Le gouvernement canadien préfère donc laisser de côté la proposition brésilienne car son intérêt principal est l'Argentine et il ne pense pas pouvoir ouvrir en même temps d'autres ambassades pour des raisons de budget et par manque de personnel qualifié pour ce type de responsabilités.

Un autre élément qui va retarder la proposition brésilienne est l'existence d'un accord tacite entre le Canada et l'Angleterre par lequel ce dernier pays se charge des relations du Canada avec n'importe quel pays où celui-ci n'a pas de représentation diplomatique. Les pressions brésiliennes directes sur le Canada, ne tenant aucun compte de l'ascendant britannique, sont vues comme potentiellement conflictuelles. Finalement, la Seconde Guerre mondiale va faire oublier le sujet.

En 1940, l'Argentine reprend le flambeau et commence son travail de lobbying pour l'ouverture d'une ambassade dans son pays, pendant que le Brésil reprend sa stratégie qui n'est pas toujours orthodoxe[1]. Au Canada,

[1] Par exemple, en parlant avec les fonctionnaires britanniques à Washington pour qu'ils fassent pression sur les Canadiens ou en utilisant les investisseurs et les chefs d'entreprises canadiens installés au Brésil pour qu'ils le fassent, etc.

l'opinion est très favorable au renforcement des liens commerciaux avec ces pays qui sont les favoris du gouvernement canadien. En octobre de cette même année, le Premier ministre Mackenzie King accepte finalement d'établir des relations diplomatiques avec le Brésil et l'Argentine et communique sa décision à la Chambre des Communes un mois plus tard. Néanmoins, la nomination des ambassadeurs prendra presque un an.

Peu après le communiqué de Mackenzie King, le gouvernement chilien prend également contact avec le gouvernement canadien pour la même raison, mais son cas semble encore plus compliqué car, initialement, le Canada l'avait placé dans un deuxième groupe de pays où l'ouverture de nouvelles représentations est repoussée à une date indéterminée. Ce second groupe comprend aussi le Mexique et Cuba.

Le cas chilien se révèle important pour notre analyse dans ce chapitre car, malgré la répugnance canadienne, le Premier ministre Mackenzie King doit accepter la demande chilienne sous la pression des États-Unis. Un message de Cordell Hull, Secrétaire d'État de ce pays fait savoir au gouvernement canadien qu'il apprécierait beaucoup que le Chili ait une ambassade, en particulier parce que l'orgueil national de ce pays a été très blessé par la décision de Mackenzie King en faveur de l'Argentine et du Brésil. C'est sans aucun doute Sumner Welles, le sous-secrétaire d'État, qui exprime le plus clairement la raison pour laquelle son gouvernement fait une telle pression sur le Canada en faveur de la cause chilienne. Welles considère que la représentation diplomatique au Chili poussera ce pays à prendre des responsabilités dans la défense de l'hémisphère.

Le Canada, d'une manière tout à fait imprévisible pour la majorité des serviteurs publics de Mackenzie King, se retrouve coincé dans un conflit diplomatique avec le Chili et les États-Unis, chose que le gouvernement ne cherchait vraiment pas. Si l'on observe les dates où se déroule ce problème, il apparaît clairement que les États-Unis ont déjà commencé le processus de redéfinition de leur sécurité nationale, à cause de la Deuxième Guerre mondiale, et que cette redéfinition prend, dès 1941, un caractère hémisphérique. Les accords d'Ogdensburg (1940) et de Hyde Park (1941) incluent directement le Canada dans le projet hémisphérique des États-Unis et dans sa lutte contre les gouvernements totalitaires. Le président Roosevelt lui-même se charge de faire savoir à Mackenzie King son opinion sur le thème chilien :

> « Comme vous le savez, j'ai des coups de cœur pas toujours bons mais souvent justifiés.... Mon coup de cœur d'aujourd'hui est qu'il serait d'une grande aide que le Canada prenne davantage part à la lutte entre les forces du totalitarisme et celles de la démocratie, lutte que soutient l'Amérique latine… Le Canada peut participer, vous savez mieux que moi comment. » (Anglin, 1961 : 8, Ogelsby, 1989 : 45).

En réponse à ces pressions, Mackenzie King nomme un représentant canadien à Buenos Aires et à Santiago. Une fois reçue l'acceptation des deux pays, un ambassadeur est nommé, le 23 septembre 1941.

Le gouvernement des États-Unis a obtenu ce qu'il voulait et il passe à la deuxième étape en conseillant au Canada de ne pas entrer dans l'Union Panaméricaine[1]. Cette pétition des États-Unis met un terme aux actions du Canada en Amérique latine[2].

Selon les informations trouvées dans les Archives nationales d'Ottawa, les États-Unis censurent et bloquent cette initiative, ajoutant qu'ils ne sont pas favorables à la présence du Canada – encore très lié à la Grande-Bretagne à cette époque –, car il existe le risque que le Royaume-Uni utilise son influence pour intervenir, par personne interposée, dans les affaires de l'hémisphère. Ces affirmations ont un fondement réel puisqu'en 1944 Churchill dit personnellement au Premier ministre King : « nous, Grande-Bretagne, espérons que le Canada pourra nous représenter à l'Assemblée régionale des Amériques » (cité in Blair, 1967 : 79 et Ogelsby, 1989 : 49).

Il faut ajouter à cela que la doctrine Monroe, si souvent évoquée à cette époque, a été rédigée pour contrôler l'interventionnisme anglais en Amérique latine, ce qui explique que la présence du Dominion du Canada au sein de l'Union Panaméricaine éveille la méfiance des États-Unis. Néanmoins, l'élément le plus étonnant de cette anecdote est la position personnelle de Mackenzie King qui, en réponse aux craintes exprimées par Roosevelt, affirme dans une note diplomatique dirigée à l'un de ses collaborateurs : « j'aimerais que le président sache que c'est l'idée d'une

---

[1] L'Union panaméricaine est créée en 1910 et, initialement, elle est formée par 21 républiques du continent. Malgré le statut politique du Canada qui n'est pas encore indépendant de la Grande-Bretagne, le secrétaire d'État des États-Unis décide qu'il y aura un numéro 22 à la table des négociations et l'on installe une chaise avec le nom de ce pays. Finalement ce siège ne sera jamais occupé et retournera dans la réserve. Depuis 1909 plusieurs pays latino-américains, dont le Chili (1923), le Brésil (1925 et 1941), le Mexique (1928 et 1931) et l'Argentine (1929 et 1941) l'avaient invité de façon formelle. Concernant ces invitations, il faut noter deux éléments. Premièrement, si l'on compare les dates on s'aperçoit qu'elles ont été formulées à des périodes où ces pays jouissent d'une certaine indépendance face aux États-Unis qui ont déjà une énorme influence au sein de ce regroupement. Deuxièmement, en 1941, date à laquelle le Canada et les États-Unis s'engagent dans le compromis d'Odensburg (1940) et signent la déclaration de Hyde Park (1941), ces invitations se retrouvent bloquées, ce qui nous fait dire qu'à cette époque le Canada a obtenu une meilleure position géopolitique au côté de son voisin du Sud (Rochlin, 1999 : 23-24). Ce barrage apparaît déjà clairement en 1928 lorsqu'un texte étasunien intitulé *Canada* est mis en circulation : il remet en question la présence de colonies, possessions et dominions contrôlés par des États européens, car il se pourrait que ceux-ci fassent prévaloir leurs points de vue dans les décisions de l'organisation. Les pays latino-américains quant à eux sont favorables à son entrée car ils considèrent qu'il pourrait jouer le rôle « d'agent honorable » entre les États-Unis, la Grande-Bretagne et l'Amérique latine. En 1942, le Canada pense pouvoir occuper sa place dans l'association, mais Sumner Welles déclare à Washington qu'après en avoir parlé avec le président Roosevelt il considère que : « la position des États-Unis dans la collaboration interaméricaine est basée sur des accords interaméricains ce qui rend absolument impossible qu'un gouvernement qui n'est pas une république américaine puisse être représenté à la prochaine conférence » (Anglin, 1961 : 10). Après cette déclaration, le Canada décide de classer l'affaire.

[2] À partir de ce moment, tous les gouvernements canadiens font très attention de ne pas s'aventurer dans une région que les États-Unis considèrent comme leur zone d'influence. Le Canada ne sera donc présent que dans les lieux et aux moments autorisés par son voisin, comme nous le verrons plus loin.

possible coopération sur des thèmes favorisant les relations entre les États-Unis et l'Amérique du Sud (au vu des conversations préalables sur ce point) qui m'a fait accepter la suggestion de la participation du Canada[1] ».

Cet épisode attire l'attention du gouvernement canadien sur un aspect de la politique extérieure des États-Unis que ses diplomates ignoraient jusqu'alors. Ceux-ci pensaient entretenir une relation privilégiée avec leurs voisins, surtout depuis la signature des divers accords sur la sécurité et la défense militaire de l'hémisphère. Les déclarations en chaîne et les rétractations suscitées par cet incident mettent à jour de façon flagrante les véritables intentions du gouvernement étasunien, concernant l'organisation institutionnelle de l'ordre international à venir qu'il prépare depuis les années 40, et le rôle qu'il a assigné au Canada dans ce contexte.

En 1942, le Canada est plus que jamais engagé dans le multilatéralisme, sa participation aux deux guerres mondiales lui donne une stature politique internationale et il contrôle bien la relation avec son voisin. Pendant ces quelques années, le Canada est devenu un allié de taille, ce qui lui permet, jusqu'à un certain point, de redessiner ses intérêts en Amérique latine et de déterminer ses objectifs dans la région[2]. Il peut y arriver parce qu'il sait maintenant qu'il est un allié indispensable à certaines causes et, peu de temps auparavant, le président Roosevelt lui a demandé « d'élargir ses représentations diplomatiques pour participer à la lutte entre les forces du totalitarisme et les forces de la démocratie » (Rochlin, 1999 : 28).

Paradoxalement, le relatif enthousiasme du Canada pour entrer dans l'Union doit attendre des années pour se concrétiser à cause des arguments exposés ci-dessus et pour d'autres raisons que nous allons expliquer maintenant. Au fil du temps, le projet géopolitique des États-Unis pour la région devient plus clair, et le Canada commence à s'inquiéter de la tournure que prennent les choses à l'intérieur de l'Union Panaméricaine. Il fait le bilan des compromis permettant son adhésion et se rend compte que sa présence mettrait en péril le fragile équilibre des pouvoirs qui existe à l'intérieur de l'Union. Le Canada n'a donc aucun intérêt à une adhésion qui lui attirerait des problèmes avec son voisin et avec les pays latino-américains. Une deuxième raison qui refroidit l'enthousiasme canadien est le fait que son entrée l'oblige pratiquement à signer le traité de Rio sur la défense du continent. Le Canada, avec la signature du traité d'Ogdensburg et la déclaration de Hyde Park a déjà pris assez d'engagements et n'envisage

[1] Note de King dans le Mémorandum de Reid, 1941, PARC, 283 130.

[2] Parmi ces objectifs, on peut citer : 1) l'établissement et le maintien de relations cordiales avec l'Amérique latine ; 2) un effort pour favoriser des relations harmonieuses entre le Royaume-Uni et les États-Unis ; 3) un effort pour unir les pays d'Amérique latine dans la lutte contre les pays de l'axe ; 4) soutenir les efforts des États-Unis pour apporter la prospérité économique en Amérique latine en échange de considérations stratégiques ; 5) la protection et l'augmentation des investissements et des intérêts commerciaux canadiens en Amérique latine (Rochlin, 1999 : 32).

pas de s'associer à un accord avec les pays d'Amérique latine, étant donné leur instabilité politique. Toutes ces considérations permettent de comprendre que le gouvernement canadien se montre très sceptique lorsqu'en 1944 le département d'État lui envoie une recommandation politique qui soutient son entrée.

Lester Pearson, futur Premier ministre du Canada dit alors : *« on pourrait dire qu'une union septentrionale des États démocratiques aurait plus de valeur et d'intérêt pour le Canada qu'une association avec l'Équateur, la Bolivie, le Venezuela, etc. »* (cité in Rochlin, 1999 : 47). Cette opinion est prémonitoire puisque cette union aura lieu, à partir de 1990, avec l'ALENA.

Durant le processus que nous venons de décrire, de nombreuses voix manifestent la nécessité de donner au Mexique sa place dans le mouvement d'ouverture diplomatique car ce pays a toujours été proche du Canada grâce aux échanges commerciaux.

10. La signification du Mexique dans les priorités canadiennes

L'absence du Mexique du projet initial de développement diplomatique est surprenante si l'on songe aux liens qui existent depuis 1904 et à l'importance acquise, dès les années 30, par la possibilité d'un accord commercial bilatéral.

On peut trouver l'explication dans les lignes directrices de la politique des États-Unis dans l'hémisphère : ils considèrent que le Canada doit les soutenir dans leur politique vis-à-vis de l'Amérique du Sud. Selon eux, il existe un risque que des « gouvernements totalitaires » s'allient avec le Chili, l'Argentine et le Brésil. L'échange de courrier diplomatique entre Cordell Hull, Summer Welles, Roosevelt et Mackenzie King en est la preuve (PARC, RG 25).

En 1944, la décision d'ouvrir une ambassade du Canada au Mexique est influencée par plusieurs facteurs. L'un d'eux est le lien avec la Grande-Bretagne, l'influence des États-Unis en est un autre. Il ne faut pas oublier que le Canada participe activement à la construction du nouvel ordre mondial et qu'il souhaite sortir avantageusement du jeu des équilibres diplomatiques face au vieux continent et au nouveau, c'est-à-dire face aux États-Unis et à l'Amérique latine. Cette préoccupation s'accentue quand de nombreux pays latino-américains commencent à demander au Canada de normaliser ses relations diplomatiques. Cela conduit à un échange épistolaire intense, dont le mémorandum envoyé en août 1940 par O.D. Skelton, Vice ministre des Relations extérieures, au Premier ministre du Canada est le plus remarquable. Skelton y affirme que l'Argentine et le Brésil sont les pays les plus importants d'Amérique latine en termes économiques et politiques et qu'il serait ruineux pour le Canada d'envoyer un représentant dans un seul des deux pays plutôt que dans les deux[1]. Un an plus tard, ce thème resurgit lorsque le Chili et le Pérou font une demande similaire. N. A. Robertson, Vice-Ministre d'État pour les Relations extérieures signale alors que le Mexique devrait recevoir un envoyé canadien avant le Chili[2]. Le Canada déclare très clairement qu'il ne recevra pas de délégués diplomatiques des pays dans lesquels il n'a pas encore envoyé de représentant canadien[3].

Néanmoins, au-delà des considérations du gouvernement canadien, les facteurs externes sont déterminants. En premier lieu, le fait de ne pas établir de relations avec le Mexique avant de le faire avec d'autres pays d'Amérique latine peut venir de pressions exercées sur le Canada par les États-Unis. Dans la politique des États-Unis pour l'hémisphère, le Canada joue un rôle important pour garantir que l'Argentine, le Brésil ou le Chili ne s'allieront pas avec les gouvernements totalitaires, d'où leur intérêt à ce que le Canada établisse immédiatement des relations avec ces pays. Dans leur vision, les relations entre le Canada et le Mexique ne sont pas prioritaires, et les États-Unis peuvent se charger eux-mêmes de maintenir le Mexique et l'Amérique centrale loin des puissances de l'axe[4].

Deuxièmement, le retard dans l'instauration de relations diplomatiques entre le Canada et le Mexique peut s'expliquer par les liens étroits du Canada avec le Royaume-Uni et par l'absence de relations entre le Mexique

[1] Le document mentionne textuellement: « The two Latin American countries most important from both the political and the economic point of view are Argentina and Brazil. Chile, Mexico and Cuba would come in the next group. Argentina is the leader of the countries whose trade and cultural connections are mainly with Europe. Brazil is the largest of the countries in the northern part of South America which in trade matters, at least, are more closely connected with the United States. It would be difficult to appoint a Minister to either of these two countries without appointing to the other and they are so far apart that I do not think the Brussels-Hague experiment could be worked there satisfactorily.... » Consulter : Memorandum from Under-Secretary of State for External Affairs (O.D. Skelton) to Prime Minister, Ottawa, août 10 de 1940, Canada, ministère des Affaires étrangères et du Commerce international, 1939-1941, document 72.

[2] « My own opinion is that Mexico should come first in any further expansion of Latin America representation » ... « the Mexican Government had twice in recent weeks raised the question of diplomatic representation with Canada through their Embassy in Washington. We has discouraged them from expecting any immediate response from Canada but undoubtedly they would return to the charge if we agreed to receive the Chilean Consul General as a diplomatic officer ». Consulté : Memorandum from Acting Under-Secretary of State for External Affairs (N.A. Robertson) to Prime Ministre, Ottawa, février 15 y mars 30 de 1941, en Affaires étrangères, 1939-1941, documentes 105 et 106.

[3] « A number of Allied Governments have also in recent months raised question of their accrediting diplomatic representatives in Ottawa but thus far we have refused to receive in diplomatic capacity representatives of any country to which Canada has not sent its own diplomatic representatives ».

[4] L'exclusion du Mexique du groupe ABC s'explique mieux si l'on songe qu'elle ne dépend pas seulement de la répartition des responsabilités de l'hémisphère entre les États-Unis et le Canada. Cette décision est aussi liée aux évènements politiques du Mexique à partir de 1938, date de l'expropriation pétrolière et d'autres mesures du président Cardenas comme la réforme agraire, l'administration des chemins de fer par les ouvriers, la récupération de la propriété des ressources naturelles, entre autres. La réaction internationale ne se fait pas attendre, face à la colère des États-Unis et de l'Angleterre. Il est probable que le gouvernement de Cardenas préfère attendre que la ferveur nationaliste diminue, surtout quand il constate que le gouvernement étasunien préfère prendre personnellement en mains la protection de son flanc sud, se méfiant de la vieille tradition d'anti-américanisme du Mexique et de la sympathie du président Cardenas pour les Allemands. À ce propos, Cardenas lui-même a précisé que cela ne signifiait absolument pas qu'il soutenait la cause du nazisme.

et les Britanniques[1]. Cette carence est déterminante puisque les relations entre le Mexique et le Canada ne pourront s'établir qu'avec le consentement britannique[2].

Depuis le début de la Seconde Guerre mondiale, les Canadiens sont conscients de l'importance géoéconomique du Mexique : sa condition de nation nord-américaine ne peut plus être ignorée[3]. Sans aucun doute, au sein de l'ordre économique de l'après-guerre, le Mexique prend une nouvelle importance qui oblige le Canada à reconnaître ses affinités avec un pays dont il partage l'espace régional et qui acquiert une importance géopolitique de plus en plus grande[4].

En juin 1941, les conseillers de Mackenzie King insistent pour que l'ouverture d'une ambassade au Mexique soit envisagée. Les aspects géopolitiques sont alors au moins aussi importants que les intérêts économiques. Les accords d'Ogdensburg et de Hyde Park avec les États-Unis ont été signés récemment et King, sans doute sur le conseil des Étasuniens, considère que la défense commune de l'Amérique du Nord est en grave danger s'il n'y a pas de coopération avec le Mexique[5]. Ces

---

[1] M. M. Mahoney, écrivait, depuis Washington à Skelton, que : « The desire of Mexico to make an earlier approach to Canada, through the appropriate channel -that is to say, London- has been handicapped by the absence of diplomatic relations between the United Kingdom and Mexico, brought about by the oil disputes. Dr. Quintanilla asserted that the present Minister of Foreign Relations of Mexico is decidedly pro-British and that it is his understanding that negotiations are either under way or are to be pursued shortly with a view to resumption of full diplomatic relations between the United Kingdom and Mexico. He advanced the theory that if diplomatic relations could be established collaterally with Canada it would have a psychological effect to the extent that Mexico is in accord with the efforts of Canada and the British Commonwealth to overthrow totalitarianism ». Memorandum from Chargé d'Affaires in United States (Mahoney) to Under-Secretary of State for External Affairs (Skelton), Washington, janvier 4, 1941, Affaires étrangères, 1941, document 124.

[2] Un important mémorandum mentionnait que: « after consultation with the United Kingdom, Mexico be informed that the Canadian government has much pleasure in agreeing to accept a Mexican Minister at Ottawa and to appoint a Canadian Minister to Mexico City ». Consuter: Memorandum by Second Secretary (Escott Reid), Ottawa, juin 17, 1941, Affaires étrangères, 1939-1941, document 127.

[3] Il y a reconnaissance explicite du niveau qui pouvait atteindre la relation dans un futur : « the announcement of the establishment of direct diplomatic relations with Mexico be accompanied by a public explanation that the reason is that Mexico is an important North American State ».

[4] Reid soulignait dans son *mémorandum* que : « a) Mexico is one of the three important states in North America; b) one of the main purposes of the Ogdensburg and Hyde Park declarations was the working out by Canada and the United States of a common plan of defence of the nothern half of the western hemisphere. The effectiveness of any such plan is gravely impaired if Mexico does not cooperate. Mexico is at present cooperating with the United States. The chances of Mexico continuing to give real cooperation would be increased if Canada and Mexico entered into direct diplomatic relations; c) the British Commonwealth should have a diplomatic representative in Mexico City because of Mexico's importance to the Anglo-American war effort. It would perhaps be easier for Canada to establish diplomatic relations than for Great Britain to re-establish them; d) Canada could establish direct diplomatic relations with Mexico without giving any other country reasonable cause to demand equal treatment ».

[5] Il est certain que le gouvernement mexicain n'a pas souscrit officiellement à Ogdensburg ni à Hyde Park mais cela ne veut pas dire qu'il soit resté en marge de ces accords. Le Mexique a suivi le sujet et a participé à de nombreuses réunions. Cette situation cause de nombreux problèmes au gouvernement d'Avila Camacho qui doit affronter de nombreuses critiques à l'intérieur du pays.

À cause de la guerre, le Mexique oriente la plus grande partie de son commerce extérieur vers les États-Unis. La politique du « bon voisin » est scellée par un accord signé en juillet 1941 pour éviter que le arguments sont suffisamment persuasifs pour accélérer le dossier mexicain, mais cependant, comme nous l'avons dit plus haut, les États-Unis préfèreront favoriser l'ouverture d'une représentation diplomatique au Chili plutôt qu'au Mexique.

Le 12 juillet 1943, devant la Chambre des Communes, King explique qu'il ne pourra pas continuer à proroger l'ouverture de représentation diplomatique et il précise que « le cas du Mexique est particulièrement aigu » (Débats, 1943 : 4664 -67).

Ainsi, grâce à l'accord des Britanniques, au grand intérêt manifesté par les Mexicains et à l'appui des États-Unis, les relations diplomatiques Mexique/Canada se concrétisent par l'ouverture d'une ambassade canadienne au Mexique en mars 1944[1].

Mexique ne fournisse des produits stratégiques aux pays de l'axe et pour qu'il garantisse l'approvisionnement des États-Unis (Rivero, 1985 : 23-27, 32). En mars 1941, des négociations débutent entre les deux pays et elles aboutissent le 12 janvier 1942 à la création de la commission Mexique / États-Unis de défense commune chargée d'étudier, d'un point de vue technique, les modalités d'une défense commune aux deux pays et d'étudier le meilleur moyen de les mettre en pratique. Deux positions opposées surgissent concernant les attributions de cette commission. L'une propose une compétence large qui inclut la défense des zones adjacentes aux deux pays et des moyens de coopération. L'autre est plus restreinte et porte sur les questions militaires techniques comme le droit de survoler le territoire mexicain et d'y pénétrer par la route. Finalement c'est la formule restreinte qui l'emporte grâce au Département de Guerre et à la marine des États-Unis. Cette formule obtient également un plus grand consensus du côté mexicain car le Général Cardenas est à cette époque le commandant de la région militaire du Pacifique et quelque temps plus tard il devient ministre de la Défense nationale. En octobre 1942, le gouvernement mexicain met en place les premières mesures de collaboration militaire avec les États-Unis. Une des premières décisions est la création de la Région Militaire du Pacifique, sous la responsabilité du Général Cardenas, bloquant ainsi toute possibilité d'une occupation amicale de cette partie du territoire mexicain par l'armée étasunienne. Malgré tout, la relation est particulièrement difficile dans les premiers mois de 1942 : en février par exemple, le gouvernement mexicain doit arrêter la force aérienne étasunienne qui veut envoyer un escadron de combat à Tehuantepec alors que l'accord prévoit seulement l'installation d'un aéroport militaire où les États-Unis ne peuvent pas exercer leur autorité. Finalement, les Mexicains acceptent que les avions étasuniens utilisent temporairement les aéroports de Merida, Cozumel et Isla Mujeres. Puis, en mars 1942, entre en vigueur l'Accord de Prêts et de Location, qui autorise un crédit de 10 millions de dollars pour l'achat d'articles militaires de défense dont 48 % seront payés de manière échelonnée jusqu'en 1948. Le Mexique s'engage à rendre les articles si les États-Unis en ont besoin.

Il est certain que le rôle joué par Cardenas est important. En avril 1942, le Colonel Samuel Mathewson présente à la Commission de Défense commune un avant-projet d'un plan de défense semblable à celui qui existe avec le Canada depuis 1940 (Ogdensburg). Peu après, devant la méfiance mexicaine, le vice-amiral Johnson propose un plan de collaboration au lieu d'un plan de défense. Le 5 janvier 1943, Cardenas, qui est alors ministre de la Défense, répond à Francisco Castillo Nájera, le représentant mexicain à la commission. Les propositions faites par Cardenas seront appelées Plan MEXUS. On peut le résumer en un point : on accepte l'appui technique, l'acquisition d'armement, l'entraînement mais sous les ordres mexicains. Il est clair pour Cardenas que la collaboration militaire étasunienne doit permettre l'amélioration de l'armée mexicaine et assurer la défense du territoire. MEXUS n'a pas été signé parce qu'il n'y a jamais eu d'accord sur le nom de la personne qui serait responsable en cas d'urgence. L'unique accord qui entre en vigueur est connu sous le nom de Cardenas-De Witt et concerne la défense commune de la partie occidentale des deux pays. Les positions irréductibles des Mexicains ont empêché d'aboutir à un accord plus ambitieux (Torres, 1979 : 65-141 ; Loyola, 1985 : 1-9 ; Paz, 1990: 49-64 ; Paz, 1997: 47-73 ; Conn, Engelmann et Fairchild, 1964 : 342, 356-361).

[1] En 1946, James Mackinnon, ministre du Commerce du Canada, effectue une mission commerciale en Amérique latine. Concrètement, il espère que l'accord commercial récemment signé avec le Mexique sur le statut de réciprocité et la clause de la nation la plus favorisée va réduire les droits de douane et permettre d'augmenter les exportations canadiennes vers le Mexique (Rochlin, 1999 : 46).

Néanmoins, le Canada et le Mexique attendent 1946[1] pour signer un accord de réciprocité commerciale, soit quatre ans après l'accord entre le Mexique et les États-Unis. Les États-Unis jouent un rôle essentiel dans le rapprochement mexicano-canadien car ils ont besoin de l'appui de leurs deux voisins sur les problèmes de politique internationale et de commerce extérieur.

11. La cohabitation pendant la Guerre froide

Après la guerre, la pression des États-Unis sur le Canada se traduit par sa participation au Traité de l'Atlantique Nord. De plus, grâce à leurs convergences sur les thèmes de politique économique intérieure et extérieure, le Canada et les États-Unis deviennent les membres fondateurs de l'Accord général sur les Tarifs douaniers et le Commerce (GATT). (Gutiérrez-Haces, 1992a et 1992b).

Une des grandes différences entre le Mexique et le Canada réside peut-être dans la façon dont ils conçoivent la présence de l'investissement étranger et le contrôle national des ressources naturelles. Le Canada considère que l'investissement étranger est un levier de croissance économique indispensable, même s'il change momentanément d'opinion pendant les années 1970, lorsqu'un large mouvement de nationalisme économique l'oblige à reconsidérer son attitude face à l'entrée, presque sans restriction, des capitaux étrangers et à l'exploitation des ressources naturelles majoritairement aux mains des compagnies étrangères. La publication du rapport Watkins, frappe le pays en révélant les chiffres et les données sur la part étrangère de l'économie que le pays a acceptée en échange d'une politique de croissance et de plein emploi qui n'est pas toujours réussie.

Bien avant les Canadiens, le Mexique nationalise ses ressources naturelles. Le processus similaire suivi par le Canada à la fin des années 1970 aboutit à la création d'Hydro Québec, de Pétro Canada, de l'Agence d'Examen de l'investissement étranger, du Plan national d'Énergie et de la loi sur le transfert de technologie (Wolfe, 1978 ; Rostein, 1978 ; Watkins, 1968 ; Gutiérrez-Haces, 1995a).

En 1953, le gouvernement du Canada organise une importante mission commerciale, la première ayant une telle envergure et des participants aussi importants. Elle se rend à Porto-Rico, au Brésil, en Argentine, en Uruguay, à Trinidad, au Venezuela, à Maracaïbo, en Colombie, en République dominicaine, à Cuba, à Haïti et au Mexique. C'est la première tentative du Canada pour instaurer une politique commerciale internationale plus structurée que par le passé. Pour le Mexique, c'est une mission très

[1] En 1946, à la suite d'une mission ministérielle commerciale du Canada en Amérique latine, un accord bilatéral de commerce est signé, dans lequel est inscrit un code de conduite basé sur les principes de la NMF (nation la plus favorisée) qui définissent un traitement particulier du Mexique pour tenir compte de son niveau moindre de développement PARC RG 25, 11 863, Treaties.

importante car, pour la première fois, les Canadiens discutent avec le gouvernement mexicain, sous la présidence d'Adolfo Ruiz Cortinez, de l'importance de l'ouverture d'un pont aérien et de l'amélioration du transport et des voies maritimes. Le thème central de cette mission est, puisque le Canada occupe le troisième rang mondial des pays les plus ouverts au niveau commercial, après les États-Unis et le Royaume-Uni, qu'il faut impérativement élaborer un projet commercial à long terme dans lequel la stratégie serait non seulement de vendre, mais aussi d'acheter : « *trade has to be a two-way operation*[1] ».

Presque 25 ans plus tard, en 1969, on commence à parler de la création d'une Chambre de Commerce mixte mexicano-canadienne. Les conditions économiques sont plus favorables, mais il faut attendre encore quelques années pour qu'un groupe de chefs d'entreprise fonde l'Association canadienne pour l'Amérique latine.

La raison de la lenteur et de la parcimonie des relations de cette époque est qu'il existe certaines réticences, peurs et manque de confiance – les mêmes que lors de la période post révolutionnaire – qui, périodiquement, entraînent des rumeurs de dévaluation, d'expropriation, de nationalisation ou autres et alimentent un climat d'insécurité économique, éloignant l'investissement étranger.

En 1959, Adolfo López Mateos est le premier président mexicain qui visite le Canada et reçoit ensuite la visite du Premier ministre John Diefenbaker. Lors de ces rencontres, on parle pour la première fois de voisinage partagé. Avec ces deux dirigeants, se termine l'étape de la diplomatie dite de « profil bas ». Ils vont tous deux entamer un activisme international mesuré comprenant la recherche de nouveaux espaces économiques alternatifs aux États-Unis[2]. Ces visites précèdent la formulation de la politique canadienne de la troisième option qui sera lancée par le Premier ministre libéral Pierre Trudeau et soutenue par les présidents mexicains Luis Echeverría (1970-1976) et José López Portillo (1976-1982).

Avant 1990, le point culminant de la relation bilatérale se situe en 1968 avec l'arrivée en Amérique latine d'une grande mission ministérielle canadienne. Le rapport de cette mission contient de nombreuses idées exprimées dans le *livre blanc,* intitulé *Politique extérieure au service des Canadiens*. Mitchell Sharp, ministre des Relations extérieures, y développe

[1] External Affairs, 1953, document 1089.

[2] En 1953, le Canada a déjà établi des relations diplomatiques avec presque tous les pays d'Amérique latine. Même s'il n'est qu'observateur permanent de l'OEA (1972), il assiste fréquemment aux réunions et participe à certains groupes de travail. Dans le même élan, en 1961 il devient membre de la Commission économique des Nations unies pour l'Amérique latine (CEPAL) et en 1964 il commence à placer des fonds disponibles dans la Banque Interaméricaine de Développement (BID). Malgré tous ces efforts pour tisser des liens institutionnels avec l'Amérique latine sa participation reste très liée à la présence étasunienne. Ce n'est qu'en 1990 que le Canada devient membre à part entière de l'OEA.

les grandes lignes de la diplomatie canadienne[1]. Il est intéressant de noter que cette mission réagit aux événements politiques de 1968 – pas uniquement au Mexique – avec un grand pragmatisme diplomatico-commercial, et parvient à éloigner les vieilles peurs des investisseurs canadiens quant à l'instabilité politique et l'insécurité en Amérique latine.

Cette mission entraîne également la création de l'Agence canadienne du Développement international (ACDI) qui doit coordonner la participation canadienne dans les pays en voie de développement et la fondation de la Société pour l'Expansion des Exportations (SEE) dont le rôle est de financer les exportations canadiennes. L'installation de ces deux institutions et le changement opéré par le *livre blanc* dans la politique internationale canadienne permettent de faire un pas décisif vers une harmonisation et une systématisation de la relation bilatérale entre le Canada et l'Amérique latine. Dans le cas particulier du Mexique apparaît l'idée de former une commission bilatérale qui examine les intérêts communs en matière économique et politique[2] (Rochlin, 1999 : 117).

Une liste de thèmes qui vont former l'agenda bilatéral fait donc son apparition, et l'on crée le *Joint Ministerial Committee* pour examiner les intérêts communs aux deux pays en matière économique et politique.

La commission ministérielle commune s'est réunie en trois occasions entre 1972 et 1978, pour explorer les nouvelles voies pour intensifier l'échange commercial. En 1978, un malentendu refroidit temporairement la relation. Les représentants mexicains suggèrent au Canada la possibilité de faire une réunion trilatérale avec les États-Unis pour discuter de divers sujets. Cette proposition suscite une réponse immédiate d'un fonctionnaire du Département des Relations extérieures : « Je doute fort que le Canada considère sérieusement la possibilité de diluer sa relation avec les États-Unis en participant à des activités tripartites sur quelque sujet que ce soit, à part quelques thèmes techniques spécifiques comme le trafic de drogue ou autre sujet du même type » (PARC, RG 25, 20-1-2, 1978 : 2). La réticence du Canada à traiter les problèmes de manière trilatérale n'est pas surprenante car ce pays protège jalousement sa relation privilégiée avec les États-Unis et n'est pas prêt à affaiblir son pouvoir d'intervention au profit du trilatéralisme. Cette attitude prédomine jusqu'en 1990, date à laquelle le Canada est invité aux négociations de l'ALENA, mais, même après cette date, le gouvernement canadien conserve, dans les discussions concernant le traité, un espace d'indépendance considérable vis-à-vis du Mexique.

---

[1] Ce rapport résume les expériences de la mission commerciale organisée par le gouvernement canadien en 1968. À partir de ce rapport sera rédigé le bulletin : *Latin America : Foreign Policy for Canadians*, publié en juin 1970.

[2] Un des principaux thèmes débattus à Mexico lors de cette mission ministérielle est la création d'une commission conjointe Mexique-Canada. La proposition en avait été faite depuis 1965 par Antonio Carrillo Flores, ministre des Affaires étrangères mexicain. La commission aurait dû commencer à fonctionner en 1969 et se réunir dans un délai d'au moins deux ans (Rochlin, 1999 : 117).

Au début des années 1970, le Canada installe une nouvelle infrastructure diplomatique et commerciale pour faciliter l'investissement et les affaires. Dans le cadre politique, il désire diversifier ses relations. Sous l'administration de Luis Echeverría, le Mexique cherche aussi à diversifier ses contacts politiques et économiques. Au cours de ces années, les deux chancelleries démontrent la volonté politique des gouvernements et des chefs d'entreprise à approfondir la relation bilatérale.

Néanmoins, la relation économique ne s'amplifie que dans les années 1990 car, pour le Mexique et le Canada, la décision d'ouvrir des marchés alternatifs est confrontée à de sérieux obstacles. D'abord, la politique commerciale des États-Unis prend, à partir de 1971, des mesures douanières contre toutes les importations, ce qui affecte directement ses deux voisins. Deuxièmement, au Mexique comme au Canada, surgit un climat nationaliste qui décourage les investisseurs. Ce phénomène est accentué par l'apparition de mouvements de guérilla dans les deux pays. De plus, les États-Unis font pression pour modifier la position internationale du Canada et du Mexique vis-à-vis de l'Amérique centrale, de Cuba et du Chili.

C'est une période réellement complexe : le Mexique et le Canada désirent resserrer leurs liens, mais leurs stratégies ne reçoivent pas l'appui de leur puissant voisin commun, qui se charge de les encercler sur le plan économique. Le voisinage entre les deux pays est donc, encore une fois, parasité. Leur balance commerciale, dépendante des États-Unis, et leur dette extérieure pèsent de façon importante sur les crises économiques des deux pays au début des années 1980 et favorisent cette interférence.

12. Vers une plus grande institutionnalisation de la relation

L'analyse des années suivantes révèle une avalanche d'accords, de mémorandums, de visites ministérielles et de nombreuses déclarations officielles. On y retrouve le désir d'évaluer la relation avec des paramètres plus proches de la nouvelle réalité économique de l'Amérique du Nord. En 1988, la signature de l'Accord de Libre-Échange entre le Canada et les États-Unis et, en 1994, la signature de l'Accord de Libre-Échange nord-américain placent la relation entre les trois pays dans un processus croissant d'intégration économique régionale. Ainsi, les vieux interdits qui pendant si longtemps ont empêché la consolidation de la relation Mexique Canada semblent être surmontés[1].

[1] Comme nous l'avons vu, avant 1990 la relation entre les trois pays d'Amérique du Nord est strictement bilatérale et la priorité du Mexique comme celle du Canada est en permanence la conquête du marché étasunien et l'attraction à outrance de ses investisseurs. Avant la négociation de l'ALENA, la relation bilatérale a une double caractéristique : les relations d'État à État, dont nous avons fait dans ce chapitre un compte rendu détaillé et les relations entre gouvernements qui ont pour but quasi exclusif la création de liens économiques entre les secteurs privés des deux pays. Après 1990, cette situation change et de nouveaux acteurs comme les syndicats, les organisations non gouvernementales, les institutions

Très rapidement, au cours des vingt dernières années (1990-2013), la relation subit des hauts et de bas en fonction des turbulences économiques et politiques qui affectent l'un ou l'autre des trois pays de l'Amérique du Nord.

Les hommes politiques qui ont signé l'ALENA en 1993 n'avaient pas imaginé qu'une relation qui semblait principalement économique allait devoir se convertir en une alliance de plus en plus politique et sociale. C'est peut-être la raison pour laquelle, récemment, un nouveau courant d'opinion, qui apparaît chez les groupes dirigeants des trois pays, insiste sur la nécessité de créer une structure supra institutionnelle pour réguler de manière plus formelle les relations entre les trois pays[1]. L'intégration profonde, comme nous l'appelons dans notre analyse, devrait à la longue conduire à la création d'une communauté d'Amérique du Nord c'est-à-dire à un marché commun.

L'histoire des rapports entre les deux pays nous permet de voir comment le Canada a échoué à plusieurs reprises en essayant d'établir une relation commerciale plus étroite avec le Mexique. À chaque fois que les Canadiens préparent une mission commerciale d'envergure un obstacle se présente : la chute de l'empire de Maximilien en 1867, la révolution mexicaine en 1910, et en 1994 l'assassinat du candidat du PRI à la présidence mexicaine qui assombrit la visite du Premier ministre Jean Chrétien et l'inauguration d'une mission commerciale qui voulait ouvrir de nouveaux espaces aux groupes d'entrepreneurs des deux pays.

Tous ces événements sont distants dans le temps, mais ils restent présents à l'esprit des Canadiens et deviennent un obstacle qui empêche l'établissement d'un véritable climat de confiance. Il faudrait ajouter également le soulèvement indigène au Chiapas le premier janvier 1994, date de démarrage de l'ALENA, qui en a inquiété plus d'un, même si nous savons maintenant que cet évènement a permis l'établissement et l'augmentation rapide des contacts entre les ONG et les groupes indigènes des deux pays.

Il est certain que l'ALENA est l'élément qui a fait changer la relation. Dans un premier temps, les liens économiques dominent, mais avec le temps la relation politique intergouvernementale s'intensifie ce qui permet de formaliser davantage les liens institutionnels.

En ce sens, il faut mentionner deux aspects qui sont d'une part l'étroite collaboration entre *Élections Canada* et *l'Institut Fédéral Électoral mexicain,* et d'autre part, en 2003, la promulgation de la *Loi d'Accès à l'Informa*tion et la création de *l'Institut Fédéral d'Accès public à*

éducatives entrent en scène : il s'agit de la rencontre de deux sociétés civiles qui, jusqu'à ce jour, avaient été davantage des spectateurs passifs que des acteurs.

[1] Plus de vingt années après la mise en place de l'ALÉNA, les fonctionnaires et les chefs d'entreprise les plus influents des trois pays considèrent que ce traité a besoin de plusieurs ajustements pour que la relation entre les pays d'Amérique du Nord fasse un bond qualitatif. IL faut donc réviser l'ALÉNA et fonder un nouveau système institutionnel qui soit davantage en accord avec le nouveau contexte politique et économique de la région.

l'Information qui s'inspirent de la loi canadienne d'accès à l'information (Abizaid, 2004 : 5). Ces initiatives montrent que la relation bilatérale peut fonctionner avec succès sur le terrain de la coopération politique et que le Canada peut mener à bien sa mission de *peacebuilding*[1] dans un pays comme le Mexique qui est très proche de ses intérêts actuels.

Au-delà d'une simple énumération des raisons du renforcement de la relation institutionnelle, il faut reconnaître que, malgré certains aspects négatifs, l'ALENA a, pendant la négociation et pendant les premières années de sa mise en place, créé une ambiance qui oblige les deux pays à évaluer sous un angle différent leur traditionnelle interdépendance avec les États-Unis. Au lieu de la considérer comme une conséquence naturelle de la relation bilatérale, ils sont obligés de prendre conscience que, dans un grand nombre de décisions qui étaient auparavant prises de façon unilatérale, il est temps de tenir compte de l'autre.

C'est le cas par exemple, lors de la crise économique du Mexique entre 1994 et 1995. Jamais un président étasunien n'avait mobilisé son Congrès aussi rapidement pour obtenir un appui financier. On pourrait dire la même chose du Canada qui offre aussi très rapidement son aide économique au gouvernement mexicain. Ce geste marque un moment important de la relation trilatérale car, pour la première fois, on accepte l'idée que la crise économique d'un des partenaires de l'ALENA affecte le bon fonctionnement des économies de l'Amérique du Nord[2]. La crise mexicaine les oblige à assumer une position de responsabilité partagée envers le partenaire touché, fait inédit dans l'histoire des relations entre les trois pays. Il est certain que la réaction de ces pays donne un nouvel éclairage à la vision traditionnelle de l'interdépendance considérée jusque-là de façon négative et assumée avec résignation.

À l'annonce des négociations de l'ALENA, le Mexique comme le Canada voient la participation de l'autre comme une menace latente pour ses propres intérêts sur le marché étasunien. Néanmoins, le Canada corrige rapidement cette première impulsion et valorise l'importance du marché mexicain et le fait que le Mexique représente une porte d'entrée sur l'économie de l'Amérique latine. Pour leur part, les Mexicains prennent conscience des avantages présents et futurs représentés par le fait de pouvoir

---

[1] Ces actions sont connues dans le milieu politique sous le nom de *peacebuilding*. Au Mexique les observateurs électoraux canadiens sont présents depuis la présidence de E. Zedillo. De nombreux projets de coopération ont été élaborés avec l'IFE et avec des ONG mexicaines qui travaillent depuis des années à la promotion de la démocratie, la surveillance des élections et la protection des droits de l'homme.

[2] La façon dont ces pays ont assumé la crise mexicaine est sans comparaison avec ce qui s'était passé lors de la crise financière du Mexique et du Canada en 1982. Il est intéressant de voir que jusqu'à maintenant l'ALÉNA a permis à la relation trilatérale d'appréhender la situation politique et économique d'une manière inédite dans laquelle la responsabilité partagée est devenue un ingrédient important.

compter sur le Canada dans les négociations de quelques aspects fort complexes de la relation avec les États-Unis[1].

Durant les vingt dernières années, les deux pays ont utilisé les arguments précédents dans leur discours politique, insistant sur la convergence, la coïncidence et la complémentarité des intérêts. Néanmoins, cette conception qui permet d'envisager une alliance stratégique pour gérer ensemble la relation avec les États-Unis est un des principaux écueils dans la quête d'une bonne relation entre le Mexique et le Canada.

Même si les gouvernants des deux pays ne le reconnaissent jamais publiquement, il est évident que le poids de la relation avec les États-Unis est un obstacle majeur à de nombreux niveaux de la relation. Le rapprochement entre le Mexique et les États-Unis s'est accentué au cours des trois dernières administrations du PRI (De la Madrid ; Salinas de Gortari et Zedillo) et se poursuit après avec les deux gouvernements du PAN, celle de Vicente Fox et Felipe Calderón: cela démontre clairement qu'en matière de stratégie internationale la voix qui prédomine actuellement est celle des États-Unis. Contrairement aux sexennats antérieurs, les cinq derniers présidents assument de façon pragmatique le fait que la relation avec les États-Unis est la relation la plus importante et qu'il faut donc élaborer une stratégie spécifique pour la diriger. Cette position est très proche de celle que le Canada a toujours soutenue et elle permet d'établir un nouveau type de dialogue entre le Mexique et le Canada, alors que cela était auparavant très difficile[2].

---

[1] Malgré la complexité de la relation avec les États-Unis, les deux gouvernements reconnaissent de façon pragmatique qu'une alliance stratégique n'est réalisable que pour certains thèmes qui l'exigent de manière « naturelle ». L'élaboration d'une stratégie commune pour résoudre tous les points de la relation avec les États-Unis n'est donc considérée comme une priorité absolue ni par l'un ni pas l'autre. Cette position a pu être maintenue jusqu'en septembre 2001, mais, par la suite, la guerre anti-terroriste les a obligés à se réunir plus fréquemment que par le passé. La visite du Premier ministre chrétien au Mexique, quelques jours avant que les deux pays ne donnent une réponse officielle au président Bush au sujet de la guerre en Irak, en est à mon sens un bon exemple. Lors de cette visite, Chrétien choisit un emplacement neutre pour son premier discours : l'Université Nationale Autonome du Mexique. Il commence par analyser les principaux éléments de la politique extérieure canadienne, ce qui lui permet d'exposer publiquement les raisons pour lesquelles le Canada ne soutiendra pas cette guerre. Ce discours permet au gouvernement canadien de confirmer sa position dans un contexte universitaire donnant ainsi au président Fox une marge de réponse avant l'entrevue officielle qui va bien sûr porter sur ce thème. Quelques jours plus tard, les deux chefs d'État expriment leur position officielle et refusent la guerre contre l'Irak. Un jour auparavant, le gouvernement chilien avait aussi manifesté son désaccord avec la politique de Bush.

[2] Le Canada et les États-Unis se considèrent comme des pays « *like-minded* ». Ils se basent sur le fait que les divers gouvernements canadiens ont généralement préféré que leurs relations internationales se fassent avec des pays, des organisations ou des individus qui partagent leurs idées et leurs intérêts, principalement sur les problèmes économiques et internationaux. La position du Canada s'appuie sur l'idée qu'il faut faire partie d'une communauté épistémique. Tant que le Mexique n'avait pas accepté les principes du libre commerce, ne faisait pas partie du GATT et n'avait pas de système politique plus démocratique, on pouvait difficilement considérer qu'il faisait partie de la communauté épistémique formée par les autres pays d'Amérique du Nord. Il est certain qu'il y a maintenant une plus grande convergence des trois pays, mais néanmoins le grand défi du Mexique est d'arriver à faire partie d'une communauté épistémique dans laquelle les similitudes ne seraient pas uniquement déterminées par les États-Unis.

Dans ce programme, le problème de la migration des sans-papiers était un élément fondamental de la politique extérieure du gouvernement de Fox : le président et le ministre des Affaires étrangères ont été particulièrement sollicités d'aboutir à un accord migratoire avec les États-Unis. Bien que cette question n'ait pas relevé de la responsabilité du gouvernement du Canada, le président Fox et son chancelier cherchaient leur soutien. Cependant, le gouvernement de Paul Martin a choisi de ne pas s'engager dans tous les sens[1] (Gutiérrez Haces, 2004c). Cet élément apparemment secondaire dans l'agenda bilatéral devient particulièrement significatif si l'on considère qu'il existe au Canada un courant d'opinion qui considère que s'occuper des problèmes de la frontière nord du Mexique met en péril la bonne relation avec les États-Unis. On se souviendra que ce même raisonnement a empêché le Canada de participer à l'OEA comme membre permanent jusqu'à 1990, car il craignait que le fait de prendre parti sur certains problèmes latino-américains ne porte préjudice à sa relation avec son principal partenaire[2].

Dans le même ordre d'idées, le gouvernement canadien n'a pas non plus implanté au Mexique de projet intégral de lutte contre la pauvreté car il considère que ce pays ne peut être l'objet d'une aide au développement puisqu'il est déjà membre de l'OCDE. Cela n'empêche pas que certaines organisations d'aide au développement comme la IDCR financent des projets très spécifiques destinés en général aux communautés rurales les plus défavorisées. Cependant il semble improbable que, dans l'avenir, le Canada donne son consentement à la création d'un fonds compensatoire pour les régions les plus pauvres d'Amérique du Nord[3].

---

[1] La deuxième plus grande communauté de Mexicains à l'extérieur, après les États-Unis, se trouve au Canada. On estime qu'en 2004 environ 43 000 Mexicains résident dans ce pays. Les immigrés mexicains représentent 10,04 % du total des émigrés latino-américains au Canada et 0,10 % du total de la population du pays estimée en 2003 à 31 485 623 millions d'habitants. Le Mexique et le Canada utilisent *le programme de travailleurs agricoles temporaires* depuis plus de trente ans et il fonctionne toujours avec succès. Actuellement plus de 8000 Mexicains voyagent au Canada, sous les auspices du ministère du travail mexicain, pour participer à diverses activités agricoles. Après la visite de Fox dans ce pays en octobre 2004, le gouvernement mexicain a ouvert un nouveau bureau à Leamington, Ontario qui est la zone ou se concentre la majorité des travailleurs. D'autre part, le ministère des Relations étrangères mexicain explore la possibilité d'augmenter le nombre de travailleurs à travers le programme *Low-Skilled Worker Pilot Program* qui embauche des travailleurs pour la construction, les services et les activités touristiques.

[2] Cela n'a pas empêché le Canada de s'engager à plusieurs reprises avec certains de ces pays. Cuba en est un bon exemple, puisque le Canada et le Mexique sont les seuls pays d'Amérique à ne pas avoir rompu leurs relations diplomatiques après la révolution cubaine, à ne pas accepter les exigences de la loi Helms-Burton et à continuer de faire du commerce et d'investir dans l'île. Ils ont également soutenu Arbenz (1951-1954) au Guatemala quand la *United Fruit Co.* voulait le faire tomber. Il a aussi soutenu le Nicaragua et le Front sandiniste (1979), Grenade lors de l'invasion par les États-Unis (1983), le groupe Contadora (1983) et la Commission de Contrôle et Vérification (1984) ainsi que les réfugiés politiques des dictatures militaires d'Amérique du Sud à partir des années 70.

[3] Pendant les négociations de l'ALÉNA et celles de l'entrée à l'OCDE (1994), le gouvernement de Salinas de Gortari a fait très attention de ne pas insister sur le caractère asymétrique de l'économie mexicaine. Il est donc difficile au gouvernement de Fox de revendiquer maintenant l'asymétrie des régions pour créer un fonds compensatoire de développement bien qu'évidemment cette position était plus conforme à la réalité.

La relation Canada/États-Unis a toujours été prioritaire pour tous les gouvernements sans distinction de partis. Néanmoins, en 2004 le Premier ministre Paul Martin[1] a procédé à une série de changements au sein de son gouvernement qui a définitivement placé la relation avec les États-Unis en tête de ses préoccupations personnelles et gouvernementales. Les mesures les plus spectaculaires sont : 1) la création d´un comité du Cabinet chargé des affaires internationales, présidé par le Premier ministre, qui adoptera une stratégie intégrée en matière d´Affaires étrangères, de défense, de Developpement international, de commerce et d´autres questions internationales ; 2) la création d´un comité du Cabinet chargé des relations canado-américaines, présidé par le Premier ministre, qui sera responsable de la mise en place d´une stratégie pangouvernamentale intégrée dans le domaine[2] ; ce comité recevra l´appui ; 3) d'un *Secrétariat aux relations canado-américaines relevant du Bureau du Conseil Privé*, et 4) la nomination d´un secrétaire parlementaire auprès du Premier ministre qui sera responsable des relations canado-américaines.

Ces nominations permirent au Premier ministre de placer la relation totalement sous son contrôle, par-dessus le ministre des Relations extérieures, Pierre Pettigrew. Ces nominations ont surpris le ministère des Relations extérieures et du Commerce où il y avait déjà un département qui traitait les relations avec les États-Unis. D'autre part, le fait que ces nouvelles nominations établissent pour les affaires étasuniennes une hiérarchie privilégiée sous le leadership de Martin a été instructif de ce qu'on pouvait attendre d'un futur partage du Mexique et du Canada.

En 1994, le ministère des Relations extérieures organise une réunion d'experts pour analyser le *Plan national de Développement 1995-2000,* un document qui définit les priorités du gouvernement d'Ernesto Zedillo en matière de politique extérieure. Cette réunion reflète l'intérêt croissant du gouvernement à resserrer la relation avec le Canada, puisque, pour la première fois, il s'agit d'analyser les rapports avec ce pays (Gutiérrez Haces, 1994b).

En 1996, la *Déclaration des Objectifs de la Relation Mexique Canada* établit une liste des trois éléments stratégiques qui doivent dynamiser la relation : convergence, coïncidence et complémentarité[3]. Grâce à ce

[1] Le Premier ministre Paul Martin était à la tête du parti libéral jusqu'en 2004. Sa nomination au poste de Premier ministre fait suite au départ à la retraite de Jean Chrétien. Martin a ensuite convoqué des élections fédérales, en juin 2004, et il les a remportées avec une très faible majorité : son gouvernement est donc minoritaire et politiquement faible.

[2] À la demande de la présidence, l´ambassadeur du Canada aux États-Unis et le secrétaire parlementaire du Premier ministre pour les questions Canada-États-Unis seront invités à assister aux réunions.

[3] Selon la *« Déclaration des objectifs de la relation Mexico-Canada »*, l'amélioration de la relation se base sur ces trois éléments : convergence, coïncidence et complémentarité. Le premier consiste à rechercher ensemble le « renforcement des liens entre les pays d'Amérique du Nord ». La complémentarité est l'action qui les unit dans divers volets de la relation, sur le plan commercial, migratoire, industriel, éducatif et technologique, principalement. La coïncidence fait référence à la concordance de leurs temps historiques et politiques dans un grand nombre de cas parmi lesquels nous

document, les mécanismes de dialogue et de consultation se multiplient, formalisant davantage la relation. Trois ans plus tard, est publié un nouveau document : *« Nouvelles directions : Déclaration d'Objectifs et Plan d'Action Canada Mexique 1999 »*, qui cherche à préciser les objectifs de la première déclaration. Il existe peu de textes ayant une spécificité et une cristallisation comparables à celles de ce document. Deux ans plus tard, est publié un autre programme intitulé : *« Mexique et Canada : Amis, Partenaires et Voisins »*.

À partir de la XIe réunion de la Commission ministérielle qui a lieu à Ottawa en avril 1995, les mécanismes de dialogue et de consultation se multiplient. Le plus important est le *Comité Directeur Binational* qui, à l'époque, cherche à promouvoir la relation binationale. Il appuie le renforcement des instances de dialogue préexistantes et cherche à créer d'autres juridictions pour favoriser les échanges d'expériences dans les secteurs les plus divers. Comme beaucoup d'autres bonnes initiatives, ce comité a cessé de fonctionner quand le ministre des Relations étrangères a changé[1] (Berain, 1996-1997 ; 89-90 ; Castro-Valle, 1996-1997 : 103-104).

Grâce aux changements démocratiques intervenus au Mexique à partir de 2000, le Canada commence à considérer que ce pays se trouve finalement en accord avec trois de ses principaux objectifs de politique extérieure : le multilatéralisme, le libre-échange et la promotion des processus démocratiques.

Le Canada expérimente avec le Mexique son projet de nation commerçante, gardienne de la paix et architecte de la démocratie[2]. Tant que le Mexique contribuera à ces préceptes, la relation avancera sur les sentiers de la convergence, de la coïncidence et de la complémentarité. Mais jusqu'à quand le gouvernement mexicain pourra-t-il répondre à ses expectatives et jusqu'à quand les Canadiens répondront-ils aux attentes des Mexicains concernant un « NAFTA plus » [3] ?

---

retiendrons leur décision de devenir des partenaires au sein de l'ALÉNA et la gestion de leur relation avec les États-Unis (Berain, 1994 : 14-15 et 1996-1997 : 93-98 ; Studer, 1996-1997 : 49 ; Castro-Valle, 1996-1997 : 102-104).

[1] Le Comité directeur Binational est une initiative du ministre mexicain, bien évidemment agréée par son homologue canadien. Il parvint à réunir des individus de formations professionnelles diverses travaillant dans le gouvernement, dans le secteur privé ou dans les universités. Pendant sa courte existence, j'ai pu travailler à la rédaction d'un document cherchant à définir l'établissement de la relation d'un point de vue mexicain.

[2] Les gouvernements canadiens successifs ont défini le rôle de leur pays dans le monde avec ces trois adjectifs depuis le début du XX siècle.

[3] Le président Fox soulevées dès le début de son mandat qu'on devait aller au-delà des objectifs fixés par l'ALÉNA et proposé une « NAFTA plus » qui, grosso modo, était un projet d'intégration à long terme, alors que le traité antérieur n'avez qu'une durée de 15 ans. Cette prolongation du traité impliquait la création d'institutions supranationales, une mobilité des travailleurs qui ne serait pas limitée aux hommes d'affaires, la création d'un fonds social réduisant les asymétries économiques, une cour de justice trinationale, un marché commun de l'énergie, principalement. La proposition a été accueillie avec inquiétude par le gouvernement de l'ex-Premier ministre Chrétien et par le Premier ministre Martin, et ce sont les attaques terroristes contre les États-Unis en 2001 qui ont permis aux Canadiens de bloquer cette proposition et de démarrer avec les Mexicains le projet étasunien « Frontières intelligentes et Périmètre de sécurité ».

Le Mexique assume les exigences inhérentes au libre-échange non seulement à cause de l'ALENA mais aussi à la suite des trente ans d'accords commerciaux et d'investissements de toutes sortes qu'il a signés avec les pays européens, l'Amérique latine et l'Asie. Il a ainsi une plus grande participation dans les forums multilatéraux où il partage ses points de vue avec le Canada. En outre, ses élections sont plus démocratiques que par le passé. Tout cela a, grosso modo, déclenché une nouvelle étape dans la relation et, pour la première fois, le Mexique et le Canada construisent des projets qui incluent l'autre.

Par exemple, on peut citer les tournées effectuées en mars 2002 par le Comité des Affaires étrangères et du Commerce international de la Chambre basse du Parlement canadien[1] pour vérifier sur place l'impact de l'ALENA dans les deux pays et l'avenir de ce traité[2]. Ce Comité a interrogé un nombre considérable de personnes au Mexique, au Canada et aux États-Unis[3], puis il a publié un document intitulé *Partenaires en Amérique du Nord. Promouvoir les relations entre le Canada, les États-Unis et le Mexique* (2002) qui reflète sa position antérieure[4] et retranscrit les aspects les plus importants des entrevues[5]. Outre la publication du document cité, *le Standing Senate*

---

1 La relation entre les corps législatifs des deux pays est une longue histoire d'échanges et de travail en commun, depuis 1975, ils se réunissent tous les deux ans. De plus, le Forum Interparlementaire des Amériques, fondé à Ottawa en avril 2001, est devenu un lieu de rencontre dans le quelle le Mexique et le Canada ont joué un rôle de leadership au sein du groupe de travail sur la ZLEA jusqu'en 2005.

2 En décembre 2001, le Comité parlementaire publie un rapport préliminaire intitulé *Canada and the North American Challenge : Managing Relations in Light of the New Security Environment*, à partir d'une série de réunions sur les attaques terroristes de 2001. En même temps, le *Sous-Comité du Commerce international et des Controverses commerciales et des Investissements* publie en novembre 2001 un rapport intitulé *Towards a Secure and Trade Efficient Border* auquel le gouvernement fédéral répond en 2002. Le rapport de 2001 affirme qu'il semble nécessaire « d'écouter l'opinion des Canadiens de tout le pays et d'en discuter avec nos partenaires d'Amérique du Nord. Le Canada doit fixer ses propres objectifs et priorités dans le cadre des relations futures, mais il est peu probable qu'il y parvienne si l'on ne considère pas à sa juste valeur l'évolution de la situation aux États-Unis et au Mexique parties prenantes dans le panorama politique de l'Amérique du Nord ».

3 En plus des réunions organisées par le Comité à travers tout le Canada, ils réalisent aussi des entrevues avec des fonctionnaires du gouvernement étasunien et mexicain, des législateurs et des chefs d'entreprises.

4 Le rapport est constitué des chapitres suivants : 1. Politique extérieure canadienne : vers une stratégie pour l'Amérique du Nord ; 2. Pour mieux comprendre l'Amérique du Nord en plein changement ; 3. Priorités du Canada pour la promotion des relations économiques entre les pays d'Amérique du Nord ; 4. Principaux thèmes de gestion et de promotion des relations économiques entre les pays d'Amérique du Nord ; 5. Priorités du Canada pour la promotion de ses relations bilatérales et trilatérales en Amérique du Nord ; 6. La vision du Comité sur la promotion des objectifs canadiens en Amérique du Nord (Parlement du Canada, 2002 : v-xiv et 1-5).

5 Pendant sa visite au Mexique, l'ambassade du Canada est le siège des réunions entre fonctionnaires, chefs d'entreprises, syndicalistes, ONG, intellectuels et groupes aborigènes. Le fait que ces réunions aient lieu à l'ambassade montre bien le soutien du gouvernement à cette initiative parlementaire et l'utilisation de l'immunité diplomatique, étant donné le contenu des discussions qui ont lieu. Le groupe auquel j'ai participé était formé de l'ex-ministre de l'Économie et chef des négociations de l'ALENA, de l'ex-ministre de l'Énergie et d'un membre d'une université privée. Pratiquement dans tous les groupes, la diversité et le pluralisme idéologique sont respectés. Ce n'est pas la seule fois que l'ambassade organise des réunions de ce type. En 1999, il y a eu une série de réunions où l'on a discuté des problèmes indigènes, de la gouvernabilité, de la démocratie et des droits de l'homme. Ce forum a permis à un grand nombre de voix dissidentes de se faire entendre, voix qui finalement, aux élections fédérales de 2000, ont

Comittee on Foreign Affaires a publié le rapport intitulé *Mexico : Canada's other Nafta Partner*, qui reconnaît l'alliance stratégique avec ce pays : « *represents a useful counterweight to the U.S., Canada and Mexico share similar concerns about sovereignty and many of their foreign policy perspectiva also match up well* »[1] (Parlement du Canada, 2004 : 2).

Dans le même ordre d'idées, dès 2001, le gouvernement fédéral canadien crée dans les installations de son ambassade à Mexico *la Congressional Relations Unit*[2] chargée de suivre les activités du pouvoir législatif mexicain et de renforcer les contacts avec les sénateurs et les députés. Dans cette situation créé une association d'amitié binationale des parlementaires, qui a été liée à la commission parlementaire Canada-Mexique (Abizaid, 2004 : 6-7).

Sur le terrain législatif, la nécessité d'une meilleure connaissance des deux pays devient évidente car le nombre de représentants qui ignorent les données les plus élémentaires sur les pays est énorme. On s'aperçoit que les parlementaires canadiens expriment un plus grand intérêt pour le Mexique que les législateurs mexicains pour le Canada puisque ces derniers n'ont pas été capables de produire des documents semblables à ceux que nous avons évoqué plus haut. Il existe néanmoins des Commissions comme celle des Relations extérieures et celle du Commerce et Développement industriel qui travaillent sérieusement pour obtenir la signature d'accords impliquant les deux pays : on peut citer l'accord entre les deux gouvernements sur l'application des lois de la concurrence, signé à Veracruz en novembre 2001 et approuvé par le Sénat mexicain en décembre 2002 (Gaceta Parlamentaria 86, 2002).

La proposition d'une intégration profonde a reconnu la nature politique de la région Amérique du Nord, notion qui n'était encore jamais apparue dans le panorama politique mexicain. La même chose s'était produite avec l'ALENA qui a conduit à la reconnaissance de l'Amérique du Nord comme région économique et espace naturel des trois pays qui la composent.

Cependant, l'ALENA catalyseur de la relation est passé au second plan. Cela ne peut pas être exclusivement attribué à l'attaque des tours jumelles,

---

pu exprimer leur vote. L'activisme de l'ambassade doit être perçu dans la ligne de sa politique extérieure basée sur les principes de Sécurité humaine promus par l'ONU. Il est évident que ces activités n'ont pas été bien vues par le ministère des Relations extérieures mexicain et ont contribué au refroidissement temporaire des relations bilatérales. Il faut y ajouter le mécontentement des patrons canadiens frustrés par la limitation imposée à leur expansion dans le secteur électrique et pétrolier et leur échec dans l'obtention de certains marchés publics. Ils font alors pression sur l'ambassade et lorsque l'ambassadeur Perron accorde imprudemment au journal Milenio une entrevue dans laquelle il critique ouvertement le manque de démocratie et la corruption au Mexique, la tension est maximale car les chefs d'entreprise le rendent indirectement responsable de l'échec du contrat avec Bombardier-Concarril. Le diplomate est appelé à Ottawa pour expliquer ce qui se passe et il ne revient jamais au Mexique, un nouvel ambassadeur ayant été nommé.

[1] L'étude propose trois volumes : « Uncertain Access : The consequences of U.S. Security and Trade Actions for Canadian Trade Policy » (1) ; « The Rising Dollar : Explanation and Economics Impacts » (2) et le troisième qui est consacré au Mexique.

[2] Il n'y a que quelques pays qui possèdent une unité du suivi parlementaire : les États-Unis, le Japon et le Brésil (Abizaid, 2004 : 7).

mais découle aussi du fait que le traité a été mis en place en trois temps et qu'en 2005, il est entré dans sa phase finale. Les objectifs du traité ont été atteints pratiquement et l'élan initial a diminué même s'il faut reconnaître que le marché est de plus en plus intégré.

Au Mexique comme au Canada, on se trouve actuellement dans un processus de réajustement des programmes puisque l'on est passé d'une intégration continentale à une situation de sécurité continentale. Sur ce thème, les coïncidences entre les deux pays sont très peu nombreuses à cause des optiques différentes de leurs institutions respectives en matière de sécurité nationale.

Après la visite du président Fox en octobre 2004 et les élections présidentielles aux États-Unis en novembre de cette même année, les gouvernements du Mexique et du Canada tentent de remettre leur programme commun sur les rails de l'ALENA pour, évidemment, le « dépolluer » de la discussion antiterroriste. Pour y parvenir à moyen terme, il était nécessaire que les deux pays accentuent leurs coïncidences et essayer de renforcer leur pouvoir commun de négociation.

Dans la demande d'autorisation d'absence du territoire national présentée au Sénat en octobre 2004 par le président Fox, il est fait mention des trois axes de sa visite au Canada : dialogue politique, dialogue avec les chefs d'entreprise et dialogue avec les communautés de Mexicains résidents dans ce pays. Dans cette lettre le président mexicain énergiquement insisté pour « promouvoir une vision mexicaine du futur de la région Amérique du Nord de façon à consolider notre influence sur la formation d'une nouvelle architecture régionale plus favorable aux intérêts du Mexique » (*Gaceta Parlamentaria* 62, 2004).

Parmi les réunions programmées pour ce voyage, il faut retenir la comparution du président mexicain devant le parlement canadien et une série de réunions avec des membres du cabinet du Premier ministre Martin et des membres importants du secteur privé. Mais il est certain que le point le plus important est le lancement d'un programme commun appelé *Partenariat Canada Mexique* qui cherche à renforcer l'alliance stratégique entre les deux pays à travers des actions concertées entre gouvernements et secteurs privés. L'objectif principal est l'intensification de la sécurité économique et physique des deux pays[1].

---

[1] Le Partenariat optimisera les réseaux et partenariats stratégiques actuels et visera les objectifs suivants : 1) Renforcer et approfondir les liens commerciaux, politiques et sociaux actuels tout en cultivant des relations de haut niveau entre les dirigeants des deux pays dans les secteurs privé et public ; 2) Créer des débouchés pour les petites et moyennes entreprises ; 3) Augmenter la prospérité dans les deux pays en encourageant l'accroissement du commerce et de l'investissement par l'entremise d'un réseau de représentants commerciaux de haut niveau ; 4) Identifier les barrières qui entravent le flux des investissements et du commerce et formuler des recommandations pour les éliminer ; 5) Améliorer et augmenter la coopération bilatérale entre les institutions et les agences canadiennes et mexicaines en mettant l'accent sur des résultats concrets ; 6) Promouvoir les contacts individuels au sein des groupes culturels, universitaires et de recherche ; 7) Encourager davantage le développement au Canada et au Mexique au moyen de partenariats public-privé ; 8) Relever, en contexte nord-américain, les défis que

Dans le cadre de cette visite, divers accords, dont le contenu traduit le degré d'intensification de la relation, ont été signés. En plus de celui que nous avons cité plus haut, un accord de coopération a été signé entre l'Institut canadien du Service extérieur et l'Institut d'Études diplomatiques Matias Romero pour faciliter l'échange d'informations et mettre en place des programmes de formation diplomatique comme l'usage d'*e-learning* pour la rédaction de l'accord. Un accord qui scelle la création de l'Association Parlementaire Mexique-Canada a également été signé pour resserrer les liens et les contacts entre les législateurs des deux pays.

Trois lettres d'intention ont été signées par les deux pays. La première se réfère au changement climatique et est particulièrement importante car le Mexique est l'unique pays de l'OCDE qui, ayant ratifié le Protocole de Kyoto[1], n'avait pas encore pris l'engagement sur la réduction des gaz d'ici 2012[2]. Les ministres de la Santé ont signé une lettre pour faciliter la construction de logements sociaux au Mexique en utilisant des technologies alternatives et des programmes de financement. De la même façon, des accords de caractère éducatif et culturel ont été signés, par exemple entre l'Université d'Alberta et l'Institut mexicain du Pétrole, pour former des spécialistes en énergie (Diplomacy this Week, 2004 : 8).

Indépendamment de la signature de nombreux accords qui démontrent le large éventail des centres d'intérêts communs[3], on remarque l'activisme des groupes de chefs d'entreprises des deux pays qui, depuis la négociation de l'ALENA, ont démarré une série d'alliances et de rencontres très importantes. En 2004, le *Canadian Council of Chief Executives* a publié deux documents[4] qui montrent comment les plus grands patrons canadiens, parmi lesquels le plus important est Thomas D'Aquino, ont tissé une stratégie corporative qui se sert de l'appui du gouvernement canadien tout en conservant un grand pouvoir et une forte autonomie à l'intérieur et à l'extérieur du Canada. Concrètement, dans le document présenté à Veracruz en septembre 2004, D'Aquino parle d'une nouvelle initiative trilatérale qui consiste à créer une *task force* avec un programme de travail sur dix ans.

---

pose la compétitivité globale (gouvernement du Mexique et du gouvernement du Canada, Partenariat Canada-Mexique, 2004).

[1] Le gouvernement canadien a décidé de se retirer en 2011 du Protocole de Kyoto des Nations unies. En décembre 2012, le Canada a ratifié sa décision afin d'éviter de payer des amendes liées à son échec de réduction des émissions.Le gouvernement n'a pas pu empêcher l'augmentation de 17 pour cent des émissions à effet de serre depuis 1990 et pourtant il devrait payer 14 milliards de dollars vers d'autres pays. Ceci s'explique par l'industrie pétrolière en plein essor dans la province de l'Alberta.

[2] Le Mexique, à l'époque, n'avait pas d'obligations quantitatives sur la réduction des émissions de GES.

[3] Programme de recherche conjoint Canada–Mexique sur la tuberculose ; programme @Campus Mexico ; initiative sur les villes durables (Matamoros y Reynosa) ; plan de travail Canada-Mexique sur la migration : échange de professionnels de la culture, contribution à la Chaire des études canadiennes à l'Université nationale du Mexique, Exportation et Développement Canada ; Accord entre l'Association canadienne des importateurs et exportateurs et le Conseil mexicain du commerce extérieur ; Accord entre la Commission mexicaine de promotion du tourisme et Desjardins International.

[4] *New Frontiers. Building a 21st Century. Canada-United States Partnership in North America*, April 2004, y *Canada and Mexico. Building a Shared Future in North America*, September 2004.

Selon D'Aquino ce programme chercherait principalement à « *deepening North American economic integration, encouraging regulatory convergence, closing the development gap between México and its North American Partners, enhancing continental security, and developing flexible new institutions for managing the trilateral relationship* » (D'Aquino, 2004 : 16).

Au départ ce conseil serait présidé par John Manley, ex-ministre des Relations extérieures du Canada ; Bill Weld, ex-gouverneur de l'état du Massachussets : Pedro Aspe, ex-ministre des Finances du Mexique : Robert Pastor, auteur du livre *Toward a North American Community* (2001) et promoteur d'une intégration plus approfondie et Andres Rozental ex-diplomate et ex-président du Conseil Mexicain des Relations internationales et Thomas D'Aquino, déjà cité.

Il faut remarquer que, si la proposition mexicaine d'un « NAFTA plus » tombe à plat chaque fois qu'elle est remise sur le tapis, les groupes de chefs d'entreprises les plus influents du Canada se mobilisent rapidement pour renforcer un projet trilatéral qui, sans être équivalent au projet du président Fox, cherche lui aussi une plus grande intégration à moyen terme.

En opposition à cette initiative menée par des individus très influents dans le milieu politique et industriel des trois pays, lors de sa dernière visite au Canada, le président Fox a insisté dans toutes ses déclarations et ses discours sur la promotion des petites et moyennes entreprises. Il a affirmé ainsi une position plus réaliste quant aux besoins de l'économie mexicaine que celle de ses prédécesseurs qui étaient plus proches des grandes entreprises.

Lors de plusieurs interventions, le Président Fox a insisté sur le fait que les trois pays d'Amérique du Nord perdent des emplois à cause du boom économique de la Chine et qu'il est donc nécessaire de prendre en compte sa proposition sur « NAFTA plus ». Malgré son insistance sur la nécessité de renforcer l'alliance stratégique au niveau trilatéral, les fonctionnaires canadiens ont préféré ignorer la proposition peut-être parce qu'ils considèrent qu'il est préférable de ne pas s'ouvrir complètement aux exigences répétées du Mexicain (Globe and Mail, 2004 : A9).

En guise de conclusion, j'aimerais apporter quelques réflexions sur les conditions qui, à l'avenir, pourraient influencer les relations entre le Mexique et le Canada qui sont maintenant associés dans un essai d'intégration régionale.

Tout d'abord, il faut noter que la relation bilatérale possède un caractère éminemment économique. Cela est aussi vrai dans les années 1990 après la signature de l'ALENA qu'au siècle dernier ou au début de celui-ci. En plus des raisons historiques, il ne faut pas oublier que la chancellerie canadienne, contrairement à la chancellerie mexicaine, est organisée en deux grands services : un service commercial et un service diplomatique. Ceci est important, car la promotion commerciale fait partie de ses responsabilités. Les relations diplomatiques doivent donc tenir compte des problèmes économiques et envelopper tous les autres aspects intéressants d'une relation bilatérale approfondie.

En second lieu, certaines provinces canadiennes, comme l'Ontario, le Québec et l'Alberta, à cause de leurs intérêts propres, ont une présence plus importante au Mexique. Ceci est rendu possible par une caractéristique particulière de la politique extérieure canadienne : sa politique internationale provinciale, dont nous parlerons dans les chapitres suivants consacrés au Québec et au fédéralisme canadien. L'existence au Mexique d'une délégation générale du Québec (1980) et l'ouverture d'une représentation commerciale de l'Ontario (1994) et de l'Alberta (2002) montrent le niveau de souplesse du fédéralisme canadien et de sa diplomatie, ainsi que le potentiel économique et politique à l'étranger de certaines provinces. L'approfondissement des relations du Mexique et du Canada bénéficie de voies autres que celles du gouvernement fédéral dont les groupes sociaux et les chefs d'entreprise connaissent l'existence et dont ils doivent profiter.

Pour le Mexique et le Canada, le grand défi est de construire une stratégie d'approfondissement de leur relation, en instaurant une hiérarchie entre les objectifs à moyen et à long terme et les problèmes que la conjoncture actuelle fait apparaître comme urgents. Si à moyen terme, l'intégration commerciale semble une voie parfaite, il ne faut pas oublier que les relations entre les peuples peuvent être beaucoup plus fortes lorsqu'elles sont ancrées sur des intérêts communs qui vont au-delà du strictement commercial. Dans le domaine de l'économie comme dans le politique et le social, il existe des possibilités importantes de resserrer les liens.

CHAPITRE 5

La continentalisation codifiée : l'insertion totale du Canada dans l'espace économique des États-Unis par la négociation de l'ALCCEU

En 1980 pendant la campagne présidentielle de Ronald Reagan apparaissent les premiers indices de ce que sera, dans un futur proche, la politique économique de l'administration républicaine. Le discours politique dominant tourne autour de l'idée, maintes fois répétée, que les États-Unis doivent plus que jamais montrer au monde leur suprématie. Le gouvernement de Reagan cherche à assurer son hégémonie sur le plan militaire comme sur le plan commercial, et il révise avec minutie l'état de ses relations avec ses principaux partenaires commerciaux. Bien sûr, le Mexique et le Canada occupent une place privilégiée dans cette vérification à cause de leur proximité géographique et de leur dépendance économique, et pour toute une série de raisons géopolitiques parmi lesquelles se détache particulièrement le conflit en Amérique centrale[1].

Pendant les deux administrations Reagan (1981-1989), le gouvernement étasunien accentue son combat contre le protectionnisme commercial de tous les pays avec lesquels il a des échanges. L'administration républicaine commence ainsi une croisade en faveur du libre-échange qui devrait conduire à un monde plus libre et plus juste grâce à la mise en place, avec l'appui des États-Unis, d'un plus grand nombre de régimes démocratiques, particulièrement en Amérique latine. Le président Reagan déclare à ce propos en 1980 :

> « Soit le monde libre continue à avancer et à soutenir l'effort de l'après-guerre jusqu'à l'obtention de marchés plus ouverts, soit nous courons le risque de répéter les erreurs tragiques de 1930, quand les bureaucrates étaient convaincus d'être plus efficaces que les chefs d'entreprises... Si nous abandonnons le principe qui consiste à limiter l'intervention des gouvernements dans l'économie, les conflits politiques vont se multiplier » (cité in Bitar et Moneta, 1984 : 96-123 ; Pearson, 1989 : 34).

La crise économique qui touche le Mexique et le Canada depuis le début des années 1980 entraîne peu à peu la modification de leurs relations avec les États-Unis. Leur stratégie habituelle de deux pas en avant trois pas en arrière accepte

[1] Pendant les deux mandats de Reagan, l'intervention des États-Unis en Amérique latine est flagrante et particulièrement en Amérique centrale. Pendant cette période le Mexique et le Canada manifestent leur appui diplomatique à la paix, mais ce geste est mal accueilli par le Département d'État qui le fait savoir, surtout quand le Canada aide les pays centraméricains par le biais des organisations non gouvernementales. Avant 1979, la présence canadienne dans la région est faible car il existait une règle non écrite reconnaissant l'Amérique latine comme l'espace naturel des États-Unis et l'Amérique centrale et le Mexique comme leur arrière-cour (Rochlin, 1999 : 169-189 et 219-249).

tacitement que les États-Unis jouent le rôle dominant dans les problèmes économiques de l'Amérique du Nord (Gutiérrez Haces, 1991b : 154).

Mais, dans les années 1980, le Canada affronte une nouvelle réalité et il court le risque d'être l'un des grands perdants du processus de reconfiguration géo-économique du monde. Petit à petit, l'Amérique du Nord se transforme en un espace où le protectionnisme et la restructuration de l'économie des États-Unis bloquent le passage aux options nationalistes comme celle que le Canada soutient depuis plusieurs dizaines d'années[1].

Le Canada et plus tard le Mexique sont contraints de repenser leurs relations économiques internationales et cherchent une solution à travers la mise en place d'un projet ouvertement favorable au libre-échange ne laissant aucune place au protectionnisme. Le Canada a déjà exprimé son penchant pour le libre-échange, mais toujours dans un contexte multilatéral comme celui du GATT, en revanche le Mexique ne s'était jamais déclaré favorable à cette stratégie avant le milieu des années 80, quand il décide d'entrer dans le GATT (1986), comme nous l'avons déjà expliqué dans les chapitres précédents.

L'objectif de ce chapitre est d'analyser les circonstances qui ont poussé le Canada à choisir la voie du libre-échange bilatéral pour réajuster sa relation avec les États-Unis et remédier à la difficile situation économique dans laquelle le pays est plongé depuis 1981-1982. Cette décision marque sans aucun doute le passage d'un processus de *continentalisation de fait* qui existe déjà, à un processus de *continentalisation de jure* reposant sur des contrats.

La période étudiée confirme une des hypothèses que nous avions ébauchée dans les chapitres antérieurs, à savoir que le Canada répond toujours à la menace de protectionnisme étasunien par une stratégie de resserrement des liens économiques avec son voisin. Faute de pouvoir négocier un large accord de libre-échange, cela lui permet de négocier toutes sortes d'accords partiels.

Le principal objectif de cette stratégie est de gagner davantage de concessions, et pas uniquement d'ordre économique, pour donner au Canada un accès préférentiel sur le marché étasunien.

Cette hypothèse est largement confirmée par l'analyse du texte de l'Accord de Libre-Échange Canada et les États-Unis (ALCCEU) dont la version officielle publiée au Canada affirme dans son introduction :

[1] Il ne faut pas oublier que pendant l'administration de Pierre Elliot Trudeau sont adoptées plusieurs mesures de type nationaliste depuis le rapatriement de la Constitution (1982) jusqu'à la création d'une *Task Force* qui surveille la structure de l'industrie canadienne et contrôle l'investissement étranger, ce qui donne lieu au rapport Watkins (1968). Plus tard seront publiés le Rapport Wahn (1970) et le rapport Grey (1971) qui présentent la même orientation et l'on installe la Corporation de Développement du Canada (1971). La création de l'Agence d'Examen de l'Investissement étranger (1973), la création de la compagnie pétrolière Petro Canada (1976) et le Programme Énergie nationale (1981) appartiennent à la même tendance.

« L´Accord couronne les efforts que déploient depuis un siècle les Canadiens et les Américains pour être plus performants quant au cadre de gestion de leurs relations économiques et commerciales. Avant même que le Canada ne devienne une nation, les États-Unis et la Grande-Bretagne tentent de garantir que le 49° parallèle ne devienne pas un obstacle inutile et artificiel aux échanges entre Canadiens et Américains » (MAECI, ALCCEU, 1987 : 2).

Pour enrichir notre argumentation, nous nous proposons d'analyser les circonstances dans lesquelles se déroulent les négociations de l'ALCCEU et les principaux aspects de son contenu.

Tenant compte du penchant que le Canada manifeste pour le multilatéralisme et de sa fidélité particulière au GATT, il est nécessaire d'étudier clairement les éléments du GATT que le Canada reprend dans l'ALCCEU et ceux qu'il laisse de côté pour que le nouvel accord soit approuvé le plus vite possible. Pour terminer, il faudra examiner les principaux aspects négociés, les points faibles de l'accord, et évaluer les conséquences de l'ALCCEU au Canada. Comme le processus de négociation de cet accord et sa mise en place ultérieure ont été très controversés, nous pensons qu'il essentiel de consacrer une partie de notre analyse à la façon dont l'opposition repousse l'accord et s'organise pour empêcher son application et rechercher son annulation.

1. Le Canada en marche vers le libre-échange bilatéral

Grâce aux sept rondes de négociations organisées par le GATT entre 1947 et 1979, la relation commerciale du Canada avec les États-Unis progresse. Les barrières douanières entre les deux pays diminuent considérablement et des règles de comportement commercial sont établies pour aider au resserrement de la relation bilatérale.

On pourrait dire que, d'une façon générale, les gouvernements canadiens sont assez satisfaits par la formule multilatérale quand il s'agit de régler des problèmes bilatéraux avec leur voisin. Ils ont ainsi obtenu beaucoup sans payer le prix politique élevé que les relations bilatérales impliquent toujours, surtout quand on a les États-Unis pour partenaire.

Cela n'empêche pas qu'en 1947 les deux pays essayent de négocier un accord global de libre-échange qui n'aboutit pas car le Premier ministre Mackenzie King considère que : « le Canada n'est pas prêt pour ce type d'accord et le GATT est suffisant pour le moment[1] ». Le Premier ministre

[1] Les raisons qui, au départ, poussent Mackenzie King à entamer des négociations en vue d'un accord commercial dans le plus grand hermétisme, sont les problèmes de balance des paiements que connaît le Canada depuis la fin de la Deuxième Guerre mondiale. Il est particulièrement préoccupé par l'excédent vis-à-vis du Royaume-Uni qui l'inonde de livres sterling non-convertibles qui ne lui servent donc pas pour payer les importations étasuniennes et alléger son déficit avec les États-Unis. Pendant six mois ont lieu des réunions secrètes, profitant de l'ambiance et des réunions menées parallèlement pour lancer l'OIC et la Charte de La Havane. À ce moment, le Canada et les États-Unis collaborent très étroitement et

Saint-Laurent a la même réaction en 1953 lorsque le Président Eisenhower propose un accord de libre-échange : cette fois encore, le Canada considère que le GATT sert parfaitement ses intérêts bi et multilatéraux et que ce n'est pas le moment de commencer un processus qui a toutes les chances de perturber la relation avec les États-Unis et l'équilibre politique interne.

Cette indécision calculée des gouvernants canadiens n'empêche pas, comme nous l'avons dit dans les chapitres précédents, la signature de divers accords bilatéraux. Nous pouvons rappeler l'accord de Hyde Park (1941) sur la production de matériel de guerre qui garantit le libre-échange du matériel de défense entre les deux pays et crée un secteur d'exploitation et de transformation des ressources naturelles stratégiques. Il prévoit aussi le renforcement du secteur industriel producteur du matériel de guerre et de nombreux biens de consommation, durables et semi-durables indispensables à l'effort de guerre en Europe.

Les processus productifs des deux pays sont très dépendants car la majeure partie de l'activité se développe sur la frontière[1] où l'infrastructure nécessaire existe depuis le début du XXe siècle, grâce à l'implantation au Canada d'un grand nombre d'usines subsidiaires étasuniennes[2].

Il n'est donc pas étonnant qu'en 1965 les deux pays signent le Pacte automobile qui permet l'admission sous franchise des voitures, camions, autobus et pièces détachées. Le but de cet accord est de rationaliser la production des deux pays et de créer un espace économique commun suivant les principes du libre-échange[3]. En 1987, selon les données du gouvernement canadien, le Pacte automobile permet la création de 130 000 emplois dans la seule province de l'Ontario et 90 % de la production est destinée à l'exportation.

---

parviennent à ce que l'on ajoute à cette Charte le concept de « zones de libre-échange ». Cette proposition est inscrite dans la Charte qui permet la création de l'OIC et sert de base à la rédaction de l'article XXIV du GATT. Au moment où les négociations secrètes sont sur le point d'aboutir, Mackenzie King revient sur sa décision et se souvient qu'une action de ce type a coûté cher à Laurier et au parti libéral en 1911 : les négociations sont donc annulées et les deux pays ne parleront plus de ce sujet (Hart, 1994 : 56-57).

[1] Concernant la frontière entre les deux pays, Dorval Brunelle et Christian Deblock affirment dans leur livre que : « la frontière entre les deux pays n'a pas de signification historique profonde compte tenu des constants et incessants mouvements migratoires qui ont contribué à homogénéiser cette portion de l'espace nord-américain » (Brunelle et Deblock, 1989 : 132).

[2] Les usines subsidiaires au départ, s'installent au Canada pour échapper au protectionnisme instauré par la Politique nationale qui porte préjudice aux exportations étasuniennes. En même temps les *Branch Plants*, comme on les appelle au Canada, utilisent cette politique tout à leur avantage qui leur offre un marché captif. Selon Drache et Cameron, cela entraîne deux conséquences : 1) Business continues to minimize the influence of high levels of foreign ownership on Canada's potential for growth through productivity increases. Branch plants may not be cost-efficient, but they can be profitable nonetheless because of pricing agreements with their parent companies ; 2) Since the branch plants are not aggressively seeking export markets, Canada's reduced share of world trade has held back capacity utilization rates and not led to a significant reduction of production costs on a per unit basis (Drache et Cameron, 1985 : xviii et xix)

[3] Le Pacte de l´automobile a sans doute été l´un des grands responsables du renouveau industriel et des changements observés dans la structure du commerce extérieur. Il ne faudrait pas cependant pas omettre de relever la présence massive des firmes étrangères dans ce secteur (Brunelle et Deblock, 1989 : 170).

À partir des années 1970, la relation économique entre les deux pays subit de nombreux contretemps. Il ne faut pas oublier que les mesures de choc prises par le Président Nixon en 1971 sanctionnent le revenu des exportations de ses principaux partenaires commerciaux et lancent un programme pour inciter les entreprises étasuniennes à l'étranger à rentrer au pays : ces deux initiatives frappent durement le Canada qui voit diminuer de façon drastique ses avantages sur le marché domestique et aux États-Unis (Brunelle et Deblock, 1989 : 96-97).

Les années 1970 sont particulièrement dramatiques pour le gouvernement canadien qui se retrouve sous le feu croisé des nationalistes et des pro continentalistes de la bureaucratie fédérale et provinciale. Chez les serviteurs publics, la vision de la relation avec le voisin a toujours été différente et ils ne s'allient pas obligatoirement sur l'opinion du Premier ministre[1]. Jamais dans l'histoire du Canada un gouvernement de quelque credo ou tendance économique que ce soit n'a pu jouir du consensus de son cabinet sur le problème de l'orientation à donner à la relation avec les États-Unis, et le gouvernement libéral de Trudeau ne fait pas exception.

Pendant ce gouvernement, trois comptes rendus de gouvernement sont publiés en 1975, 1978 et 1982 et leur point commun est qu'ils sont favorables à l'instauration de négociations directes avec les États-Unis et ne parlent pratiquement pas de la possibilité multilatérale[2].

Parmi ces rapports, publiés par le Senate Standing Comittee on Foreign Affairs, on remarque celui qui s'intitule « Les Relations Canada-États-Unis/*Canada's Trade Relations with the United States* » (1982), rédigé après une série d'audiences publiques et consultations auprès des membres de la communauté des hommes d'affaires, pratique couramment employée lorsque l'on veut qu'un document d'importance publique soit ratifié par le pouvoir législatif (Hart, 1994 : 13).

Parallèlement, en 1975 est publié le document « Au-delà des Frontières : une nouvelle stratégie commerciale pour le Canada/*Looking Outward : a new trade strategy for Canada* », élaboré par l'*Economic Council,* qui donne une liste d'options stratégiques, parmi lesquelles le libre-échange occupe la

---

[1] Cette situation est, dans une certaine mesure, due au fait que souvent les postes de haute responsabilité du gouvernement canadien sont occupés par des personnes élues lors des élections fédérales ou provinciales et qui ont donc des comptes à rendre à leurs électeurs. Les ministres sont nommés par le Premier ministre, mais ils conservent une marge d'indépendance dans divers domaines comme l'orientation politique et économique du pays, particulièrement quand ils représentent les citoyens. Toutefois, en termes généraux, le premier ministre forme son cabinet fédéral avec des personnes qui sont membres de la Chambre des Communes, MP (Membres du Parlement) ; quand exceptionnellement il ne le fait pas ainsi, on considère alors qu'il œuvre « contre la tradition ». Ce fut un moment donné le cas de Stephen Dion (Privy Council) et de Pierre Pettigrew (Commerce international) durant la gestion de Jean Chrétien. Cet aspect fut corrigé postérieurement par le biais d'une *bi-élection* qui permit à ces deux ministres de gagner une circonscription.

[2] Consulter : ministère des Affaires extérieures, 1983 et Comité Sénatorial permanent des Affaires étrangères, 1982.

cinquième position[1]. Ce travail, cautionné par des économistes connus, conclut : « *the small Canadian economy could not afford to isolate itself from the world economy by maintaining high barriers to imports* » (Hart, 1994 : 13 et 14).

Les rapports précédents présentaient une solide argumentation sur l'alternative proposée, mais quand plusieurs travaux proposant une Troisième Option (diversification des échanges commerciaux et recherche de nouveaux partenaires) sont publiés sous le titre officiel de « *Politique étrangère aux services des Canadiens/Foreign Policy for Canadians* » et lorsque le ministre des Affaires étrangères, Mitchell Sharp écrit en 1972 un article intitulé « *Canadian – U.S. Relations : Options for the Future* » ; où les points de vue exprimés ne sont pas particulièrement favorables au libre-échange, cette analyse devient la position officielle du Ministre Trudeau[2].

Malgré l'enthousiasme soulevé par une stratégie commerciale basée sur la diversification, comme le conseille la Troisième Option, la réalité se charge de démontrer petit à petit combien cette option est erronée. Ni le rapprochement avec l'Europe, ni la tentative vis-à-vis du Japon ne donnent de résultats. Les négociations de l'accord de coopération économique avec la Communauté économique européenne (CEE) durent deux ans et malgré les efforts canadiens et la ribambelle de déclarations d'amitié et bonnes intentions, les barrières douanières des pays de la communauté restent en place.

La tentative du Canada de repositionnement commercial a tout de même deux conséquences qui permettent de comprendre les motifs qui, à la fin du gouvernement Trudeau et surtout à partir de l'administration Mulroney, le poussent à choisir l'option du libre-échange bilatéral. Le premier est la rapide diversification des principales exportations, parmi lesquelles les produits finis industriels sont en tête, même si les exportations de produits bruts sont encore importantes. Ce processus s'étend sur pratiquement dix ans et reflète la maturité du secteur exportateur et l'urgence de trouver des débouchés sécurisés pour les exportations canadiennes. Le deuxième aspect, qui n'est pas très nouveau, est la tendance croissante du Canada à la continentalisation. Entre 1960 et 1970, le commerce extérieur canadien se concentre géographiquement sur les États-Unis, comme nous pouvons l'observer dans les tableaux suivants.

---

[1] Ces options sont : le libre-échange multilatéral, le libre-échange avec les États-Unis, la Communauté européenne et le Canada, le libre-échange entre les États-Unis, le Canada et la CEE et le libre-échange entre le Canada, les États-Unis et le Japon.

[2] À ce sujet, Brunelle et Deblock affirment dans leur ouvrage que M. Sharp, dans son article, en rejetant le continentalisme et le *statu quo,* allait donner à la politique étrangère et aux relations avec les États-Unis, une orientation précise. D'après ces auteurs, pour s'affirmer comme puissance, le Canada devait sur le plan extérieur se distancer des États-Unis et sur le plan intérieur renforcer son assise économique. Cela requerrait une politique commerciale de diversification agressive, complémentaire d'une politique industrielle orientée, à tout le moins d'une politique consciente de la promotion du capital national.

Tableau 21 Distribution des exportations du Canada par régions de commerce, 1960-1984 (pourcentage)					
	1960	1970	1980	1983	1984
États-Unis	55,8	64,4	63,2	72,9	75,6
Royaume-Uni	17,4	9,0	4,3	2,8	2,2
Autre Europe de l'Ouest	11,3	9,8	10,6	5,8	5,0
Japon	3,4	4,9	5,9	5,3	5,1
Autre Asie	2,2	2,9	4,0	4,4	3,8
Autre	9,9	9,0	12,0	8,8	8,3
Total	100,0	100,0	100,0	100,0	100,0

Source : Lipsey et Murray, Taking the Initiative : Canada's Trade Option in a Turbulent World, 1985 : 16.

La réponse du Canada ne se fait pas attendre, et pendant toute cette période, on voit resurgir le nationalisme économique, accentuant ainsi le malaise au sein de la relation bilatérale. Finalement, au début des années 80, avec l'arrivée de Reagan à la présidence des États-Unis, la crise financière de 1982 et l'augmentation du nombre des partisans du protectionnisme commercial au sein du Congrès américain, le gouvernement canadien doit reconsidérer la stratégie bilatérale. Contrairement à ce qui s'était passé auparavant, il devient évident que le Canada ne peut plus se réfugier dans le cadre multilatéral pour résoudre ses problèmes avec les États-Unis (Hart, 1994 : 13-17).

Quatre faits principaux sont à l'origine du virage pris par la relation avec les États-Unis sous le gouvernement libéral de Trudeau (1968-1979 et 1980-1984) qui accepte que le libre-échange devienne l'instrument principal de régulation du lien bilatéral[1]. En 1982, le Comité permanent des Affaires étrangères du Parlement soutient l'idée qu'il faudrait libéraliser davantage les échanges commerciaux avec les États-Unis. Étant donnée l'importance de cette mesure, on crée la Commission royale d'enquête sur l'Union Économique et les Perspectives de Développement du Canada, plus connue sous le nom de Commission Macdonald, officiellement installée par le décret du 5 novembre 1982, révisé et modifié le 25 novembre 1982 et le 23 janvier 1983. Son rôle est de :

> « Faire une enquête et publier un rapport sur les possibilités, perspectives et défis économiques à long terme de la fédération canadienne et de ses diverses régions. Étudier l'incidence de ces perspectives et défis sur les institutions économiques et gouvernementales et sur la gestion des problèmes économiques du Canada [2] » (Hart, 1994 : 34).

---

[1] Sur ce thème, Michael Hart affirme dans son livre : « free trade is one of the more opaque and lifeless phrases in the English language. In Canada, however, the two words seem to go to the roots of nationhood » (Hart, 1994 : 4).

[2] Le président de cette commission est Donald MacDonald qui est devenu malheureusement célèbre en déclarant : « les Canadiens doivent être prêts à confier les yeux fermés en une relation plus ouverte avec

Entre 1982 et 1983, un autre évènement va pousser le gouvernement fédéral à réviser sa politique commerciale internationale. Deux documents importants sont alors publiés : « *Une Étude de la Politique commerciale Canadienne : document d'information sur la politique commerciale du Canada pour les années 1980/A Review of Canadian Trade Policy : a background document to Canadian trade policy for the 1980s* » et « *Les Rélations Canada-États-Unis/Canada's Trade Relations with the United States* ». La particularité de ces deux documents ne réside pas dans leur contenu mais dans les circonstances de leurs publications puisque leur élaboration correspond, au sein du gouvernement, à la victoire de la vision continentaliste sur la vieille école diplomatique qui plaide pour la Troisième Option[1].

Peu à peu, les idées de ces rapports commencèrent à gagner des adeptes, d'abord dans les ministères et les départements les plus liés à l'industrie, au commerce, à l'investissement et aux finances. Postérieurement, elles s'imposèrent progressivement dans le ministère des Affaires extérieures, bastion historique de la troisième option.

Un an plus tard, en 1983, le gouvernement libéral conclut que le Canada ne peut plus compter seulement sur le GATT et qu'il faut faire de nouvelles négociations bilatérales et sectorielles, du style du Pacte automobile, pour améliorer l'accès au marché étasunien[2]. Les deux gouvernements se donnent pour tâche de trouver les secteurs dignes d'intérêt pour les deux pays et envisagent une éventuelle négociation. Finalement, l'initiative canadienne est un échec car les buts poursuivis par les États-Unis sont plus ambitieux : ils ne se contentent pas d'un accord partiel et insistent pour obtenir un accord global (Drache et Cameron, 1985 : IX-XXXIX).

La récession économique de 1981 et 1982 remet en cause la politique économique du Ministre Trudeau qui provoque des inquiétudes au sein même du gouvernement et chez les chefs d'entreprise canadiens et étrangers. La principale crainte de ce groupe est que le gouvernement ne revienne à des positions nationalistes. L'Agence d'Examen de l'Investissement étranger (AEIE) comme le Programme énergétique national (PEN) sont l'objet de

---

les États-Unis ». En mai 1985, MacDonald présente au gouvernement conservateur récemment élu et au Premier ministre Brian Mulroney, au nom des membres de la Commission, le rapport qui sera ensuite connu sous le nom de rapport Macdonald (cité in Hart, 1994 : 34 ; Drache et Cameron, 1985 : X-XVI ; Doern et Tomlin, 1991 : 53).

[1] Les études et les consultations commencent au ministère de l'Industrie et du Commerce, sous la direction de Ed Lumley, qui n'a jamais vu d'un bon œil l'intervention de l'État et le nationalisme économique du Premier ministre Trudeau. Quand les entrevues touchent à leur fin, après une tournée en province, la conclusion est : « no more nationalist experiments and get Canada-U.S. relationship right ». En 1983, dans une déclaration postérieure aux consultations, le périodique *The Globe and Mail* affirmait en ce qui concerne le sentiment des provinces : « We must dramatically improve our economic relationship with the U.S. by all means. All the provinces see the repairing of our relationship with the U.S. as our No. 1 bilateral trade policy objective » (Hart, 1994 : 17-18).

[2] En 1983, quatre secteurs sont envisagés comme possibles champs de négociations : l'acier, les industries urbaines de transport, l'équipement agricole et l'informatique. En juin 1984, après une réunion bilatérale, cette possibilité est abandonnée et il n'y aura pas d'autres accords par secteurs (Hart, 1994 : 58).

critiques incessantes et de plaintes contre le gouvernement, et à partir de 1982, les chefs d'entreprises commencent une intense campagne contre ces agences. Ils répètent sans cesse que le marché étasunien est prioritaire pour l'économie canadienne, que les politiques qui ont créé ses bureaux sont néfastes et qu'elles gênent constamment leurs affaires.

En 1983, la chambre de commerce canadienne rédige une résolution où elle demande à Trudeau d'organiser une réunion avec les provinces et le secteur industriel pour « explorer les avantages qu'il y aurait à faciliter un accord de libre-échange avec les États-Unis et quels seraient les ajustements à faire » (Chamber, 1983).

Les travaux du gouvernement Trudeau et de la Commission Macdonald[1], ne peuvent aboutir car une élection nationale est proche (1984). La victoire du parti conservateur et la défaite des libéraux sont un changement décisif dans un moment politique critique pour le Canada.

Dans ce contexte, l'ALCCEU, qui sera signé en 1988 entre le Canada et les États-Unis, s'adresse à une économie canadienne en repli face à la poussée internationale du commerce mondial qui cherche à se développer en instituant des blocs économiques régionaux, dans une stratégie clairement opposée au protectionnisme des États-Unis et à celui de la Communauté économique Européenne (Brunelle et Deblock, 1989 : 25, Drache et Cameron, 1985 : XIV).

La négociation de l'ALCCEU est l'un des objectifs principaux du Canada et des États-Unis : ils veulent créer un environnement commun, de caractère principalement économique, pour récupérer leur compétitivité internationale et améliorer leur mauvaise position dans la bataille commerciale pour l'hégémonie mondiale. Il s'agit entre autres de trouver chez le voisin un espace sécurisé pour y expérimenter de nouvelles stratégies commerciales et d'investissement, sous la protection du libre-échange. Cette vision commune ne tient absolument pas compte du Mexique et ne l'envisage pas une seconde comme contrepartie naturelle dans cet espace géographique et commercial dont il fait pourtant partie. Ceci est encore plus vrai si l'on se souvient que le Canada et le Mexique partage une même dépendance historique vis-à-vis des États-Unis.

Avant 1990, la continentalisation s'exprime clairement dans deux espaces économiques et géographiques compartimentés dans lesquels les États-Unis représentent la relation dominante pour le Mexique comme pour le Canada. Jusqu'à cette date, cela n'a pas de conséquence sur le processus de relation trilatérale, mais il s'agit plutôt de deux continentalisations séparées entre les partenaires les plus faibles, le Mexique et le Canada, et un commun dénominateur : les États-Unis.

---

[1] La Commission Macdonald continue à travailler pendant la période électorale car elle n'appartient à aucun parti. Les résultats de l'enquête serviront amplement, comme nous le verrons plus loin, les intérêts du secteur industriel et du gouvernement conservateur.

Accepter l'ALCCEU ne veut pas simplement dire chercher une solution à la récession économique qui affecte le Canada ; il existe également des facteurs politiques qui, depuis 1984 et l'avènement du gouvernement conservateur, poussent à la négociation et à la signature d'un tel accord.

Au départ, l'administration des conservateurs a quelques avantages sur le plan politique et est épaulée par un climat de calme apparent, après la période turbulente que la société canadienne a vécue à la fin de l'administration Trudeau. Parmi ces événements, le plus important est l'effervescence produite par le nationalisme au Québec et le Référendum de 1980 qui se solde par 60 % de votes contre la séparation. Ce résultat démontre que les idées séparatistes n'ont pas le soutien absolu des citoyens et va laisser de profondes blessures dans la société québécoise. Dans les années 80, une série de disputes régionales secoue le pays. Elles sont le plus souvent provoquées par un déséquilibre entre les niveaux économiques de certaines provinces. Par exemple, l'Alberta, riche en pétrole, fixe le prix de ce combustible et prend en otages les provinces qui n'en ont pas : le gouvernement est donc obligé de mettre en place un Programme énergétique national (1981) pour aider les provinces qui ne possèdent pas de pétrole. Autre exemple, celui de la province d'Ontario qui bénéficie d'une situation économique très privilégiée grâce au Pacte automobile signé en 1965 entre l'industrie automobile des deux pays sur les bases du libre-échange. Les autres provinces, principalement le Québec et l'Alberta, voudraient que ce Pacte soit élargi au reste du pays par le biais d'un accord commercial favorisant les échanges avec les États-Unis de façon égalitaire pour tous. Néanmoins, les querelles entre provinces ont toujours comme toile de fond l'accès préférentiel au marché et à l'investissement des États-Unis[1].

Il faut ajouter à cela le rapatriement de la Constitution, décidé par Trudeau en 1982, mais qui n'est pas soutenu par toutes les provinces. Face à l'opposition du Québec, le gouvernement fédéral doit recourir à un vote en catimini[2]. En 1970, l'apparition du Front de Libération du Québec (FLQ)

[1] Sans aucun doute, les facteurs géographiques ont favorisé le succès de l'industrie de la province d'Ontario, grâce à sa proximité du centre de l'industrie étasunienne. Mais ce n'est pas le seul élément qui a joué en sa faveur, la stratégie politique du gouvernement fédéral a également permis la concentration de l'activité en Ontario. La construction du chemin de fer et la route maritime du Saint-Laurent ont rapproché la province de l'axe d'activité économique étasunien, aux dépens du port de Montréal qui perd sa suprématie de transporteur de toutes les marchandises de l'Est. Une autre mesure alimente les querelles régionales : la décision fédérale de réserver le pétrole canadien à l'usage de l'est de la vallée d'Ottawa, ce qui force l'implantation des usines pétrochimiques en Ontario, obligeant Montréal, qui avait été jusque dans les années 50 la capitale de cette industrie, à fermer ses usines. La situation s'aggrave encore quand le gouvernement fédéral accepte les termes du Pacte automobile qui fixe le gros de l'industrie automobile en Ontario sans tenir compte de la décentralisation de cette industrie le long de la frontière (Drache et Cameron, 1985 : 147-148).

[2] En octobre 1981, Trudeau met fin à 50 ans d'agitation constitutionnelle. Ottawa ramène la Constitution que cela plaise ou non aux provinces, mais le Premier ministre a tout de même besoin de l'accord minimum des Premiers ministres de chaque province. Le 5 novembre 1981, après minuit, Chrétien, Romanow et le procureur général de l'Ontario se mettent d'accord sur un compromis qui permettra le rapatriement de la Constitution. On réveille alors tous les Premiers ministres provinciaux, sauf René

sème la zizanie dans le pays. Ce mouvement de guérilla urbaine provoque une crise à l'intérieur du gouvernement et l'oblige à émettre un Décret d'État de Siège pour arrêter la vague d'attentats à la bombe et les enlèvements qui assaillent le Québec[1]. Tous ces événements produisent abattement et pessimisme national lors de l'arrivée au pouvoir du conservateur Brian Mulroney (1984-1993).

La victoire électorale du Parti conservateur[2] correspond à un rejet généralisé des libéraux et d'un gouvernement qui, aux yeux d'une société confortablement installée dans le bien-être économique, est inefficace et responsable de la crise politique et sociale du Canada.

En septembre 1984, Mulroney triomphant expose aux Canadiens les grands axes de sa politique : « *Better relations with the U.S. or, refurbished relations, would be at the heart of the new government's foreign policy, and trade policy would have to play a central role* » (Hart, 1994 : 62).

Suit une série de mesure de type néo-libéral qui, dans un premier temps, ne provoque pas de controverses car, dans son discours politique, Mulroney promet d'attaquer justement ce que la majorité des Canadiens condamne depuis longtemps, ouvertement ou en secret : les politiques d'inspiration keynésienne, l'interventionnisme de l'État et le nationalisme économique des années 1960. Cette censure par l'opinion publique permet de faire de nombreux changements concernant l'investissement étranger, la politique énergétique, l'exploitation des ressources naturelles et les conquêtes sociales du passé surtout celles qui ont été acquises pendant le gouvernement Trudeau[3].

En 1985, le gouvernement conservateur envoie au Parlement un projet de loi pour modifier les statuts et le fonctionnement d'AEIE, qui est approuvé sans grandes objections : les entreprises étrangères peuvent s'installer en

---

Lévesque. Le compromis parle du contrôle des provinces sur les finances et les impôts mais fait disparaître le traditionnel droit de veto du Québec : Lévesque ne pourra rien faire pour bloquer la décision de la majorité. Le 17 avril 1982, la reine Élisabeth d'Angleterre donne son consentement à la loi constitutionnelle (Morton, 1994 : 587-590).

[1] Le 5 octobre 1970, James Cross, commissaire britannique à Montréal, est enlevé. Les kidnappeurs réclament que le manifeste de FLQ soit lu lors d'une émission de radio. Le gouvernement de Bourassa accepte les exigences, mais ne peut contrôler les manifestations nationalistes en faveur du FLQ. Le 10 octobre, Pierre Laporte, ministre du Travail du gouvernement Bourassa, est aussi enlevé. De nombreuses personnalités du Québec conseillent à Bourassa de ne pas demander l'appui de Trudeau et de résoudre le problème à l'intérieur de la province, mais il est trop tard. Trudeau profite de l'occasion qui va lui donner du pouvoir sur la province rebelle et le 16 octobre il met en vigueur le Décret d'État de Siège. Une recherche intense des disparus déclenche la répression. Le Britannique est retrouvé vivant, mais la découverte du cadavre de Laporte paralyse la population peu habituée à ce genre de situation. Des membres et des sympathisants du FLQ sont arrêtés et le mouvement désarticulé (Morton, 1994 : 572).

[2] Le nom officiel du parti est Parti progressiste conservateur et il est connu dans le jargon politique comme le parti des *Torys*.

[3] Pendant le gouvernement du parti libéral de Trudeau, il existe une forte préoccupation pour la perte de contrôle canadien sur l'exploitation et la commercialisation des ressources naturelles et la forte présence des compagnies étrangères (*branch plants*) particulièrement des États-Unis. En 1973, la création d'AEIE permet d'évaluer l'investissement étranger et de sélectionner celui qui sera le plus favorable pour le Canada. La mise en place de cette agence est très mal vue par le gouvernement des États-Unis et par son secteur industriel (Hart, 1994 : 16 et 18).

territoire canadien pratiquement sans aucune démarche ni condition préalable, et l'agence change de nom et devient *Investissement Canada*[1].

L'article 2 de la *Loi sur Investissement Canada* (juin 1985) définit comme suit le mandat d'Investissement Canada :

> « Reconnaissant qu'une augmentation du capital et que le développement de la technologie apporteraient des avantages au Canada, la présente loi vise a encourager les investissements au Canada, par de Canadiens et de non Canadiens, qui contribueront à la création d'emplois, et établit un mécanisme d'examen des investissements importants effectués au Canada par des non-Canadiens afin de garantir ces avantages. » (Investissement Canada, 1990-1991 : 21).

Tableau 22
Pourcentage des actifs de diverses industries canadiennes appartenant à des entités étrangères ou contrôlés par elles, 1986

	Appartenance	Contrôle
Industries manufacturières	55	40
Boissons	82	96
Caoutchouc	24	27
Textiles	36	33
Pâte de bois et papier	55	34
Machines agricoles	91	98
Automobiles et pièces	65	77
Matériel de transport	12	3
Sidérurgie	64	----
Aluminium	60	65
Appareils électriques	70	83
Produits chimiques	36	46
Autres industries manufacturières total partiel	46	49
Pétrole et gaz naturel	38	34
Mines et fonderies Fonte et affinage de métaux non ferreux	31	14
Autres	40	33
Total partiel	37	27
Total	42	41

Source : Statistique Canada, Bilan des Investissements internationaux du Canada, 1990 : 98.

Cette mesure, comme d'autres qui seront mises en place plus tard, cherche à faire du Canada un pays plus compétitif au sein d'une économie toujours plus globalisée. Dérégulation et privatisation marquent le début

[1] À la fin de l'année 1973, le gouvernement fédéral avait déjà adopté ses premières mesures de nationalisme économique en sanctionnant le projet de loi C-132 qui créait l'Agence d'Examen des Investissements étrangers. La loi 1973 soumettait au contrôle du gouvernement les projets de prise de contrôle d'une entreprise canadienne existante par des étrangers, la création d'entreprises et les investissements réalisés dans une branche d'activité nouvelle par une entreprise déjà installée au Canada et contrôlée à l'étranger. Chaque demande était examinée par une agence qui présentait une proposition au ministre de l'Industrie et du Commerce ; celui-ci formulait un avis, puis transmettait le tout au gouvernement à qui appartenait la décision définitive. L'objectif de cette loi était de n'admettre les investissements étrangers que s'ils recelaient des « avantages certains », la politique officielle du fédéral étant non pas de « bloquer » l'investissement, mais de le contrôler (Gauthier, 1992 : 712-713).

d'un processus que le gouvernement conservateur de Mulroney considère comme indispensable à une politique de libre-échange obligatoirement proche de l'économie des États-Unis. Nous pensons que Mulroney n'a jamais songé à établir une stratégie de libre-échange réellement multilatérale car celle-ci existait déjà, plus ou moins bien mise en pratique, dans le GATT.

Pour comprendre les changements entrepris par le gouvernement de Mulroney, il faut analyser les données économiques car elles illustrent bien la manière dont un gouvernement conservateur envisage un accord de libre-échange avec les États-Unis.

Le flux du commerce et des services entre les deux pays représente à la fin des années 1980 environ 200 milliards de dollars. Le Canada réalise 70 % de ses ventes à l'extérieur avec les États-Unis et 67 % de ses importations viennent de ce pays. Vues sous un autre angle, les exportations canadiennes vers les États-Unis représentent 19 % de son PNB alors que les exportations des États-Unis vers le Canada ne représentent, en 1990, que 1 % de son PNB (Statistiques Canada, 1990).

Le Canada et les États-Unis sont donc, depuis 1945, l'ensemble régional dont la relation bilatérale est la plus intense, loin devant toute autre relation au monde. En 1987, la valeur du PNB des deux pays est égale au produit total de tous les pays industrialisés, supérieure à celui de la Communauté économique européenne et du Japon. Les importations des deux pays occupent la deuxième place et leur commerce bilatéral est supérieur à 135 milliards de dollars. Concernant l'investissement étranger, les États-Unis sont les plus grands générateurs de flux monétaire au Canada et ils contrôlent 75 % de l'IED alors que les Anglais n'en contrôlent que 9,2 %. Le portefeuille d'investissement des États-Unis représente 52 % du total de la IEI contre 4,8 % en provenance d'Angleterre (Brunelle et Deblock, 1989 : 235; Gutiérrez Haces, 1995a : 158).

Tableau 23
Principaux partenaires commerciaux du Canada avant l'ALCCEU

	1984	1985	1986	Janvier-Juin 1987
Principaux marchés d'exportation du Canada en pourcentage				
États-Unis	75.6	77.9	77.3	76.4
Japon	5.0	4.8	4.9	4.8
Royaume-Uni	2.3	2.1	2.3	2.6
République fédérale d'Allemagne	1.1	1.0	1.1	1.3
URSS	1.9	1.3	1.0	0.8
Principaux marchés d'importation du Canada en pourcentage				
États-Unis	71.4	70.1	68.6	68.8
Japon	5.9	5.9	6.8	6.5
Royaume-Uni	3.1	3.1	3.3	3.7
République fédérale d'Allemagne	2.6	2.6	3.1	3.1
République fédérale de Corée du Sud	1.5	1.5	1.6	1.5

Bilan commercial des principaux marchés d'exportation en millions de dollars canadiens				
États-Unis	+19.8	+19.2	+15.8	+7.0
Japon	-0.05	-0.4	-1.7	-0.8
Royaume-Uni	+0.2	-0.8	-1.0	-0.6
République fédérale d'Allemagne	-0.9	-1.5	-2.1	-1.0
URSS	-2.1	+1.6	+1.2	+0.5

Source : Economic and Trade Analysis Division, Report no. 6, 1987 : 26.

Cette dépendance économique indiscutable, accompagnée d'une participation réduite au commerce extérieur des États-Unis, provoque, à la fin des années 80, des réactions particulières du gouvernement canadien. Le haut niveau d'implication de l'économie canadienne dans celle des États-Unis est évident, mais il est clair également que son poids, déjà relativement faible, menace de diminuer du fait des tendances protectionnistes de l'économie des États-Unis. Quand l'initiative de loi commerciale de ce pays, Omnibus Bill (1988), commence à prendre forme, le Canada comme beaucoup d'autres pays voit avec angoisse la possibilité d'un arrêt à court terme de ses exportations sur le marché étasunien.

2. Mise en scène de l'accord de libre-échange entre le Canada et les États-Unis

Le Canada peut difficilement se soustraire à la réalité économique qui, traditionnellement, le lie au projet continental des États-Unis. Le gouvernement de Brian Mulroney abandonne petit à petit les politiques qui tentaient de rendre le Canada moins dépendant de son voisin et prend le chemin inverse en entamant la négociation de l'ALCCEU en 1986. Il annule ainsi la trajectoire nationaliste du Canada et les tentatives de diversification de son commerce extérieur et de sa diplomatie qui reste très soumise aux projets et mouvements des États-Unis[1].

En mars 1985, lors de la réunion au sommet qui a lieu au Québec, le président Reagan et le Premier ministre Brian Mulroney lancent une initiative qui doit resserrer les liens économiques des deux pays : la Déclaration sur le Commerce des Biens et des Services. Au mois d'octobre, ils déclarent formellement ouvertes les négociations officielles d'un accord de caractère global.

La Commission royale sur l'Union Économique et les Perspectives de Développement du Canada, connue sous le nom de Commission Macdonald, publie en août 1985 un vaste rapport qui propose officiellement un langage

[1] Nous avons déjà dit que, depuis la période du président Reagan, le projet républicain d'unité continentale se renforce. Le Mexique et le Canada ne présentent pas d'objections significatives à ce plan, mais chacun à sa manière cherche à recomposer une relation bilatérale, qui a toujours penché vers l'espace étasunien, en la resserrant de façon contractuelle.

et une vision du Canada permettant au gouvernement de Mulroney de légitimer devant la société canadienne, son adhésion au libre-échange[1].

Entre 1983 et 1985, cette commission est composée d'un président et de 12 membres permanents, dont deux femmes. Cette composition répond aux exigences d'une commission qui doit être politiquement correcte, c'est-à-dire équilibrée en genre, région et profil professionnel. Une lecture des antécédents de tous les participants démontre que tous appartiennent à l'establishment canadien : professionnels d'âge mûr, économiquement prospères, serviteurs publics, intellectuels et professeurs prestigieux, hommes d'affaires reconnus, tous des représentants du *mainstream* canadien. L'absence de représentation des minorités de la société canadienne des années 1980 est flagrante.

Au départ, cette commission est créée pour élaborer un rapport justifiant l'augmentation des pouvoirs fédéraux par rapport aux provinces. Il ne faut pas oublier que la commission est créée sur un baril de poudre politique, à la fin du gouvernement Trudeau. Le fait que la commission royale reçoive le nom d'« Union économique et perspectives de développement du Canada » n'est pas un hasard puisque son rôle est de créer un consensus en faveur de l'union économique de toutes les provinces et des territoires qui veulent inverser les tendances croissantes à la balkanisation.

Les travaux, qui débutent en 1982, impliquent l'organisation de nombreux groupes de consultation sectorielle principalement dans le domaine du commerce extérieur. Y sont invités des membres du gouvernement, des individus et des groupes indépendants. Les Premiers ministres de chaque province donnent également leur avis et des mécanismes de consultation permanente sont mis en place[2] (Hart, 1994 : 29).

L'analyse de la commission prend l'allure d'un projet de recherche qui est souvent plus universitaire que politique, mais ce n'est pas étonnant puisque la majorité des responsables de thèmes étudiés sont des professeurs

---

[1] Traditionnellement, les commissions royales sont des instruments utilisés par le gouvernement canadien pour préparer un changement important de la vie publique du pays. Généralement les commissions ouvrent un processus de consultations publiques, d'entrevues, d'enquêtes, auprès des secteurs affectés et des travaux concernant ce thème sont présentés aux commissions. Leur rôle a été très critiqué par certains qui considèrent que les résultats et les recommandations des commissions sont rarement pris en compte par le gouvernement. Parfois, lorsque les commissions sont trop indépendantes ou quand il y a des doutes sur leur rapport, le gouvernement crée une contre commission qui fait une étude parallèle. Une commission royale, normalement située hors des partis, a toujours une teinte politique. Drache et Cameron affirment que lorsque le gouvernement veut divulguer une information politiquement explosive, il utilise une commission royale. Pour eux, le travail de la commission est de « faire comme s'il y avait consensus sur ce thème : *a royal* commissions can change not only the focus of public discourse, but also conventional wisdom, by generating an « expert » body of knowledge. For this reason the commission must be headed by a high profile, supposedly neutral person, often an ex-politician or judge, who is seen to be acting in the national interest » (Drache et Cameron, 1985 : x-xi).

[2] En 1983, pendant trois mois, les membres de la commission réunissent un large éventail d'opinions sur le futur du Canada. Ils visitent plus de 28 villes et consultent plus de 700 groupes, réunissent plus de 1100 communications représentant un total d'environ 40 000 pages. Le rapport final, après une évidente épuration ne sera plus que de 2000 pages.

d'économie, de sciences politiques et de droit. Beaucoup des travaux de base utilisés pour le rapport final sont des analyses faites par des universitaires renommés, recrutés ou qui se sont présentés spontanément aux audiences publiques[1]. Malgré le caractère universitaire des travaux, la diversité des thèmes abordés met en évidence le talon d'Achille de la commission : il lui manque un thème central colonne vertébrale de toutes les interventions. La commission a écouté et reçu d'innombrables travaux de qualité hétérogène et les membres de la commission commencent à être fatigués, saturés, préoccupés par la rédaction finale du rapport, alors qu'ils ne sont pas encore parvenus à établir une hiérarchie des thèmes.

Cette situation change lorsque Donald MacDonald, chef de la commission, lors d'une conférence de presse dans l'État de New York, fait allusion au besoin des Canadiens de faire un « *leap of faith* » sur le libre commerce. Beaucoup de publicité est faite autour de cette déclaration et elle parvient miraculeusement à recentrer la commission et les Canadiens en général, sur le thème qui se profile depuis 1983.

Bien qu'elle soit qualifiée d'apolitique, l'orientation de la commission est clairement influencée par trois positions politiques : la première est soutenue par le secteur industriel à travers la *Canadian Manufacturers' Association ;* le *Business Council on National Issues ;* la *Canadian Bankers Association ;* la *Canadian Federation of Independent Business*, le *Fraser Institute* et le *C.D. Howe Institut.* Ce groupe soutient qu'il faut réduire l'intervention de l'État, y compris ce qui concerne les politiques sociales. Il faut laisser le marché créer par lui-même la croissance économique et l'emploi. La seconde position représente la position des agences gouvernementales qui veulent rénover le rôle de l'État et créer un nouveau pacte social entre patrons et travailleurs. Ils sont aussi très favorables à l'idée de convertir le Canada en une économie industrielle de haute technologie. Finalement, la troisième position est soutenue par les Canadiens qui veulent revenir aux racines du Canada et critiquent l'orientation que prendra le pays si l'agenda corporatiste arrive à s'imposer.

L'importance de la Commission Macdonald ne réside pas seulement dans les travaux sectoriels réalisés, mais en réalité, et comme beaucoup d'autres commissions dans l'histoire du Canada, elle donne le ton du changement économique et politique qui fait disparaître l'un des paradigmes les plus vénérés au Canada depuis les années 1940 : le keynésisme.

Le rapport de Macdonald ne se contente pas de désavouer ce paradigme, il remet aussi en question tous les programmes fédéraux, la politique régionale et tout ce qui touche à la politique sociale, depuis l'assurance-chômage jusqu'à la structure administrative qui soutient les assurances sociales du Canada.

---

[1] Frank Underhill appelle le travail des universitaires de cette commission « l'atelier mécanique du capitalisme » (cité in Drache et Cameron, 1985).

Dans ce débat qui coïncide avec les négociations de l'accord, on perçoit quelques-uns des éléments qui poussent le Canada à signer l'ALCCEU : la perte de compétitivité de l'économie canadienne, la menace de protectionnisme des États-Unis et de l'Europe, la recherche d'un accès garanti au marché étasunien, la possibilité de participer à une alliance économique face à l'exclusion d'autres blocs et la promesse d'un plus grand nombre d'emplois.

Pour les groupes de pouvoir des provinces, comme au Québec, l'accord représente la possibilité de négocier l'accès de leur économie provinciale aux États-Unis, et d'entrer en concurrence avec les provinces qui jouissent d'un traitement préférentiel de la part des États-Unis, comme l'Ontario avec son Pacte automobile.

3. Les avatars de la négociation

Après quasiment trois ans de négociation durant lesquels l'échec et la rupture des conversations bilatérales sont souvent évités de justesse, l'accord final de 1987 est prêt à être signé par les deux Présidents[1]. Le parcours de la négociation n'a pas été simple, surtout pour le Canada qui a une équipe de travail plus nombreuse que celle des États-Unis : plus de 120 experts et 23 fonctionnaires de haut niveau ayant plus de 25 ans d'expérience dans le gouvernement, sans parler des réserves fédérales nécessaires pour payer la négociation.

Un des aspects les plus intéressants de ce processus est la stratégie employée par les deux pays au fur et à mesure que l'accord prend forme. Au départ, les Étasuniens insistent auprès du gouvernement canadien pour que celui-ci lance la négociation de manière officielle, mais en réalité, leur attitude et leurs déclarations de 1985 et début 1986 transmettent au gouvernement canadien des messages ambigus et inquiétants[2].

La démarche qui suit la proposition officielle de négociation faite par le Premier ministre Mulroney au Président Reagan est l'envoi d'une note officielle, qui annonce que le président va tenter de négocier un accord de libre-échange avec le Canada[3], au *Senate Finance Committee* et au *House Ways and Means Comittee*. Dans le même temps, la Commission du

[1] Entre septembre et décembre 1985, le président Reagan et le Premier ministre Mulroney informent leurs corps législatifs respectifs que les négociations d'un accord de libre-échange vont commencer. Les négociations se déroulent en 1986 et 1987, et les deux chefs d'État signent l'ALCCEU en octobre 1988. Celui-ci entre en vigueur le 1er janvier 1989.

[2] Selon les termes de la procédure législative connue sous le nom de *fast-track*, la demande de négociation doit venir d'un pays tiers et non pas des États-Unis. En réalité, que le pays demandeur soit effectivement un tiers ou non, le recours au *fast-track* est obligatoire. Ainsi les autres pays sont toujours placés en position de demandeurs. Les États-Unis savent que, dans toute négociation, celui qui demande se trouve en position de faiblesse et c'est là la véritable raison du *fast-track*.

[3] La législation étasunienne stipule qu'une fois que le président soumet officiellement au Congrès l'initiative de loi pour la signature d'un accord, les deux chambres doivent voter le projet de loi dans un délai de 90 jours. Aucun amendement n'est autorisé.

Commerce international (ITC par ses sigles en anglais) prépare un rapport sur l'impact économique probable de l'accord aux États-Unis. Si dans les 90 jours les deux comités ne présentent pas d'objection, les gouvernements pourront commencer la négociation, sauf ce qui concerne les droits de douane qui ne peuvent être négociés qu'après la parution du rapport de l'ITC.

Malgré la simplicité de la procédure, dans les faits, les Étasuniens inondent le début du processus de contradictions et de surprises désagréables. En réalité, la demande du Canada est ouvertement utilisée dans la lutte politique entre la Maison-Blanche et le Congrès. Comme si cela ne suffisait pas, les fonctionnaires américains les plus liés à cette négociation insistent auprès des Canadiens pour influencer les formes dans lesquelles se déroulera le processus et utilisent la demande de *fast-track* pour favoriser certains compromis politiques entre le gouvernement Reagan et les membres du Congrès.

Cette situation déconcerte les Canadiens, qui ont pourtant une bonne expérience des négociations, et induit de sérieux problèmes internes. En effet, la situation provoquée par Washington offre aux adversaires de l'accord les arguments nécessaires pour renforcer leur discours contre le libre-échange. Cette situation ne s'améliore pas avec la progression des négociations, au contraire elle se détériore de façon exponentielle, stimulée par les mesures protectionnistes que les Étasuniens ne peuvent s'empêcher d'appliquer aux exportations canadiennes[1].

Après de longs mois de pressions et d'hésitations, le 10 décembre 1985, le président Reagan se décide à agir et prévient officiellement le Congrès qu'il tentera d'entrer en négociation avec le Canada par la voie du *fast-track*. Le « calvaire » canadien commence à peine, comme on peut le pressentir dans la note présidentielle :

> « *I welcomed the Prime Minister's proposal for trade talks as consistent with the efforts of both my Administration and the Congress to open foreign markets for US exporters. I am aware that some Members are concerned about pending trade disputes with Canada, and have suggested that negotiations be delayed until those matters are resolved. I firmly believe, however, that we should not delay. With the enormous volume of trade that flows between ours two countries, some differences of opinion bound to arise. We must not permit such transitory frustrations, important though they may be, to obstruct the improvement of our long term trade relationship-an issue by the way, that will be of immense significance in the coming decades. The initiation of new bilateral trade negotiations may significantly enhance our efforts to eliminate current trade frictions with Canada. And in any event, I*

---

[1] Pendant le mois d'octobre 1985, 10 sénateurs qui font partie du *Sénat Finance Committee* envoient une lettre au président Reagan où ils disent qu'avant de commencer les négociations avec le Canada il faut résoudre le problème du bois tendre. À l'inverse, 66 congressistes républicains se réunissent avec le leader de la minorité pour cautionner la loi sur le *Trade Partnership* de 1985, qui s'oppose à l'apparition de nouvelles lois protectionnistes. Dans cette pétition, il y a aussi une demande d'accélération de la négociation de l'accord avec le Canada (Hart, 1994 : 118).

assure you and the other Members of your Committee that the Administration will do everything possible to resolve such disputes in a reasonable and timely manner » (White House, press statement, 1985 cité par Hart, 1994 : 119).

Lorsque le gouvernement canadien considère que le processus commence à prendre tournure, d'autres problèmes surgissent qui ne font que renforcer le climat de tension entre les fonctionnaires participants. Dès que les deux comités mentionnés ont reçu la notification de Reagan, la discussion prend une direction inattendue : quel est le délai requis pour répondre au président ? La législation parle de 90 jours, mais il n'est pas précisé s'il s'agit de jours naturels, de jours ouvrables ou de jours de sessions du Congrès. En plus, il y en a qui affirment que le rapport que doit faire l'ITC doit être présenté après les fameux 90 jours. Finalement, Washington décide que l'interprétation correcte est de 90 jours naturels et que l'ITC doit rendre son analyse dans le même délai, sans attendre la décision des deux comités, ce qui aurait prolongé de plus de six mois le processus d'approbation de l'autorisation présidentielle[1] (Hart, 1994 : 119).

Pendant que le Congrès étasunien discute cette notification, les Canadiens préfèrent ne pas rester en attente, pensant que cette attitude pourrait entraîner certains congressistes à repousser l'initiative. Le gouvernement canadien commence à se préparer pour la négociation la plus importante de son histoire, étudiant le profil des candidats à l'équipe de négociations et organisant des réunions à cet effet. Le 8 novembre 1985, Mulroney donne le feu vert au processus de formation du groupe de négociateurs et nomme Simon Reisman à la tête de l'équipe[2].

Cette nomination déclenche bien sûr des spéculations sur les noms de ceux qui vont être appelés à faire partie de l'équipe. Reisman préfèrerait un groupe restreint, placé directement sous sa direction, baptisé Bureau des Négociations internationales (TNO par ses sigles en anglais). Sa place dans l'organigramme du gouvernement pose évidemment quelques problèmes, surtout au sein du ministère des Affaires étrangères et du Commerce international (MAECI) et dans le groupe chargé des négociations multilatérales et du GATT.

---

[1] Finalement la décision de commencer les négociations est annoncée le 26 septembre et l'échange de lettres entre le Président et le Premier ministre a lieu le 1er octobre 1985.

[2] Reisman est un fonctionnaire ayant une longue trajectoire. Il a été, entre autres, conseiller de huit Premiers ministres. Il a surtout une grande expérience comme négociateur dans le domaine du commerce international, ce qui lui a valu une forte réputation. Reisman a fait partie de la délégation canadienne à la conférence de La Havane qui cherchait à créer l'OIC. Il a également participé aux réunions préparatoires du GATT, il est considéré comme l'un des auteurs du Chapitre XXIV, et à cinq rondes de négociations. Mais le poste qui lui a donné sa plus grande renommée est celui de négociateur en chef du Pacte automobile (1965). Lorsqu'il est nommé par Mulroney, Reisman est consultant privé et participe à diverses commissions gouvernementales comme celle de l'industrie automobile et celle de la revendication des terres dans les territoires du Nord-Est.

Évidemment la création du TNO chatouille de nombreuses susceptibilités et la nomination de Reisman, un des mandarins notoires de la fonction publique, encore plus, car il n'accepte pas de se soumettre à l'autorité d'une dépendance gouvernementale sauf au Premier ministre. Pour leur part, les ministres les plus concernés par la négociation se sentent menacés dans leur domaine d'action par l'imposante personnalité de Reisman. C'est le cas de l'équipe des négociateurs multilatéraux avec laquelle finalement il arrive à un accord en créant un Bureau des Négociations du Commerce multilatéral chargé du GATT au sein du TNO[1]. Dans cette étape préliminaire des discussions, il faut absolument résoudre le problème des liens officiels entre le TNO, les gouvernements provinciaux et le patronat, car il est alors vital d'obtenir un consensus avec ces instances.

La structure politique du Canada donne aux provinces des compétences spécifiques en politique commerciale, industrielle et fiscale : il est donc impossible que le gouvernement fédéral entame une négociation sans tenir compte des intérêts et de la juridiction des provinces. C'est la même chose avec le patronat qui a une énorme influence sur la vie économique du Canada et ne peut donc pas être ignoré. Depuis le début, Reisman doit tenir compte de ces variables et construire des instances de liaisons entre le TNO, les provinces et les chefs d'entreprise.

À partir du moment où Mulroney décide de demander officiellement aux États-Unis le démarrage des négociations, il doit peser le pour et le contre de cette initiative et considérer les scénarios politiques possibles pendant la durée de la négociation. Dans cet exercice de prospective politique, Mulnorey ne peut pas faire abstraction de toutes les implications de l'accord sur la relation entre la Fédération et les provinces.

Depuis le début, l'attitude du gouvernement fédéral sur la place octroyée aux provinces dans le processus de négociation est ambiguë et contradictoire. Il essaye d'abord de limiter l'ingérence des gouvernements provinciaux tout en étant conscient qu'il ne peut pas se passer de leur appui s'il veut véritablement aboutir à un accord. Mulroney cependant tente toujours d'éviter que l'approbation de l'accord ne dépende que de la seule acceptation législative des provinces.

Les gouvernements provinciaux, conscients de ces contradictions, décident de conquérir leur place à la table des négociations, surtout ceux des provinces du Canada Central et de l'Ouest qui prennent rapidement la tête du mouvement, comme le démontre la réunion d'Halifax en novembre 1985. Mulroney est visiblement mal préparé pour une réunion de cette envergure et la mauvaise organisation du bureau correspondant du MAECI et du Bureau des Relations fédérales-provinciales responsables de la rencontre, est

---

[1] Il est encore plus important de déterminer la nature du mandat de Reisman qui, puisqu'il est nommé directement par le Premier ministre, doit lui rendre des comptes directement et ne dépend donc pas du ministre des Affaires étrangères ni du Conseil privé comme il en était question au début.

évidente. En revanche, les provinces présentent des arguments bien documentés et préparés, portant sur des revendications très spécifiques parmi lesquelles la demande de participation permanente des provinces, sur un pied d'égalité, ainsi que la création d'un secrétariat fédéral–provincial pour suivre le processus négociateur.

À Halifax, les Premiers ministres considèrent que le problème est réglé. Ils sont convaincus que le travail de Reisman suivra les instructions des dix ministres provinciaux, qu'ils auront un siège permanent et joueront un rôle dans la conduite des négociations (Doern et Tomlin, 1991 : 129-130).

Cette idée est fort éloignée de la réalité et surtout de ce que Mulroney et Reisman pensent faire. Depuis le début, la relation entre le chef négociateur et les Premiers ministres provinciaux est difficile. Ces derniers, conscients de leurs prérogatives, considèrent que les gouvernements des provinces et le gouvernement fédéral doivent dicter une ligne de conduite aux négociateurs : cette prétention est refusée catégoriquement par les ministres fédéraux et par Reisman (Hart, 1994 : 129).

Néanmoins, comme il n'est pas question de déclencher une guerre interne, en janvier 1986, on crée, avec le consentement du Premier ministre, un groupe composé par quelques Premiers ministres provinciaux, officialisé sous le nom de *Continuing Committee on Trade Negotiations*, qui siègera régulièrement et donnera son avis[1].

Les provinces ne pourront jamais s'asseoir à la table des négociations, mais elles participent activement au processus et il ne fait aucun doute qu'elles ont acquis une grande expérience dans les négociations commerciales internationales. La formule grâce à laquelle elles participent à la négociation est si avantageuse qu'elle sera ensuite installée dans d'autres négociations comme celles de l'ALENA[2].

---

[1] Pendant le processus, Mulroney tient trois réunions avec les gouvernements provinciaux et huit réunions spéciales sur le libre-échange. Pour sa part, Reisman et son équipe se chargent de leur fournir les comptes rendus de chaque réunion. Il y a aussi des réunions par secteurs avec les provinces intéressées et, avant chaque réunion plénière, il y a une réunion avec le CCTN. Des communications téléphoniques avec chaque province sont prévues avant les réunions plénières pour les tenir au courant des négociations. Reisman dit alors que les Premiers ministres des provinces sont mieux informés que beaucoup de ministres du cabinet fédéral (Doern et Tomlin, 1991 : 132).

[2] Les dix provinces soutiennent différemment l'ALCCEU. L'Alberta apporte un appui inconditionnel à l'accord car il veut obtenir un accès plus large au marché étasunien pour ses produits agricoles et énergétiques. Il veut que l'accord bloque toute intromission du gouvernement fédéral dans la politique énergétique, comme cela s'était passé en 1985 avec le PNE. La Colombie-Britannique est au départ très favorable, mais quand en 1986, le lobby étasunien contre le bois tendre se renforce et impose 15 % de droits compensatoires sur les exportations de cette province, sa position se radicalise. Parmi les provinces atlantiques, Terre-Neuve et la Nouvelle-Écosse sont les plus intéressées : elles sont en faveur de l'accord car elles cherchent à mettre une limite au protectionnisme étasunien qui souvent les pénalise avec l'application de droits compensatoires, surtout dans le domaine des pêcheries. La Nouvelle-Écosse est le leader des provinces atlantiques contre les positions de Reisman qui leur sont particulièrement préjudiciables. En particulier, elle défend son droit aux appuis régionaux et aux subventions qui ne doivent pas faire l'objet d'actions compensatoires. Le Québec est largement favorable à l'accord car celui-ci lui permettra d'avoir une place privilégiée sur le marché étasunien et de gagner, au Canada, un espace économique et politique plus large. De plus, le Québec a une classe patronale très dynamique qui voit dans l'accord la possibilité de rénover les secteurs les plus en retard de son économie. La province la

En avril 1986, le *Senate Finance Committee* et le *House Committee Ways and Means* mettent en échec l'administration Reagan et le gouvernement canadien. Au cours d'une audience, le comité du Sénat donne la parole à un groupe de sénateurs qui s'opposent à certains aspects de la relation avec le Canada et affirment leur droit de donner leur avis sur la politique commerciale internationale et donc, bien sûr, les négociations avec ce pays.

De nombreux sénateurs républicains qui intègrent ce comité considèrent qu'il n'est pas nécessaire de négocier un accord avec le Canada car il existe d'autres priorités économiques. En ce sens, le leader de ces sénateurs qui s'opposent à l'approbation du *fast-track* affirme : « *I don't understand the train wreck idea. We've gone 210 years without a free trade agreement with Canada* » (Globe and Mail, 1986, cité in Doern et Tomlin, 1991 : 35).

Dans le fond la véritable raison de l'opposition du Congrès est la différence de point de vue sur la politique commerciale internationale. L'opposition exprimée par les congressistes à travers le Comité des Finances du Sénat est une manière de rappeler à l'ordre Reagan et ses collaborateurs qu'ils accusent de négliger les préoccupations du Congrès.

Les fonctionnaires de Washington et le Président comprennent le message et se décident à agir : toute la machine gouvernementale se met en marche et essaye d'influencer un par un les congressistes de l'opposition. L'opinion publique est cooptée par les médias et dans les jours qui précèdent le vote final, le Président Reagan lui-même entreprend une campagne de prosélytisme par téléphone auprès des représentants hésitants.

Finalement, le *fast-track* est approuvé avec une faible majorité[1]. Ce processus montre clairement que les congressistes surveilleront chaque pas de la négociation et qu'il faudra leur exposer clairement, à chaque étape, les avantages obtenus par les États-Unis.

Si l'on analyse à distance ce qui s'est passé, il est évident que sans l'intervention directe du Président Reagan, l'autorisation n'aurait pas été donnée. Finalement le poids du pouvoir exécutif est déterminant comme il sera plus tard lorsque la négociation se retrouvera dans une impasse.

La première d'une longue série de réunions bilatérales (jusqu'à la fin de l'année 1987) a lieu en mai 1986. Cette réunion est particulièrement importante pour l'équipe canadienne, car elle s'aperçoit que les changements et ajustements que le Canada devra faire seront plus amples et plus profonds que ceux des États-Unis et qu'il est donc fondamental de bien évaluer l'envergure de l'économie et ses différences avec celle de son voisin.

---

plus hostile à l'accord est l'Ontario parce que celui-ci va nuire à sa relation privilégiée avec les États-Unis et à son Pacte automobile. Une raison de poids, avancée par le gouvernement de l'Ontario, est la perte d'emplois, argument qui touche aussi le *Canadian Labour Congress* et le parti Nouvelle Démocratie qui, à cette époque, exercent une forte influence sur le gouvernement de la province.

[1] Le *Senat Finance Committee* décide, par un vote de 10 contre 10, de ne pas désapprouver les négociations bilatérales avec le Canada.

Dans cette réunion, Reisman tente de partir d'un schéma semblable à celui du GATT et insiste pour que le modèle des négociations s'adapte au contenu de l'article XXIV. Il se lance donc dans une grande intervention sur le rôle du Canada dans le commerce international depuis la fin de la guerre, et expose les bases sur lesquelles la négociation devra s'appuyer. Néanmoins, son interlocuteur Peter Murphy[1] ne semble pas très convaincu par cet exposé : il a d'autres idées sur la négociation et, à la fin de cette réunion, il ne fait même pas de déclaration officielle pour indiquer le chemin qu'il entend suivre.

Les Canadiens pensent que tout est en marche, mais les Étasuniens ne sont pas de cet avis : cette différence, qui se traduit à tout moment par du désintérêt et du dédain, va saper le moral des Canadiens pendant toute la négociation[2].

De manière surprenante, cette première réunion est précédée par une attaque protectionniste du Congrès étasunien qui décide d'appliquer 35 % d'impôts à certaines importations canadiennes. Ce geste anéantit l'optimisme des Canadiens et les oblige à voir la réalité : les Étasuniens n'ont pas d'amis, seulement des intérêts. Immédiatement, Mulroney envoie une lettre sévère pour rappeler à Reagan les ententes de la réunion de Québec en matière de protectionnisme. Le gouvernement canadien répond au protectionnisme des Étasuniens par des mesures protectionnistes et, au mois de juin, il applique des mesures de rétorsion en imposant des impôts sur les livres, les arbres de Noël et les sachets de thé, décision qui, de l'avis de nombreux Canadiens, nuit davantage aux consommateurs qu'aux exportateurs (Hart, 1994 : 161).

L'attaque étasunienne ne s'arrête pas là et d'autres mesures plus graves viennent s'ajouter aux précédentes. Le lobbying étasunien contre les exportations de bois tendre prend l'aspect d'une guerre commerciale et ils finissent par exiger 4 milliards de dollars de mesure compensatoire.

Comme si cela ne suffisait pas, la Chambre des Représentants obtient un vote en faveur d'une loi commerciale qui prévoit un grand nombre de mesures protectionnistes, inscrites dans le *Trade and Competitiveness Act* de 1988, pour résoudre les problèmes commerciaux du gouvernement.

Toujours non satisfaits, les Étasuniens manifestent leur animosité envers la politique monétaire du Canada quand le Secrétaire du Trésor, James Baker, déclare qu'il soutient la surévaluation du dollar canadien, qui affecte directement le commerce extérieur. Cette affirmation préoccupe beaucoup le gouvernement et le ministre des Finances, Michael Wilson, doit défendre le

---

[1] Il a été nommé chef de la négociation par Clayton Yeutter, représentant des États-Unis pour le commerce (USTR pour ses initiales en anglais). Avant sa nomination, il était assigné aux négociations multilatérales à Genève.

[2] Le gouvernement canadien a nommé comme chef de la négociation l'homme le plus capable mais les États-Unis nomment Peter Murphy qui est presque inconnu dans le milieu des négociations commerciales de son pays. Cet aspect se reflète bientôt dans les réunions où Murphy semble ne pas très bien savoir quels sont les objectifs de la négociation.

flottement de la monnaie et empêcher que la proposition ne devienne un point de la négociation.

D'une façon générale, un climat d'incertitude règne pratiquement tout au long la négociation parce que les Canadiens considèrent les Étasuniens ne s'engagent pas à fond et, dans de nombreux cas, préfèrent retarder les décisions finales. Cette attitude est une conséquence des pressions du Congrès et correspond également au fait que les négociateurs ne veulent pas faire de vagues dans leur pays à la veille des élections législatives[1].

Sans aucun doute, les continuels problèmes entre les deux équipes sont dus à l'existence d'obstacles qui semblent infranchissables. Le plus évident est celui de la différence de fonction entre Reisman et Murphy : le Canadien a pratiquement un chèque en blanc alors que l'Étasunien n'a qu'un mandat restreint qui l'empêche d'avancer avec la même aisance que Reisman. Un autre aspect, lié au premier, est la taille et la préparation de chaque équipe. Le Canada emploie ses meilleurs éléments, mais les États-Unis n'ont pas les mêmes critères : sur le plan commercial, ils jouent sur plusieurs fronts à la fois et le Canada n'est qu'une pièce de plus sur leur échiquier international. Les négociateurs sont en majorité des bureaucrates qui viennent du Bureau du Représentant du Commerce (USTR par ses sigles en anglais)[2], de la Commission internationale du Commerce (USITC par ses sigles en anglais)[3], du Département du Commerce et du Département d'État, mais les meilleurs éléments travaillent à cette époque sur les négociations de l'Uruguay Round du GATT[4]. Cette situation est clairement décrite par un membre de haut niveau du Bureau canadien des Négociations commerciales :

> « *The American team would arrive and would say : « Well, if you could excuse us for an hour, we'll have a meeting and decide what we can talk about, or what our position is going to be ». Literally, we would introduce the American delegation to each other.... It's all part of a tragic situation, the average US bureaucrats are very weak, very badly paid, very badly equipped, and don't have the capacity to do a good job* » (cité in Doern et Tomlin, 1991 : 169).

---

[1] Le 5 novembre 1986, le Parti démocrate gagne le contrôle du Sénat.

[2] *L'U.S. Trade Representative* est un fonctionnaire du bureau exécutif du Président, ayant le niveau d'un membre du cabinet et rang d'ambassadeur. Assesseur du président, il est chargé de coordonner la politique du gouvernement dans les négociations commerciales internationales et la stratégie du développement commercial.

[3] *L'U.S. International Trade Comision* est une agence fédérale, hors partis, de caractère régulateur, formée par six membres chargés de faire des recommandations lorsqu'un secteur économique, une industrie ou les travailleurs ont été agressés par les importations. À la demande du président, du Congrès ou à sa propre initiative, la Commission analyse les problèmes commerciaux spécifiques, les impacts possibles de la réduction des droits de douane, etc. Elle est chargée d'évaluer l'impact de l'ALCCEU aux États-Unis.

[4] Selon Doern et Tomlin, même si Murphy est le chef de la négociation il a, comme ses collaborateurs, d'autres responsabilités au sein de l'USTR, et travaille à temps partiel à la négociation car il doit continuer à assumer ses responsabilités dans son poste antérieur (Doern et Tomlin, 1991 : 166).

Un autre aspect qui gêne continuellement les réunions est le manque de capacité politique de l'équipe étasunienne qui ne peut pas agir sur le Congrès. Depuis le début, du côté canadien, on sait que c'est là un écueil important dans la négociation. Clayton Yeutter, le représentant de l'USTR est un fonctionnaire très compétent en commerce international mais son équipe et lui manquent de la compétence et de l'infrastructure nécessaire pour affronter les congressistes. Cela se répercute sur la dynamique de la négociation car les participants étasuniens doivent continuellement consulter Washington, ce qui retarde sans cesse les discussions.

Autre frein pour les négociateurs : les objectifs ne coïncident pas souvent. Dès le début, Reisman veut un accord large et de grande portée, capable de toucher le plus petit recoin de la relation commerciale et pour cela il est prêt à utiliser comme clef de la négociation la clause du Traitement national. Celle-ci garantit une grande mobilité des biens et des services des deux pays et bloque toute tentative protectionniste du Congrès, du Département du Commerce ou de l'USITC. En résumé, l'objectif principal des Canadiens est de s'assurer l'accès au marché étasunien et de mettre fin aux éternelles disputes provoquées par les lois protectionnistes.

Les négociateurs étasuniens ne peuvent pas accepter cette proposition puisque cela signifierait renoncer à tout l'attirail protectionniste qui les a toujours aidés à combattre et punir les pratiques de dumping et les subventions. Murphy ne peut pas négocier quelque chose qui va directement contre un pouvoir fréquemment exercé par le Congrès : il n'a pas l'autorisation de négocier des mesures qui vont à l'encontre des lois protectionnistes de son pays – US trade remedy laws – (Doern et Tomlin, 1991 : 153-154).

Les Étasuniens n'ont pas vraiment d'intérêt pour un accord si large, mais ils ne le rejettent pas non plus. Leurs objectifs sont plus spécifiques : ils veulent surtout établir un échange commercial sans droits de douane et pénétrer dans des secteurs auxquels ils n'ont pas encore accès total : le commerce des services et la propriété intellectuelle. Mais, le plus grand pari est la libéralisation totale du secteur énergétique et de l'investissement, source permanente d'irritation dans la relation bilatérale, à cause des mesures nationalistes que le Canada a appliquées dans le passé.

Pendant les 15 premiers mois des négociations, la relation entre les deux équipes est tendue. Les Étasuniens ont mis le groupe canadien en position de demandeur et ils se contentent d'écouter, de voir ce qu'ils veulent et ce qu'ils proposent sans offrir de réponse en échange. La dureté et la persévérance de Murphy qui ne cède pas d'un pouce deviennent légendaires. Les mois passent sans que rien ne soit formellement négocié car les Étasuniens appliquent la tactique de l'usure, sachant que Reisman et son équipe jouent le tout pour le tout.

Dans cette situation, deux éléments vont se convertir en pierre d'achoppement pour les deux négociateurs. Les Étasuniens ne renoncent pas à imposer aux Canadiens leurs points de vue sur la libéralisation à outrance des investissements et, de leur côté, les Canadiens veulent discuter les lois médiales sur le commerce. Par exemple, Murphy va jusqu'à dire que négocier la façon de faire les investissements est une condition *sine qua non* pour aboutir à un accord. Le mandat de Reisman ne lui permet pas de négocier le chapitre de l'investissement, mais il est d'accord pour l'obtenir si son interlocuteur accepte les revendications canadiennes. Murphy réplique que si les Canadiens arrêtent de subventionner certains secteurs, ils n'auront plus à ce préoccuper des lois protectionnistes étasuniennes. Le négociateur étasunien joue durement pendant tout le processus et refuse de se compromettre sur les thèmes cruciaux, prenant toujours des positions radicales, dans toutes les réunions (Doern et Tomlin, 1991 : 162).

Devant l'échec évident des négociations, le gouvernement de Mulroney envoie une lettre au chef de l'équipe de la Maison-Blanche qui demande une réunion au sommet pour tenter de sortir de l'impasse où se trouvent les négociations depuis août 1987. La stratégie canadienne est claire, il s'agit de demander officiellement que les négociations passent au niveau politique et ainsi faire pression sur Murphy depuis Washington pour faciliter la discussion.

En août 1987, face au manque de volonté politique de l'équipe de négociateurs étasuniens et aux difficultés rencontrées pour obtenir certaines concessions, le responsable canadien Simon Reisman déclare : « Nous avons clairement fait savoir aux États-Unis qu'ils doivent nous faire des propositions plus précises et plus détaillées pour que nous puissions revenir à la table de négociation » (Hart, 1994 : 421).

En septembre 1987, plusieurs points importants ne sont pas réglés. Le ministre du Commerce extérieur résume les exigences canadiennes en cinq points. Établir des règles claires sur ce que sont des pratiques commerciales loyales et déloyales. Une législation claire, rapide et obligatoire pour résoudre les litiges concernant les impôts à l'importation. Le libre accès, à égalité pour les deux pays, des produits agricoles et alimentaires. La modification de la réglementation du commerce des automobiles pour augmenter réellement la production et l'emploi dans les deux pays. L'élimination de toutes les barrières douanières et non douanières et l'interdiction d'imposer tout autre type de droits.

Immédiatement, Reisman reçoit l'ordre, venant directement de Mulroney, de rompre les négociations si les Étasuniens ne donnent pas de signaux clairs qu'ils acceptent de négocier les problèmes fondamentaux lors de la prochaine réunion plénière qui doit avoir lieu à Washington. Face à l'intransigeance de Murphy qui suit la même tactique depuis des mois, le 23 septembre de la même année, Simon Reisman déclare qu'il abandonne les négociations : « J'ai suspendu les négociations parce que les États-Unis ne répondent pas aux questions qui sont essentielles pour le Canada. Nous avons mis toute notre bonne volonté pour conclure cet accord, mais maintenant c'est aux États-Unis de faire quelque chose » (Hart, 1994 : 422).

La réaction étasunienne ne se fait pas attendre, par le biais des congressistes qui appartiennent à *House Ways and Means* et de Gotlieb, l'ambassadeur du Canada à Washington. Le délai fixé par le Congrès pour donner l'autorisation de négocier expire le 3 octobre, il est donc plus que temps de mettre la question sur le terrain politique. James Baker, secrétaire du Trésor, prend alors les commandes pour les États-Unis et Derek Burney, chef de l'équipe de Mulroney, pour le Canada.

Avant de retourner à la table des négociations, il faut que la relève politique détermine avec précision les principaux obstacles qui bloquent le processus. Ils n'ont pas de mal à découvrir qu'il s'agit de la négociation sur l'investissement et des lois et mesures protectionnistes que les Étasuniens imposent régulièrement aux exportations canadiennes.

Sam Gibbons, le chef du sous-comité sur le commerce du *House Ways and Means Committee* recentre la problématique et offre des solutions aux deux groupes. Il propose trois mesures : que la négociation sur les subventions et les mesures qui s'y opposent soient éliminées de la négociation, que les lois commerciales en vigueur continuent à être appliquées de façon intérimaire et que l'on établisse une procédure d'appel pour réguler la manière dont les indemnisations commerciales seront imposées dans les deux pays.

La troisième suggestion est sans doute celle qui a permis de débloquer la situation. La direction politique des deux groupes ainsi que Gibbons et Gotlieb rédigent chacun de leur côté un texte de base pour débloquer la négociation. Pour les Canadiens, Burney ouvre une porte de sortie en proposant la création d'un tribunal pour régler les disputes commerciales (Doern et Tomlin, 1991 : 180).

La proposition de Gibbons est particulièrement constructive car, au lieu de continuer à centrer la discussion sur un changement des lois, ce qui est peu réaliste, il modifie l'axe de la négociation en prévoyant un mécanisme qui peut résoudre les conflits sans envahir les prérogatives du Congrès.

Au début la proposition n'est pas très bien accueillie des deux côtés et, à la fin du mois de septembre, Mulroney est sur le point d'annoncer l'échec des négociations, puisque l'on approche de la fin du délai prévu. Néanmoins, au dernier moment un groupe de congressistes décident de soutenir la proposition de Gibbons et après une journée de coups de téléphone à haut niveau et de lobbying, le 1er octobre à minuit, Reisman reçoit l'ordre de retourner à Washington avec son équipe. Le jour suivant, moins de 48 heures avant la limite fixée, les négociations reprennent[1].

---

[1] Les Canadiens commencent ce marathon avec un handicap. Ils ont suspendu les négociations, mais néanmoins ce sont eux qui doivent voyager à Washington où James Baker a des avantages politiques et techniques évidents. L'équipe canadienne est divisée dès son arrivée, le TNO est confiné dans les bureaux de l'USTR et l'on forme les équipes de travail avec les Étasuniens. Les Ministres Canadiens Wilson et

Après cette déclaration, le Président Reagan et le Premier ministre Mulroney ont un échange téléphonique, et ils décident de houspiller leurs négociateurs respectifs, affirmant clairement la volonté politique des deux gouvernements d'arriver à tout prix à une conclusion rapide. Les deux équipes doivent renoncer à la tactique du marchandage et adopter une stratégie « somme zéro ». Les décisions des Chefs d'État obligent les Canadiens à baisser la garde sur certains points et c'est seulement à partir de ce moment-là que les Étasuniens se hâtent de conclure le traité, comme l'explique bien le représentant du commerce des États-Unis, Clayton Yeuter : « Nous sommes prêts à renouer la négociation et à travailler 24 heures sur 24 pour arriver à un accord à la date fixée » (Hart, 1994 : 422).

En effet, après une réunion de plus de sept heures et demie, ils déclarent que la négociation progresse. Finalement le 4 octobre 1987, le Premier ministre Mulroney déclare avec une évidente satisfaction que la négociation de l'ALCCEU est terminée.

Si l'on examine plus en détail l'évolution des négociations, on remarque que plusieurs éléments varient au cours des années : l'ordre du jour global que les négociateurs appellent *comprehensive,* va permettre d'abandonner petit à petit les négociations par secteur au profit d'une négociation globale qui équilibre et compense les pertes et les gains entre les divers secteurs en discussion. Par exemple, pour les négociateurs canadiens il est plus important que les Étasuniens acceptent d'exclure les industries culturelles de l'accord et de mettre en place un mécanisme de solutions des conflits commerciaux[1], que de refuser des concessions dans le secteur énergétique qui de toute façon était déjà lié aux compagnies des États-Unis avant l'ALCCEU. Néanmoins, comme nous le verrons plus tard, le chapitre sur l'énergie aura un coût politique désastreux pour Mulroney.

D'autre part, les négociations doivent respecter les règles émises par le GATT, principalement l'article XXIV, et faire en sorte que la libéralisation des échanges ne s'éloigne pas du concept de « nation la plus favorisée » telle qu'il est inscrit dans le GATT.

L'analyse détaillée du contenu de l'accord montre toute l'attention portée à sa rédaction pour ne pas violer les éléments stipulés dans la réglementation du GATT. De même, un grand effort est fait pour ne pas accorder quelque chose qui soit en contradiction avec la future loi Omnibus en préparation aux États-Unis.

Carney, l'ambassadeur Gotlieb et Burney sont emmenés au Département du Trésor, orphelins du TNO, où Baker les attend. Une forte protestation de Reisman parvient à faire en sorte que Murphy et lui puissent venir jusqu'à l'immeuble du Trésor, mais ils ne peuvent pas se réunir avec le groupe politique : Reisman reste dans une salle voisine et on le consulte si besoin.

[1] Un des éléments fondamentaux de la fin de la négociation est la proposition de créer un tribunal binational pour résoudre les conflits commerciaux. Le grand obstacle surgit quand les Canadiens parlent de mécanisme permanent, ce que les Étasuniens refusent car cela va à l'encontre du pouvoir législatif de leur pays. Il accepte néanmoins, à condition que ce tribunal fonctionne avec des membres tournants et non pas avec une structure permanente.

La conclusion du processus de négociation est un soulagement pour l'équipe canadienne qui, comme nous l'avons dit plus haut, a vécu une véritable guerre d'usure. La signature et l'approbation de l'ALCCEU sont une victoire évidente du gouvernement conservateur, mais elle lui coûte cher au niveau politique.

Les Canadiens vont très vite comprendre que la victoire n'a pas été obtenue uniquement grâce à l'habileté des négociateurs mais grâce à une série de circonstances totalement extérieures à la négociation. En réalité, le changement de tactique des Étasuniens correspond à un des pires moments de la diplomatie étasunienne et au discrédit de Reagan compromis en Iran, au Nicaragua et au Salvador. Dans ces circonstances, il est tout à fait utile pour la politique extérieure déclinante de trouver une raison de se réjouir, et l'ALCCEU vient offrir un succès à la Maison-Blanche.

La publication du contenu de l'ALCCEU déclenche une forte opposition contre le gouvernement conservateur, en grande partie à cause de la manière de se comporter des Étasuniens pendant la négociation et des concessions que les Canadiens ont été obligés de faire. Pour un grand nombre d'entre eux, l'ALCCEU est une gaffe. La mauvaise réception réservée à l'ALCCEU est accentuée par la crise économique qui, à partir de 1989, donne encore plus d'arguments à ces détracteurs.

4. Défenseurs et détracteurs de l'accord

Pendant les négociations, l'opinion des Canadiens est partagée. Certains considèrent que la signature de l'accord est un acte d'abandon, une réponse résignée à une réalité annoncée depuis plusieurs dizaines d'années et qu'il faut simplement concrétiser. La population est soumise à un bombardement publicitaire[1] dans deux directions. Il s'agit d'une part de transmettre aux citoyens le sentiment que leur pays est vulnérable face au protectionnisme croissant des États-Unis, en prenant comme exemple leur nouvelle loi commerciale et l'orientation des négociations commerciales multilatérales au sein du GATT. On insiste surtout sur le fait qu'après décembre 1990, date prévue pour la fin de l'Uruguay Round, un changement dans les règles du jeu commercial international va intervenir et porter préjudice au Canada[2]. L'autre idée utilisée pour influencer l'opinion publique canadienne est que c'est là l'unique possibilité de monter dans le « wagon de la globalisation »

[1] La publicité en faveur de l'ALCCEU a coûté 32 millions de dollars canadiens, répartis entre la promotion, les relations publiques, les annonces dans les médias, les pamphlets, etc.

[2] Contrairement aux prévisions optimistes des négociateurs étasuniens, dont Carla Hills et Julius Katz, futurs négociateurs de l'ALÉNA, la ronde Uruguay ne prend fin qu'en 1993, ce qui provoque de sérieux problèmes dans la négociation de l'ALCCEU et de l'ALENA car aucun des deux pays ne veut céder plus que ce qui sera inscrit dans le GATT. Mais, dans l'ALCCEU et l'ALENA, il est flagrant qu'ils cherchent à obtenir de plus grandes concessions que celles obtenues dans la ronde multilatérale.

et qu'il vaut bien mieux le faire en compagnie des États-Unis, comme lors de la fondation du GATT en 1947.

L'ALCCEU n'aurait pas pu être approuvé sans l'aide des groupes de pression industriels et le soutien de certaines institutions favorables à l'accord. Parmi ces groupes, nous pouvons citer le *Business Council on National Issues* (BCNI), créé en 1976 pour répondre aux mesures nationalistes du gouvernement et le mouvement en faveur de la « *Canadisation* » de l'économie. Le profil de leurs membres laisse prévoir la victoire du courant pro-continental au sein du secteur privé, car on y retrouve les leaders des chefs d'entreprise canadiennes et des usines subsidiaires étasuniennes de plus grand poids économique et politique [1].

Contrairement à d'autres groupes, leur objectif principal est de « contribuer à la formulation des priorités nationales ». Ils commencent donc à faire une importante propagande auprès des membres du Parti libéral et du Parti conservateur, et au sein du Parlement canadien, pour promouvoir les intérêts des entreprises qu'ils représentent (Martin, 1994: 231-250).

Ce Conseil constitue petit à petit son propre programme qui défend la nécessité d'une réforme fiscale et d'une plus grande libéralisation commerciale avec les États-Unis.

La *Canadian Manufacturer's Association* (CMA) joue également un rôle important à ce moment-là. Contrairement au BCNI, la CMA est une vieille association, fondée il y a plus d'un siècle et son histoire est parallèle à celle de la Politique nationale puisqu'elle a toujours représenté les intérêts du secteur industriel du Canada. Elle n'était auparavant pas favorable au libre-échange, puisqu'elle a bénéficié pendant des années du protectionnisme adopté par la Politique nationale. Ses membres ne sont pas les patrons des entreprises, comme dans le cas du BCNI, ce sont des responsables de haut niveau, et son rayon d'action couvre le Canada central (Doern et Tomlin, 1991 : 46-47). Son penchant pour le libre-échange n'est pas aussi catégorique que celui du BCNI. Pendant les années 70, les positions pour ou contre le libre-échange divisent l'association et pour ne pas mettre en danger l'unité de l'association, les prises de positions clairement libérales sont freinées. L'histoire de la CMA permet de comprendre les différences de pont de vue ; il s'agit d'une association hétérogène quant à l'origine de ses membres qui ne sont pas tous des individus ni des entreprises si importantes que dans le BCNI. Cette hétérogénéité contribue à la vulnérabilité de l'association qui est très touchée par la récession de 1982 : environ 3000 employés des entreprises affiliées à la CMA perdent leur emploi (Doern et Tomlin, 1991 : 49).

---

[1] La relation entre la compagnie étasunienne American Express et Mulroney est l'objet de dures critiques dans les médias canadiens. Une des meilleures analyses sur les relations de Mulroney avec les entreprises étasuniennes, le parti libéral et le parti conservateur, se trouve dans le livre de McDonald, 1995 : 214, 215, 258, 332 et 334.

Les positions favorables au libre-échange prennent du poids dans la CMA lorsque le commerce extérieur du Canada augmente et que les entreprises appartenant à cette association se mettent à participer sérieusement à des activités liées au commerce international.

Le BCNI diffère de la CMA dans sa manière de faire du lobbying car il a une position privilégiée au sein de la communauté des PDG et possède de bons contacts politiques dans le gouvernement, dans le parti libéral et dans le parti conservateur. Tous ses membres sont des patrons, les plus importants des entreprises canadiennes et des multinationales installées au Canada, ce qui lui donne une influence considérable sur pratiquement tous les secteurs et branches économiques du pays.

Indépendamment de l'association, un des arguments le plus souvent répétés dans le monde des affaires est que le secteur privé est celui qui produit la richesse du Canada. Pendant toute la négociation de l'ALCCEU, à travers la Commission Macdonald et grâce au lobbying, ce secteur privé va donc faire pression pour que ses intérêts et ses organisations soient protégés et favorisés par l'accord.

Le lobbying des patrons se fait en fonction de plusieurs arguments qui semblent très convaincants au gouvernement conservateur et aux futurs négociateurs. Ils insistent sur l'antagonisme existant entre l'inefficacité du gouvernement lorsqu'il s'agit d'obtenir une augmentation de la productivité et l'obligation du Canada d'élever son niveau de compétitivité. Les chefs d'entreprise répètent sans cesse que le marché doit être le seul régulateur des forces économiques et qu'il déterminera les secteurs économiques vainqueurs dans la bataille du libre-échange. Bien évidemment, la relation avec les États-Unis revient sans cesse sur les lèvres des acteurs du secteur industriel et les pressions sont très fortes pour imposer une restructuration de la politique du commerce international avec ce voisin.

On ne peut pas ignorer qu'au Canada les groupes patronaux ont toujours entretenu des relations étroites avec leurs homologues étasuniens et que tous considèrent nécessaire l'établissement d'un cadre régulateur des échanges économiques qui donnerait plus de sécurité aux entreprises, au-dessus des gouvernements.

En janvier 1983, peu de temps après que la Commission Macdonald soit installée par un gouvernement libéral sur le point de disparaître, plusieurs membres du BCNI se réunissent avec le représentant du commerce des États-Unis. Au cours de cette réunion, William Broca se montre favorable à la proposition des patrons sur la négociation d'un accord de libre-échange, mais il suggère d'en parler d'abord au ministre du Commerce du Canada, Gerald Reagan.

Les membres du BCNI ne sont pas découragés par cette réaction et continuent leur lobbying du côté étasunien, probablement parce qu'ils considèrent fondamental de convaincre leur partenaire avant d'augmenter les pressions sur le gouvernement canadien. En mars de la même année, ils ont donc une entrevue avec le vice-président des États-Unis, George Bush, lorsque celui-ci vient à Toronto. Selon Doern et Tomlin, après 90 minutes d'entretien, le vice-président semble surpris par la proposition des chefs d'entreprise canadiens qui souhaitent un très large accord bilatéral.

L'audace du BCNI ne produit pas d'irritation chez les fonctionnaires du gouvernement canadien, mais de façon surprenante les CEO de cette organisation décident de rencontrer leur contrepartie étasunienne, *la American Business Roundtable.* Ils se rendent compte avec stupeur que ceux-ci n'ont pas grande envie de soutenir le lobbying canadien pour un accord commercial. L'attitude des Étasuniens n'est pas illogique : ils sont déjà très présents dans l'espace économique canadien et ils n'ont pas besoin d'un accord aussi ambitieux. La CMA et le BCNI, dans l'espoir de jours meilleurs, se tournent alors vers les travaux de la commission Macdonald à travers laquelle ils espèrent obtenir un consensus plus large.

Effectivement, leurs idées sont largement prises en compte par cette commission. Le monde canadien des affaires va parvenir à influencer MacDonald et les membres de la commission qui affirment que la cible visée est le libre-échange avec les États-Unis.

Macdonald est très impressionné lorsque les patrons affirment qu'ils peuvent concurrencer les Étasuniens sur leur propre marché, mais qu'il faut leur donner davantage d'opportunités. Connaissant la longue expérience des patrons canadiens en matière d'investissement étasunien au Canada, et le rôle subalterne de beaucoup, Macdonald laisse tomber, à tort ou à raison, ses préjugés. Il est persuadé que les affirmations de la CMA et du BCNI sont une claire « expression du nationalisme industriel des Canadiens » (Doern et Tomlin, 1991: 55)

Au milieu de ces discussions, le gouvernement fédéral publie un document intitulé « *How to Secure and Enhance Access to Export Market* » (1985), divisé en trois parties, qui analyse le commerce canadien au sein du commerce international, la participation du Canada dans le GATT et les objectifs à atteindre dans la future ronde Uruguay. La troisième partie propose quatre options possibles avec les États-Unis :

1. la possibilité de préserver le *statu quo* qui domine dans la relation,
2. négocier de nouveaux accords sectoriels,
3. négocier un accord large,
4. négocier un accord-cadre pour faire des consultations en vue de négociations futures.

Dans l'ensemble du document, l'expression libre-échange est volontairement évitée, mais après sa publication, les journaux déclarent que la politique du gouvernement conservateur est clairement en faveur du libre-échange (Hart, 1994 : 66).

D'autre part, ce document permet à divers secteurs, qui ne voient pas les tendances gouvernementales d'un bon œil, de commencer un mouvement de contestation qui, avec le temps, prend de l'importance : les arguments qu'il avance et la stratégie qu'il suit touchent les cordes les plus sensibles de la société canadienne et mettent le gouvernement en échec pendant la négociation de l'ALCCEU. Ce mouvement contestataire est constitué par des organisations sociales, des représentants de diverses Églises, des organisations non gouvernementales, des partis politiques d'opposition, des syndicats et des enseignants qui sont contre la proposition de Mulroney. Ces groupes acquièrent rapidement de plus en plus de force et deviennent un adversaire politique de poids contre les projets de libre-échange soutenus par le BCNI et les conservateurs (Ayres, 1998 : 21-23). Simon Reisman, déclare publiquement que « les opposants au libre-échange son des nazis qui utilisent les techniques de Goebbels pour répandre leur propagande contre le libre-échange » (Merret, 1996 : 34).

La contestation s'installe sur plusieurs fronts de diverses origines. Les groupes et les individus traditionnellement taxés de nationalistes ou de gauchistes bénéficient de l'appui de journaux renommés comme le *Toronto Star* qui publie d'importants articles et éditoriaux dénonçant l'orientation du gouvernement Mulroney. Mais la contestation la plus virulente est sans aucun doute celle de la centrale syndicale la plus puissante du Canada, *le Canadian Labour Congress* (CLC) qui lance des campagnes pour barrer la route à l'inévitable : la négociation de l'ALCCEU.

La commission Macdonald comme la négociation de l'accord créent un climat politique en constante effervescence qui ne laisse personne indifférent. Entre 1985 et 1988, plusieurs coalitions qui reflètent les deux grandes forces mobilisatrices de la société canadienne voient le jour.

On ne peut pas oublier que pour la première fois le perpétuel débat constitutionnel entre la Fédération et les Provinces passe temporairement au second plan car le libre-échange avec les États-Unis masque toute autre question politique. Cette situation a de graves répercussions quelques années plus tard, quand les Canadiens sont amenés à se prononcer d'abord sur l'Accord du lac Meech (1990) et ensuite à voter lors du référendum constitutionnel sur les changements proposés par le gouvernement conservateur à travers l'accord de Charlottetown (1992).

Paradoxalement, le débat sur le libre-échange est un facteur d'unification alors que les réformes constitutionnelles, particulièrement le problème du Québec, vont diviser ceux qui avaient lutté la main dans la main autour de l'ALCCEU, aussi bien ceux qui y sont favorables que ceux qui s'y opposent.

Les États-Unis sont une force centripète qui consolide la nation, et le débat constitutionnel dans toutes ses variations, surtout avec le Québec, est une force centrifuge qui tend à désunir le pays.

L'analyse rétrospective de cette période montre que finalement le débat sur un projet de Nation s'affirme de manière spécifique dans la société canadienne à partir du moment où les Canadiens cherchent à définir leur relation avec les États-Unis. Cette discussion répartit la population en deux grands groupes, qui sont tous les deux convaincus que leur lutte conduit le Canada sur le chemin d'une Nation meilleure. En ce sens, les deux groupes se disent nationalistes parce qu'ils cherchent, chacun à leur façon, à créer de meilleures conditions pour leur pays.

Le mot nationaliste ne s'applique donc plus exclusivement au groupe qui, depuis les années 1960, revendique pour les Canadiens le droit à la souveraineté économique et à l'exploitation de leurs ressources naturelles. Il est petit à petit repris en compte par d'autres groupes qui se considèrent les principaux producteurs de richesses du Canada et réclament leur droit de participation à la formulation de la politique économique du pays. Cette prérogative implique un changement de vision de la relation bilatérale qui est un élément indispensable à la construction de la Nation. C'est sous cet angle qu'il faut examiner la formation et le rôle de ces coalitions dont le but unique est de protéger deux projets de Nation.

À partir des années 80, les intérêts du monde des affaires, donnent naissance à la *Canadian Alliance for Trade and Jobs Opportunities* (ATJO) qui apparaît officiellement pour la première fois en mars 1987. Ce mouvement réunit routes les associations patronales du Canada, les plus puissantes comme les plus petites et se déclare indépendante des partis. La ATJO n'a aucun scrupule à se déclarer indépendante car dans le fond elle est soutenue à la fois par les libéraux et par les conservateurs, puisque les deux partis soutiennent amplement les intérêts des chefs d'entreprise[1].

Cette coalition est favorable à l'ALCCEU et profite de la puissance que lui donnent ses membres qui sont ancrés dans les affaires et les finances pour lutter contre certaines stratégies du gouvernement conservateur en matière de politique commerciale internationale. Parmi ses critiques, les plus importantes insistent sur l'inefficacité des autorités face au protectionnisme étasunien. Cette accusation semble en désaccord avec l'intérêt profond que la coalition manifeste pour la consolidation d'une nouvelle étape de relation avec les États-Unis à travers un accord de libre-échange. En réalité, il s'agit de la mise en place d'une stratégie pour attaquer les institutions d'Aide sociale. La coalition se propose d'affaiblir délibérément les instances et les mécanismes d'intervention de l'État et de laisser en place tout ce qui est utile à ses objectifs. Le gouvernement Mulroney est conscient de cet état de fait et partage cette vision qui propose un désengagement de l'État.

[1] Au départ, l'alliance comprend des membres de la majorité des associations patronales, mais on y trouve aussi temporairement d'autres groupes comme la *Consumers' Association of Canada.* À un certain moment, le nombre d'affiliés augmente car la *Canadian Cattlemen's Association* et les *Western Canadian Wheat Grovers* s'y associent. La *Canadian Banker's Association* et le *Canadian Petroleum Association* s'y unissent aussi en rechignant : les premiers auraient préféré ne pas affirmer si ouvertement leurs penchants car leur clientèle est très polarisée par l'ALCCEU. Les seconds auraient voulu rester en dehors car ils ne veulent pas que le pétrole fasse partie de la négociation. Le cas le plus intéressant est celui du *Business Council for Fair Trade* qui, au lieu de s'unir à l'association, préfère adhérer *à Pro Canada Network*, la grande coalition contre l'ALCCEU (Doern et Tomlin, 1991 : 216).

L'ATJO devient donc une coalition puissante et influente, surtout parce que ses fondateurs, avant même les négociations, ont un énorme ascendant sur le secteur privé et sur le gouvernement : ils peuvent donc orchestrer une formidable campagne en faveur du libre-échange qui ne s'arrêtera pas jusqu'à la signature de l'ALENA en 1993.

À partir de 1987, lorsque l'accord prend forme, l'alliance se charge d'inonder les journaux et les revues d'annonces et d'articles qui veulent convaincre les lecteurs que le Canada et ses patrons sont prêts à participer et à gagner dans un monde globalisé. Cette affirmation sans cesse répétée permet à l'ATJO de convaincre le gouvernement conservateur qu'elle représente le nouveau nationalisme canadien (Ayres, 1998 : 25).

Au cas où ce matraquage médiatique serait insuffisant, les membres les plus importants de l'alliance entreprennent une croisade d'un bout à l'autre du pays pour diffuser les bienfaits de l'ALCCEU, aidés en cela par les études les plus importantes de *think-thanks* et par certains centres de recherche dans et hors des universités[1].

Toute cette campagne peut être menée à bien grâce à l'appui financier illimité des principales entreprises de l'association, comme le BCNI[2]. Après la signature de l'accord, l'alliance dans son ensemble revient à la charge pendant les élections fédérales (1988), cherchant à soutenir les hommes politiques qui assureront la continuité de l'ALCCEU. Les donations qui sont faites pendant le processus sont très critiquées par les citoyens parce que la publication des sommes données et les noms des donateurs démontrent que le monde des affaires cherche une assurance vie pour son propre projet, sans faire de grande distinction entre les libéraux et les conservateurs, qui sont tous deux courtisés par cette coalition.

Le gouvernement et le monde des affaires n'ont jamais été aussi liés que pendant cette période et, grâce à leur alliance tactique, le travail pour convaincre est impressionnant mais pas tout à fait aussi payant qu'ils le souhaiteraient. À ce propos, il faut noter ce que Susan George affirmera quelques années plus tard sur la façon dont les idées néo-libérales et le libre-échange sont devenus prédominants :

> « Ils ont compris, à la différence des gens progressistes, que les idées ont des conséquences… ils ont créé un énorme réseau de fondations, instituts, centres de recherches, publications, professeurs, écrivains et relations publiques qui travaillent inlassablement au développement et à la diffusion de leurs idées et doctrines. Croyez-moi, le travail idéologique et promotionnel de la droite a été particulièrement brillant » (George, 1999 : 96).

---

[1] Nous pouvons citer *l'Economic Council of Canada* et le *C.D. Howe Institute ;* des chercheurs comme Richard Lipsey et Wonnacot, entre autres, apportent un grand appui intellectuel à la coalition.

[2] Entre mars 1987 et avril 1988, l'Alliance a dépensé environ 3 millions de dollars dans sa croisade pour le libre-échange. Puis, pendant la campagne électorale de 1988, pour éviter que les libéraux ne gagnent les élections, elle dépense encore 2,3 millions de dollars en propagande dans les médias pour assurer la survie de l'ALCCEU au cas où il y aurait un changement politique (Doern et Tomlin, 1991 : 219).

Deux importantes coalitions apparaissent comme alternative à l'ATJO. La première date de février 1985 et est officiellement déclarée en octobre de cette même année sous le nom de *Council of Canadians (COC)*. La seconde apparaît en avril 1987 et s'appelle *Pro Canada Network* (PCN)[1].

Les aspects éthiques et moraux ont une place importante dans le discours alternatif formulé par ces deux associations. L'une et l'autre attachent beaucoup d'importance au fait qu'en 1983 Mulroney, pendant sa campagne électorale, a affirmé clairement qu'il ne favoriserait pas le libre-échange. « *Don't talk to me about free trade, that issue was decided in 1911. Free trade is a danger to Canadian sovereignty, and you'll hear none of it from me now during this leadership campaign or at any other time in the future* » (cité in Ayres, 1998 : 25-27). Cette affirmation est l'objet de critiques sévères de l'opposition qui dans plusieurs réunions publiques lui crie qu'il n'est qu'un menteur. Les Canadiens, très sensibles aux valeurs éthiques du comportement des politiciens, se méfient beaucoup de Mulroney qui, avant même d'être Premier ministre, est condamné par un grand nombre de Canadiens.

Entre 1984 et 1994, la société canadienne n'arrête pas d'attribuer à Mulroney, et donc à l'ALCCEU, tous les problèmes économiques qui l'attaquent avec force. C'est le moment où les Canadiens marchandent le plus leur vote de confiance au Premier ministre. À la fin de son mandat, Mulroney laisse derrière lui un parti discrédité et qui a perdu presque tous ses sièges au Parlement.

Pendant ce temps, défenseurs et détracteurs s'organisent pour la bataille. Comme l'alliance d'opposition, le *Council of Canadians* se lance dans une grande campagne de conférences et de discours. Le COC est moins riche que l'ATJO et doit faire preuve d'une plus grande astuce politique. Son principal succès est de capitaliser à son avantage les réunions gouvernementales et patronales en organisant des conférences parallèles qui profitent des réflecteurs et des micros des médias ainsi réunis. En avril 1987, le COC organise une réunion parallèle qu'elle baptise *Sommet de la Feuille d'Érable* alors que se déroule le troisième sommet de Shamrock entre Mulroney et Reagan. Tout incident dans la relation bilatérale sert à renforcer les arguments du COC contre le gouvernement de Mulroney. Cette tactique se

---

[1] La première a à sa tête Mel Hurting, un nationaliste légendaire, originaire d'Edmonton, Alberta. Il est l'auteur de *The Canadian Enciclopedia*, une œuvre monumentale qui explique en détail comment la Nation canadienne s'est construite. Dans les années 70 il est l'un des fondateurs du *Committee for an Independant Canada*. La seconde coalition est menée par Tony Clarke, un prêtre qui lance une violente critique pendant la crise de 1982, à travers la *Canadian Conference of Catholic Bishops*. Il revendique le plein emploi pour les Canadiens, considéré comme un impératif moral. Pendant les négociations de l'ALCCEU, son charisme mobilise un grand nombre de sympathisants. Il s'affronte verbalement à Mulroney et aux principaux promoteurs de l'accord dans les réunions parlementaires, ce qui lui vaut le respect de tous. Quelques années plus tard, il devient le leader de l'opposition à l'ALENA et joue un rôle crucial dans la création de la RMALC au Mexique, une coalition similaire au PCN. Pendant le débat sur l'approbation de l'accord multilatéral sur les investissements (AMI), lors de la réunion de l'OCDE à Paris, il obtient que l'accord soit annulé sous la pression de l'opposition.

révèle efficace et sera utilisée plus tard par le PCN à propos de l'ALCCEU puis de l'ALENA (Ayres, 1998 : 62-63).

Le discours du COC est très convaincant pour un grand nombre de Canadiens, et 3000 personnes y adhèrent entre sa fondation en 1985 et avril 1987. Lors de sa troisième conférence, en octobre 1987, le nombre d'affiliés est de 7000 et pendant la campagne électorale de 1988, il passe à 14 000. Le grand prestige du COC est en grande partie dû à la personnalité de certains de ses membres, nationalistes réputés des années 70. La composition de cette association est très définie : 25 % sont membres du Parti Libéral, 15 % appartiennent au parti néo-démocrate (NDP) et plus de 50 % ne sont d'aucun parti (Doern et Tomlin, 1991 : 210 ; Ayres, 1998 : 36).

Le climat politique créé par l'ALCCEU est sans aucun doute une des principales motivations du COC, mais son discours s'attache plus à attaquer le gouvernement de Mulroney qu'à critiquer le libre-échange. Le COC ne peut nier ses origines profondément ancrées dans le discours sur la souveraineté du Canada et l'obligation de défendre son identité de Nation.

Au contraire, *Pro Canada Network* qui apparaît en 1987 pendant le *Sommet de la Feuille d'Érable* est une organisation qui regroupe tous ceux qui, pour une raison ou pour une autre, s'opposent à l'ALCCEU. C'est un large regroupement de 30 organisations nationales et 10 coalitions provinciales qui comptent environ 10 millions de Canadiens[1].

Toutes les activités organisées par le PCN servent à combattre le libre-échange et à divulguer toute l'information concernant l'ALCCEU auprès de l'ensemble de la société. Le PCN reste uni, c'est une coalition de coalitions, persuasive, efficace tant qu'il est fidèle aux motifs de sa création. Lorsque de nouveaux défis politiques touchent l'organisation et ses membres, l'unité devient difficile à maintenir, comme le montrent les faits qui suivent l'élection de 1988. L'ALENA relance quelque peu l'association, mais elle s'affaiblit progressivement et se divise inexorablement après 1995 (Ayres, 1998 : 75).

5. Le GATT et sa relation avec le contenu de l'ALCCEU

Pour bien comprendre pourquoi les accords de libre-échange signés à partir des années 1980 utilisent le contenu du GATT comme base de

[1] Le PCN se caractérise depuis le début pour sa grande diversité. On y trouve des syndicalistes de vieille souche, des jeunes qui pensent que la raison d'être des syndicats ne peut se réduire à la négociation d'un contrat collectif de travail et qu'ils doivent jouer un rôle dans le débat politique et économique. Dans ce groupe, les syndicalistes de la fonction publique ont un rôle important surtout parce qu'ils ont été particulièrement frappés par le gouvernement. L'appui intellectuel des universitaires est fondamental pour le PCN, parmi eux Mel Watkins de l'Université de Toronto qui, pendant les années 70, dirige une Commission royale sur l'investissement étranger, Duncan Cameron de l'Université d'Ottawa qui publie en 1985, *The Other MacDonald Report* qui reprend les travaux présentés à la Commission Macdonald qui n'ont pas été pris en compte car ils étaient trop critiques. Une autre figure intéressante est celle de Marjorie Bowker, une retraitée de 72 ans qui écrit une analyse de l'ALCCEU qui, grâce à sa perception et à sa clarté, devient un succès de librairie.

négociation, il faut se souvenir que cet accord matrice, qui fait la promotion du libre-échange, regroupe, à partir de 1947, des pays capitalistes de premier ordre et d'autres pays économiquement plus petits[1]. Il ne faut pas oublier que cet accord est signé peu après la fin de la Seconde Guerre mondiale et que beaucoup de pays signataires, particulièrement les pays européens, ne sont pas dans une situation économique brillante et ne peuvent pas remettre en question l'hégémonie des États-Unis qui se profile dans les forums multilatéraux (Gutiérrez Haces, 2004b).

Le GATT à l'origine, est formé par un nombre restreint de pays et au cours de ses 53 ans de vie, grâce à l'augmentation de ce nombre, il s'impose comme la plus grande institution de régulation du libre-échange[2]. Pendant sa longue période d'activité, il devient une référence obligatoire pour toutes les controverses commerciales apparaissant dans le monde. À chacune de ses réunions, il progresse vers son but qui est l'installation du libre-échange au niveau international. Néanmoins, un nombre considérable de pays, et parmi eux les pays latino-américains, expriment pendant des années leur méfiance contre un accord qui contredit directement les principes de bases de leur développement économique : l'industrialisation par substitution d'importations (ISI). En effet, dans les années 1960, les processus d'intégration économique propres aux pays latino-américains reposent sur une industrialisation protectionniste pour faire passer les pays les moins développés de producteurs primaires à producteurs de produits industrialisés.

Cette stratégie va à l'encontre des propositions du GATT et donc, pendant les premières années, les pays d'Amérique latine n'y participent que de façon marginale, retardant leur adhésion plénière jusqu'aux années 1980. À partir de cette date, la méfiance initiale est remplacée par l'adoption du credo du libre-échange, en particulier au Mexique en 1986.

Indiscutablement, les États-Unis et le Canada, fondateurs du GATT, ont un énorme avantage sur le Mexique au moment de négocier l'ALENA car ils ont déjà vécu tout le processus de libéralisation commerciale à l'échelle internationale, alors que l'auto marginalisation du Mexique le met en position d'infériorité dans la négociation trilatérale et dans les changements économiques qu'il doit faire, comparativement à ceux que le Canada avait dû faire pour l'ALCCEU[3].

---

[1] Le GATT a été conçu comme un mécanisme provisoire en attendant qu'entrent en vigueur la Charte de La Havane et l'Organisation internationale du Commerce, mais par la suite comme cela ne se fait pas, le GATT remplace l'OIC. Les États-Unis plaident pour que le GATT soit un arrangement commercial international, un accord simplifié pouvant être implanté de façon administrative par le président étasunien, sans avoir besoin de l'approbation du Sénat pour le ratifier à travers la Loi du *Trade Agreement*.

[2] Le GATT à ses débuts se compose de 23 pays signataires (1947) dont les États-Unis, le Canada, le Brésil, le Chili et Cuba, et ce chiffre augmente petit à petit jusqu'à 95 participants en 1986, lorsque la négociation de l'ALCCEU commence.

[3] Le Canada a procédé à d'importants changements dans son régime de commerce extérieur depuis les années 40. Ces transformations se sont toujours faites en tenant compte de la relation avec les États-Unis. Donc quand il décide de négocier l'ALCCEU en 1986, les changements à faire sont moins dramatiques

Bien que dans toutes les discussions sur l'ALCCEU et ensuite sur l'ALENA le libre-échange soit la pièce centrale de l'intégration proposée, il ne s'est jamais négocié d'accord de libre-échange à outrance, car ce terme recouvre une énorme diversité d'options qui ne peuvent pas toutes être incluses dans ces traités.

La liste suivante énumère les principales options de la négociation entre le Canada et les États-Unis, puis avec le Mexique. Cela ne veut pas dire que les négociateurs ont adhéré à toutes ces options et encore moins qu'ils les ont acceptées comme point de départ des discussions, mais elle offre des pistes intéressantes pour comprendre la dynamique de la négociation :

1. libre-échange entre des pays ayant de profondes asymétries économiques ;
2. libre-échange qui insiste sur la libéralisation ;
   - des marchandises,
   - et/ou de l'investissement,
   - et/ou des services.
3. libre-échange qui s'appuie sur une politique industrielle nationale ;
4. libre-échange qui met l'accent sur une stratégie de commerce extérieur qui donne la priorité au commerce des ressources naturelles et à leur possible transformation ;
5. libre-échange qui cherche à obtenir :
   - une hégémonie économique continentale,
   - une croissance économique et des emplois,
   - une plus grande compétitivité internationale,
   - une récupération économique interne.

Les projets de libre-échange dits de seconde génération[1], comme l'ALCCEU, reprennent les orientations antérieures, sauf quelques-unes, par exemple le projet d'industrialisation nationale[2] et la non-reconnaissance des asymétries économiques qui sont pourtant considérables entre le Canada et

---

que ceux que le Mexique doit faire dans un laps de temps très court entre 1986, date de son entrée au GATT, et 1990, date du début des négociations de l'ALÉNA. Il faut néanmoins souligner que, bien que le Canada ait grandi au niveau international selon les paramètres du libre-échange et les rondes de négociations du GATT, ce qui lui a permis de faire des changements dans sa politique commerciale lors de la récession économique officiellement reconnue par Mulroney fin 1990, le gouvernement conservateur doit appliquer des mesures de réajustement structurel semblables à celles qui ont été appliquées au Mexique. Le niveau de vie élevé des Canadiens a fait qu'ils ont ressenti plus durement l'impact de cet ajustement à cause de leur système de sécurité sociale et de leurs salaires élevés, choses qui n'existaient pas au Mexique.

[1] Les projets d'intégration économique de première génération sont ceux qui commencent à se mettre en place en Amérique latine sous l'inspiration de la CEPAL, dans les années 60. Ils se caractérisent par la priorité octroyée au projet d'industrialisation protectionniste. L'intégration cherche à former des blocs régionaux de commerce pour élargir le rayon d'action des marchés des pays latino-américains et donner de la puissance à l'industrialisation (Rodríguez, 1980 : 1-15 ; Deblock et Constantin, 2000 : 11-12).

[2] Selon la clause de contenu national de l'ALCCEU et de contenu régional de l'ALÉNA, la politique industrielle des trois pays est soumise à l'achat de biens intermédiaires et de capital dans la région, si ils veulent exporter dans le reste de la région nord-américaine. Les gouvernements ont donc choisi de donner la priorité au projet exportateur sur le projet industriel et ont soumis les politiques nationalistes aux stratégies de production des entreprises transnationales.

les États-Unis[1], sans atteindre le niveau de celles qui existent entre le Mexique et les États-Unis. Contrairement à des projets comme le GATT ou aux premiers essais d'intégration économique des années 1960, il est bien clair dans les accords entre les trois pays d'Amérique du Nord que l'on ne négocie pas uniquement le libre-échange des marchandises, mais que l'on commence à parler des nouveaux domaines proposés à la négociation comme l'investissement, les services, la propriété intellectuelle et la culture. Dans le cas de l'ALCCEU, la négociation ne porte pas seulement sur l'échange commercial, on parle aussi de l'industrie culturelle qui finalement sera exclue de l'accord, et d'un mécanisme pour résoudre les controverses commerciales.

Dans l'ALCCEU, on ne parle pas de la clause de la nation la plus favorisée[2] car les concessions négociées ne pourront pas être appliquées à d'autres pays ne formant pas partie de l'accord. Cette décision exclut toute tentative d'un autre pays membre du GATT de demander que les concessions faites dans l'ALCCEU lui soient appliquées[3].

Grâce à une clause d'exception inscrite dans l'article XXIV du GATT, les pays membres d'un accord de libre-échange ou d'une union douanière peuvent ne pas étendre les concessions accordées entre eux aux autres membres du GATT[4]. L'Association Latino-américaine d'Intégration (ALADI, 1980), l'Accord entre la Nouvelle-Zélande et l'Australie (ANZERT), la Loi de Récupération économique du Bassin des Caraïbes (LRECC) en 1983, l'Accord Commercial entre les États-Unis et Israël, 1985, l'ALCCEU, 1989, et l'Élargissement de la Communauté économique Européenne en 1986, avec l'entrée de l'Espagne et du Portugal (Malpica, 1988 : 39-40), sont des exemples de cette façon de faire. Cette exception fait que plutôt que de parler de libre-échange au sens large, les projets actuels d'intégration veulent construire des systèmes de blocs commerciaux dont

---

[1] Les asymétries ne sont pas toujours négatives : par exemple entre le Canada et les États-Unis il y a des asymétries positives comme un salaire horaire canadien plus élevé, un système de sécurité sociale bien supérieur au système étasunien et à son réseau d'institutions privées et d'assurances qui contrôlent l'assistance médicale. On pourrait dire la même chose du système des retraites. Il est bien connu que les citoyens étasuniens qui vivent le long de la frontière canadienne utilisent de multiples subterfuges pour accéder gratuitement aux services de santé du Canada. Pour toutes ces raisons, au moment de négocier l'ALCCEU, les Canadiens ont eu peur que l'homogénéisation des deux économies n'affaiblisse leurs conquêtes sociales.

[2] La clause de la Nation la plus favorisée est incluse pour la première fois dans l'accord que les deux pays signent en 1935. Ce dernier fait partie d'une série d'accords négociés au sein *du Reciprocal Trade Agreements Program* des États-Unis, sous la présidence de Roosevelt pour pallier les effets de la loi *Smoot-Hawley* sur les droits de douane, mise en place en 1930 et qui a élevé les droits de douane à un niveau inadmissibles.

[3] Le Canada a toujours été très jaloux des éventuels avantages commerciaux que d'autres pays pourraient obtenir des États-Unis. La méfiance canadienne s'exprime brutalement à la fin de 1989 quand se dessine la perspective d'un accord avec le Mexique et, pour cette raison, il entre dans les négociations.

[4] La non-obligation d'appliquer la clause de la nation la plus favorisée est surtout destinée aux pays moins développés, mais comme on peut le voir avec l'ALCCEU, le Canada s'en sert également pour barrer la route à ses concurrents sur le marché étasunien.

tous les pays membres respectent les mêmes règles, les limitations et les exclusions touchant les pays qui sont en dehors du bloc.

Si l'on étudie dans le détail la structure du GATT, une question vient tout de suite à l'esprit : quels sont les avantages pour certains pays comme les États-Unis, le Canada et le Mexique de négocier un traité de libre-échange ? Y a-t-il des points plus intéressants dans un accord comme l'ALCCEU que dans le GATT ? Quels sont les éléments vraiment nouveaux apportés par l'ALCCEU ?

Un premier point de réflexion consiste à comparer les avantages et les inconvénients des négociations bilatérales par rapport aux négociations multilatérales du premier type d'accord. Par exemple, le GATT, la Banque Mondiale et le Fonds Monétaire International représentent à eux trois les grands piliers de l'ordre économique international d'après la Seconde Guerre mondiale, alors que l'ALCCEU et l'ALENA même s'ils reposent sur l'Article XXIV du GATT vont beaucoup plus loin.

D'une façon générale, la réglementation du GATT a eu une force considérable dans la régulation du commerce international, mais paradoxalement cet organisme n'a pas véritablement de force de coercition pour faire respecter sa réglementation et c'est en grande mesure ce qui provoqua sa fin.

Si l'on analyse les résultats des différentes rondes de négociations commerciales multilatérales à Genève, Suisse (1947), Torquay, Royaume-Uni (1950-1951), Genève, Suisse (1955-1956), la Dillon Round (1960-1961), La Kennedy Round (1964-1967), la Tokyo Round (1973-1979) et l'Uruguay Round (1986-1994), on s'aperçoit que les possibilités d'aboutir à un consensus commercial international sont chaque fois plus restreintes, et pour cette raison les rondes se prolongent de façon excessive comme dans le cas de l'Uruguay Round qui a duré presque 9 ans (Delorme et Clerc, 1994 : 38). Le GATT, malgré ses évidentes limitations, a su évoluer dans son contenu ce qui lui a assuré une vitalité plus grande qui ce qui était prévu. Sa composition multilatérale permet aux petits pays comme aux puissants d'avoir une certaine marge de manœuvre. Souvent, l'unique recours des pays les plus faibles est l'auto exclusion de certains aspects de la négociation, ou bien l'offre de concession en échange de périodes plus longues de réduction d'impôts[1].

Durant la négociation de l'ALCCEU, les conversations se retrouvent plusieurs fois au point mort car la structure même du GATT, et

[1] La perte de cette multilatéralité qui permettait de faire des « fronts de plusieurs pays » est ce qui sera le plus difficile dans la négociation de l'ALCCEU car il ne peut y avoir d'alliance avec un tiers pour faire pression sur la contrepartie. Pour cette raison, la pratique du lobbying devient le lot quotidien de la négociation. Pendant la négociation de l'ALCCEU et de l'ALÉNA, la présence de plusieurs lobbyistes est flagrante : les plus puissants sont bien sur les porte-parole des entreprises multinationales, comme les usines de montage automobile. Lorsque l'on analyse les chapitres, les clauses et les exceptions des deux accords, il devient évident que derrière cette rédaction se trouvent les intérêts des gouvernements et aussi des lobbys.

principalement les articles I, IX, XVIII, XX, XXIV, agissent comme une camisole de force sur la négociation en cours[1].

Dans ce marchandage, un accord permet de supprimer certaines orientations des articles du GATT. De notre point de vue, le plus grave est la mise à l'écart des orientations de l'article XVIII intitulé « *Aide de l'État au développement économique* » (GATT, 1988 : 30-38).

Bien sûr, si l'on analyse le climat politique et économique qui conduit à cet accord, il semble évident qu'aucune des deux équipes n'est prête à reproduire un chapitre qui insiste sur l'intervention de l'État et sa responsabilité dans le développement économique d'un pays.

À l'époque, ce chapitre est un succès politique des pays les moins développés du GATT qui considèrent que leur adhésion au libre-échange ne repose pas sur une vision néo-classique du libre commerce mais sur la nécessité de créer des projets d'industrialisation concentrés sur la région et protégés par l'État.

Peut-être une telle discussion ne paraît-elle pas aujourd'hui raisonnable, mais dans les années 1950, les pays les moins développés exigent un traitement de faveur pour leur croissance économique interne, ce qui donne naissance au paragraphe trois de l'article XVIII du GATT :

> « Les parties signataires reconnaissent en plus qu'il peut être nécessaire... pour exécuter les programmes et appliquer les politiques de développement économique qui tendent à améliorer le niveau de vie de la population, d'adopter des mesures de protection des importations... par conséquent, ils sont d'accord pour prévoir... des facilités supplémentaires qui permettent : a) de maintenir une élasticité suffisante des droits de douane pour concéder, si nécessaire, une protection douanière à une branche déterminée de la production ; b) établir des restrictions quantitatives pour protéger l'équilibre de la balance des paiements et tenir compte du niveau élevé et stable des importations pour exécuter un programme de développement économique. » (GATT, 1988 : 30).

Si on l'examine à la lumière de la négociation de l'ALCCEU, l'article XVIII est très intéressant pour deux raisons. Premièrement, le GATT reconnaît la différence de développement entre les pays : le fait d'accepter, lors des premières réunions, qu'il existe divers niveaux de développement oblige à établir des clauses spéciales, qui sont annexées au texte principal, pour protéger les pays les plus faibles. De plus, il est stipulé que l'État doit organiser des politiques économiques favorables à la croissance économique. Ces positions vont bien sur beaucoup aider les États d'Amérique latine et des autres régions en voie de développement (Gutiérrez Haces, 2004c).

---

[1] I : Traité général de la Nation la plus favorisée ; IX : Marques d'origine ; XVI : Subventions ; XVII : Entreprises commerciales de l'État ; XVIII : Aide de l'État au développement économique ; XX : Exceptions générales, dont : j) droit d'approvisionnement de certains produits, y compris des ressources naturelles en cas de pénurie générale ou locale ; XXIV : Union douanière et zones de libre commerce (GATT, 1988).

Des pays comme les États-Unis n'ont jamais accepté le fait que l'interventionnisme d'État ait sa place dans le GATT par le biais de l'article XVIII et, lors des discussions de l'ALCCEU, les négociateurs veillent à ce qu'il ne soit jamais question d'un article de ce style : au contraire, ils favorisent l'intervention des chefs d'entreprise considérés, avec le marché, comme les principaux acteurs économiques (Gutiérrez-Haces, 1992a).

Évidemment, sur certains aspects l'ALCCEU est allé beaucoup plus loin que le GATT, mais en réalité une bonne partie des thèmes présentés comme des nouveautés sont directement copiés de la législation multilatérale. Jusqu'à la création de l'OMC en 1995, chaque ronde de négociations du GATT permettra d'avancer un peu dans la libéralisation du commerce international, mais cette tâche est très complexe car les pays membres sont nombreux et leurs intérêts économiques très divers (Millet, 2001 : 51-83).

De nombreux résultats obtenus sont davantage la conséquence de prises de positions irréductibles, par exemple sur les subventions agricoles, que le fruit d'une véritable négociation impliquant des pour, des contres et des concessions. Néanmoins, il faut insister sur le pouvoir et l'impact de toutes les réunions du GATT depuis sa création jusqu'en 1994, y compris bien sûr l'ALCCEU et l'ALENA.

6. Objectifs de l'Accord de Libre-Échange Canada États-Unis

Les Canadiens poursuivent trois grands objectifs[1] :

1. L'accès libre et ouvert de leurs exportations sur le marché étasunien. À partir du 1er janvier 1988, tous les droits de douane existant entre les deux pays doivent disparaître à l'exception de quelques-uns qui diminueront progressivement. Les exportations canadiennes devraient ainsi obtenir une plus grande compétitivité dans l'économie étasunienne.

2. Une plus grande protection dans la mise en place de ce libre accès, c'est-à-dire des garanties pour que les investissements canadiens ne se retrouvent pas par la suite lésés par la législation des États-Unis, surtout en ce qui concerne le commerce. L'accord garantit un accès sécurisé dans divers secteurs, particulièrement ceux du commerce des services, de l'investissement et de l'énergie. Au contraire, les progrès en matière de barrières non douanières sont faibles : l'accès canadien au secteur transport, à la recherche appliquée et aux secteurs de pointe est quasiment nul. Les États-Unis obtiennent du Canada que les droits de coupe de bois canadien soient éliminés de l'accord.

3. Faire un accord qui servira d'exemple au reste du monde pour la libéralisation du commerce et de modèle pour les négociations multilatérales de l'Uruguay Round du GATT. De nouvelles réglementations sont adoptées dans plusieurs secteurs, particulièrement le commerce des services,

---

[1] Voir : *Accord du Libre-échange entre le Canada et les États-Unis*, 1988.

l'investissement et l'énergie. Elles vont servir à réguler les échanges commerciaux et les conflits qu'ils suscitent. Il s'agit donc d'un accord bilatéral sur l'industrie des services et sur l'investissement.

Une série de cinq chapitres de l'ALCCEU peut être considérée comme la colonne vertébrale de l'accord, car ces chapitres contiennent tous les topiques de la négociation :

- Traitement national ;
- Règles d'origine ou de contenu national ;
- Droit d'installation ;
- Mesures douanières et réduction d'impôts ;
- Résolution binationale des conflits en matière de droit antidumping et de droits compensatoires.

Les chapitres qui se réfèrent à des thèmes spécialisés comme les vins et les boissons alcoolisées, l'agriculture, l'énergie, les pièces détachées pour l'automobile, les services, le mouvement temporaire d'hommes d'affaires, l'investissement, les marchés publics et les services financiers possèdent une réglementation spécifique qui tient compte des caractéristiques du secteur. Mais ces chapitres sont tout de même coiffés par les cinq rubriques mentionnées plus haut si bien que l'investissement, l'énergie ou les pièces détachées sont soumis à la réglementation des chapitres principaux et à celle des chapitres qui traitent de leur secteur.

Pendant l'Uruguay Round (1986-1994), le Canada fixe ses objectifs propres face aux autres pays membres. Comme ces négociations se déroulent en même temps que celles de l'ALCCEU et de l'ALENA leurs buts principaux sont : l'accès aux marchés alimentaires et agricoles, aux produits issus des ressources naturelles, l'industrie de l'énergie et les services et équipement qui y sont liés, l'équipement du transport et le commerce des services.

Un an plus tard, en 1987, le Canada entre dans la partie finale des négociations de l'ALCCEU et il espère que la négociation bilatérale lui permettra d'obtenir davantage des États-Unis que ce que la relation multilatérale de l'Uruguay Round lui offre.

Mis à part quelques thèmes compliqués comme l'industrie de la culture, la sécurité nationale et l'énergie, les négociations du forum international sont les mêmes que celles de l'ALCCEU, avec la différence flagrante que le Canada veut assurer son accès au marché étasunien en tant que partenaire préférentiel.

Ce désir n'est exaucé que pendant un très court moment : l'ALCCEU est ratifié et appliqué aux débuts de 1989, mais peu après, en 1990, le Mexique offre aux États-Unis de négocier un traité de libre-échange. Cette nouvelle assombrit la victoire de Mulroney qui, à cette époque, doit affronter l'opposition de toute la société, et les médias comme les opposants utilisent cette nouvelle pour attiser le feu contre le gouvernement conservateur. Dans cette ambiance, après quelques doutes et faux pas, le gouvernement est obligé d'entrer dans cette négociation comme troisième partenaire. Paradoxalement, cette décision ramène le Canada vers le multilatéralisme, même réduit, pour protéger ou tenter de modifier ce qu'il a obtenu avec son propre accord, comme nous le verrons dans les chapitres suivants.

De plus, la non-conclusion de l'Uruguay Round et l'apparition de nouvelles propositions de libre-échange dans lesquelles les États-Unis veulent jouer un rôle central modifient la discussion et un grand nombre de groupes de pression canadiens signalent de façon répétée qu'il faut protéger l'espace multilatéral du GATT (Gutiérrez Haces, 1992a ; Kuttner, 1991).

7. Principaux aspects du contenu de l'ALCCEU

La problématique régionale

Le poids relatif des intérêts fédéraux et provinciaux dans les débats est important car les provinces ont peur des effets négatifs de l'accord. C'est le cas par exemple la province d'Ontario où se trouvent les principaux centres de l'industrie automobile liée à l'économie étasunienne. Les effets de l'accord au niveau régional sont intimement liés à la structure industrielle de chaque province canadienne. Au départ, on pensait que la production et l'emploi seraient augmentés grâce à l'accord, mais dix-huit mois après sa mise en marche, on s'aperçoit que, dans certaines provinces, il se passe exactement l'inverse, par exemple dans les pêcheries de Colombie-Britannique et des provinces atlantiques comme la Nouvelle-Écosse.

Dans le débat initial, les provinces ont un rôle important, et leurs positions sont très variées. Elles exigent du gouvernement fédéral qu'il utilise tous les moyens stratégiques à sa disposition pour contrecarrer l'agressivité commerciale des États-Unis, mais en même temps elles veulent que l'accord leur assure l'accès au marché étasunien[1].

Si l'on relit la version officielle de l'ALCCEU, on s'aperçoit que, même si la problématique régionale a beaucoup de poids dans la discussion, elle n'arrive pas à inscrire ses positions dans le texte de l'accord. En réalité, celui-ci affaiblit le pouvoir fédéral et le pouvoir provincial puisqu'il réduit leurs fonctions dans les politiques de l'emploi et de l'équilibre régional des salaires.

L'accord limite les fonctions provinciales en interdisant la politique de développement industriel qui auparavant obligeait à exploiter sur place les ressources naturelles d'une province et donnait d'importants appuis économiques aux industriels qui s'y installaient. Aujourd'hui, la majorité des subventions provinciales doivent être modifiées pour respecter les règles de l'ALCCEU qui, dans les clauses du Traitement national qui oblige à ne pas faire de discrimination entre les parties, les considèrent comme des

[1] Voir : ministre du Commerce extérieur, 1987.

« pratiques déloyales » vis-à-vis des entreprises étasuniennes installées dans ces provinces (Miller, 1989 : 220).

Les engagements inscrits dans l'ALCCEU traduisent les pressions des importants groupes économiques canadiens qui ont obtenu que de nombreux produits hautement rentables comme le textile, la bière et le vin soient laissés en dehors de l'accord.

Les concessions canadiennes sont plus importantes que celles des États-Unis, surtout en ce qui concerne l'investissement étranger. Il est certain que les États-Unis n'ont pas besoin de faire beaucoup d'efforts en ce domaine car une grande partie de l'industrie canadienne est déjà sous leur contrôle et le Canada ne peut pas dire grand-chose sur l'investissement existant déjà sur son territoire[1]. Les investisseurs nationaux sont donc placés au même niveau que les firmes étasuniennes ce qui veut dire qu'ils ne peuvent pas être plus favorisés que les États-Unis pour investir dans leur propre pays.

L'importance de l'accord sur l'investissement étranger réside dans l'application de la clause du Traitement national et celle du Droit d'Installation qui ont toutes deux un fort impact sur la politique de développement régional du Canada.

Depuis toujours, chaque province est constitutionnellement responsable du développement économique de sa région et elle subventionne et encourage le traitement sur place de ses ressources naturelles, sans faire de grandes différences entre investissement national ou étranger (Mitjans et Castellá, 2001 : 103-119 ; Theret, 2002 : 16-17).

L'application des clauses dont nous avons parlé implique de façon générale que les producteurs canadiens et étasuniens ont droit au même traitement et aux mêmes appuis économiques sur le territoire du Canada et sur celui des États-Unis. Les gouvernements provinciaux ne peuvent favoriser les entreprises canadiennes en pénalisant les étasuniennes sans être accusées de discrimination, une des pratiques les plus sanctionnées par l'ALCCEU.

Avant l'ALCCEU, l'investissement étasunien était important, mais il était toujours possible à certains secteurs, surtout ceux qui sont liés à l'exploitation des ressources naturelles, de bénéficier d'un bon niveau de protection. Avec les dispositions de l'ALCCEU, la politique régionale est chamboulée, principalement les traditionnelles chaînes de production des secteurs forestiers et agricoles. Elles peuvent maintenant être interrompues légalement par la présence d'agents économiques étasuniens qui désirent participer au processus productif existant. Par exemple, dans la province de Colombie-Britannique ou dans les Maritimes (Nouvelle-Écosse, Terre-Neuve, Nouveau-Brunswick) les Étasuniens ont toujours pu pêcher dans les

[1] Il ne faut pas oublier que les compagnies étasuniennes exploitent déjà les ressources naturelles et donc, pendant la négociation, les Canadiens n'ont pas une position si drastique que celle qu'ils auront plus tard avec les Mexicains pour l'ALÉNA, en particulier en ce qui concerne le pétrole et les entreprises d'État comme PEMEX et la Compagnie Fédérale d'Électricité.

eaux canadiennes, mais ils devaient faire sur place une partie du processus postérieur à la pêche, ce qui représentait des emplois et des salaires pour les Canadiens. Avec l'ALCCEU, la chaîne de la pêche est interrompue car une partie du traitement industriel du poisson et la mise en conserve se font aux États-Unis où elle coûte moins cher et les Canadiens ne peuvent donc plus faire que de la pêche en haute mer.

En résumé, avec l'ALCCEU les processus de transformation des produits se font là où se trouvent les avantages économiques les plus grands sans tenir compte de l'ancienne organisation de la production qui était pourtant soutenue par la Constitution : « toute ressource naturelle doit être traitée sur le lieu de son extraction ». C'était également l'esprit de la Politique nationale qui avait par ce biais attiré les investissements étasuniens au Canada.

L'ALCCEU favorise la fragmentation du marché car les intérêts régionaux s'ajoutent aux intérêts protégés par l'accord avec les États-Unis. Il provoque la délocalisation des entreprises d'origine étasunienne installées au Canada qui cherchent à retourner aux États-Unis où sur la frontière nord de Mexique pour bénéficier de meilleures conditions économiques qu'au Canada où les salaires et la réglementation du travail sont bien meilleurs qu'aux États-Unis et au Mexique (Kuttner, 1991).

À partir de 1990, la récession aux États-Unis et au Canada a des conséquences fâcheuses pour l'ALCCEU. Les ressources économiques des gouvernements sont limitées et ils ont du mal à appliquer les programmes d'ajustement qui devraient compenser la fermeture partielle ou totale de certaines activités productives régionales.

On peut regretter que l'influence des provinces pendant la négociation de l'ALCCEU, un organisme spécial de liaison entre le provincial et le fédéral a même été créé, n'ait pas pu prévoir que l'application de l'accord allait provoquer des tendances à la désintégration régionale. La discussion constitutionnelle entreprise par le gouvernement fédéral sur l'existence présumée et l'acceptation d'une *société différente* dans certaines provinces comme le Québec, le droit des aborigènes, le statut de la femme[1], etc. va encore aggraver cette désintégration

Les États-Unis, une fois l'accord signé, considèrent que les subventions données par le gouvernement canadien, provincial ou fédéral, aux producteurs canadiens sont illégales. Cette discussion est un grave problème car la politique régionale obéit à la Constitution, et pour l'administration canadienne ces subventions tentent de diminuer l'inégalité régionale et de promouvoir le développement économique.

Pour terminer, il faut dire que l'accord renforce l'axe économique Nord-Sud et coupe la relation Est-Ouest du Canada. Toute l'économie du Canada se tourne vers le Sud et rien n'est fait pour renforcer les échanges à

[1] Nous faisons référence à l'Accord du lac Meech et à l'accord de Charlottetown qui tentent de modifier la Constitution. Les deux ont échoué par manque de consensus et à cause de l'opposition des Canadiens.

l'intérieur du territoire. Cette tendance attise les batailles régionales et les nationalismes provinciaux de ceux qui se sentent plus forts en négociant avec les États-Unis qu'avec les autres provinces canadiennes.

Ce n'est qu'en 1994, lorsque l'ALCCEU et l'ALENA sont bien lancés, que le gouvernement du Canada, après une longue négociation avec les provinces et les territoires, parvient à supprimer l'existence légale des barrières commerciales entre les provinces qui existaient depuis le XIXe siècle. Cet accord connu sous le nom d'Accord interne de Commerce, donne une plus grande mobilité aux échanges entre provinces et plus de liberté à l'investissement étasunien (Gutiérrez-Haces, 1994c).

Les conflits commerciaux

Un grand nombre d'effets secondaires surgissent de la clause de Traitement national[1] sur l'investissement et la normativité, dont le recours à des mesures de rétorsion ou à des représailles commerciales, connues sous le nom de *cross-retaliation actions*. Concrètement, si une compagnie étrangère ne bénéficie pas de l'autorisation ni des facilités inhérentes à cette clause, elle peut employer des mesures punitives contre les marchandises et les produits du pays qui l'offense. Ce n'est pas une pratique nouvelle, elle existe déjà dans le GATT.

Les négociateurs décident alors d'inclure dans l'accord un Règlement binational des conflits en matière de droit antidumping et droit compensateur, pour éliminer les disputes liées au dumping, aux subventions considérées comme du commerce déloyal et toute situation conflictuelle. On le trouve dans la partie IV intitulée *Dispositions institutionnelles*, dans les chapitres 18 et 19. Ce mécanisme se place au-dessus d'autres instances du même type existant dans le GATT et qui sont le verrou de toute la réglementation. Sa création est l'un des grands objectifs des Canadiens qui pensent que sans lui ils ne peuvent pas être véritablement protégés sur le marché des États-Unis (GATT, 1988 : 30-38).

Pour les États-Unis comme pour le Canada les relations commerciales doivent obéir à des règles claires et précises sans intervention de l'État et la normativité proposée par l'ALCCEU répond parfaitement bien à cette exigence. Néanmoins, l'accord ne permet pas au Canada d'échapper à la loi Omnibus sur le commerce international (1988). Chaque pays continue à appliquer ses propres lois antidumpings, avec en plus des mesures globales de sauvegarde vis-à-vis des autres partenaires commerciaux.

Pour pouvoir appliquer la réglementation, le tribunal bilatéral crée un système de lois mutuelles pour contrôler la fixation des prix, les subventions,

---

[1] Le Traitement national est l'engagement à reconnaître à l'autre ou à ses nationaux un traitement au moins aussi favorable que celui qui est accordé dans des circonstances similaires aux nationaux et aux résidents ou aux activités préexistantes sur le territoire national.

les droits antidumping et les droits compensatoires. En somme, grâce à cet accord, les deux pays doivent éviter toute mesure commerciale nuisant à l'un des deux signataires.

De notre point de vue, le chapitre des subventions est l'un des aspects les plus complexes pouvant nuire à l'accord bilatéral. Cet aspect est toujours controversé car tous les gouvernements ont tendance à favoriser certains secteurs productifs en les subventionnant, et le prix des biens produits grâce à cet appui représente une concurrence déloyale pour le pays importateur.

Le plan binational est une porte de sortie et les Canadiens insistent beaucoup pour que les États-Unis définissent avec précision la concurrence déloyale en termes de subventions. Ce thème est délicat car les États-Unis vont jusqu'à affirmer que les salaires plus élevés des travailleurs canadiens et leur système de sécurité sociale dirigé par le gouvernement peuvent être considérés comme une pratique déloyale, appelée dumping social (Gutiérrez-Haces, 1991b).

Règles d'origine ou de Contenu national

Le contenu local et plus particulièrement les Règles d'origine sont un autre motif de dispute binationale. D'une façon générale, toute marchandise peut circuler librement entre les pays de l'ALCCEU, à condition de prouver qu'elle comporte bien 50 % de valeur ajoutée nationale.

La Règle d'origine est l'objet de discussions surtout dans le domaine de l'automobile à cause des énormes avantages du Pacte automobile. Cet arrangement sera longtemps utilisé comme un exemple pour d'autres négociations par secteurs.

Dans le Pacte, le contenu national représente 60 % mais dans la réglementation de l'ALCCEU il est dit que 50 % suffisent pour répondre aux exigences requises, précisant qu'il ne s'agit pas d'un contenu canadien mais d'un contenu nord-américain, c'est-à-dire de la production automobile commune du Canada et des États-Unis (Winham, 1988 : 51 ; MAECI, ALCCEU, 1987 : 158-160).

Énergie

Dans le GATT, l'article portant sur la régulation de l'énergie est un exemple clair de l'énorme différence qu'il y a entre un accord commercial avec les États-Unis et un accord multilatéral. D'une façon générale, le GATT parle de l'énergie sans grandes précisions, comme le pétrole ou l'électricité, et de fait l'ALCCEU suit la même tendance. Pendant les premières années de mise en place de l'accord, ce chapitre représente 10 milliards de dollars canadiens provenant chaque année des exportations vers les États-Unis.

L'énergie est un secteur de grande importance binationale, et avant la signature de l'ALCCEU c'est un des thèmes les plus conflictuels entre les deux pays. Ce topique est l'objet d'âpres discussions dans la négociation, surtout si l'on pense que pendant plus de 20 ans, principalement sous l'administration Trudeau, le Canada a une politique très claire de défense des ressources naturelles alors qu'il perd une bonne part du contrôle des aspects fondamentaux de l'économie (Gutiérrez Haces, 1991b : 169).

En 1984, le gouvernement conservateur annonce *le Programme énergétique national* qui propose une politique de restructuration semblable à celle suivie avec l'AEIE. En 1985 se publie donc le PEN appelé de manière ironique par les nationalistes Canadiens opposés à l'ALCCEU le Programme de l'Entreprise Privée.

Selon lui, l'entreprise d'État Petro-Canada doit être privatisée, ce qui confirme la tendance du gouvernement en place qui, d'une façon générale, cherche à confier aux compagnies privées la gestion absolue de ce type d'agences créées par le Nationalisme canadien pour répondre à la puissance économique des États-Unis dans le pays.

Au Canada, la régulation de l'extraction et de la commercialisation de l'énergie est un sujet extrêmement délicat car le pays possède d'énormes ressources qui en font un très gros exportateur d'électricité et de pétrole. Comme membre du GATT, le Canada règle ce problème en s'abritant derrière la réglementation inscrite dans les chapitres XI, paragraphe 1 et XX paragraphe g, h, i, j où il est dit : « en cas de pénurie générale ou locale, les mesures d'approvisionnement doivent être compatibles, et chaque partenaire contractuel a droit à une part égale d'approvisionnement international de ce produit » (Acuerdo General sobre Aranceles y Comercio, Reglamento, 1986 : 40)

Dans le chapitre IX de l'ALCCEU sur l'énergie il y a plus de dix articles qui essayent de réguler ce secteur. Ce chapitre est l'un de ceux qui ont été les plus vilipendés par l'opposition canadienne surtout en ce qui concerne la distribution d'énergie en cas de crise interne ou internationale et/ou de pénurie locale. Tout cela existait déjà dans le GATT mais comme pour beaucoup d'autres articles, l'institution n'a pas de force coercitive et l'application ne devient obligatoire que lorsqu'il s'agit d'un accord bilatéral avec les États-Unis comme l'ALCCEU.

L'article 409 accorde aux États-Unis le droit à l'énergie et aux ressources énergétiques du Canada dans la même proportion que ce qu'ils ont acheté dans les trois dernières années. Le consommateur étasunien ne peut pas payer plus cher car cela représenterait un taux discriminatoire, et l'on ne peut pas non plus donner d'aide fédérale ou provinciale à celui qui voudrait investir dans la région car ce serait une subvention injuste pour les États-Unis.

Selon de nombreux auteurs, les obligations du Canada inscrites dans le chapitre sur l'énergie sont inférieures à la réglementation de l'Agence Internationale de l'Énergie (AIE). Par contre on ne peut pas dire que les négociations de l'ALCCEU se sont inspirées de la Tokyo Round du GATT (1973-1979) où les décisions prises à ce sujet sont très claires.

Le chapitre sur l'énergie respecte les considérations prévues par le GATT concernant la sécurité nationale de chaque pays, et aucune Nation ne peut limiter les importations en provenance d'un autre pays : le Canada assure ainsi un accès permanent vers les États-Unis à ses exportations d'énergie.

Autres points vulnérables de l'ALCCEU

Le Canada, qui a une énorme richesse forestière, doit affronter la compétition croissante, en ce domaine et en agriculture, des États-Unis qui, ces dernières années, a déplacé ses stratégies économiques vers une plus grande exportation de produits avicoles, forestiers et de nombreux autres produits primaires.

Dans le secteur industriel, on observe que les États-Unis suivent une stratégie d'écoulement de leur production vers le Canada à un coût marginal bas ce qui dans un premier temps a provoqué un phénomène d'inondation. Au contraire, les Canadiens tentent de s'introduire dans le marché étasunien à grands frais de commercialisation et production car les salaires sont plus élevés et les travailleurs bénéficient d'avantages sociaux et syndicaux qui n'existent pas aux États-Unis.

D'autre part, l'ALCCEU affaiblit le rôle du gouvernement fédéral et des provinces sur la politique de l'emploi et la production. Les gouvernements des provinces qui avant pouvaient implanter des projets économiques autonomes affrontent aujourd'hui la concurrence des intérêts locaux et étasuniens au Canada.

L'accord supprime la restriction de 25 % sur la participation étrangère dans les institutions financières canadiennes et limite à seulement 10 % l'égalité bancaire. La loi sur l'investissement étranger a été pratiquement annulée en 1985 et l'on réduit le droit de réviser l'investissement dans le secteur énergétique, le transport aérien, les télécommunications et l'industrie de la culture.

Épilogue

Les défenseurs de l'accord considèrent que le Canada n'a pas obtenu tout ce qu'il voulait, mais que l'accord est une « assurance vie » dont on espère qu'il ne sera pas annulé par la loi Omnibus et la conclusion de l'Uruguay Round fin 1993. Quand le Canada a conclu l'accord (1987), il pouvait difficilement imaginer que peu de temps après il devrait négocier avec le Mexique et les États-Unis un deuxième accord de libre-échange.

Après la signature de l'ALCCEU, le Canada doit affronter trois grands problèmes : 1) une récession puis une crise économique qui, en 1990, révèle la fragilité du modèle canadien et la mauvaise adaptation de ses industries aux restrictions d'un monde chaque jour plus dépendant des changements industriels ; 2) un processus d'intégration dans le marché étasunien mal contrôlé, dont le coût à moyen terme est élevé, et 3) la fermeture d'entreprises et leur délocalisation participent à la création d'un climat d'incertitude alarmant entre 1990 et 1993.

L'accord n'est pas une simple transaction commerciale puisqu'il comprend des mesures qui limitent la souveraineté nationale, surtout en ce qui concerne l'énergie, le développement régional, la sécurité sociale et le contrôle de transfert du capital étranger.

Le capital canadien a plus d'intérêt que le capital étasunien à établir un marché intégré pour se spécialiser, profiter des économies d'échelle et trouver une place sure pour le Canada. C'est peut-être la raison pour laquelle un très grand nombre de groupes économiques canadiens ont soutenu la ratification de l'accord et peut-être aussi un des éléments qui ont poussé le président des États-Unis G. Bush à proposer une initiative pour les Amériques sous l'égide du libre-échange et de la continentalisation.

Avec cette logique, il est évident que l'esprit de l'accord est la contractualisation d'une réglementation où les priorités économiques et sociales n'obéissent plus aux objectifs d'un État bienfaiteur.

Avec le temps, le contenu dérégulateur de l'accord devient évident ainsi que l'inégalité entre les bénéfices canadiens et étasuniens.

Pour le Canada, de nombreux aspects sont cruciaux : l'implantation d'une politique gouvernementale qui, après l'ALCCEU, doit respecter les besoins nationaux et ceux de la politique économique des États-Unis. La réglementation de l'accord impose de nouvelles exigences et provoque des situations particulières qui doivent se résoudre en tenant compte des intérêts fédéraux, des provinces canadiennes, et en plus des États-Unis.

Les articles 701 et 709 de l'ALCCEU interdisent toute subvention à l'exportation agricole entre les deux pays et les clauses spécifient que « l'on doit prendre en compte les intérêts du partenaire quand on applique des concessions à un pays tiers » (MAECI, ALCEU, 1987 : 75-77).

Cela provoque les plus virulentes critiques de l'opposition canadienne et met à jour la faiblesse de l'accord qui ne tient pas sérieusement compte des conséquences sur l'emploi de l'ouverture pratiquement sans restriction à l'investissement étasunien de tous les secteurs économiques du pays, et ne prévoit pas la mise en place d'une politique industrielle adaptée à cette nouvelle situation.

La délocalisation industrielle est très sévère au Canada pour plusieurs raisons. D'abord les conditions salariales du Canada où le salaire horaire est de 12,97 dollars contre 11,10 aux États-Unis (1987). Ensuite, la réglementation de la sécurité sociale pour le travailleur est meilleure au Canada, ce qui soulève les protestations des patrons qui considèrent que cela restreint leur compétitivité face au patron étasunien qui consacre une plus petite partie de ses gains au paiement d'assurances sociales pour le travailleur (Gutiérrez Haces, 1991c).

Il faut ajouter à cela l'existence de taux d'intérêts élevés : 11,58 % en moyenne pendant le premier trimestre de 1991 contre 9,19 % aux États-Unis ce qui surévalue le dollar canadien par rapport au dollar américain et porte préjudice aux exportations canadiennes.

En juin 1990, on calcule que le secteur industriel a lui seul perd 165 000 emplois dont 8 % dans la province d'Ontario considérée comme le meilleur marché du travail canadien. Les sources officielles gouvernementales nient que l'un des résultats de l'ALCCEU soit la fermeture d'entreprises et le chômage, mais les chiffres publiés par le *Canadian Labour Congress,* la centrale syndicale la plus puissante du Canada, et la Confédération des Syndicats nationaux du Québec, qui publient régulièrement des informations détaillées sur l'augmentation de ce phénomène, contredisent la position officielle. Nous allons présenter maintenant quelques données qui donnent une idée de la situation dans les premières années qui ont suivi la signature de l'accord.

Tableau 24
Fermeture d'entreprises dans la Province d'Ontario

	Fermeture		*Emplois perdus*		*Total*	
	Totale	Partielle	Chômeurs	Chômeurs	Fermetures	Emplois perdus
Année	(1)	(2)	(1)	(2)		
1991	49	14	5 181	77	63	5 958
1990	110	27	15 339	5 215	137	20 554
1989	77	22	9 705	2 979	99	12 684
1988	58	12	8 670	1 129	70	9 799
1987	60	10	9 124	980	70	10 104

Source : Ministry of Labour, 1999

Le chômage total ou partiel au Canada n'est pas la seule conséquence : la flexibilité touche profondément la structure de l'emploi. Entre 1983 et 1989 les emplois à temps partiel se sont multipliés et entre 1989 et 1991 la politique patronale est de réduire les heures de travail.

En général, les entreprises renforcent leur politique face aux syndicats et aux travailleurs et les difficultés d'application de l'assurance-chômage s'amplifient. Il n'est pas étonnant de voir que la renégociation des contrats collectifs de travail s'accompagne d'allusions à la « probable fermeture d'entreprises » ou à la délocalisation de l'usine sur la frontière entre le Mexique et les États-Unis.

Tableau 25 Compagnies situées au Canada reclassées au Mexique		
Compagnie	*Situation*	*Emplois perdus*
General Electric	Québec	200
Ford Motor Co.	Ontario	900
Motorola Co.	Ontario	186
Square-D	Nouveau Brunswick	156
Square-D	Ontario	107
General Motors	Ontario	800
General Motors	Québec	1700
General Motors	Ontario	2700
Black and Decker	Ontario	100
Black and Decker	Québec	150
Whirpool Co.	Ontario	870
Echlin Canada	Ontario	58
Echlin Canada	Ontario	125
Norther Telecom	Québec	680
Norther Telecom	Québec	250
Norther Telecom	Ontario	240
Norther Telecom	Ontario	145
Norther Telecom	Ontario	120

Source : Réseau canadien d'Action, 1991.

Tout cela provoque au Canada une véritable paranoïa contre le Mexique qui est perçu comme un adversaire qui offre de grandes facilités à l'investissement étranger. Les bas salaires mexicains, la faiblesse syndicale, l'absence de mesures de protection du travailleur et l'absence d'assurance-chômage, sans oublier l'attitude des autorités qui feignent d'ignorer les abus du patron et les infractions à la réglementation sur l'hygiène et la pollution dans le travail, sont quelques-uns des arguments utilisés au Canada pour démontrer l'asymétrie dans le travail des trois pays et « l'avantage » comparatif du Mexique basé sur la faiblesse du travailleur mexicain[1].

Un des aspects les plus nouveaux du débat sur l'emploi et la politique salariale est la discussion concernant le salaire social qui est une des grandes conquêtes syndicales nationales du Canada. Pendant les négociations de l'ALCCEU, les autorités canadiennes s'engagent à ce que l'accord n'affecte pas les avantages obtenus par les travailleurs et décident de la mise en place

[1] Très souvent, pendant les négociations de l'ALCCEU et dans les premières années de son fonctionnement, les programmes de télévision et de radio utilisent au maximum les aspects négatifs du Mexique comme la corruption, le manque de démocratie. Le non-respect des normes sur l'environnement et l'absence de droits syndicaux pour démontrer que le gouvernement mexicain se sert de ces éléments pour attirer l'investissement du reste de l'Amérique du Nord. Les syndicats canadiens lancent une grande campagne contre le Mexique disant que les travailleurs mexicains volent les emplois des Canadiens. Il est paradoxal de constater qu'il n'y aura pas d'autres campagnes de ce type au Canada, même aujourd'hui où l'investissement canadien se déplace à grands pas vers la Chine.

d'un programme d'ajustement pour contrecarrer le chômage éventuel et les effets négatifs de la fermeture totale ou partielle de certaines entreprises.

Après la signature de l'ALCCEU, le gouvernement conservateur ne peut mettre ce plan en place et l'on assiste au contraire à une modification de l'assurance-chômage. Les programmes fédéraux d'assistance comme la pension pour les enfants, la retraite et la protection de la femme enceinte, entre autres, sont limités.

L'assurance-chômage devient un arrangement entre l'employé et l'entreprise, le tripartisme est abandonné et le gouvernement n'y participe donc plus. Certains chiffres parlent de 200 000 travailleurs exclus de ce système d'assurance et environ 170 000 autres qui ne peuvent pas espérer en bénéficier dans un avenir proche (Gutiérrez Haces, 1991c).

La réduction des avantages de la politique d'assistance permet au gouvernement du Canada d'économiser environ 15 % sur les programmes de retraites et aides aux familles, ce qui démontre la tendance à la dérégulation du gouvernement conservateur.

Il semble donc que le projet est d'éliminer le principe d'universalité de la politique sociale, à la recherche d'une « harmonisation par le bas » pour s'aligner sur le système des États-Unis beaucoup plus privatisé que celui du Canada. Il ne faut pas oublier que les compagnies d'assurance aux États-Unis sont très intéressées par le marché canadien qui jusqu'alors, du fait de la politique sociale existante, ne leur offrait pas de clientèle potentielle.

Dans le même temps apparaît la tendance à la modification de la structure fiscale en vigueur. La mise en place d'une nouvelle réglementation fiscale se traduit par un nouvel impôt sur les consommateurs de biens et de services le *General Sales Taxes* (GST). Cette mesure n'est que le premier pas d'une restructuration indispensable puisque tous les gouvernements ont besoin de revenus via la politique fiscale. Comme la majorité des impôts à l'importation et les recettes douanières ont diminué petit à petit avec l'application de l'ALCCEU, le gouvernement conservateur doit trouver ailleurs les sources de financement des dépenses publiques.

D'autres changements interviennent dans la politique d'imposition : la réduction du crédit fiscal pour la recherche scientifique, l'exemption de l'impôt aux revenus du capital et grâce à l'application du GST, une partie de la masse des impôts est récupérée sur le consommateur de revenus moyens et faibles.

Sur le thème très controversé de l'investissement étranger, la détermination des négociateurs étasuniens de libéraliser au maximum les règlements canadiens et de créer de nouvelles normes pour s'assurer qu'à l'avenir aucun gouvernement ne pourra modifier ce qui a été obtenu est évidente. Le Département d'État de Washington fait une évaluation confidentielle de l'ALCCEU dans laquelle on peut lire :

> « L'objectif global de ces conversations est d'élargir le plus possible la libéralisation des politiques canadiennes en matière d'investissement étranger et

de congeler la réglementation antérieure. Cela est fondamental pour favoriser les investisseurs étasuniens et éviter que les futurs gouvernements canadiens puissent revenir en arrière. À partir de maintenant le Canada n'imposera aucune contrainte aux investisseurs des États-Unis. Nous n'avons pas pu éliminer l'Agence canadienne pour l'Investissement, mais nous avons pu réduire de façon significative son champ d'action. À partir de maintenant, l'acquis réel de l'ALCCEU est que la grande majorité des investissements étasuniens au Canada pourra se faire sans intervention du gouvernement canadien. » (Cité in Dillon, 1991 : 77).

Nous ajouterons à cette déclaration qu'à cette époque 13,7 % du produit interne du Canada correspond à l'investissement direct des États-Unis, et que 70 % de l'investissement étranger au Canada est d'origine étasunienne. C'est une situation totalement asymétrique si on la compare à la valeur de l'investissement canadien aux États-Unis qui représentent seulement 7,6 %.

Il faudrait également ajouter que les chapitres 105, 501 et 502 de l'ALCCEU fixent amplement les applications de la clause du Traitement national qui, avec les chapitres 16 et 14, impliquent que seuls les investissements très importants, de plus de 10 milliards de dollars canadiens, requièrent une autorisation de *Investissement Canada*, l'agence qui remplace l'AEIE[1].

Entre 1988 et 1989, tous les changements que l'ALCCEU introduit dans le maniement officiel de l'investissement étranger, et plus particulièrement en provenance des États-Unis, ont pour conséquences que 460 entreprises canadiennes passent sous contrôle étranger, sans oublier que les obligations que le patron étasunien devait auparavant assumer, comme l'exigence d'acheter un minimum de facteurs de production canadiens et/ou d'incorporer un certain pourcentage de valeur ajoutée par des travailleurs canadiens, ont rapidement disparues. Grâce au chapitre 3, articles 301, 302, 303, 304 sur les Règles d'origine, ces exigences disparaissent totalement.

Les droits de douane, moelle épinière de l'accord, provoquent aussi des surprises. Au départ, il est prévu qu'ils diminuent progressivement pendant dix ans, mais en réalité ce processus s'accélère et les entreprises canadiennes n'ont pas le temps de se consolider suffisamment pour faire face à l'entrée des produits, investissements et services. L'unique réponse possible est la fermeture, les fusions ou la rationalisation maximale de la production, pour récupérer les pertes aux dépens des travailleurs. Le meilleur exemple est celui de la Colombie-Britannique qui est touchée dans deux de ses principales activités : la pêche et le bois. Le transfert de la partie

[1] Chapitre 1. *Objectifs et portée* : Article 105: Traitement national. Chapitre 5. *Traitement National* : Article 501 et 502: Incorporation de la règle du GATT et mesures concernant les provinces et les États. Chapitre 16. *Investissement :* Article 1601 : Portée et champ d'application, Article 1602 : Traitement national, Article 1603 : Prescriptions de résultats, Article 1604 : Surveillance, Article 1605 : Expropriation, Article 1606 : Transferts, Article 1607 : Législation existante.

traditionnelle de son activité aux États-Unis a provoqué réduction des salaires et perte d'emplois.

Le secteur des services, qui comme l'agriculture n'a pas été bien réglementé dans l'attente des conclusions de l'Uruguay Round, est aussi l'objet de conflits. En 1987 au Canada, les services représentent plus des deux tiers du revenu national et 70 % des emplois, mais ils s'appuient principalement sur le marché interne et leur balance avec les États-Unis est déficitaire.

Si l'on regarde attentivement le chapitre 14, on se rend compte de la pauvreté de son contenu et de la situation de faiblesse du Canada face aux services étasuniens si dynamiques. Pour les télécommunications, les Canadiens sont à la pointe, mais dans d'autres secteurs comme les assurances leur position est très faible, et l'investissement des États-Unis se dirige davantage vers ce secteur que vers le secteur industriel.

Pendant la première année de mise en place de l'ALCCEU les commentaires optimistes n'ont pas manqué, mais avec le temps ces positions se sont mitigées devant la complexité des nouveaux problèmes qui surgissent. En août 1990, au Canada, le mécontentement se traduit par la déroute du Parti conservateur dans la province d'Ontario et la victoire du Parti néo-démocrate de tendance sociale démocrate. Il se passe la même chose en Colombie-Britannique et en Saskatchewan.

En 1991, la discussion sur l'abrogation de l'ALCCEU s'intensifie et le débat interne s'enrichit de nouveaux acteurs et de nouveaux scénarios, dont l'Initiative des Amériques proposée par le président Bush et la négociation de l'ALENA.

Aux élections fédérales de 1993, le parti conservateur est balayé par un vote sanction des citoyens canadiens contre la politique du Premier Ministre Mulroney. Bien que le mécontentement contre l'ALCCEU et l'ALENA ait été au centre du vote, le nouveau gouvernement libéral de Jean Chrétien décide que la politique commerciale internationale doit continuer son chemin dans les traces ouvertes par ces accords commerciaux.

CHAPITRE 6

Le Mexique, un pays de l'Amérique du Nord : la négociation de l'ALENA

Des trois pays d'Amérique du Nord, le Mexique est certainement le plus singulier puisqu'en plus d'être le seul où l'on parle espagnol, il possède une culture et une histoire qui ont plus de points communs avec les pays latino-américains qu'avec ses partenaires de l'ALENA.

Nous aurions donc pu commencer ce chapitre en nous demandant où réside la force d'un accord commercial comme l'ALENA qui a apparemment réussi à éloigner le Mexique de son destin latino-américain pour le mettre fermement sur les rails de sa destinée continentale.

Jusque dans les années 1985 du XXe siècle, la majorité des Mexicains et leurs gouvernements considèrent que le destin de leur pays est lié de façon naturelle à celui de l'Amérique latine. Pendant toutes ces années, aucune autre forme de convivialité et encore moins d'intégration n'est envisagée, et le Mexique joue un rôle de leader dans la région.

Pour sa part, la relation avec les États-Unis qui comportait une forte dose de déterminisme géographique associée à un rejet ancestral du voisin qui a privé le Mexique de la moitié de son territoire laisse la place à un nouveau type d'alliance, une sorte de symbiose dont les aspects économiques sont déterminants.

Cette vision est ambivalente car si, pour une bonne part, elle cherche avec courage à resserrer les relations économiques avec les États-Unis, allant même jusqu'à les placer au-dessus de tout, d'un autre côté elle traite son voisin comme un parvenu, un étranger sur le continent latino-américain. En ce sens, l'histoire officielle se charge pendant des années de diffuser une certaine manière de voir et d'entrer en relation avec le Nord, en réaffirmant le postulat selon lequel la politique mexicaine envers les États-Unis est nationaliste et donc anti-étasunienne.

L'analyse des chapitres antérieurs a permis d'expliquer la complexité des relations que le Mexique comme le Canada entretiennent avec les États-Unis, mais l'interdépendance entre les trois pays a réussi à surpasser les aspérités de ces relations malgré leur caractère généralement problématique.

Le processus de négociation de l'ALENA représente une rupture avec un grand nombre d'aspects politico-idéologiques de la relation du Mexique avec les États-Unis. Lorsqu'en 1988 le gouvernement de Carlos Salinas de Gortari décide que le pays est prêt pour la modernisation économique, la première grande tâche qu'il entreprend est la déconstruction des préjugés qui jusqu'alors caractérisaient la relation.

Ce travail est une condition *sine qua non* pour lancer le processus de modernisation du pays. Le gouvernement de Salinas considère que la relation avec les États-Unis est un élément central de son projet et qu'elle va lui servir de levier pour commencer les changements.

Le virage que le nouveau président entend donner est épaulé par tous les changements politiques, toutes les réformes économiques faites pendant l'administration de De la Madrid. Salinas de Gortari et ses collaborateurs ont participé au cabinet antérieur et d'une certaine façon leur rôle est de poursuivre le projet d'ouverture et de libéralisation économique pour moderniser le pays avec une vision à long terme.

L'ALENA apporte avec lui de nombreux bouleversements, dont un changement de génération. Lorsque Salinas assume la présidence, il a un peu plus de quarante ans et la majorité des membres de son cabinet a plus ou moins le même âge. Mais la jeunesse de l'équipe modernisatrice n'est pas le seul élément favorable au changement, sa formation professionnelle est encore plus importante. Après des présidents traditionnellement formés dans les écoles et facultés de droit, apparaît une génération d'économistes ayant étudié dans les universités étasuniennes. La majorité des négociateurs possèdent un doctorat obtenu aux États-Unis, ce qui veut dire que ce sont des gens très bien préparés mais surtout qu'ils ont eu un contact prolongé et déterminant avec le mode de vie des États-Unis. Cela bien évidemment leur fait voir et considérer la relation avec le voisin sous un jour totalement différent de leurs prédécesseurs.

À cette époque, en voyant le profil du nouveau cabinet, d'aucuns ont dit que le Mexique allait être gouverné par la première génération d'Américains nés au Mexique mais idéologiquement élevés aux États-Unis. Seuls le temps et la distance historique pourront permettre d'évaluer la pertinence de cette affirmation.

Ce qui est évident c'est que Salinas de Gortari, dans chacune des actions qu'il entreprend pendant son gouvernement, est guidé par le sens de l'Histoire et du rôle qu'il doit y jouer. De nombreuses décisions, principalement la détermination à changer les règles du jeu de la relation avec les Étasuniens, sont prises avec la conviction que ce changement et cette modernisation économique modifieront tellement le Mexique que son administration passera à l'histoire comme celle de Lázaro Cárdenas avec la réforme agraire et l'expropriation du pétrole en 1938[1].

Il faut donc voir l'ALENA sous cet éclairage : c'est un instrument puissant entre les mains d'un groupe de personnes convaincues que le traité

---

[1] Le ministère de l'Éducation nationale du Mexique publie chaque année depuis 40 ans des livres de classe gratuits pour les écoles primaires. Le contenu de ces livres est actualisé périodiquement. Pendant le sexenat de Salinas de Gortari, le livre d'histoire a été sensiblement modifié : On a supprimé ou minimiser les références historiques qui alimentent le Nationalisme. La guerre et l'invasion étasunienne de 1846-1847 ont été pratiquement supprimées comme tous les passages donnant une image négative des États-Unis. Lorsque cela est découvert, un grand scandale éclate parmi les intellectuels. Cette protestation est renforcée lorsque l'on s'aperçoit que l'histoire du Mexique arrive jusqu'à la période de Salinas de Gortari, qui n'est pas encore terminée, et que les succès de son gouvernement sont largement décrits, au détriment d'autres périodes comme celle du Président Cárdenas et de l'expropriation pétrolière.

va changer la position géoéconomique du Mexique en Amérique du Nord et en Amérique latine, et donc changer l'Histoire.

Tout au long du processus de négociation, la force de cette idée fait que ce groupe cherche résolument à établir toutes sortes de clauses, règles et mécanismes pour empêcher que l'ALENA puisse être dénoncé par le Président suivant. Cela ne suffisant pas, il fait changer quelques articles de la Constitution dont le contenu soutenait l'ancien modèle de développement protectionniste. La mission du cabinet de Salinas n'a donc pas seulement été d'introduire les changements et les réformes, mais aussi de détruire toute possibilité de retour en arrière.

Après vingt ans de fonctionnement, on peut maintenant voir les conséquences de l'ALENA, le résultat le plus important étant peut-être que le traité a réussi à placer la relation bilatérale dans un rapport de forces favorable aux Étasuniens, comme ou pouvait s'y attendre, mais également bénéfique pour les autres partenaires grâce au renforcement d'un schéma commercial régit par l'interdépendance.

Pendant ces dernières années, la relation avec les États-Unis a changé sur le fond et sur la forme comme le montre l'appui inhabituel qui a été offert au Mexique lors de la crise économique de 1994, la façon dont le Mexique et le Canada ont décidé de ne pas soutenir la guerre en Irak et l'acceptation du projet étasunien de réorganisation des frontières autour des concepts de périmètre de sécurité et de frontière intelligente. Ces exemples démontrent le nouveau rythme de la relation trilatérale où les problèmes économiques et la sécurité territoriale sont l'affaire des trois partenaires.

Au Mexique, l'ALENA n'a pas fait tomber le gouvernement, comme cela avait eu lieu au Canada avec l'ALCCEU, mais l'opposition qui s'est constituée autour des négociations constitue l'embryon des groupes qui luttent pour la démocratisation du pays. La formation de réseaux sociaux, reliés à leurs homologues canadiens et étasuniens, donne de la force et du contenu à un type de relations inédit en Amérique du Nord, car elles se constituent depuis le bas. Cette forme de continentalisation qui vient de la base des trois sociétés et se renforce à travers les années de militantisme, contraste évidemment avec la construction de réseaux chez les élites gouvernementales, parmi les chefs d'entreprise et les grands leaders syndicaux et paysans, les uns et les autres influençant eux aussi le nouvel agenda entre les trois pays.

Processus d'identification et d'intégration aux États-Unis, la continentalisation trouve dans l'ALENA sa véritable formalisation. Elle passe du statut de tendance, esquisse souvent mal assumée par les partenaires les plus faibles, au statut de cadre légal donnant une orientation différente aux relations en Amérique du Nord.

1. L'État mexicain : entre le pragmatisme économique et le voisinage des États-Unis

Miguel de la Madrid (1982-1988) prend ses fonctions de président de la République à un moment critique, alors que le Mexique est dans une situation économique particulièrement précaire à cause de son énorme dette extérieure et d'une très faible croissance économique qui le laissent sans défense surtout vis-à-vis des États-Unis.

La politique extérieure mexicaine est l'objet de critiques en provenance du Département d'État et de certains congressistes républicains qui voient d'un très mauvais œil toute manifestation nationaliste. Ils réitèrent à plusieurs reprises que les modifications que le gouvernement mexicain a apportées à ses relations avec l'Amérique latine, en particulier l'Amérique Centrale, sont inacceptables dans la perspective Est-Ouest, vision dominante du gouvernement étasunien en place.

Jusqu'au début des années 1980, le gouvernement mexicain se trouvait dans une situation exceptionnelle grâce à sa production pétrolière et à la conjoncture internationale qui lui était particulièrement favorable. Il jouissait donc d'une grande indépendance économique dont il savait largement profiter pour encourager sa politique internationale de puissance moyenne. Néanmoins, comme nous le disions dans les chapitres précédents, à partir de 1982, le Mexique va devoir payer le prix de cette politique et il subit une avalanche de pressions internationales dont la plus forte vient du FMI avec qui il doit signer une nouvelle Lettre d'Intention. Cette signature l'entraîne automatiquement vers un programme d'austérité de type monétaire et la croissance économique du pays est dorénavant soumise au paiement ponctuel du service de la dette extérieure. Parmi toutes ces mesures, la diminution du déficit fiscal, du déficit correspondant au déséquilibre extérieur et les pressions inflationnistes sont les points les plus importants de la politique économique du gouvernement en place.

En plus de ces mesures, le gouvernement de Miguel de la Madrid élabore un Plan national de Développement (1983-1988) qui définit les stratégies d'une politique de changement structurel. Les aspects les plus importants en sont une redéfinition du rôle de l'État et une nouvelle façon d'envisager l'insertion de l'appareil productif dans l'économie internationale (Rico, 2000).

Ces circonstances obligent le gouvernement mexicain à rectifier sa position sur la scène internationale, sa relation avec les États-Unis et son activisme diplomatique en Amérique Centrale. Un an après la prise de possession de Miguel de la Madrid, la rupture temporaire de l'Accord de San Jose sur les ventes de pétrole au Nicaragua, marque la scission avec la politique extérieure des gouvernements antérieurs.

Le trait dominant de ce gouvernement est son rapprochement inconditionnel avec les intérêts économiques étasuniens, ce qui transforme la dynamique de ses relations avec les pays centraméricains et les Caraïbes (Lazo, 1986).

En ce qui concerne le protocole d'adhésion du Mexique au GATT (1986), il faut remarquer qu'en dépit du caractère multilatéral du GATT, presque 90 % des négociations se font avec la seule délégation des États-Unis. Contrairement à ce qui s'est passé en 1979, c'est le Sénat de la République qui appelle à la consultation populaire, avant même que le Président n'ait formellement demandé au ministre du Commerce et du Développement industriel (SECOFI), d'entamer les procédures d'adhésion du Mexique au GATT (Malpica, 1988 : 36).

La dynamique de cette nouvelle négociation est très différente de celle du sexennat précédent. Les conditions économiques du pays sont réellement critiques, non seulement à cause du programme d'austérité mis en place, mais aussi à cause de l'incapacité manifeste du gouvernement à répondre aux exigences du FMI, et l'on sait maintenant que le tremblement de terre de 1985 a miraculeusement libéré le Mexique de l'obligation de déclarer le moratoire du paiement de sa dette extérieure.

Ces circonstances ne laissent au gouvernement du président de la Madrid qu'une très faible une marge de manœuvre pour négocier avec le GATT : les négociateurs mexicains ont beaucoup de difficultés à faire approuver leur entrée dans cet organisme et les conditions exigées ne sont ni insignifiantes ni bénignes.

Malgré tout, certaines conditions internes favorisent l'entrée du Mexique dans le GATT. D'abord, quelques-uns des changements économiques exigés par cet organisme sont déjà appliqués et l'exigence de procéder à une ouverture commerciale n'est pas une surprise pour les cercles financiers et patronaux qui en majorité y sont favorables. Ce dernier point représente un grand changement par rapport à la négociation antérieure.

Tous ces éléments vont faciliter le travail interne de persuasion, particulièrement pendant la consultation dirigée par le Sénat de la République, et si les voix de l'opposition se font entendre, comme en 1979, elles ne parviennent pas à faire changer la décision prise par le président de la Madrid.

Un autre élément favorable au processus est qu'à aucun moment l'initiative présidentielle ne rencontre d'opposition à l'intérieur de son cabinet, contrairement à ce qui s'était passé avec le président Lopez Portillo.

À l'époque, on s'en souviendra, le président avait été contraint de demander la démission de plusieurs de ces ministres[1].

---

[1] Carlos Rico considère que dans l'expérience antérieure on avait assisté à l'affrontement de deux écoles de pensée économique ayant des opinions très différentes en ce qui concerne le rôle de l'État et du marché dans la restructuration économique. En 1979, ceux qui sont favorables à l'entrée dans l e GATT sont au sommet du pouvoir politique ce qui facilite l'obtention d'un consensus politique interne. Finalement le Mexique entre dans le GATT le 24 août 1986 (Rico, 2000 : 163).

Entre 1982 et 1988, la relation économique avec les États-Unis est particulièrement importante pour le Mexique dans plusieurs domaines fondamentaux liés aux réformes structurelles internes et au nouvel agenda bilatéral entre les deux pays. Cela est particulièrement visible dans :

1. La négociation d'un accord bilatéral sur les subventions et les droits compensatoires qui aboutit à la signature de *l'Accord entre les États-Unis et le Mexique sur les Subventions et les Droits compensatoires* (1985)[1] ;
2. La discussion d'une législation sur les brevets et les droits de propriété intellectuelle ;
3. La rectification du cadre régulateur sur l'investissement étranger direct qui aboutit à la publication des *Projets pour l'Investissement étranger et les Objectifs de leur Promotion* (1984) ;
4. La dispense d'impôts accordée pour un an par le gouvernement étasunien sur les exportations mexicaines grâce au Système généralisé des Préférences[2].
5. La discussion d'une entente de principes et de procédures de consultation dans les relations commerciales et financières qui se termine par la signature de *l'Accord Cadre d'Entente commerciale et d'Investissement entre le Mexique et les États-Unis (1987)*[3] ;
6. Les diverses négociations de caractère sectoriel (Olea Sisniega, 1994 ; SECOFI Documentos Básicos, 1994 ; Blanco, 1994).

Tous ces événements reflètent très bien le climat dans lequel, au milieu des années 80, commencent à se profiler les changements qui débouchent quelque temps plus tard sur la négociation de l'ALENA.

Avant les années 80, il n'existe pratiquement pas de mécanismes formels de régulation des relations commerciales mexicaines à un niveau bilatéral, et

---

[1] Cet accord permet d'éliminer les prix officiels dans l'évaluation douanière, de faire diverses concessions sur les droits de douane et d'inclure la *preuve du dommage* à toute réclamation des États-Unis contre les exportations mexicaines. Celle-ci consiste à obliger le gouvernement étasunien à prouver tout dommage que les exportations mexicaines auraient pu causer, avant d'appliquer un impôt compensatoire. En 1985, les deux gouvernements progressent dans l'élaboration d'un accord-cadre. Dans une déclaration publique commune, ils décident de mettre un frein aux entreprises étasuniennes qui cherchent à obtenir une compensation de la part de leurs concurrents mexicains (en appliquant la *preuve du dommage*) en échange de l'élimination progressive des subventions.

[2] Cette exemption n'est valable que pour un an, ce qui signifie qu'ensuite les États-Unis pourront décider quels produits seront exclus de ce système préférentiel.

[3] Cet accord établit les procédures et les principes de résolution des controverses commerciales pour faciliter l'investissement et le commerce entre les deux pays. En 1988 est signé l'Accord Cadre et l'on discute le brouillon d'un accord qui libéraliserait certains secteurs industriels, un peu dans le même style que le Pacte automobile entre les États-Unis et le Canada signé en 1965. Cet accord n'aboutit pas parce que l'on craint qu'une libéralisation sectorielle n'aboutisse à la fragmentation de certaines branches du secteur industriel et ne rompe les chaînes productives intersectorielles, par exemple entre le secteur automobile et celui de l'électronique (Comisión sobre el Futuro de las Relaciones México-Estados Unidos 1988 : 64).

c'est à peu près la même chose dans les forums internationaux puisque la participation mexicaine est limitée à l'ALALC (1960) et à l'ALADI (1980)[1].

Les accords-cadres sur le commerce et l'investissement signés en 1987 et 1989 accélèrent le changement de stratégie économique mexicaine. Celle-ci entre dans une période d'activisme international relatif, majoritairement stimulée par l'ouverture commerciale. Le gouvernement mexicain est disposé à parler ouvertement de l'investissement étranger, sujet qui était tabou auparavant, donnant un signal évident de son intention d'ouvrir davantage l'économie mexicaine et de ne pas limiter les changements aux problèmes purement commerciaux.

2. Les réformes économiques qui facilitent le choix du libre-échange

En 1982, le gouvernement mexicain entame un processus de restructuration à plusieurs niveaux : il répond à la crise de la balance des paiements par le contrôle des changes, la dévaluation de la monnaie et il instaure des permis d'importation pour tous les produits. Il s'agit donc de faire une politique monétaire clairement protectionniste en même temps qu'une libéralisation du commerce. À partir de 1983, l'ouverture se fait progressivement avec une diminution des droits de douane mais pas des permis d'importation qui ne seront éliminés que dans une deuxième phase.

Selon les déclarations officielles du gouvernement mexicain lui-même, ce processus représente « *un minimum pour le pays* » car, depuis 1983, 5 % des importations seulement sont soumises à des droits de plus de 50 %.

Selon les représentants de SECOFI, le « processus de libéralisation joue un autre rôle important : il affaiblit le pouvoir des oligopoles sur les prix en permettant l'entrée de produits importés avec des droits très faibles ». Néanmoins, ce succès apparent va conduire au démantèlement d'une grande partie de la petite et moyenne entreprise mexicaine.

Une fois lancé le processus d'ouverture, plusieurs secteurs économiques, parmi lesquels on trouve quelques-uns de ceux qui avaient soutenu ce projet, commencent à s'inquiéter des effets négatifs de la stratégie, comme nous pouvons le voir dans le tableau suivant. L'indice d'inflation élevé contraste fortement avec le faible accroissement du PIB, en pleine période d'ouverture économique.

[1] L'Association latino-américaine d'Intégration et formée par l'Argentine, la Bolivie, le Brésil, la Colombie, le Chili, l'Équateur, le Mexique, le Paraguay, le Pérou, l'Uruguay et le Venezuela. Ces pays ont signé le traité de Montevideo le 12 août 1980. Celui-ci a été ratifié par le Sénat mexicain le 12 février 1981.

Tableau 26 Mexique : inflation et PIB, 1987-2011 (pourcentage)			
Année	*Inflation*	*PIB*	*Période présidentielle*
1987	159.2	1.4	De la Madrid
1988	179.7	1.1	Madrid/Salinas
1989	19.7	2.9	Salinas
1990	29.9	3.9	Salinas
1991	18.8	3.6	Salinas
1992	11.9	2.6	Salinas
1993	8	0.4	Salinas
1994	7.1	3.5	Salinas/Zedillo
1995	51.9	6.9	Zedillo
1996	27.7	5.2	Zedillo
1997	15.7	7	Zedillo
1998	18.6	4.8	Zedillo
1999	12.3	3.7	Zedillo
2000	8.9	6.9	Zedillo/Fox
2001	5	0.3	Fox
2002	4.5	0.9	Fox
2003	3.9	1.3	Fox
2004	5.1	4.4	Fox
2005	3.3	3.0	Fox
2006	4.0	4.8	Fox/Calderon
2007	3.7	3.3	Calderon
2008	6.5	1.3	Calderon
2009	3.5	-6.1	Calderon
2010	4.1	5.5	Calderon
2011	3.4	3.9	Calderon
2012	3.5	3.9	Calderón/Peña

Source : Élaboration de l'auteur sur base des rapports annuels de la Banque du Mexique, plusieurs années.

En 1988, deux ans après l'entrée dans le GATT, le Président de l'Association Nationale des Importateurs et Exportateurs de la République mexicaine (ANIER) écrit : « si les exportations ont augmenté c'est grâce à l'effort des Mexicains du secteur public comme du secteur privé et ce n'est absolument pas une conséquence des négociations du GATT dont nous n'avons encore pas vu les avantages » (Excelsior, 1988 cite in Álvarez et Mendoza, 1991).

Le gouvernement du président de la Madrid se lance dans une politique économique totalement différente de celle du président López Portillo. Il veut restructurer le secteur productif national et éliminer un grand nombre de subventions tout en commençant un processus de concentration, liquidation et privatisation des entreprises de l'État dont il pense qu'elles ne sont pas prioritaires dans la nouvelle stratégie de développement.

1.115 organismes publics sont privatisés entre 1982 et 1988, et en 1992, 217 autres entreprises suivent le même chemin. Les banques et le monopole de « Téléphones de Mexico (TELMEX) » sont les cas de privatisation les plus spectaculaires, qui ont permis d'enrichir ostensiblement des personnes proches du pouvoir exécutif, pendant la présidence de Carlos Salinas de Gortari. En 1995, dans le cadre du programme économique post-dévaluation, d'autres privatisations sont annoncées dont celles des entreprises qui fournissent l'énergie, des chemins de fer, des ports, des aéroports et de l'industrie pétrochimique secondaire (Álvarez et Mendoza, 1991).

L'ouverture commerciale joue un rôle clé dans ce processus puisque, entre 1983 et 1985, on supprime les permis d'importation de 35 000 fractions douanières ce qui correspond à 44 % des 81 000 existants. Cependant, un grand nombre de ces articles ne représentent pas grand-chose dans la balance commerciale (González et Loría, 1994).

Plus tard, la politique cherche à diversifier le commerce extérieur pour le rendre moins dépendant des exportations pétrolières qui, en 1986, représentent 39,3 % du total du commerce extérieur.

Malgré ce processus de restructuration et de libéralisation commerciale, en 1987, le PIB annuel ne présente qu'une augmentation précaire de 1,4 % alors que le taux d'inflation monte vertigineusement jusqu'à 159,2 %. Il est alors évident que, malgré l'ouverture unilatérale accélérée que le gouvernement mexicain a entreprise avant même d'entrer dans le GATT, la situation économique du pays ne s'est guère améliorée. La majorité des citoyens qui ont payé un prix élevé pour ce changement et cet ajustement économique ne se sentent pas vraiment récompensés.

Selon les personnes chargées de la politique économique, le problème est que les mesures prises sont contrecarrées par les entraves commerciales imposées par le protectionnisme croissant des pays industrialisés et en particulier des États-Unis[1].

Effectivement, les barrières non douanières et phytosanitaires sont toujours en vigueur dans ce pays et sont un obstacle permanent aux exportations mexicaines. Dans le secteur agricole, les avocats, les pommes, les pommes de terre et les citrons ne peuvent entrer aux États-Unis à cause de restrictions imposées par ce pays. Dans les années qui précèdent la signature de l'ALENA, le ciment mexicain doit payer un impôt compensatoire de 58 %, les melons doivent verser des droits de 35 %, les asperges et autres légumes frais ou congelés doivent s'acquitter de 25 % de droits. En bref, si le Mexique a baissé les droits sur les importations, on ne peut pas dire qu'il y ait réciprocité de la part de son plus important partenaire commercial.

Le besoin urgent d'arriver à une forte croissance de l'économie mexicaine contribue directement à remettre en question l'ouverture commerciale, en se concentrant sur trois stratégies : une plus grande diminution des droits de douane, la recherche de marchés complémentaires

[1] Une situation semblable oblige le gouvernement canadien à négocier l'ALCCEU.

du marché étasunien et l'attraction de l'investissement étranger dans les activités productives ou sur le marché des capitaux.

Il devient de plus en plus évident que ces changements ne pourront pas se faire sans un accord commercial avec les États-Unis. Il est nécessaire de créer un climat de confiance à l'intérieur comme à l'extérieur pour que personne ne puisse remettre en question toutes les mesures de libéralisation prises depuis 1983, et pour garantir la relation commerciale avec les États-Unis en établissant des règles plus claires permettant d'accéder au marché étasunien.

3. Ouvrir la voie à un changement qualitatif dans la relation bilatérale

Les relations entre le Mexique et les États-Unis passent par une période particulièrement conflictuelle pendant les présidences de Miguel de la Madrid et Ronald Reagan. La position du département d'État et du Congrès des États-Unis sur le conflit Est-Ouest et ses répercussions en Amérique Centrale exacerbe les problèmes relationnels.

Le désaccord des deux pays concernant les conflits politiques dans la région perturbe les relations entre les deux gouvernements. Pendant cette période, la politique extérieure du Mexique, qui cherche à diminuer le conflit ouvert avec les États-Unis, commence à se retirer d'Amérique Centrale et même, dans une certaine mesure, du reste de l'Amérique latine. Le Mexique espère diminuer les pressions économiques qu'il subit en modifiant son profil diplomatique.

Contrairement à ce qui s'était passé sous López Portillo, quand le pétrole donnait au gouvernement mexicain la possibilité d'agir indépendamment de la volonté étasunienne, entre 1982 et 1988 la gravité de la crise économique ne laisse aucune place à un quelconque comportement de type nationaliste.

Dans les deux pays, un nombre considérable de personnes considère qu'il est urgent de trouver des voies de conciliation pour que les deux gouvernements restructurent leur agenda bilatéral :

> « Une atmosphère de récrimination et de conflit enveloppe la relation mexicano-étasunienne, portant préjudice aux interactions bilatérales au moment où chacun des deux pays devient plus important pour l'autre. Cette ambiance fait perdre des possibilités de promouvoir les intérêts de chacun et d'améliorer les liens sur des bases communes. Le Mexique et les États-Unis doivent donc faire un effort pour améliorer leur relation bilatérale et ils doivent le faire maintenant » (Informe de la Comisión, 1988 : 3).

En septembre 1986, des groupes de citoyens des deux pays[1] créent la *Commission sur le Futur des Relations Mexique/États-Unis* qui doit faire

---

[1] Les membres de la Commission sont : Héctor Aguilar Camín, directeur de la revue Nexos ; Gilberto Borja, président du groupe ICA ; Ivonne Brathwaite du cabinet d'avocats de Jones, Day, Reavis et Pogue ; Juan José Bremer, président de la Commission des relations étrangères de la Chambre des

une évaluation de ce qui, à long terme, doit être changé ou conservé dans la relation Mexique/États-Unis, pour faire ensuite des recommandations aux deux pays : « la relation bilatérale entre le Mexique et les États-Unis a une importance croissante pour les deux pays. Néanmoins, cela n'a pas empêché l'apparition d'une atmosphère conflictuelle et de récrimination qui la perturbe. Il faut donc que les deux pays engagent un effort concerté pour l'améliorer » (Informe de la Comisión, 1988 : XI).

Après deux ans de travail, la Commission sur le Futur des Relations mexicano-étasuniennes élabore un rapport intitulé « Le Défi de l'Interdépendance : Mexique/États-Unis » qui est publié en même temps dans les deux pays (1988).

Cette Commission est très différente de la Commission MacDonald du Canada (1985) qui, on s'en souviendra, propose également, entre autres objectifs, d'analyser la relation avec son voisin et de mettre au point diverses stratégies pour affronter l'augmentation de la dépendance économique vis-à-vis des États-Unis. Malgré des différences importantes, les deux Commissions influencent directement les deux gouvernements dans leur décision sur le libre-échange, et elles privilégient par-dessus tous les points de vue favorables à la vision continentaliste.

La Commission binationale n'est pas créée à l'initiative du gouvernement mexicain ou étasunien, comme cela a été le cas pour la Commission canadienne. Elle est financièrement soutenue par la fondation Ford qui recrute des spécialistes reconnus en la matière pour élaborer 48 dossiers qui serviront de support aux discussions de la Commission et seront utilisés comme référence au moment de rédiger le rapport final.

Malgré l'origine de son financement, la Commission déclare dès le départ qu'elle travaillera de façon autonome.[1] Les réunions d'analyses et de discussions durent près de deux ans et toute l'organisation en revient aux directeurs exécutifs : Rosario Green et Peter H. Smith[2].

Députés ; Fernando Canales Clariond, patron de Monterrey : Henry Cisnero, maire de San Antonio Texas ; Lawrence Eagleburger, président du cabinet d'avocats Kissinger Associated ; Ernesto Fernández Hurtado, directeur de la banque du Comerce ; Carlos Fuentes, écrivain ; Roger Heyns, président de la fondation William et Flora Hewlett : Nancy Landon Kassebaum, sénatrice du Kansas ; Hugo Margain, sénateur du District fédéral ; Robert McNamara ex-président de la Banque Mondiale ; Mario Ojeda, président du Colegio de Mexico ; Charles Parry, ex-président d'Aluminium Co : William Rogers, associé au cabinet d'avocat Arnold et Porter ; Glen E. Watts, ex-président de la AFL-CIO et Rosario Green et Peter Smith comme directeurs techniques.

[1] Le montant du financement n'a jamais été révélé et la Commission elle-même n'a jamais publié de comptes dans son rapport final. Si l'on sait que la raison d'être de la fondation Ford est de financer ce type de projets, il semble normal que le montant ne soit pas du domaine public puisque la Commission n'est pas issue du gouvernement mais que c'est une association privée non directement financée par les impôts des contribuables.

[2] Green est à cette époque directrice de l'Institut Matias Romero d'Études diplomatiques de la SER. Smith est professeur de Sciences politiques de l'Université de Californie à San Diego. Tous les deux se sont fait remarquer pour leurs travaux sur ce thème, mais il est intéressant de voir l'asymétrie des deux profils. Alors que Smith est un professeur d'université, Green représente le gouvernement mexicain, avec rang d'ambassadrice, au sein du ministère des Relations extérieures. Ce fait a sans aucun doute marqué l'orientation des réunions de la Commission.

Dès le départ, tous les membres de la Commission sont d'accord pour que le sujet des débats soit l'état de la relation bilatérale et que le but principal des travaux et des réunions soit « chercher des domaines d'accord bilatéral, explorer les zones où un accord est possible et formuler des recommandations qui puissent servir simultanément aux intérêts partagés des deux pays » (Informe de la Comisión, 1988 : 4)

Les discussions comme les travaux et la rédaction du rapport de la Commission se déroulent dans une ambiance qui veut éviter le plus possible tout débat qui obligerait à parler de la politique intérieure des deux pays pour être sur de ne pas « émettre des jugements sur le passé ou le présent » (Informe de la Comisión, 1988 : 4).

On comprend mieux cette situation si l'on se souvient que le gouvernement mexicain est à cette époque encore sous le contrôle du PRI et qu'il est impossible d'empêcher les critiques répétées du Congrès des États-Unis et d'autres organisations de ce pays sur le manque de démocratie et les constantes fraudes électorales mexicaines.

Il est certain que les délégués mexicains préfèrent éviter que les réunions de la Commission ne se convertissent en un forum critique contre leur gouvernement, surtout qu'un grand nombre d'entre eux sont liés au PRI et à l'appareil d'État. Un des rares Mexicains à ne pas être affilié à ce parti est Fernando Canales Clariond[1] : il est le seul qui exprime son désaccord par écrit, déplorant que parmi les sujets évacués se trouve la discussion sur la démocratie :

> « Les gouvernements des États-Unis et du Mexique ont des conceptions différentes de la démocratie, ce qui provoque des problèmes bilatéraux. Le travail sera plus complet si ce thème est abordé. La majorité des délégués le considère comme un problème interne et non pas comme un problème international. Il me semble que, sur ce thème comme sur d'autres qui ont été étudiés, ils suivent la position officielle du gouvernement mexicain : je respecte leur opinion, mais je ne la partage pas » (Informe de la Comisión, Apéndice, 1988 : 241-242).

Il faut dire que les décisions de la Commission sont prises par consensus informel et non pas par l'intermédiaire d'un vote, qu'il s'agisse de l'orientation choisie, de la thématique ou de la dynamique de cette dernière : « parfois les membres de la Commission n'étaient pas convaincus de donner leur accord sur la totalité de certaines recommandations ou sur un passage particulier du rapport. Néanmoins, nous étions tous d'accord sur l'esprit des recommandations et l'importance d'aboutir à un rapport consensuel » (Informe de la Comisión, 1988 : 5).

Le mode de fonctionnement de la Commission est assez traditionnel. On établit un programme de recherche qui est suivi de réunions d'analyse et de

---

[1] Il a occupé le poste de ministre de l'Économie, auparavant appelé SECOFI dans le gouvernement du président Fox.

discussions pour aider les délégués lors des sessions qui ont lieu dans plusieurs villes du Mexique et des États-Unis. D'autre part, les membres de la Commission se réunissent à plusieurs reprises avec des fonctionnaires, des gouverneurs d'état, des diplomates, des chefs d'entreprises, des membres du Congrès et avec d'autres personnes qui d'une manière ou d'une autre sont concernées par les thèmes de l'agenda bilatéral.

Le rapport, dans une de ses annexes, publie le nom des personnes qui ont été interviewées : le Mexique les classe en deux catégories, fonctionnaires du gouvernement et participants privés, les États-Unis font trois catégories, fonctionnaires du gouvernement, ex-fonctionnaires du gouvernement et participants privés.

Cette liste révèle d'énormes disparités entre les participants mexicains et étasuniens. Du côté des États-Unis, on trouve des représentants syndicaux, des organisations de défense légale et d'appui aux Mexicano-Étasuniens, des groupes religieux, des membres de plusieurs *think-thank* et des professeurs d'université. Du côté mexicain, il est frappant de voir que, sur 27 participants, il n'y a aucun syndicaliste, aucun membre d'un groupe religieux ou d'une organisation sociale liée à la problématique bilatérale ; 15 ont occupé des postes dans le gouvernement, et parmi les autres on trouve des universitaires du *Colegio de Mexico et du Colegio de la Frontera Norte* (Informe de la Comosión, Apéndice IV, 1988 : 237-238).

Le plus important est la façon dont la relation bilatérale est perçue et cataloguée « relation d'interdépendance croissante ». Pour cette raison, le rapport est intitulé : « *Le défi de l'Interdépendance* ».

La Commission justifie le choix de cette optique par le raisonnement suivant : « ... en centrant notre attention sur l'interdépendance, nous orientons notre analyse sur l'interconnexion des deux sociétés. Ce qui se passe dans un pays a des conséquences sur l'autre, nos destinées nationales sont donc liées… Interdépendance ne signifie pas équilibre et l'asymétrie est toujours une caractéristique fondamentale de la relation » (Informe de la Comisión, 1988 : 6).

La Commission insiste beaucoup sur la reconnaissance de la complexité de la relation qui tend à s'accentuer avec l'approfondissement de l'interdépendance. Pour la première fois, on reconnaît de façon explicite que ce qui se passe au Mexique a des répercussions aux États-Unis et réciproquement.

Une fois cette réalité admise, on peut sélectionner les principaux thèmes de travail des délégués : économie (dette, commerce, investissement), migration (avec une attention particulière portée à la législation étasunienne), drogues (consommation, production et trafic), relations entre États (différence d'orientation des politiques extérieures), éducation et opinion publique (transmission des stéréotypes).

La discussion particulière sur la problématique de la frontière Nord n'apparaît pas sur la liste des thèmes à analyser et ce problème n'est abordé qu'à travers les discussions sur la migration et sur la drogue, alors que l'analyse de cette région aurait apporté de précieux éléments de compréhension sur la complexité de la relation bilatérale. C'est là une des grandes omissions du rapport qui n'aborde les aspects liés à la frontière Nord que de façon détournée, quand il parle de l'impact des usines maquiladoras ou de la pollution de l'environnement.

Un des thèmes qui reçoit le plus d'attention est celui de l'économie, probablement parce que les deux pays passent par des moments difficiles. Le Mexique en particulier est, pendant les années 80, un des pays les plus endettés de la planète bien qu'il soit un grand exportateur de pétrole.[1] À cette époque, il doit affronter instabilité financière, fuite massive des capitaux et crise pétrolière. Fin 1987, la dette totale du Mexique représente 77 % du PIB et le paiement des intérêts de la dette 6 % du PIB. Ces chiffres montrent la gravité des problèmes économiques du Mexique, puisque le paiement de la dette extérieure annule pratiquement toute croissance économique (Informe de la Comisión, 1988 : 37).

Tableau 27
Le Mexique : poids (en %) de la dette et de ses intérêts dans le PIB

	1981	*1982*	*1983*	*1984*	*198 5*	*1986*	*1987*
Dette totale (milliers de millions)	77	91	94	95	98	102	108
% Dette dans le PIB	31	53	63	54	53	79	76
% Dette dans les exportations	284	332	331	295	332	439	366
Paiement d'intérêts (milliers de millions)	9	12	10	12	10	8	8
% Intérêts dans le PIB	4	7	7	7	6	6	6
% Intérêts dans les exportations	35	44	36	36	35	36	27

Source : Institute of International Finance, 1987.

La Commission discute amplement de l'état du commerce bilatéral car la relation en ce domaine devient conflictuelle à cause de la nouvelle orientation de la politique commerciale internationale du Mexique qui, depuis 1983, utilise une stratégie de libéralisation commerciale unilatérale qui se heurte au protectionnisme croissant des États-Unis. Alors que les deux pays pensent qu'une stratégie de promotion de leurs exportations est fondamentale pour obtenir une meilleure croissance de leurs économies, l'attitude du Congrès étasunien dénature les effets de toute politique

[1] La crise de la dette au Mexique s'aggrave beaucoup pour de nombreuses raisons parmi lesquelles nous pouvons citer : l'augmentation des taux d'intérêt, la chute des prix internationaux du pétrole qui réduisent les revenus de l'État et la diminution de la croissance économique au niveau mondial qui restreint la demande d'exportations non pétrolières. De plus, le taux d'inflation élevé et la chute du peso aggravent encore la situation qui devient insoutenable pour les Mexicains.

commerciale internationale ayant pour principal partenaire le marché étasunien.

L'intérêt des délégués est attiré par le fait que le gouvernement des États-Unis, bien qu'il ait été un des créateurs de l'Uruguay Round du GATT, commence à abandonner sa prédilection pour le multilatéralisme commercial et s'engage dans une nouvelle stratégie qui privilégie les accords bilatéraux de libre-échange, comme le démontrent ses récents accords avec Israël (1985) et le Canada (1988). Ce point devient la source de nombreuses discussions au sein de la Commission. Bien qu'ayant une très grande expérience de la relation bilatérale, ses membres ne voient pas très clair dans le processus de transformation de la politique commerciale étasunienne et concluent :

> « Nous ne croyons pas que l'accord récemment signé entre les États-Unis et le Canada offre un cadre adéquat, applicable à la relation commerciale entre les États-Unis et le Mexique. Contrairement au Canada, le Mexique ne peut pas éliminer rapidement tous les droits de douane et les subventions à l'exportation. De plus, le Mexique ne peut pas s'engager à éliminer les différences entre le prix du pétrole domestique et le prix à l'exportation, à accorder le même traitement aux investisseurs et prestataires de services étrangers qu'aux nationaux, à renoncer complètement au protectionnisme et aux restrictions vis-à-vis de l'investissement, et à abandonner les aides gouvernementales comme instruments de développement» (Informe de la Comisión, 1988 : 63).

Moins de deux ans plus tard, cette représentation ne sera plus valable puisque la libéralisation commerciale aura avancé rapidement et que les restrictions à l'investissement étranger seront supprimées.

À partir de 1990, le gouvernement de Salinas de Gortari commencera à négocier l'ALENA, en partant justement de tout ce que le rapport de la Commission avait considéré comme inacceptable. Peu de temps après, lorsque le contenu de l'ALENA sera publié, on peut se rendre compte qu'un grand nombre de clauses sont en complète contradiction avec ce que la Commission avait affirmé dans son rapport.

Finalement, une des conclusions de la Commission fut que la politique commerciale internationale du Mexique comme celle des États-Unis devrait devenir le moteur de la croissance économique de ces deux pays. En raison de leur interdépendance commerciale, la Commission conseillait d'établir une plus grande concertation entre les deux stratégies : « la Commission recommande aux gouvernements qui sont sur le point de prendre leurs fonctions de réaffirmer leurs intentions de favoriser une relation commerciale la plus ouverte possible » (Informe de la Comisión, 1988 : 65).

Il est certain que les points les plus importants de la discussion économique se trouvent dans les recommandations de la Commission aux deux gouvernements. Celle qui concerne le type de stratégie à mettre au point en faveur du libre-échange est particulièrement significative car la Commission conseillait de négocier un large accord commercial :

> « La Commission recommande aux gouvernants des deux pays d'adopter, dans leur relation commerciale bilatérale, une stratégie en deux temps, compte tenu des limites imposées par les énormes disparités économiques. Premièrement, les deux pays doivent continuer à s'accorder réciproquement des concessions commerciales. Deuxièmement, ils doivent progresser vers des accords de libre-échange commercial par secteur de production pour arriver à y inclure tous ceux qui peuvent procurer des bénéfices quantitatifs, surtout les secteurs industriels » (Informe de la Comisión, 1988 : 66).

La Commission recommandait aussi l'élimination programmée de tous les droits de douane dans des secteurs spécifiques, mais elle le disait clairement : « le but n'est pas l'intégration économique mais la croissance économique et la création d'emplois ».

En ce qui concerne l'investissement étranger, la Commission était très explicite et recommandait l'adoption d'une politique plus ouverte et plus cohérente pour les nouveaux investissements étrangers qui se dirigent de façon préférentielle vers l'exportation de biens à haute valeur ajoutée, le tourisme et les industries maquiladoras. Elle déclarait également qu'il faudrait accorder aux investisseurs le droit de participer au marché interne.

Dans la pratique, l'obstacle majeur à cette recommandation était la grande quantité de barrières que le Mexique avait construites pendant des années pour contrôler la destination et le comportement de l'investissement étranger. La Commission insistait donc pour que les deux gouvernements trouvent des mécanismes rapides pour détecter ces barrières et adoptent les mesures nécessaires pour les éliminer ou les réduire (Informe de la Comisión, 1988 : 70-72). Cette recommandation sera parfaitement suivie dans le Chapitre 11 de l'ALENA sur l'investissement.

Le rapport de la Commission concluait son analyse sur les aspects économiques en affirmant : « ces recommandations requièrent une rupture avec le passé. Leur mise en place demande des qualités d'homme d'État et du courage. Prétendre à moins ne vaudrait pas la peine et serait condamné à l'échec » (Informe de la Comisión, 1988 : 74).

L'impact du rapport de la Commission dans l'opinion publique comme sur le gouvernement de Salinas de Gortari à sa prise de fonction fut pratiquement nul, même si son contenu était en parfait accord avec les préoccupations du moment.

Les travaux ayant lieu pratiquement à portes fermées et les consultations n'ayant été ni larges, ni plurielles, ni démocratiques, l'effort fait par la Commission et le rapport qui en est issu se réduisent à un pur exercice intellectuel.

Le rapport rend compte de la prudence avec laquelle la Commission a abordé les problèmes bilatéraux, le langage utilisé est clair et parfois frappant, mais les critiques sont limitées, tout comme l'ampleur de la recherche sur les différents thèmes.

L'étude payée par la fondation Ford aurait eu besoin d'être plus approfondie et de ne pas se limiter à un document qui mêle les positions de la Commission avec de longs passages descriptifs alors même que la Commission avait fait appel à de nombreux experts en relation bilatérale...

Son effort pour ne pas aborder de problèmes de politique intérieure avait fini par nuire à la richesse de la discussion car l'analyse de l'interdépendance peut difficilement se faire en ignorant l'interaction entre la politique intérieure et la complexité de la relation bilatérale.

4. Les circonstances qui ont accéléré le processus de négociation de l'ALENA

Pendant l'administration de Salinas de Gortari (1988-1994), le voisinage avec les États-Unis est perçu d'une manière totalement différente de celle qui existait sous les gouvernements antérieurs. Ce changement se perçoit rapidement dans la façon dont ce nouveau gouvernement reconnaît officiellement que la relation et la proximité géographique ne sont pas forcément une malchance et que dans une stratégie politique à long terme il est absolument nécessaire de reformuler et de réaffirmer ce lien : « Transformer la relation avec les États-Unis était une de mes priorités. Je désirais insister sur les ressemblances et faire respecter les différences. Pendant ma première année de gestion, nous sommes parvenus à nous mettre d'accord même pour maintenir nos désaccords » (Salinas, 2001 : 43).

Cette vision qui, évidemment, reconnaît que le marché étasunien est crucial pour la croissance de l'économie mexicaine, considère que cette priorité doit faire partie d'un projet politique de longue haleine, permettant un rapprochement avec les États-Unis et un changement qualitatif durable de la gestion de la relation :

> « Notre nouvelle stratégie doit établir des règles claires pour la relation économique. Il est nécessaire de soumettre les échanges à des normes, accordées au préalable et vérifiées par des organismes indépendants. Il faut que certaines questions fondamentales pour la croissance mexicaine cessent de dépendre des jeux du pouvoir étasunien. Cela a toujours été une aspiration essentielle dans notre relation avec le voisin du Nord » (Salinas, 2001 : 45).

Jeffrey Davidow, ex-ambassadeur des États-Unis au Mexique, a publié en 2003 un livre intitulé « L'ours et le porc-épic » qui analyse les aspects caractéristiques des relations entre le Mexique et les États-Unis. Il y explique avec succès et franchise les faits qui, au cours de l'histoire partagée des deux pays, ont donné à ce lien une signification particulière. Dans son livre, l'auteur décrit les difficultés que les gouvernements des deux pays ont dû affronter pour arriver à une meilleure compréhension et ce qui les a fait échouer.

S'il est certain qu'une mauvaise gestion de la politique extérieure, bloquée entre la force maladroite et excessive de « l'ours » et la réaction aiguë du « porc-épic », a énormément contribué à rendre la relation économique difficile. Un des grands succès du gouvernement Salinas fut de faire en sorte que les divers points de l'agenda fussent étudiés de façon séparée afin d'éviter que quelques points n'affectent tout le plan de travail :

> « Dès le début de mes conversations avec le Président Bush, nous avons décidé que l'agenda bilatéral serait volontairement établi de telle façon qu'aucune des deux parties ne puisse définir l'ensemble de la relation. Pratiquement cela signifie que des désaccords sur des problèmes spécifiques ne doivent pas perturber et surtout ne doivent pas contaminer le déroulement général de la relation bilatérale » (Salinas, 2001 : 43).

Cette stratégie donna des résultats, mais il fut très difficile de s'y tenir à cause de certains problèmes dont les conséquences politiques et économiques touchèrent le reste de l'agenda bilatéral[1].

Les changements qui ont lieu sous la présidence de Salinas de Gortari n'auraient pas pu avoir lieu s'ils n'avaient pas été soutenus par les réformes économiques commencées sous la présidence de la Madrid. Mais, malgré tout, le Mexique ne se trouvait pas dans des conditions économiques optimales lorsque le nouveau président accède au pouvoir.

Les trois grands obstacles que Salinas doit surmonter au début de son mandat sont : le manque de croissance économique qui est lié au solde de la dette extérieure qui, en 1988, représente près de 45 % du PIB et le taux d'inflation qui dépasse les 150 %. Le nouveau gouvernement ne peut donc pas envisager, dans un premier temps, de négocier un accord de libre-échange avec les États-Unis. Néanmoins, le profil politique du nouveau cabinet et le ton employé pendant la campagne électorale ont convaincu la majorité de la population qu'un rapprochement avec les États-Unis sera un épisode obligatoire du gouvernement de Salinas de Gortari.

La signature de l'ALCCEU n'est pas passée inaperçue au Mexique, et même si le gouvernement Salinas se garde bien de parler de ses projets sur ce thème et sur d'autres liés à la politique commerciale internationale, de nombreux Mexicains soupçonnent que tôt ou tard une initiative de ce type sera annoncée.

[1] Par exemple, en avril 1990, peu avant que les négociations ne commencent de façon formelle, un médecin mexicain est séquestré à Guadalajara par des agents de la DEA, accusé de complicité dans la torture et le meurtre de l'agent Camarena. Le docteur Álvarez est emmené secrètement aux États-Unis. Cet épisode a mis à jour les actions secrètes de la DEA au Mexique et la façon dont elle utilise la corruption. Malgré la protestation officielle du gouvernement mexicain, le docteur Álvarez n'est pas libéré sur le champ et Salinas de Gortari doit imposer publiquement des règles sévères aux actions de la DEA au Mexique.

Cela n'empêche pas que, lors de la première réunion entre le président étasunien Georges Bush et Salinas de Gortari, le 22 novembre 19988 à Houston Texas, on aborde justement deux aspects économiques qui marqueront une étape dans la relation entre les deux pays.

Selon ce qu'écrit Salinas de Gortari dans son livre « *Mexico un paso difícil a la Modernidad* » (2001) où il rapporte minutieusement le contenu des conversations entre les deux chefs d'État, les deux présidents commencent à parler en privé du soutien que les gouvernements mexicains antérieurs ont prêté à la guérilla centraméricaine et de l'engagement du gouvernement mexicain dans la lutte contre le trafic de drogue[1].

Ces deux sujets sont extrêmement délicats et le fait que Bush les aborde directement et sans témoins prouve qu'il s'agit de bien montrer dès le départ au Mexicain que ces problèmes pourront être utilisés à n'importe quel moment pour faire pression sur son gouvernement. Salinas est venu à Houston, quelques semaines après sa prise de pouvoir, avec un projet plus ambitieux et il veut donc éviter toutes confrontations. Il répond que, concernant la guérilla, il va y réfléchir, et que, concernant le trafic de drogue, son gouvernement le combattra comme s'il s'agissait de sa propre guerre. Il ne s'agit pas de se comporter dès cette première rencontre comme un « porc-épic » devant un « ours » (Salinas, 2001 : 10-11).

Le chef de l'État mexicain savait avant même d'arriver à la présidence que l'absence de croissance économique était un grand poids pour le pays et le plus grand obstacle au projet de modernisation économique qu'il voulait réaliser.

Lors de la réunion de Houston, le thème central des interventions de Salinas concerne le poids de la dette extérieure sur le PIB du pays. Salinas cherche l'appui des Étasuniens pour retarder les paiements et pour réduire le montant de la dette. Les fonctionnaires étasuniens reçoivent ce message et s'engagent à lui donner suite. Le point le plus important de la réunion porte sur le commerce entre les deux pays : les Étasuniens viennent de signer un accord de libre-échange avec le Canada et sont satisfaits des résultats. Encouragé par cette victoire, le Président Bush propose directement à Salinas de faire une zone de libre-échange entre le Mexique et les États-Unis. En fait, cette idée de zone de libre-échange existait à Washington depuis les présidences de Reagan et de Carter.

La proposition est évidemment alléchante et pourrait aider le Mexique à résoudre quelques-uns des problèmes économiques qui l'assaillent, mais le président mexicain repousse habilement la proposition en disant que pour le

[1] Apparemment les observations de Bush se basent sur ce qui s'est passé pendant les présidences de Luis Echeverría et de López Portillo et un peu moins sous de la Madrid, puisque Salinas vient de prendre ses fonctions. Néanmoins, le commentaire de Bush n'est pas gratuit : c'est un avertissement à Salinas qui vient d'effectuer son premier voyage à l'étranger dans deux pays de la frontière sud, le Guatemala et le Belize.

moment sa priorité est le problème de la dette et qu'en ce qui concerne le commerce bilatéral il penche plutôt pour la négociation par secteurs[1].

Bush a très bien compris que, dans cette rencontre, Salinas cherche son appui pour résoudre rapidement le problème de la dette extérieure qui menace de détruire son gouvernement et il décide de ne pas insister davantage. De son côté Salinas garde dans ses notes personnelles la proposition étasunienne et il écrit « *on en reparlera plus tard* » (Salinas, 2001 : 12).

L'optimisme qui règne après cette réunion de Houston dure peu car le gouvernement mexicain doit affronter, sur le thème de la dette extérieure, une des négociations les plus difficiles de son histoire. Cela va lui permettre d'évaluer avec réalisme le jeu du gouvernement étasunien, du FMI et des 500 banques commerciales qui mettent pratiquement le Mexique en état de siège.

Le problème le plus sérieux que ce pays doit affronter est la multiplicité des négociations, parce que son endettement concerne différents créanciers. Le FMI, la Banque Mondiale, le Club de Paris et le gouvernement des États-Unis acceptent peu à peu de flexibiliser leurs positions, mais les banques commerciales, au contraire, se montrent intransigeantes et poussent les négociateurs mexicains à préparer, avec le consentement de Salinas, une déclaration unilatérale de moratoire du service de la dette (1989).

Toutefois, le Président Salinas, prévoyant les difficultés qui s'annoncent, décide que les dépôts du gouvernement mexicain aux États-Unis doivent être transférés dans des banques d'un pays neutre pour éviter un embargo qui pourrait venir en représailles de la déclaration unilatérale du moratoire (Salinas, 2001 : 13).

Finalement, l'habileté des négociateurs mexicains et l'appui du gouvernement étasunien, du FMI, de la BM et du BID, feront céder les banques commerciales et le 23 juillet 1989 on aboutit à un accord final[2].

Une fois résolu le problème de la dette, le Président Salinas considère que le moment est venu de faire les premiers pas vers son projet de modernisation du pays, pensant, comme la majorité de ses collaborateurs, que la modernisation économique allait, tôt ou tard, obliger à faire des réformes politiques qui, à leur tour, allaient faciliter une modernisation intégrale du pays[3].

---

[1] Salinas craint que les Étasuniens ne veuillent obtenir des concessions commerciales en échange d'une renégociation de la dette extérieure. Il craint également que le gouvernement mexicain ne doive concéder une diminution des droits de douane en échange d'une réduction de la dette ce qui ne permettrait pas le libre accès des exportations mexicaines au marché du nord.

[2] Le résultat de cette négociation est que le solde direct de la dette extérieure se réduit à 7171 millions de dollars, montant supérieur à celui de la dette contractée entre 1820 et 1970 par le Mexique (4268 millions de dollars).

[3] On a souvent dit que la Constitution mexicaine n'allait pas être modifiée pour permettre au pays de négocier l'ALÉNA, mais en réalité il se passe exactement le contraire. Les exemples les plus flagrants sont la réforme de l'article 27 qui supprime l'ejido et offre aux paysans mexicains le plein droit sur leurs terres, mais signifie l'ouverture des ejidos et leur vente aux plus offrants. Comme il n'avait pas l'appui

Les diverses stratégies imaginées pour mener à bien la modernisation économique du Mexique sont forcément ancrées dans un contexte international profondément influencé par la globalisation et ce processus donne le rythme et marque le destin de la modernisation mexicaine.

Lorsque Salinas arriva à la présidence en 1988, il pouvait difficilement prévoir l'impact que vont causer les changements politiques de la fin de l'année 1989, en particulier la chute du mur de Berlin, la réunion entre Bush et Gorbachov à Malte qui met fin à la Guerre froide et l'invasion de Panama par le gouvernement des États-Unis. Tous ces événements prirent une signification particulière pour le gouvernement mexicain car ils démontraient tous que son voisin et principal partenaire commercial était devenu une puissance hégémonique unique, sans le contrepoids qu'était auparavant et jusqu'en 1990 l'Union Soviétique.

Lorsqu'il prépare son programme modernisateur, le gouvernement mexicain doit donc envisager des contreparties commerciales qui l'aideront à mener son projet à bon port. L'accord de libre-échange entre le Canada et les États-Unis l'inquiète[1], mais l'imminence des accords de Maastricht et la consolidation de l'Union européenne le préoccupent également car cela pose de sérieuses questions sur l'avenir face à la création des blocs de commerce régionaux. Il devient donc évident que le projet de modernisation du Mexique devra s'adapter à cette nouvelle réalité.

À cette époque, les principaux arguments de Salinas pour aborder la relation avec les États-Unis par une nouvelle stratégie reposent sur les affirmations suivantes :

- Le Mexique ne peut espérer un taux croissance soutenu que s'il participe aux courants mondiaux du libre-échange ;
- il n'est pas possible de croître rapidement sans s'intégrer au libre-échange ;
- il faut que le voisinage des Mexicains avec la plus grande économie du monde devienne un avantage et il faut donc modifier le cadre des relations politiques et améliorer les conditions incertaines de l'échange commercial car, dans ce domaine, le manque de règles claires et permanentes favorise l'arbitraire ;

des élus ni celui des citoyens, le gouvernement fait les changements nécessaires par des modifications de type technique à la réglementation de l'exploration pétrolière et au régime de l'investissement étranger. L'ALÉNA par exemple reconnaît la re classification de 1992 des produits de la pétrochimie secondaire pour qu'ils puissent faire l'objet d'investissement. Le gouvernement se réserve la propriété directe du pétrole et des carbures d'hydrogène solide et le droit exclusif d'exploiter, raffiner et traiter le pétrole et le gaz naturel, processus qui pour des raisons évidentes sont les plus chers, alors que la récupération est toujours incertaine. Au contraire, l'investissement étranger a accès à la pétrochimie secondaire et à la vente des services techniques.

[1] Pour les Mexicains, la signature de l'ALCCEU (1989) pourrait déplacer le flux commercial qui était normalement destiné au marché étasunien.

- il faut assurer la sécurité intérieure, convaincre les investisseurs que nos politiques sont établies sur le long terme, que la continuité est assurée et ne dépend pas de la volonté du gouvernement en place ;
- nous avons besoin de plus de devises et de plus d'emplois et les exportations apportent ces deux éléments. Pour élever le niveau des exportations, il faut avoir un meilleur accès aux États-Unis ;
- il est obligatoire d'affronter la globalisation depuis une région économiquement intégrée. Le Mexique ne sera attractif que s'il fait partie d'un des trois grands blocs du commerce international ;
- pour diversifier nos relations commerciales dans les autres parties du monde, hors États-Unis, il faut d'abord se concentrer sur l'intégration avec le marché étasunien.

Ayant tout cela à l'esprit, le Président Salinas fait une grande tournée en Europe qui lui permet de rencontrer des personnalités politiques de la scène internationale : Mario Soares, Margaret Thatcher, Helmut Kohl, Jacques Delors et Arthur Dunkel, entre autres. Ces entrevues, plus de nombreux échanges lors du Forum Économique Mondial à Davos, Suisse (1989), lui démontrent qu'il est urgent de mettre au point une nouvelle stratégie de relations internationales. « Il m'est apparu évident que le caractère inéluctable de la globalisation rendait urgente la négociation de l'ALENA » (Salinas, 2001).

Le Président Salinas décide que la réunion de Davos (février 1989) est une excellente occasion pour poser le problème à la délégation étasunienne qui y participe, et en particulier à Carla Hills, responsable des négociations internationales du gouvernement des États-Unis qui, à cette époque, tente de mettre un point final aux négociations de l'Uruguay Round du GATT.

Même si la proposition mexicaine est importante pour les Étasuniens, le fait est qu'ils vont, dès le départ, la traiter de façon très pragmatique. La priorité du moment étant d'obtenir des résultats favorables dans les négociations du GATT, ni Carla Hills, ni le président Bush ne sont prêts à ouvrir un nouveau front de négociations commerciales, puisque les meilleurs de leurs négociateurs sont occupés par l'Uruguay Round.

Salinas et les principaux membres de son cabinet rentrent donc au Mexique. Il existe plusieurs versions contradictoires sur ce qui s'est passé alors. Selon ce que le président mexicain a écrit, il semble que tout aille bien, que la tournée en Europe et le voyage à Davos sont des succès et que le futur immédiat est envisagé avec optimisme[1]. Cependant, les journaux de l'époque

[1] Le livre cité est particulièrement intéressant car il présente de façon ordonnée une vision différente de celle publiée dans les journaux d'une grande quantité de faits qui se sont déroulés pendant ce gouvernement. Les observations sur ce qui s'est passé pendant six ans et en particulier pendant les négociations de l'ALÉNA sont intéressantes car elles donnent une idée de ce qui s'est passé, vu depuis le pouvoir. Néanmoins, la manière de sélectionner les thèmes et leur maniement montre une grande habileté de l'auteur pour accommoder les faits, qui sont toujours racontés à la première personne, selon sa propre version de l'histoire et le rôle que lui-même y joue. Salinas publie son livre en 2000, quand le gouvernement Zedillo se termine et que la victoire du PAN conduit Vicente Fox à la présidence.

considèrent que la tournée en Europe n'a pas réussi à attirer les investissements étrangers au Mexique et certains la considèrent même comme un fiasco. Il convient de souligner deux points. D'une part, la proposition de Salinas de négocier un accord commercial avec les États-Unis ne fait pas l'objet d'une grande publicité et la prudence règne entre les membres du cabinet qui, à juste titre, craignent que la nouvelle ne déclenche une réaction nationaliste à outrance, du style de celle que López Portillo avait dû affronter lors des premières négociations d'entrée au GATT[1]. D'autre part, il est possible que Salinas, qui à l'époque se profile déjà comme un président très astucieux, ait décidé de mettre l'opinion publique de son côté avant d'annoncer ses intentions concernant l'ALENA. Il attend qu'il soit clair que ni l'Europe ni l'Asie ne manifestent d'intérêt particulier pour le Mexique, puisque ces deux régions sont plongées dans leur propre processus d'intégration régionale. Lorsque cet élément devient clair aux yeux de tous, Salinas considère que la route est libre et fait les premiers pas pour aplanir le terrain des négociations. Le président, comme il en a l'habitude, offre une interview à un journal étasunien suffisamment connu pour que ses idées aient un effet boomerang chez ses voisins et parmi les Mexicains :

> « Nous avons été très clairs sur le type de commerce que nous voulons avec les États-Unis. Notre ligne est très simple : le Mexique a ouvert de façon unilatérale son économie au commerce extérieur, mais cette ouverture n'a pas obtenu la réponse espérée. Je tiens donc à insister, devant les États-Unis, le Canada, l'Europe et le Japon, sur des règles permettant un accès permanent aux marchés » (Salinas de Gortari dans le Wall Street Journal, 1990).

Ayant décidé d'entamer une négociation avec les Étasuniens, le président Salinas commence tout de suite à bâtir un front interne qui, le moment venu, soutiendra sa proposition. Il doit faire quelque chose de semblable avec les pays d'Amérique latine avec lesquels il a une relation commerciale plus dynamique. Pendant tout le mois de février 1989, Salinas et son cabinet se consacrent donc à éliminer les obstacles qui pourraient faire échouer les négociations dès le départ et à déterminer quels aspects devront être repoussés lors de la négociation. Parmi ces travaux, l'approfondissement des changements structuraux est fondamental parce qu'il s'agit de procéder à la privatisation de nombreuses entreprises publiques : la banque, la téléphonie et la sidérurgie entre autres. Les différentes études arrivent rapidement à la

[1] Cette prudence s'accompagne de nombreux démentis de la part des fonctionnaires du gouvernement qui nient publiquement que cette négociation soit au programme. Fernando Solana, ministre des Relations extérieures a nié, devant les élus mexicains, que la négociation d'un accord de libre-échange pour l'Amérique du Nord soit en cours de préparation et à la place il parle de l'intérêt de signer des accords sectoriels. Jaime Serra Puche, ministre du Commerce, dit lors de sa première conférence de pesse qu'il sera très difficile de négocier un accord ayant les mêmes caractéristiques que l'ALCCEU. Plus tard, en février 1989, Serra nie avec force et affirme que le Mexique recherchera des « niches d'exportations » et non pas un accord comme le Canadien. Cet hermétisme change à partir de février 1989, à la suite de la réunion de Davos.

conclusion que le gouvernement mexicain ne devra accepter aucune proposition sur la négociation d'un marché commun et l'on discute alors pour savoir s'il faut négocier un accord ou un traité commercial. On se souvient que le Canada a signé un traité non parce qu'il le désirait mais parce que les États-Unis ont préféré cette formule pour s'éviter des problèmes avec le Congrès, et cette discussion rappelle qu'au Mexique les traités ont la même force que la Constitution. Il est également décidé d'étudier l'impact et les problèmes qu'un accord de libre-échange avec les États-Unis pourrait provoquer sur les accords déjà signés avec l'ALADI et le GATT. Il faut également mieux connaître l'expérience européenne et analyser l'entrée des pays moins développés comme l'Espagne, le Portugal et la Grèce.

À la suite de ces réunions, Salinas décide que les négociations se dérouleront sous la responsabilité du ministère du Commerce et du Développement industriel et non pas du ministère des Relations extérieures comme on aurait pu logiquement le penser. À partir de ce moment, l'orientation et le profil des négociations apparaissent très clairement.

Le processus de préparation qui se déroule au Mexique est, dans une certaine mesure, soutenu par la visite de plusieurs personnalités politiques étasuniennes et canadiennes. Henri Kissinger rend visite à Salinas en mars 1990 et l'encourage personnellement à téléphoner à Bush pour lui faire savoir qu'il est prêt à commencer les négociations. Quelque temps plus tard, Brian Mulroney, Premier ministre du Canada, rend également visite à Salinas et leur conversation porte sur l'expérience du gouvernement canadien acquise pendant la négociation de l'ALCCEU. Ce dernier conseille ouvertement au président mexicain de fixer clairement dès le départ les points sur lesquels il ne va pas céder. « Fixez ces points clairement et il n'y aura pas de surprise pendant la négociation » (cité par Salinas, 2001 : 60).

La négociation ne fait pas l'unanimité, loin de là, et plus la proposition progresse plus l'on voit apparaître une opposition qui, paradoxalement, ne vient pas uniquement des groupes de gauche.

Parmi les élus du PRI, il y a de nombreuses personnes qui expriment ouvertement leurs craintes concernant cet accord. Des bureaucrates et des fonctionnaires de haut niveau expriment également leurs doutes sur la pertinence de l'initiative. Le président Salinas, dès le départ, considère qu'il faut créer, au sein même de la bureaucratie mexicaine, un courant d'opinion solide pour vaincre les inerties et les adhésions dont le projet ISI bénéficie encore dans le cabinet et parmi les membres du pouvoir législatif, même si le PRI y a la majorité.

Cet aspect est particulièrement important tout au long du processus car il n'est pas évident que le PRI et la bureaucratie de ce parti renoncent facilement au statu quo dont ils se sont nourris pendant des années.

Le projet Salinas cherche à vaincre les inerties internes de son propre parti et de l'appareil d'État, mais face à l'impossibilité de changer les mentalités en si peu de temps, il apparaît nécessaire de construire un mur de contention entre les nationalistes d'antan et les modernisateurs, partisans du libre-échange[1].

Pour y parvenir, il faut restructurer toutes les instances du gouvernement qui auront partie liée avec la négociation. Le premier ministère touché est SECOFI. De son côté, le ministère des Relations extérieures coopte les plus consentants et marginalise ceux qui pourraient être un obstacle. SECOFI se remplit de jeunes gens enthousiastes qui ne se souviennent pas ou ne savent pas grand-chose du nationalisme économique dans une négociation commerciale. Les ambassades du Mexique aux États-Unis et au Canada ouvrent leurs portes à une nouvelle catégorie de diplomates et, dans les deux pays, on crée un bureau de représentation de SECOFI, qui par la suite prendra le contrôle de tous les problèmes économiques et politiques pour éviter que des incidents ne viennent mettre en péril le succès de la négociation.

L'obtention d'un consensus favorable à l'ALENA n'aurait pu avoir lieu sans le soutien du secteur privé (patrons, industriels et commerçants). Pour obtenir ce soutien, la stratégie est la même que celle utilisée par le PRI pendant des années pour contrôler d'importants secteurs populaires. On sensibilise premièrement les patrons et les commerçants qui sont les plus liés au secteur des exportations et les entreprises transnationales, sachant que la force de ces groupes ne vient pas exclusivement des bénéfices qu'ils retirent du projet d'industrialisation par substitution des importations, mais plutôt du projet de libéralisation commerciale. Ces groupes ont été particulièrement favorisés par l'administration du Président De la Madrid et par Salinas lui-même, car ils trouvent chez ces gens l'appui dont ils ont besoin pour leur projet économique exportateur. Les leaders et les dirigeants des chambres de l'industrie et du commerce sont cooptés pour qu'à leur tour ils contrôlent verticalement les corporations et les groupes qui y sont affiliés[2] (Puga, 2004 :76-93).

De la même manière, les dirigeants ouvriers et paysans sont appelés à coopérer au projet de modernisation de Salinas. Leurs positions sont très

---

[1] Pendant la préparation des négociations formelles de l'ALÉNA, Salinas peut compter sur un opérateur politique astucieux et efficace : Luis Donaldo Colosio qui est à cette époque président du PRI. Au moment de désigner le dauphin qui doit lui succéder à la présidence de la République, il choisit Colosio qui bénéficie du soutien du PRI. Pendant sa campagne, Colosio insiste sur la nécessité de démocratiser le Mexique et d'ouvrir le jeu politique aux autres partis. Son charisme et son discours sur la rénovation interne du PRI ont très certainement déplu à certains secteurs politiques. Colosio est assassiné en 1994 lors d'un meeting à Tijuana. Salinas doit à Colosio le contrôle et la neutralisation de nombreux membres du PRI dont les dirigeants ouvriers et paysans ainsi que la bureaucratie gouvernementale, ce qui lui a permis de lancer les négociations de l'ALÉNA sans la suspicion des priistes. Il peut également se lancer dans les changements constitutionnels, politiques et économiques que requiert sa modernisation.

[2] Parmi ces chefs d'entreprise, nous citerons : Luis Germán Cárcoba, dirigeant de la CONCAMIN, l'organisation de patrons liés à l'activité industrielle la plus puissante ; Rolando Vega, dirigeant du Conseil Coordinateur des Entreprises ; Jacobo Zaidenweber, de la Chambre de Commerce Mexique Éats-Unis ; Roberto Sánchez de la Vara de la CANACINTRA (chambre de l'industrie de la transformation) ; Hugo Villalobos, dirigeant de la Confédération des Chambres de Commerce nationales.

divisées et l'unification totale de tous les ouvriers et de tous les paysans n'a jamais été obtenue. Les corporations les plus proches du gouvernement de Salinas comme la Confédération paysanne (CNC) et l'Union Nationale des Organisations paysannes (UNORCA) arrivent à définir une position très favorable à l'ALENA, mais le Congrès agraire permanent (CAP) qui réunit les 12 organisations paysannes les plus puissantes du pays reste très divisé par cet accord.

Pour leur part, les organisations ouvrières traditionnellement alignées sur le PRI et ses gouvernements[1], avec Fidel Velasquez à leur tête, comme la Confédération des Travailleurs mexicains (CTM) et le Congrès du Travail offrent leur appui au processus de négociation sans en connaître bien les conséquences. Néanmoins, la voix des syndicats indépendants qui sont regroupés dans le Front authentique du Travail (FAT) parvient à faire la différence dans un secteur caractérisé par le contrôle corporatiste et la manipulation des ouvriers au profit des dirigeants et du gouvernement.

La construction d'un consensus en faveur de l'ALENA ne suffit pas au gouvernement qui procède à la réorganisation de l'appareil d'État. En termes réels, cela signifie que l'on ne laisse au hasard ni le contrôle ni la logistique de la bureaucratie qui travaille avec les ministères liés aux négociations commerciales internationales. Pour contrôler les diverses dépendances du gouvernement et faire le lien entre elles, on crée la *Commission interministérielle pour le Traité de libre-échange,* présidée par Herminio Blanco. Cette commission doit coordonner le travail demandé à chaque ministère, en veillant à ce qu'il y ait unité et communication. Étant donnée l'idiosyncrasie de chaque ministère, où les secrets, les jalousies et les rétentions d'information sont la règle, il était obligatoire de veiller à ce que tout le travail de la négociation avance dans le même sens et à ce qu'aucun ministre ne veuille que son équipe soit « la meilleure ». Salinas et tous ses proches collaborateurs ont une expérience de la fonction publique et ils savent que face aux Étasuniens et aux Canadiens ils doivent présenter un front uni. Il ne s'agit pas qu'un ministère fasse une bonne négociation concernant les aspects placés sous sa responsabilité, mais aux dépens des autres ministères. La négociation de l'ALENA est une négociation qui regroupe une telle diversité de problèmes qu'il est indispensable qu'une personne veille à ce que tous les ministères travaillent à l'unisson (Rubio, 1992 : 132-134).

À côté de la Commission interministérielle pour l'ALENA, est créé le *Bureau Négociateur de l'ALENA,* également sous la responsabilité

[1] Il ne faut pas oublier que l'organisation du PRI est corporatiste et que dans le parti la présence des centrales syndicales est cruciale. Jusqu'à la présidence de De la Madrid ces syndicats avaient droit à un quota de représentants ouvriers pour le PRI dans les deux chambres législatives. Tous les six ans, lorsque commençait le rituel de la succession, Fidel Velasquez, le leader ouvrier, révélait le nom du candidat du PRI et celui-ci apparaissait toujours aux côtés du président au moment de la cérémonie. Cette tradition a cessé quand les technocrates ont pris d'assaut le PRI en 1982.

d'Herminio Blanco, avec comme principaux collaborateurs : Jaime Zabludovsky, Pedro Noyola, Guillermo Aguilar, Jorge Amigo, Jesús Flores, Israel Gutiérrez, Enrique Espinosa, Fernando de Mateo, Héctor Olea, Raúl Ramos y Fernando Salas. Pour terminer, on installe un bureau très différent des précédents : le *Conseil des collaborateurs de l'ALENA* qui, contrairement aux précédents, n'est pas constitué par des serviteurs publics mais par des gens venus de divers horizons professionnels et politiques. Des producteurs, des dirigeants ouvriers, des représentants du secteur agricole, des patrons et des recteurs d'université publique ou privée de tout le pays participent aux réunions entre le Conseil et les négociateurs. Cette instance, dont la composition est plurielle, peut tenter d'évaluer le travail des négociateurs en tenant compte des intérêts et des problèmes en tout genre qui surgissent lors des discussions. L'intervention de ce Conseil des collaborateurs permet que de nombreux aspects qui seront par la suite sujets de négociation soient abordés avec une plus grande sensibilité. Dans certains cas, les opinions du Conseil ont aidé à une meilleure prise de conscience des problématiques[1].

Il est certain que les patrons forment le groupe le plus organisé des différents secteurs productifs du pays. En plus de leur participation au Conseil des collaborateurs de l'ALENA, ils créent, sur instance du gouvernement, une *Coordination des Organisations des Entreprises du Commerce extérieur* (COECE) dont le principal objectif est d'être présent aux côtés des négociateurs mexicains pour les aider. 114 branches de production liées à l'exportation font partie de la COECE et leur travail aux côtés des négociateurs leur vaut le surnom d'« antichambre » (Rubio, 1992 . 30, 121, 123-130). Cette coordination ne réunit pas les chambres professionnelles mais des individus parmi les plus dynamiques et les plus représentatifs du secteur privé mexicain. À sa tête se trouve Juan Gallardo, un chef d'entreprise lié professionnellement à Coca-Cola.

Le 21 août 1990, le gouvernement du Mexique propose officiellement au gouvernement étasunien la négociation d'un traité de libre-échange. Les objectifs de celui-ci pourraient se résumer à l'idée que l'ALENA sera l'instrument le plus adéquat pour assurer la croissance du Mexique et la consolidation des réformes économiques. Le traité est donc un impératif

[1] La négociation aborde tous les sujets liés à l'économie et au commerce du Mexique, et c'est un travail de titan que de construire un agenda qui tienne compte de tous les aspects. Les négociateurs n'auraient évidemment pas oublié les points les plus importants du libre-échange mais, malgré toute l'organisation mise en place, certains petits secteurs économiques n'ont jamais fait l'objet de négociations. Les organisations des instances de soutien aux producteurs agricoles, sans voix ni représentation, ont été exclues involontairement du traité. Lorsque l'on s'en est aperçu, personne n'a pensé que c'était une grande catastrophe, mais que cela faisait simplement partie des omissions possibles dans une grande transaction commerciale. Cependant, étant donné le très grand protectionnisme de la politique agricole étasunienne et du Canada, de nombreux producteurs agricoles non protégés par l'ALÉNA ont été pratiquement rayés de la carte.

politique et économique et il sera négocié et défendu comme tel par le gouvernement de Salinas de Gortari.

5. L'entrée du Canada dans les négociations de l'ALENA

Le 24 septembre 1990, le Canada exprime son intérêt à participer aux négociations avec le Mexique et les États-Unis et, le lendemain, le président Georges Bush sollicite l'autorisation formelle au Comité des Finances du Sénat et au Comité de Moyens et Méthodes de la Chambre des Représentants de son pays pour entamer la négociation en utilisant le processus rapide (*fast track*). Cette autorisation lui est donnée le 27 février 1991, au milieu d'un débat houleux entre détracteurs et défenseurs de ce traité.

La décision du Canada de s'associer aux négociations laisse prévoir de nouvelles difficultés pour le gouvernement conservateur, car cela veut dire que l'on va rouvrir le débat suscité par l'accord commercial antérieur. L'initiative canadienne risque de détériorer encore davantage l'image du Premier ministre Mulroney et de son parti qui, depuis 1988, sont la proie de nombreuses critiques à cause des problèmes économiques et politiques qui assaillent le pays et que l'on associe généralement et automatiquement à l'ALCCEU.

Dans un premier temps, lorsque les États-Unis et le Mexique annoncent leur décision, le Canada hésite et préfère consulter plusieurs spécialistes pour qu'ils donnent leur avis sur cette nouvelle alternative. Leurs opinions reprennent en grande partie les témoignages écoutés lors des audiences organisées par le Comité des Affaires étrangères de la Chambre des Communes du Parlement du Canada, mais si l'on compare les différentes thématiques qui les composent, on s'aperçoit qu'ils sont très différents des témoignages qui avaient motivé le premier accord de libre-échange.

La majorité de ces témoignages mettent le gouvernement conservateur en garde contre les dangers d'une association commerciale avec un pays comme le Mexique. Le Comité prend bien soin de faire appel aux voix dissidentes qui s'étaient exprimées pendant la négociation de l'ALCCEU et il invite des Mexicains et des Étasuniens à témoigner sur le futur de l'ALENA[1].

Il est évident que lors du deuxième débat, la plupart des préoccupations portent sur des thèmes variés comme la faiblesse de la pratique démocratique au Mexique, le niveau de productivité de ce pays, les bas salaires des travailleurs, la présence des maquiladoras, la violation constante des

[1] En octobre 1990, j'ai eu la chance de pouvoir donner mon point de vue lors d'une visite à la Chambre des Communes, invitée par le Comité des Affaires internationales du Parlement du Canada. Pendant l'audience, les parlementaires appartenant au parti libéral ont exprimé leurs réserves face à la possibilité de négocier un nouvel accord commercial. Pour sa part, le Parti Nouvelle Démocratie a centré son interrogatoire sur les bas salaires du Mexique et sur l'absence de liberté et de droit du travail.

réglementations du travail, de l'environnement et des droits de l'homme, entre autres.

Pour les Mexicains liés au débat de la négociation, il est très difficile d'évaluer les dangers de ces critiques formulées dans les réunions qui se déroulent hors du Mexique et qui, en grande majorité, alimentent la tendance protectionniste de ses voisins d'Amérique du Nord. Cela est particulièrement visible dans les audiences organisées au Canada et aux États-Unis, sans oublier le très grand nombre de membres du Congrès étasunien qui viennent en visite au Mexique pour obtenir des informations de première main de la part de l'opposition mexicaine. Cette information est ensuite utilisée pour appuyer les intérêts des législateurs étasuniens et canadiens.

Ce dernier point devient un motif de préoccupation pour les négociateurs mexicains comme pour les opposants qui se rendent compte que leurs témoignages sont utilisés à trois fins : démonter la propagande en faveur du traité de libre-échange, promouvoir auprès des Canadiens et des Étasuniens une image négative du Mexique et alimenter la xénophobie à l'encontre des Mexicains[1].

La riposte de SECOFI est d'affirmer que les témoignages faits au Congrès des États-Unis « *font le jeu des Étasuniens et des Canadiens* ». En général, le gouvernement mexicain considère que cela démontre le « manque de patriotisme » de certains Mexicains qui, par leur témoignage, ne font que donner à leurs voisins des arguments contre le Mexique.

Le moment le plus difficile est peut-être celui où des congressistes étasuniens, voyant les difficultés des Mexicains qui ont présenté leur témoignage au Congrès et la réticence de certains autres à répondre à leur invitation, décident de venir au Mexique pour réaliser une audience spéciale du Congrès des États-Unis sur la situation au Mexique, quelque part dans le District fédéral.

Au départ, cette initiative semble obtenir une réponse favorable des Mexicains invités, et l'on choisit l'auditorium du musée d'anthropologie, alors dirigé par Marie Carmen Serra Puche, sœur du ministre de SECOFI, comme siège de l'évènement. La nouvelle de cette réunion se répand comme une traînée de poudre à travers la ville, mais le gouvernement mexicain, s'il ne veut surtout pas assombrir le climat des négociations, ne veut pas non plus que les congressistes étasuniens organisent, en territoire mexicain, un forum contre le système politique du pays. Finalement, la réponse est celle que l'on pouvait prévoir, c'est-à-dire que ni l'auditorium demandé ni aucun autre lieu ne se sont révélés disponibles pour cette réunion et les Étasuniens doivent renoncer à leur initiative.

---

[1] La xénophobie s'accentue lorsque quelques produits mexicains, particulièrement d'origine industrielle, commencent à se vendre sur leurs marchés. Cela provoque un mécontentement considéré comme une preuve suffisante que bientôt le chômage va envahir le Canada et les États-Unis.

D'une façon générale, les Canadiens agissent avec une plus grande discrétion, mais au moment des négociations ponctuelles, par exemple dans le cas des règles d'origine dans le secteur automobile, ils utilisent toutes sortes de pressions et de lobbying pour empêcher les négociateurs mexicains d'obtenir plus d'avantages qu'eux-mêmes n'en avaient obtenu dans l'ALCCEU. De leur côté, les syndicalistes canadiens font pression sur les négociateurs pour que l'on fixe un pourcentage élevé de contenu national, ce qui serait un coup dur pour l'industrie *maquiladora* mexicaine qui arrive à peine à inclure 2 % de valeur ajoutée nationale aux produits qu'elle élabore.

Le lobbying canadien étonne surtout les syndicats indépendants mexicains, principalement le Front authentique du Travail (FAT), car les syndicats canadiens ont été les premiers à faire la leçon à leurs homologues mexicains sur les conséquences néfastes du traité et à leur proposer divers types d'alliances.

Tout cela, comme nous l'avons dit, ne les empêche pas de faire pression sur leurs négociateurs pour que le calcul de la valeur ajoutée des marchandises qui circulent en Amérique du Nord soit plus élevé que celui de l'ALCCEU. Leur entreprise a eu du succès puisque les règles d'origine prévoient 62,5 % dans l'automobile alors que l'ALCCEU ne prévoit que 50 % (Gutiérrez-Haces, 2003d).

Le gouvernement canadien accepte de participer à la nouvelle négociation car il considère que, sinon, les États-Unis vont se retrouver avec deux accords bilatéraux de libre-échange ce qui bien évidemment les avantagerait. Les Étasuniens seraient alors les mieux placés pour l'investissement étranger puisque leur marché interne aurait un accès exclusif aux marchés voisins[1].

La participation canadienne répond au désir de protéger les bénéfices acquis par l'ALCCEU et d'empêcher que, par ce nouvel accord bilatéral, la présence mexicaine nuise à ce que le Canada a déjà négocié. Finalement, le gouvernement canadien est convaincu que s'il est présent dans cette nouvelle négociation, il pourra rectifier certains aspects qui ne lui donnent pas entière satisfaction et qui suscitent le mécontentement de l'opinion publique canadienne, en particulier dans le domaine de l'énergie et de l'investissement. Le fait que le Canada ait augmenté sa relation commerciale avec le Mexique dans les dernières années est une raison supplémentaire qui le décide à participer. Près de 80 % des exportations mexicaines entrent au Canada avec des droits de douane minima, alors que ce n'est pas le cas des marchandises canadiennes qui entrent au Mexique et la négociation trilatérale devrait libéraliser la charge douanière sur les exportations canadiennes.

---

[1] Cette crainte s'appuie sur une interprétation classique en sciences politiques selon laquelle les relations des États-Unis avec le monde sont régies par le concept de « roue et rayon » (*hube and spoke*) c'est-à-dire que les États-Unis sont l'axe de toutes relations commerciales et depuis cette position, ils irradient une série de liens qui ressemble aux rayons d'une roue de bicyclette.

Si l'on regarde rétrospectivement la participation canadienne, on voit clairement que plus la négociation avance plus le Canada tente de sauvegarder les positions acquises et qu'il ne cherche pas à construire un nouveau schéma régional incluant véritablement le Mexique. Cette attitude change progressivement et vient après la mise en place de l'ALENA, son intérêt pour des stratégies communes augmente. Néanmoins, cela ne change rien au fait que les États-Unis sont le partenaire préférentiel des deux pays et que dans l'ALENA le bilatéralisme est la norme, par-dessus le trilatéralisme.

6. La négociation face à diverses forces et interlocuteurs

La construction d'un consensus sur l'ALENA

Les négociations commencent formellement le 12 juin 1991, mais auparavant il faut « *négocier la négociation* », c'est-à-dire que les trois pays doivent se mettre d'accord et définir les contenus qu'ils vont négocier et ceux qui n'entreront pas dans la négociation. Il est également indispensable de fixer les règles du jeu et les mécanismes utilisables pendant la négociation (Rubio, 1992: 152-277). Chaque pays a chez lui des problèmes particuliers d'ordre politique et économique qui rendent difficile l'obtention d'une ambiance consensuelle pour la future négociation. Aux États-Unis et au Canada, il y a une opposition organisée des groupes syndicaux, des organisations non gouvernementales et de certains groupes de patrons et d'agriculteurs. Tous ces gens ont acquis une bonne expérience lors des débats sur l'ALCCEU et leurs interventions contre l'ALENA sont bien documentées (Bertrab, 1996 :84-108). Au sein du Congrès des États-Unis, cette opposition est liée à la lutte entre les républicains et les démocrates en vue des futures élections présidentielles. Au Canada, ce débat est l'un des éléments qui précipitent la débâcle du Parti conservateur lors du Référendum constitutionnel de 1992 et des élections fédérales de 1993 qui sont remportés par le parti libéral (Gutiérrez-Haces, 1990b ; Rubio, 1992 :53-78 ; Bertrab, 1996 : 27-83).

Dans le cas du Mexique, les choses se déroulent de manière tout à fait différente. En avril 1990, le gouvernement de Salinas de Gortari décide d'organiser un « *Forum National Consultatif sur les Relations commerciales du Mexique avec le Monde* », par l'intermédiaire du Sénat. Cette consultation se réalise de façon simultanée dans plusieurs villes du pays : District fédéral, Puebla, Mérida, Mazatlán, Monterrey et Guadalajara.

Ces réunions se singularisent par leur caractère marathonien qui autorise un très grand nombre de personnes à donner leur point de vue sur l'option du libre-échange. Une fois de plus se manifeste la force écrasante d'un gouvernement associé verticalement avec le Parti révolutionnaire institutionnel (PRI) qui, puisqu'il contrôle le Sénat majoritairement priiste et toute la logistique de l'évènement, manipule le calendrier de la consultation pour que la majeure partie des interventions soit le fait de personnages officiels ou favorables à l'ALENA.

Durant les neuf premières heures de session ininterrompue de la réunion célébrée dans le District fédéral, les principaux médias sont présents. Cette cession interminable ne permet l'intervention que de personnes dont on sait à l'avance qu'elles vont faire de véritables déclarations de foi au credo du libre-échange. La présentation des participants dont on suspecte qu'ils pourraient être plus critiques, ou moins dépendants des consignes données par le gouvernement de Salinas de Gortari, est reportée en fin de journée, quand la majorité du public a quitté la salle, poussée par la faim et la fatigue[1].

Au-delà de l'anecdote que constitue ce premier soi-disant exercice démocratique sur l'ALENA, il est extrêmement frappant, lorsque l'on voit la crise politique et économique que le Mexique vit actuellement, de constater l'inconscience avec laquelle les membres du secteur privé et du gouvernement ainsi que certains universitaires se sont lancés dans une croisade en faveur du libre-échange. Ces démonstrations sont dans la plupart des cas un acte de soumission à « la ligne tracée par le gouvernement » ou, dans le meilleur des cas, une réaction de rejet ou/et de lassitude face au protectionnisme excessif qui régnait auparavant.

Cette première expérience qui se déroule au Sénat (avril 1990) met clairement à jour que le secteur privé méconnaît totalement l'état de ses industries et du secteur économique auquel elles appartiennent. Les premières interventions et monographies rédigées à la demande du gouvernement montrent clairement qu'à quelques exceptions près, celles-ci ne pourront pas servir de base à une négociation acceptable[2].

En général, les groupes les plus liés à l'industrie transnationale ou ceux qui dépendent du commerce extérieur déploient une tactique de dénigrement systématique de ceux qui osent manifester leur prudence ou leur méfiance, ce qui ne signifie pas forcément un refus de l'ouverture, face à une négociation dont ils ne voient pas clairement quels profits elle va leur apporter.

D'autre part, il devient vite évident que la négociation sera une affaire juteuse pour beaucoup car il est sûr que SECOFI n'est pas équipée pour

---

[1] Ma présentation était une analyse de l'expérience canadienne avec l'ALCCEU cherchant à transposer les éléments pour prévenir les négociateurs mexicains de la problématique à venir. Mon intervention a reçu un bon accueil parce qu'elle servait de point de référence différent dans un débat qui dès le départ semblait biaisé. La consigne lancée par le gouvernement est écrasante et elle réduit au silence toute manifestation de désaccord avec le projet Salinas de Gortari. Paradoxalement, il faudra attendre dix ans pour que de nombreuses voix, qui de manière disciplinée s'étaient exprimées en faveur de ce projet, reconnaissent que tous les effets de l'ALÉNA ne sont pas si merveilleux que ce qui avait été annoncé.

[2] Le cas des monographies est particulièrement révélateur car il met en évidence l'ignorance profonde de nombreux représentants des secteurs qui seront affectés par la négociation. Bien sûr, les secteurs les plus transnationalisés comme l'automobile sont mieux préparés que les groupes représentants les secteurs plus traditionnels de l'économie mexicaine. Un des problèmes les plus sérieux de la SECOFI est l'absence d'informations sur certains produits et l'incapacité flagrante de nombreux producteurs à élaborer une monographie pouvant servir de point de départ à la négociation.

élaborer toutes les études et diagnostics exigés par le processus, sans parler des assesseurs légaux et du lobbying sur les bienfaits de l'ALENA. Les tableaux 6-4 et 6-5 montrent comment, dans le cas de la négociation mexicaine, il fut nécessaire, particulièrement pendant la période antérieure à l'approbation du Fast Track, de renforcer l'information et le lobby sur les bénéfices de l'ALENA ; pour ce faire, le gouvernement passe des contrats avec des entreprises, des bureaux de consultants et des experts pour la préparation du matériel ad hoc.

La stratégie de cette étape comporte trois aspects :

- Aider le gouvernement mexicain dans ses relations avec des groupes d'affaires privés, des syndicats et des ONG mexicaines qu'il faut convaincre des bienfaits du traité.
- Faire la promotion de l'ALENA auprès des membres du Congrès étasunien particulièrement auprès de ceux qui ont exprimé leur opposition ou leur inquiétude face à la négociation. Il ne faut pas oublier qu'un grand nombre de Mexicains opposés à l'ALENA se sont exprimés devant le Congrès ce qui a obligé à orchestrer une stratégie pour contrecarrer leurs témoignages.
- Informer les négociateurs mexicains des préoccupations des parlementaires, organisations sociales et autres groupes d'intérêts canadiens.

Ce processus se réalise avec l'aide de certaines institutions d'éducation supérieure et des consultants privés mexicains ou étrangers. *Le Colegio de la Frontera Norte* réalise les études sur la *maquila*, l'environnement et le tourisme sur la frontière nord. *Le Colegio de Mexico* contribue également à ce travail : selon l'information de SECOFI publiée en 1994, cette institution éducative est celle qui a reçu le plus contrats pour faire des analyses servant de soutien aux négociations, principalement celles concernant les effets économiques de l'ALENA et les bénéfices que l'on en obtiendrait[1].

D'autres consultants comme le Centre d'Études pour un Projet national alternatif, une organisation qui dans le passé était formée de personnalités de gauche, mais qui s'est ensuite réorganisée avec des intellectuels dont les positions sont très proches de celles de nombreux participants à la négociation, élabore des études sectorielles principalement sur le secteur industriel et ses liens avec les États-Unis. Les études concernant l'industrie automobile sont supervisées par le professeur James Womack, universitaire de renom qui a travaillé sur ce thème durant des années. Finalement, d'autres travaux sont faits sur la communauté chicana et les congressistes d'origine latine grâce à des consultations auprès de Toney Anaya et Abelardo Valdéz.

[1] Il n'est pas étonnant que le *Colegio de Mexico* soit l'institution qui recueille le plus de contrats car beaucoup des négociateurs y ont été formés et pendant des années certains d'entre eux y ont exercé comme professeurs, par exemple : Jaime Serra Puche.

Tableau 28 Distribution du budget des bureaux de consultants spécialisés 1991-1993 (millions de pesos)				
Rubriques de frais	1991	1992	1993	Total
Assessorat direct à des négociations	30,5	38,7	38,7	107,9
National	3,8	3,0	1,3	8,1
Assessorat légal	0,2	0,3	0,1	0,6
Études économiques	2,9	1,3	0,7	4,9
Lobby, Relations publiques	0,4	0,2	0,0	0,6
Autres assessorats et services d'appui	0,3	1,2	0,5	2,0
Étranger	26,7	35,7	37,4	99,8
Assessorat légal	7,5	14,6	12,4	34,5
Études économiques	3,4	0,9	1,7	6,0
Lobby, Relations publiques	15,0	19,8	22,6	57,4
Autres assessorats et services d'appui	0,8	0,4	0,7	1,9
Assessorats indirects à la Négociation	1,9	4,8	3,1	9,8
TOTAL	32,4	43,5	41,8	117,7

Source : Dirección General de Programación, Organización y Presupuesto, SECOFI.

Du côté canadien, le groupe négociateur mexicain paye divers consultants comme l'Université de Dalhousie qui est, selon la documentation officielle, l'unique institution d'éducation supérieure à avoir aidé les Mexicains.

Certains consultants canadiens ont aussi fourni leur appui, comme *Towsend Trade Statégies* qui travaille sur l'unification des critères concernant les formulaires des certificats d'origine et les mécanismes de surveillance du respect des règles d'origine au Canada. La compagnie *Strategico Inc.* participe à l'organisation d'un séminaire sur l'expérience canadienne dans la négociation de son traité de libre-échange avec les États-Unis. *JML Technologies LTD* fait une étude sur l'industrie canadienne dans les secteurs énergétique, pétrochimique et agricole et une analyse des importations mexicaines sur le marché canadien. *Gowling, Strathy et Henderson* sont chargés de publier au Canada le document intitulé : « *Forgeant une nouvelle relation* » pour fournir au gouvernement canadien l'information concernant les relations commerciales Mexique/Canada.

Tableau 29 Budget pour assessorats directs à la négociation, par pays d'origine, 1991-1993 (millions de pesos)				
Origine	*1991*	*1992*	*1993*	*Total*
National	3,8	3,0	1,3	8,1
Étranger	26,7	35,7	37,4	99,8
États-Unis	23,2	31,6	34,0	88,8
Canada	3,5	4,1	3,4	11,0
TOTAL	30,5	38,7	38,7	107,9

Source : Dirección General de Programación, Organización y Presupuesto, SECOFI, 1994.

La réticulation de la société civile face à l'ALENA

La négociation de l'ALENA déclenche, à partir de 1989, un très grand nombre de processus socio-politiques parallèles qui, par leur nature, ne se trouvent pas toujours dans la sphère économique ni dans le domaine strictement gouvernemental. Parmi ces processus, on remarque l'apparition de réseaux sociaux trinationaux dont la raison d'être est le mécontentement croissant provoqué par la négociation de l'ALENA (Blanquer, 2004a : 22).

Des groupes de citoyens, qui au Mexique, au Canada et aux États-Unis se sentent menacés par l'annonce des négociations de l'ALENA, créent à partir de 1990 des réseaux trinationaux dont l'objectif est de débattre au niveau du continent des implications, ramifications et intentions du traité (Rubio, 1992 : 92-99).

Ces réseaux dépassent très vite ce premier objectif focalisé sur l'intégration économique annoncée et élargissent leurs activités à d'autres aspects indirectement liés à l'ALENA : la démocratie, les processus électoraux, le droit du travail, les aspects écologiques et les droits de l'homme. Ces thèmes deviennent des sujets de la discussion qui a commencé avec l'ALENA. Cette même dynamique contribue à la mise au point de stratégies qui débouchent sur les Accords Parallèles sur le travail et l'environnement dans l'ALENA. Ces accords n'auraient jamais été approuvés en annexe du traité sans la mobilisation et la pression que les réseaux trinationaux ont exercées pendant toute la négociation.

La rapidité de négociation du traité et l'annonce presque immédiate d'une autre négociation à l'échelle du continent (la Zone de Libre-Échange des Amériques) poussent les réseaux à élargir leur champ d'action géographique, à dépasser le niveau trinational et à étendre leurs relations dans l'espace continental. De plus, leur capacité de convocation dépasse les anciennes limites géographiques et ils établissent des contacts avec d'autres réseaux en Europe et dans le Sud-Est asiatique.

La rapidité des réseaux trinationaux à établir un treillis de réseaux subsidiaires dans ce que l'on appelle un modèle spatial réticulé est remarquable. Ces réseaux, organisés comme des noyaux de citoyens, ont une structure de fonctionnement assez informelle ce qui leur donne une grande flexibilité d'actions et d'alliances avec d'autres groupes locaux, nationaux et internationaux. À cause de la diversité des intérêts des participants et de l'apparition de nouvelles problématiques dans les années qui suivent la mise en place de l'ALENA, certaines parties du réseau fondateur, dans chacun des trois pays, se détachent pour former d'autres noyaux qui à leur tour peuvent se ramifier pour former d'autres réseaux. Ce mode de fonctionnement est ce qui leur donne leur force et leur grande capacité de réaction. Les stratégies des réseaux qui apparaissent au moment de la négociation de l'ALENA ne sont pas exclusivement liées au secteur économique. Les réseaux ne sont pas uniquement formés par des syndicalistes, mais ils s'en inspirent ; ils ne représentent pas seulement des organisations paysannes ou les petits patrons et ce ne sont pas des groupements exclusivement écologistes. Leur crédibilité réside dans la grande hétérogénéité de leurs membres et dans l'atomisation de leurs intérêts.

L'organisation réticulaire a été et est encore leur force politique car ces réseaux peuvent réunir rapidement un grand nombre de secteurs qui, souvent, ont accès au pouvoir politique des trois pays et peuvent l'influencer. Si l'on regarde la composition d'Action Canada Network ou du Réseau mexicain d'Action contre le Libre-Échange (RMALC) qui sont les réseaux les plus organisés du processus, il est clair que leur structure de fonctionnement est minimale, mais qu'ils ont une grande flexibilité d'organisation de leurs stratégies.

Les gouvernements, à cause de leur structure bureaucratique, réagissent plus lentement face aux problèmes de la société civile que les réseaux qui répondent rapidement aux inquiétudes, gagnant ainsi des adeptes. Il faut ajouter à cela qu'aujourd'hui, grâce à la globalisation, la citoyenneté n'a plus de limites territoriales aussi strictes que par le passé, ce qui explique que la prolifération de réseaux bâtis sur le modèle tri national possède un fort potentiel politique.

Le processus de négociation de l'ALENA est au centre de deux grands groupes d'intérêts. Le plus puissant se trouve dans la sphère économique, institutionnelle et transnationale des trois pays et se bat pour la consolidation des principes du libre-échange au niveau global. Pour lui, les changements doivent venir d'en haut, se négocier entre les gouvernements et les corporations et, de cette façon, ce processus offrira, à la longue, des bénéfices au reste de la société.

Les membres de ce groupe sont tout à fait conscients que l'ALENA ouvre une période difficile d'ajustements structuraux indispensables pour faire disparaître les restes du protectionnisme. Ils connaissent le coût social et politique du réajustement et de la transition vers un nouveau modèle de développement économique, mais ils considèrent que c'est un mal nécessaire à l'aboutissement du projet trilatéral.

Les membres du deuxième groupe ont pour dénominateur commun leur résistance à la globalisation qu'ils considèrent comme néfaste, car ils pensent que l'ALENA va conduire à une homogénéisation par le bas, surtout en ce qui concerne le bien-être social. L'apparition de mouvements qui se globalisent depuis en bas est, dès le départ, liée à la socialisation de l'information. Les syndicats commencent à considérer que, puisqu'ils sont des travailleurs d'entreprises globales, ils doivent savoir ce qui se passe avec les autres travailleurs et les autres syndicats de la même entreprise, dans un autre endroit de l'Amérique du Nord : leurs problèmes sont aussi globaux que ceux de l'entreprise elle-même.

Les actions de solidarité trinationale dans les usines automobiles sont un des premiers signes d'un mécontentement social international. Entre 1990 et

1996, de nombreux syndicalistes du Canada et des États-Unis voyagent au Mexique pour discuter de leurs expériences de travail et de leurs luttes syndicales : la découverte des réalités modifie beaucoup la perception qu'ils avaient les uns des autres.

La globalisation depuis le bas ne s'est jamais exprimée de manière homogène pendant le processus de l'ALENA. Parfois réactives, parfois audacieuses, les réactions contre les politiques d'ajustement dans nos pays sont, d'une façon générale, considérées en première instance comme des effets de la continentalisation, à l'intérieur d'un phénomène plus large appelé Globalisation.

Mais ces processus ne créent pas seulement des réseaux de réactions, il apparaît aussi des réseaux d'actions qui cherchent de nouvelles formes de globalisation dans des domaines moins épineux que l'environnement, le travail ou le libre-échange. C'est là que l'on trouve les projets universitaires trinationaux, très à la mode depuis la négociation de l'ALENA, les programmes de mobilité des étudiants en Amérique du Nord qui commencent à mettre les jeunes en contact avec la réalité des pays voisins, et les échanges de caractère politique comme celui qui a lieu entre l'Institut Fédéral électoral (IFE) et Élections Canadiennes ou entre la Commission des Droits de l'Homme du Mexique et ses homologues d'Amérique du Nord.

Il est certain que ce qui réunit ces groupes et les pousse à former des réseaux trinationaux est une gigantesque prise de conscience des citoyens qui, dans l'incertitude de ce que l'ALENA va apporter aux trois pays, s'inquiètent des risques d'un processus d'intégration économique qui leur est imposé sans la moindre consultation.

Les coalitions qui avaient réagi à l'ALCCEU, comme le Front authentique du Travail (FAT), descendent rapidement vers le Mexique pour prendre contact avec les syndicats indépendants.

Deux groupes d'acteurs sociaux, liés aux réseaux, sont présents lors du processus de négociation. L'un est formé par des Canadiens qui avaient activement participé aux mouvements de solidarité avec l'Amérique Centrale. À l'époque, ils sont presque tous passés par le Mexique où ils ont noué quelques contacts, mais le Mexique de 1979 ne faisait pas partie des objectifs de ces internationalistes. Héritiers de l'internationalisme dont la politique extérieure du Canada fait la promotion dans son optique de « troisième voie », ils trouvent, à l'époque, plus de matières à leurs travaux de solidarité au Nicaragua, au Salvador ou au Guatemala qu'au Mexique. Cette vision change radicalement avec la création, à cause de l'ALENA, des réseaux trinationaux qui utilisent l'expérience de ces internationalistes en Amérique Centrale. Le climat politique, qui apparaît au Mexique avec l'ALENA et les derniers moments du PRI gouvernement, rend le travail de solidarité avec les Mexicains beaucoup plus attrayant.

Le deuxième groupe est constitué par les Églises canadiennes qui, en 1987, organisent deux événements essentiels : la « *Ecumenical Conference on Free Trade, Self Reliance and Economic Justice* » et la déclaration commune de plusieurs organisations sociales « *A Time to Stand Together : a Time for Social Solidarity* ». Ils créent les bases d'une nouvelle coalition appelée Pro Canada Network qui, en 1991, devient Action Canada Network et joue un rôle fondamental dans la création du RMALC (Gutiérrez Haces, 1995a).

L'influence des mouvements œcuméniques et des syndicats les plus indépendants sur le réveil des réseaux traditionnels est évidente et très importante. Néanmoins, la coordination de programmes communs et l'organisation d'actions de protestation ne se font pas sans incident. Plus le temps passe, plus les agendas politiques des réseaux provoquent de tensions mettant en danger l'unité trinationale contre l'ALENA.

Concernant les objectifs à poursuivre, il devient vite évident que l'opposition trilatérale contre l'ALENA peut souffrir des différends lorsque la discussion aborde des problèmes ponctuels : par exemple, la définition du pourcentage de contenu national des exportations circulant dans l'espace nord-américain. Comme nous l'avons dit plus haut, les syndicats canadiens et étasuniens exigent un pourcentage si élevé que, s'il avait été accepté, il aurait éliminé la possibilité d'exporter librement les marchandises mexicaines.

Ces réseaux sont formés de groupes divers : pour le Canada et les États-Unis, il y a en plus des représentants locaux et provinciaux. La difficulté la plus sérieuse dans les relations entre les réseaux trinationaux vient de la perspective politique et des points de vue des syndicats du Québec qui soutiennent des positions moins radicales contre l'ALENA que les groupes, réseaux et coalitions du Canada anglais qui se révèlent plus agressifs[1]. Cette attitude influence directement le RMALC qui, par l'intermédiaire du FAT[2], maintient depuis toujours une bonne relation avec la Confédération des Syndicats nationaux : le RMALC ne se prononce pas officiellement contre l'ALENA (Masicotte, 2004 : 234-300). Dans ces circonstances et dans un premier temps, le *Canadian Labour Congress* et la AFL-CIO préfèrent établir des contacts au Mexique avec la Confédération des Travailleurs mexicains (CTM) qui a toujours été la confédération ouvrière la plus liée aux intérêts du gouvernement et donc du PRI. Leur méconnaissance de la situation syndicale mexicaine est flagrante et peut-être encore plus forte chez

---

[1] L'explication de cette position réside dans le poids important du Parti Québécois dans la vie politique de la province à cette époque. Les patrons comme les hommes politiques étaient ouvertement pour l'ALCCEU qu'ils considèrent comme le meilleur moyen de consolider l'économie du Québec. Quand les négociations de l'ALÉNA commencent, le parti Québécois considère que son soutien est obligatoire car cet accord fermera la pince des relations commerciales en Amérique du Nord. Les syndicats appartenant à cette province ont de fortes relations avec le gouvernement et malgré la peur de la perte d'emplois à conséquence de l'ALÉNA, ils ont une posture moins agressive que celle du CLC qui a une forte ascendance au Canada anglais.

[2] Les bureaux de la RMALC se trouvent dans les installations du FAT. L'immeuble qui héberge ce front syndical a été construit avec l'appui financier de la CSN du Québec.

les Canadiens car le CLC n'a que des contacts sporadiques avec les Mexicains. Cela provoque donc bon nombre de confusions entre les syndicats des deux pays surtout lorsque les Canadiens constatent que le syndicalisme officiel mexicain n'accepte que les consignes du gouvernement et se trouve donc être d'accord avec l'ALENA. Le CLC va modifier sa stratégie et s'associer au FAT pour ce qui concerne l'ALENA.

Un des plus grands problèmes est peut-être l'intérêt protectionniste des associations étasuniennes, surtout les écologistes et les syndicalistes qui, pratiquement tout le temps, poussent les réseaux mexicains à jouer un rôle politique dangereux. Les groupes mexicains, généralement moins habitués au lobbying que leurs partenaires sont quasiment cooptés par l'agenda des réseaux étasuniens.

Les témoignages mexicains devant le Congrès nord-américain ne font qu'alimenter la xénophobie contre le Mexique, ce dont tirent profit la presse et les congressistes étasuniens. Les caractéristiques de la *maquila,* le travail des enfants, l'absence de syndicats indépendants à la frontière nord et le manque de protection de l'environnement sont dénoncés honnêtement par les Mexicains, mais leurs témoignages vont nourrir le lobbying étasunien contre le Mexique et pousser le gouvernement mexicain à tenter de délégitimer ceux qui ont accordé des entrevues aux Étasuniens. Dans ce climat, la majorité des syndicats officiels du Mexique commence à questionner les camarades qui s'opposent plus ouvertement à la fermeture d'usines aux États-Unis ou au Canada comme conséquence de l'ALENA. La critique principale concerne les raisons de leur opposition à des délocalisations d'usines canadiennes ou étasuniennes qui, puisqu'elles vont s'installer au Mexique, donneront du travail aux Mexicains.

On peut alors se demander comment ces réseaux ont pu se constituer, au milieu de si grandes différences politiques. Il semble que le lien qui unit les trois réseaux soit la discussion sur la démocratie. L'ouverture économique au Mexique modifie les analyses sur ce thème surtout quand on le rapproche de la manière dont se négocie l'ALENA : rapidement les réseaux s'unissent dans leurs revendications contre le processus de négociation, jugé antidémocratique.

L'activité des réseaux permet de faire des progrès sur bien des aspects. Le réseau mexicain est peut-être celui qui sait le mieux profiter des pressions que le Canada et les États-Unis exercent sur le Mexique au sujet de la démocratisation, et il devient l'interlocuteur le plus reconnu parmi les organisations sociales, les syndicats et surtout face au groupe négociateur. Ce réseau est sans aucun doute celui qui a le moins de problèmes entre 1990 et 1995, car comme il est le dernier à se créer, il n'a pas le lourd passé de revendications et d'activisme intense des réseaux canadiens et étasuniens qui fonctionnent depuis 1987.

On se souviendra particulièrement comment Action Canada Network se retrouve mêlée à deux processus de négociation sur le libre-échange, participe à la réforme constitutionnelle de Charlottetown, aux élections fédérales de 1994 et au débat sur le Québec et le référendum de 1995, sans oublier ses liens avec le parti *New Democratic* et *le Canadian Labour Congress* qui l'obligent à participer aux élections fédérales et provinciales.

Ces réseaux reçoivent l'appui intellectuel de plusieurs centres de réflexion et de recherche sur la réalité de leurs pays, parmi lesquels nous citerons *: Common Frontiers Project, Ecumenial Coalition for Economic Justice, Canadian Center for Policy Alternative et Economic Policy Institute.*

Le réseau mexicain n'a jamais eu de centre de recherche ou d'analyse qui le soutienne, mais, de façon individuelle et parfois anonyme, de nombreux intellectuels et hauts fonctionnaires gouvernementaux participent à cette analyse et à cette recherche. L'absence d'un centre pensant au service du réseau mexicain peut sembler un désavantage, mais en réalité ce manque joue en sa faveur car il n'a pas besoin de s'associer ni de multiplier les accords politiques avec une quantité de groupes comme doivent le faire ses alliés. Un autre élément important est le problème financier : les Mexicains s'appuient directement sur l'infrastructure du FAT et ne perdent pas d'énergie à la recherche de financement, de bureaux et de personnel puisque la majorité des membres travaillent bénévolement. Petit à petit, au fur et à mesure que de nouveaux thèmes font leur apparition, la RMALC induit la création de nouvelles ONG qui participent au financement. Le problème du niveau de dépendance économique des organisations sociales vis-à-vis des fondations internationales a été largement étudié[1].

Le Réseau mexicain d'Action face au libre-échange

Parallèlement au processus de préparation des négociations, la société civile joue, elle aussi, un rôle important dans l'ALENA. Plusieurs organisations sociales du Canada comme Action Canada Network, *Canadian Center for Policy Alternatives*, Confédération des Syndicats nationaux de Québec, Coalition Québec, *Common Frontiers*, *Ecumenic Coalition for the Economic Justice* et bien d'autres prennent contact avec leurs homologues mexicains pour leur faire prendre conscience de ce que représente cette négociation et de la possibilité de s'organiser pour, ensemble, influencer le processus. Ces actions ont des répercussions sur la dynamique des syndicats indépendants mexicains qui découvrent la dimension internationale d'un débat qui, au Mexique, commence à peine.

Ce processus permet la formation du Réseau Mexicain d'Action contre le libre-échange (RMALC) organisation fondée en avril 1991 qui réunit des

[1] La recherche de financement fait que finalement de nombreuses organisations adaptent leurs activités aux lignes de travail des fondations ce qui correspond souvent à une reconversion de leurs propres objectifs. La priorité que les fondations donnent aux travaux sur les droits de l'homme, les études de genre, la démocratie et les minorités se répercute sensiblement sur les activités de nombreuses organisations liées aux protestations contre l'ALÉNA.

syndicats non affiliés à la Confédération des Travailleurs Mexicains, et donc non contrôlés par le gouvernement, ainsi que des organisations sociales, des universitaires, des représentants religieux, des petits et moyens entrepreneurs et des organisations paysannes.

> « La naissance du réseau fait partie d'un processus qui démarre en octobre 1990 et qui renforce les relations tri nationales de caractère sectoriel ou social dans le but de confronter les expériences, promouvoir les changements et découvrir des intérêts et des positions communes face à l'impact qu'aura l'accord de libre-échange sur l'avenir et les façons de vivre » (RMALC, 1995).

Ce réseau demande très vite au gouvernement d'inclure dans la négociation de l'ALENA toute une série de revendications sociales comme l'adoption d'un salaire minimum et d'avantages sociaux trilatéraux.

Cette exigence n'a, bien sûr, aucune chance d'aboutir puisque l'un des avantages comparatifs vantés par les négociateurs mexicains est justement l'attrait des bas salaires. En guise de riposte à la revendication du RMALC, le groupe des négociateurs mexicains explique que pour homologuer le salaire il faut établir des normes de productivité et une nouvelle organisation du travail au Mexique. Le RMALC insiste de façon répétée sur le manque d'informations sur les mécanismes de la négociation et sur les points qui sont sujets à un arrangement commercial. En effet, SECOFI ne permet pas que les études qui ont été faites soient du domaine public, surtout celles de la Coordination des Organismes industriels du Commerce extérieur (COECE), et dans le groupe de négociateurs règne un énorme pouvoir discrétionnaire. Les organisations qui réclament plus de transparence considèrent que tous ces secrets doivent couvrir des atteintes à la Constitution mexicaine, alors que SECOFI affirme que la stratégie de la négociation doit être maintenue secrète pour ne « pas faire le jeu » des négociateurs du Canada et des États-Unis.

Il est sûr que la pression du RMALC sur les négociateurs mexicains est soutenue par l'extérieur, en particulier par les États-Unis où il existe une longue tradition de lutte en faveur de l'ouverture démocratique au Mexique[1]. Les demandes formulées par le RMALC sont immédiatement associées au manque de démocratie au Mexique : après tout, disent-ils, la façon dont se déroule le processus de négociation reflète clairement le niveau antidémocratique de la relation existant entre le gouvernement et les citoyens. Un des succès de cette pression est, qu'à partir de 1991, SECOFI décide de se réunir en privé et à plusieurs reprises avec les membres du

[1] Avant 1990, le Congrès des États-Unis a reçu les témoignages de très nombreux Mexicains qui critiquent ouvertement le manque de démocratie politique qui alimente la fraude électorale et l'hégémonie du PRI. Les audiences consacrées au Mexique ont lieu de façon régulière car certains comités sont préoccupés par les violations constantes des droits de l'homme et l'augmentation de la violence et de la corruption. Pendant des années, les congressistes comme Jesse Helms mettent à mal le gouvernement mexicain.

RMALC[1] et d'envoyer des membres du groupe négociateur aux réunions sur l'ALENA organisées par le réseau. Le but est très clair : ils pensent qu'il vaut mieux discuter avec le RMALC de certains points de la négociation que de continuer à être la cible des opposants à l'ALENA. Cela ne veut pas dire que la majorité des revendications sont acceptées par SECOFI, mais, au moins, pour la première fois au Mexique, le gouvernement prend l'initiative d'ouvrir un dialogue. Paradoxalement, plus que les Canadiens ou les Étasuniens, c'est le gouvernement mexicain qui établit le contact le plus large avec les groupes non gouvernementaux.

Suite à cela, le RMALC devient alors un interlocuteur reconnu par le gouvernement mexicain, situation inhabituelle au Mexique et qui n'existe ni au Canada ni aux États-Unis où les réseaux, malgré leur grande capacité, n'obtiennent pas un si bon accueil des groupes négociateurs de leurs pays.

Les réseaux trinationaux sont présents dans toutes les réunions et ils se retrouvent dans la deuxième « antichambre », la première étant occupée par les chefs d'entreprise et les exportateurs mexicains et ceux qui font preuve de sagacité politique profitent systématiquement de la disponibilité des médias internationaux qui assistent aux réunions pour donner leurs positions et leurs points de vue sur la négociation, ce qui évidemment se répercute sur les négociateurs.

Lors de la réunion trilatérale de Zacatecas, Mexique, en octobre 1991, les trois réseaux organisent une réunion parallèle appelée « *l'Opinion publique et les négociations de l'accord de libre-échange : alternatives citoyennes* ». Quelques heures avant le début de cet événement, le gouverneur de Zacatecas annule l'autorisation de faire la réunion dans un des théâtres les plus connus de la ville. Par peur que les participants ne l'envahissent tout de même, les autorités déboulonnent et enlèvent les fauteuils de la salle pour empêcher le déroulement de la réunion, pensant qu'ainsi elle court à l'échec. L'université autonome de Zacatecas permet que la réunion se déroule dans ses locaux et les médias décident de s'y rendre pour donner à l'événement

[1] Malgré la bonne volonté apparente de SECOFI, les réunions se déroulent dans une ambiance très froide. Pour Salinas de Gortari comme pour le groupe négociateur, il est fondamental de restaurer les bonnes relations avec les congressistes américains. Les négociateurs mexicains ne sont donc pas disposés à prendre des risques sur le vote du Congrès pour un reproche sur la démocratie dans le processus de négociation. C'est là la véritable raison pour laquelle SECOFI accepte de négocier avec le RMALC. Néanmoins ce dialogue n'a aucune influence sur l'orientation de la négociation, il s'agit d'une simple formalité qui cherche à faire baisser le ton des critiques étasuniennes. D'autre part il faut reconnaître que le niveau des participants au dialogue est très asymétrique. Le RMALC peut argumenter correctement sur quelques points, mais dans les autres cas cela lui est pratiquement impossible car les membres de l'opposition n'ont pas la formation professionnelle nécessaire pour défendre les points mis à discussion. Derrière chaque point et chaque chapitre négocié, il y a une armée d'employés de SECOFI dont le seul travail est d'analyser le problème sous tous les angles possibles. Par contre le RMALC n'a pas cette force et peu à peu le groupe opposant qui dialogue se réduit car il n'y a pas suffisamment de personnes capables d'analyser et d'argumenter sur les points sensibles de l'ALÉNA. Malgré cette inégalité flagrante, le RMALC remporte une victoire importante qui servira de précédent pour d'autres négociations comme celles de l'Accord Global Mexique-Union européenne qui depuis le départ laissent une place aux groupes représentants la société civile dans l'organigramme des réunions.

une couverture internationale. Ces derniers sont lassés que les groupes négociateurs leur donnent l'information au compte-gouttes : ils n'ont pratiquement rien à dire sur les réunions et, fatigués d'attendre, ils se déplacent jusqu'à la réunion parallèle organisée par le RMALC où se trouvent des militants politiques et religieux de renom (Memoria de Zacatecas, RMALC, 1992). La réunion de Zacatecas regroupe plus de 120 organisations sociales qui veulent faire pression sur les gouvernements des trois pays pour que, parallèlement à l'ALENA, on approuve une lettre sur le droit du travail, on établisse une politique migratoire plus juste et que l'on sanctionne les entreprises exportatrices qui polluent l'environnement. Des activistes politiques connus pour leur combat pour la défense des droits de l'homme et l'instauration d'un régime plus démocratique au Mexique profitent aussi de cette réunion[1].

Un des moments les plus forts de ce processus a lieu le 21 mars 1992, jour de fête nationale et de repos au Mexique, lorsque dans une conférence de presse surprise deux militants mexicains liés au RMALC[2] présentent un dossier de 400 pages qui contient les termes de la négociation en cours. Ce document a été discuté lors de la réunion tripartite tenue le 21 février 1951 à Dallas (Texas), et cette fuite prend par surprise ceux qui y ont participé, obligeant les chefs négociateurs à changer une partie de leur stratégie. Le « brouillon de Dallas », comme on l'appelle, a été donné par un membre du gouvernement de la province d'Ontario, qui à l'époque est entre les mains du parti Nouvelle Démocratie, à un des groupes canadiens opposés au traité[3]. Ceux-ci l'envoient à leurs homologues étasuniens qui, calculant l'impact politique de cette information, décident de ne pas en faire la publicité aux États-Unis mais de la faire passer directement aux Mexicains, sachant que l'effet en serait plus fort depuis le Mexique. « Le brouillon de Dallas » rend compte des thèmes qui sont en train de se négocier et de l'orientation selon laquelle cela va être fait. C'est aussi un résumé de tous les progrès et accords déjà obtenus avant la tenue de réunion. Ce « brouillon » permet aux groupes d'opposition de comparer les progrès et les ressemblances de certains points avec l'ALCCEU et met fin à la chasse gardée de la négociation et à son fonctionnement discrétionnaire. Quatre jours plus tard, le RMALC donne à la Commission permanente du Congrès le document traduit en espagnol (ainsi les législateurs n'ont pas l'excuse de la langue) affirmant que faire connaître ce document est un devoir civique que le pouvoir exécutif n'avait pas rempli jusqu'à ce jour. Les députés d'opposition portent la discussion du

---

[1] Il s'agit d'un précédent important pour de futures réunions anti-globalisation et pour les altermondialistes qui s'organisent contre l'OMC et la ZLEA.

[2] Les personnes qui ont reçu le brouillon des négociations sont Carlos Heredia, responsable d'une importante ONG appelée Equipo Pueblo et membre de la direction du RMALC et Adolfo Aguilar Zinzer qui quelques années plus tard sera député du parti écologique, puis représentant du Mexique au Conseil de Sécurité de l'ONU, pendant la guerre du gouvernement Bush contre l'Irak, en 2004.

[3] Ce fait est intéressant car le gouvernement fédéral dont le siège est à Ottawa, Ontario, est favorable à l'ALÉNA, alors que la province d'Ontario, dont le gouvernement siège à Toronto, est menée par le NDP.

« brouillon » à la tribune, sous les réprimandes des députés du PRI qui tentent de nier la validité du document et réaffirment le droit de SECOFI de maintenir les progrès de la négociation au secret.

Plusieurs éléments de cette affaire de fuite méritent attention. D'abord, après des mois d'incertitude, la lecture de ce document donne à connaître le caractère de la négociation, les positions divergentes entre les trois pays et les points qui sont en train de se négocier. Il est aussi important de mesurer la corrélation des forces des groupes négociateurs et les thèmes sur lesquels les uns ou les autres cèdent et négocient. On peut également repérer des omissions importantes sur des points dont on pensait qu'ils allaient entrer dans la négociation comme les revendications sociales, la protection de l'environnement et le droit du travail. Ces omissions expliquent les pressions exercées plus tard sur le président Clinton pour signer des accords parallèles en écologie et droit du travail. Ce « brouillon » permet aux trois réseaux de discuter sur des bases plus réelles le contenu de la négociation et d'établir un dialogue plus pragmatique sur ce que chaque pays négocie. Ils prennent conscience qu'il est peu réaliste de vouloir une stratégie absolument trilatérale car il est évident que les organisations non gouvernementales et les syndicats de chaque pays, tout comme les négociateurs, ont des objectifs qui ne coïncident pas forcément avec les intérêts des autres pays.

Le « brouillon de Dallas » met en évidence le pouvoir de l'opinion publique dans les trois pays et, aux États-Unis et au Canada, le pouvoir du lobbying est renforcé par l'apparition de ce document. Au Mexique, le « brouillon » ne provoque pas de discussion politique d'envergure influençant la négociation à cause de la structure et de l'idiosyncrasie du pouvoir et de l'hégémonie du PRI. Il faut préciser que le document lui-même est technique, confus, rempli de guillemets et d'espaces laissés en blanc dans presque tous les paragraphes[1], et qu'il éclaire peu le débat au Sénat et à la Chambre des Députés du Mexique (Gutiérrez-Haces, 1992b).

Pour sa part, le RMALC déclare, en avril 1992, que les négociations prennent un tour très défavorable pour le Mexique, car ni les États-Unis ni le Canada ne reconnaissent que ce pays a un développement économique plus faible. Cela relance le vieux débat sur l'asymétrie économique dans les négociations de libre-échange, débat encore plus important lorsque l'on sait que le gouvernement mexicain insiste pour que son pays négocie sur un pied d'égalité économique, même si cela ne correspond pas à la réalité[2].

---

[1] Les espaces entre parenthèses laissées en blanc signifient que tel aspect n'a pas été négocié ou qu'il n'y a pas encore d'accord sur ce point. Dans le brouillon de Dallas, tous les points épineux comme l'énergie, la sécurité et l'investissement sont entre parenthèses.

[2] Paradoxalement, le Mexique entre à l'OCDE en 1994 quelques heures avant que le candidat du PRI à la présidence de la République, Luis Donaldo Colosio ne soit assassiné. Cet événement déclenchera un processus de recul politique, économique et social qui éloignera vertigineusement le Mexique de la modernisation et le plongera dans une des périodes les plus conflictuelles de son histoire récente.

Les organisations sociales et les syndicats ne sont pas les seuls à s'inquiéter d'une négociation qui ignore beaucoup de choses sur ce que signifie un accord de libre-échange, les partis politiques commençaient aussi à se poser des questions et dans ce domaine, encore une fois, la participation des Canadiens est fondamentale.

En octobre 1990, le Parti Action nationale (PAN) organise un colloque international intitulé « *Expériences de la Négociation de l'Accord de libre-échange Canada/États-Unis.* » Tous les militants et sympathisants de ce parti sont convoqués, mais cette organisation de centre droit convie également des chefs d'entreprises et des directeurs de plusieurs ministères qui acceptent l'invitation puisque cette réunion est organisée par la droite et non pas par des partis de gauche comme le Parti de la Révolution démocratique (PRD). Le nombre de participants dépasse donc les prévisions. La surprise est grande pour tous car les organisateurs du colloque ont invité des personnalités canadiennes favorables à l'ALENA et d'autres non. Parmi les conférenciers, dont la représentativité provinciale est équilibrée, on trouve des négociateurs de l'ALCCEU, des universitaires et des représentants du monde de la finance et de l'industrie canadienne[1] (Gutiérrez-Haces, 1991b).

Je pense que cet événement a sensiblement influencé la préparation des négociations, car le débat lancé par les Canadiens a permis aux Mexicains de prendre en compte plusieurs points qu'ils n'avaient pas envisagés jusque-là, particulièrement ce qui concerne le pétrole, *la maquila*, les services financiers, l'agriculture et la sécurité sociale. Un point important à signaler est que les Canadiens sont les seuls à avoir présenté leurs points de vue[2]. C'est paradoxalement ce qui leur a permis d'ouvrir, sur le sol mexicain, un débat bien plus large que celui qui avait eu lieu au Canada à propos de

---

[1] C'est le département d'études internationales du PAN qui prend la décision d'organiser ce colloque et qui m'a contacté en ma qualité d'expert en études nord-américaines pour coordonner le projet. Tenant compte des us et coutumes de la vie interne d'un parti comme le PAN, il a été très intéressant de travailler de manière apolitique pour un parti politique. Contrairement à d'autres expériences liées à l'ALÉNA, pendant toute la période de travail à aucun moment, on a essayé d'influencer mes critères de travail ou mes choix de thèmes et de conférenciers.

[2] Les conférenciers sont tous canadiens et parmi eux : Christian Deblock, professeur de l'Université de Québec à Montréal ; John Foster, Secrétaire national de OXFAM ; Robert Fox, directeur de Commerce et Politique du Département de Développement économique et Commerce du gouvernement d'Alberta ; Ricardo Grinspun, professeur de l'Université de York ; Armin Yalnizyan, directrice du Conseil de planification sociale de Toronto ; Paul Friser-Frederiksen, représentant de la Royal Bank de Canada au Mexique ; John Dillon, coordinateur de la Coalition œcuménique pour la Justice économique ; Don Wright, ministre assistant associé à la Division internationale du gouvernement de Saskatchewan ; Stephan Randall, membre de l'équipe des Nations unies sur la surveillance électorale et professeur de l'Université de Calgary ; Marjorie Cohen, membre du mouvement des femmes au Canada, membre de la Commission industrielle de recherche dans la branche pêche en Colombie-Britannique ; Stuart Culbertson, assistant du ministre du Commerce du Canada, chef de l'équipe négociatrice de Colombie Britannique de l'ALCCEU ; Scout Sinclair, coordinateur de la coalition contre l'ALCCEU ; Mark Petro, expert dans le secteur industriel et les maquilas au Mexique ; Bernard Landry, promoteur actif du traité depuis le Québec ; Helmut Mach, expert en négociation avec le GATT ; Duncan Cameron, professeur de l'Université d'Ottawa, président du Centre canadien d'Alternatives politiques et de la revue Canadian Forum.

l'ALCCEU. L'événement n'a pas été détourné de son but par l'intervention de conférenciers mexicains qui, sans aucun doute, auraient une fois de plus vanté aveuglément le projet de Salinas de Gortari. Dans ce colloque au moins, les auditeurs ont écouté, retenu ce qu'ils voulaient retenir et ont pu agir à moyen terme. Quelques mois plus tard, le PAN allait publier les actes du colloque sous le titre : « *Expériences de la négociation du traité de libre-échange entre le Canada et les États-Unis* », et un document interne dans lequel il exprimait sa position sur le Mexique et l'environnement international.

On ne peut oublier de mentionner que le PRD, en lançant son initiative sur « Un Accord continental pour le Développement », intéresse les groupes canadiens et étasuniens, car la lecture de sa proposition montre qu'il n'est pas contre l'ouverture économique et pour le protectionnisme commercial en soi, mais qu'il conteste la façon dont le gouvernement mexicain mène la négociation de l'ALENA. Cette position est réaffirmée plusieurs fois par le PRD et constitue l'axe des discours de Cuauthémoc Cárdenas, leader moral du PRD, lors de ses voyages en Amérique du Nord et en Europe. Cet Accord continental pour le Développement a parfois créé des confusions à l'étranger, à cause de groupes d'opposants manifestant des positions plus radicales sur l'ALENA que celles de Cuauthémoc Cárdenas.

7. Comment négocient nos négociateurs ?

Au moment de la négociation, les délégués mexicains ont pour principal objectif d'intégrer l'économie mexicaine dans une région économique et géographique où le commerce des biens et des services ainsi que les flux d'investissement représentent 80 % de la relation économique avec les États-Unis. Atteindre une meilleure complémentarité et obtenir une certaine réciprocité fait partie des objectifs et est considéré comme une condition sine qua non pour affronter la compétitivité exigée par la globalisation. L'ALENA est perçu par les négociateurs comme le complément et le renfort des politiques de changement structurel de l'économie que le gouvernement met en place pour obtenir une plus grande croissance économique et une meilleure distribution du revenu.

Pour appuyer les négociations, le premier pas est de créer le Conseil d'Aide au Traité, formé par des représentants du monde du travail, de l'agriculture, des entreprises et des universités (SECOFI, 1993). Le leadership des négociations est attribué au ministère du Commerce et du Développement industriel (SECOFI) qui, à son tour, crée le Bureau de Négociation de l'ALENA, élevé en février 1993 au rang de sous-ministère des Négociations commerciales internationales. Pour coordonner les travaux des services de l'administration publique, on crée la Commission interministérielle de l'ALENA à laquelle participent plusieurs ministères : SECOFI, Relations extérieures, Développement social, Finances, Travail et

Prévision sociale, Le Bureau de la Présidence et La Banque du Mexique (Blanco, 1994 : 22).

Un an après l'annonce présidentielle, le 12 juin 1991, le processus de négociation commençait à Toronto, Canada et se terminait 14 mois plus tard, le 12 août 1992. Pendant le mois d'octobre, les trois pays paraphaient le document et, le 17 décembre 1992, les trois chefs d'État signaient l'ALENA (Bertrab von, 1996 : 108-112).

Au Mexique, depuis août 1992, le Programme de Diffusion de l'ALENA a été lancé par ordre présidentiel : il prévoit 44 réunions dans toute la République pour informer des résultats de la négociation. Cette décision est fortement influencée par les revendications de l'opposition canadienne, diffusée au Mexique et reprise par le RMALC et quelques partis politiques, contre l'attitude du gouvernement conservateur qui n'a rendu public l'ALCCEU que lorsqu'il a été signé par les deux gouvernements. De fait, les négociateurs mexicains décident de ménager leurs arrières et diffusent l'accord entre août et décembre, avant la signature. Dans ce même esprit, le Sénat de la République organise 14 forums d'information sur le contenu de l'ALENA. Le Sénat mexicain approuve l'accord le 22 novembre 1993, la Chambre des Communes et le Sénat canadien le 27 mai et le 23 juin 1993 respectivement. Aux États-Unis, l'ALENA est approuvé les 17 et 20 novembre 1993 (Serra Puche, 1994, Salinas de Gortari, 2001 : 1100).

Pendant le processus, il faut mentionner quelques éléments particuliers concernant le Mexique : les premières critiques que les négociateurs mexicains reçoivent concernent leur manque d'expérience, car aucun des participants n'a travaillé lors des négociations du GATT et parce que l'âge moyen des négociateurs ne dépasse pas 40 ans. Pour beaucoup, il est évident que l'un des critères de sélection de l'équipe négociatrice est que ses membres n'ont pas de « mémoire historique », c'est-à-dire que l'on n'a pas voulu de gens ayant grandi dans le modèle nationaliste de développement protectionniste. Si l'on révise la liste des participants aux négociations du GATT en 1979 et en 1986, on est surpris de constater qu'aucun de ces négociateurs n'a pu mettre son expérience à profit dans la négociation de l'ALENA, mais que l'on a préféré choisir des personnes liées au processus de dérégulation économique et de libéralisation commerciale et donc ouvertement associées à un processus dont le corollaire est le traité.

Autre caractéristique, les membres de l'équipe font en majorité partie d'une orgueilleuse génération d'étudiants formés aux schémas étasuniens enseignés dans les universités mexicaines ou étrangères. Les écoles d'administration publique, d'affaires et de commerce international n'ont jamais eu autant de demandes que pendant cette période. Le vieux modèle qui a nourri les anciens fonctionnaires publics était basé sur l'humanisme et l'universalisme européen, en particulier le Français, mais ce profil n'a rien à voir avec ce que recherche le bureau de négociations de l'ALENA.

La jeune équipe mûrit de façon accélérée pendant le processus et la manière dont ses membres ont bâti leurs stratégies, leurs méthodes de travail, fait les concessions et les négociations est une surprise pour beaucoup de négociateurs étrangers qui pensaient se retrouver en face du stéréotype mexicain : des gens non préparés, ne sachant pas grand-chose de la façon de négocier un accord commercial de cette ampleur. Il ne faut pas oublier que les autres négociateurs ont une expérience d'un poids considérable grâce aux négociations de l'ALCCEU et aux années passées aux Rondes du GATT. La quantité d'argent investi et le nombre de membres du groupe, plus de 100, montrent l'importance que le gouvernement accorde à cette négociation. Pour beaucoup, le plus important au sein de l'équipe est le désir de faire un changement radical du schéma commercial et non pas de défendre les vieux secteurs privilégiés de l'économie mexicaine (Rubio, 1992 : 81). À travers le processus de négociation et dans le document final, le gouvernement mexicain considérait visiblement que les changements économiques étaient assurés : ce qu'il n'a peut-être pas calculé est que la transition macroéconomique allait toucher les vieux secteurs privilégiés, provoquant une réaction en chaîne qui, en décembre 1994, allait briser cette réforme macroéconomique.

8. Contenu et objectifs de l'ALENA

Le 12 août 1992, le ministre de la SECOFI, Jaime Serra Puche, a annoncé en conférence de presse que la négociation du document définitif de l'ALENA était terminée. Le processus avait impliqué plus de 200 rencontres ministérielles, et plus de 200 réunions de travail, avec chacun des groupes spécialisés. Pour donner du temps aux producteurs mexicains de s'adapter à la concurrence liée au traité, des délais de mise en œuvre avaient été prévus dans quatre cas. Le premier entrerait en vigueur avec la mise en marche du traité en janvier 2004 ; le second serait mis en place cinq ans plus tard ; le troisième à dix ans de la signature, et finalement il y aura un délai de libéralisation spécial de quinze ans après le démarrage de l'accord, cela afin de protéger les secteurs les plus sensibles comme l'agriculture[1].

Le texte officiel du Traité, quant à lui, est divisé en huit parties, qui intègrent à leur tour vingt-deux chapitres avec leurs annexes correspondantes. Ce document qui a été signé par les trois chefs d'État des pays signataires, comprend plus de 400 pages et se structure ainsi[2]:

Partie I. Dispositions générales
Chapitre 1. Objectifs
Chapitre 2. Définitions générales
Partie II. Commerce des produits

---

[1] Un aspect particulièrement favorable pour le Mexique est le fait que les États-Unis ont ouvert plus rapidement leur marché aux exportations mexicaines.
[2] Le contenu du Traité est repris du texte officiel de l'ALÉNA et de Rubio, 1992 : 218-222.

Chapitre 3. Traitement national et accès aux marchés pour les produits
Annexe 300-A : Commerce et investissement dans le secteur de l'automobile
Annexe 300-B : Produits textiles et vêtements
Chapitre 4. Règle d'origine
Chapitre 5. Procédures douanières
Chapitre 6. Produits énergétiques et produits pétrochimiques de base
Chapitre 7. Agriculture et mesures sanitaires et phytosanitaires
Chapitre 8. Mesures d'urgence
Partie III. Obstacles techniques au Commerce
Chapitre 9. Mesures normatives
Partie IV. Marchés Publics
Chapitre 10. Marchés publics
Partie V. Investissement, Services et Questions Connexes
Chapitre 11. Investissement
Chapitre 12. Commerce transfrontières des services
Chapitre 13. Télécommunications
Chapitre 14. Services financiers
Chapitre 15. Politique de concurrence, monopoles et entreprises d'État
Chapitre 16. Admission temporaire des hommes et des femmes d'affaires
Partie VI. Propriété intellectuelle
Chapitre 17. Propriété intellectuelle
Partie VII. Dispositions administratives et institutionnelles
Chapitre 18. Publication, notification et application des lois
Chapitre 19. Examen et règlement des différends en matière de droits antidumping et compensateurs
Chapitre 20. Dispositions institutionnelles et procédures de règlement des différends
Partie VIII. Autres dispositions
Chapitre 21. Exceptions
Chapitre 22. Dispositions finales
ANNEXES :
Annexe I : Réserves aux mesures existantes et engagements de libéralisation
Annexe II : Réserves aux mesures ultérieures
Annexe III : Activités réservées à l'État
Annexe IV : Exceptions au traitement de la nation la plus favorisée
Annexe V : Restrictions quantitatives
Annexe VI : Engagements divers
Annexe VII : Réserves, engagements spécifiques et autres points

Trois articles seront ici exposés :

– L'article 1001, qui touche l'établissement d'une zone de libre-échange, déclare que :

Les Parties au présent accord, en conformité avec l'article XXIV de l'Accord général sur les tarifs douaniers et le commerce, établissent par les présentes une zone de libre-échange.

– L'article 102, qui détermine quels sont les objectifs de l'ALENA déclare que :

1. Les objectifs du présent accord, définis de façon plus précise dans ses principes et ses règles, notamment le *traitement national*, le *traitement de la nation la plus favorisée* et la *transparence*, consistent :

a) à éliminer les obstacles au commerce des produits et des services entre les territoires des Parties et à faciliter les mouvements transfrontières de ces produits et services ;
b) à favoriser la concurrence loyale dans la zone de libre-échange ;
c) à augmenter substantiellement les possibilités d'investissement sur les territoires des Parties ;
d) à assurer de façon efficace et suffisante la protection et le respect des droits de propriété intellectuelle sur le territoire de chacune des Parties ;
e) à établir des procédures efficaces pour la mise en oeuvre et l'application du présent accord, pour son administration conjointe et pour le règlement des différends ; et
f) à créer le cadre d'une coopération trilatérale, régionale et multilatérale plus poussée afin d'accroître et d'élargir les avantages découlant du présent accord ;

2. Les Parties interpréteront et appliqueront les dispositions du présent accord à la lumière des objectifs énoncés au paragraphe 1 et en conformité avec les règles applicables du droit international.

– L'article 1003, enfin, établit les rapports entre l'ALENA et d'autres accords, dans les termes suivants :

1. Les Parties confirment les droits et obligations existants qu'elles ont les unes envers les autres aux termes de l'*Accord général sur les tarifs douaniers et le commerce* et d'autres accords auxquels elles sont parties.
2. En cas d'incompatibilité entre le présent accord et ces autres accords, le présent accord, sauf disposition contraire, prévaudra dans la mesure de l'incompatibilité.

9. De la transition à la consolidation de l'ALENA

La crise économique qui éclate au Mexique en 1994 met en évidence plusieurs problèmes que les opposants à l'ALENA avaient déjà signalés. Le premier insiste sur le fait que, même avec l'ALENA, on ne peut pas faire totalement abstraction de la régulation étatique même si celle-ci doit être repensée en fonction des circonstances imposées par le traité et par le processus de continentalisation.

L'appel au secours lancé par les industriels mexicains par l'intermédiaire des principales chambres professionnelles réclame que l'on retourne à une politique industrielle plus nationaliste. Ce réveil d'une grande partie du secteur industriel est hélas ! tardif et fait suite aux actions protectionnistes du Congrès étasunien concernant certains produits comme le thon, le sucre et le fructose. Les associations réclament donc au gouvernement mexicain une plus grande régulation des importations. Elles se plaignent aussi du dumping exercé par certains exportateurs du Sud-est asiatique en particulier sur les chaussures et les vêtements. Le gouvernement mexicain reconnaît tardivement qu'une régulation est nécessaire et augmente de façon substantielle certains droits de douane par le biais des impôts compensatoires. Pour d'autres cas, le Congrès mexicain taxe à l'intérieur certains produits qui ont à l'origine un composant importé de façon à en freiner la consommation et à favoriser les produits nationaux similaires. On applique par exemple un impôt sur le fructose étasunien avec lequel on fabrique, au Mexique, la plupart des boissons gazeuses. Cet impôt supplémentaire de 20 % doit favoriser la consommation de sucre de canne mexicain au détriment du maïs[1]. Il est évident qu'avant la négociation de l'ALENA, il aurait été impensable que le gouvernement mexicain exerce une quelconque régulation de sa politique commerciale internationale, car cela aurait été très mal vu par ses partenaires de Washington et d'Ottawa.

Le second problème est celui du capital volatil qui arrive en quantité non négligeable pour se placer à la Bourse mexicaine pendant le sexennat de Salinas de Gortari. Cela renforce l'idée que le pays ne peut pas avoir de développement stable sans une politique officielle et des stratégies qui ancrent le capital dans la production et la modernisation des bases économiques du Mexique. Il est évident que les exigences de dérégulation immédiate n'ont pas permis à l'industrie mexicaine de s'adapter aux nouvelles conditions d'un marché plus compétitif. Elle n'a pas pu moderniser ses équipements ni augmenter suffisamment sa productivité. Un étalement des mesures de dérégulation aurait permis une augmentation des exportations et assuré à moyen et à long terme une balance des paiements relativement stable et une monnaie plus solide. Pendant la négociation de l'ALENA et ses premières années de fonctionnement, au Mexique, le débat sur l'instauration d'une nouvelle relation trilatérale basée sur la normativité du traité sert de justification à un grand nombre de réformes et de changements politiques, légaux et économiques. Le processus de négociation de l'ALENA se termine par la publication et la signature d'un texte énorme, divisé en deux volumes et contenant d'innombrables clauses qui, de façon assez sibylline, vont servir de bases aux futurs échanges commerciaux en Amérique du Nord.

[1] La mesure prise par le pouvoir législatif n'a pas été acceptée par le président Vicente Fox qui craignait qu'une telle décision ne déclenche des représailles des États-Unis Le Président a abrogé la loi, mais les législateurs arrivent à retourner la mesure en interposant une doléance devant la Cour Suprême de Justice, qui tranche en faveur du pouvoir législatif. Fox, insatisfait de cette décision, tente encore de faire annuler la loi, sans succès. Pour sa part, Robert Zoellick, représentant du commerce des États-Unis fait au plusieurs visites Mexique pour faire pression et menacer de porter le cas devant les tribunaux de l'ALÉNA. La taxe a été appliquée à partir de janvier 2002 à décembre 2006.

Les premières impressions qui se dégagent de cette lecture permettent de mieux comprendre le processus de mise en place de ce traité. Le document a été négocié et rédigé par morceaux, c'est-à-dire que le groupe de négociateurs mexicains a segmenté à l'infini le travail d'analyse des documents et les scénarios de négociation. L'information de chaque fonctionnaire est contrôlée, le processus est morcelé et soigneusement surveillé de telle façon que pratiquement personne ne peut avoir une vision d'ensemble d'un thème spécifique et bien sûr encore moins de la négociation en général. Les conditions de sécurité et de confidentialité sont strictes, et la responsabilité de la vision d'ensemble repose sur un nombre réduit de hautes autorités et de bureaucrates qui assument la totalité de la négociation (Rubio, 1992 : 81).

Ceci nous conduit à une deuxième réflexion : l'ALENA tel qu'il a été annoncé, négocié et publié, a fait naître des espoirs et a envoyé des messages optimistes reproduisant avec une certaine emphase le besoin de la société civile mexicaine de considérer le traité comme l'annonce de changements substantiels dans son quotidien. Généralement les projets d'intégration économique sont, au début, plus populaires que les programmes de réajustement structurels. Les premiers promettent plus d'emploi, plus de dynamisme économique et des améliorations sociales, alors que les seconds sont, même pour le public le moins avisé, synonymes de sacrifices économiques, restriction du niveau de vie et leurs résultats sont très incertains. Telle est l'ambiance du processus de transition qui abandonne une grande partie des normes et des pratiques qui encadraient le modèle de développement économique antérieur de type protectionniste, et lui substitue des changements institutionnels, législatifs et économiques importants pour faciliter le passage du Mexique vers le libre-échange (Gutiérrez Haces, 1991b : 147). Le processus de transition qui commence à la fin des années 90 fait partie du projet de modernisation économique engagé par les quatre derniers gouvernements, à partir de la présidence de Salinas de Gortari et c'est un pari difficile surtout après les événements du Chiapas qui viennent remettre en question de nombreux changements qui prétendaient préparer le pays à assumer l'ALENA[1].

Cette transition a, dès le départ, certaines spécificités puisqu'il s'agit d'un processus de changement qui se base sur une critique vigoureuse du modèle d'industrialisation protectionniste et sur l'exaltation de l'ouverture économique. Ces appréciations sont surprenantes si l'on considère que la critique du vieux modèle économique, l'initiative de changement et la

[1] Il ne faut pas oublier que dans le premier communiqué de l'armée zapatiste de Libération, le 1er janvier 1994, qui est aussi la date de mise en place de l'ALÉNA, l'EZLN indique que son insurrection est une protestation contre l'inégalité économique qui règne dans la région et qui va s'accentuer avec le traité.

nouvelle proposition de développement sont toutes les trois issues du même parti politique, le PRI[1].

La transition est le résultat d'un nouveau débat sur la Nation avec tous les éléments de la discussion néo-libérale sur le développement économique du pays. Comme nous l'avons vu dans les chapitres précédents, depuis 1982, la discussion s'oriente vers des options économiques qui voient le marché comme un régulateur efficace et sont contre la gestion de l'État dont beaucoup pensent qu'elle conduit le pays à la ruine.

À partir du processus de négociation de l'ALENA, la transition se développe en plusieurs étapes et provoque une modification du comportement du PRI qui se détache rapidement des principes économiques et politiques du modèle de développement antérieur, pour se lancer, grâce au débat et à la négociation de l'ALENA, dans l'édification d'un nouveau projet national. Dans la transition mexicaine, l'obligation de choisir entre une politique économique basée sur la gestion d'un État fort et protectionniste et une stratégie donnant priorité au libre mouvement des forces du marché, sans aucune forme d'interventionnisme, a été et est encore une fausse alternative. L'État mexicain applique une politique directe, ferme et verticale pour mettre en place le modèle d'ouverture, comme il l'avait fait pour imposer le modèle d'industrialisation par substitution d'importations.

La transition se déroule donc sur deux niveaux en même temps : l'international et le domestique qui sont liés en permanence et influencent la gouvernabilité du pays.

Dans le domaine international, le gouvernement mexicain doit affronter l'augmentation du protectionnisme commercial dans de multiples forums, depuis l'OMC jusqu'aux tribunaux de justice des États-Unis. La recrudescence du protectionnisme commercial au sein de l'ALENA est extrêmement complexe, parce qu'il est protégé par la normativité même du traité. Ce phénomène touche de façon spécifique la société civile mexicaine qui, d'une façon générale, trouve incompréhensible que malgré le nouveau schéma d'ouverture commerciale et de libéralisation en Amérique du Nord, on continue à accuser et à pénaliser ses exportations comme le thon, les crevettes, les barres d'acier et le ciment, entre autres.

Bien sûr, le protectionnisme commercial renforce le pacte social des États-Unis, mais il n'aide vraiment pas le difficile processus de transition du Mexique où le soutien populaire à l'ALENA est fragile. Parmi les exportateurs on trouve aussi bien des exportateurs de balais aux États-Unis qui, en cas de pénalisations commerciales, n'auront jamais le pouvoir économique suffisant pour gagner un procès international, que des

---

[1] Les grands changements dans la politique de développement économique du Mexique sont menés par le PRI puisqu'il reste au pouvoir plus 70 ans. Néanmoins, la proposition d'un modèle de modernisation économique basé sur le libre-échange vient d'un groupe de ce parti qui ne partage pas la vision politique et économique de ceux qui, dans le même parti, soutiennent le modèle d'industrialisation par substitution d'importations.

entreprises puissantes comme Cementos de Mexico qui contrôle 68,2 % du marché du ciment mexicain, 72 % du béton prémélangé au Mexique et au sud des États-Unis et qui est présent en Amérique latine et en Espagne. Après avoir perdu 50 millions de dollars en 1992 à cause d'un litige avec les États-Unis, CEMEX a finalement gagné, mais il faut bien reconnaître que peu d'exportateurs mexicains peuvent supporter une bataille si longue et si coûteuse.

Sur le plan interne, certains éléments de caractère économique peuvent nous aider à comprendre la transition. Nombreux sont ceux qui pensent que l'on a été trop vite dans le démantèlement du protectionnisme, même s'il faut bien reconnaître que ce dynamisme a eu quelques effets positifs dont le Mexique avait besoin depuis des années, comme : l'appareil productif est contraint de se dynamiser face à la concurrence internationale ; on observe la disparition d'un marché de consommateurs captifs, proie facile des monopoles commerciaux qui se développent à l'ombre du protectionnisme d'État ; et un changement de mentalité face aux nouvelles réalités économiques qui ne se limitent pas aux États-Unis et ouvrent des possibilités de stratégies économiques alternatives, par exemple avec le Canada.

La libéralisation économique bute sur certains obstacles comme l'absence d'un calendrier étalant l'ouverture économique de l'industrie, l'absence de politique de réajustement pour amortir son impact sur la petite et la moyenne entreprise ou sur les agriculteurs dont les activités ne sont pas orientées vers l'exportation. Vues de l'extérieur, les mesures de choc sont attractives et interprétées comme un signe de sérieux et de volonté de mener à bien le projet de modernisation, mais il faut faire le *distinguo* entre deux groupes d'entreprises : les industries puissantes qui depuis 1985 sont d'accord avec l'ouverture économique et ont renforcé leurs liens avec l'investissement étranger et le très grand nombre de petites et moyennes entreprises qui ne sont pas bien préparées aux réajustements et représentent 70 % de la population économiquement active du pays. Il faut ajouter à cela le fait que le libre-échange modifie le schéma économique interne en donnant la priorité à la stratégie exportatrice. Le talon d'Achille de la transition est le comportement de l'investissement étranger qui pendant le sexennat de Salinas de Gortari atteint le chiffre de 30 641,8 millions de dollars dont 53,2 % sont placés à la Bourse mexicaine (Rapport de Banamex, 1993). Pour compenser cette tendance, la Commission nationale de l'Investissement étranger autorise l'émission d'actions pouvant être acquises par des étrangers sous le régime de l'investissement neutre et donc bénéficiant d'un traitement national. Cela n'a rien de surprenant puisque le texte légal de l'ALENA, dans les chapitres III et IX, stipule que « *chaque partie donnera un traitement national aux biens des autres parties* ». À partir de 1989, le Mexique a reçu d'importants flux d'investissements étrangers destinés au marché des valeurs et le même phénomène a lieu lors de l'achat des banques. Grâce à ces mouvements, le Mexique capte plus de capitaux par le biais du secteur boursier et financier que grâce à son activité productrice. L'investissement qui apparaît avec l'ALENA utilise le Régime automatique d'Investissement qui permet d'obtenir l'autorisation d'investir sans passer par la Commission nationale de l'Investissement étranger[1].

10. Les points vulnérables de l'ALENA

Un des premiers aspects à prendre en considération est que toute évaluation de l'ALENA rencontre des sérieuses difficultés pour faire la part des choses entre, d'un côté, les effets dérivés de l'ouverture commerciale commencée au milieu des années 80 et les conséquences des politiques d'ajustement structurel et, de l'autre côté, les effets consécutifs à la mise en place du traité.

On a tendance à recourir à l'ALENA pour expliquer la majorité des changements qui ont lieu au Mexique depuis quelques années, mais des études récentes démontrent que certains aspects négatifs attribués à l'ALENA se seraient produits de toute façon puisqu'ils sont la conséquence de la globalisation, avec ou sans traité. M. Larudee affirme : « *Even if NAFTA had never been approved, the long-term trend toward shifting production from the U.S. to México would surely have continued, as more firms learned how to do business in México. Thus some of the jobs lost can be attributed to this long term trend rather than to NAFTA* » (Larude, 1999 : 143).

On peut ajouter également que l'ALENA n'est qu'un élément dans un ensemble de réglementations qui pèsent sur le commerce international, particulièrement depuis la création de l'Organisation mondiale du Commerce (OMC). Si l'on regarde en arrière, il devient évident que, depuis vingt ans, la volonté politique supra nationale est prédominante et qu'elle cherche à restructurer l'économie internationale à partir de chaque accord ou traité qui est signé.

Ainsi l'ALCCEU cherche à compenser les déficiences accumulées, selon le Canada et les États-Unis, par les rondes du GATT, particulièrement l'Uruguay Round. L'ALENA, lui aussi, est un ajustement et un progrès par rapport à l'ALCCEU dont certains aspects ont été, à leur tour, imités par la réglementation de l'OMC. Paradoxalement, dans un univers où la dérégulation semble avoir le dernier mot, l'économie mondiale s'enfonce dans une surréglementation, conséquence directe de l'excès de normativité produit par la multiplication des traités commerciaux.

Un des objectifs poursuivis par le Mexique et le Canada avec la signature de l'ALENA est l'accès au marché étasunien. Les faits ont rapidement démontré que ce n'était pas si simple car la préservation et l'application des

[1] Dans le contexte des négociations de l'ALÉNA, le Mexique a élaboré la nouvelle loi sur l'investissement étranger, qui a été publiée dans la Gazette officielle le 27 décembre 1993. La loi fixe le régime d'autorisation automatique, qui vise à promouvoir la participation étrangère dans les projets d'investissement au Mexique, sans l'approbation du Comité de l'investissement étranger.

lois, qui garantissent aux étasuniens ce qu'ils appellent un *commerce juste* sont et continueront d'être pour eux le véritable objectif des négociations.

L'utilisation des mots *commerce juste* dissimule la vraie nature des relations commerciales de ce pays avec le reste du monde. Cette notion implique une réciprocité sans limites et l'existence d'une balance commerciale qui ne tient compte que de leurs propres intérêts. Les subventions, le dumping et le commerce déloyal sont les éléments fondamentaux de cette vision des choses.

Depuis la signature de l'ALCCEU et de l'ALENA, le gouvernement des États-Unis insiste beaucoup sur le fait que ces traités « *ne peuvent exempter aucun pays des lois commerciales étasuniennes* » et comme preuves nous citerons, pour le Canada, les controverses sur le bois tendre et les voitures Honda qui ont fait l'objet de règlements selon les dispositions du Chapitre XIX du traité. Dans ce cadre protectionniste, nous mentionnerons aussi la façon dont des groupes d'agriculteurs, commerçants et chefs d'entreprises ont, pendant des années, fait valoir leurs droits au Congrès étasunien ou simplement devant le juge local qui a le droit de décréter une sanction commerciale à l'égard d'un pays, comme dans des affaires d'exportation de thon et de crevettes pour le Mexique.

Dans le débat contre l'ALENA on a souvent entendu une critique qui avait été faite à l'ALCCEU : le traité est le résultat d'une négociation fortement influencée par les entreprises transnationales et les représentants qui les soutiennent dans les secteurs économiques nationaux. Les représentants gouvernementaux ont joué un double rôle, d'une part ils ont négocié ce qui était de leur compétence et d'autre part, ils ont été les intermédiaires entre les intérêts industriels des trois pays et leurs gouvernements. Dans cette négociation, les syndicats officiels ont été marginalisés et les groupes syndicaux indépendants totalement ignorés. (Gutiérrez Haces, 1996a).

En relisant l'ALENA, on voit que trois grandes entreprises automobiles étasuniennes sont présentes pendant tout le processus de négociation[1] et que l'une des rares mentions particulières faites aux règles d'origine dans le texte concerne les textiles et l'automobile alors que le reste du document ne comporte que peu d'observation ayant cette spécificité. Vingt ans après la signature du traité, on observe un fort niveau de concentration industrielle dans le secteur externe du Mexique comme du Canada. Le gouvernement canadien se retrouve prisonnier entre sa politique commerciale internationale et les intérêts des industries qui menacent de fermer ou de délocaliser leurs usines pour obtenir, au nom de la compétitivité, plus de facilités. Au Canada, les impôts fédéraux des entreprises ont diminué : dans une étude de B. Campbell on parle d'une réduction de 36 % à 28 % à la fin des années 1980, alors que les subventions de l'État aux entreprises ont augmenté

[1] General Motors, Ford et Chrysler.

sensiblement. La situation mexicaine n'est pas très différente ; chaque jour les entreprises insistent sur la nécessité d'une réforme en profondeur de la politique fiscale alors que l'on sait que les grandes entreprises jouissent d'une imposition dérisoire par rapport à leurs bénéfices (Campbelle, Gutiérrez Haces, Jackson, Larudee, 1999).

Le poids du commerce dans la zone de l'ALENA repose sur un nombre réduit d'entreprises, presque toutes transnationales ; 70 % des entreprises qui prennent en charge le commerce entre les États-Unis et le Canada sont étasuniennes. Pour le Mexique, le niveau de transnationalisation a augmenté avec l'ouverture économique, mais le problème le plus préoccupant est que beaucoup de ces sociétés ont cessé d'acheter aux entreprises mexicaines et ont organisé une stratégie d'achat qui utilise des fournisseurs étrangers que souvent elles subventionnent elles-mêmes. La position gouvernementale selon laquelle une plus grande libéralisation de l'investissement étranger crée des emplois devient alors insoutenable puisque la majorité des transnationales investissent au sein de leurs propres corporations et filiales.

Selon une étude réalisée par l'Organisation internationale du Travail (OIT), 45 % du commerce entre les États-Unis et le Canada se fait à l'intérieur des firmes, surtout dans l'industrie, et plus de 55 % du commerce intrasociétés entre les États-Unis et le Mexique concerne les exportations. On observe donc une augmentation de 44 % par rapport à la période qui précède l'ALENA (Campbelle, Gutiérrez Haces, Jackson, Larudee, 1999).

Cependant la concentration n'est pas uniquement sectorielle et corporatiste, on assiste aussi à une forte concentration régionale qui pratiquement se réduit à l'Amérique du Nord. Les cinq premières entreprises exportatrices du Mexique exportent aux États-Unis et au Canada et les cinq importatrices établies sur le sol mexicain importent toutes exclusivement des États-Unis. À l'inverse, alors que ces entreprises acquièrent chaque jour davantage le statut de « globalisée », un nombre de plus en plus important d'entreprises mexicaines arrivent à la limite de leur résistance face à la concurrence. Une de problématiques sans solution pour les gouvernements du Mexique et du Canada est d'arriver à ce que ces entreprises survivent car elles assurent un fort pourcentage des emplois. Les petites et moyennes entreprises représentent un secteur économique important dans les deux pays : au Mexique, plus de 95 % des activités productives. 5 % seulement des entreprises enregistrées dans le pays sont exportatrices et parmi elles 3 % produisent entre 80 et 85 % du total des exportations. L'ouverture économique au Mexique et l'ALENA ont, en faisant du secteur exportateur une priorité, obligé les entreprises à assumer des changements technologiques et organisationnels correspondant à une économie de main-d'œuvre (Godinez, 1997).

À la suite de la pression des corporations et pour tenter de compenser la réduction de l'apport fiscal de ces entreprises, on assiste à une diminution des dépenses sociales. Les programmes les plus touchés au Canada sont l'assurance-chômage et l'assurance incapacité. Les retraites, les assurances maladies, les programmes d'éducation et de formation des trois pays ont été touchés. Le pourcentage de chômeurs bénéficiant de l'assurance-chômage chute de 83,4 % en 1989 à 41, 1 % en 1997. Aux États-Unis, selon Mr Larudee, il est chaque jour plus difficile aux travailleurs étasuniens de remplir les conditions donnant droit à l'assurance-chômage et donc de nombreux individus ne survivent que grâce à la solidarité sociale et aux circuits informels.

Aux États-Unis, le *NAFTA Trade Adjustment Assistance Program* ne s'adresse qu'aux travailleurs pouvant justifier qu'ils travaillent à la production de biens industriels et ils doivent présenter un certificat du Département du Travail certifiant que la perte de leur emploi est due aux importations mexicaines et canadiennes ou à la délocalisation de la production hors du territoire étasunien. Indépendamment de ce programme, il en existe d'autres qui tentent de soulager le chômage mais leurs exigences ne sont pas moins complexes et il est significatif que les travailleurs syndicalisés soient ceux qui ont le plus souvent accès à ces programmes.

À cause des grandes différences entre les politiques sociales des trois pays, il est difficile de comparer l'impact de l'ALENA sur ce point car les programmes sociaux sont différents, sans oublier que le Canada reçoit plus d'aide fédérale et provinciale pour le chômage et la retraite.

Un des plus grands problèmes de l'ALENA est sans aucun doute celui de l'emploi et des salaires. Ces deux points sont source de controverse entre les syndicats et les organisations sociales des trois pays parce que la rationalité du traité repose sur deux principes qui vont à l'encontre de la politique de l'emploi et de la politique salariale, telles qu'elles existaient, il y a encore peu de temps.

Le premier principe est que lors de la création d'un espace productif selon les paramètres de l'ALENA, il faut circonscrire correctement les facteurs de production : capital, travail, technologie, ressources naturelles selon les avantages comparés de chaque pays.

Le deuxième principe est que l'économie d'échelle et une plus grande spécialisation productive du marché d'Amérique du Nord doivent garantir de plus grands bénéfices et une meilleure efficacité (Campbelle, Gutiérrez Haces, Jackson, Larudee, 1998 : 4).

Ces arguments, convaincants pour ceux qui soutiennent l'ALENA sans restrictions, ignorent les particularismes de chaque pays et ne prennent pas en compte le chômage existant, l'augmentation du secteur informel, la situation de la balance commerciale, les conditions de mobilité du capital, l'inégalité des salaires, les différences syndicales entre les trois pays.

Aucune analyse officielle sur l'impact de l'ALENA n'examine le changement produit sur l'équilibre des pouvoirs : la logique des transnationales et la mobilité du capital ont affaibli le pouvoir de l'État et celui des groupes et organisations qui, traditionnellement, font le lien entre les travailleurs et le gouvernement, en particulier il a amoindri le pouvoir des syndicats.

Dans un premier temps, les gouvernements et les chefs d'entreprises ont profité de la détérioration du pouvoir syndical : les entreprises ont profité de l'obligation de la compétitivité au sein de l'ALENA, menaçant à chaque négociation des contrats de travail de fermer l'entreprise ou de supprimer des emplois si elles n'avaient pas gain de cause. Mais les menaces de délocalisation, de fermeture d'usines et de réduction des salaires ont fini par atteindre la capacité fiscale du gouvernement qui, en privatisant les entreprises nationalisées et celles de la Couronne, renonce à une source de revenus assurés. De plus, considérer les ressources naturelles comme une source de revenus a rendu les gouvernements encore plus vulnérables, par exemple lors de la chute du prix du pétrole en janvier 1998.

Depuis le début de la négociation, l'ALENA est considéré comme un accord de caractère politico-stratégique : il n'a pas été conçu comme un simple accord commercial, mais comme la politique publique nationale la plus importante.

Contrairement à d'autres accords commerciaux, la stratégie de l'ALENA a été de renforcer le processus de modernisation économique du Mexique, et chaque président, à partir de 1994, a assuré la continuité de ce projet. Cela explique l'inhabituelle attitude de fermeté face aux pressions protectionnistes de plusieurs secteurs nationaux qui insistent pour que l'on renégocie certains chapitres du traité. La réponse négative du gouvernement montre qu'il existe une forte volonté politique de ne pas céder face à ce que le gouvernement désigne comme une « *contre modernisation économique* ». Le président Zedillo a dit à ce propos : « ... l'ALENA ne se discute pas, nous devons apprendre à vivre, lutter et gagner avec le marché étasunien... » (El Financiero, 1999).

L'attitude du gouvernement n'a pas empêché les pressions de certains groupes économiques, dont le nombre a augmenté, en particulier ceux des agriculteurs, des micros, petites et moyennes entreprises qui ont insisté sur un réexamen des quotas et des tarifs, en somme exigé de renégocier le contenu de l'ALENA.

Si l'on sait que les cinq premières années du traité correspondent à la première étape de diminution des droits de douane, on peut se demander quels ont été les critères d'une négociation qui considérait que les secteurs touchés dans cette étape étaient suffisamment solides pour résister à l'ouverture. Le modèle d'ouverture ne parvient pas à devenir modèle national parce que la politique industrielle a beaucoup de difficultés à s'intégrer dans une stratégie spatiale. L'ouverture commerciale a séparé l'espace de production du marché. La rupture entre le système productif national et le marché intérieur, sa substitution par une multitude de centres de production et de consommation à l'intérieur et hors du pays ont de sérieuses conséquences.

On peut tenter d'expliquer la négligence évidente des autorités mexicaines quant à la politique industrielle et l'ALENA, par le fait que selon le changement mentionné plus haut, il n'y avait pas besoin de politiques industrielles liées au marché national puisqu'il suffisait d'appliquer une stratégie industrielle respectant les obligations de la compétitivité internationale. C'est peut-être ce qui explique la position officielle en vigueur qui n'aide que les entreprises les plus compétitives, liées au marché international. Le reste de l'appareil productif est, selon cette vision, condamné à une sorte de « darwinisme économique » et dans le meilleur des cas à se convertir en entreprises de deuxième catégorie, ou à devenir des entreprises de commercialisation de produits importés de même type que ceux qu'ils produisaient avant, comme on le voit avec les industries vinicoles nationales. Il est évident qu'avec la stratégie économique actuelle il y a de sérieux problèmes dans l'intégration des chaînes productives sectorielles et régionales à cause d'un manque de planification industrielle pour relier de façon rationnelle les activités dirigées vers le marché externe et celles qui correspondent au marché intérieur. Au contraire, on observe actuellement un processus de fragmentation et de polarisation car, pour les autorités, la présence d'investissement étranger est le facteur le plus important même si cela implique la rupture des chaînes de production ou la création d'échelons productifs parallèles qui finissent par détruire les précédents.

Officiellement, l'attitude générale est que l'investissement étranger assure aussi le déplacement des parties les plus arriérées, les plus improductives et les moins compétitives du niveau national.

La rupture des chaînes de production est l'un des thèmes les plus importants du discours des opposants à l'ALENA, mais les autorités n'en ont pas tenu compte alors que les arguments exposés ne manquent pas de fondements. Il est révélateur que cinq ans plus tard, le débat sur la rupture des chaînes productives soit récupéré par les créateurs du Programme sur la Politique industrielle et le Commerce extérieur, sans que cela ne corresponde à un changement réel d'orientation.

Avant de conclure, nous voudrions souligner un élément paradoxal : l'effet sur l'économie mexicaine du nombre toujours plus grand de travailleurs mexicains qui participent chaque jour par leur travail et leur dynamisme à l'appareil productif des États-Unis. Les bas salaires qu'ils perçoivent contribuent à renforcer la compétitivité des exportations étasuniennes vers le Mexique. Il ne faut pas oublier la dépendance flagrante du secteur industriel d'exportation vis-à-vis des biens intermédiaires importés : elle a récemment augmenté de plus de 70 %. Vue sous cet angle, on peut dire que la compétitivité commerciale des États-Unis est subventionnée par le travail et les salaires des migrants mexicains aux États-Unis.

Si l'on ajoute à cela que l'ALENA ne prévoit aucune sorte de régulation de la mobilité des travailleurs en Amérique du Nord, mais possède des clauses sur le contenu régional et le traitement national qui ont pratiquement fait de la région un marché captif, il est évident que la force de travail mexicaine au Mexique est très désavantagée par l'ALENA.

TROISIÈME PARTIE

LA CONTINENTALISATION COMME SYSTÈME D'ARTICULATION DU POUVOIR ENTRE LE LOCAL ET LE GLOBAL

CHAPITRE 7

Enjeux de la politique économique internationale du Canada au Mexique et en Amérique latine

Particularités de la politique extérieure canadienne

Pendant les soixante-dix dernières années, le Canada a manifesté un intérêt relatif envers l'Amérique latine. Sa présence économique et diplomatique sur le continent ne se concrétise qu'après la Seconde Guerre mondiale, « conséquence naturelle » de sa participation à la création et à l'institutionnalisation de l'ordre mondial de l'après-guerre. Les Nations unies, l'Accord général sur les Tarifs douaniers et le Commerce (GATT), l'Organisation du Traité de l'Atlantique Nord (OTAN), le Fonds Monétaire internationaux (FMI) font partie des initiatives qu'il soutient, avec les États-Unis, à la fin des années quarante, pour se constituer un espace international propre. C'est grâce à ces institutions que le Canada commence à se familiariser avec la problématique de l'Amérique latine[1].

Néanmoins, cet intérêt a été, dès le départ, clairement limité à une participation institutionnelle, démontrant que ses priorités politiques et commerciales sont les États-Unis et l'Europe. En revanche, l'Amérique latine ne fait pas partie de ses priorités et le gouvernement canadien a, d'une façon générale, préféré approfondir ses liens atlantistes et a limité ses relations sur le continent américain à ses liens avec les États-Unis, refusant d'accepter qu'en Amérique du Nord il existe autre chose que lui-même et les Nord-Américains[2].

Le Canada a proclamé à plusieurs reprises que sa politique internationale repose sur des relations multilatérales et sur le libre commerce : sa politique extérieure vis-à-vis de l'Amérique latine est directement influencée par ces principes. La présence du Canada sur le continent latino-américain est faible et sporadique jusqu'en 1990, à cause surtout d'une stratégie géopolitique stricte, largement partagée par les États-Unis, reposant sur un accord tacite de « répartition des espaces régionaux » sur le continent américain.

Dans cette stratégie, l'Amérique du Sud représente l'espace où les intérêts canadiens participent, dès le départ, à la mission, assignée par les États-Unis à partir des années quarante, de contrecarrer par leur présence « les avances du Totalitarisme[3] », principalement en Argentine, au Chili et

---

[1] L'introduction de ce chapitre est fondée sur un travail préliminaire publié sous le titre : « Le Canada découvre les Amériques. Entre un leadership pour la promotion de la Démocratie et les exigences du Libre Commerce », revue de Relations internationales, faculté de Sciences politiques et sociales, UNAM, 1999.

[2] Dans le chapitre 4, nous avons étudié en détail ce que l'on peut considérer comme le début des relations entre le Mexique et le Canada, dont on remarque le caractère patronal.

[3] Voir : Gutiérrez-Haces, 1997.

au Brésil. Il ne faut pas oublier que le Canada a signé l'Accord d'Ogdensburg (1940) dans lequel il s'engage à appuyer la défense de l'hémisphère nord face à une éventuelle invasion des nazis en Amérique du Sud (Rochlin, 1999 ; Matute, 1995). Dans cette répartition régionale, le Mexique et l'Amérique centrale sont considérés comme « l'arrière-cour » des États-Unis et donc comme une zone de haute sécurité à cause de leur situation géographique. D'autre part, le Canada a une forte tendance à occuper, en Amérique latine et aux Caraïbes, les zones d'influence économique que l'Empire britannique avait contrôlées pendant les années quarante. En ce sens sa stratégie consiste à récupérer les marchés que les Anglais avaient abandonnés après la Seconde Guerre mondiale.

Les États-Unis, avant 1944, ne voulaient donc pas que les Canadiens progressent en Amérique latine sur le plan institutionnel, privé ou officiel, mais ils n'étaient pas non plus disposés à affronter les Anglais et leur Empire dont le Canada faisait officiellement partie. Après les années quarante, cette attitude change : leur voisin étant devenu politiquement indépendant, les États-Unis décident de l'associer, par le biais de la Déclaration de Hyde Park en 1941, à la création de l'institutionnalisation militaire et économique de l'après-guerre, dans le but évident d'assurer le contrôle de ces institutions.

Le Canada a pu, grâce à deux éléments de type culturel, développer très tôt une stratégie commerciale internationale autonome pour compenser le fait de ne pas être « fonctionnellement indépendant ». Le premier est le bilinguisme, une des caractéristiques historiques spécifiques du Canada, grâce auquel il n'y a pratiquement pas eu d'obstacles aux relations avec les Caraïbes anglophones et francophones : pour preuve les relations développées aussi bien avec Haïti qu'avec la Jamaïque et Trinidad et Tobago. Pour ce premier pays, la présence du Canada obéit à un projet politique spécifique : l'appui à la francophonie en Amérique latine. Pour les seconds, on pourrait dire que c'est là un indice de l'augmentation du caractère commercial de la politique extérieure canadienne, à partir des années 1960. Concernant l'Amérique hispanophone, le Canada tisse des liens avec les élites qui étaient traditionnellement en relation avec les Anglais et les Français.

Le deuxième élément qui joue en faveur des Canadiens en Amérique latine est l'aspect religieux : l'Église catholique de la Province du Québec ayant créé des liens importants avec le continent, l'aspect idéologique n'a pas non plus été un obstacle. Pendant des dizaines d'années, l'église catholique du Québec a joué un rôle important dans l'éducation des élites latino-américaines par l'intermédiaire des publications qu'elle exporte, principalement celles de caractère confessionnel, sans oublier que certains ordres religieux des deux pays ont eu des projets éducatifs communs : dans le Sud-Est mexicain, les familles aisées préféraient envoyer leurs enfants étudier le français au Québec, considéré plus sûr qu'une ville comme Paris.

Ces mécanismes instaurent une courroie de transmission parallèle, aux voies diplomatiques qui a même, à certains moments, influencé les relations entre le gouvernement du Canada et l'Amérique latine. Par exemple, la hiérarchie ecclésiastique du Québec a été très préoccupée par la guerre des « Cristeros » (1926-1929) sous la présidence de Plutarco Elias Calles (1924-1928), celle-ci ayant fait l'objet d'âpres discussions à la Chambre des Communes du Parlement Canadien et été sur le point de provoquer la rupture des relations diplomatiques (Ogelsby, 1989). De même l'Église s'est-elle inquiétée de l'éducation « socialiste » au Mexique durant la période Cardéniste (1934-1940).

Toutes les caractéristiques que nous avons mentionnées mettent en évidence que définir la politique extérieure canadienne est une tâche difficile. Une des définitions les plus lucides est celle du politologue mexicain José Luis Orozco qui décrit l'État canadien comme un « État fédéral impérial subordonné[1] ».

Le Canada, en tant que Dominion lié à l'Angleterre, est impliqué dans la politique internationale de la Couronne britannique, sur le plan diplomatique et sur le plan commercial. Il va donc reproduire, aux niveaux politiques et économiques, l'optique en vogue dans la « mère patrie ». En ce sens on peut dire que le Canada était un élève remarquable des doctrines de David Ricardo et Adam Smith, comme il le sera de celles de John Maynard Keynes après la Seconde Guerre mondiale. Mais, l'influence de l'Empire Anglais ne se réduit pas à cet aspect : la structure institutionnelle qui étaye la politique internationale canadienne, est également inspirée de celles des Britanniques, les services d'espionnage en particulier qui pendant des années vont suivre le modèle anglais. Cet élément a servi d'argument aux États-Unis pour exprimer des réserves à l'entrée du Canada dans l'Organisation des États américains (OEA).

Ce « manque de maturité » de la politique internationale du Canada peut s'expliquer par deux éléments : elle a été pratiquement subordonnée à celle de la Grande-Bretagne jusque dans les années trente du XXe siècle et, ensuite, elle a été influencée par la proximité des États-Unis. On peut alors comprendre le cap pris par le processus de maturité de cette politique que l'on ne peut qualifier véritablement de politique extérieure qu'à partir des années 1940.

À partir de cette date, le Canada élabore une stratégie de relation hiérarchisée avec les pouvoirs régionaux en Amérique latine : tout d'abord avec l'Argentine, le Brésil, le Chili, puis le Mexique, Cuba et le Venezuela. Cette relation découle de la participation du Canada au schéma de la Guerre froide, dont Roosevelt disait : « la création de représentations diplomatiques

[1] Jose Luis Orozco, conférence prononcée lors du colloque de l'Association mexicaine des études internationales, Zacatecas, au Mexique, 1997.

canadiennes en Amérique du Sud fait partie de la lutte entre les forces du totalitarisme et la démocratie » (Rochlin, 1999 : 28).

Pratiquement, tous les auteurs sont d'accord pour affirmer que la période où le rapprochement entre le Canada et l'Amérique latine est le plus étroit se situe avant 1990. Dans les années soixante, la politique extérieure canadienne est reformulée à partir d'une série de propositions politico-diplomatiques cherchant à élaborer une stratégie alternative qualifiée de « Troisième Option ». Celle-ci met en question principalement le poids excessif de la relation avec les États-Unis et propose que le Canada cherche d'autres options commerciales et diplomatiques, pour respecter la doctrine du multilatéralisme (Cooper, 1997 ; Nossal, 1997).

La « troisième Option » favorise un rapprochement plus étroit avec l'Amérique latine, peut-être davantage sur le plan diplomatique que sur le plan commercial. Ce changement aboutit à une position plus critique vis-à-vis de la présence nord-américaine sur le continent, à une augmentation de l'aide au processus de démocratisation en Amérique Centrale et à une claire condamnation des dictatures militaires d'Amérique du Sud.

La mise en place d'une politique extérieure fidèle aux principes de la démocratie date de cette période, mais la cristallisation de cette tendance ne prend toute sa force qu'à la fin des années quatre-vingt et plus concrètement à partir de l'entrée du Canada à l'OEA et de la création au sein de cette organisation, en 1990, de l'Unité de Promotion de la Démocratie.

Dans les vingt dernières années, la politique extérieure canadienne a accentué de façon spécifique à la fois son caractère économique et sa participation active à la promotion de la démocratie. Ces deux attitudes lui ont apporté à l'intérieur du pays des bravos comme des critiques et des condamnations.

1. La promotion du libre commerce comme principes d'une politique extérieure de la fin du millénaire

Le gouvernement du Canada a publié, au cours des soixante dernières années, un nombre limité de documents expliquant ses objectifs à long terme dans le domaine de la politique extérieure. On peut dire qu'il n'existe pratiquement que trois grandes analyses officielles s'intéressant à ce thème de façon exhaustive.

Il y a eu, bien sûr, des déclarations ad hoc sur ce sujet, mais la vision programmée de la politique extérieure canadienne est pour l'essentiel résumée dans trois grandes proclamations : le document intitulé : « La Politique étrangère au service des Canadiens/Foreign Policy for Canadians » publié en 1970, sous le gouvernement libéral du Premier Ministre Trudeau, un deuxième document publié sous le titre : « Canada dans le Monde/Canada in the World » et présenté à l'opinion publique en 1995 pendant l'administration libérale du Premier ministre Chrétien et, plus récemment, le document intitulé : « Fierté et influence : notre rôle dans le monde », qui a été publié en 2005, lors de l'administration du premier ministre Paul Martin.

Le premier a été amplement analysé durant trois décennies, principalement en ce qui concerne les relations avec les États-Unis. D'une façon générale, ces analyses ont mis l'accent sur le virage du gouvernement canadien vers une troisième option commerciale et jusqu'à un certain point politique, dans l'intention de rompre avec une tradition pro-yankee terriblement enracinée dans la bureaucratie de ce pays. Il faut reconnaître l'importance capitale, pour les Canadiens, de formuler une déclaration de politique extérieure à la recherche d'espaces alternatifs éloignés des « empires », mais la mention d'une politique extérieure « pour et par les Canadiens » est également très significative, à tel point que l'on peut se demander si, avant 1970, le gouvernement canadien n'était pas dépourvu d'un ensemble de préceptes spécifiques en politique extérieure.

Dans le document cité, il apparaît que, jusqu'en 1970, ce pays considérait que sa politique extérieure n'était pas totalement au service des Canadiens, mais qu'elle dépendait des deux empires, le Britannique et le Nord-Américain. Ce premier document est sans aucun doute le fruit de l'important processus économique et politique qui se déroule entre les années 1965 et la fin des années 1970 et qui est défini comme une « canadianisation ». Peu de temps après le « Politique étrangère au service des Canadiens », est publié un rapport intitulé « Propriété étrangère et Structure de l'Industrie Canadienne/*Foreign Ownwership and the Structure of Canadien Industry* » (1968) résultat d'une commission *ad hoc*. Le contenu de ce document a eu un grand retentissement sur la société canadienne, car il tentait de montrer clairement le niveau de l'investissement étranger dans l'économie du pays. On ne peut constater sans ironie que cette manifestation, que l'on pourrait qualifier de « nationalisme économique », a eu lieu justement au moment où la présence économique des États-Unis au Canada était à son point le plus bas. De plus, malgré les preuves flagrantes de l'importance du contrôle étranger sur l'économie canadienne, la société de cette époque est profondément attachée à la couronne anglaise. En dépit des évidences, l'investissement en provenance d'un portefeuille anglais n'est pas perçu comme étranger par la majorité des citoyens, alors que leur animosité à l'égard des Nord-Américains n'a même pas besoin de données économiques pour se manifester.

La « Troisième Option » accentue les malentendus entre les deux voisins, particulièrement lorsque les Canadiens touchent le « talon d'Achille » des États-Unis et décident de créer le Canadien National Energy Board, pour mieux contrôler la recherche, l'exploitation, la commercialisation et l'exportation du pétrole et du gaz naturel.

Les Canadiens ne se laissent pas intimider par l'agressivité nord-américaine et ils créent, en 1973, l'Agence d'Examen de l'Investissement étranger (AEIE) qui, avec l'Agence canadienne du Développement international (1970), fait la promotion de l'investissement canadien à l'étranger et encourage de multiples façons l'ouverture de marchés en Europe et en Asie. Le scandale du Watergate, qui met en cause le président Nixon lui-même et précipite sa démission, limite temporairement la tension entre les deux pays, mais ce qu'il faut retenir de tout cela est que durant la courte période de Canadisation le pays a pu tourner son attention vers l'Amérique latine[1]. Ainsi, à la fin des années soixante, deux documents du gouvernement révèlent l'indétermination du pays en matière économique, en politique intérieure et concernant sa position internationale. Au fond, l'importance du débat ouvert par ces documents est la formulation d'un projet de nation, obligatoirement associé à une réflexion sur l'identité nationale. En l'absence de guerre d'invasion et face à l'ambiguïté de la construction économique, politique et sociale du Canada, la mémoire historique des Canadiens a eu de la peine à construire un imaginaire forgeant le concept de nation. Le fédéralisme canadien lui-même a participé à la prolongation du problème de la province du Québec qui voit dans la Fédération un ennemi et cherche aux États-Unis un soutien économique et logistique, alors que le reste du Canada ne peut s'empêcher de regarder avec méfiance une province qui parle français et revendique son autonomie vis-à-vis du reste du Canada[2].

Comment définir une politique extérieure quand, parmi les droits acquis par chaque province, se trouve la liberté de faire la promotion de ses intérêts commerciaux, politiques et culturels à l'étranger ? Le gouvernement fédéral est le seul qui a le droit de signer les accords et les traités, mais cela n'empêche pas qu'au niveau international les intérêts des dix provinces s'expriment de façons séparées et pas toujours concordantes, et que les bureaux de représentation provinciale à l'étranger rivalisent parfois avec le gouvernement fédéral.

2. Une politique économique extérieure sans la Guerre froide

La fin de la Guerre froide a obligé le gouvernement de Jean Chrétien (1993-2003) à faire une révision complète des principes de politique extérieure en vigueur depuis les années soixante. Le conflit américano-soviétique est terminé, mais les responsabilités du Canada au sein de l'OTAN sont plus complexes, en particulier avec la recomposition du pouvoir territorial et ethnique des anciens pays socialistes, les conflits incessants en Afrique[3] et, plus récemment, la guerre contre le terrorisme déclenchée par les États-Unis en Afghanistan et en Irak (2003).

---

[1] Pour plus d'information s sur la « canadianisation » consulter Gutiérrez-Haces, 1995a : 147.
[2] Consulter Gutiérrez-Haces, 1994a : 335-351.
[3] Neufeld et Witworth, 1997.

La politique extérieure canadienne commence un important processus de révision à partir de 1984, lorsque le Premier ministre conservateur Brian Mulroney donne officiellement son appui au processus de négociation d'un accord de libre commerce avec les États-Unis (1986). Lorsqu'en 1990, le Canada entame la négociation de l'Accord de Libre-échange nord-américain, le caractère commercial de sa diplomatie s'accentue, et son entrée à l'Organisation mondiale du Commerce, sa participation dans l'accord commercial avec le Chili en 1997, renforce cette tendance. Un long processus de plus de cinquante ans a permis de vaincre les réticences des États-Unis concernant cette adhésion, mais le rôle éventuel du Canada en tant que membre à part entière de l'OEA a, sur le plan interne, également suscité d'importantes réserves. Les motifs du changement de stratégie sont explicités dans le document intitulé « Canada dans le Monde » publié par le gouvernement fédéral en 1995.

On trouve dans ce document la réflexion du gouvernement libéral sur le « leadership » du Canada en Amérique latine. Un des principaux aspects de cette analyse est la justification de son entrée à l'OEA, considérée comme une façon d'influencer, plus directement et depuis l'intérieur, les préoccupations de l'hémisphère. On ne peut négliger cette réflexion lorsque l'on sait que le Canada s'était, traditionnellement et volontairement, tenu à l'écart des problèmes et préoccupations du continent latino-américain, mais surtout parce que jusqu'à très récemment, il se définissait lui-même comme « un pays européen d'Amérique ».

Le latino-américanisme du Mexique tout comme l'atlantisme du Canada s'affaiblissent à partir du moment où les deux pays s'assument ensemble comme citoyens de la communauté nord-américaine. Grâce à l'Accord de libre-échange Canada et les États-Unis (1988) et l'Accord de libre-échange nord-américain (1994) respectivement, ils acquièrent une nouvelle orientation dans leurs relations avec les États-Unis. Concernant ce problème que l'on pourrait qualifier d'identitaire, les deux pays préfèrent ne pas s'appesantir et ils décident d'utiliser les accords commerciaux comme certificats de leurs nouvelles identités. Le coût politique de cette opération a été très favorable au Canada et certainement négatif pour le Mexique du fait de son traditionnel latino-américanisme. Les deux pays ont repositionné leurs leaderships sur le continent mais avec, apparemment des stratégies distinctes.

L'argument majeur de la stratégie envers le continent est l'apparition d'un nouveau panorama économique en Amérique latine, qui, selon le Canada, se traduit par l'émergence d'un plus grand nombre de pays décidés à promouvoir les réformes favorables à une économie de marché et à éliminer les obstacles limitant l'ouverture économique. Conformément à cette vision, le Canada crée tout d'abord, à l'intérieur de l'OEA, le Fond pour l'Unité de Promotion de la Démocratie, puis le Fonds Démocratique Régional qui joue le rôle de centre des droits de l'homme et de la surveillance électorale. Au sein de cet organisme, le Canada est présent dans le bureau de la surveillance du libre commerce des Amériques qu'il utilise comme courroie de transmission pour introduire, dans un forum multilatéral, ses idées sur la politique commerciale. Le Canada a inclus dans sa stratégie, entre autres multiples activités, le travail de conseiller sur les processus de gouvernance, y compris l'orientation des privatisations, la réforme de la levée des impôts et l'appui en technologie électorale. Lorsque l'on analyse la politique économique extérieure canadienne, il faut tenir compte du poids du secteur industriel et il n'est pas évident que la présence et les intérêts canadiens puissent s'assouplir à travers la OEA et les ONG. Contrairement à d'autres pays, l'ensemble des hommes d'affaires canadiens possède une grande influence sur les diplomates et il est fréquent que les ambassades subissent des pressions très sérieuses lorsque les « affaires » dans un pays donné ne donnent pas les résultats escomptés. Les licitations et les achats du gouvernement représentent un motif permanent de préoccupation dans la relation entre les diplomates et les chefs d'entreprise sans oublier les intérêts du gouvernement canadien lui-même.

D'après le document « Canada dans le Monde » les axes de la politique extérieure canadienne sont la « promotion de la prospérité et de l'emploi, la diffusion des valeurs de la culture canadienne, la protection et la sécurité de l'hémisphère ». Il semble évident que nous sommes devant une conception de la politique extérieure qui mêle les intérêts économiques et diplomatiques et qui résout le problème d'unité politique et d'identité nationale à travers la promotion internationale de ses valeurs culturelles et, ajouterons-nous, de ses valeurs économiques. Après dix ans, au cours de laquelle le MAECI n'avait pas publié un document de position qui avait la taille de ce qui précède, le ministère a décidé de publier "Fierté et influence : notre rôle dans le monde". Ce document reflète clairement la nécessité d'un réajustement de sa politique face à de nouveaux problèmes et défis internationaux, tels que la sécurité hémisphérique, les changements dans le multilatéralisme et le repositionnement économique du Canada dans une économie qui de plus en plus se relocalise dans les activités primaires. Il faut noter que ce document est lié à l'initiative trilatérale appelée : « L'Alliance pour la sécurité et la prospérité en Amérique du Nord » et qui, à partir de 2004, a été entraîné par le pouvoir exécutif des trois pays. Cette initiative représente le projet le plus ambitieux de standardiser l'ensemble de l'Amérique du Nord sous les paramètres de la sécurité et la compétitivité économique. Bien qu'il s'agissait d'une initiative qui provenait de la branche exécutive de chacun de ces pays, l'Alliance n'a jamais eu l'approbation des législatures du Mexique, les États-Unis et le Canada. Cela a finalement conduit à son affaiblissement et finalement sa disparition. Les nouveaux présidents tant du Mexique que des États-Unis, ainsi que le nouveau Premier ministre du Canada, n'ont pas exprimé le même enthousiasme dans la promotion du projet.

Les documents énumérés ici reflètent très clairement la tendance répétée de la politique internationale du Canada de recourir à une sorte de promotion « image de marque » du Canada. Au cours des dernières décennies, le gouvernement canadien, indépendamment de l'origine du parti, a investi massivement dans la construction de son image internationale. Jusqu'à la fin du XXe siècle, le Canada a été en mesure de consolider celle-ci par son activisme à l'OEA et sa promotion internationale de la sécurité humaine, en particulier avec la création de la Convention d'Ottawa sur l'interdiction des mines antipersonnel.

Mais, à partir de la montée du Parti progressiste-conservateur et Stephen Harper comme premier ministre, un changement de cap est survenu dans la façon dont l'image de marque a été conçue par le Canada. Le vocabulaire et les idées liées à l'ordre du jour de la sécurité humaine – le gros label canadien de la politique internationale – ont été remplacés par les droits de l'homme et de la primauté du droit (rule of law) pour la bonne gouvernance. L'importance des individus en tant que sujets de cette politique a été remplacée par le repositionnement de l'entreprise en tant qu'acteur international et la responsabilité sociale des entreprises comme la marque qui distingue la présence économique internationale du Canada[1].

3. Reconstruisant la relation avec l'Amérique latine

Les processus d'intégration économique et de régionalisation commerciale en Amérique latine, à partir de 1990, se caractérisent par l'inclusion, dans ses schémas institutionnels, d'acteurs régionaux qui, traditionnellement, ne participaient pas aux initiatives commerciales multilatérales sur le continent latino-américain.

C'est le cas du Canada, pays qui, en termes réels, a eu une participation économique en Amérique latine inférieure à celle des États-Unis et qui a considéré généralement que les politiques économiques des pays latino-américains étaient erronées car trop protectionnistes, peu ouvertes au libre-échange, et donc incompatible avec ses propres intérêts économiques.

---

[1] Ce changement a été soutenu en 2005 par le troisième rapport publié par le Sous-comité sur le développement international et les droits de l'homme en ce qui concerne les activités des sociétés minières canadiennes et les autres sociétés opérant dans le secteur des ressources naturelles dans les pays en développement. Ce rapport a souligné la nécessité pour les sociétés canadiennes respectent la responsabilité sociale des entreprises. Le sous-comité s'est dit préoccupé par le fait que le Canada n'a pas de loi qui obligerait les sociétés minières à mener à bien ses opérations en stricte conformité avec les normes relatives aux droits de l'homme, notamment les droits des travailleurs et des aborigènes. En réponse à la requête du Parlement, le gouvernement fédéral par l'entremise du MAECI a publié un document intitulé : « L'exploitation minière dans les pays en développement la responsabilité sociale des entreprises ». Ce document a été le début d'un changement fondamental dans le ministère de la plate-forme idéologique et programmatique. En 2009, le gouvernement fédéral a publié : « La stratégie de responsabilité sociale des entreprises de l'industrie extractive canadienne », un document qui a clairement cherché à contrecarrer le mécontentement croissant existant contre les activités des sociétés minières canadiennes dans les pays en développement.

Cette position change radicalement à partir de 1986, quand les États-Unis et le Canada entament des négociations sur un projet formel d'intégration économique, qui se concrétise en 1988 par l'Accord de libre-échange entre Canada et les États-Unis (ALCCEU). Deux ans plus tard, les deux pays négocient ensemble avec le Mexique, l'Accord de libre-échange nord-américain (ALENA) qui entrera en vigueur en 1994.

Pour la première fois, les États-Unis ont signé deux traités de libre-échange sur le continent américain, ce qui a entraîné de nombreuses spéculations et a conduit à une série d'événements assez intéressants pour les objectifs de cette étude.

Le premier effet perçu pratiquement dans tous les pays de la région est l'élan et la justification dont bénéficient les politiques d'ajustement structurel, comme si c'était là les conditions nécessaires à la participation à de futurs schémas d'intégration liés à l'économie nord-américaine. Effectivement, les schémas régionaux d'intégration économique en Amérique latine se multiplient et ceux qui existaient déjà se fortifient. Tous ces événements se déroulent cependant sans la présence officielle, comme partenaire actif, des États-Unis. De fait, jusqu'en 2002, ce pays est seulement un associé commercial du Mexique et du Canada, via un accord ou un traité de libre-échange.

Historiquement, le Congrès des États-Unis a toujours appliqué des restrictions à la marge de manœuvre et au pouvoir de décision du président lors de la signature d'accords commerciaux et, dans ce cas, ces restrictions ont sérieusement limité la possibilité de signer, à court terme, d'autres accords après celui de 1994. L'organe législatif n'a pas autorisé le président Clinton à utiliser la voie *fast track* pour démarrer d'autres négociations commerciales[1], en conséquence, le pouvoir de négociation commerciale du président des États-Unis a été annulé. Les négociations avec le Chili n'ont ainsi pas pu commencer avant que ce pays ne demande à entrer dans l'ALENA par le biais de la clause d'accès.

Le changement de stratégie commerciale du Canada vis-à-vis de l'Amérique latine peut s'expliquer par deux actions importantes. Tout d'abord, sa participation à la dynamique de la négociation et de la signature de l'ALENA l'a introduit dans un cercle politique, commercial et diplomatique lié à l'Amérique latine. En second lieu, le vide économique dû au blocage imposé par le Congrès des États-Unis à la via *fast track* a poussé le Canada à virer de bord dans sa politique commerciale de « profil bas » et à se lancer dans une stratégie plus active. Cela s'est traduit par la signature de

---

[1] En 1993, le Congrès des États-Unis autorisé un bref renouveau de la Promotion Authority du commerce (TPA) pour conclure les négociations de l'Uruguay Round (1986-1994). Toutefois, pour le second terme de l'investiture présidentielle de Clinton (janvier 1997 à janvier 2001) le Congrès a rejeté l'autorité *fast track* pour négocier des accords de libre-échange et poursuivre les négociations abandonnées comme l'accord de libre-échange avec le Chili, ainsi que les négociations visant à créer la Zone de Libre-Échange des Amériques.

plusieurs accords de libre-échange bilatéraux et par la négociation d'accords de coopération commerciale et de protection de l'investissement étranger, inspirés des principes de l'infortuné Accord Multilatéral d'Investissement. Le Canada comme les États-Unis assumant une attitude beaucoup plus favorable aux accords d'intégration économique avec les pays latino-américains, le schéma traditionnel d'échanges commerciaux bilatéraux, qui jusqu'alors était profondément endogène, est sensiblement modifié.

La présence économique relativement marginale du Canada en Amérique latine, jusqu'en 1990, s'explique aussi par sa position dans le schéma géopolitique des États-Unis dans la région. Malgré la faible marge de manœuvre que les États-Unis laissent au Canada, depuis les années quarante du siècle dernier, les Canadiens ont réussi à établir, quoique de façon sélective, des relations avec certains pays d'Amérique latine, en fonction de leurs propres intérêts économiques dans la région : ce fut le cas avec le Mexique, le Brésil, l'Argentine et le Chili. (Rochlin, 1999, Gutiérrez-Haces, 1994a).

L'hypothèse centrale de ce chapitre est, qu'à partir de l'ALENA, le Canada se trouve immergé dans un processus de construction d'une identité internationale servant mieux ses intérêts économiques dans le contexte mondial actuel. Il s'agit de bâtir une identité qui conserve son penchant pour le multilatéralisme, mais qui est en même temps disposé à sacrifier ce principe, pour les besoins d'une vision plus pragmatique de ses intérêts économiques et politiques.

Le Canada désire changer son image internationale, et la façon dont il va passer de son vieux rôle de gardien de la paix *(peacekeeper)* à celui de constructeur de la paix et de la démocratie *(peacebuilding)* est une donnée nouvelle[1].

Dans ce rôle nouveau, le Canada concentre tous ses efforts aux processus de transition démocratique et à la consolidation des économies de marché en Amérique latine. C'est ce que démontre, entre autres, l'étroite relation de l'organisme Canada Elections avec l'Institut Fédéral Électoral du Mexique, la création au sein de l'OEA de bureaux *ad hoc* comme l'Unité pour la Promotion de la Démocratie (1990), sa participation active à l'Unité de Commerce et son leadership au Secrétariat du Sommet des Amériques. Il ne faut pas oublier non plus l'appui gouvernemental aux diverses ONG canadiennes qui travaillent au Mexique. Dans la construction de cette identité, l'Amérique latine représente l'espace idéal pour mettre ces

---

[1] Depuis 1945, le Canada s'investit beaucoup dans toutes les actions qui cherchent une solution aux conflits internationaux. La création de *peacekeepers* est une initiative du Canada qui est rapidement adoptée par les Nations unies, après sa participation remarquée sur le canal de Suez (1956). Le Canada a participé à pratiquement toutes les opérations de maintien de la paix de l'ONU.
Au cours des années, le Canada a fait beaucoup de prosélytisme pour la démocratie et a participé à toutes les actions qui cherchent à l'établir ou à la consolider. Ces actions sont connues dans le milieu politique sous le nom de *peacebulding*.

principes en pratique. Du point de vue commercial, le vide relatif que les États-Unis ont laissé dans la région à cause de l'impasse due au *fast track*, encourage l'application d'une stratégie commerciale plus agressive. Dans le même temps, les processus de transition et consolidation de la démocratie en Amérique latine offrent au Canada un espace pour démontrer sa capacité de médiateur et d'assistant politique de poids. Sa participation à la réunion de l'OMC à Cancún confirme cette stratégie (2003).

En nous appuyant sur cette hypothèse et sur les faits expliqués plus haut, dans les sections suivantes, nous proposons d'analyser les principaux traits les plus récents de la politique économique internationale du Canada vis-à-vis du Mexique et de l'Amérique latine en insistant sur l'analyse des tensions que cette stratégie a implicitement produites sur trois plans différents : 1) dans sa relation avec les États-Unis, au sein de l'espace régional latino-américain ; 2) face à l'échec relatif de plusieurs de ses initiatives multilatérales en Amérique latine, et 3) dans la conduite de sa relation avec le Mexique, à la lumière des changements qui ont eu lieu aux États-Unis après le 11 septembre 2002.

4. Obstacles aux intérêts économiques du Canada en Amérique latine

Il est évident que le dynamisme de l'économie canadienne est, en grande partie, dû à son commerce extérieur. Le comportement du secteur externe a été au centre des préoccupations politiques de tous les gouvernements canadiens, les libéraux comme les conservateurs. Traditionnellement, les deux partis ont considéré que le commerce extérieur et l'investissement étranger direct étaient la seule façon de consolider le développement économique (Deblock et Benessaieh, 2000 et 2002). À la fin des années 1940, en particulier, le Canada considère officiellement que l'objectif économique du gouvernement au pouvoir est la promotion de la croissance économique et la création d'emplois. Une politique d'ouverture aux investissements étrangers et une stratégie commerciale internationale favorisant les principes du libre-échange selon un schéma de négociations et d'accords multilatéraux, sont donc nécessaires. Cette vision permet de consolider un projet politique donnant la priorité aux liens économiques avec les États-Unis, mais, dans le même temps, annule partiellement tout lien commercial d'envergure avec l'Amérique latine.

Avant la Seconde Guerre mondiale, les contacts des Canadiens avec l'Amérique latine avaient un caractère patronal et le gouvernement canadien n'intervenait pratiquement pas. Ils étaient généralement le résultat d'initiatives individuelles qui ont contribué momentanément à la modernisation de l'équipement urbain et financier de quelques villes du Mexique et du Brésil (Gutiérrez-Haces, 1994a). Après la Seconde Guerre mondiale, l'Amérique latine, pour sa part, choisit le protectionnisme commercial et la fameuse industrie substitutive d'importations. Les gouvernements latino-américains en général ne font pas vraiment confiance aux institutions multilatérales inspirées par le libre marché, comme l'Accord général sur les Tarifs douaniers et le Commerce (GATT) et ils préfèrent appliquer de manière spécifique les propositions de la Commission économique pour l'Amérique latine (CEPAL). Les cercles gouvernementaux et patronaux des États-Unis et du Canada[1] en sont fort mécontents et le gouvernement canadien refuse catégoriquement d'établir des liens formels avec les pays latino-américains (Pollock, 1978).

Pendant plusieurs années, les Canadiens et les Nord-Américains ont repoussé les initiatives d'accords régionaux de la CEPAL[2] car, dans une large mesure, ils ignoraient les propositions de libre-échange inscrites dans le GATT. L'ample refus d'accepter le modèle économique latino-américain a conduit certains ministres canadiens comme Paul Martin père, au moment de la création de la CEPAL, à considérer que le Canada devait s'opposer à l'autarcie régionale latino-américaine et empêcher le régionalisme en Amérique latine (Miller, 1947). La création de l'Organisation des États américains (OEA), une institution qui depuis 1948 a manifesté sa vocation panaméricaine, a suscité une réaction similaire. Dans ce cas-là aussi, le Canada a exprimé ouvertement ses réserves, particulièrement lorsque les Latino-Américains ont proposé que le Canada adhère à cette organisation comme membre à part entière. La négative canadienne a été partiellement modifiée en 1978, date de son entrée comme observateur. Le Canada n'entre définitivement dans cette organisation qu'en 1990 (Sheck Conrad et al., 1994 ; Gutiérrez-Haces, 1999b).

Pendant la longue période de la Guerre froide, deux conceptions économiques ont inspiré les stratégies de politique économique sur le continent. La première favorable au libre-échange, prônée par le Canada et les États-Unis, et la seconde de caractère plus protectionniste, mieux acceptée par les pays latino-américains jusque dans les années 1980.

Les différences pragmatiques entre ces deux visions économiques ont creusé un fossé qui, en de nombreuses occasions, a dissocié économiquement les deux régions. Il faut néanmoins préciser que les États-Unis ont profité du protectionnisme latino-américain pour se placer, produire

[1] La pression que ces pays ont exercée particulièrement sur le Mexique a été considérable. Dans le rapport annuel présenté par le président Gustavo Díaz Ordaz en 1965, il affirme textuellement : « ... *en ce qui concerne l'intégration économique d'Amérique latine, c'est un effort qui est limité à elle-même sans hostilité vis-à-vis des États-Unis ou du Canada ou d'une quelconque grande aire industrialisée du monde. Il ne s'agit pas d'aller contre quiconque, mais d'unir nos efforts en faveur en faveur de l'Amérique latine* » (Ampudia, 1997 : 164).

[2] Au départ des pays comme les États-Unis, la Grande-Bretagne, la France et la Hollande étaient incluses dans la CEPAL puisqu'ils avaient toujours de forts liens économiques, politiques et culturels avec certains pays de la région, soit parce qu'ils avaient ou avaient eu des colonies soit parce qu'il existait un clair intérêt économique, comme c'était le cas pour les États-Unis. Consulter : Instituto Mexicano de Comercio Exterior, 1982.

et vendre dans un marché captif couvrant pratiquement toute la région, alors que le Canada n'a fait qu'établir des relations commerciales très sporadiques avec l'Amérique latine.

Les raisons de *l'inhibition commerciale* canadienne sont variées. Premièrement, comme nous l'avons déjà dit, les intérêts géopolitiques des États-Unis qui se sont approprié la région et bloquent tout progrès d'envergure des Canadiens, sous prétexte « qu'ils sont encore trop liés aux Anglais ». Le deuxième aspect, certainement moins connu que le précédent, tient à la structure de l'économie canadienne elle-même qui s'est développée comme une économie de « filiales ». Les Nord-Américains contrôlant pratiquement tout le marché interne canadien, ils l'ont bloqué dans son commerce extérieur. Ce qui est produit au Canada est exporté majoritairement aux États-Unis, puis réexporté dans diverses régions dont l'Amérique latine. Le cas du secteur automobile en est un exemple clair : les constructeurs exportent du Canada vers les États-Unis, mais jamais depuis le Canada lui-même (Gutiérrez-Haces, 2002). Une autre raison de l'éloignement entre le Canada et l'Amérique latine est que celui-ci se méfie des pays latino-américains sur le plan économique, mais qu'il manifeste aussi des réserves sur le comportement politique de leurs gouvernements, particulièrement les dictatures civiles et militaires qui se sont installées dans de nombreux pays pour y rester pratiquement jusqu'à la fin des années 90 du XXe siècle. Cette attitude s'est nuancée au fil des ans, surtout quand le pragmatisme commercial canadien a pris le pas sur les principes éthiques et humanitaires.

Le temps passant, les intérêts commerciaux du Canada ont pesé beaucoup plus que les principes en faveur de la démocratie et des droits de l'homme. On peut donner pour exemple les changements de stratégie du gouvernement canadien dans sa relation avec certains gouvernements largement reconnus antidémocratiques comme dans le cas de Cuba, face au blocus commercial décrété par la loi Helms-Burton et qui a un effet direct sur ses investissements dans l'île, ou bien dans le cas de la Chine, avec laquelle il a établi une stratégie commerciale de grande envergure.

Un autre élément explicatif du relatif isolement du Canada par rapport à l'Amérique latine est l'existence d'un accord implicite avec les États-Unis sur les espaces d'ingérence que le Canada peut avoir en Amérique latine. Cette démarcation géo-économique sur le continent latino-américain s'est établie à partir de la Guerre froide et s'est à peu près effacée en 1994 avec la signature de l'Accord de Libre Échange nord-américain.

Il est certain que, pendant plus de cinquante ans, le Canada a approfondi ses liens continentaux avec les États-Unis et ses relations atlantistes avec les pays européens. Il a limité ses relations sur le continent américain à ses liens avec les États-Unis, se refusant à accepter la présence en Amérique du Nord de quelqu'un d'autre que lui-même et les États-Unis. En ce sens le Mexique a représenté, pour la politique économique extérieure du Canada, l'entrée sur un territoire barbare, qui, bien sûr, s'étendait jusqu'en Terre de Feu.

5. De la stratégie de puissance moyenne à la tactique des niches commerciales

Les aspects mentionnés plus haut établissent le contexte des raisons pour lesquelles le Canada, après la Seconde Guerre mondiale, s'est défini lui-même comme une *puissance moyenne.* Cette conceptualisation fait partie d'une stratégie plus vaste pour démontrer que, dans l'arène internationale, le Canada pouvait « faire la différence » face aux grandes puissances, c'est-à-dire, face aux États-Unis. En même temps, le Canada a fondé sa politique internationale sur le multilatéralisme ce qui lui a permis de se battre contre les États-Unis.

Sorte de prolongement à son profil international de puissance moyenne[1], le Canada a, petit à petit, affiné sa stratégie diplomatique des « niches ». Grosso modo, cela consiste à appliquer les directives en vogue dans le marketing contemporain, c'est-à-dire chercher des espaces possibles où fortifier son projet économique international (Cooper, 1995 et 1997).

Au risque de simplifier ce qui a été dit plus haut, nous dirions que la formule *puissance moyenne* utilisée par le Canada, devient désuète à la fin du conflit Est-Ouest et de la Guerre froide et qu'il est alors nécessaire de reformuler des stratégies commerciales et des politiques alternatives. Celles-ci vont consister à profiter des capacités et des compétences reconnues de la diplomatie canadienne pour identifier des niches potentielles où l'action diplomatique pourrait se développer plus avantageusement que dans d'autres pays, y compris les États-Unis. La diplomatie canadienne à la recherche de niches, trouve, à partir des années 90, un terrain particulièrement fertile en Amérique latine. De notre point de vue, une des grandes qualités de la diplomatie des niches est qu'elle se consacre uniquement à l'identification d'espaces économiques, domaine dans lequel la diplomatie canadienne a démontré, dans le passé, une habileté garantissant la réussite de ses actions.

En comparaison, la diplomatie économique nord-américaine fonctionne généralement selon un agenda fondé sur des difficultés contre lesquelles elle doit réagir : elle construit une partie de ses stratégies internationales à partir des prétendues agressions que l'on inflige à son économie et à son secteur

[1] À partir de 1944, dans les cercles politiques internationaux, les fonctionnaires canadiens commencent à parler du Canada comme d'une « puissance moyenne ». À Ottawa, le Premier ministre Mackenzie King déclare devant la Chambre des Communes que « la simple division du monde entre les grandes puissances et le reste est irréelle et même dangereuse. D'autres États dans le monde ont du pouvoir et la capacité de s'en servir pour préserver la paix ». Mackenzie King a rendu populaire l'idée que le Canada était un pouvoir ou une puissance de taille moyenne ou une puissance moyenne et donc devait jouir d'un statut différent à celui des puissances mineures. En 1945, la formule « puissance moyenne » a été adoptée par le gouvernement fédéral pour décrire la place du Canada au niveau international et généralement on l'utilisait avec le préfixe « ainsi appelé » puissance moyenne (Nossal, 1997 : 58).

industriel. Ce n'est pas un hasard si ce pays est un des plus grands plaignants devant l'Organisation mondiale du Commerce et l'Accord de Libre Échange nord-américain.

La diplomatie des niches du gouvernement canadien, fonctionne au contraire à partir d'une évaluation détaillée des possibilités à apporter ou à gagner quelque chose dans les relations commerciales, économiques et diplomatiques. C'est de là que vient la réputation du Canada de *peacebuilding*. Grâce à cette stratégie, l'Amérique latine prend de l'importance pour le Canada à partir de 1982, lors du débat sur la dette extérieure des pays de cette région. La problématique financière latino-américaine attire l'attention des Canadiens car, pour la première fois, le Canada est également confronté à une crise d'endettement externe de dimension similaire à la dette mexicaine (SELA, 1998). En dépit de ces circonstances, les préjugés vis-à-vis de l'Amérique latine ne diminuent pas et elle est toujours considérée comme une région complexe sur le plan économique.

Trente ans après, la stratégie des niches est devenue fondamentale dans les négociations commerciales du Canada avec le Chili, l'Argentine, le Brésil et l'Amérique Centrale. En effet, beaucoup de Latino-Américains, qui étaient dans le passé liés à des organisations humanitaires, occupent aujourd'hui des positions importantes dans la politique et les processus de démocratisation de leurs pays, et ont lancé des processus de réformes économiques favorisant l'établissement d'économies de marché (Bailey, 1995).

6. Le Canada tire profit des décisions du Congrès des États-Unis

Les États-Unis représentent évidemment pour l'Amérique latine le principal référent conceptuel et, bien sûr, les actions de caractère humanitaire et de solidarité lancées par le Canada dans la région, surtout dans les années soixante, passèrent inaperçues aux yeux de la majorité des Latino-Américains, mis à part le groupe de citoyens victimes des dictatures militaires et qui se sont réfugiés au Canada.

Cet état de fait change en 1990, lorsque le Canada doit affronter l'annonce de la négociation d'un nouvel accord de libre-échange entre les États-Unis et le Mexique. Cette initiative ébranle le sentiment de sécurité acquis par le gouvernement et les corporations canadiennes grâce à la signature de leur propre accord commercial (1988) et pousse les autorités canadiennes à solliciter leur participation à des négociations trilatérales avec le Mexique (1990). L'entrée du Canada dans l'ALENA a sans aucun doute altéré le rapport de forces dominant en Amérique du Nord, selon lequel la relation bilatérale avec les États-Unis prévalait sur tout contact entre le Canada et le Mexique.

Même s'il est certain que le mobile canadien était et est toujours la protection de ses intérêts économiques dans le marché nord-américain, il est important de remarquer que son changement d'attitude obéit à l'intransigeante nécessité d'expansion d'une classe de patrons qui a toujours maintenu une stratégie corporatiste extravertie. Il ne faut pas oublier que la participation des biens et services dans le PNB canadien a été de 39,3 % en 1997, 41,2 % en 1998, 42,8 % en 1999, 45,3 % en 2000, 43,4 % en 2001 et 40,9 % en 2002 alors que les exportations représentent 36,6 %. (Statistiques Canada, 2000 et 2002).

L'Accord de Libre Échange nord-américain a sans aucun doute obligé le Canada à regarder premièrement vers le Mexique puis vers l'Amérique latine et à dialoguer avec ces pays d'une façon beaucoup plus articulée que par le passé. Il est devenu indispensable que le Canada cesse d'être un « aimable observateur », comme il se définissait lui-même officiellement, et qu'il assume son multilatéralisme diplomatique sur le terrain politique, ce qu'il fait, en 1990, en devenant membre à part entière de la OEA.

La protection et la préservation des privilèges acquis sur le marché nord-américain sont, bien sûr, parmi les raisons qui ont contraint les Canadiens à participer aux négociations de l'ALENA, mais il existe un autre facteur qui a poussé le gouvernement et les patrons à construire une stratégie commerciale beaucoup plus cohérente et soutenue avec l'Amérique latine. Le facteur à l'origine de ce changement a, sans aucun doute, été la réapparition du protectionnisme commercial nord-américain, à travers les principes du « commerce administré ». Il est certain que les États-Unis, en dépit de leurs compromis avec le Canada et le Mexique au sein de l'ALCCEU et de l'ALENA, continuent à appliquer des mesures protectionnistes unilatérales. Au cours des dernières années, ils ont insisté pour que leurs principaux partenaires économiques acceptent les règles du « commerce administré » qui n'est rien d'autre que l'imposition de quotas. Cette pratique, qui est devenue la « norme » dans presque tous les secteurs économiques où le Canada et le Mexique ont un avantage ou une meilleure efficacité, est la toile de fond de la dispute commerciale entre le Mexique et les États-Unis sur le thème du fructose nord-américain et de la canne à sucre mexicaine durant les années 1999-2002[1].

La nouvelle stratégie commerciale canadienne en Amérique latine, qui consiste à identifier un nombre restreint de « niches commerciales et diplomatiques » dans lesquels le Canada espère pouvoir agir avec une bonne marge de liberté, est la conséquence des pressions exercées par les corporations canadiennes qui exigent de nouveaux espaces d'actions face à

---

[1] Selon H. Von Bertrab, 1996 : 240, pendant les négociations de l'ALÉNA, les États-Unis décidèrent que le Mexique pourrait exporter son sucre après avoir démontré qu'il avait comblé son excédent net, c'est-à-dire s'il avait des surplus, une fois couverte la consommation nationale. Cette mesure a été établie pour empêcher le Mexique d'importer du sucre bon marché d'autres pays comme Cuba et d'exporter le sien aux États-Unis.

la concurrence nord-américaine sur leur propre marché. Les tableaux suivants nous montrent la stratégie commerciale canadienne et le poids de sa présence économique dans diverses zones géographiques et blocs économiques comme l'Association latino-américaine d'Intégration (ALADI), le Marché Commun centraméricain et le Mercosur, entre autres.

La mise en place d'une stratégie commerciale visant directement la conquête du marché latino-américain a dû surmonter de nombreux obstacles, particulièrement parce que la présence canadienne était assimilée à une présence nord-américaine et confondue avec elle. Le Canada tente actuellement de construire une diplomatie commerciale très spécifique pour définir sa « *propre identité* » dans la région. Le Canada ne possédant pas, dans l'hémisphère, un système de sécurité de l'envergure de celui des États-Unis, il bénéficie d'une plus grande marge de manœuvre qui lui facilite la tâche dans sa stratégie d'identification des niches. Alors que les États-Unis doivent s'occuper d'un grand nombre de problèmes au niveau mondial, le Canada a bien compris qu'en tant que puissance moyenne ses intérêts se limitent au domaine commercial, à la promotion de la démocratie et des droits de l'homme et à la protection de l'environnement. Des tâches comme la lutte contre le trafic de drogue ou la guérilla en Amérique latine dépassent le domaine de compétence qu'il s'est lui-même fixé, au cours des années.

La stratégie des niches implique aussi que le Canada se construise une *image diplomatique* et qu'il l'exporte en Amérique latine. Cette image le présente dans la région comme une alternative commerciale et politique univoque. Avec un langage parfois subliminal et parfois très explicite, il a construit un discours pour contrebalancer l'hostilité que les États-Unis ont suscité dans certains secteurs sociaux d'Amérique latine. Au cours des dernières années, les commentaires de ce type ont été fréquents: « *For many of them a relationship with Canada is a natural partnership that doesn't have the same overtones as their relations with the U. S.* » (Axworthy, 1997 : 3).

Depuis 1994, le Mexique et le Canada et, dans une moindre mesure, l'Union européenne ont augmenté leurs initiatives commerciales en Amérique latine, mais les États-Unis ont également maintenu et renforcé leurs intérêts commerciaux dans la région, sans recourir à la négociation d'accords commerciaux qui ont besoin de l'autorisation du Congrès des États-Unis. L'approbation par la Chambre basse (1999) d'une extension aux Caraïbes et à l'Amérique Centrale des avantages de l'ALENA pourrait être interprétée comme une réponse à la remise en question de son leadership, en 1999 à Toronto, lors de la réunion de la ZLEA. Jusqu'en septembre 2002, le Canada a profité de l'effet négatif provoqué par le refus d'appliquer le *fast track* et a pu avancer sur le plan commercial en Amérique latine, profitant de l'environnement économique issu de l'ouverture commerciale et des politiques d'ajustement structurel mises en place par le Consensus de Washington. Après l'instauration du *Trade Promotion Authority* en août

2002, le gouvernement canadien a continué à consolider sa présence en Amérique latine et dans les Caraïbes comme le démontre son action au sein des négociations de ZLEA.

7. Le positionnement du Canada au Mexique et en Amérique latine

Après avoir mentionné quelques-unes des conditions qui ont facilité la présence de la diplomatie commerciale canadienne dans la région, je voudrais examiner la signification de sa stratégie multilatérale en relation avec le leadership des États-Unis dans la région.

L'insistance du Canada pour imposer une vision multilatérale dans sa diplomatie commerciale nous conduit à souligner quelques points saillants.

- Les liens du Canada avec l'Amérique latine font partie d'une stratégie commerciale unilatérale qui ne découle pas d'une action décidée au préalable en accord avec les États-Unis et encore moins avec le Mexique. Évidemment, aucun pays ne doit annoncer sa stratégie commerciale internationale aux autres, mais dans ce cas spécifique, nous parlons d'un pays qui traditionnellement avait évité de s'immiscer dans les espaces commerciaux sous contrôle nord-américain. Cette position a manifestement changé, peut-être sous l'influence de son secteur commercial au sein de l'ALENA.
- L'initiative canadienne, en plus d'être unilatérale, tire ouvertement avantage des difficultés provoquées par le *fast track* pendant une longue période, et, en même temps, il profite de l'appui que lui donne son appartenance au bloc commercial d'Amérique du Nord.
- Indiscutablement, la réception favorable que la majorité des pays d'Amérique latine a assuré au *Team Canada*, dont le rôle est la promotion de l'investissement et du commerce canadien dans certains pays d'Amérique latine mais aussi sous d'autres latitudes, s'explique par le fait que les représentants de ce groupe appartiennent à un pays de l'ALENA.
- L'unilatéralisme canadien est un unilatéralisme *par défaut* pour plusieurs raisons. Au départ, le Canada a essayé de placer la négociation de ses relations commerciales avec l'Amérique latine sous la stricte optique multilatérale, c'est-à-dire qu'il a donné la préférence au contact entre blocs commerciaux comme le MERCOSUR, le Pacte andin, le Marché Commun Centraméricain et le CARICOM, sur les contacts qu'entre pays spécifiques.

Cette initiative a abouti à la signature du *Entente de Coopération en matière de Comemerce et d'Investissements* (ECCI) avec le MERCOSUR en 1998 et avec la Communauté andine en 1999. Le Canada a également signé un *Mémoire d'entente sur le Commerce et l'investissement* avec les gouvernements centraméricains (Costa Rica, Salvador, Guatemala, Honduras et Nicaragua). Bien sûr, l'initiative commerciale de plus grande importance est l'Accord bilatéral de Libre Échange avec le Chili en 1997[1]. En 1998 démarrent les négociations pour un Traité de Libre Échange avec le Salvador, le Guatemala, le Honduras et le Nicaragua (2001-2003) ainsi qu'un Accord de Double Fiscalité avec le Brésil, la Guyane et le Mexique.

Au milieu de 2002, un accord de libre-échange est signé entre le Canada et le Costa Rica, ainsi que deux accords parallèles sur l'environnement et le travail. Des accords similaires ont été signés avec le Pérou en 2009, avec la Colombie en 2011 et avec le Panama en 2013. En août 2011, le premier ministre Stephen Harper a annoncé la conclusion des négociations d´un accord similaire avec le Honduras. Des accords de libre-échange similaires sont en cours de négociation avec la République dominicaine (2007-2013) et la Communauté andine (2007-2013), ainsi qu'avec le Marché commun des Caraïbes (2001-2013).

Parallèlement à toutes ces négociations commerciales et d'investissements, il faut ajouter la participation active du Canada aux négociations de la Zone de Libre Échange des Amériques (ZLEA) qui a finalement échoué en 2005.

En ce qui concerne les investissements, le Canada aurait préféré que sa relation avec l'Amérique latine soit incluse dans un cadre équivalent à celui qui est proposé par l'Accord multilatéral sur l'Investissement (AMI). Cet accord n'ayant pas été approuvé à la réunion de l'OCDE à Paris (1998), il a dû, comme nous l'avons dit plus haut, conclure une énorme quantité d'Accords de Promotion et de Protection de l'Investissement étranger (APIE), d'abord avec l'Uruguay, l'Argentine, Cuba et le Mexique, puis avec d'autres pays et blocs commerciaux régionaux.

L'AMI ayant été annulé, le Canada a insisté pour que le chapitre 11 de l'ALENA soit rouvert afin de renégocier le problème des investissements. La proposition canadienne tente de définir avec plus de transparence, le « droit » des entreprises à exiger des compensations de la part des gouvernements lorsque les modifications des lois ou des règlements sur l'environnement et la santé peuvent affecter les bénéfices des entreprises. Pendant l'année 2001, le gouvernement du Canada a accentué sa pression sur ce chapitre, et l'augmentation des plaintes contre le Canada et le Mexique pour violation de ce chapitre 11 en a fait un sujet délicat. L'insistance du Canada doit être comprise comme une initiative de renégociation pour que l'interprétation de ce chapitre par les juges et les autorités se fasse avec une plus grande rigueur. Jusqu'à ce jour, la tendance à interpréter le contenu du chapitre 11 de manière oblique a laissé la voie libre à certaines entreprises sans scrupule qui détournent l'ambivalence du texte en leur faveur (Gutiérrez-Haces, 2004a).

---

[1] Information obtenue à partir de la page Web du ministère des Affaires étrangères et du Commerce international.

La négociation des accords entre le Canada et certains pays d'Amérique latine ne s'est pas faite sans difficultés. Cette situation pourrait être attribuée à au moins deux causes : premièrement, il est bien connu que la diplomatie commerciale canadienne fait principalement la promotion des intérêts du secteur privé et que le rôle du gouvernement consiste en partie à faciliter ces activités. Le secteur des entreprises représente le noyau central du commerce canadien, et, en ce sens, le gouvernement est perçu comme un promoteur commercial et traité comme tel par les contribuables canadiens. D'autre part, les investisseurs et les chefs d'entreprises canadiens pensent, de façon erronée, que la signature d'un accord ou d'un traité commercial leur assure le monopole du marché et de la production dans un pays donné. Cela a été le cas de l'appel d'offre fait par le gouvernement mexicain pour la construction des wagons du métro à Guadalajara et à Monterrey, et qui a été remporté par une entreprise espagnole au détriment de l'offre faite par l'entreprise Bombardier-Concarril de Ciudad Sahagun, Hidalgo. Un problème de même nature a provoqué une querelle entre le gouvernement du Brésil et l'entreprise Bombardier, à propos d'Airbus, provoquant d'interminables discussions à l'OMC[1].

Indépendamment de l'importance de ces accords commerciaux, il faut noter que l'Amérique latine continue à préférer, pour son commerce extérieur, d'abord les relations commerciales en son sein, puis celles avec les États-Unis et l'Union européenne.

Les échanges avec le Canada, même s'ils se sont renforcés récemment, sont encore très réduits avec, par exemple, l'Association latino-américaine d'Intégration (ALADI). Apparemment les échanges avec le Canada ont augmenté, mais les statistiques montrent qu'en fait ce sont les échanges commerciaux entre le Mexique et le Canada qui sont à l'origine de cet accroissement apparent au sein de la ALADI (Vaillant, 1998 ; Crisorio, 1999).

8. Le multilatéralisme canadien à l'épreuve : les cas du Chili et de l'ALENA

Un des épisodes qui, sans aucun doute, illustrent le mieux l'orientation du multilatéralisme économique canadien en Amérique latine est le cas du Chili. En 1990, le gouvernement chilien, présidé par Patricio Aylwin, considère que le climat politique et économique est favorable à la négociation d'un accord de libre commerce avec les États-Unis, dans la ligne de l'Initiative des Amériques proposée par le président Bush. Si l'on considère qu'avant les événements décrits ici, le Chili avait déjà instauré des

[1] Depuis 1998, l'OMC par l'intermédiaire de son organe de réglementation des différents (ORD) a conclu, en cinq occasions, que PROEX, le programme brésilien de subventions aux exportations qui réduit les coûts de financement pour les exportateurs brésiliens, est une subvention interdite pour ce qui concerne les avions de transports régionaux (ministère des Affaires étrangères et du Commerce international, 2002 : 56).

bases pour se convertir en un modèle réussi « d'économie de marché », il semble évident que, selon la lecture de la situation faite par le gouvernement chilien, le Chili devait être la prochaine étape dans la liste d'accords de libre-échange avec les États-Unis. Entre 1995 et 2001, le Canada s'est converti en un exportateur d'investissement direct important, et il occupe pendant cette période la deuxième place derrière les États-Unis pour le total des investissements étrangers au Chili.

Après cette date, plusieurs pays d'Amérique latine ont bénéficié d'investissements canadiens, principalement destinés aux secteurs des ressources naturelles, ce qui impliquait une forte concurrence sur le marché mexicain. Ainsi nous voyons, par exemple, qu'entre 2000 et 2001 ces investissements ont été supérieurs à ceux qui étaient destinés au Mexique, et cette tendance se poursuit jusqu'en 2012 comme nous pouvons le voir dans les tableaux suivants.

L'intérêt chilien pour la signature d'accords de libre-échange avec les États-Unis et le Canada a été précédé d'un grand nombre d'initiatives, parmi lesquelles les accords de libre-échange avec le Mexique et la Colombie, la Malaisie et la Nouvelle-Zélande, entre autres. Sa propre diplomatie commerciale a été stimulée par l'Uruguay Round à l'intérieur du groupe CAIRNS et il est accepté comme membre de Coopération économique Asie Pacifique (APEC) en 1994. Toutes ces initiatives tentent de démontrer au niveau international que le Chili est engagé dans des réformes économiques et dans l'avènement de la démocratie. En 1992, l'ambassade des États-Unis commence des pourparlers non officiels sur l'accord commercial avec le Chili. Les Chiliens interprètent ce geste comme un signal indiquant que les conditions du moment sont favorables à une initiative de type bilatérale. À ce moment-là, les Chiliens n'envisageaient pas la possibilité de solliciter leur entrée dans l'ALENA.

Du côté chilien, les arguments en faveur d'une négociation bilatérale étaient importants : la relation avec les États-Unis est suffisamment solide pour tenter un accord bilatéral, d'autre part les lois commerciales chiliennes ne sont pas compatibles avec l'esprit de l'ALENA ; les Chiliens, de plus, considèrent que les accords sur le droit du travail et l'environnement qui accompagnent l'ALENA ne sont pas nécessaires, et jugent donc préférable d'opter pour la négociation bilatérale. Le Canada pour sa part, s'inquiète de ce que cette initiative érode les avantages acquis avec le ALCCEU et l'ALENA. Sa principale crainte est que les États-Unis introduisent le système d'échange commercial bilatéral, plus connu sous le nom de « *hub and spoke* », comme modèle pour les futures initiatives commerciales avec l'Amérique latine (Bailey, 1995).

À partir de 1993, le Canada commence une série de démarches diplomatiques directes avec le gouvernement chilien (Christie, 1995), profitant de trois importants espaces de discussion : les vieilles relations entre les membres de la société civile chilienne et quelques ONG

Canadiennes, la présence de l'Agence Canadienne de Développement international (ACDI) et les contacts que lui offre, depuis Washington, son nouveau rôle au sein de l'OEA. Le message que le lobbying et les démarches canadiennes tentent de transmettre est assez clair : 1) Le Chili devra négocier son accès à l'ALENA parce que cet accord offre plus d'avantages aux négociateurs chiliens que s'ils négocient de façon bilatérale avec les États-Unis ; 2) Il y a suffisamment d'arguments pour nier les avantages de la formule « *hub and spoke* » proposée par les négociateurs nord-américains, en particulier l'impossibilité pour les Chiliens d'obtenir une négociation égalitaire (*level playing field*), et 3) l'assurance que les négociateurs chiliens n'arriveraient jamais à obtenir des États-Unis ce que le Canada et le Mexique avaient réussi à obtenir avec l'ALENA.

En 1994 le lobbying canadien en faveur du multilatéralisme commercial et de l'ALENA semble prêt d'aboutir. La proposition du président William Clinton, connue sous le nom d'Initiative des Amériques, est interprétée par les Chiliens comme un indice favorable à la négociation multilatérale plutôt qu'à la bilatérale. À partir de cette date, la négociation pour l'accès à l'ALENA prend une plus grande importance.

La campagne menée par le Canada en faveur de l'entrée du Chili dans l'ALENA fait de cette option la meilleure solution à présenter devant le Congrès des États-Unis. Néanmoins, le processus de *fast track* demandé par le président Clinton pour négocier l'accord commercial avec le Chili lui est refusé. Les Chiliens, face à l'impossibilité de modifier la décision du Congrès américain, négocieront et signeront un accord bilatéral de libre-échange avec le Canada en 1997. Quant aux États-Unis, ils entament de nouvelles conversations avec le gouvernement chilien qui, si elles aboutissent à un accord commercial, démontrent que ce pays est plus intéressé par les négociations bilatérales que par la clause d'accès à l'ALENA.

L'accord de libre-échange entre les deux pays sera finalement signé en 2002 juste après le début de la deuxième guerre contre l'Irak et malgré la position prise par le Chili contre les intérêts américains. Notons que l'accord commercial signé entre le Chili et le Canada en 1997 a servi de modèle aux négociations entre les États-Unis et le Chili. Aussi, l'investissement canadien au Chili a-t-il également augmenté de façon considérable et ce pays est passé au troisième rang derrière les États-Unis et l'Espagne. La majorité des investissements canadiens sont concentrés dans le secteur minier et dans l'énergie, la compagnie Hydro-Québec étant l'entreprise qui a fait le plus grand investissement au Chili, dans le secteur des ressources naturelles. Ce dernier, pour sa part, exporte du cuivre, des fruits, du saumon, du textile et même du bois au Canada. La libéralisation du commerce chilien des services a permis aux Canadiens de se placer dans plusieurs domaines comme, l'ingénierie, l'environnement, la technologie, les services financiers, la santé et les biotechnologies (Nankivell, 2001).

À la surprise des Mexicains, le Canada a augmenté de manière substantielle le montant de ses investissements directs au Chili : à partir de 1994, ils deviennent plus importants que ceux destinés au Mexique, rétrogradant à la dix-septième position.

9. Le Mexique et le Canada : concurrents ou partenaires stratégiques ?

Il est certain que le Mexique a toujours occupé une place centrale dans la politique économique internationale du Canada. Historiquement, cette relation a été plus intense que les autres relations avec le reste de l'Amérique latine, et elle s'est intensifiée à partir de la signature de l'ALENA. Néanmoins, au cours des dernières années, comme nous l'avons déjà dit, le Canada a développé une stratégie de diversification commerciale vis-à-vis de la majorité des pays d'Amérique latine et des Caraïbes. De notre point de vue, cette augmentation des rapports commerciaux a modifié l'importance relative de la relation avec le Mexique tandis que des pays comme le Chili, le Brésil, Singapour et Hong-Kong reçoivent aujourd'hui plus d'investissement direct du Canada, sans parler bien sûr des investissements aux États-Unis et en Europe.

Il faut cependant nuancer ces affirmations, car de nombreux facteurs politiques ont induit un approfondissement de la relation entre les deux pays. D'une part, l'attaque terroriste sur New York et Washington en septembre 2001 a modifié radicalement les relations politiques et économiques des trois pays d'Amérique du Nord, les engageant, pour la première fois, à parler de la sécurité de leurs frontières, à introduire de nouveaux termes géopolitiques comme *périmètre de sécurité* d'Amérique du Nord et à créer une *frontière intelligente* entre le Canada et les États-Unis (Gutiérrez-Haces, 2002 et 2003b). L'aggravation de la crise économique en Argentine, qui a touché de façon spectaculaire les intérêts économiques et financiers des pays comme l'Espagne et le Canada, pourrait bien d'autre part ralentir l'élan du Canada vers les pays latino-américains qui ne sont pas des partenaires de l'ALENA.

Il semble donc que l'idée d'une puissance commerciale et politique en Amérique du Nord réapparaît, le projet d'une zone de libre-échange des Amériques servant d'alternative pour unir les pays de l'ALENA au reste de l'Amérique latine et des Caraïbes n'ayant vécu qu'un temps très court.

Dans les trois pays, on publie régulièrement des informations économiques pour tenter de faire le bilan des effets de l'ALENA et faire pencher la balance pour ou contre cet accord. Au fil des années, on constate clairement, qu'à l'intérieur même du traité, la relation entre les pays est toujours de type bilatéral, et que le Mexique comme le Canada continuent à privilégier leur relation avec les États-Unis.

Cette attitude augmente la dépendance économique vis-à-vis du marché nord-américain et empêche la diversification vers d'autres pays. Le Mexique comme le Canada ont multiplié le nombre d'accords de commerce et d'investissement avec le reste du monde, mais les statistiques démontrent que la majeure partie de leur commerce se fait toujours avec le marché nord-américain.

Au Mexique, cette situation a donné naissance à un courant d'opinion qui prétend que, plutôt que de miser sur la diversification économique, il faudrait travailler à l'établissement de règles claires facilitant et améliorant la relation avec les États-Unis, l'ALENA étant insuffisant.

Au cours de l'année 2002, le gouvernement mexicain a exprimé, par le biais de son ministère des Relations extérieures a exprimé son avis en faveur de la création d'un marché commun d'Amérique du Nord ou à défaut d'une communauté du secteur énergie. Paradoxalement, les Canadiens se montrent réticents devant ces propositions. En plusieurs occasions, ils ont affirmé leur refus de négocier avec le Mexique et les États-Unis un accord d'intégration énergétique qui obligerait les producteurs canadiens de pétrole, gaz naturel et électricité à diminuer leurs prix. Le non canadien est intéressant à expliquer. Premièrement, dans l'accord de libre-échange signé avec les États-Unis en 1988, le chapitre sur l'énergie a eu un impact très négatif sur le gouvernement conservateur du Premier ministre Brian Mulroney (1984-1993). Deuxièmement, cette initiative a été émise, au départ, par le président George Bush père et le lobby des chefs d'entreprise texans liés au commerce du pétrole. Le fait que, pour la deuxième fois, un président issu de la famille Bush fasse renaître la proposition a provoqué la méfiance des milieux officiels canadiens, car, si un tel projet était accepté, le Canada serait dans l'obligation d'ouvrir la réserve naturelle de l'Antarctique à l'exploitation pétrolière nord-américaine. Enfin, l'attaque de l'Irak a bien évidemment retenti sur le marché international du pétrole, et a eu une influence définitive sur ce refus. Cette réticence a été en partie surmontée sous la pression de facteurs politiques exogènes : le premier élément en faveur d'un retournement d'opinion des Canadiens est le changement qualitatif de la relation bilatérale Mexique États-Unis qui marginalise partiellement le large éventail de participation des Canadiens. Pendant les dix premiers mois du gouvernement de Fox, on note un certain malaise, mais les événements du 11 septembre permettent au Canada de retrouver sa relation privilégiée avec les États-Unis. La réaction canadienne de soutien au président des États-Unis, beaucoup plus rapide que celle des Mexicains, permet à ce pays de retrouver sa place d'interlocuteur, surtout lorsqu'il propose une meilleure coopération frontalière et la participation active de soldats canadiens dans l'offensive contre l'Afghanistan. D'autre part, les chefs d'entreprise canadiens ont clairement fait savoir à leur gouvernement que leurs intérêts commerciaux pourraient être lésés si le Canada refusait la création d'un Marché Commun de l'Énergie. Finalement, peu de temps avant le Sommet des Amériques, qui a eu lieu à Québec en avril 2001, le Premier ministre Jean Chrétien a donné son accord pour la création trilatérale d'un Institut nord-américain de l'Énergie qui participera à l'élaboration du projet technique de gazoducs et branchements électriques entre les pays.

Le changement de position du gouvernement canadien répond également à la pression des chefs d'entreprise qui ne voulaient pas perdre la possibilité de vendre davantage de technologie de pointe au secteur énergétique mexicain, et de contrôler techniquement le processus d'ingénierie et de commercialisation, en Amérique du Nord et le long du passage entre le Mexique et l'Amérique centrale, à travers le Plan Puebla Panama lancé par le président Vicente Fox au début de son mandat. Si le projet énergétique trilatéral se concrétise, il est évident que les États-Unis essayeront d'y introduire les clauses sur la sécurité d'approvisionnement inscrites dans l'ALCCEU et qui n'ont pas pu être imposées au Mexique dans l'ALENA, ainsi que le droit pour les investissements privés de pénétrer le secteur énergétique mexicain qui, jusqu'à maintenant, est protégé par la Constitution. Le secteur énergétique mexicain n'est pas le seul à avoir suscité l'intérêt du Canada. Depuis 1999, il existe entre le Mexique et le Canada un accord en matière de télécommunications concernant les prestations de service via satellites. Les objectifs de ce protocole sont d'établir des critères techniques et des conditions d'usage des satellites et des stations terrestres des deux pays, depuis et sur leurs territoires. Grâce à cet accord, plus de 2400 communes et 14 000 localités de la République mexicaine ont accès aux communications téléphoniques.

Vingt ans après l'entrée en vigueur de l'ALENA, le commerce extérieur entre le Mexique et le Canada a augmenté rapidement. Si, selon les données publiées par le ministère de l'Économie du Mexique, les flux commerciaux entre le Mexique et le Canada ont diminué de 0,7 %, étant de l'ordre de 8592 millions de dollars américains, cette valeur représente une croissance des échanges de 911 % et un taux de croissance annuel moyen de 13 % entre 1993 et 2013, le plus élevé de la région. Le Mexique est le cinquième marché d'exportation pour les produits canadiens (2,1 % du total) derrière les États-Unis, Chine, Royaume-Uni et au Japon. En termes de valeur, les ventes du Canada au Mexique s'élèvent à 2408 millions de dollars américains, un montant 917 % plus élevé que le montant enregistré en 1993, le taux de croissance annuel moyen des exportations du Canada vers le Mexique entre 1993 et 2013 étant de 12,3 %.

Parmi les pays qui investissent le plus au Mexique, le Canada vient en sixième position, selon l'étude réalisée par le Centre d'Études économiques du Secteur privé (CEESP) en 2009. Néanmoins, la plus grande partie des investissements canadiens est toujours destinée aux États-Unis. Selon les chiffres recueillis par Statistiques Canada (1999), les États-Unis ont été le facteur le plus important dans 70 % des revenus nets accumulés au Canada entre 1990 et 1998. En 1997, le Canada a attiré 11,6 % et le Mexique 3 % du total des investissements nord-américains. Les investissements canadiens au Mexique ont également augmenté de 1,8 % à 3 % entre 1986 et 1997 alors que les investissements nord-américains diminuaient légèrement de 62 % à 60 % durant la même période (Deblock, et autres, 2002b).

Selon les données publiées par le ministère de l'Économie du Mexique, dans la période de janvier 2000 à décembre 2012, les investissements étrangers directs cumulatifs du Canada au Mexique ont atteint 12 582 millions de dollars américains, ce qui l'a classé comme le quatrième plus grand investisseur au Mexique après les États-Unis, l'Espagne et les Pays-Bas.

Cependant, les investissements canadiens en Amérique du Sud ont augmenté de façon spectaculaire et leur montant est plus important au Brésil et au Chili. Il est intéressant de voir que les investissements canadiens directs à Hong Kong et au Japon sont également supérieurs à ceux du Mexique. On peut donc conclure que l'investissement direct du Canada a conservé ses préférences économiques traditionnelles vers les États-Unis et l'Union européenne, mais qu'il se diversifie également vers l'Asie et l'Amérique du Sud au détriment du Mexique, son partenaire mineur au sein de l'ALENA.

Pour leur part, entre 1990 et 1998, les États-Unis ont capté plus du quart de l'investissement total au niveau mondial, alors que le Canada et le Mexique n'en ont attiré que 2,5 %. Cependant, au sein des pays de l'OCDE, le Canada est un des pays les plus ouverts et, des trois économies d'Amérique du Nord, il est le plus dépendant de l'investissement étranger ce qui explique en grande partie son insistance pour rouvrir le chapitre 11 de l'ALENA (Deblock, 2000).

Il est certain que l'ALENA est largement responsable du renforcement de la relation entre le Mexique et le Canada comme partenaires stratégiques et commerciaux. L'échange de biens entre les deux pays a indubitablement augmenté, surtout grâce à certaines clauses inscrites dans le traité, comme l'obligation de prouver que les produits qui sont exportés dans la région Amérique du Nord respectent la *règle du contenu régional*. Cela a obligé les trois pays à utiliser des facteurs de production et des biens intermédiaires produits dans la région même, alors qu'ils auraient pu les acheter à moindre prix sur d'autres marchés. L'effet de distorsion de la règle d'origine a sérieusement touché les tentatives de diversification du marché du Mexique et du Canada.

10. Bilan de la présence canadienne au Mexique et en Amérique latine

Au cours des années, la stratégie économique internationale du Canada a dû concilier cinq aspects principaux : 1) Une politique multilatérale lui permettant d'agir au niveau international dans son espace économique propre et d'éviter des conflits avec les États-Unis ; 2) la réponse aux continuelles demandes d'un régionalisme commercial interne qui, par le biais des Provinces, insiste pour occuper une place spécifique dans la politique internationale du Canada ; 3) La construction de sa propre stratégie économique, au niveau fédéral, sur le plan interne et face à des blocs commerciaux régionaux comme l'ALENA, l'Union européenne et le MERCOSUR, entre autres ; 4) la prise en compte les intérêts des entreprises, des grandes corporations comme des petites et moyennes entreprises ; 5) la promotion des principes éthiques qui guident la politique internationale canadienne à travers la doctrine de Sécurité humaine[1], et plus récemment la promotion de l'éthique des affaires à travers les principes de la responsabilité sociale des entreprises[2].

Dans la pratique, harmoniser des exigences comme celles que nous venons d'énumérer pose des difficultés structurelles, car il s'agit de concilier des intérêts et des exigences de nature très diverses et, dans les faits, cela n'a pas toujours pu être réalisé. Tous ces aspects ayant eu d'importantes répercussions sur la relation que le Canada a établie avec le Mexique et le reste des pays latino-américains depuis les années 1980.

Le ministère des Relations extérieures et du Commerce international du Canada possède une organisation bureaucratique qui fait une place aux problèmes corporatistes (*Team Canada*) aussi bien qu'aux travaux de promotion du développement durable au niveau international. On retrouve ces aspects dans la diplomatie des niches que le gouvernement canadien a développée en Amérique latine. Pour sa part, la communauté latino-américaine des affaires est consciente de la tendance canadienne à transférer ses querelles régionales et provinciales, endémiques, dans le domaine des affaires internationales. Il est fréquent que la vision provinciale et régionale ne coïncide pas avec celle des entreprises et des gouvernements latino-américains qui pratiquent généralement une politique plus centraliste que fédéraliste. Le gouvernement du Canada a signé un accord sur les problèmes fédéraux avec le Mexique : c'est le premier accord de ce type signé par le président Fox en 2003.

Parmi les cinq aspects mentionnés plus haut, il est certain que la politique provinciale internationale et le mélange des principes énoncés par la Sécurité humaine avec les intérêts commerciaux du Canada constituent des éléments que les gouvernements latino-américains ont bien compris et bien acceptés.

Les différences de stratégie commerciale internationale entre l'État fédéral et les provinces canadiennes semblent étranges aux pays dont la capitale centrale négocie au nom de l'ensemble de tous les intérêts territoriaux, et où l'économie mixte, comme dans le cas du Mexique, fait encore la différence entre les intérêts économiques du secteur privé et ceux

---

[1] C'est une doctrine lancée par les Nations unies en 1993 qui fait la promotion des valeurs universelles comme la promotion de la démocratie, le respect des droits de l'homme, la recherche du bien-être économique pour la majorité, la protection de l'environnement, le développement économique durable, entre autres.

[2] La Responsabilité sociale des Entreprises est devenue la cible de la politique étrangère canadienne, en particulier dans les nombreux conflits qui ont surgi entre les entreprises minières et les communautés dans les pays en développement.

du gouvernement. Ce problème a été l'objet de frictions et de désaccords avec certains pays, dont le Mexique, qui, structurellement, ont du mal à offrir un espace international à leurs entités fédératives. De nombreux fonctionnaires du gouvernement mexicain ont également considéré, mais pas ouvertement, que les revendications provinciales du Canada pouvaient être un mauvais exemple pour les gouvernements locaux du Mexique.

Tableau 30
Commerce du Mexique avec les Provinces canadiennes, 2009-2012
(millions de dollars canadiens)

	2009	2010	2011	2012
Exportations				
Ontario	2,252.0	2,348.3	2,262.1	2,227.2
Alberta	1,046.0	760.3	951.6	983.2
Saskatchewa	396.9	509.7	640.8	734.9
Manitoba	263.4	344.4	327.4	293.2
Importations				
Ontario	12,648.7	17,477.4	19,543.9	19,566.8
Alberta	759.5	967.7	1,313.8	1,530.8
Saskatchewa	131.6	164.6	207.7	252.6
Colombie-Britanique	1,342.0	1,343.9	1,466.5	1,497.3
Manitoba	360.9	380.0	450.8	555.0

Source : Élaboré par l'auteur à partir des données de Statistiques Canada, 2013.

Il est certain que le Canada connaît mieux la réalité latino-américaine qu'il y a vingt ans. Sa présence commerciale dans la région a porté ses fruits et, aujourd'hui, il se trouve dans une meilleure position pour mettre au point une stratégie économique spécifique en Amérique latine. Sa participation au Sommet des Amériques qui a eu lieu à Québec en 2001 lui a, sans aucun doute, permis de prendre contact au plus haut niveau avec tous les chefs d'État de ce continent et de transmettre un message clair sur le type de principes et de valeurs qu'il veut voir utilisés comme ciment institutionnel pour les futures négociations d'accords de libre-échange.

La relation du Canada avec le Mexique, comme avec le reste de l'Amérique latine, pose un défi qui devra être abordé en tenant compte des nouvelles conditions économiques et politiques qui ont fait leur apparition récemment. La relation avec le Mexique sera évidemment toujours primordiale, à cause de l'ALENA, même si, au vu des données récentes qui montrent l'avancée des relations commerciales du Canada avec le Chili, du Brésil, du Venezuela et même de la Colombie, l'on ne peut être sûr que, dans l'avenir, le Mexique conservera sa position de principal partenaire économique latino-américaine.

Jusqu'à il y a peu de temps, le Mexique a été, pour le Canada, un pays avec d'énormes possibilités économiques. Une main d'œuvre beaucoup moins chère qu'au Canada et une situation syndicale plus flexible et moins restrictive ont également joué un rôle dans ce processus d'attraction. Il est néanmoins certain que trois faits sont venus entraver l'essor du commerce et de l'investissement entre les deux pays : 1) l'entrée de la Chine dans l'Organisation mondiale du Commerce ; 2) les changements inhérents au régime des maquiladoras de l'ALENA et 3) l'impasse dans laquelle se trouve la libéralisation du secteur énergétique mexicain (Deblock, 2002 : 49-50).

À la fin du premier semestre 2002, alors qu'un nombre considérable de maquiladoras ferment au Mexique, une abondante littérature nous a informés sur la destination géographique de cette délocalisation. C'est principalement en Chine que ces usines ont été transférées : la présence du pays asiatique affecte la relation entre le Mexique et le Canada, puisque la Chine, depuis 1997, est devenue un des cinq premiers pays exportateurs de marchandises vers le Canada.

Le secteur primaire mexicain offre au Canada un terrain propice aux investissements, particulièrement en ce qui concerne la vente de services et de technologie. Néanmoins, les obstacles légaux à l'exploitation du pétrole et de l'énergie électrique ont découragé les chefs d'entreprises canadiens, internationalement reconnus pour leur compétence dans les activités liées aux mines et aux ressources naturelles. Peut-être est-ce là une explication supplémentaire au fait que, dans les dernières années, l'investissement canadien direct au Mexique est inférieur, en valeur absolue, à celui fait au Brésil et au Chili.

Selon les informations fournies par Statistiques Canada, en 2002 les exportations de la Chine au Canada représentaient 4,58 % du total des exportations au Canada, alors que celles provenant du Mexique ne représentaient que 3,64 %. Pour leur part, les exportations canadiennes en Chine ont été estimées à 1,04 % alors que celles qui été faites en direction du Mexique étaient de 0,61 %. Aujourd'hui, les exportations de la Chine vers le Canada représentent 10,97 % du total des exportations canadiennes, alors que celles provenant du Mexique ne représentent que 5,52 %. Pour leur part, les exportations canadiennes en Chine représentent 4,25 % alors que celles qui son faites en direction du Mexique sont de 1,18 %. Les exportations chinoises, grâce à leur progrès rapide et à leur dynamisme, ont fait rétrograder le Mexique, qui devient le quatrième exportateur sur le marché canadien[1].

L'information statistique concernant l'investissement direct du Canada en Amérique du Sud démontre très clairement la diminution relative de la place de partenaire stratégique du Mexique, mais l'information concernant la relation commerciale entre les deux pays, place encore le Mexique en tête

[1] En 2012, les États-Unis ont occupé la première place des destinations pour les exportations canadiennes, avec 74,53 % du total. La troisième place est occupée par le Royaume-Uni avec 4,12 %, suivi du le Japon (Statistiques Canada, 2012).

des pays latino-américains pour les exportations et les importations du Canada. Il faut noter pour terminer que le commerce extérieur canadien en Amérique latine, malgré son activisme, reste déficitaire dans la majorité de ses échanges commerciaux, y compris avec le Mexique.

Il est intéressant de constater que les Canadiens, trop confiants dans leur relation avec les États-Unis, semblent parfois déroutés par l'orientation de la relation entre le Mexique et les États-Unis. Pendant que le gouvernement mexicain présente aux États-Unis un calendrier chargé de propositions d'envergure, comme la renégociation du thème migratoire entre les deux pays, la négociation d'un NAFTA plus, la proposition d'une stratégie frontalière répondant aux préoccupations des États-Unis face au terrorisme, la création d'un marché commun de l'Amérique du Nord, la participation à la transition politique de Cuba et le dialogue avec l'opposition anti-castriste, entre autres, le Canada ne propose que la réorganisation de sa frontière avec les États-Unis grâce à l'informatique. Doutant des bienfaits que pourrait lui apporter un marché commun, il préfère proposer un système douanier, fonctionnant à partir des entreprises exportatrices pour faciliter le passage des marchandises à travers les frontières. À la rivalité commerciale pour le marché américain, il faudra donc ajouter à l'avenir, dans la relation Mexique Canada, la rivalité politico-diplomatique.

Conclusions

Après l'échec de la Zone de libre-échange des Amériques et de la disparition de l'Alliance pour la Sécurité et la Prospérité en Amérique du Nord, presque les seules passerelles institutionnelles entre le Canada et les Amériques ont été les divers accords commerciaux négociés avec les pays du continent. Dans une certaine mesure, le Canada avait perdu sa force du dialogue en Amérique latine en raison de son alignement avec les États-Unis dans le processus de négociation de la ZLEA et de son insistance sur l'application, des critères inspirés par le concept de la « sécurité humaine », en particulier les droits de l'homme et la primauté du « rule of law », qui font partie de l'ensemble de ce qu'on appelle les valeurs canadiennes[1].

Compte tenu de la baisse relative de sa popularité dans la région, en juillet 2007, le premier ministre Harper a annoncé que le Canada allait donner une nouvelle impulsion à ses relations avec les Amériques à travers la publication, d'un document intitulé « Priorités et progrès. Le Canada dans les Amériques ». Les principales lignes d'action étaient : la promotion de la

[1] La plupart des pays latino-américains ont perçu négativement la diplomatie canadienne qui non seulement insistent ouvertement sur la nécessité d'une plus grande démocratisation, mais aussi encourage les groupes et les réunions dans lesquels ont discuté des violations des droits de l'homme et du travail, ainsi que de la situation des communautés autochtones. Cette pratique a été interprétée comme un acte d'« ingérence » dans les affaires politiques internes et a provoqué un refroidissement entre les ambassades et les gouvernements latino-américains.

prospérité économique et la sécurité, telle que représentée par les valeurs fondamentales de la gouvernance démocratique[1].

Bien que les objectifs ne soient pas nouveaux, il était intéressant de voir les critères sous-jacents qui ont dominé la stratégie canadienne. Après la publication de ce document, le ministère a opéré un repositionnement dans la région, basé sur une sorte de classification non écrite, mais utilisée dans la pratique, des pays avec lesquels un lien est recherché en priorité. Le premier rang était occupé par des pays aux vues similaires (« like-minded »), qui sont ceux avec lesquels il y avait une plus grande affinité comme le Chili, le Pérou et le Costa Rica. Ensuite apparaissaient les pays avec une moindre compatibilité avec les intérêts du Canada, comme le Venezuela, la Bolivie, et l´Équateur et enfin les pays qui pourraient potentiellement avoir des affinités surtout politiques, avec le projet canadien comme l´Argentine, le Panama, la Colombie et l´Amérique centrale.

Il est évident que le pragmatisme du gouvernement canadien lui a permis de différencier clairement entre ce que sont ses intérêts économiques dans la région et ses objectifs politiques. À cet égard, il convient de noter que les interactions entre le Canada et l'Amérique latine ont été approfondies, et sont également devenues plus complexes. Il y a vingt ans, l'agenda latino-américain du Canada n'avait pratiquement que deux partenaires : les gouvernements et les entreprises. Toutefois, les entreprises canadiennes intervenant dans le secteur des industries extractives, la situation est devenue plus compliquée, de nouveaux partenaires ont émergé : les communautés locales affectées par l'exploitation minière et en particulier pléthore d'organisations sociales soutenues à leur tour par des organisations canadiennes.

Compte tenu de cela, le gouvernement du Canada a dû modifier les paramètres de son dialogue avec l'Amérique latine et lutter contre le discrédit de son image internationale en raison des conflits miniers. C'est à ce moment que s'inscrit la promotion de l´éthique corporative du gouvernement canadien en tant que solution à un double défi : d'une part, promouvoir les intérêts économiques canadiens en Amérique latine, et d'autre part, limiter le comportement des entreprises canadiennes, pas toujours attachées au respect des valeurs nationales.

Dans une perspective chronologique, il semble que les relations entre le Mexique et le Canada ont toujours été influencées par la situation politique et économique des deux pays et qu'elles n'ont pas nécessairement été faciles. Ces relations ont dû s'ajuster et se réajuster en permanence comme nous le verrons dans la dernière partie de cette analyse.

---

[1]Selon le document publié en 2007, la vision du Canada dans les Amériques passe à travers du renforcement des relations bilatérales, pour leur soutien aux organisations régionales et pour la consolidation de sa présence dans la région.

On doit à cet égard insister sur la diversité des perceptions que les deux pays ont des problèmes fondamentaux.

Pendant les négociations de l'ALENA, les accusations concernant l'absence de démocratie ont ainsi été les écueils les plus importants rencontrés par le gouvernement mexicain. Le congrès des États-Unis avait fixé comme conditions à son approbation la présentation, par le président Salinas de Gortari, d'éléments prouvant que la pratique de la démocratie et le respect des droits de l'homme étaient installés Mexique. Quant au Canada, il ne se contentait pas d'affirmer l'importance de la pratique démocratique cohérente, mais aussi, en s'appuyant sur sa longue expérience en tant que « peacebuilding », entreprenait une stratégie d'éducation politique dans le but de former les « observateurs » qui allaient surveiller les élections locales et fédérales au Mexique après 1994[1].

Sous le gouvernement du président Ernesto Zedillo (1994-2000), les pressions ont encore augmenté à cause du conflit du Chiapas, de la persistance de la fraude électorale aux élections locales et du maintien du PRI comme parti dominant du pays.

Sous cette présidence, la relation politique entre le Mexique et le Canada a connu, des moments assez froids, à tel point que durant la visite du Premier ministre du Canada, Jean Chrétien (1993-2003), le président mexicain déclarait que, plutôt que de favoriser la présence d'ONG au Mexique, le gouvernement canadien ferait mieux de financer davantage l'aide au développement. Malgré tout, les contacts entre les hommes d'affaires, entre les diverses dépendances gouvernementales et les organisations civiles et les syndicats ont augmenté et il s'est créé un important réseau de contacts binationaux dans lesquels la paradiplomatie a eu une importance considérable.

Sous la présidence de Vicente Fox (2000-2006), la relation diplomatique a changé considérablement d'aspect à cause du resserrement des relations avec le président Bush, mais surtout parce que le ministère mexicain des Affaires étrangères a décidé de développer une stratégie diplomatique plus active que par le passé. Ce furent deux motifs d'inquiétude pour le Canada, particulièrement en ce qui concernait les créations d'un Fonds de Développement en Amérique du Nord, d'un Groupe Parlementaire et d'une Cour Permanente qui tendaient à consolider une forme d'institutionnalisme supranational.

Le gouvernement du Canada a réagi à ces initiatives avec prudence, surtout parce que ces propositions pourraient conduire à un processus « d'intégration profonde » mettant en danger l'autonomie du Canada face aux États-Unis.

---

[1] Cette stratégie ouvre la voie à la victoire électorale du Parti d'action nationale (PAN) au Mexique en 2000, après 75 années d'un régime politique à parti unique, le Parti révolutionnaire institutionnel (PRI).

Le Comité permanent des Affaires étrangères et du Commerce international a mis en place, pendant l'année 2002, un processus de consultations au Canada, au Mexique et aux États-Unis qui est la réponse la plus élaborée que le gouvernement ait formulée pour le futur des relations avec ses partenaires d'Amérique du Nord[1].

Il faut ajouter que les gouvernements des trois pays sont plus interdépendants que jamais à cause principalement des changements géopolitiques provoqués par les attaques terroristes aux États-Unis (2002) et la guerre en Afghanistan et en Irak (2002 et 2003). Le Mexique et le Canada ne peuvent plus agir sans prendre en considération la situation et l'opinion de l'autre partenaire.

La relation Mexique Canada s'est progressivement institutionnalisée : elle compte un plan d'action stratégique, un agenda politique, social et économique qui dernièrement s'est élargi aux thèmes de la sécurité des frontières. Chaque année des réunions ministérielles ont lieu et l'appui de diverses instances du gouvernement canadien au Mexique est chaque jour plus évident.

L'élaboration d'une stratégie antiterroriste aux frontières des États-Unis sous le nom de « périmètre de sécurité » et « frontière intelligente » reflète dans une bonne mesure l'homogénéisation de la politique des États-Unis envers ses deux partenaires et plus encore l'absorption de ces pays dans l'espace vital des États-Unis.

Le processus « d'intégration profonde » entre les trois pays avance silencieusement à cause de circonstances extérieures à l'ALENA. La lutte contre le terrorisme menée par les États-Unis a conduit à un institutionnalisme irréversible lié aux problèmes des frontières du Mexique et du Canada. Paradoxalement, l'ALENA a été clairement limité aux aspects commerciaux et le nouveau schéma de régulation qui est apparu tend à limiter son rayon d'action.

Face à cette situation, le défi du Mexique et du Canada serait de créer de nouveaux espaces de dialogue et d'action conjoints pour lutter contre la main-mise des États-Unis sur les relations en Amérique du Nord.

---

[1] Comité permanent des Affaires étrangères et du commerce international, Canada, 2002.

CHAPITRE 8

Un État sous-national face à la continentalisation : le cas du Québec

La majeure partie de l'analyse que nous avons faite jusqu'à présent concerne essentiellement le comportement du Mexique et du Canada, deux États indépendants et souverains, face au processus d'absorption, principalement économique, mené par les États-Unis, et les stratégies déployées par ces pays pour favoriser ou contrecarrer le processus de continentalisation. Tout au long de l'histoire du Mexique et du Canada, la nature de ce processus a placé certaines entités fédérales ou provinces dans une position telle qu'elles se sont retrouvées séduites par un éventuel rattachement de leur territoire à celui des États-Unis ou pour le moins par la mise en place d'une politique économique leur assurant avec les États-Unis des liens plus étroits que ceux des autres provinces. Ce fût, pour le Canada, le cas du Québec et pour le Mexique, celui des États de la frontière Nord, surtout à partir des années soixante du siècle dernier.

Dans ce contexte, il est flagrant que dans la mesure où les États non souverains, qu'ils soient des provinces ou des États fédérés, considèrent que le gouvernement central ne satisfait pas pleinement leurs aspirations internationales, particulièrement les aspirations économiques mais aussi politiques dans certains cas, ceux-ci cherchent de leur côté à développer une stratégie internationale qui dans de nombreux cas va dans un sens différent des objectifs de la politique extérieure du pays.

Si à ce fait nous ajoutons le fait que tout autant le Mexique que le Canada ont maintenu historiquement une relation très étroite avec les États-Unis et que leurs économies sont profondément dépendantes du marché américain, il est évident que les manifestations en faveur d'une politique internationale propre signifient, en dernière instance, mais pas exclusivement, la revendication d'un État non souverain qui cherche à mettre en œuvre une stratégie spécifique envers les États-Unis.

Dans cette perspective, l'analyse du processus de continentalisation ne peut être envisagée comme si le Mexique et le Canada étaient des représentations étatiques monolithiques dans lesquelles, les provinces, les États fédérés ou les régions manqueraient d'une vie politique, économique ou sociale propre. Au contraire, un des aspects les plus intéressants de l'analyse du processus de continentalisation est le fait de constater que tout au long de son histoire, les réactions et les réponses à celui-ci ont pris une tournure qui correspond à la diversité politique et territoriale qui existe dans chacune des provinces et des entités qui représentent les divisions du pays, même si celles-ci furent arbitraires dans de nombreux cas.

De façon spécifique, dans le cas canadien la province du Québec s'est manifestée de façon singulière face au processus de continentalisation, à la différence du gouvernement fédéral mais aussi d'autres provinces comme Alberta ou Ontario, principalement.

Dans le cas mexicain, ce pays est passé par une expérience sensiblement différente du cas canadien : ses entités fédérales ont vécu dans une situation de contrôle quasi absolu par le gouvernement du PRI, dans lequel toute dissidence était punie par une diminution des ressources que la Fédération octroie aux États fédérés ; cette situation a deux origines: d'une part les États vivent dans une situation de subordination économique très importante par rapport aux ressources en provenance du gouvernement fédéral et, d'autre part, les gouvernements des États ont été aux mains du Parti révolutionnaire institutionnel (PRI) pendant presque soixante-dix ans dans la plupart des cas.

Malgré les ressources naturelles considérables dans certains États et les montants importants d'investissements étrangers dans certaines régions, les entités fédérales et les municipalités mexicaines n'ont pas une autonomie suffisante pour les utiliser au bénéfice de leur territoire, ce qui signifie dans la pratique qu'ils n'ont pas les bases matérielles suffisantes pour formuler une stratégie internationale relativement indépendante du pouvoir central.

Les entités mexicaines ne sont pas, constitutionnellement parlant, les propriétaires des ressources naturelles de leur territoire et de ce fait ne peuvent pas les exploiter à leur avantage ; elles ne peuvent pas non plus créer des entreprises étatiques indépendantes de celles qui existent au niveau national, comme c'est le cas par exemple au Canada avec Hydro Québec ou Hydro-Ontario ; elles ne peuvent pas non plus mettre en place une politique fiscale propre qui leur permettrait de générer leurs propres ressources locales, comme c'est le cas dans les provinces canadiennes qui peuvent par exemple définir un impôt à la consommation différent de celui qui est appliqué au niveau fédéral ou dans les autres provinces. Et de plus, il y a peu de temps encore, elles ne pouvaient pas non plus mettre en place une politique commerciale propre et moins encore aller à la recherche d'investissements étrangers pour leur propre compte, tout cela continuant à être dans une bonne mesure, une attribution du centre, c'est-à-dire du pouvoir fédéral situé dans la capitale de la République mexicaine.

Les disputes, entre le pouvoir central et les entités fédérales, parfois ouvertes, parfois souterraines, ont été présentes tout au long de l'histoire du Canada et du Mexique. En termes généraux, ce qui les a poussés par le passé à chercher leur indépendance politique ou de façon sporadique à envisager leur rattachement aux États-Unis, et plus récemment à exiger le droit de dicter leur propre politique économique internationale, a été l'insatisfaction face à la manière selon laquelle la Fédération a pris soin de leurs intérêts locaux, particulièrement ceux qui relèvent de l'économie. Dans les deux cas d'étude, les États fédéraux et les provinces ont toujours considéré que la

Fédération est un obstacle et dans certains cas un ennemi pour la mise en place d'un projet propre en tant qu'États non souverains (Gutiérrez-Haces, 1994c).

La caractéristique spécifique du XIXe siècle a été que les États-Unis ont encouragé et profité ouvertement des tendances indépendantistes et annexionnistes de certains groupes d'individus d'Amérique latine comme nous l'avons souligné dans le premier chapitre de cette livre. C'est le cas du Mexique face à la séparation du Texas (1835) et à son rattachement aux États-Unis[1] ; on peut citer également le cas du Yucatan[2] qui, mais avec moins de succès, a tenté de se séparer du territoire mexicain lors de la première étape de la Guerre des Castes (1847-1849) – celle-ci se prolongeant jusqu'en 1901 – (Careaga Viliesid, 2000).

Comme nous l'avons dit dans les chapitres précédents, le Canada est confronté à une problématique similaire à celle du Mexique, à ceci près que les tendances annexionnistes des patriotes de Montréal ont lieu peu de temps avant la création du Dominion du Canada (1867). Néanmoins, dans les deux pays c'est la déstructuration politique et territoriale, liée au manque de consolidation de l'État national, qui alimente ces processus.

Les cas que nous avons cités brièvement doivent être considérés comme des précédents à la mise en place en Amérique du Nord d'un processus de continentalisation, mais ils ne peuvent pas être placés sur le même plan que le cas de la province du Québec, thème central de ce chapitre, car celle-ci représente un objet d'études à part. En tant qu'État, actuellement considéré subnational, le Québec a développé sa propre politique internationale en grande partie de manière indépendante de la politique extérieure fédérale du Canada. Cette politique intègre des aspects culturels, éducatifs et commerciaux importants. Les aspects économiques et commerciaux de cette politique considèrent, sans ambiguïté, les États-Unis comme leurs principaux

---

[1] « En 1835, les colons américains du Texas proclamèrent leur indépendance, déclenchant une première guerre entre les États-Unis et le Mexique. Une fois les armées mexicaines défaites, le Congrès des États-Unis proclama le rattachement du Texas à l'Union (1845), mais aussi de la Californie et du Nouveau-Mexique. Une seconde guerre en résulta qui se solda par l'entrée des troupes des États-Unis sur le territoire mexicain et par l'occupation des villes du Nord, puis Veracruz et de Mexico. Le traité de Guadalupe, imposé en 1848 au Mexique, entérina la perte des États du Nord. Les parties de l'Arizona et du Nouveau-Mexique qui n'avaient pas été annexées par les États-Unis leur furent vendues par le président Santa Ana, pour 10 millions de dollars en 1853, par le Traité de la Mesilla » (Seguin, 2003 : 10)

[2] Le 25 mars 1848, le gouverneur du Yucatan Santiago Méndez a fait parvenir au secrétaire d'État James Buchanan, par l'intermédiaire du chargé d'affaires mexicain Justo Sierra O'Reilly, l'offre d'échange de la souveraineté du Yucatán contre l'aide nécessaire pour en finir avec l'insurrection maya. Le président James K. Polk voit dans cette offre de sérieux problèmes politiques surtout au moment où les États-Unis sont en train de négocier le traité Guadalupe-Hidalgo, pour mettre fin à la guerre avec le Mexique. La proposition de Sierra O'Reilly a été longuement débattue au congrès des États-Unis, mais elle a été retirée du Sénat le 17 mai 1848 lorsque les congressistes apprirent qu'un traité de paix avait été signé dans le village de Tzucacab au Yucatan. En fait, ce traité a été rompu avant d'être signé et la Guerre des Castes a duré jusqu'en 1901, mais les États-Unis ont préféré l'ignorer et abandonner l'idée de l'annexion du Yucatan (Careaga, 2000).

partenaires (Fry, 1998 ; Painchaud, 1989 ; Jacomy-Millette, 1989 ; Lalande, 1989 ; Soldatos, 1987 ; Bernier et Thérien, 1994).

Ce chapitre analysera principalement trois aspects : 1) les principales caractéristiques de la politique internationale des provinces canadiennes et particulièrement le cas du Québec qui se distingue des autres provinces canadiennes et des entités fédératives du Mexique ; 2) la stratégie économique et politique du Québec vis-à-vis des États-Unis au sein du débat sur la continentalisation, et 3) les intérêts du Québec en Amérique latine et plus particulièrement au Mexique, pour essayer de contrebalancer la relation avec les États-Unis, particulièrement après la signature de l'ALENA.

1. La politique internationale des provinces canadiennes : le cas du Québec

Le droit des provinces canadiennes de dicter leur propre politique internationale a été historiquement un thème controversé mais récurrent dans leur relation avec la fédération canadienne. Le problème essentiel de cette revendication consiste à déterminer si les provinces ont le droit de partager les responsabilités de la Fédération dans la projection internationale du Canada et plus précisément leur choix de participer directement à la formulation de la politique extérieure du Canada et à sa mise en œuvre.

Dans ce sens, il faut donc examiner la façon dont se sont réparties les compétences législatives entre la Fédération et ses États membres, c'est-à-dire les provinces canadiennes. Il est évident que cette répartition est consignée dans le contenu de l'Acte britannique d'Amérique du Nord (ABAN) de 1867[1]. Cette loi attribue à la Fédération l'exercice des pouvoirs essentiels, en y intégrant même ceux qui n'étaient pas spécifiés par l'incorporation d'une clause résiduelle de l'article 91 (Jacomy-Millette, 1989 : 82), et elle accorde aux provinces l'exercice des pouvoirs d'intérêt local, précisés dans le même texte législatif, dont le droit de propriété sur les terres du domaine public et sur les ressources naturelles, le droit de légiférer sur la propriété et les droits civils et sur les questions administratives dans le sens ample du terme[2].

La loi constitutionnelle canadienne ne fait pas mention spécifique de la répartition des compétences en matière internationale ni en relation au pouvoir des provinces sur ces thèmes, car elle n'est plus applicable actuellement et fut conçue dans un autre contexte historique de relations avec l'Angleterre.

---

[1] Aujourd'hui appelée Loi Constitutionnelle du Canada de 1867.

[2] La section 92 de la loi donne aux provinces l'autorité pour prêter de l'argent et les autorise à intervenir amplement dans les questions économiques ; la section 92 A et la 109 donnent aux provinces le contrôle des ressources naturelles ; la section 93 l'autorité sur l'éducation et la section 95, le pouvoir sur l'agriculture et sur l'immigration.

L'article 132 étendait toutefois au nouveau Dominion le pouvoir de mettre en œuvre les obligations inhérentes aux traités souscrits avec l'Angleterre :

> « Le parlement et le gouvernement du Canada auront tous les pouvoirs nécessaires pour mettre en œuvre les obligations du Canada et de toute province, du fait de leur appartenance à l'Empire britannique, envers les pays étrangers, qui se dérivent des traités entre l'Empire et ces mêmes pays » (Pilette, 1993 : 95).

Le manque de législation sur la politique internationale du Canada est donc totalement compréhensible si nous prenons en compte que les personnes qui rédigèrent l'ABAN de 1867 ne le firent pas en ayant l'indépendance vis-à-vis de l'Angleterre en tête, comme ce fut le cas en 1790 lors de la rédaction de la constitution des États-Unis. En 1867 le Canada n'avait pas une personnalité internationale indépendante du fait qu'il n'était alors qu'un Dominion de la Couronne britannique. C'est ce qui est clairement exprimé par Johannson, quand il affirme que « l'ABAN n'a pas été destiné à être la constitution d'un État-nation autonome » (Johannson, 1978 : 359, cité in Nossal, 1997 : 295).

Comme nous l'avons déjà mentionné dans plusieurs chapitres antérieurs, le Canada n'a acquis son indépendance qu'entre 1900 et 1931, soit entre la fin de la Première Guerre mondiale, le Traité de Versailles et le Statut de Westminster. Soutenue par sa participation aux événements mondiaux mais aussi par l'autorisation du parlement anglais de conduire sa propre politique internationale, le Canada a pu prendre à son compte des prérogatives qui étaient auparavant sous la juridiction anglaise, dont : la déclaration de guerre ; la neutralité ; la déclaration de paix ; l'établissement ou la rupture de relations diplomatiques ; la négociation et la mise en œuvre de traités ou la présentation de réclamations internationales ; en résumé, les compétences qui octroient au Canada une projection dans la sphère internationale[1].

Pendant la dernière décennie du XXe siècle, le gouvernement du Canada, en accord avec ses élites politiques et financières, a cherché à modifier la constitution autant dans sa version originale (1867) que dans la version de 1982. Cette dernière qui est en vigueur actuellement, conserve le texte original de 1867 mais avec un document additionnel connu sous le nom de « Charte des Droits et Libertés »[2]. Ce document a été approuvé par le

---

[1] De l'ensemble de ces attributions, le Canada n'en a fait qu'un usage très relatif toutefois son intérêt central a été de participer aux institutions internationales, particulièrement celles qui touchent à l'économie ; son intention étant de mettre en œuvre les principes de base de sa politique extérieure : l'internationalisme et le multilatéralisme. De leur côté, les provinces ont toujours considéré que leurs intérêts n'étaient pas bien représentés dans cet internationalisme fédéral, ce qui explique leur insistance à revendiquer leur participation comme co-gestionnaires de la politique extérieure canadienne.

[2] La Charte citée est incluse dans l'Acte canadien de 1982 ; elle définit les droits fondamentaux dont : les droits démocratiques ; les droits de mobilité ; les droits légaux ; les droits d'égalité ; les langues officielles et leur obligation. L'Acte de 1982 prend aussi en compte les droits des aborigènes, et la recherche de la réduction des disparités régionales ; il définit aussi les modus operandi des conférences constitutionnelles,

Parlement de Westminster comme le dernier acte politique de la Couronne anglaise face à son Dominion, ce qui a marqué aussi le rapatriement de la Constitution de 1867.

Au fil du temps, le gouvernement fédéral a décidé de manifester sa position de façon plus officielle en publiant en 1968 un livre blanc intitulé « Le Fédéralisme et les relations internationales » qui pose clairement les responsabilités du gouvernement fédéral pour la mise en œuvre de la politique étrangère du Canada et, en particulier, son pouvoir exclusif de souscrire des traités, de participer comme membre des organisations internationales et de recevoir les lettres de créance et les représentants diplomatiques.

Malgré cela, le Québec a mis sur pied une politique propre en ouvrant plusieurs types de représentations à l'étranger, dont des délégations générales et des bureaux de promotion touristique, en fonction de ses intérêts envers les pays concernés[1].

À la fin des années soixante-dix, plusieurs provinces canadiennes s'étaient prises au jeu de l'esprit revendicatif du Québec. Le droit de compter sur des représentations provinciales à l'étranger et la faculté de négocier des traités internationaux fut ouvertement exigé par plusieurs provinces. Bien sûr, ces revendications provenaient des provinces les plus riches, dont l'Alberta, qui avait demandé au gouvernement fédéral depuis 1978 d'introduire dans la constitution le droit des provinces de participer à certaines sphères de la politique extérieure, dont les questions économiques.

Face à cette demande, la position du gouvernement central d'Ottawa fut très claire : il refusait en principe les revendications provinciales pour considérer que la politique extérieure était exclusivement un thème fédéral ; la Fédération étant le seul niveau de pouvoir accrédité pour exercer des attributions en ce sens. Par la suite, l'attitude du gouvernement fédéral s'est assouplie mais toujours discrétionnairement et, dans de rares occasions, en fonction des circonstances politiques domestiques ou internationales dans lesquelles se situaient les revendications provinciales. On doit d'ailleurs souligner que le gouvernement fédéral s'est montré moins dur pour ce qui a

---

et les processus à suivre pour modifier la constitution dans le futur ; il prend enfin en compte les modifications apportées à l'ABAN de 1867 quant aux ressources non renouvelables, l'énergie électrique et les ressources forestières (Milne, 1991 : 318-332).

[1] Les délégations du Québec à l'étranger sont spécifiquement des représentations officielles de la province qui assurent certains contacts de l'intérêt de la province, dont les questions économiques et socioculturelles. Ces bureaux se caractérisent par le fait de travailler avec les secteurs directement en relation avec les activités qui dépendent du législatif provincial ; mais dans de nombreux cas, les activités des représentations dépassent clairement ces limites, comme dans le cas de la Délégation générale à Paris installée dans les années soixante-dix et qui a reçu un traitement diplomatique spécial de la part des autorités françaises depuis le gouvernement du Général de Gaulle.

trait aux sphères culturelles et éducatives, mais aussi de plus en plus fermé en référence aux questions d'ordre économique ou commercial[1].

À partir de 1975, du fait des pressions des provinces, des mécanismes de consultation entre la Fédération et les provinces sur les négociations commerciales multilatérales ont été mises en place, ainsi qu'un comité mixte Fédération-Provinces pour présider les négociations. Il s'agissait avant tout de maintenir les provinces informées quant aux nouvelles opportunités de commerce international mais aussi quant au protectionnisme de certains pays.

Tous les gouvernements provinciaux, particulièrement depuis les années 1970, ont insisté sur l'importance d'appuyer et d'augmenter les exportations du Canada, particulièrement vers les États-Unis. Ces intérêts étaient présents lors de la célébration des rondes commerciales du GATT et le sont jusqu'à aujourd'hui, alors que le Canada a multiplié de façon exponentielle sa participation à des accords commerciaux de tous ordres.

C'est dans ce contexte de participation relative que les provinces ont pu prendre la mesure de la divergence entre leurs intérêts régionaux et la politique commerciale d'autres pays. Plus important encore est le fait que les provinces ont acquis une conscience plus intense des disparités régionales évidentes entre certaines provinces exportatrices de ressources naturelles et celles qui exportent sur la base de produits manufacturiers. Cela a d'ailleurs contribué à exacerber les difficultés des relations entre les provinces, ce qui a contribué dans une bonne mesure à l'apparition d'une tendance « nationaliste », particulièrement dans la sphère économique pendant ces dernières années (il est clair que nous faisons référence à un nationalisme provincial).

Pour sa part, le Québec a été la province qui a revendiqué de la façon la plus soutenue son droit à passer des accords internationaux dans les sphères qui sont juridiquement dans les responsabilités provinciales. Les accords passés jusqu'à présent sont surtout liés aux questions culturelles, d'éducation et de coopération. On peut d'ailleurs observer que le Québec a aussi passé des accords en relation avec la sécurité sociale, l'administration judiciaire, la réglementation des transports et la construction de ponts internationaux.

À partir de 1975, les délégués du gouvernement du Québec à l'étranger ont eu pour mission d'établir des contacts principalement avec les milieux financiers et des hommes d'affaires. Mais depuis 1982, ceux qui sont situés

[1] Dans ce sens, il faut analyser avec précaution la politique fédérale envers les provinces du fait qu'il n'y a pas une politique claire en ce sens, par exemple, quand l'Ouganda invita le Québec a une réunion sur des thèmes d'éducation il y a plusieurs années, le gouvernement fédéral était tellement indigné qu'il fut au point de rompre les relations diplomatiques avec ce pays africain ; mais, par la suite, la politique fédérale sur la Francophonie et la participation du Québec a mis en évidence bon nombre d'ambiguïtés ; finalement, lors de la réunion ministérielle de la ZLEA à la ville de Québec, le premier ministre fédéral Jean Chrétien (1993-2003) n'a pratiquement laissé aucun espace aux fonctionnaires provinciaux, ni même au premier ministre Lucien Bouchard, ce qui met bien en évidence que la position fédérale est de réduire la marge de manœuvre des provinces dans la plupart des cas.

dans des pays prioritaires pour le Québec ont dû agrandir leur champ d'action et dédier une portion considérable de leurs activités à des actions de lobby, entre autres avec les représentants du pouvoir législatif, des fonctionnaires clés et des groupes de pression. Toutefois, cette mission est particulièrement complexe du fait de la méfiance que manifestent souvent les fonctionnaires de pays peu sensibles à la cause du Québec, dont les États-Unis et le Mexique.

Au fil des années, et malgré la réticence d'Ottawa, les positions fédérales ont bien dû s'adapter au fait que les provinces cherchent une position au niveau international. Dans l'actualité, tous les gouvernements provinciaux ou quasi tous sont persuadés d'une manière ou d'autre, que la mise en place d'un bureau de représentation à l'étranger garantit l'apport d'investissements et de meilleurs échanges commerciaux pour leur province. Mais ce qui est le plus flagrant dans tout cela, c'est le fait que les provinces les plus riches sont non seulement celles qui ont davantage exprimé leurs revendications par rapport à leur droit à amplifier leurs relations avec la sphère internationale, mais aussi celles qui disposent des meilleures conditions financières pour ouvrir ces coûteux bureaux de représentation internationale. Par contraste, les provinces les plus démunies ne peuvent compter que sur le gouvernement fédéral pour augmenter leurs liens économiques avec l'étranger, ce qui permet de conclure aussi que l'on assiste aussi à une divergence de positions dans ce débat, qui passe par le filtre de la richesse économique mais aussi les questions de loyauté des provinces par rapport au gouvernement central, ce qui est d'autant plus le cas des régions les plus vulnérables.

Dans ce panorama, la situation du Québec est particulièrement intéressante car, à la différence des autres provinces, sa participation dans diverses activités internationales ne constitue pas seulement un besoin d'ordre économique mais aussi un moyen politique par le biais duquel le gouvernement du Québec consolide son projet national en tant que « société distincte ». De ce point de vue, il est évident que la politique internationale du Québec provoque d'autant plus d'opposition et d'animosité car elle recouvre une intention politique spécifique qui est loin d'être partagée par le reste des provinces canadiennes : « la souveraineté en association » avec le Canada et plus spécifiquement avec Ottawa.

L'accord constitutionnel du Lac Meech[1] en 1987 et celui de Charlottetown en 1992, représentent deux essais sérieux d'introduire des changements constitutionnels qui ont échoués du fait du désaccord de certaines provinces et de groupes spécifiques, dont les aborigènes, qui empêchèrent son approbation lors du référendum constitutionnel de 1998.

---

[1] Ces deux accords s'ils avaient été approuvés, auraient pu mettre au clair les compétences fédérales et provinciales par rapport à la politique internationale. Par exemple, dans le contenu de l'accord du Lac-Meech on analysait certaines activités dont le commerce international et la politique migratoire, questions qui par leur nature même renvoyaient à la discussion des attributions et de la mise en oeuvre de la politique extérieure.

De ce fait, l'ABAN de 1867 et l'Acte de 1982 n'ont pas été modifiés depuis leur rapatriement. Cela a, entre autres, comme conséquence que face à l'absence de tout empêchement constitutionnel contre l'activité internationale des gouvernements provinciaux, ceux-ci ont cherché à projeter mais aussi protéger leurs intérêts au-delà du gouvernement central et des frontières nationales[1] (Nossal, 1997 : 296).

Ce processus selon lequel les provinces revendiquent leur droit à définir leur rôle au niveau international est vu comme un signe sans équivoque d'une tendance politique connue dans les milieux gouvernementaux canadiens, comme « province building »[2]. Tous les gouvernements provinciaux considèrent dans l'actualité que leur participation dans la sphère politique et économique internationale contribue à renforcer les institutions et les gouvernements provinciaux, toutefois c'est à la province du Québec qu'il faut attribuer le mérite d'avoir soutenu cette idée depuis les années soixante, durant la Révolution Tranquille et la diffusion de la doctrine Gérin-Lajoie qui sera analysée plus loin dans ce chapitre.

Le Québec a donc utilisé cette projection pour se renforcer comme province et un des facteurs les plus importants est celui de la langue. Les provinces majoritairement anglophones n'ont, quant à elles, pas mis en question la capacité et la suprématie en matière de politique internationale du gouvernement central, tout au contraire du Québec. En 1981, Howard Leeson, vice-ministre des Relations intergouvernementales de la province de la Saskatchewan affirmait à ce sujet : « personne ne peut sérieusement mettre en doute le rôle primordial du gouvernement fédéral dans le développement du la politique extérieure du Canada » (Jacomy-Miller, 1989 : 83). Toutefois, à mesure que les provinces ont acquis une autonomie plus grande et qu'elles ont pris conscience de leur potentiel économique, les gouvernements ont davantage affronté le pouvoir fédéral. Dans l'actualité, les provinces ne sont plus disposées à n'être que l'objet d'une simple

---

[1] L'article 10 (1) de la Constitution des États-Unis interdit aux États d'établir tout type d'accord avec des pays étrangers et même la négociation de ceux-ci par le gouvernement fédéral doit passer par l'approbation du congrès. Un cas similaire est celui du Mexique : aucune entité fédérale ne peut signer un accord international sauf le gouvernement fédéral, ni développer sa propre politique internationale ni participer individuellement dans des réunions d'organismes internationaux dont l'OMC, l'OCDE par exemple. Dans le cas des accords commerciaux internationaux, dont l'ALÉNA les États fédéraux ne peuvent prendre des dispositions hors du contexte des institutions fédérales dont le ministère de l'Économie et celui des Relations internationales.

[2] Selon une opinion proposée par Kim Richard Nossal et partagée par d'autres auteurs comme Mace, Bélanger et Bernier, pour le gouvernement du Québec, l'activité internationale est un impératif qui fait partie d'un projet politique beaucoup plus vaste : la transformation de la société locale d'une communauté de Franco-Canadiens à une communauté de Québécois ; en dernière instance, cela fait davantage référence à un projet national au lieu d'un projet régional. Cette tendance s'est accentuée après la Révolution Tranquille durant laquelle le gouvernement provincial a commencé à définir l'identité de tous ceux qui vivent sur le territoire de la province. La projection internationale du Québec est notoirement nationaliste et ses intérêts externes tendent à être influencés par la question nationale, ce qui amène Nossal à conclure que le Québec est davantage mobilisé que les autres provinces par un processus de « nation building » au lieu d'une « province building » comme c'est le cas pour les autres provinces canadiennes (Nossal, 1997 : 315-316).

consultation ; elles réclament à Ottawa une collaboration entre égaux. De plus en plus fréquemment, les provinces revendiquent leur droit (selon elles gagné à la force du poignet) de développer une politique internationale propre et l'argument en est leur participation considérable dans la composition du Produit Interne Brut du Canada.

2. Optiques différentes entre le Québec et l'Amérique latine

Au mois de mai 2001, a eu lieu dans la ville de Québec le Sommet des Amériques qui réunissait des chefs d'État, des hommes politiques de haut niveau et des membres de la société civile des États-Unis, du Canada et d'Amérique latine, à l'exception de Cuba. Cette réunion avait pour objet la poursuite des discussions sur les aspects les plus importants de la négociation d'une Zone de Libre Échange des Amériques (ZLEA). Les négociations pour cet accord ont été suspendues en 2005.

Le fait que cette réunion au sommet ait lieu dans la province de Québec n'est pas fortuit : depuis plus de soixante ans, l'Amérique latine est, à des degrés divers, un point de référence politique, social, culturel et économique de la société québécoise. Dans le même ordre d'idées, on pourrait ajouter le fait que, dans la construction de l'imaginaire identitaire du Québec, l'Amérique latine a constitué un référent conceptuel important (Gay, 1983 ; Saragossi, 1991 et 1996). La plupart des analyses qui ont été faites sur le caractère et l'histoire des relations de la province du Québec avec l'Amérique latine affirment que cet intérêt apparaît plus nettement à partir de la Révolution Tranquille (1960-1980) où un grand nombre des principes de la politique internationale du Québec voient le jour. Il est tout à fait logique que l'Amérique latine alors une place importante dans cette vision du monde (Mace, 1989, 1993a, 1993 b ; Thérien, Bélanger, Gosselin, 1994 ; Donneur, 1994 ; Balthazar, 1993). Néanmoins, comme nous l'avons dit dans les chapitres précédents, les origines de cette relation remontent au XIXe siècle lorsqu'en 1865 les quatre colonies britanniques situées au nord des États-Unis et connues sous le nom de Canada, Nouveau-Brunswick, Nouvelle-Écosse et Île du Prince-Édouard, discutent, dans la ville de Québec, des « possibilités offertes par le marché mexicain comme alternative commerciale face à l'expansionnisme du marché nord-américain » (Gutiérrez-Haces, 1997).

La présence du Québec en Amérique latine ne se caractérise pas par la continuité. On ne peut pas dire qu'elle englobe la majorité des pays du continent américain, et encore moins affirmer qu'elle a toujours eu le même zèle et le même poids. En réalité, elle a été très inégale et parfois même désorganisée. Pour l'expliquer, il faut tenir compte des éléments caractéristiques de l'histoire de la province, et du niveau de développement politique et économique du Québec au sein de la Confédération canadienne.

Il est possible d'effectuer une analyse et en même temps une relecture, depuis une perspective latino-américaine, de ce que l'Amérique latine a signifié pour le Québec dans quatre domaines que nous considérons comme fondamentaux pour comprendre les tendances continentalistes et latino-américanistes du développement de sa politique internationale :

1. Le droit, revendiqué par le Québec, d'élargir ses compétences internes en tant que province au domaine international, particulièrement en Amérique latine et aux Caraïbes ;
2. la tendance manifestée par la société québécoise, sur le plan individuel et collectif, de considérer l'Amérique latine, les Latino-Américains et la question latino-américaine comme un espace réel et imaginaire où elle met à l'épreuve ses idéaux, ses valeurs et la réaffirmation de son identité ;
3. la façon dont l'Amérique latine a inspiré le discours politique et social du Québec sur l'oppression et l'exclusion ;
4. la possibilité que l'Amérique latine offre à cette province de mettre en pratique le discours officiel qui considère le Québec comme une « société moderne, innovatrice et plus agressive sur le plan économique » que le reste du Canada.

Le matériel de recherche utilisé pour réaliser cette analyse est constitué par les principaux documents publiés par le gouvernement du Québec sur sa politique internationale[1], par diverses sources secondaires et par du matériel journalistique sur les divers aspects de la relation Québec/Amérique latine publié dans ces deux régions. Paradoxalement, la bibliographie émanant d'auteurs canadiens et québécois (Mace et Goulet, 1996) est beaucoup plus vaste que celle existant en Amérique latine où les essais sur le sujet sont comptés. Il est certain que l'intérêt intellectuel suscité par le Québec dans les cercles latino-américains s'est le plus souvent limité aux aspects littéraires et culturels qui, depuis des dizaines d'années, reçoivent un large appui grâce à la politique québécoise sur la francophonie. Il faut néanmoins signaler qu'à partir de la signature de l'ALENA, les analyses de type politique et économique ainsi que les études sur les relations internationales ont notablement augmenté dans des pays comme le Mexique, le Venezuela, le Chili et le Brésil qui ont toujours maintenu des liens plus étroits avec le Québec que les autres pays d'Amérique latine. À l'inverse, au Québec, l'abondance des travaux spécialisés sur ce thème n'est pas un hasard, mais la conséquence directe d'une tendance déjà ancienne, fortement stimulée depuis 1942 par de nombreuses initiatives universitaires qui ont permis la prolifération de cours consacrés à l'étude des différents aspects de l'Amérique latine. En outre, depuis les années 1940 du siècle dernier, l'enseignement de l'espagnol et du portugais s'est développé au Québec, et ces langues sont inscrites au programme d'études de l'Université de

[1] Consulter : Gouvernement du Québec 1985 et 1991.

Montréal et de l'École des Hautes Études commerciales de cette université (Podea, 1948).

On peut expliquer de plusieurs façons l'inégalité relative entre les analyses faites au Québec et celles qui, publiées en Amérique latine, favorisent davantage les aspects littéraires et culturels. Trois raisons majeures peuvent être invoquées : la première repose sur le fait qu'en Amérique latine le Québec est repéré et identifié comme une réalité politique ayant un fort degré d'autonomie au sein du Canada, avec une dynamique internationale propre. D'une façon générale, l'autonomie du Québec est bien acceptée en Amérique latine dans le domaine culturel et éducatif, comme cela a été le cas pour la France et, à un degré moindre, pour l'Angleterre, deux pays dont la politique culturelle internationale est très présente sur le continent. Mais, sur le plan strictement politique, le Québec rencontre de plus grandes difficultés, particulièrement à partir de 1980 lors du premier référendum[1]. Pour parler clairement, les gouvernements latino-américains montrent peu d'enthousiasme pour « *la cause du Québec* », surtout à partir de 1990, lorsque le Canada entre comme membre à part entière dans l'Organisation des États Américains (OEA) et lance en Amérique latine une stratégie commerciale et politique fédérale très active.

La deuxième raison concerne le poids des États-Unis et de la réalité latino-américaine elle-même, deux objets d'études qui ne laissent qu'un espace restreint à une approche intellectuelle sur le Québec. Et le troisième élément est que la relation entre le Québec et l'Amérique latine a été pendant des décennies le fait d'individus et surtout d'organisations sociales, culturelles et religieuses. La construction d'un réseau de relations entre l'Amérique latine et le gouvernement du Québec, pratiquant une politique d'État non souverain, n'apparaît clairement qu'à la fin des années quatre-vingt du XXe siècle.

Ce n'est que récemment, avec l'apparition d'analyses sur « la société civile » incluant les organisations non gouvernementales, que le Québec a été pleinement reconnu comme un interlocuteur de poids en Amérique latine et ceci pour deux raisons principales : a) grâce à sa présence de longue date en Amérique latine à travers les diverses Églises, les organisations humanitaires et philanthropiques, les syndicats et plus récemment les organisations non gouvernementales liées de différentes façons aux

---

[1] Le premier referendum a eu lieu le 20 mai 1980 ; la question référendaire qui a été posée à cette occasion fut : « *Le gouvernement du Québec a fait connaître sa proposition d'en arriver, avec le reste du Canada, à une nouvelle entente fondée sur le principe de l'égalité des peuples ; cette entente permettait au Québec d'acquérir le pouvoir exclusif de faire ses lois, de percevoir ses impôts et d'établir ses relations extérieures, ce qui est la souveraineté et, en même temps, de maintenir avec le Canada une association économique comportant l'utilisation de la même monnaie ; aucun changement de statut politique résultant de ces négociations ne sera réalisé sans l'accord de la population lors d'un autre référendum ; en conséquence, accordez-vous au gouvernement du Québec le mandat de négocier l'entente proposée entre le Québec et le Canada ?* » L'option du NON a été votée par 59,56 % de l'ensemble des 110 districts électoraux du Québec et 40,44 % a voté pour l'OUI.

problèmes d'oppression et de marginalisation en Amérique latine ; b) pour son importante participation dans des débats contradictoires sur le libre-échange, menés depuis une perspective pluraliste et incluant à la fois le gouvernement du Québec, ses syndicats, ses organisations sociales et surtout une société très intéressée par tout ce qui se passe en Amérique latine, ces derniers jouant également un rôle important sur le caractère des relations que les Latino-Américains établissent avec le Québec.

L'identification des Québécois comme individus porteurs d'une culture et d'une idéologie politique différentes de celles du reste du Canada n'a pas été évidente ni facilement adoptée par la majorité des gouvernements d'Amérique latine. Lors de la première étape des contacts, à la fin du XIXe siècle, les Québécois sont, en de nombreuses occasions, confondus avec les Français ; des années plus tard, en plein XXe siècle, lorsque le visage politique du Canada se profile plus clairement aux yeux des Latino-Américains, le Québec est considéré comme faisant partie de l'identité canadienne.

Concrètement, cette province a dû attendre pratiquement la fin des années soixante-dix pour occuper une place à part dans la perception des Latino-Américains, mais nous reviendrons plus tard sur ce sujet. Le problème de la confusion d'identité n'est pas le fait des seuls Québécois, les Canadiens Anglais ont aussi été l'objet de confusions de la part de l'Amérique latine : au XIXe siècle et au début du XXe siècle, on les considère comme des Britanniques et, pendant la majeure partie du XXe siècle, on les confond avec les Nord-américains. Nous avons traité amplement ce problème dans le chapitre sur les relations entre le Mexique et le Canada. Dans le même ordre d'idées, il nous faut ajouter que le travail d'analyse du caractère des relations entre le Québec et l'Amérique latine se heurte à la rareté des sources primaires disponibles. La majorité des archives historiques et diplomatiques d'Amérique latine, les documents déclassés concernant la première moitié du XXe siècle contiennent peu d'informations sur la présence du Canada, et surtout de ses provinces, en Amérique latine. Lorsque celles-ci existent, elles font généralement partie de dossiers britanniques[1] ou parfois français. De leur côté, les archives nationales du Canada, comme les archives diplomatiques d'Ottawa, sont organisées selon une vision fédérale et les documents sont généralement classés sous la dénomination « Canada/Amérique latine » et ensuite subdivisés selon une organisation chronologique des sujets. Les dossiers portant la mention « Québec » sont rares. Pour terminer, on peut dire que les archives provinciales, comme celles de la province de Québec, contiennent une grande collection de documents officiels, mais par leur nature, ils ne reflètent pas forcément le

---

[1] Jamais le Canada n'a déclaré lui-même son indépendance ; le Statut de Westminster qui, en 1931, lui a conféré la souveraineté n'a guère donné lieu à des célébrations populaires et à des fêtes-anniversaires. La Constitution du Canada ne sera pas rapatriée avant 1982. Les Canadiens sont demeurés des sujets britanniques jusqu'en 1946 (Balthazar et Hero, 1999 : 44).

lien avec l'Amérique latine, la communauté d'affaires et la société du Québec. Ces documents sont en majorité des communiqués gouvernementaux, des proclamations, des rapports et des déclarations diplomatiques. On ajoutera à cela qu'en réalité, l'intérêt gouvernemental pour l'Amérique latine (Mace,1993a) correspond uniquement aux gouvernements de Bourassa (1973-1974) et de René Lévesque (1976-1981), ce qui, dans le cadre d'une recherche, représente un laps de temps relativement court pour la consultation d'archives[1].

3. Différences de temps historiques et malentendus sur l'identité politique du Québec en Amérique latine

Indépendamment des considérations antérieures, il est certain que la confusion identitaire dont les Québécois et les Canadiens anglais ont été l'objet en l'Amérique latine jusque dans les années soixante-quinze peut s'expliquer par les circonstances historiques dans lesquelles le Canada a obtenu le droit de faire sa propre politique internationale et a cessé d'apparaître comme subordonné aux desseins de l'Empire britannique. Cette donnée a sans aucun doute influencé les relations du Canada avec l'Amérique latine, puisque, sur le plan technique, il n'avait pas d'identité dans le monde de la diplomatie.

Avant 1926 et 1931, dates qui correspondent à la Déclaration de Balfour et à la proclamation du Statut de Westminster, le Canada faisait partie de l'Empire en tant que Dominion, et il partageait les stratégies et les priorités de la politique internationale de l'Angleterre. Le Québec, comme les autres provinces canadiennes, était inclus dans cette réalité.

Si nous passons en revue les grands moments de l'histoire de l'Amérique latine pendant la même période, nous observons qu'en 1930 la plupart des pays de la région ont consolidé la formation d'un État national, à la suite d'un processus difficile qui a duré près de quatre-vingts ans. Cette consolidation s'est faite au prix de grandes difficultés y compris des guerres, des rébellions et un nombre incalculable de banqueroutes économiques, mais il est certain que ces pays ont laissé loin derrière eux la période coloniale qui les avait liés aux monarchies espagnole et portugaise respectivement. À cette époque l'Amérique latine est en plein processus de développement économique et elle est profondément affectée par la crise de 1929 tandis que

---

[1] Pendant les années où j'ai réalisé ma recherche aux Archives nationales du Canada et aux Archives diplomatiques de MAECI à Ottawa, Canada (1994-1998), j'ai été surprise de constater combien il était difficile d'accéder à certaines archives sur le Mexique et le Canada bien qu'elles aient été déclassées plusieurs années auparavant et consultées par des chercheurs canadiens qui les ont citées dans leurs travaux. Pour plusieurs chercheurs latino-américains qui ont partagé la même expérience que moi, il semble évident que l'ALÉNA et la ZLEA ont « politisé » la recherche sur l'Amérique latine dans les archives au Canada, provoquant ce type de « censure discrétionnaire » sur des dossiers déclarés officiellement publics depuis plusieurs années.

le modèle primaire exportateur et les gouvernements qui le défendent sont remis en question (Cardoso et Faletto, 1969).

On ne peut pas dire que la même situation politique prévaut au Québec entre 1867 et 1931. Pendant cette période, l'influence britannique est encore importante, même si la présence économique des États-Unis dans la région est en progression. Dans ce contexte, les Canadiens et les Québécois intéressés par l'Amérique latine sont, aux yeux des Latino-Américains, des Britanniques bien que les Québécois s'en différencient par la langue.

Les gouvernements latino-américains, malgré leurs problèmes politiques et économiques, ont leur propre politique extérieure depuis la moitié du XIXe siècle. Cette politique internationale, bien sûr, s'exprime la plupart du temps dans le fracas des menaces d'invasion ou d'intervention des grandes puissances européennes ou des États-Unis. L'Amérique latine vit entre l'amour, la haine et l'admiration que lui inspirent les Britanniques, parmi lesquels se trouvent plusieurs Canadiens. Ce mélange de sentiments est en partie dû au fait que la présence de ces « Britanniques » se manifeste dans les secteurs économiques les plus modernes comme les chemins de fer, le télégraphe, la construction de l'infrastructure urbaine, les banques, les compagnies d'assurances, les entreprises hydroélectriques et le secteur minier, entre autres. Ces activités hautement rentables favorisent une élite nationale liée aux chefs d'entreprises étrangers, alors qu'une grande partie des secteurs moyens n'a pas accès à la richesse qu'elle ambitionne parce que les activités liées à l'investissement étranger sont le plus souvent situées dans de véritables enclaves.

Le cas de la dictature du Général Porfirio Díaz au Mexique (1876-1880 et 1884-1911), est tout à fait caractéristique de cette période. Dans les années 1850, les premiers commerçants canadiens qui arrivent au Mexique, comme dans le reste de l'Amérique latine, se présentent en qualité de citoyens d'un Empire européen possédant des territoires dans le nord du continent américain. Leur présence est considérée par les Mexicains comme une partie de l'activité des Britanniques installés au Canada (Gutiérrez-Haces, 1997 : 15). Les premières missions commerciales canadiennes, au sein desquelles on trouve quelques Québécois, se méfient beaucoup de la situation qui règne dans le Mexique de la post-indépendance. Ils gardent en particulier le souvenir des événements qui ont eu lieu au début du mouvement de Réforme libérale au Mexique, marqué par les lois de Réforme (1857) décrétant constitutionnellement la séparation de toute religion – dans la pratique l'Église catholique romaine – de l'État mexicain.

Pour le gouvernement et les habitants du Québec, il fut en effet très préoccupant d'apprendre qu'un gouvernement confisquait toutes les richesses et propriétés du clergé catholique en les déclarant « biens de la Nation » grâce à la loi Juárez et à la loi Lerdo (1857), et que cette initiative était le fait d'un président indigène d'origine zapotèque[1]. En effet, il ne faut pas oublier que le sentiment d'appartenance à des entités européennes était alors fortement ancré dans les colonies britanniques d'Amérique du Nord et que la question indigène n'avait pas le même traitement politique que dans le Québec contemporain.

Par la suite la nouvelle de l'instauration d'un empire européen au Mexique, appuyé surtout par la France, fut très rapidement éclipsée par celle de la mort de Maximilien, fusillé le 19 juin 1867 sur ordre du libéral Benito Juárez, donnant, sans aucun doute, aux Québécois l'impression d'un immense chaos (Lemoine, 1997). Du côté mexicain, le souvenir de l'invasion à Veracruz, de la bataille contre les Français à Puebla et de l'instauration d'une monarchie soutenue par les conservateurs mexicains et le gouvernement français, influencera les premières relations entre le Mexique et le Québec. Pour beaucoup de Mexicains et même pour le gouvernement de ce pays, il était difficile, à cette époque, de faire la différence entre la présence du Québec et la présence française.

On ne peut pas, d'autre part, ignorer le fait que la mort de Maximilien coïncide avec le processus de formation de la Confédération du Canada qui débouche, en 1867, sur la proclamation de l'Acte britannique d'Amérique du Nord (ABAN), mais il existe des indices qui indiquent que la perte de la moitié du territoire mexicain, conséquence de la guerre contre les États-Unis, est présente dans l'esprit des Pères Fondateurs de la Confédération canadienne. En effet, dans les discussions sur la future constitution, il est fait mention de l'appétit territorial des Nord-américains dont ils espèrent qu'il a été satisfait par l'obtention, comme butin de la guerre de 1847, de la moitié du territoire mexicain (Moore, 1997). La première mission commerciale en Amérique latine (1865) – organisée par les colonies britanniques d'Amérique du Nord (Gutiérrez-Haces, 1997 : 15) et qui devait visiter le Mexique, le Brésil, et les Indes Occidentales – n'est jamais arrivée au Mexique, la visite programmée coïncidant avec la chute de l'Empire de Maximilien et sa mise à mort. Cet incident impressionna les commissaires qui décidèrent de visiter les autres pays et d'annuler leur premier périple au Mexique.

Aussi pourrait-on dire que l'Amérique latine et le Québec n'ont jamais vraiment centré leur relation en termes bilatéraux, le facteur États-Unis ayant toujours été un élément de poids intervenant dans leur propre système de relations.

Le manque de synchronisation entre les temps historiques du Québec et ceux de l'Amérique latine sont un fait constant jusqu'à la fin du XXe siècle. Ce n'est qu'à partir de 1990 que l'on arrive à une certaine harmonie grâce

---

[1] L'accès à la présidence de la République du gouverneur de l'État d'Oaxaca symbolisait le changement. Soutenu par la population, relayé par les pouvoirs locaux favorables au fédéralisme, épaulé par les États-Unis, Benito Juárez imposa la réforme, dans un climat de guerre civile. La stabilisation politique fut de courte durée, remise en cause par l'invasion française (1863) (Seguin, 2003 : 11-12).

aux négociations conjointes du Mexique, du Canada et des États-Unis pour la mise en marche de l'ALENA. Paradoxalement, c'est grâce à cet accord qu'un processus de caractère différent démarre en Amérique du Nord, obligeant les gouvernements et les sociétés à une meilleure synchronisation autour de cet accord commercial.

Avant la création de l'État canadien, avant la rédaction de l'ABAN et l'apparition du Dominion Canada, les futurs Pères de la Confédération doivent négocier avec les États-Unis d'Amérique, au sein de l'*hinterland* britannique et sous les bons offices du représentant britannique Lord Elgin, le Traité de Réciprocité de 1854. C'est une proposition qui émane intégralement des colonies britanniques de l'Amérique du Nord et en particulier du Bas-Canada (Québec), conséquence des problèmes économiques qui les assaillent du fait de leur éloignement politique et commercial de l'Empire britannique (Lachapelle, 1995 ; Cotter, 1995).

Le traité de 1854, bien qu'il soit de caractère commercial, est un recours politique conçu par les divers gouvernements locaux des colonies pour établir les bases des négociations futures d'autres accords où elles interviendront en tant qu'États non souverains. Ces colonies se servent du Traité de Réciprocité Elgin-Marcy, négocié avec les États-Unis, pour arrêter un processus de désintégration territoriale, économique et politique qui se manifeste de plus en plus fortement depuis 1846.

Ce subterfuge semble avoir été le remède le plus efficace contre le discours pro annexionniste de Montréal[1] surtout à partir du retour, en 1845, du leader rebelle, Louis Joseph Papineau[2], qui avait exprimé ouvertement son penchant pour des institutions républicaines comme celles des États-Unis[3].

Les raisons qui poussent Lord Elgin, représentant de la couronne anglaise et de ses colonies, à rechercher l'assentiment des États-Unis sont au nombre de deux. L'une, comme nous l'avons déjà dit, est de caractère économique et

---

[1] « La tentation de l'annexion aux États-Unis s'est manifestée épisodiquement tout au long du dix-neuvième siècle. Mais l'américanisme de Papineau demeurait limité. Il semble bien que lui et ses proches se seraient contentés d'un Bas-Canada (Québec) dirigé par un gouvernement responsable dans le cadre de l'Empire britannique. D'ailleurs les Américains, qui avaient condamné l'Acte de Québec (1774) au point de l'inclure parmi les lois « intolérables » mentionnées dans la Déclaration d'indépendance de 1776, ne pouvaient guère accueillir favorablement le programme politique de Papineau » (Balthazar et Hero, 1999 : 31-33).

[2] Chef du Parti canadien, devenu Parti patriote en 1826. Dans le mois de tension extrême qui précédent l'éclatement de batailles entre les Canadiens et l'armée anglaise (1837) Papineau contrairement à la tendance dominante, déconseille toute action violente et encourage plutôt la poursuite des luttes constitutionnelles et, pour affaiblir la classe dominante, le boycottage des produits anglais comme moyens de faire triompher les droits nationaux des Canadiens. En 1837 sa tête étant déjà mise à prix, il s'enfuit aux États-Unis qu'il quittera ensuite pour la France. Dès son retour d'exil, en 1845, il reprend l'action politique pour dénoncer le régime de l'Union de même que les Canadiens français qui acceptent de faire partie du gouvernement, se disant favorable pour sa part, à l'annexion aux États-Unis. Il abandonne définitivement la politique en 1854 (Ferreti et Miron, 1992 : 71).

[3] Ce nationalisme s'inspirait souvent des politiques américaines, des Jefferson, Madison et Jackson. Papineau, chef incontesté du « mouvement patriote », évoquait souvent dans ses discours l'idéal républicain. Il citait abondamment les paroles des grands leaders américains.

cherche principalement à s'assurer le marché nord-américain comme débouché des marchandises produites par les colonies britanniques d'Amérique du Nord. L'autre est de caractère politique et concerne les intentions clairement annexionnistes en faveur des États-Unis.

Les premières discussions sur une possible annexion des colonies britanniques par les États-Unis viennent de Montréal, même si le Nouveau-Brunswick et dans une certaine mesure la Nouvelle-Écosse s'irritent aussi d'une situation économique qui les contraint à rechercher la formule annexionniste ou la négociation d'un traité de réciprocité commerciale. La publication du Manifeste d'Annexion d'octobre 1849 préoccupe les Pères de la Confédération canadienne même si, en réalité, celui-ci ne reçoit pas beaucoup d'appuis en dehors de Montréal (Gagan et Rasporich, 1971).

Il semble paradoxal qu'au Mexique il existe également des groupes, au nord du pays et principalement au Texas, dont les activités économiques sont liées à la frontière avec les États-Unis et qui, à ce titre, manifestent des intentions annexionnistes. Leurs arguments seront suffisamment forts pour précipiter la guerre de 1846 contre les États-Unis.

Aux États-Unis, les forces abolitionnistes comme celles qui sont favorables à l'esclavage réagissent aux problèmes de la frontière Nord du Mexique, à la publication du Manifeste d'Annexion de 1849 et à la proposition d'un traité de réciprocité commerciale. En effet, l'annexion du territoire nord du Mexique élargit politiquement et territorialement la cause sudiste et il n'est pas question de faire la même chose au Nord en annexant les colonies britanniques ou le Bas-Canada (Québec) ce qui renforcerait la position nordiste.

On peut déduire de cette analyse que, dans une première étape, depuis la moitié du XIXe siècle et jusqu'à la fin de l'année 1930, la vision de l'Amérique latine par le Québec suscite des opinions très négatives et défavorables au sein de la société et des institutions québécoises.

Les guerres, les luttes partisanes entre libéraux et conservateurs, les batailles régionales entre la capitale et les provinces et les entités fédérales, auxquelles il faut ajouter la laïcisation et la sécularisation de certains gouvernements latino-américains, éveillent la méfiance de la majorité des habitants du futur Québec.

D'autre part, certains pays latino-américains ne voient pas non plus d'un bon œil les intentions d'annexion de Montréal : il ne faut pas oublier que le Mexique, à cause de la guerre contre les États-Unis, a perdu la moitié de son territoire entre 1846 et 1848. Le Mexique et les Colonies britanniques d'Amérique du Nord ont donc été impliqués indirectement dans le conflit abolitionniste et la Guerre de Sécession aux États-Unis et cela a sans aucun doute influencé leurs opinions mutuelles et leurs jugements.

En plus de ces perceptions négatives, la société et le gouvernement du Bas-Canada n'ont pas une idée très claire de ce qui se passe sur le plan politique et économique dans la plupart des pays latino-américains. C'est la raison pour laquelle les positions les plus souvent adoptées sont l'immobilisme et la méfiance. En conséquence, les actions des Québécois en Amérique latine ont été très sporadiques et, de plus, à cette époque, le Québec a des problèmes politiques plus importants à résoudre, y compris sa relation avec les États-Unis.

Pour leur part, les gouvernements et les habitants d'Amérique latine ne peuvent que très difficilement comprendre la complexité politique des Colonies britanniques d'Amérique du Nord toujours sous la férule de l'Empire britannique. Avant 1930, ils manquent de l'information suffisante pour pouvoir délimiter les sphères d'action dans la région des Britanniques, des Canadiens Anglais et des Québécois.

4. Les faits qui ont prédéterminé les initiatives du Québec en Amérique latine

Dans les années trente, la pression politique et diplomatique exercée par le Canada pour négocier son statut international au sein de la communauté britannique débouche sur le Statut de Westminster dont nous avons déjà parlé. Cette victoire change complètement la corrélation des forces politiques entre la fédération canadienne et les provinces ainsi que la vision du monde de celles-ci.

Au Québec, les principaux dirigeants politiques considèrent que c'est là l'occasion de mettre en pratique sans attendre leurs nouvelles prérogatives internationales. Et c'est dans ce contexte qu'a lieu le premier débat officiel du gouvernement fédéral du Canada et du gouvernement du Québec en faveur d'un resserrement des relations avec l'Amérique latine.

Dans une ambiance d'effervescence politique au Canada, trois événements spécifiquement québécois rendent la discussion sur les liens avec l'Amérique latine plus importante et plus ample dans cette province que dans les autres. Il s'agit de :

1) À partir de 1944, un débat a émergé au sein des forces politiques et sociales y compris les principaux groupes religieux du Québec, sur la possibilité d'entrer dans l'Union Panaméricaine (1910) ;

2) L'Église catholique participe au débat sur le rôle du Québec au niveau international et particulièrement en Amérique latine et

3) ces concepts de *Latinité* et de *Francophonie* au Québec vont servir de fers de lance pour s'identifier à l'Amérique latine et en même temps se démarquer des autres provinces canadiennes.

Ces événements vont sans aucun doute marquer le ton et le rythme des futures relations du Québec et des Latino-Américains. Pour ce qui est du premier, parmi les voix indépendantes qui se sont prononcées en faveur de l'Union Panaméricaine, nous pouvons citer celle d'Henri Bourassa, fondateur et éditeur du journal « le Devoir », qui plaide pour que le Canada devienne membre de cette Union (Rochlin, 1994 ; Podea, 1948 ; Miller,

1947). L'insistance d'Henri Bourassa sur le « positionnement » du Québec est devenue proverbiale dans de nombreux forums latino-américains, à partir de 1915. Dans ces réunions, il affirme que le Canada pourrait obtenir de nombreux avantages, en s'associant aux pays d'Amérique latine. Sa position obéit davantage à une vision nationaliste et géopolitique sur le futur du Québec qu'à des intérêts commerciaux. Il considère que cette province doit profiter de l'opportunité offerte par l'Union Panaméricaine. Selon les informations recueillies par Iris S. Podea, Henri Bourassa voit dans la langue française un instrument grâce auquel les Canadiens français pourront améliorer leurs relations commerciales, et une protection contre une quelconque réapparition de la « fièvre impérialiste » des États-Unis. On peut donc dire que les analyses de Bourassa ont amplement contribué à ce qui deviendra plus tard la politique internationale du Québec : la francophonie (Bourassa, 1915 et 1916). En 1935, Bourassa propose à la Chambre des Communes :

> « W*hy not join the Pan American Union, in which we would be far more at home than we are in the League of Nations? There we would meet the representatives of all those states of South America which, in some respects, are in close understanding with the United States, but in others have the same feelings of diffidence that we have and which are natural in small or weak nations toward a very large one, dominating the continent?*[1] » (Canada, House of Commons Debates, 1935, cité in Ferreti et Miron, 1992 : 73).

Il est certain que le débat sur l'éventuelle entrée du Canada dans l'Union Panaméricaine met en évidence les opinions des diverses forces politiques du Québec, qui se manifestent pour ou contre cette participation. L'exposé de leurs arguments a également laissé voir leurs penchants et leurs loyautés pour ou contre l'alignement du Canada sur la Grande-Bretagne et les États-Unis. En 1944, l'opinion publique du Québec est témoin d'un « feu croisé » entre les différents organes de presse qui profitent de l'excuse fournie par l'éventuelle institutionnalisation de la relation avec les pays latino-américains, pour exprimer leurs sentiments, loyautés et phobies envers le Commonwealth, les Canadiens anglais, les États-Unis ainsi que le gouvernement fédéral du moment :

> « *No country, can live in isolation, the french canadians cannot afford to remain alof in an English-speaking and Protestant milieu and, if they do not seek help from peoples of a culture similar to their own, they risk extinction. French canadians and Latin Americans are both threated by Yankee imperialism and they should unite in defense*

[1] À partir de 1909, les gouvernements latino-américains avaient demandé au Canada de faire partie de la future Union Panaméricaine. Dans son livre, James Rochlin mentionne que cette organisation, après son établissement officiel, prépara un fauteuil officiel avec le nom de ce pays, mais du fait des hésitations du Canada, celui-ci passa aux sous-sols de l'Union Panaméricaine et postérieurement de l'OEA, l'Organisation des États américains qui lui succéda.

against Jewish-American finance » (Bloc Populaire, 1944, cité in Ferretti et Miron, 1992 : 121).

Derrière une prolifération d'éditoriaux, d'articles et de notes journalistiques, le véritable débat se résume à une interrogation sur le rôle que le Québec désire jouer dans la sphère internationale.

Même si en apparence ce débat est centré sur la participation du Canada à une organisation à vocation strictement latino-américaine, derrière tout cela se cache la définition géopolitique et économique du Canada après la Seconde Guerre mondiale, et donc également celle du Québec et du reste des provinces.

Face à cette situation, le Québec s'interroge véritablement sur la signification de la résistance ultérieure de certains politiciens liés au gouvernement fédéral à l'adhésion du Canada à l'Union Panaméricaine :

> « *Why Should Canada, which has participated in European wars twice within twenty-five years, feel that it is such a great risk to join an organization of American States, whose record has been entirely peaceful? These fears are attributed to certain English-speaking circles accustomed to having foreign policy emanate only from London? As a result of this colonial mentality, Canada's foreign policy is sadly lacking in clarity* » (*Action Catholique*, 1945).

Le débat sur l'entrée du Canada dans l'Union Panaméricaine a également suscité des opinions diverses dans toute l'Amérique latine, et, paradoxalement, les gouvernements latino-américains considèrent avec méfiance l'entrée du Canada que certains considèrent comme trop britannique et d'autres trop américain.

La lecture des publications québécoises de l'époque révèle que le Québec voit dans l'Union Panaméricaine l'occasion de réaffirmer sa présence en Amérique latine. Cela fait partie de sa stratégie pour prolonger ses compétences provinciales hors du Canada. Néanmoins, cet objectif se heurte, à l'intérieur du Canada, à des opinions contraires qui considèrent que l'entrée dans une organisation multilatérale « trop contrôlée par les États-Unis » constitue un danger. L'enthousiasme du Québec pour l'Union Panaméricaine n'a jamais tenu compte de la conjoncture politique latino-américaine, mais au contraire il s'est employé à justifier cette adhésion en la considérant comme un moyen d'affaiblir le poids de l'Angleterre et des États-Unis au Canada. Il ne faut pas oublier que ce débat était, au départ, inclus dans le mouvement nationaliste du Québec. De notre point de vue, la dimension et la diversité de la problématique politique latino-américaine sont si compliquées aux yeux des Québécois de l'après-guerre, qu'ils ont tendance à l'occulter. Concernant l'Union Panaméricaine, ils ont réussi à établir une stratégie qui, à cause de son caractère très local, n'est pas parvenue à établir un contact avec les désirs et les préoccupations des pays latino-américains.

Pour expliquer cette attitude, il faut considérer deux aspects. Le premier, à la décharge du Québec, est qu'à cette époque les pays d'Amérique latine ne sont pas favorables au libre commerce tel que l'envisagent le Canada et les États-Unis. Le deuxième aspect est que l'Amérique latine ne partage pas non plus la vision géopolitique du Canada et encore moins celle des États-Unis, comme l'a démontré la Conférence interaméricaine de 1945 sur les Problèmes de la Guerre et de la Paix. À cette époque, l'Amérique latine désire absolument convoquer des réunions sur le problème de la sécurité militaire et hésite entre la participation au projet géopolitique des États-Unis et l'auto marginalisation. Dans toutes ces discussions, il est sous-entendu, à juste titre ou non, que le Canada partage la vision nord-américaine.

Il existe trois institutions ayant une vocation indéniable en faveur de l'Amérique latine : l'Union Panaméricaine (1910), la Commission économique pour l'Amérique latine (1948), et, par la suite, l'Organisation des États américains (1948) qui ont réussi à centrer le débat sur la relation du Québec avec l'Amérique latine. Les trois posent au Québec un sérieux dilemme : se prononcer en faveur de leurs initiatives ou se méfier de ces « organisations régionales autarciques » comme Paul Martin a qualifié la CEPAL.

Le deuxième élément qui a également beaucoup influencé le débat sur le latino-américanisme du Québec est bien sûr la présence des principales congrégations religieuses d'origine catholique romaine en provenance du Québec. Elles ont joué un rôle important dans la construction de la relation avec l'Amérique latine. Avant l'apparition des associations humanitaires et philanthropiques et avant la présence des syndicats québécois en Amérique latine[1], l'Église catholique du Québec était la courroie de transmission entre les secteurs ayant le plus de poids politique au Québec et certains groupes d'Amérique latine. Cependant, il ne faut pas confondre cette présence avec les activités liées à ce que l'on a appelé la théologie de la libération et dont la présence en Amérique latine est beaucoup plus récente. La présence des congrégations religieuses québécoises répond à des causes diverses parmi lesquelles il faut souligner la décision de certains ordres religieux de mener à bien une réévangélisation de la population rurale et des secteurs marginaux d'Amérique latine[2]. Lorsque ces ordres religieux sont contraints de quitter le continent asiatique, particulièrement lors de la Longue marche (1946-1949) de Mao Tse-Tung (1893-1976) et de la Révolution culturelle chinoise

---

[1] Par exemple le Front authentique du Travail (FAT) au Mexique à partir de sa fondation en 1960, a compté sur l'appui d'une des centrales syndicales les plus importantes du Québec, la CSN, qui a appuyé financièrement le FAT entre autres pour la construction de ses bureaux à Mexico.

[2] Nous parlons de re-évangélisation pour la distinguer du grand processus d'évangélisation durant la conquête du Mexique à partir de 1521 et organisé principalement par les moines espagnols.

(1959). La sécularisation du Québec, résultat de la Révolution Tranquille (1960), a également contribué[1] à cette orientation.

De notre point de vue, les congrégations religieuses du Québec ont vécu un intense processus interne, similaire à celui qu'ont effectué les entrepreneurs modernes : ils ont considéré, chacun pour ses propres raisons, que l'Amérique latine était l'espace approprié pour réaffirmer leur idéologie et étendre leur rayon d'action. En résumé, il s'agit de la prolongation territoriale de leur idéologie (Claval, 1970). Comme dans le cas de la présence commerciale et industrielle du Québec, les premiers religieux qui décident de venir travailler en Amérique latine sont en petit nombre et leur arrivée se fait de façon sporadique à partir de 1853. Selon J.C.M. Ogelsby, en 1940, il n'y a que six prêtres en Amérique latine. Néanmoins, quelques années plus tard, on note une présence plus importante des religieux canadiens. Au milieu des années soixante-dix, on compte environ 1902 personnes, dont 420 religieux à Haïti, 417 au Pérou, 313 au Brésil et 106 en République dominicaine. Selon les informations recueillies par Ogelsby, 71 % des 207 centres installés en Amérique latine sont entre les mains de Canadiens français. Le labeur de ces prêtres ne se limite pas au travail pastoral, ils interviennent également dans l'organisation économique de leurs communautés en montant des coopératives et en enseignant aux paysans les techniques d'optimisation de la production. Leur travail dans les quartiers ouvriers est également très important.

Bien qu'ils ne recherchent pas l'ingérence politique, leur façon de travailler et l'internationalisation de l'aide financière qu'ils reçoivent ont souvent politisé leur travail. En Bolivie, les Pères Oblats ont critiqué ouvertement le gouvernement de ce pays, un mois avant la capture et la mort de Che Guevara. Ils ont perdu un de leurs prêtres, le père Maurice Lefèbre qui fut criblé de balles lors de la prise de l'université de La Paz, alors qu'il aidait les blessés (Ogelsby, 1989). Même si le nombre de prêtres québécois est insuffisant pour couvrir les besoins des catholiques latino-américains, ce travail leur servira, des années plus tard, de base pour un autre type d'actions. Selon nous, l'impact le plus important de ses congrégations religieuses se fait sentir principalement sur la société québécoise. Celle-ci vit un important processus de prise de conscience de la réalité latino-américaine grâce aux organes de diffusion écrite de l'Église catholique : « Relations » et

[1] La Révolution Tranquille qui a débuté au Québec vers 1960. a provoqué un changement rapide à l'intérieur de la société de cette province. On assista à une course effrénée vers la modernité des institutions et de l'économie québécoises, qualifiée de « récupération ». Elle provoqua d'importantes transformations politiques et sociales et une laïcisation rapide. Celle-ci s'accompagna d'un nouveau nationalisme orienté à saper l'influence économique et sociale de la minorité anglophone, et à permettre aux francophones de jouer un rôle croissant dans la direction de la société. La mise en place d'un État-Providence au Québec a fait que celui-ci s'occupe de nombreuses activités qui faisaient avant partie des attributions de l'Église Catholique. La Révolution Tranquille est en quelque sorte la prise de pouvoir du gouvernement et des élites québécoises de l'économie de la province par le biais de la sécularisation de la société (Linteau, 1994 : 622-624).

« Maintenant » consacrent de grands espaces à l'analyse de l'Amérique latine et aux activités des prêtres québécois dans cette région.

C'est ainsi que l'Amérique latine a, sans aucun doute, inspiré et touché la société québécoise, alors que l'on ne pourrait pas dire la même chose de l'impact du Québec sur l'Amérique latine. Cette influence se ressent dans les activités religieuses mais aussi dans d'autres organisations comme les syndicats et les groupes politiques de gauche.

À la fin des années soixante, la révolution cubaine attire l'attention des jeunes de la société québécoise, entraînant une réaction négative des groupes catholiques de droite. Quelques années pus tard, les actions du Front de Libération du Québec (FLQ) (1963-1982)[1] vont s'inspirer des actions de guérilla urbaine des Tupamaros d'Uruguay. Intellectuellement parlant, les travaux sur le problème du sous-développement et de la dépendance, qui sont publiés par des auteurs latino-américains reconnus comme A. Gunder Frank, vont influencer les analyses politiques du FLQ qui estime que le Québec est aussi sous-développé que de nombreux pays d'Amérique latine et qu'il existe également une situation de dépendance entre Québec et Ottawa. Il est donc logique que le FLQ veuille en finir avec cette situation de la même façon que le faisait le mouvement guérillero en Amérique latine (Comeau, Cooper et Valliéres, 1990 ; Simard, Lortie, Rose, 1982 ; Ferretti et Miron, 1992).

Le troisième aspect réside dans le fait que la présence du Québec n'obéit pas, au départ, à des intérêts partisans ou aux intérêts du gouvernement en place, mais qu'elle est l'expression d'une société convaincue de sa *latinité à la recherche d'autres latinités.*

La *latinité* est un argument qui a, dans les dernières années, aidé bon nombre de politiques, de chefs d'entreprise et la société québécoise elle-même, à justifier leurs relations avec l'Amérique latine. Dans la participation du Québec à l'ALENA, il est souvent fait mention du fait que les Québécois sont « les Latinos d'Amérique du Nord[2] ». Le concept de *latinité,* par nature, et contrairement à d'autres termes, manque d'agressivité politique et l'on

---

[1] Quand parait le premier manifeste du Front de libération du Québec (FLQ) le 16 avril 1963, le bilan des opérations du mouvement se limite à quelques vols de dynamite, à l'explosion de deux bombes et au dynamitage d'une voie ferrée du Canadien National. Compte tenu de leur caractère exceptionnel, ces actions connaissent néanmoins un grand retentissement. De 1963 à 1967, de nombreuses cellules n'ayant aucune communication entre elles et agissant au nom du FLQ s'attaqueront à plus de trente reprises à divers symboles de la Couronne britannique et du fédéralisme. À partir de 1968 et jusqu'aux événements d'octobre 1970, le FLQ fera exploser près de 60 bombes. Le Manifeste de 1970, lu à la télévision de Radio Canada le soir du 8 octobre, provoque un fort courant de sympathie dans la population qui reconnaît dans l'analyse proposée la réalité de l'oppression tant sociale qu'économique du peuple québécois. L'enlèvement et la mort de Pierre Laporte, ministre du Travail dans le cabinet de Robert Bourassa, tempèrent l'enthousiasme de la population vis-à-vis du FLQ et la mise en vigueur de la Loi des mesures de guerre, le 16 octobre (Ferretti et Miron, 1992 : 136 et 183).

[2] La latinité du Québec n'a pas cessé d'être revendiquée par de multiples instances, et même par le gouvernement provincial. Par exemple en 2003, lors de la Foire du Livre de Guadalajara, au Mexique, dédiée au Québec, toute la propagande déployée pour cet événement affichait le slogan « Le Québec, les Latins du Nord ».

pourrait dire que, jusqu'à un certain point, il est inoffensif. Son usage convient donc parfaitement pour justifier aussi bien les intérêts politiques et économiques que la solidarité du Québec avec l'Amérique latine.

À un moment donné, à l'intérieur du Québec, s'est répandue l'idée que les pays latinos des Amériques devraient s'unir pour contrebalancer l'influence du bloc anglo-saxon, ou d'autres groupes ethniques et religieux. Ce point de vue a aujourd'hui complètement disparu et ce qui reste de la *latinité* est l'idée que l'Amérique latine et le Québec partagent un même passé et ont une origine linguistique commune (Podea, 1948 ; Mace, 1993). La latinité n'est jamais arrivée à se convertir en une politique d'État comme l'est devenue la francophonie qui, elle, possède un poids politique considérable derrière ses objectifs culturels. Néanmoins la francophonie ne peut être utilisée pour intégrer tous les Latino-Américains qui en majorité n'ont pas le français comme langue maternelle, alors qu'au contraire, la latinité a la possibilité d'unir le Québec au reste de l'Amérique latine et aux Caraïbes de langue française. D'autre part, la latinité n'a pas éveillé le même intérêt, au sein du gouvernement fédéral, que la francophonie qui possède un espace qui lui est propre dans l'organigramme du ministère des Affaires étrangères et du Commerce international (MAECI).

La francophonie a été le fer de lance du gouvernement du Québec, néanmoins, la définition de ce travail remonte à 1940 lorsque le Premier ministre du Canada, W.L. Mackenzie King, considère que la province du Québec doit devenir le bastion de cette cause pour contrebalancer l'affaiblissement du leadership culturel de la France pendant la Seconde Guerre mondiale. Cet élément démontre que l'attribution au Québec de certaines tâches internationales n'a pas toujours été disputée au gouvernement fédéral. D'autre part, la France, dans une claire stratégie de créer un pont avec les États-Unis, manifeste aussi son intérêt à la participation du Québec à la francophonie. De la même façon, de nombreux pays d'Amérique latine prétendent s'introduire économiquement aux États-Unis en utilisant le Québec comme plate-forme.

Jusqu'en 1960, les relations internationales du Québec sont, *grosso modo*, associées à la ligne fédérale, mais, concernant sa présence en Amérique latine, le gouvernement du Québec a déjà obtenu des progrès tangibles avant la publication du document « La Politique extérieure au Service des Canadiens » (1970) et la divulgation de la stratégie connue comme la *Troisième Option* au sein de la politique extérieure canadienne. La politique des libéraux et du Premier ministre Trudeau ne fera donc que renforcer la présence du Québec en Amérique latine.

En conclusion à cette partie, nous pouvons dire qu'en termes généraux les gouvernements et la société québécoise ont des perceptions multiples, opposées et contradictoires sur l'Amérique latine, depuis celle qui considère cette région comme un continent noyé dans la misère, avec des gouvernements corrompus mais une grande richesse culturelle jusqu'à celle qui la considère comme un territoire offrant de grandes possibilités économiques.

5. De la présence culturelle aux priorités économiques du Québec

À la fin des années soixante-dix, une série d'événements va faire coïncider les intérêts du gouvernement mexicain et ceux du gouvernement canadien sur la nécessité de resserrer leurs relations face au pouvoir économique des États-Unis.

Cette conjoncture entraîne de nombreux changements dans la relation. Le Mexique entame une stratégie de diversification des marchés pour essayer de diminuer sa dépendance vis-à-vis des États-Unis. À cette époque, les expressions les plus fréquemment utilisées par le gouvernement mexicain sont : « le Mexique, le meilleur investissement » et « 100 % fabriqués au Mexique ». Au Canada, cette période correspond, comme nous l'avons dit plus haut, à une étape de nationalisme économique connue sous le nom de « canadianisation » qui pour l'essentiel correspond à la période de « mexicanisation » (Colgan, 1993). Cette politique de diversification géographique et commerciale a sélectionné cinq pays prioritaires, dont le Canada, qui deviendront les destinations des exportations mexicaines.

Dans les années quatre-vingt, les échanges économiques entre le Mexique et le Canada sont limités aux ressources naturelles, principalement le pétrole mexicain qui devient l'exportation principale grâce à un Accord de Coopération industrielle et énergétique signé entre les deux pays. Avec cet accord, d'importantes entreprises du Québec commencent à apparaître sur le marché mexicain, comme Hydro Québec et Bombardier, deux entreprises qui, paradoxalement, se développent grâce aux changements induits par la « Révolution Tranquille » des années soixante (Gutiérrez-Haces, 1996b).

Le fait marquant de cette première étape est que les seules entreprises québécoises qui commencent à se faire une place sur le marché mexicain sont celles qui avaient déjà une certaine vocation internationale. Les relations économiques qui démarrent sont en général le fruit d'accords entre le Québec et l'administration mexicaine. Avec ces accords, le Québec veut surtout faciliter l'échange de jeunes techniciens et de spécialistes et se faire une place dans les domaines où son action est réputée pour son niveau d'excellence : énergie, agriculture et élevage, tourisme, environnement et forêts, entre autres.

La présence au Mexique de l'industrie et du commerce du Québec est un clair reflet du besoin du gouvernement provincial et des élites économiques de la province de s'ouvrir vers l'extérieur grâce à une stratégie véritablement québécoise, pour le bien des habitants du Québec. La projection de Québec Inc. en Amérique latine est, à ce niveau-là, cruciale pour les intérêts du Québec (Bélanger, 1998).

À cette époque, aussi bien dans le domaine économique que dans le domaine culturel, le Québec vit une étape où l'espace économique provincial est limité et limitant face aux attentes d'une classe politique et de chefs d'entreprise en pleine expansion. Pour ces groupes, il est nécessaire de créer une stratégie qui institutionnalise les relations avec l'extérieur, c'est-à-dire établisse des ponts les reliant à un espace francophile qui pourra épauler leurs intérêts économiques et culturels à l'extérieur du Canada.

À partir de 1970, trois pays commencent à répondre à ces attentes : Haïti où l'on assiste à une forte immigration vers le Québec, le Venezuela dont le déficit commercial avec le Québec est énorme, mais qui lui offre son pétrole, et le Mexique pour sa position privilégiée entre l'Amérique latine et l'Amérique du Nord.

Il est évident que la relation culturelle des Québécois avec les Latino-Américains a facilité la mise en place d'une politique extérieure et commerciale plus active que par le passé. D'une façon générale, le Québec est perçu comme faisant partie du « monde culte » francophone, et donc évidemment dépourvu de ce ton agressif considéré comme caractéristique de la présence des États-Unis en Amérique latine. En conséquence, en 1978, le Conseil des ministres du Québec envoie un mémorandum exprimant son désir d'installer une Délégation générale du Québec au Mexique. Cette initiative est accélérée par le fait que le gouvernement du Québec a constaté que les ambassades du Canada dans le monde servent surtout les intérêts fédéraux et ne portent que peu d'attention aux préoccupations particulières de la province. D'autre part, il est certain que le nombre de fonctionnaires publics d'origine québécoise travaillant au service extérieur est pratiquement nul. Ainsi, en 1978, il n'y a que 5 à 10 % de personnel québécois parmi le personnel canadien des services diplomatiques, et les cinquante-trois représentations commerciales du Canada ne comptent que trois ou quatre employés québécois.

Le gouvernement décide donc d'ouvrir une délégation au Mexique qui va servir, au départ, de premier pas vers l'Amérique latine.

Dès son ouverture en 1980, elle est conçue comme un pont pour la promotion culturelle et commerciale, mais, avec le temps, il devient difficile de maintenir l'équilibre entre la sphère commerciale et la sphère culturelle au sein des représentations du Québec à l'extérieur (Studer et Prud'homme, 1995 ; Gutiérrez – Haces, 1996 b). Pour un pays centralisateur comme le Mexique, qui a toujours ignoré ce qu'est le véritable fédéralisme, il est évident que l'existence de la Délégation générale du Québec est parfois un sujet de préoccupation, traité de façon prudente par les fonctionnaires mexicains. C'est le cas en particulier pendant la négociation de l'ALENA : alors que les intérêts provinciaux canadiens influencent les négociations, au Mexique les intérêts régionaux et les voix des États ne sont que faiblement écoutés.

Avec le temps, le gouvernement mexicain a su résoudre la dichotomie provoquée par la relation avec l'ambassade du Canada d'une part et la relation avec la Délégation générale du Québec d'autre part. Il a permis que les mémorandums de type administratif, destiné aux différents bureaux du gouvernement, soient traités directement avec la Délégation du Québec, tout en respectant le fait que l'ambassade du Canada est toujours le canal officiel de communication entre les autorités provinciales canadiennes et les autorités mexicaines et qu'elle est l'instance officielle ayant pouvoir de négociation pour signer un traité ou un accord de type commercial ou politique.

Cette situation est encore plus complexe si l'on considère qu'au départ, l'initiative d'ouvrir une délégation générale au Mexique masque le désir de mettre en pratique les principes de la doctrine Gérin-Lajoie qui parle de « la prolongation externe des compétences constitutionnelles internes de la province ». Dans la pratique, cela revient à dire que le Québec veut jouir des privilèges garantis par la Constitution canadienne dans les domaines de l'éducation, la culture, l'agriculture, les ressources naturelles et la migration[1].

Trente-trois ans après l'ouverture de la délégation générale du Québec, nous pouvons noter quelques constantes dans ce que nous appellerons la présence économique du Québec au Mexique.

1. L'intérêt manifesté pour la signature d'accords avec toutes les entités fédérales de la République Mexicaine et non pas seulement avec les régions voisines de la ville de Mexico ou de la frontière nord. En effet, le champ d'action du Québec dépend strictement du type de services spécialisés qu'il offre : le traitement des eaux sales ou la technologie de l'environnement. Il a donc créé une « niche de marché » qui, au cours des années, a permis de renforcer sa stratégie commerciale à l'extérieur.
2. On observe par conséquent que, dans l'évolution de l'échange commercial entre les deux pays, la vente des services nécessitant une technologie de pointe est la plus importante.

Pendant près de dix ans, avant 1996, les exportations du Québec vers le Mexique se concentrent sur certains produits comme le lait/crème de lait, les œufs, le miel, les abats comestibles de bovins et porcins, la viande de

[1] C'est Paul Gérin-Lajoie qui le premier a déclaré de façon explicite les raisons qui la légitimaient la présence internationale du Québec. Son discours, prononcé face au corps consulaire de Montréal le 12 avril 1965, s'est converti en une espèce de doctrine pour le gouvernement québécois. Selon Gérin-Lajoie, l'extension de la juridiction externe d'une province canadienne est la responsabilité de la province, dans la même mesure que ses affaires internes. Il a affirmé à cette occasion que le gouvernement chargé de mettre en œuvre un accord international doit le négocier et le conclure lui-même. Selon lui : « il n'y a aucune raison légitime pour qu'une convention internationale se dissocie du droit de conclure cette convention. Il s'agit de deux étapes essentielles d'une opération unique. De plus, il est inacceptable qu'un état fédéral surveille et contrôle les opportunités dont dispose le Québec dans ses relations internationales » (Baltasar, 1980 : 482, cité in Morin, 1987 : 28).

porcins, l'amiante, le matériel pour les chemins de fer, le papier journal et la cellulose, principalement. Ce schéma change de façon radicale avec l'ouverture commerciale du Mexique et son entrée dans le GATT en 1986 et l'ALENA en 1994. En effet, les exportations provenant du Mexique accentuent leur caractère manufacturier et semi-manufacturier et entre-temps le Québec garde beaucoup son caractère traditionnel comme exportateur de produits de consommation, ressources naturelles et produits semi-manufacturés. Entre 1996 et 1998, les exportations pétrolières et ses dérivés provenant du Mexique augmentent dans la balance commerciale du Québec.

En ce qui concerne le Québec, on observe que, jusqu'en 1990, l'exportation de papier journal occupe la première place, mais qu'ensuite à partir de l'ALENA, c'est l'équipement en télécommunications, l'amiante et l'aluminium, ainsi que les pièces et accessoires automobiles qui prennent la tête dans les exportations québécoises[1]

Dans l'ensemble du commerce canadien, la participation du Québec diminue sensiblement entre 1981 et 1986 et l'échange commercial avec le Mexique est déficitaire depuis 1981. Il ne remonte qu'en 1994, année au cours de laquelle le commerce augmente de 22 % par rapport à l'année antérieure.

Pendant les vingt dernières années, le Mexique a représenté pour le Québec un marché d'importance relative : en 1980 il occupe la 11e place et en 1985 il descend à la 13e place des pays qui font du commerce avec la province. Les échanges commerciaux entre le Mexique et le Québec ont augmenté après la mise en œuvre de l'ALENA dans environ 500 %. Le Mexique occupe toujours une place importante parmi les pays latino-américains.

[1] Au cours des dernières années, des exportations mexicaines sont principalement de pièces de rechange pour les automobiles ainsi que les pièces électroniques et électriques issues de l'industrie maquiladora atteignent des positions importantes dans la balance commerciale de la province.

Tableau 31 Balance commerciale du Québec avec le Mexique, 1994-2012 millions de dollars américains		
Années	**Exportations**	**Importations**
1994	124	183
1995	57	226
1996	111	297
1997	83	335
1998	94	307
1999	107	407
2000	167	631
2001	188	650
2002	214	1,336
2003	231	1,441
2004	285	1,439
2005	327	1,920
2006	650	2,510
2007	621	2,257
2008	883	2,449
2009	536	2,164
2010	767	3,428
2011	1,014	3,402
2012	974	3,887

Source : Statistique Canada, Commerce international des marchandises. Institut de la statistique du Québec, Direction des statistiques économiques et du développement durable, date du rapport du 30 mai 2013.

Selon les données publiées par *Statistiques Canada*, les principaux marchés d'exportation du Québec entre 1996 et 1999 ont été, par ordre décroissant : les États-Unis, la Grande-Bretagne, la France, l'Allemagne et la Hollande. Entre 2002 et 2012, les principaux marchés d'exportation ont été : les États-Unis, la Chine, l'Allemagne, la Hollande, la France, et la Grande-Bretagne.

Cette tendance dans les exportations du Québec changerait à partir de l'année 2002 dont les États-Unis conservent le premier rang autant pour le Québec comme pour la totalité du Canada, mais la Chine occuperait le deuxième rang suivi du l'Allemagne et la Hollande. En Amérique latine, le Mexique occupe actuellement le huitième rang, suivi par le Brésil qui occupe uniquement la position numéro quinzième dans le total des exportations québécoises, comme indiqué dans le tableau 8-6.

Par contre, au niveau des importations la Chine avance beaucoup plus vite que le Mexique, le Venezuela et le Chili depuis 2001.

Maintenant, si l'on compare la situation du Québec, avec celle de la province d'Ontario au niveau du comportement des exportations et importations on constate qu'entre 2009 et 2012, les États-Unis occupent le premier rang, suivi par la Grande-Bretagne, le Mexique, la Chine et la

Norvège. On peut relever que le Mexique occupe le troisième rang des pays où l'Ontario est importateur (voir le tableau 8-7).

6. Le Québec entre l'interdépendance et la continentalisation

Laissons pour un moment les chiffres et les pourcentages et concentrons-nous sur les grands changements intervenus au Québec et qui ont obligatoirement influencé son commerce extérieur.

Tout d'abord, même si l'ouverture d'une Délégation et le resserrement des relations économiques internationales sont importants, il faut tenir compte de la conjoncture internationale du commerce mondial qui subit des hauts et des bas qui se reflètent dans la balance commerciale d'un pays.

À partir de 1988, suite à la fusion du ministère des Relations internationales du Québec avec le ministère de Commerce, la politique internationale du Québec s'oriente davantage vers les aspects commerciaux, suivie en ce sens par la Délégation générale du Québec au Mexique qui se consacre davantage à l'économique qu'au culturel.

En 1991, pour la première fois, une stratégie politique sur les problèmes internationaux est publiquement adoptée. Parmi ses objectifs prioritaires sont mentionnés les accords économiques : investissement et développement industriel, commerce de biens et services et transfert de technologie.

Il est clair qu'un changement est intervenu par rapport à ce qui se passait dix ans auparavant, lorsque le gouvernement du Québec avait une politique économique extérieure beaucoup plus structurée, quand « faire des affaires » faisait partie d'un projet global sur les problèmes internationaux.

Il était alors important de développer une stratégie basée sur la recherche des effets multiplicateurs, et de favoriser les associations internes et externes, faisant du partenariat le mode d'action privilégié sur le plan international.

Lorsque nous faisons référence à ce « partenariat », nous parlons des associations qui commencent à voir le jour entre certains industriels, les entreprises d'État et une partie du secteur financier, et qui, avec le temps, finissent par participer au commerce extérieur du Québec.

Bien sûr, lorsque nous parlons du Québec dans un monde d'interdépendance, il faut préciser que le poids économique du Mexique est très relatif, comparé à celui des États-Unis, son principal client commercial.

D'autre part, il est certain que pendant des années, le commerce du Québec avec le Mexique a été déficitaire. Par exemple, selon la banque de données des Statistiques du Québec, en 1994, la valeur des exportations du Québec vers le Mexique atteint le chiffre de124 millions de dollars américains. Cette tendance s'est poursuivie jusqu'à tout récemment, nous pouvons voir que, en 2000 les exportations s'élevaient à 167 millions de dollars américains, pendant qu'en 2011 il y avait 1,014 million de dollars.

Les chiffres pour 2012 s'inscrivent dans la tendance: les exportations ont atteint le montant de 974 millions de dollars américains (voir tableau 8-5).

Cette différence a été l'objet de nombreuses explications et suppositions ; récemment, l'on a insisté sur le fait qu'une grande quantité des exportations du Québec vers d'autres provinces du Canada et les États du sud des États-Unis ont le Mexique ou un autre pays d'Amérique latine comme destination finale. Cela explique partiellement le déficit du Québec, mais surtout démontre combien il est important de suivre de façon plus attentive le trajet géographique des marchandises depuis les différentes provinces du Canada jusqu'aux États-Unis et au Mexique.

Il existe deux types d'entreprises québécoises qui progressent sur le marché mexicain. Les plus connues sont bien évidemment les plus grandes : Bombardier, Caisse Desjardins, Quebecor, Canamanac, Lavalin, Teleglobe, etc., mais l'apparition de petites et moyennes entreprises souhaitant investir ou faire des co-investissements au Mexique est encore plus intéressant (Lachapelle, 1995).

Le tissu industriel québécois repose sur les petites et moyennes industries qui, en majorité, produisent des biens de consommation et sont peu dépendantes des conglomérats transnationaux nord-américains. Au Québec comme au Mexique, la petite et moyenne entreprise est une source d'emplois importante d'où l'intérêt de relier les deux pays dans une stratégie de complémentarité.

La province du Québec a une longue tradition d'ouverture au commerce international, l'expansion de son tissu industriel dépend de sa capacité à exporter et à se diversifier : il est donc intéressant de noter que, dans ce domaine, les petites entreprises comme les grands conglomérats québécois gagnent des espaces.

La crise économique de 1995 au Mexique a affecté de façon importante la relation avec le Québec, mais d'autres événements ont également eu un effet négatif sur la relation commerciale : l'apparition d'autres projets d'intégration, en particulier le MERCOSUR, qui ont accaparé un grand nombre de chefs d'entreprise québécois qui commençaient leurs activités au Mexique. Par exemple, le Brésil a attiré l'intérêt des grandes entreprises québécoises grâce à la politique économique menée par l'ex - président Cardoso. Celle-ci s'appuie principalement sur des projets d'investissement pour l'infrastructure urbaine et rurale, deux domaines où le Québec est hautement qualifié.

Un autre aspect, indépendant de la crise mexicaine, mais important à souligner, est que les principaux exportateurs de produits liés à l'industrie automobile, et utilisant le fer et l'acier, sont le Mexique et le Brésil. Ces deux pays latino-américains sont également en compétition pour la production de fibres textiles et de produits chimiques, et donc si les deux désirent conserver le marché québécois, ils doivent s'efforcer d'offrir les avantages d'une économie stable, une meilleure compétitivité et des facilités d'infrastructure meilleures que les autres pays.

S'il est une chose fondamentale dans l'étude de la relation économique Mexique-Québec, c'est bien l'inertie et la fatalité qui, durant des dizaines d'années, les ont conduits à choisir le marché nord-américain comme première et unique option. Il faudrait ajouter, à la décharge des intérêts économiques du Québec, que les domaines qui l'intéressent le plus sont ceux où, pour le moment, il y a le plus de difficultés de caractère politique bloquant l'investissement étranger : les chemins de fer, l'électricité, le pétrole, secteurs pour lesquels le leadership du Québec est indéniable.

Récemment, la relation économique entre les deux pays a acquis une nouvelle dimension. Au Québec, comme dans de nombreux secteurs étrangers, existe l'idée qu'il faut faire pression sur le gouvernement mexicain pour le pousser à mettre en place des stratégies de croissance économique conduisant à l'amélioration du niveau de vie des Mexicains.

Cette opinion est partagée par la Banque Mondiale, le FMI et le BID. À l'origine, cette vision n'est certes pas philanthropique : la raison en est qu'une population sans pouvoir d'achat et sans-emploi provoque des étranglements dans le commerce international.

En conclusion, la relation du Québec avec l'Amérique latine s'est élargie qualitativement à partir de 1990, date à laquelle débute la négociation de l'ALENA et où le Canada entre dans l'Organisation des États Américains. Ces deux événements ont une importance significative pour le Québec, surtout si l'on considère que grâce eux il a pu mettre en pratique sa diplomatie d'État non souverain. Sa participation en tant que gouvernement provincial, favorable à l'ALENA, lui a permis de renforcer son image politique et d'augmenter ses relations commerciales avec le Mexique et l'Amérique latine.

Néanmoins, les pressions politiques qui font suite au second référendum (1995) poussent le Québec à chercher des alliés parmi ses partenaires traditionnels[1] : la France et les États-Unis et, en second lieu, le Mexique sont l'objet de plusieurs visites de fonctionnaires de haut niveau du gouvernement québécois. Dans le cas du Mexique, cette visite déstabilise temporairement la bonne entente qui régnait entre les deux pays à cause du caractère hautement politique du problème posé.

Les gouvernements latino-américains, y compris le Mexique, manifestent leur sympathie et même leur solidarité avec la cause québécoise, mais s'ils

---

[1] Le 12 juin 1995, le Parti Québécois, le Bloc Québécois et l'Action démocratique du Québec signent une entente tripartite qui formule l'essentiel du projet qui sera présenté à la population : le deuxième referendum propose aux Québécois un Québec souverain assorti d'un partenariat économique et politique négocié avec le reste du Canada. La question référendaire été : « Acceptez-vous que le Québec devienne souverain après avoir offert formellement au Canada un nouveau partenariat économique et politique dans le cadre du projet de Loi sur l'avenir du Québec et de l'entente signée le 13 juin 1995 ? L'option souverainiste échoue de justesse en remportant 49.4 % de voix contre 50.6 % pour le camp du NON. Le taux de participation au référendum a dépassé 93 % (Direction générale des élections du Québec).

avaient été obligés de choisir, ils auraient eu du mal à le faire publiquement. En effet, il ne faut pas oublier que le centralisme est un trait caractéristique de la majorité des gouvernements latino-américains, ce qui ne peut pas aider beaucoup les requêtes du Québec.

De notre point de vue, la stratégie déployée en faveur de la *souveraineté-association* du Québec a été trop directe et n'a pas tenu compte des diverses nuances de l'idiosyncrasie politique de l'Amérique latine, surtout si l'on songe que le processus de démocratisation de la région est relativement récent. La majorité des gouvernements et des partis politiques ne veulent pas et ne peuvent pas se déclarer ouvertement en faveur d'un processus politique qui, pour des raisons diverses, leur est étranger et surtout sème le mauvais exemple dans les relations entre les États et les gouvernements fédéraux.

Les pays latino-américains en général ont un pouvoir politique assez limité au sein des institutions internationales et ils essayent donc de construire des alliances avec leurs principaux partenaires. Ils ont dû mesurer les conséquences qu'un appui politique au Québec pourrait entraîner. En premier lieu, il faut songer à l'impact que l'appui à la cause québécoise aurait sur l'équilibre politique interne, quant à la relation entre la fédération et les entités fédérales. En second lieu, il faut mesurer les implications sur la relation avec le Canada d'abord, avec les États-Unis ensuite et également avec les autres pays d'Amérique latine.

Un certain changement dans la stratégie internationale pourrait être envisageable, par exemple le renforcement de sa participation et de son pouvoir de médiation au sein des institutions multilatérales où l'activité de lobbying est plus vaste et moins compromettante que dans des réunions en tête-à-tête

Le pragmatisme n'est pas une caractéristique exclusive des pays comme les États-Unis et le Canada. Les démocraties latino-américaines également sont pragmatiques et leur principal intérêt est que leurs principaux partenaires commerciaux contribuent amplement au développement économique de la région.

Pendant le gouvernement de l'ex-président Zedillo, une certaine inquiétude est apparue à cause de la présence, suite au renforcement du conflit politique dans l'état du Chiapas, d'un grand nombre d'organisations sociales et non gouvernementales d'origine canadienne et québécoise. Dans les cercles les plus proches de la diplomatie mexicaine et des institutions liées à l'ALENA, cette présence a provoqué un certain malaise qui s'est traduit par une critique voilée sur le financement de ces organisations, financement qui, d'après le gouvernement mexicain, serait mieux utilisé à appuyer des projets de développement et de coopération économique en Amérique latine.

Les organisations sociales et non gouvernementales considèrent que le travail du Québec en faveur de la démocratisation et de la protection des droits de l'homme, en Amérique latine, est fondamental et elles s'opposent à ce que les gouvernements interfèrent dans cette relation.

Ces dernières années, le gouvernement du Québec a publié plusieurs documents pour définir plus clairement ses priorités et ses objectifs à l'échelle internationale. On y trouve tous les ingrédients qui caractérisent la relation avec l'Amérique latine : intérêts économiques et commerciaux, culturels, compromis avec la démocratisation du continent, droits de l'homme, gouvernabilité, entre autres.

Tous ces aspects ont été repris lors du Sommet des Amériques à Québec et font partie de la stratégie officielle du gouvernement du Québec, appelée la Décennie des Amériques, qui se propose d'augmenter la présence culturelle et commerciale de cette province en Amérique latine.

Une étape importante de cette stratégie internationale du Québec a été franchie lors du Sommet des Amériques, lorsque l'on a adopté par consensus que les négociations de la ZLEA étaient plus transparentes que par le passé et que l'accès aux informations est une pratique acceptée par tous les pays qui faisaient partie zone de libre-échange des Amériques.

Il faut espérer que dans un avenir proche, le gouvernement et la société québécoise resserrent leurs liens personnels avec l'Amérique latine et non pas seulement avec l'Amérique c'est-à-dire avec les États-Unis.

CONCLUSIONS GÉNÉRALES

Tout au long de la première partie du livre, nous avons analysé succinctement les racines historiques et économiques à l'origine du développement économique des trois pays de l'Amérique du Nord.

Notre intention était de démontrer que malgré les asymétries qui ont toujours été présentes, on peut aussi découvrir des similitudes insoupçonnées qui prouvent que l'interconnexion du développement économique de ces pays est le résultat de la relation entre un pays central hégémonique personnifié par les États-Unis, et ses périphéries immédiates, le Canada et le Mexique. Sur base de cette prémisse, les relations qui se sont construites entre les pays de l'Amérique du Nord possèdent un caractère exceptionnel.

Dans l'introduction, nous avons abordé le fait que les approches bilatérales ont produit un effet de déviation dans les analyses sur ces pays. Ce livre prétend démontrer la convenance intellectuelle et politique d'utiliser une méthode comparative au sens large, qui prenne simultanément en considération l'expérience historique du Mexique, du Canada et des États-Unis comme un processus unique et qui, de ce fait, ne peut être affronté de manière désagrégée.

Le fait que l'analyse des accords et traités commerciaux occupe une bonne part de notre analyse, surtout dans la première partie, n'est pas fortuit ; nous sommes convaincus que ceux-ci ont eu un impact énorme sur le développement économique de ces pays et sur la construction de l'État Nation dans chaque cas, mai aussi sur l'orientation prise par le processus de continentalisation.

L'usage de variables temporelles qui sont d'usage dans ce type de recherche a été adapté à certains critères qui nous ont poussés à accorder la priorité aux processus historiques antérieurs à 1940, date à partir de laquelle nous considérons que se sont renforcées les tendances continentales en Amérique du Nord. Dans ce sens, le processus de continentalisation n'aurait pas de sens, sans l'analyse des racines du développement économique de ces pays à partir du XXe siècle.

Du fait de la profusion de sources bibliographiques sur le processus de continentalisation, particulièrement après la Deuxième Guerre mondiale, nous avons pensé qu'il serait important d'accorder plus de place à la période la moins étudiée : sur la base des analyses conjoncturelles et rationalistes récentes, beaucoup d'auteurs considèrent que ce n'est qu'à partir de l'ALENA que l'on peut parler de développement économique conjoint et de continentalisation en Amérique du Nord. De notre part, nous démontrons que la continentalisation prend bien ses origines dès le XIXe siècle.

Dans ce contexte, il a été nécessaire de rechercher quelles ont été les réponses qui au fil du temps ont été formulées par le Canada et le Mexique, face aux propositions réitérées des États-Unis, dans le sens de partager son modèle de développement économique. Il est nécessaire de préciser que les États-Unis ont essayé de façon répétée d'intervenir dans le processus de développement économique de leurs voisins pour des impératifs géoéconomiques. De telle sorte, pousser et orienter à leur profit la croissance des deux semi-périphéries convenait largement à leurs intérêts.

Dans la première partie de cette recherche, nous avons pensé qu'il était important d'établir deux distinctions centrales. La première c'est que le développement du Canada a eu lieu en parallèle avec l'évolution du système capitaliste en Europe, ce qui impliquait son articulation profonde avec deux pays centraux d'hégémonie indiscutable, les États-Unis et l'Angleterre. De son côté, le Mexique a dû établir son développement économique en étant pratiquement soumis aux conditionnements économiques et politiques des États-Unis. Dès le début, ce pays n'a pas eu l'occasion de retirer des avantages économiques de cette relation comme ce fut le cas du Canada. La perte de la moitié de son territoire au profit des États unis lors de la guerre expansionniste, l'a soumis géographiquement, économiquement et politiquement à un voisinage conflictuel.

Tout au long du travail, mais plus particulièrement dans les chapitres de la première partie, nous avons voulu mettre l'accent sur la présence des trois forces qui ont imprimé leur dynamisme sur le développement économique du Mexique et du Canada : il s'agit de l'Atlantisme, du Continentalisme et du Nationalisme. C'est dans ce sens que nous pensons qu'il est significatif d'expliquer que les trois pays, une fois acquise leur indépendance politique, ont manifesté leur rejet d'une séparation totale de leurs métropoles mais que c'est l'attitude franchement agressive de celles-ci, qui les a poussés à se radicaliser, avec la précision que dans le cas du Mexique et du Canada, ce processus a déclenché un rapprochement accéléré avec les États-Unis.

Malgré le fait que les deux pays mentionnés se sont insérés dans l'économie mondiale selon un modèle de pays colonial exportateur, les processus de consolidation de leur modèle économique post-indépendance n'ont pas eu lieu selon les mêmes temporalités ni en relation avec les mêmes espaces. C'est ce qui explique, dans une bonne mesure, les différences que l'on peut observer dans leur relation avec le processus de continentalisation. Le Mexique a obtenu sa connexion avec le commerce d'outre-mer de façon plus ancienne que le Canada, pendant la première phase du mercantilisme quand les valeurs prépondérantes étaient les métaux précieux. De son côté, le Canada a commencé à se développer à la fin du mercantilisme, sur la base de biens de valeur secondaire, selon les concepts mercantilistes.

Un aspect central qu'il convient de mettre en évidence pour pouvoir démontrer comment le continentalisme s'est imposé sur l'atlantisme et dans certains contextes sur le nationalisme, c'est le fait que l'intransigeance de l'Espagne face à l'Indépendance du Mexique a fortement favorisé les intérêts américains. La résistance américaine à reconnaître l'indépendance mexicaine, a joué sur le fait que l'isolement international du Mexique, la famine et les luttes politiques internes, finiraient bien par le jeter dans ses bras.

Certes cette attitude changea complètement quand les ambitions des puissances européennes sont devenues évidentes : l'ostracisme envers le Mexique n'était plus de mise car pointait l'occasion de s'approprier une partie de son territoire. C'est à ce moment qu'est apparue la fameuse doctrine Monroe, qui imposa l'idée que les puissances européennes ne pouvaient briguer le contrôle des territoires américains.

Des trois pays nord-américains, le Canada a été le seul à maintenir un lien étroit avec sa métropole à un coût politique insignifiant. Cela a été possible par le fait que la restructuration de sa relation avec l'Angleterre a eu lieu en 1867 après que celle-ci ait déjà embrassé la cause du libre-échange (1846) et signé un traité dans ce sens avec la France (1860). Ces circonstances diminuèrent l'influence des métropoles et cédèrent le pas à la mise en place d'un nouveau type de relations atlantistes et continentalistes pour le Dominion du Canada, récemment créé.

Un autre aspect significatif de la création du Dominion du Canada a été le fait que les États-Unis venaient de mettre fin à un traité de réciprocité commerciale avec l'Angleterre qui avait été négocié au nom des colonies britanniques de l'Amérique du Nord (1854-1866).

La négociation de ce traité avait représenté la culmination de la politique mise en place par le gouvernement britannique après 1776, qui considérait que ces colonies pouvaient parfaitement substituer une bonne part des fonctions commerciales que les États-Unis avaient réalisées pendant l'étape coloniale et en même temps, qu'elles pouvaient servir de tremplin pour se réintroduire dans le marché de son ex-colonie américaine.

Dans ce sens, les trois premiers chapitres de notre livre cherchent à mettre en évidence en tout moment que les États-Unis ont représenté le véritable enjeu de la Couronne anglaise plus important même que le maintien politique du Canada dans le Commonwealth.

En particulier, le chapitre deux nous a permis de mettre au clair le sens véritable de la grande tragicomédie auquel participa le Dominion, à l'intérieur du fameux Triangle du Nord, en constatant que l'Angleterre n'a jamais craint ni non plus lamenté honnêtement une perte possible des Canadas et des provinces maritimes. Pendant que le Dominion s'agrippait à l'Angleterre afin de ne pas tomber dans les bras américains, la diplomatie anglaise travaillait en sens contraire en essayant de se défaire d'une colonie qui coûtait cher à l'Empire. Dans ce contexte l'atlantisme canadien dû être révisé et c'est de là qu'émergèrent le multilatéralisme et l'internationalisme qui deviendront emblématiques de la politique extérieure du Canada, comme nous l'avons analysé dans la première et la seconde partie de cet ouvrage.

Dans un autre ordre d'idées, un des aspects les plus intéressants que nous avons pu analyser, fut le mouvement annexionniste qui s'est surtout développé à Montréal (1849), et qui proposait ouvertement une union du

Bas-Canada aux États-Unis. La création en 1846 de la *Free Trade Association* de Montréal sous le leadership des commerçants du Bas-Canada n'a pas manqué d'attirer notre attention particulièrement parce que c'est la date du début de l'offensive expansionniste des États-Unis vers le Mexique. Le mouvement annexionniste du Bas-Canada a coïncidé d'abord avec la séparation (1836) et annexion postérieure du Texas aux États-Unis (1845) suivi para l'annexion ratée du Yucatán aux États-Unis (1836) et la guerre Mexique - États-Unis (1846-1848).

Le fait de retrouver les mêmes idées annexionnistes au Mexique et dans les colonies britanniques de l'Amérique du Nord reflète d'une certaine manière la force d'attraction du marché américain pour ses voisins immédiats, et les liens qui avaient commencé à se nouer entre les communautés d'affaires dans les trois pays.

Les prétentions annexionnistes du Texas, du Yucatán et du Bas-Canada, à des époques similaires, ont été analysées dans cette livre afin de démontrer qu'au Mexique tout comme dans le futur Canada, il existait simultanément des forces qui cherchaient l'unité régionale et la consolidation d'un état national, alors que d'autres, mécontentes des tendances centralisatrices, préféraient envisager l'union avec le territoire des États-Unis. Dans le cas du Mexique, cette situation a été d'autant plus dramatique, car les efforts annexionnistes du Texas et du Yucatán ont vu le jour justement quand le pays souffrait de la voracité territoriale de son voisin du Nord.

En 1850, les idées annexionnistes avaient perdu leur flamme, et à leur place on préférait entrevoir les possibilités de la réciprocité commerciale, c'est-à-dire la réduction des droits de douane ; pendant soixante-cinq ans (1846-1911), la réciprocité deviendra l'objectif principal de la politique internationale de commerce du Canada mais aussi du Mexique.

L'intérêt envers la signature de traités commerciaux avec les États-Unis de la part de ses deux voisins, ne répondait pas seulement à l'intention d'accéder à leurs marchés, mais aussi d'obtenir une meilleure reconnaissance internationale. De plus, dans le cas mexicain, les traités commerciaux signifiaient la délimitation de son propre espace de façon plus ou moins amicale, particulièrement quand il s'agissait de fixer les frontières avec les États-Unis.

Tout au long de la première partie de notre travail, nous avons observé l'ascension économique des États-Unis, conjointement avec leur croissance territoriale en compétition ouverte avec les essais de repositionnement de l'Angleterre dans les Amériques. Au milieu de cette dispute, le Mexique et le Canada ont été attrapés et paradoxalement, ils ont opté pour la négociation de traités commerciaux comme un mécanisme qui assurerait leur indépendance face aux grandes puissances et en même temps leur croissance économique, même aux dépens de leur autonomie économique.

La composante géographique a résulté de première importance dans diverses sections du livre : particulièrement dans la première partie quand il nous a fallu démontrer que la continentalisation n'est pas seulement une manifestation seulement économique et politique, mais aussi un résultat de la composante territoriale. Cela a été un aspect particulièrement intéressant quand nous avons examiné les manifestations les plus flagrantes de l'expansionnisme américain, mais aussi le développement économique du Mexique et du Canada.

Si l'on fait un passage en revue des faits antérieurs, on pourrait facilement inférer que les négociations commerciales et les traités ont peu en commun, s'agissant de deux pays qui non seulement sont économiquement différents mais aussi qui avaient établi une relation très différenciée avec les États-Unis. Toutefois une analyse détaillée de ces aspects, nous a permis de mettre en évidence, l'existence d'une série d'éléments qui prouvent qu'au moins dans quatre traités analysés, tout autant que dans l'ALENA et l'ALCCEU récents, il existe une filiation claire et une véritable continuité des objectifs que les États-Unis ont poursuivis au cours des négociations et par la signature de ces instruments commerciaux.

Finalement, cela nous sert à bien mettre en évidence que le thème des asymétries n'est pas central en soit, si ce n'est du fait que les États-Unis ont toujours joué sur ces asymétries pour conduire leur politique commerciale envers leurs deux voisins.

Cette affirmation nous amène à présenter quelques conclusions importantes liées aux hypothèses que nous avons formulées dans ce travail :

- la stratégie commerciale et économique des États-Unis, en relation aux pays qui forment avec eux l'espace nord-américain, a démontré un caractère particulièrement homogène. Si dans la pratique les résultats sont manifestement distincts, cela s'explique par la corrélation des forces politiques internes dominantes dans un moment donné et leur lien avec le contexte international. Cela est particulièrement évident quand nous analysons des époques aussi contrastées que celles de Luis Echeverría et José López Portillo face à la succession des présidents Miguel de la Madrid, Carlos Salinas et Ernesto Zedillo au Mexique ; dans le cas canadien, nous pouvons opposer le gouvernement de Trudeau et les politiques continentalistes de Brian Mulroney ; dans les deux cas nationaux, les conflits d'intérêts entre nationalistes et continentalistes sont plus qu'évidents.
- Les deux extrêmes de la dialectique qui a marqué les négociations de la majorité des traités de libre-échange, et les relations en Amérique du Nord jusqu'en 1986, ont été la recherche de la réciprocité commerciale comme un moyen de retenir les progrès et les pressions de la continentalisation. Après cette date, nous constatons bien que les négociations ont fonctionné de façon distincte en se déroulant dans le cadre strict des paramètres de la continentalisation. L'antagonisme historique entre la vision nationale et la vision

continentale a été clairement substitué par la recherche des meilleurs avantages offerts par la continentalisation. C'est dans ce sens que la négociation de l'ALCCEU et postérieurement de l'ALENA, ont été des processus clairement focalisés dans une direction, les États-Unis, comme nous le démontrons dans l'analyse de la deuxième partie.

- Malgré le fait que la réciprocité commerciale a représenté le fil conducteur qui a marqué l'orientation de la majorité des négociations entre 1823 et 1994 entre les pays de l'Amérique du Nord, il est certain que la politique de libre-échange des États-Unis a aussi fait main basse sur des instruments d'imposition de taxes mais aussi de représailles commerciales, face aux demandes de réciprocité de leurs voisins.
- Cet aspect est significatif pour notre recherche car la façon dont nous avons envisagé de suivre les traces de la continentalisation n'est pas seulement en faisant le suivi des accords commerciaux, mais aussi en analysant les politiques nationales du Mexique et du Canada, qui expriment souvent un message très clair envers les États-Unis.
- Un exemple : si la politique nationale du Canada (1879-1979) n'a pas déclenché une réponse favorable des États-Unis, a la longue elle a eu un effet considérable sur les investisseurs américains qui ont vu dans cette mesure une occasion rêvée pour prendre position dans certains secteurs économiques canadiens, particulièrement pour ce qui a trait aux ressources naturelles. La perspective de pouvoir produire *in situ*, de compter sur un marché captif de consommateurs et de bénéficier d'un système tributaire favorable a été un stimulant de premier ordre pour attirer le capital américain au Canada.
- De fait la présence américaine s'est accrue au Mexique et au Canada au long du processus d'industrialisation protectionniste. Cela ne s'est pas seulement passé par le biais des investissements directs et de portefeuille, mais aussi grâce aux règlements nationaux qui étaient protectionnistes en général et donc favorables aussi aux intérêts des Américains installés dans l'espace économique de leurs voisins.
- Pendant des décennies, la politique économique du Mexique et du Canada, a eu un objectif double : d'une part, stimuler les exportations d'une industrie basée sur les ressources naturelles, d'autre part protéger le secteur manufacturier domestique, dans lequel les frontières entre le contrôle national et l'étranger n'existaient pratiquement pas.

Au long de cette livre, nous avons affirmé de façon répétitive que l'importance du projet américain se centrait sur la création d'un espace économique unifié en Amérique du Nord. Le pouvoir exécutif et le législatif, dans diverses étapes de l'histoire des États-Unis, ont cherché à imposer ce projet par divers moyens, non seulement aux pays de l'Amérique du Nord, mais aussi au reste du continent.

Dans ce contexte, il faut rappeler la formule lancée lors de la première Conférence panaméricaine (1889-1890) convoquée par le gouvernement des États-Unis qui a proposé de se pencher ouvertement sur la possibilité de créer une union douanière continentale. Cette conférence et la création de l'Union panaméricaine, antécédents de l'Organisation des États Américains (OEA), ont été la plateforme choisie par le gouvernement américain pour lancer son projet continental sous couvert du « Panaméricanisme ». Il refera un essai de ce genre en cherchant à créer l'Organisation internationale du Commerce lors de la réunion de La Havane de 1946, antécédent évident de ce qui sera plus tard le GATT.

La position du gouvernement mexicain est particulièrement intéressante parce qu'elle a constitué l'antécédent le plus lointain d'autres propositions continentales futures qui ont été formulées au fil des ans, particulièrement celles qui furent présentées après la Deuxième Guerre mondiale, quand on essaya de construire des accords commerciaux (1942 et 1946) qui lieraient le développement économique du Mexique et du Canada aux efforts de guerre américains, par le biais des accords de Hyde Park (1941) et de Ogdensburg (1944).

Au long du livre, nous avons essayé de mettre en évidence les mécanismes utilisés par les États-Unis pour consolider leur projet de continentalisation. Le premier étant celui des accords commerciaux, comme nous l'avons déjà souligné même si la plupart ne sont pas arrivés à terme. Un autre moyen a été la formulation d'actes du Congrès américain de caractère commercial, un instrument fréquemment utilisé : par exemple celui qui a donné lieu à la taxe McKinley (1888) et l'acte Smoot-Hawley (1930) qui contrevenait à l'esprit libre-échangiste des États unis pourtant si vanté.

Mais l'effet le plus visible de ces lois, à notre avis, c'est la relocalisation des investissements étrangers directs vers le Canada et le Mexique, dans le but d'échapper aux effets nocifs de ces lois. Les gouvernements mexicain et canadien y virent un effet économique positif sans percevoir que la grande quantité d'entreprises qui allaient s'installer de façon quasi permanente dans leur pays allaient donner naissance au secteur important des usines subsidiaires.

Ces faits en évoquent d'autres de caractère analogue : la Politique nationale a, elle aussi, provoqué que les entreprises américaines se localisent dans les régions canadiennes pour produire les biens qu'auparavant elles exportaient au Canada, et par ce biais elles arrivèrent à baisser leurs coûts et monopoliser le marché canadien.

Cette expérience s'est répétée au Mexique ; à partir des années quarante, la stratégie de substitution des importations a produit une entrée massive de filiales américaines : à cette occasion, le Mexique a affirmé la même chose que ce qui avait été dit au Canada en 1879 : l'investissement étranger était le bienvenu car il représentait un levier pour promouvoir le développement économique.

Tout au long du travail, nous avons insisté spécialement sur la comparaison des processus qui ont donné lieu à la continentalisation dans les deux pays ; dans ce sens, la deuxième partie de ce travail s'est centrée sur l'analyse de trois moments que nous considérons comme essentiels dans le processus de continentalisation en y cherchant les points de convergence. Le chapitre quatre, destiné à l'analyse des relations Mexique-Canada jusqu'avant l'ALENA, a été un exercice important pour déterminer sur quelles bases et avec quels potentiels ces deux pays se retrouvent pour se proposer une relation alternative dans le futur, dans laquelle les États-Unis occupent une grande place. Il est clair que le doute quant au caractère interféré de la relation n'a pu être dissipé même si on peut présager que cette intromission peut se réduire dans la mesure du renforcement de la relation directe entre les deux voisins du grand voisin.

Pour donner une réponse quant au futur de cette relation, nous avons suivi la piste, dans les archives publiques et diplomatiques du Mexique et du Canada, des aspects importants de cette relation depuis les premiers contacts. Nous en avons expliqué la méthode de travail dans le chapitre correspondant.

L'institutionnalisation de la relation a été étudiée séparément dans les deux chapitres qui ont servi à détailler les processus de négociation de l'ALCCEU et de l'ALENA sous divers angles. Notre analyse a essayé de mettre en évidence les aspects les moins étudiés comme les groupes qui sont intervenus dans le processus de négociation, et la dynamique provoquée par les promoteurs et les détracteurs de ces deux accords commerciaux.

Un des grands défis que nous avons dû affronter dans le contexte de cette recherche de caractère comparatif, c'est le maintien d'un certain équilibre entre l'information disponible et les limitations imposées par les sources utilisées. Si nous prenons en compte que le point de vue de cette recherche se fonde dans une bonne mesure sur les sources primaires et l'expérience professionnelle acquise au long des années, grâce à nos séjours de recherche au Canada, il est évident que l'exercice comparatif était marqué par la disponibilité de sources adéquates à notre objectif.

Ce point est important car l'information des sources primaires a toujours été limitée à ce qui était disponible pour la consultation publique. Au fil des années, les archives libèrent de nouvelles informations, ce qui met en évidence que dans une décennie ou plus, nous disposerons d'un meilleur matériel pour analyser la relation Mexique-Canada. La question que l'on se pose dans ce contexte est de savoir si les hypothèses proposées dans cette livre seront toujours valables ou si nous risquons de découvrir de nouveaux aspects qui modifient radicalement l'interprétation des faits. Nous pensons que cette inquiétude n'est pas fondée, car il s'agira davantage de petits apports, sans doute dans le même sens, plutôt que de grandes innovations capables de retourner le sens des interprétations.

Cette question que nous venons de nous poser doit être lue dans un sens différent pour la deuxième et la troisième partie de ce travail: dans les chapitres correspondants, la dimension conjoncturelle acquiert davantage d'importance. Nous nous situons donc dans un passé récent, auquel nous avons d'ailleurs participé activement pour certains événements, de telle sorte que la relation à l'information est distincte.

Dans la dernière partie de cet ouvrage, nous avons introduit un chapitre sur la stratégie internationale du Canada envers l'Amérique latine dans la période récente, postérieure à l'ALENA : il s'agit d'une partie de la recherche qui se base sur des faits récents, mais qui montre quand même que la position du Canada pourrait représenter une certaine ouverture et une prise de distance par rapport aux lignes de force de la continentalisation telle qu'elle a été pratiquée jusqu'à présent en Amérique du Nord.

Le dernier chapitre analyse le cas de la province du Québec : sa présence en Amérique latine et sa position face au processus de continentalisation sont particulièrement intéressantes car on ne peut en trouver un équivalent au Mexique, dont les États fédérés sont trop contrôlés par un centralisme qui tarde à renoncer à ses prérogatives et qui continue à dicter les termes de base de l'entrée en continentalisation pour les provinces mexicaines.

Dans le cas du Québec, sa présence dans le livre ne se justifie pas seulement par le fait que c'est cette province qui a maintenu la relation la plus forte et stable avec le Mexique et l'Amérique latine jusqu'à présent, mais aussi parce qu'elle s'est caractérisée par une attitude très particulière et favorable à la continentalisation, alors qu'elle a toujours été la province la plus nationaliste du Canada.

Nous terminerons en affirmant que cette livre nous a permis d'intégrer de nombreuses réflexions partielles que nous avons développées au cours de plus de quinze ans d'études comparatives sur le Canada et le Mexique : il s'agit en fait de la recherche d'une cohérence globale qui explique, tout au long du territoire de l'Amérique du Nord et sur quasi deux siècles, la logique des relations internationales entre trois pays aux histoires apparemment différentes mais unis par une force toute particulière, une véritable lame de fond qui explique leur passé, leur présent et sans doute pour une bonne part leur futur conjoint : la continentalisation.

BIBLIOGRAPHIE

ABIZAID BUCIO Olga, *The Canada-Mexico relationship: the unfinished highway,* Canada : Canadian Foundation for the Americas, 2004.

AGUIRRE ROJAS Carlos, *Immanuel Wallerstein : critica del sistema-mundo capitalista,* Mexique : Era, 2003.

ÁLVAREZ A. et MENDOZA G., *México 1988-1989 ¿un ajuste económico?,* Mexique: Facultad de Economía, Universidad Nacional Autónoma de México, 1991.

AMPUDIA Ricardo, *Estados Unidos de América en los informes presidenciales de México,* Mexique : Fondo de Cultura Económica et Secretaría de Relaciones Exteriores, 1997.

ANGLIN Douglas, « United States opposition to Canadian membership in the Pan American Union : a Canadian view », *International Organization,* 1961, XV, p. 1-20.

ARELLANO GARCÍA Carlos, *Derecho internacional privado*, Mexique : Miguel Ángel Porrúa Editores, 1974.

————, *La diplomacia y el comercio internacional,* Mexique : Miguel Ángel Porrúa Editores, 1980.

ARMSTRONG Christopher et NELLES H.V., *Monopoly's moment : the organization and regulation of Canadian utilities 1830-1930,* Philadelphia : Temple University Press, 1986.

————, *Southern exposure : Canadian promoters in Latin America and the Caribbean, 1896-1930*, Toronto : University of Toronto Press, 1988.

ATTOLONI José, *El tratado de libre comercio americano*, Mexique : Instituto de Investigaciones Económicas, Universidad Nacional Autónoma de México, 1950.

AXWORTHY Loyd, « An interview with the minister of foreign affairs », *Canadian Foreign Policy Journal,* 1997, 43, p. 1-5.

AYALA José et BLANCO José, « El nuevo Estado y la expansión de las manufacturas. México, 1870-1930 », *In* : *Desarrollo y crisis de la economía mexicana* /ed. par Rolando CORDERA, Mexique : Fondo de Cultura Económica, 1981. p. 13-64.

AYRES Jeffrey, *Defying conventional wisdom : political movements and popular contention against North American free trade*, Toronto : University of Toronto Press, 1998.

BAILEY Glen, « Canadian diplomacy as advocacy : the case of Chile and the NAFTA », *Canadian Foreign Policy*, 1995, 3, 3, p. 97-112.

BALTHAZAR Louis, « Les relations Québec-États-Unis », *In* : *Trente ans de politique extérieure du Québec 1960-1990* /éd. par Louis BALTHAZAR ; Louis BÉLANGER et Gordon MACE, Québec : Centre Québécois de Relations Internationales, 1993. p. 65-105.

BALTHAZAR Louis et HERO Alfred, *Le Québec dans l'espace américain*, Montréal : Éditions Québec Amérique, 1999.

BANCO NACIONAL DE COMERCIO EXTERIOR, *México 1953,* Mexique : Banco Nacional de Comercio Exterior, 1953.

————, *México 1976*, Mexique : Banco Nacional de Comercio Exterior, 1976.

BARRY Donald et HILLIKER John, *Canada's Department of External Affairs, vol. 2 : Coming of age 1946-1968*, Kingston, Ontario : McGill-Queen's University Press, 1995.

BATIZ José Antonio, *El real de a ocho primera moneda universal*, Mexique : Fomento Cultural BANAMEX, 1976.

BÉLANGER Louis, « Méthodologie : mesurer la politique extérieure du Québec », *in* : *Trente ans de politique extérieure du Québec 1960-1990* /éd. par Louis BALTHAZAR ; Louis BÉLANGER et Gordon MACE, Québec : Centre Québécois des Relations internationales, 1993. p. 37-63.

————, « La diplomatie culturelle des provinces canadiennes », *Études internationales,* 1994, XXV, 3, p. 421-452.

BÉLANGER Yves, *Québec Inc. L'entreprise québécoise à la croisée des chemins*, Montréal : Les Éditions Hurtubise, 1998.

BERAIN Sandra, « Las relaciones bilaterales México-Canadá », In : *50 años de relaciones México-Canadá encuentros y coincidencias*, /ed. Mónica VEREA, Mexique : CISAN-UNAM, 1994.

————, « Hacia la consolidación de una relación estratégica : México y Canadá », *Revista Mexicana de Política Exterior,* 1996-1997, 51, p. 84-98.

BERNIER Ivan et THÉRIEN Jean-Philippe, « Le comportement international du Québec, de l'Ontario et de l'Alberta dans le domaine économique », *Études internationales,* 1994, XXV, 3, p. 453-486.

BERNIER Luc, *De Paris à Washington : la politique internationale du Québec*, Québec : Presses de l'Université du Québec, 1996.

BERTRAB VON Hermann, *El redescubrimiento de América, historia del TLC*, Mexique : Fondo de Cultura Económica, 1996.

BITAR Sergio et MONETA Carlos, *La política económica de Estados Unidos en América Latina : Documentos de la administracion Reagan*, Argentine : Grupo Editor Latinoamericano, 1984.

BLANCO MENDOZA Herminio, *Las negociaciones comerciales de México con el mundo. Una visión de la modernización de México*, Mexique : Fondo de Cultura Económica, 1994.

BLANQUER Jean-Michel, *Retour au politique et retour au pragmatisme*, France : Études de la Documentacion Française, 2004a.

BLANQUER Jean-Michel, *Du Panaméricanisme au Transméricanisme : la tectonique des intégrations régionales dans le continent américain*, France : Études de la Documentacion Française, 2004b.

BONIN Bernard, *L'investissement étranger à long terme au Canada*, Montréal : Les Presses de l'École des Hautes Études Commerciales de Montréal, 1967.

BOORSTIN Daniel (coordinateur), *Compendio histórico de los Estados Unidos. Un recorrido por sus documentos fundamentales*, Mexique : Fondo de Cultura Económica, 1997.

BOSCH GARCÍA Carlos, « El primer tratado comercial anglo-mexicano : intereses económicos y políticos », *El Trimestre Económico*, 1946a, XIII, 51, p. 495-532.

————, « Discusiones previas al primer tratado de comercio entre México y Estados Unidos : 1822-1838 », *El Trimestre Económico*, 1946b, XIII, 50, p. 329-345.

————, *Problemas diplomáticos del México independiente*, Mexique : Universidad Nacional Autónoma de México, 1986.

BRAVO AGUILERA H., « La política comercial de México y el Acuerdo General sobre Aranceles Aduaneros y Comercio », *In* : *La adhesión de México al GATT* / ed. par Blanca TORRES et Pamela FALK : Mexique : El Colegio de México, 1989.

BREBNER BARTLET John, *North atlantic triangle : the interplay of Canada, the United States and Great Britain*, Toronto : Ryerson Press for the Carnegie Endowment for International Peace, Division of Economics and History, 1945.

BROWN Craig, *Historia ilustrada de Canadá,* Mexique : Fondo de Cultura Economica, 1994.

BRUNELLE Dorval, « Continentalisation et continentalisme », *Interventions économiques*, 1989, 22-23, p. 131-146.

BRUNELLE Dorval et DEBLOCK Christian, *Le libre échange par défaut*, Canada : VLB Éditeur, 1989.

BUENO Gerado, *El Comercio Exterior de México*, Mexique : Siglo XXI Editores, 1982.

BULMER-THOMAS Víctor, *The economic history of Latin America since independence*, États-Unis : Cambridge University Press, 1994.

CALDERON Francisco, « La vida económica », *In* : *Historia moderna de México. La república restaurada, vida económica* / ed. par Daniel COSÍO VILLEGAS, Mexique : Hermes, 1955.

————, « El pensamiento económico de Lucas Alamán », *Historia Mexicana*, 1985, XXXIV, 3.

CAMPBELL Bruce ; GUTIÉRREZ-HACES Teresa ; JACKSON Andrew et LARUDEE Mehrene, *Labour market effects under CUFTA/NAFTA*, Genevè: International Labour Organization, 1998.

CAMPBELL Bruce ; GUTIÉRREZ-HACES Teresa ; JACKSON Andrew et LARUDEE Mehrene, *Pulling apart : the deterioration of employment and income in North America under free trade*, Ottawa : The Canadian Centre for Policy Alternatives, 1999.

CANADA, *Royal Commission on Conditions of Foreign Service*, Ottawa : Royal Commission, 1981.

CANADA DEPARTMENT OF EXTERNAL AFFAIRS, *Compétitivité et Sécurité : Orientations pour les relations internationales du Canada*, Ottawa : Department of External Affairs, 1985.

CARDOSO Fernando et FALETTO Enzo, *Dependencia y Desarrollo en América Latina*, Mexique : Siglo XXI Editores, 1969.

CAREAGA VILIESID Lorena, *De llaves y cerrojos : Yucatán, Texas y Estados Unidos a mediados del siglo XIX*, Mexique : Instituto de Investigaciones Dr. José María Luis Mora, 2000.

CASTRO VALLE Jorge, « Mecanismos institucionales gubernamentales y no gubernamentales en las relaciones México-Canadá », *Revista Mexicana de Política Exterior*, 1996-1997, 51, p. 99-115.

CECEÑA GÁMEZ José Luis, *México en la orbita imperial,* Mexique : El Caballito Ediciones, 1970, 1973.

CHAPOY BONIFAZ Alma, *El sistema monetario internacional,* Mexique : Miguel Ángel Porrúa Editores, 2000.

CHRISTIE Keith, « The four amigos and beyond : towards the free trade area of the Americas », *Policy Staff Paper* 95/10, Ottawa : ministère des Affaires étrangères et du Commerce international, 1995.

CLARKSON Stephen, *An independent foreign policy for Canada ?,* Toronto : McClelland and Stewart, 1968.

CLAVAL Paul, « Architecture sociale, culture et géographie au Québec : un essai d'interprétation historique », *Annales de Géographie*, 1970, p. 394-419.

COCKCROFT James, *La esperanza de México : un encuentro con la politica y la historia,* Mexique : Siglo XXI, 2001.

COLGAN Charles, « Economic development policy in Quebec and the challenges of a continental economy », *Quebec Studies*, 1993, 16, p. 69-83.

COMEAU Robert ; COOPER Daniel et VALLIÈRES Pierre, *FLQ : un projet révolutionnaire. Lettres et écrits felquistes 1963-1982*, Québec : Études Québécoises, 1990.

COMMISSION ROYALE SUR L'UNION ÉCONOMIQUE ET LES PERSPEPCTIVES DE DÉVELOPPEMENT DU CANADA, *Commission royale sur l'union économique et les perspectives de développement du Canada (Commission Macdonald Rapport)*, Ottawa : ministre des Approvisionnements et Services, 1985. 3v.

COMMITTE ON WAYS AND MEANS U.S. HOUSE OF REPRESENTANTIVES, *Overview and compilation of U.S. trade statutes*, Washington : Committe on Ways and Means U.S. House of Representatives, 1987.

CONN Stetson, ENGELMAN Rose et FAIRCHILD Byron, *United States Army in world war D. The Western Hemisphere. Guardian the United states and its outpost*, Office of the Chief of Müitary History, U.S. Army, Wasgington D.C., 1964.

CONNOLLY Priscilla, *El contratista de don Porfirio. Obras públicas, deuda y desarrollo desigual,* Mexique : Fondo de Cultura Económica, 1997.

COOK Ramsay, « El triunfo y las penas del materialismo 1900-1945 », *In* : *Historia ilustrada de Canadá* / ed. par Craig BROWN, Mexique : Fondo de Cultura Económica, 1994. p. 410-509.

COOPER Andrew, « In search of niches : saying « yes » and saying « no » in Canada's international relations », *Canadian Foreign Policy*, 1995, 3, p. 1-13.
——————, *Canadian foreign policy : old habits and new directions*, Ontario : Prentice-Hall Canada, 1997.
CORDERA Rolando et TELLO Carlos, *México, la disputa por la nación : perspectivas y opciones del desarrollo*, Mexique : Siglo XXI Editores, 1981.
CREIGHTON Donald, *The commercial empire of the St. Lawrence, 1760-1850*, Toronto : Ryerson Press ; New Haven : Yale University Press for the Carnegie Endowment for International Peace, Division of Economics and History, 1937.
——————, *John A. McDonald : the young politician*, Toronto : MacMillan, 1952.
——————, *The forked road : Canada 1939-57*, Toronto : McClelland & Stewart, 1976.
CRISORIO Beatriz, *Las relaciones argentino canadienses entre el TLCAN y el MERCOSUR*, ponencia presentada en el VI Congreso de la Asociación Mexicana de Estudios Canadienses (AMEC), Mexico, 1999.
CROSS Michael, *Free trade, annexation and reciprocity 1846-1854*, Toronto : Holt, 1971.
DAFOE J. W., *Papers*, Ottawa : Public Archives of Canada, 1911.
DALES John, *The protective tariff in Canada's development : eight essays on trade and tariffs. When factors move with special reference to canadian protectionism 1870-1955*, Toronto : University of Toronto Press, 1966.
D'AQUINO Thomas, « Toward a New North America », *ViewPoint Americas*, Washington : Council of the Americas, issue 2, 2004.
DEBLOCK Christian, *Du libre-échange à l'union politique : le Canada dans l'Accord de libre-échange Nord-américain, la France dans le marché unique*, Montréal : Harmattan, 1996.
——————, *L'Organisation mondiale du commerce. Où s'en va la mondialisation ?*, Montréal : Éditions Fides, 2002.
DEBLOCK Christian et ARTEAU Richard, *La politique économique canadienne à l'épreuve du continentalisme*, Montréal : Association Canadienne Française pour l'Avancement des Sciences, 1988.
DEBLOCK Christian, BENESSAIEH Afef et L'HEUREAUX Marie-Paule, *Les relations économiques entre le Canada et le Mexique depuis l'ALENA : un point de vue canadien,* Montréal : Université du Québec à Montréal, Groupe de Recherche sur l'Integration Continentale, 2000.
DEBLOCK Christian et BENESSAIEH Afef, « ¿Puede ser el comercio exterior, motor del crecimiento económico en Canadá? » , *In* : *Canadá. Un Estado posmoderno* / ed. par Teresa GUTIÉRREZ-HACES, Mexique : Plaza y Valdés, 2002a. p. 177-215.
DEBLOCK Christian et CONSTANTIN Christian, *Intégration des Amériques ou intégration à l'économie américaine ?*, Montréal : Université du Québec à Montréal, Groupe de Recherche sur l'Intégration Continentale, 2000.
DELL SIDNEY Samuel, *Bloques de comercio y mercados comunes*, Mexique : Fondo de Cultura Económica, 1981.
DELORME Hélène et CLERC Denis, *Un nouveau GATT? Les échanges mondiaux après l'Uruguay Round*, Bruxelles : Éditions complexes, 1994.
DEPARTMENT OF EXTERNAL AFFAIRS, *The Department of External Affairs*, Ottawa : ministère des Affaires extérieures, 1984.
DILLON John, « Energía e inversión extranjera », *In* : *Experiencias de la negociación del TLC Canadá-Estados Unidos* / ed. par Teresa GUTIÉRREZ-HACES, Mexique : EPESSA et Partido Acción Nacional, 1991, p. 75-81.
DOERN Bruce, TOMLIN Brian, *The free trade story. Faith and fear*, Canada : Stoddart, 1991.
DONNEUR André, *Politique étrangère canadienne*, Canada : Guérin Universitaire, 1994.
DRACHE Daniel et WALLACE Clement, *The new practical guide to Canadian political economy*, Toronto : James Lorimer, 1985.

DRACHE Daniel et CAMERON Duncan, *The other Macdonald report : the consensus on Canada's future that the Macdonald Commission left out*, Toronto : James Lorimer & Company, 1985.
DRACHE Daniel, *Staples, markets, and cultural change : selected essays Harold A. Innis*, Montréal : McGill-Queen's University Press, 1995.
DRUMMOND Ian, *British economic policy and the empire, 1919-1939*, London : Allen & Unwin, 1972.
DRUMMOND Ian et HILLMER Norman, *Negotiating free trade : the United Kingdom, the United States, Canada, and the trade agreements of 1938*, Ontario : Wilfrid Laurier University Press, 1989.
DUNN Robert, *American foreign investments*, New York : B.W. Huebsch and the Viking, 1927.
ECHEVERRÍA Luis, *Segundo infome de gobierno*, Mexique : Presidencia de la República, 1972.
FALK Pamela et TORRES Blanca, *La adhesión de México al GATT. Repercusiones internas e impacto sobre las relaciones México-Estados Unidos*, Mexique : El Colegio de Mexico, 1989.
FERNS Henry, *Britain and Argentina in the nineteenth century*, Oxford : Clarendon, 1960.
FERRETTI Andrée et MIRON Gaston, *Les grands textes indépendantistes. Écrits, discours et manifestes québécois 1774-1992*, Montréal : l'Hexagone, 1992.
FLORES CABALLERO Romeo, *Proteccionismo y libre cambio : el debate entre 1821 y 1836*, Mexique : Banco Nacional de Comercio Exterior, 1971.
FLORES QUIROGA Aldo, *Proteccionismo versus librecambio : la economía política de la protección comercial en México, 1970-1994*, Mexique : Fondo de Cultura Económica, 1998.
FOREMAN-PECK James, *Historia económica mundial*, Espagne : Prentice Hall, 2000.
FOSTER George, *Debates*, Ottawa : House of Commons, 1910-1911.
FRENCH Richard, *How Ottawa decides : planning and industrial policy-making 1968-1980*, Toronto : Canadian Institute for Economic Policy, 1981.
FRY Earl, *The expanding role of state and local governments in U.S. foreign affairs*, New York : Council on Foreign Relations, 1998.
FRY Earl et RADEBAUGH Lee, *Canada-U.S. economic relations in the conservative era of Mulroney and Reagan*, Provo, Utah : Bringham Young University, 1985.
FUNDACIÓN FORD, COMISIÓN SOBRE EL FUTURO DE LAS RELACIONES MÉXICO-ESTADOS UNIDOS, *El desafío de la interdependencia : México y Estados Unidos*, Informe de la Comisión sobre el Futuro de las Relaciones México-Estados Unidos : Mexique : Fondo de Cultura Económica, 1988.
GAGAN David et RASPORICH Anthony, *Free trade, annexation and reciprocity 1846-1854*, Montréal : Holt Rinehart and Winston of Canada Limited, 1971.
GARCÍA Genaro, *Crónica oficial de las fiestas del primer Centenario de la Independencia de México*, Mexique: CONDUMEX, 1990 (imprimé facsímil de l'original publiée par le Talleres del Museo, en 1911).
GATT, *Accord général sur les tarifs douaniers et le commerce*, Genève, 1988.
GAUTHIER François, *Relations économiques internationales*, Québec : Les Presses de l'Université Laval, 1992.
GAY Daniel, *Les élites québécoises et l'Amérique latine*, Montréal : Nouvelle Optique, 1983.
GEORGE Susan, *A short history of neoliberalism*, New York : Global Policy Forum, 1999.
GODOY E., « Un Ingeniero y su imperio : Frederick Stark Pearson », *Revista Universidad*, 1996.
GONZÁLEZ Marco et LORÍA Eduardo, *Liberalización comercial y globalización en México*, ponencia presentada en The Canadian Association for Latin American and Caribean Studies, Ottawa, Canada, 1994.
GOUVERNEMENT DU CANADA, *Investissements étrangers directs au Canada*, Ottawa : Gouvernement du Canada, 1972.

————, *Priorités et progrès. Le Canada dans les Amériques*, Ottawa : gouvernement du Canada, 2009.

GOUVERNEMENT DU MEXIQUE ET DU GOUVERNEMENT DU CANADA, *Partenariat Canada-Mexique*, Publication conjointe du Gouvernement du Mexique et du Gouvernement du Canada, Mexique-Ottawa, 2004.

GOUVERNEMENT DU QUÉBEC, *Le Québec dans le monde ou le défi de l'interdépendance. Énoncé de politique de relations internationales*, Québec : ministère des Relations internationales, 1985.

GRANATSTEIN J.L., *A man of influence : Norman A. Robertson and Canadian statecraft 1929-1968*, Ottawa : Deneau Publishers, 1981.

————, *Yankee go home? Canadians and anti-americanism*, Toronto : Harper Collins Publishers Ltd, 1996.

GUTIÉRREZ-HACES Teresa, « La continentalización : una geopolítica del libre-cambio », *In* : *Viejos desafíos, nuevas perspectivas* /ed par Raul BENITEZ, Luis GONZÁLEZ et al., Mexique : Miguel Ángel Porrúa, 1988. p. 97-115.

————, « Libre comercio trilateral : un proyecto para América del Norte », *Problemas del Desarrollo*, 1990a, XXI, 83, p. 37-43.

————« México y Canadá frente a su destino continental », *Nuestra America*, 1990b, 16.

———— (coordinateur), *Memorias del coloquio : experiencias de la negociación del TLC Canadá-Estados Unidos*, Mexique : EPESA et Partido Acción Nacional, 1991b.

————, « Libre comercio y oposición sindical », *Trabajo Social*, 1991c, 8-9, p. 63-81.

————, « Del GATT al tratado de libre comercio : algunas consideraciones sobre el acuerdo trilateral Canadá-Estados Unidos-México », *In* : *El Tratado de libre comercio. Entre el viejo y el nuevo Orden* /ed. par Barbara DRISCOLL et Mónica GAMBRILL, Mexique : Centro de Investigaciones sobre Estados Unidos, Universidad Nacional Autónoma de México, 1992a. p. 17-33.

————, « La Negociación del TLC a partir del borrador de Dallas », *Problemas del Desarrollo*, 1992b, XXIII, 90, p. 66-71.

————, « Canadá del nacionalismo y la diversidad política a las realidades de la continentalización », *In* : *Canadá en Transición* /ed. par Teresa GUTIÉRREZ HACES et Mónica VEREA, Mexique : Centro de Investigacione sobre América del Norte, Universidad Nacional Autónoma de México, 1994a. p. 335-351-.

————, « L'Accord de libre-échange Nord-américain : les contraintes de la transition et la réforme de l'État au Mexique », *in* : *L'Amérique du Nord et l'Europe communautaire : intégration économique, intégration sociale?* /éd. par Dorval BRUNELLE et Christian DEBLOCK, Canada : Presses de l'Université du Québec, 1994b. p. 97-106.

————, « Canadá : entre el libre comercio y las barreras comerciales interprovinciales », **Comercio Exterior**, 1994c, 44, 1, p. 72-79.

————, « Experiencias y coincidencias de una vecindad bajo el libre comercio », *In* : *La integración comercial de México a Estados Unidos y Canadá* /ed. par Rey ROMAN, Mexique : Siglo XXI Editores, 1995a.

————, « Canada Mexico : the neighbor's neighbor », *In* : *NAFTA in transition* /ed. par Stephen RANDALL et Herman KONRAD, Alberta : University of Capagary Press, 1995b. p. 57-75.

————, « Reexaminando el Tratado de Libre Comercio de América del Norte ». *In* : *México y las Américas* / ed. par F. PALLAN ; J. WILKIE et J. ARROYO, Mexique : ANUIES, 1996.

————, « Échanges culturels et mondialisation au Mexique et au Canada », *in* : *Language, cultures and values in Canada at the dawn of the 21st century* / ed. par André LAPIERRE ; Patricia SMART et Pierre SAVARD, Canada : Carleton University Press, 1996b., p. 185-188.

————, « Vecindad interferida », *Revista Mexicana de Política Exterior*, 1997, 51, p. 11-33.

————, « Canadá y el libre comercio. Un análisis de su reciente participación en los acuerdos comerciales en América del Norte », *In* : *Nuevas dimensiones de la integración del TLCAN al regionalismo hemisférico* / ed. par Germán DE LA REZA et Raúl CONDE, Mexique : Plaza y Valdes, 1999a, p. 85-103.
————, « Canadá redescubre las Américas. Entre un liderazgo en la promoción de la democracia y las exigencias del libre comercio », *Revista Relaciones Internacionales*, 1999b, 79, p. 17-26.
————, « La diplomatie économique du Canada vis-à-vis de l'Amérique latine », *Cahier des Amériques latines*, 2000, 34, p. 145-163.
————, *Procesos de integración económica en México y Canadá. Una perspectiva histórica comparada*, Mexique : Miguel Ángel Porrua Editores, 2002, 143p.
————, « La contribución de la política exterior de Canadá a la construcción de una identidad pan-canadiense », *Estudios Politicos*, 2003a, 32, p. 13-52.
————, « Geopolitics of relations in North America », *In* : *South America, Central America and the Carribbean 2004*, London : Taylor and Francis Books et 11 New Fetter Lane, 2003b.
————, « Identity and otherness in the canadian foreign policy », *In* : *The Canadian Distinctiveness into the XXIst Century* /ed. par Chad GAFFIELD et Karen GOULD, Canada : University of Ottawa Press, 2003c. p. 231-250.
————, « Canadá : entre la promoción de una política económica internacional y el desarrollo sustentable », *In* : *Desde el sur. Visiones de Estados Unidos y Canadá desde América Latina a principios del siglo XXI* /ed. par Paz Consuelo MÁRQUEZ, Germán PÉREZ FERNÁNDEZ, Remedios GÓMEZ, Mexique : Centro de Investigaciones sobre América del Norte, Universidad Nacional Autónoma de México, 2003d, p. 21-56.
————, « La inversión extranjera directa en el TLCAN », *ECONOMIAUNAM*, 2004a, 3, p. 30-52.
————, « The rise and fall of an « organized fantasy » : the negotiations of status as periphery and semi-periphery by Mexico and Latin America », *In* : *Governing under stress : middle power and the challenge of globalization* / ed. par Marjorie GRIFFIN COHEN et Stephen CLARKSON, Canada : Zed Press, 2004b, p. 70-89.
————, « Le Canada et le Mexique entre l'ALENA et la ZLEA : 10 ans ne suffisent pas », *in* : *L'ALENA. Le libre-échange en défaut*/éd. par Dorval BRUNELLE et Christian DEBLOCK, Canada : Éditions Fides, 2004c, p. 79-105.
————,« Retos de la política económica internacional de Canadá en México y América Latina », *In* : *México más allá del TLCAN. Competitividad y diversificación de mercados* / ed. par Germán DE LA REZA, Mexique : Plaza y Valdes, 2004d, p. 93-129.
GUTIÉRREZ-HACES Teresa et VEREA Mónica, *Canadá en Transición*, Mexique : Centro de Investigaciones sobre América del Norte, Universidad Nacional autónoma de México, 1994.
HALPERIN DONGHI Tulio, *Historia contemporánea de América Latina*, Espagne : Alianza Editorial, 2000.
HANNINGAN Robert, « Reciprocity 1911 : continentalism and American Realpolitik », *Diplomatic History*, 1980, 4, p. 1-10.
HANSEN Roger, *La política del desarrollo mexicano*, Mexique : Siglo XXI Editores, 1971.
HART Michael, *What's next. Canada, the global economy and the new trade policy*, Ottawa : Centre for Trade Policy and Law, 1994.
————, *Decision at midnight. Inside the Canada-US free trade negotiations*, Canada : UBC Press, 1994.
————, *Fifty years of canadian tradecraft. Canada and the GATT 1947-1997*, Ottawa : Centre de Droit et de Politique commerciale, 1998.
HAWKES Arthur, *An appeal to the British-born*, Canada : British News of Canada, 1911.

HIERNAUX NICOLAS Daniel, « El Estado y las políticas Urbanas », *In* : *Las Truchas ¿Inversión para la desigualdad ?*, ed. par Iván RESTREPO, Mexique : Océano, 1984. p. 91-129.

HILLIKER John, *Le ministère des Affaires extérieures du Canada, v. 1 : les années de formation 1909-1946*, Québec : Presses de l'Université Laval, 1990.

HOLMES John, *The better part of valour : essays on Canadian diplomacy*, Toronto : McClelland & Stewart Limited, 1970.

HOWLETT Michael et RAMESH M., *The political economy of Canada. An introduction*, Canada : McClelland & Stewart, 1992.

IBARRA Bellon Araceli, *El comercio exterior de México 1821-1862. La lucha por las fuentes financieras entre el estado central y las regiones*, Mexique : Fondo de Cultura Económica, 1998.

INFORME DE LA COMISIÓN SOBRE EL FUTURO DE LAS RELACIONES MÉXICO-ESTADOS UNIDOS, *El desafío de la interdependencia : México y Estados Unidos*, Informe de la Comisión sobre el Futuro de las Relaciones México-Estados Unidos : Mexique : Fondo de Cultura Económica, 1988.

INNIS Harold, *The fur trade in Canada : an introduction to canadian economic history*, Toronto : University of Toronto Press, 1956.

INSTITUTO MEXICANO DE COMERCIO EXTERIOR, *El comercio exterior de México*, Mexique : Instituto Mexicano de Comercio Exterior et Siglo XXI Editores, 1982.

IZQUIERDO Rafael, « El proteccionismo en México », *In* : *La economía mexicana, análisis por sectores y distribución* / ed. par Leopoldo SOLIS, Mexique : Fondo de Cultura Económica, 1975, p. 228-269.

JACOMY-MILLETTE Anne-Marie, « Les activités internationales des provinces canadiennes », *in* : *De Mackenzie King à Pierre Tudeau quarante ans de diplomatie canadienne 1945-1985* /éd. par Paul PAINCHAUD, Canada : Les Presses de l'Université Laval, 1989, p. 81-104.

JIMÉNEZ CODINACH Guadalupe, *La Gran Bretaña y la independencia de México 1808-1821*, Mexique : Fondo de Cultura Económica, 1991.

JOYCE et KOLKO, *The limits of power : the world and United States foreign policy, 1945-1954*, New York : Harper & Row, 1972.

KEOHANE Robert et NYE Joseph, *Poder e interdependencia. La política mundial en transición*, Argentine : Grupo Editor Latinoamericano, 1988.

KIRTON John, « Foreign policy under the liberals : Prime Ministerial leadership in the Chrétien government's foreign policy-making process », *In* : *Canada among nation 1997 : Asia Pacific face-off* / ed. par Maureen APPEL et Martin RUDNER, Canada : Carleton University Press, 1997, p. 21-50.

KONRAD Herman, « North American continental relationships : historical trends and antecedents », *In*: *NAFTA in Transition* /ed. par Stephen RANDALL et Herman KONRAD, Canada: University of Calgary Press, 1995, p. 15-35.

KUNTZ Ficker Sandra, « Las oleadas de americanización en el comercio exterior de México 1870-1948 », *In* : *Americanización Estados Unidos y América Latina en el siglo XX transferencias económicas, tecnológicas y culturales* / ed par. María I. BARBERO et Andrés REGALSKY, Argentine : UNTREF, 2003, p. 39-70.

KUTTNER Robert, *The End of Laisses Faire, National Purpose and the Global Economy after the Cold War*, New York : Knopf, 1991.

LABAN R. et MELLER P. « Trade strategy for a small country : the chilean case », *In* : *Western hemisphere trade integration* /ed. par Richard LIPSEY, Canada : St. Martin Press, 1997.

LACHAPELLE Guy, TREMBIAY Pierre et TRENT John (direction), *L'Impact Référendaire*, Québec : Presses de l'Université du Québec, 1995.

LALANDE Gilles, « La Francophonie et la politique étrangère du Canada », *in* : *De Mackenzie King à Pierre Trudeau quarante ans de diplomatie Canadienne 1945-1985*/éd. par Paul PAINCHAUD, Canada : Les Presses de l'Université Laval, 1989, p. 217-248.

LARUDE Mehrene. « NAFTA's impact on U.S. labor markets, 1994-1997 », *in* : *Pulling apart. The deterioration of employment and income in North America under free trade* / ed. par Bruce CAMPBELL ; Teresa GUTIÉRREZ-HACES ; Andrew JACKSON et Mehrene LARUDEE, Canada : The Canadian Centre for Policy Alternatives, 1999. p. 123-175.

LATIN AMERICAN WORKING GROUP, *Open for business : Canada-Mexico-U.S.,* Toronto : Latin American Working Group, 1991.

LAURIER Wilfrid, *Debates*, Ottawa : House of Commons, 1910-1911.

LAUX Jeanne et MOLOT Maureen, *State capitalism. Public enterprise in Canada*, London : Cornell University Press, 1988.

LEMOINE Ernesto, *México e hispanoamérica en 1867*, Mexique : Centro Coordinador y Difusor de Estudios Latinoamericanos, Universidad Nacional Autónoma de México, 1997.

LINTEAU Paul-André, « La identidad Francofona de Quebec en un contexto norteamericano y multicultural : perspectivas históricas », *In* : *Canadá en transition* / ed. par Teresa GUTIÉRREZ-HACES et Mónica VEREA, Mexique : Centro de Investigaciones sobre América del Norte, Universidad Nacional Autónoma de México, 1994, p. 603-625.

LIPSET SEYMOUR Martin, *Continental divide: the values and institutions of the United States and Canada*, Canada : Routledge, 1990

————, *La División continental. Los valores y las instituciones de los Estados Unidos y Canadá*, Mexique : Fondo de Cultura Económica, 1993.

LIPSEY Richard et MURRAY Smith, *Taking the initiative : canada's trade options in a turbulent world*, Toronto : C.D. Howe Institute, 1985.

LLINÁS ALVAREZ Edgar, *Vida y obra de Ramón Beteta*, Mexique: Universidad Nacional Autónoma de México, 1996.

LÓPEZ PORTILLO José, *Mis Tiempos*, Mexique: Fernandez Editores, 1988.

LÓPEZ ROSADO Diego, *Historia y pensamiento económico*, Mexique : Instituto de Investigaciones Económicas, 1971.

LOYOLA Rafael (coordinateur), *Entre la guerra y la estabilidad política. El México de los 40*, Mexique : Grijalbo et Consejo Nacional para la Cultura y las Artes, 1985.

MACE Gordon, *Les relations du Canada avec l'Amérique latine et les Caraïbes*, Québec : Université Laval, Laboratoire d'Études politiques et administratives, 1987.

————, *Une politique étrangère régionale du Canada en Amérique latine?*, Québec : Université Laval, Laboratoire d'Études politiques et administratives, 1987.

————, « Les relations du Canada avec l'Amérique latine et les Caraïbes », *in : De Mackenzie King à Pierre Trudeau quarante ans de diplomatie canadienne*/éd. par Paul PAINCHAUDN, Québec : Les Presses de l'Université Laval, 1989, p. 401-332.

————, « Canada's provinces and relations with Latin America : Quebec, Alberta and Ontario », *In* : *A dynamic partnership. Canada's changing role in the Americas* /ed. par Jerrey HAAR et Edgar DOSMAN, États-Unis : North-South Center, 1993a.

————, « Les relations du Québec avec l'Amérique latine », *in* : *Trente ans de politique extérieure du Québec 1960-1990* / éd. par Louis BALTHAZAR ; Louis BÉLANGER et Gordon MACE, Québec : Centre Québécois des Relations internationales, 1993b, p. 221-249.

————, « Quelles institutions pour l'ALENA ? » *In* : *Le libre-échange en défaut*/éd. par Dorval BRUNELLE et Christian DEBLOCK, Canada : Fides Points Chaudes, 2004.

MACE Gordon et GOULET Claude, « Canada in the Americas : assessing Ottawa's behavior », *International Journal of Canadian Studies*, 1996, 13, p. 133-159.

MACKINTOSH W.A., *The economic background of dominion-provincial relations*, Canada : Macmilland of Canada Limited, 1978.

MALPICA Luis, *¿Qué es el GATT?*, Mexique : Grijalbo, 1988.
MANNING William, *Diplomatic correspondence of the United States, Inter-American Affairs, 1831-1860*, Washington : Carnegie Endowment for International Peace, 1916.
MARICHAL Carlos et CERRUTTI Mario (coordinateurs), *Historia de las grandes empresas en México, 1920-1930*, Mexique : Fondo de Cultura Económica, 1997.
MARICHAL Carlos, *Historia de la deuda externa de América Latina*, Madrid : Alianza Américas, 1988.
MARTIN Richard, « El Impacto negativo del ALC para los trabajadores canadienses : perspectivas del TLC », *In*: *Canadá en Transición* / ed. par Tersa GUTIÉRREZ-HACES et Mónica VEREA, Mexique: Centro de Investigaciones sobre América del Norte, Universidad Nacional Autónoma de México, 1994, p. 329-249.
MASSICOTTE Marie-Josée, *Mexican sociopolitical movements and transnational networking in the context of economic integration in the Americas*, Ph.D Dissertation submitted to the Faculty of Graduate Studies, Department of Political Science, York University, 2004.
MASTERS Donald, *La réciprocité 1846-1911*, Ottawa : Société Historique du Canada, 1932.
————, *The reciprocity treaty of 1854*, Toronto : McClelland & Stewart Limited, 1963.
MATUTE A., *Las dificultades del nuevo estado*, Mexique : El Colegio de México, 1995.
MCDONALD Marci, *Yankee doodle dandy. Brian Mulroney and the american agenda*, Toronto : Stoddart Publishing, 1995.
MCKERCHER B.J.C. et ARONSEN Lawrence, *The north atlantic triangle in a changing world : anglo-american-canadian relations, 1902-1956*, Toronto : University of Toronto Press, 1996.
MERRET Christopher, *Free trade : neither free nor about trade*, Montréal : Black Rose Books, 1996.
MEYER Lorenzo, *Su majestad británica contra la revolución mexicana, 1900-1950. El fin del imperio informal*, Mexique : El Colegio de Mexico, 1991.
————, *México y el mundo. Historia de sus relaciones exteriores. Tome VI: La marca del nacionalismo*, Mexique : Senado de la Republica, 2000.
MILLER Eugene, « Canada and the Panamerican Union », *International Journal*, 1947, 3, p. 66-82.
MILLER Morris, *El Acuerdo de Libre Comercio entre Canadá y los Estados Unidos : lecciones para América Latina*, Argentine : INTAL, 1989.
MILLET Montserrat, *La Regulación del comercio Internacional del GATT a la OMC*, Barcelona : La Cita, 2001.
MILNE David, *The new Canadian Constitution*, Toronto : Lorimer, 1982.
————, *The Canadian Constitution*, Toronto : James Lorimer, 1991.
MINISTÈRE DE LA JUSTICE, *Loi de mise en œuvre de l'Accord de libre-échange nord-américain*, Ottawa: ministère de la Justice, 1993.
MINISTÈRE DES AFFAIRES EXTÉRIEURES, *Politique étrangère au service des Canadiens*, Ottawa : ministère des Affaires extérieures, 1970.
————, *Accord de libre-échange entre le Canada et les États-Unis*, Canada : ministère des Affaires extérieures, 1987.
————, *The Department of External Affairs*, Ottawa : ministère des Affaires extérieures, 1984.
MINISTÈRE DES AFFAIRES ÉTRANGÈRES ET DU COMMERCE INTERNATIONAL, *Canada in the World*, Ottawa : ministère des Affaires étrangères et du Commerce international, 1995.
————, *Partenaires en Amérique du Nord. Promouvoir les relations du Canada avec les États-Unis et le Mexique*, troisième rapport du Comité permanent des Affaires étrangères et du Commerce international, Ottawa, 2002.
————, Fierté et influence : notre rôle dans le monde, Ottawa : ministère des Affaires étrangères et du Commerce international, 2005.

MITJANS Esther, CASTELLÁ Joseph, *Canadá introducción al sistema político y jurídico,* Espagne : Asociación Española de Estudios Canadienses et la Universitat de Barcelona, 2001.
MOORE Christopher, *How the fathers made a deal*, Canada : McClelland & Stewart, 1997.
MORIN Claude, « La politique extérieure du Québec », *Études internationales*, 1978, IX, p. 281-289.
————, *L'art de l'impossible : la diplomatie québécoise depuis 1960,* Montréal : Boréal Express, 1987.
MORTON Desmond, « Tensiones de la abundancia 1945-1987 », *In* : *Historia ilustrada de Canadá* / ed. par Craig BROWN, Mexique: Fondo de Cultura Económica, 1994. p. 510-614.
MUIRHEAD B.W. *The development of postwar canadian trade policy. The failure of the anglo-european option*, Montréal : McGill-Queen's University Press, 1992.
NANKIVELL Neville, "Unfinished Agenda: Freeing up Canada's International Trade Market", *Strengthening Canada: Challenges for International Trade and Mobility Conference Proceedings*, Toronto, 31 mai et 1er juin.
NAVARRETE, Alfredo, « El crecimiento económico de México y las inversiones extranjeras », *Trimestre Económico*, 1958, XXV, 100.
NEUFELD Mark et WHITWORTH Sandra, « Imag(in)ing Canadian Foreign Policy », *In* : *Building on the New Canadian Political Economy* / eds. Wallace CLEMENT et Glen WILLIAMS, Montréal : McGill-Queen's University Press, 1997, p. 197-214.
NEVINS Allan; COMMANGER Henry et MORRIS Jeffrey, *Breve historia de los Estados Unidos*, Mexique : Fondo de Cultura Economica, 1994.
NICOLAU D'OLWER, Luis, « Las inversiones extranjeras », *In* : *Historia moderna de México : el porfiriato* / ed. par Daniel COSIO VILLEGAS, Mexique : Hermes, 1974. p. 973-1211.
NIOSI Jorge, *Les multinationales canadiennes*, Montréal : Boréal Express, 1982.
NORRIE Kenneth et OWRAM Douglas, *A history of the canadian economy*, Canada : Harcourt Brace, 1996.
NOSSAL Kim Richard, « Contending explanation for the amalgamation of external affairs », *In : The canadian foreign services in transition* /ed. par Donald STORY, Toronto: Canadian Scholar's Press, 1993. p. 37-58.
————, *The politics and canadian foreign policy*, Canada : Prentice Hall, 1997.
OGELSBY J., *Gringos from the far North : Essays in the history of Canadian-Latin American relations*, Toronto : Macmillan, 1976.
————, *Gringos del lejano norte. Ensayo de historia de las relaciones canadienses-latinoamericanas 1866-1968*, Ecuador : Instituto Panamericano de Geografía e Historia, 1989.
OLEA SISNIEGA Miguel Angel, « México en el sistema de comercio internacional. Análisis de las negociaciones comerciales internacionales durante el decenio de los ochenta », *In* : *La política internacional de México en el decenio de los ochenta* / ed. par César SEPÚLVEDA, Mexique : Fondo de Cultura Económica, 1994. p. 343-415.
ORTIZ MENA Antonio, *El desarrollo estabilizador : reflexiones sobre una época*, Mexique : Fondo de Cultura Económica, 2000.
PAINCHAUD Paul (dir.), *De Mackenzie King à Pierre Trudeau. Quarante ans de diplomatie canadienne*, Québec : Les Presses de l'Université Laval, 1989.
————, *Le Canada et le Québec sur la scène internationale, centre québécois de relations internationales*, Québec : Les Presses de l'Université du Québec, 1977.
PARLEMENT DU CANADA, *Partenaires en Amérique du Nord. Promouvoir les relations entre le Canada, les États-Unis et le Mexique*, Comité sénatorial permanent des Affaires étrangères, Ottawa, 2002.
————, *Mexico : Canada's other Nafta Partner*, Comité sénatorial permanent des Affaires étrangères, Ottawa, 2004.

PALERM Angel, « Sobre la formación del sistema colonial. Apuntes para una discusión ». *In : Ensayos sobre el desarrollo económico de México y America Latina, 1500-1975* / ed. par Enrique FLORESCANO, Mexico : Fondo de Cultura Económica, 1979. p. 23-36.
PASTOR Robert, *Toward a North American community. Lessons from the old world for the new*, Washington : Institute for International Economics, 2002.
PAZ Maria Emilia, *Strategy, security, and spies. Mexico and the U.S. as allies in world war II*, États-Unis : The Pennsylvania State University Press, 1997.
————, « México y la defensa hemisférica, 1939-1942 », *In* : *Entre la guerra y la estabilidad política : el México de los años 40* / ed. par Rafael LOYOLA, Mexique : Editorial Grijalbo, 1990. p. 42-64.
PEARSON Charles, *Free trade, fair trade*, Washington : John Hopkins Foreign Policy, 1989.
PILETTE Lorraine, *La Constitution canadienne*, Montréal : Boréal, 1993.
PODEA Iris, « Pan American sentiment in french Canada », *International Journal*, 1948, III, 4, p. 334-348.
POLLOCK David, « La actitud de los Estados Unidos hacia la CEPAL », *Revista de la CEPAL*, 1978, p. 59-86.
POMFRET Richard, *The economic development of Canada*, Canada : Nelson, 1989.
PRINGLE Henry, *The life and times of William Howard Taft*, New York : Farrar & Rinehart, 1964.
PUGA Cristina, *Los empresarios organizados y el Tratado de Libre Comercio de América del Norte*, Mexique : Miguel Ángel Porrúa, 2004.
RANDALL Stephen et KONRAD Herman, *NAFTA in transition*, Canada : University of Calgary Press, 1995.
RANDALL Stephen, « In search of a hemispheric role : Canada and the Americas », *In* : *Canada among nation 2002 : a fading power*, Canada : Oxford University Press, 2002, p. 233-255.
RAY Arthur, « El encuentro de dos mundos », *In* : *Historia ilustrada de Canadá* / ed. par Craig BROWN, Mexique : Fondo de Cultura Económica, 1994, p. 21-114.
RED MEXICANA DE ACCIÓN FRENTE AL LIBRE COMERCIO, *Memorias de Zacatecas. La opinión pública y las negociaciones del Tratado de Libre Comercio : alternativas ciudadanas*, Mexique : Red Mexicana de Acción Frente al Libre Comercio, 1992.
————, *Documentos 1991-1995,* Mexique : Red Mexicana de Acción Frente al Libre Comercio, 1995.
REYES HEROLES Jesús, *Naturaleza del Tratado Comercial mexicano-americano de 1942*, Mexique : Escuela Nacional de Economía, 1950.
RICO Carlos, *México y el mundo. Historia de sus relaciones exteriores. Tome VIII : Hacia la Globalización*, Mexique : Senado de la República, 2000.
RIGUZZI Paolo, *¿Reciprocidad imposible? La política de comercio entre México y Estados Unidos, 1857-1938*, Mexique : El Colegio Mexiquense, 2003.
ROBERTSON Ross M., *Historia de la economía norteamericana*, Argentine : Omeba, 1967.
ROCHLIN James, *Discovering the Americas. The evolution of Canadian foreign policy toward Latin America*, Vancouver : UBC Press, 1994.
————, *Descubriendo las Américas. La evolución de la política exterior canadiense hacia América Latina*, Mexique : Fondo de Cultura Economica, 1999.
RODRÍGUEZ Octavio, *La Teoría del Subdesarrollo de la CEPAL*, Mexique : Siglo XXI Editores, 1980.
ROMERO Matías, *Reciprocidad comercial entre México y los Estados Unidos*, Mexique : Banco Nacional de Comercio Exterior, 1890.
ROSENZWEIG Fernando, « Moneda y bancos », *In* : *Historia moderna de México : el porfiriato,* / ed. par Daniel COSÍO VILLEGAS, Mexique : El Colegio de México, 1965, p. 789-885.
ROTSTEIN Abraham., « Is there an english canadian nationalism? », *Journal of Canadian Studies*, 1978, 13.

ROYAL COMMISSION ON CONDITIONS OF FOREIGN SERVICES, *Report : Royal commission on conditions of foreign services,* Ottawa : Minister of Supply and Services Canada, 1981.

RUBIO Luis, *¿Cómo va a afectar a México el Tratado de Libre Comercio ?*, Mexique : Fondo de Cultura Económica, 1992.

SALINAS de Gortari Carlos, *México un paso difícil a la modernidad,* Barcelona : Plaza y Janes, 2001.

SARAGOSSI Maggy, *Persuasion et séduction : Le discours politico-commercial du Canada sur l'Amérique latine, 1982-1985*, Candiac, Québec: Éditions Balzac, 1991.

——————, *Le regard du Canada sur l'Amérique latine, parole exclusive, parole transgressive*, Québec : Éditions Le Préambule, 1996.

SECOFI, *Organización de los trabajos preparatorios del Tratado de Libre Comercio con Norteamérica*, Mexique : Secretaría de Comercio y Fomento Industrial, 1993.

——————, *Tratado de Libre Comercio de América del Norte*, deux volumes, Mexique : Secretaría de Comercio y Fomento Industrial, 1993.

——————, *Documentos básicos del Tratado de Libre Comercio de América del Norte*, Mexique : Secretaría de Comercio y Fomento Industrial, 1994.

SECRETARIA DE LA PRESIDENCIA, *Informe de Gobierno de Luis Echeverría*, México : Presidencia de la República, 1976.

SECRETARÍA DE RELACIONES EXTERIORES, *México a través de los informes presidenciales. La política exterior*, Mexique : Secretaría de Relaciones Exteriores, 1976.

——————, *Tratados y Convenios Vigentes entre los Estados Unidos Mexicanos y otros países,* Mexique : Secretaría de Relaciones Exteriores, 1999.

——————, *Conferencia Interamericana sobre problemas de la guerra y de la paz. México 1945*, Mexique : Secretaría de Relaciones Exteriores, 2003.

SELA, *El papel de Canadá en el hemisferio*, Santiago : Sistema Económico Latinoamericano, 1998.

SENADO DE LA REPÚBLICA, *Acuerdo General sobre Aranceles y Comercio, Reglamento*, Mexique: Senado de la República Mexicana, 1989.

——————, *Análisis de los efectos del Tratado de Libre Comercio de América del Norte en la economía mexicana : una visión sectorial a cinco años de distancia*, deux volumes, Mexique, Senado de la República, 2000.

SERRA Puche Jaime, *La reciprocidad internacional a la apertura económica de México*, Mexique: Secretaría de Comercio y Fomento Industrial, 1994.

SHARP Mitchell, « Canada-U.S. Relations : Options for the Future », *International Perspectives*, 1972, special issue, autumn.

——————, *Which reminds me... a memoir*, Toronto : University of Toronto Press, 1994.

SHECK Conrad, et al., *Canada in the America new-opportunities and challenges*, Ottawa : Department of Foreign and International Trade, 1994.

SIFTON Clifford, *Debates*, Ottawa : House of Commons, 1910-1911.

SOLDATOS Panayotis, « La question du spill over dans le débat sur le libre-échange : vers d'autres formes d'intégration », *in* : *Un marché, deux sociétés ? libre-échange et autonomie politique*/éd. par Christian DEBLOCK et Maurice COUTURE, Canada : Association canadienne des sociologues et Anthropologues de Langue Française, 1987, p. 91-110.

——————, « La revanche continentaliste : le libre-échange canado-américain, *in* : *Le Canada à l'ère de l'après-Guerre froide et des blocs régionaux. Une politique étrangère de transition*/éd. par A.P. DONNEUR, et P. SOLDATOS, Canada : Captus Press, 1993. p. 135-189.

SPENCER Robert, *Canada's foreign policy : reminiscence and reflection*, Toronto : Canadian Institute of International Affairs, 1957.

STACEY Charles, *Mackenzie King and the atlantic triangle*, Toronto : Macmillan of Canada, 1976.

STANLEY J. et STEIN Barbara, *La Herencia colonial de América Latina*, Mexique : Siglo XXI Editores, 1977.

STEVENS Paul (éditeur). *The 1911 general election : a study in canadian politics*, Toronto : The Coop Clark Publishing Company, 1970.

STORY Donald (Editeur) *The canadian foreign services in transition*, Toronto : Canadian Scholar's Press, 1993.

STUDER Maria Isabel, « Fundamentos y condiciones de una sociedad estratégica entre México y Canadá », *Revista Mexicana de Política Exterior*, 1996-1997, 51, p. 45-83.

STUDER María Isabel, PRUD'HOME J-F, « Quebec-Mexico relationships : a new partner », *In* : *Quebec under free trade* /ed. par LACHAPELLE, Quebec : Presses de l'Université du Québec, 1995.

SUÁREZ Luis, *Echeverria en el sexenio de López Portillo : el caso de un expresidente ante el sucesor,* Mexico : Grijalbo, 1983.

TELLO Carlos, *La política económica en México 1970-1976*, Mexique : Siglo XXI Editores, 1993.

THÉRET Bruno, *Protection sociale et fédéralisme l'Europe dans le miroir de l'Amérique du Nord*, Belgique : Presses interuniversitaires européennes, 2002.

THOMPSON John et RANDALL Stephen, *Canada and the United States : Ambivalent Allies*, Canada : McGill-Queen's University Press, 1994.

THOMSON D.C. et SWANSON R.F., *Canadian foreign policy : options and perspectives*, Canada : McGraw-Hill, 1971.

TORRES Blanca, « México en la segunda guerra mundial », *Historia de la Revolución Mexicana 1940-1952*, 1979, 19, 330 p.

TUCKER Gilbert, *The Canadian commercial revolution 1845-1851*, New Haven, Connecticut, University Press, 1936.

TWOMEY Michael, *Las corporaciones multinacionales y el Tratado de Libre Comercio de America del Norte*, Mexique : Fondo de Cultura Economica, 1993.

UNITED STATES INTERNATIONAL TRADE COMMISSION, *Conditions of competition between U.S. and mexican limited in the United States market*, Washington : United States International Trade Commission, 1989.

————, *Review of trade and investment liberalization measure by Mexico and prospects for future United States-Mexican relations. Phase I : Recent trade and investment reforms undertaken by Mexico and implications for the United States*, Washington : United States International Trade Commission, 1990.

————, *Review of trade and investment liberalization measures by Mexico and prospects for future United States-Mexico relations. Phase II : Summary of views on prospects for future United States-Mexico relations*, Washington : United States International Trade Commission, 1990.

VAILLANT Manuel, *Estudio de las relaciones comerciales ALADI-Canadá*, Santiago : ALADI, 1998.

VÁZQUEZ Josefina et LORENZO Meyer, *Mexico frente a Estados Unidos : un ensayo histórico 1776-1980*, Mexique : El Colegio de Mexico, 1982.

VEGA CÁNOVAS Gustavo, « El ingreso al GATT y sus implicaciones para el futuro de México », *Comercio Exterior*, 1987, 37 : 7.

VILLAREAL René, *Industrialización, deuda y desequilibrio externo en México : Un enfoque neoestrcuturalista (1929-1997),* Mexique : Fondo de Cultura Económica, 1997.

WAITE Peter, « Entre tres océanos : los desafíos de un destino continetal. 1840-1900 », *In* : *La historia ilustrada de Canadá*/ed. par Craig Brown, Mexique: Fondo de Cultura Económica, 1994. p. 305-409.

WALLERSTEIN Immanuel, *El mercantilismo y la consolidación de la economía-mundo europea, 1600-1750,* Madrid : Siglo XXI, 1984.

————, *La segunda era de gran expansión de la economía-mundo capitalista, 1730-1850*, Mexique : Siglo XXI, 1998a.
————, *El capitalismo histórico*, Mexique : Siglo XXI, 1998b.
WATKINS Mel, « A Staple Theory of Economic Growth » *Canadian Journal of Economics and Political Science*, 1963, 29 : 2.
————, *Foreign Ownership and the Structure of Canadian Industry Report*, Canada, 1968.
WEINTRAUB Sidney, *¿Libre comercio entre México y EUA? Las relaciones futuras entre ambos países*, Mexique : Edamex, 1987.
————, *México frente al acuerdo de libre comercio Canadá-Estados Unidos*, Mexique : Diana Editor, 1989.
————, *NAFTA at three. A progress report*, Washington : The Center for Strategic & International Studies, 1997, 105.
WILLEM John, *The U.S. trade dollar*, New York, 1959.
WILLIAMS Douglas, *Canadian adjustment policy : beyond the canadian industrial renewal board,* Ottawa : North-South Institute, 1987.
WILLIAMS Glen, *Not for export : toward a political economy of Canada's arrested industrialization*, Canada : MacClelland & Stewart, 1983.
WINHAM Gilbert, *Trading with Canada. The Canada-U.S. Free Trade Agreement*, New York : Priority Press Publications, 1988.
WINHAM Gilbert et BLACK David, *Trading with Canada. The Canada-U.S. free trade agreement,* New York : Priority Press Publications, 1988.
WINN Peter, *El imperio informal británico en el Uruguay en el siglo XIX*, Montevideo : ediciones de la Banda Oriental, 1975.
WOLFE David, « Canadian Economic Policy. 1945-1957 », *Journal of Canadian Studies*, 1978, 13.
WOLMAN Paul, *Most favored nation. The republican revisionist and U.S. tariff policy, 1897-1912*, Chapel Hill et Londres : University of North Carolina Press, 1992.
ZEA Prado, Irene, *Gestión diplomática de Anthony Butler en México. 1829-1836,* Mexique : Secretaría de Relaciones Exteriores, 1982.

LISTE DES ACRONYMES

ABAN	Acte britannique d'Amérique du Nord
ACDI	Agence canadienne de Développement international
AEIE	Agence d'Examen de l'Investissement étranger
AELE	Association européenne de libre-échange
AFEM	Association pour l'Impulsion des Exportations mexicaines
AFL-CIO	American Federation of Labor-Congress of Industrial Organization
AHREM	Archives historiques du ministère des Relations extérieures du Mexique
AIE	Agence Internationale de l'Énergie
ALADI	Association latino-américaine d'Intégration
ALALC	Association latino-américaine de libre-échange
ALCCEU	Accord de libre-échange Canada et les États-Unis
ALENA	Accord de libre-échange nord-américain
ALPRO	Alliance pour le Progrès
AMI	Accord multilatéral sur l'Investissement
ANIERM	Association Nationale des Importateurs et Exportateurs de la République mexicaine
ANZERT	Accord entre la Nouvelle-Zélande et l'Australie
APIE	Accords de Promotion et de Protection de l'Investissement Étranger
APEC	Coopération économique Asie Pacifique
AREM	Archive du ministère des Relations extérieures du Mexique
ATJO	Canadian Alliance for Trade and Jobs Opportunities
BANAMEX	Banque Nationale du Mexique
BANCOMEXT	Banque Nationale du Commerce extérieur
BID	Banque Interaméricaine de Développement
BIRD	Banque Internationale pour la Reconstruction et le Développement
BM	Banque Mondiale
BCNI	Business Council on National Issues
CANACINTRA	Confédération des Chambres industrielles des États Unis mexicains
CARICOM	Marché Commun des Caraïbes
CCE	Conseil Coordinateur des Entreprises
CEDI	Certificats de Dévolution d'Impôts
CEE	Communauté économique européenne
CEESP	Centre d'Études économiques du Secteur privé
CEMAI	Conseil d'hommes d'Affaires mexicains pour les Affaires internationales
CEMEX	Ciments mexicains
CEPAL	Commission économique pour l'Amérique latine
CEPROFI	Certificats de Promotion fiscale
CIRDI	Centre International des Différends relatifs aux Investissements
CLC	Canadian Labour Congress
CMA	Canadian Manufacturer's Association
CNE	Collège National des Économistes
CNUCDI	Commission des Nations unies pour le Droit Commercial international

CNUCED	Conférence des Nations unies sur le Commerce et le Développement
COC	Council of Canadians
CONCAMIN	Confédération de chambres industrielles du Mexique
CONCANACO	Confédération des Chambres nationales de Commerce
COPARMEX	Confédération patronale de la République mexicaine
CSN	Confédération de Syndicats nationaux
CTM	Confédération de Travailleurs mexicains
DAE	Département des Affaires étrangères
FAT	Front authentique du Travail
FLQ	Front de Libération du Québec
FMI	Fonds Monétaire International
FOMEX	Fonds de Promotion des Produits manufacturés
FONATUR	Fonds National pour la Promotion du Tourisme
G7	Groupe des Sept Nations les Plus industrialisées
GATT	Accord général sur les Tarifs douaniers et le Commerce
GEPLACEA	Groupe Lié à la Commercialisation de Sucre
IDEA	Institut pour la Démocratie et la supervision des Élections
IED	Investissement étranger direct
IFE	Institut Fédéral Électoral mexicain
IMCE	Institut mexicain de Commerce extérieur
IMECAFE	Institut mexicain du Café
ISI	Industrialisation par Substitution d'Importations
ITC	Commission du Commerce international
LRECC	Loi de Récupération économique du Bassin des Caraïbes
MAECI	ministère des Affaires étrangères et du Commerce international
MCCA	Marché Commun centraméricain
MERCOSUR	Marché Commun du Cône Sud
MIT	Massachusetts Institute of Tecnology
MOUTI	Memorandum of Understanding on Trade and Investment
MSD	Mécanisme de Résolution des Différends
NDP	Parti Néo-démocrate du Canada
NMF	Nation la Plus Favorisée
OCDE	Organisation de Coopération et de Développement économiques
OEA	Organisation des États américains
OIC	Organisation Internationale du Commerce
OIT	Organisation internationale du Travail
OMC	Organisation mondiale du Commerce
ONG	Organisation non gouvernementale
ONU	Organisation des Nations unies
OPEP	Organisation des Pays producteurs de Pétrole
ORD	Organe de Réglementation des Différents
OTAN	Organisation du Traité de l'Atlantique Nord
PA	Pacte andin
PAN	Parti d'Action nationale
PARC	Archives publiques du ministère des Relations internationales et du Commerce du Canada
PCN	Pro Canada Network
PEC	Politique extérieure du Canada
PEMEX	Pétrole mexicain

PEN	Programme énergétique national
PIB	Produit intérieur brut
PIE	Accords sur la Protection des Investissements étrangers
PNUD	Programme des Nations unies pour le Développement
PRI	Parti révolutionnaire institutionnel
RMALC	Réseau mexicain d'Action contre le libre-échange
SCJN	Cour Suprême de Justice de la Nation
SECOFI	Secrétaire Commerce et Promotion industrielle
SEE	Société pour l'Expansion des Exportations
SELA	Système économique latino-américain
SGP	Système général de Préférences
SHCP	ministère des Finances du Mexique
TICA	Trade and Investment Cooperation Arrangements
TNO	Bureau des Négociations internationales
TPA	Autorité pour la Promotion commerciale
UE	Union européenne
UNESCO	Organisations des Nations unies pour l'Éducation, la Science et la Culture
USITC	Commission internationale du Commerce
USTR	Bureau du Représentant du Commerce
ZLEA	Zone de libre-échange des Amériques

LISTE DES TABLEAUX

TABLE DES MATIÈRES

L'Amérique du Nord
à L'Harmattan

Dernières parutions

CE QU'EN DISAIT LE SUD
La loi sur les droits civiques de 1964 : perspectives et arguments des opposants au projet
Agbessi Eric
Cet ouvrage présente une analyse du discours des opposants à la législation reconnaissant aux Afro-Américains de disposer des mêmes droits que leurs concitoyens blancs, et l'évolution du contenu raciste de leur propos au fil des débats, usant de tous les stratagèmes discursifs pour maintenir au coeur du projet politique l'idée qu'ils se font de la société américaine.
(Coll. Historiques, série Travaux, 22.00 euros, 220 p.)
ISBN : 978-2-343-04287-9, ISBN EBOOK : 978-2-336-35795-9

RENCONTRES INSOLITES AUX USA
Girod André - Dessins par André Girod
Trop de touristes s'agglutinent en troupeaux devant un panorama à couper le souffle. Les yeux admirent, le cerveau enregistre, la mémoire s'encombre. Mais les lèvres restent serrées, faute de pouvoir communiquer avec l'étranger. C'est dommage ! Ce recueil est fait de personnages que le hasard a mis sur la route de l'auteur, en voyage aux États-Unis : il espère que ces rencontres donneront envie aux lecteurs, pour un petit quart d'heure ou plus, de tendre la main à ceux qu'ils croiseront.
(19.50 euros, 198 p.)
ISBN : 978-2-343-04406-4, ISBN EBOOK : 978-2-336-35839-0

AMERICAN GOTHIC
Une mosaïque de personnalités américaines
Girod André
Il est des tableaux immédiatement reconnus par le grand public comme la «Joconde». Mais un peintre, inconnu au moment de sa mort, a pourtant laissé une oeuvre qui deviendra un icône, faisant sourire ou grincer des dents : «American Gothic» de Grant Wood. Ce livre décrit des pièces du puzzle qui, sans être les plus célèbres, ont transformé un peu la culture et l'influence américaines à travers le monde, pour le meilleur ou pour le pire...
(17.00 euros, 168 p.)
ISBN : 978-2-343-04037-0, ISBN EBOOK : 978-2-336-35838-3

CUISINE DES PREMIERS MIGRANTS DU QUÉBEC
Enquête sur la disparition du patrimoine culinaire du Poitou-Charentes
Demester Vincent - Préfaces de Michel Suire et de Pauline Arsenault
La population en provenance du Poitou-Charentes représentait le quart des migrants du Nouveau Monde au Canada. Or, elle n'a laissé aucune trace ou presque de ses pratiques culinaires quatre siècles plus tard. Partant de ce constat, l'auteur mène une enquête en Poitou-Charentes et au Québec pour comprendre les freins de cette diffusion. Faible transmission des savoir-faire, parution tardive d'ouvrages de cuisine en langue française, produits alimentaires différents... Les hypothèses sont nombreuses et décortiquées ici par l'auteur, enseignant cuisinier.
(Coll. Questions alimentaires et gastronomiques, 20.00 euros, 206 p.)
ISBN : 978-2-343-03735-6, ISBN EBOOK : 978-2-336-35931-1

PEUPLES, GUERRES ET RELIGIONS DANS L'AMÉRIQUE DU NORD COLONIALE
Moreau Anne-Claire
Les missionnaires français des XVIIe et XVIIIe siècles en Amérique ont laissé de nombreux écrits permettant d'appréhender le phénomène du «contact» entre les civilisations européennes et amérindiennes. Les jésuites publièrent maints récits de leurs voyages. L'exemple de Sébastien Racle qui passa plus de trente ans en Acadie chez les Abenakis est étudié dans cet ouvrage. L'auteur met en lumière les interactions réciproques du «Vieux Continent» et du «Nouveau Monde» dont les missionnaires furent les vecteurs précoces et majeurs.
(Coll. Religions et Spiritualité, 21.00 euros, 220 p.)
ISBN : 978-2-343-03710-3, ISBN EBOOK : 978-2-336-35370-8

ÉCONOMIE MORALE DES QUARTIERS POPULAIRES DE SAO PAULO
Cabanes Robert
L'insurrection urbaine de toutes les villes du Brésil en juin 2013 n'était ni prévisible, ni programmée par quiconque. Même si chaque ville a une histoire particulière, les réponses que chacune trouve à ses problèmes ne portent pas que la trace de cette singularité mais prennent aussi un sens politique. Au delà de tous les impacts des «politiques de la ville», surgit et se développe une économie morale des quartiers populaires qui s'affiche comme ressource, valeur ou civilisation.
(Coll. Recherches et documents Amériques latines, 13.50 euros, 130 p.)
ISBN : 978-2-343-04062-2, ISBN EBOOK : 978-2-336-35324-1

VIGNOBLE (LE) ARGENTIN DE MENDOZA ET L'INFLUENCE FRANÇAISE
XIXe-XXe siècle
Blanchy Guyonne - Préface de Christophe Bouneau
Dans les années 1880, à la suite de facteurs conjoncturels et dans un contexte de libre-échange, une immigration française spécialisée venue du Bordelais s'installe dans la province de Mendoza en Argentine. Située au pied de la cordillère des Andes, Mendoza opte pour le développement de son industrie viticole. Croisant histoire économique, sociale, culturelle et politique, l'auteure analyse le transfert de connaissances techniques et le développement de ce vignoble innovant mais contrasté, qui émerge aujourd»hui sur la scène internationale.
(Coll. Recherches Amériques latines, 19.00 euros, 193 p.)
ISBN : 978-2-336-30129-7, ISBN EBOOK : 978-2-336-35238-1

RITES DE CONTRÔLE ET PRATIQUES DE NÉGOCIATION DANS L'EMPIRE ESPAGNOL
Dialogues distants entre Quito et Madrid (1650-1750)
Herzog Tamar - Traduit de l'espagnol par Aude Argouse
Comment imaginer l'État moderne dans sa version coloniale ? Comment comprendre les structures et le fonctionnement d'une administration qui s'étendait des deux côtés de l'Atlantique et dont les officiers n'étaient pas (encore) des fonctionnaires publics ? Où l'échange d'informations était continu mais toujours défaillant ? Les relations qui lient la ville de Quito, en Amérique, avec Madrid, entre 1650 et 1750, sont la trame qui permet de poser ces questions et d'évoquer un passé fortement distinct du présent.
(Coll. Recherches Amériques latines, 24.00 euros, 228 p.)
ISBN : 978-2-343-04007-3, ISBN EBOOK : 978-2-336-35186-5

ÉLECTIONS (LES) PRÉSIDENTIELLES AUX ÉTATS-UNIS
Esaü Jean-Baptiste - Préface de Jésula Prophète
Cet ouvrage retrace quelques points importants de l'histoire des présidents américains et du processus des primaires républicaines à l'élection générale de novembre 2012. De manière chronologique, il essaie de faire comprendre aux gens ce processus complexe du suffrage indirect tant pour les primaires que pour l'élection générale. Il montre aussi l'intérêt et la curiosité qu'ont suscités ces élections américaines pour des millions de gens, aux États-Unis comme dans le monde entier.
(Coll. Pour Comprendre, 22.00 euros, 218 p.)
ISBN : 978-2-343-03458-4, ISBN EBOOK : 978-2-336-35162-9

VERS LE DÉCLIN DE L'INFLUENCE AMÉRICAINE AU MOYEN-ORIENT ?
Nayouf Mamduh
L'interventionnisme musclé de l'administration Bush a coûté cher à l'économie américaine et à l'image des États-Unis dans le monde. Au Moyen-Orient, le président Obama cherche à réparer les erreurs de cette politique : il lui faut renouer le dialogue, rétablir la confiance et protéger les intérêts des États-Unis. La tâche ne sera pas facile, vu la longue histoire du soutien américain à des régimes non démocratiques dans le monde arabe et sa politique de deux poids deux mesures suivie dans le conflit arabo-israélien.
(Coll. Comprendre le Moyen-Orient, 25.00 euros, 252 p.)
ISBN : 978-2-343-02777-7, ISBN EBOOK : 978-2-336-35314-2

ESPACE ET HISTOIRE DE L'UNIVERSITÉ AMÉRICAINE
De Bologne à Harvard
Lazar Mehdi
L'État du Massachusetts représente un concentré de l'enseignement supérieur américain - L'Université de Harvard illustre bien toute la dynamique universitaire américaine. L'établissement privé le plus ancien, le plus performant et le plus riche du pays est l'institution qui fait historiquement le lien entre l'Europe et les autres établissements américains. Cet établissement rayonne dans le monde, non en s'exportant, mais en attirant les meilleurs étudiants sur son campus et en maîtrisant sa géographie immédiate.
(Coll. Diplomatie et stratégie, 22.00 euros, 208 p.)
ISBN : 978-2-343-00064-0, ISBN EBOOK : 978-2-296-53915-0

ÉTATS-UNIS (LES) FACE AU FRANQUISME
1936-1956, la croisée des chemins
Barrère Sébastien
La Seconde Guerre mondiale prend fin sans qu'aucune menace ne soit proférée à l'encontre de l'Espagne, dernier pays fasciste en Europe. Vingt années séparent le début du coup d'État franquiste de l'entrée du dictateur hispanique à l'ONU. Hitler, Mussolini, Churchill, Truman puis Eisenhower ont tous fait le choix de Franco à la tête de l'Espagne. Ce livre souligne le poids de ce pays durant le conflit et montre en quoi sa position entre Hitler et le futur libérateur américain fut l'atout majeur de Franco.
(Coll. Inter-National, 23.00 euros, 224 p.)
ISBN : 978-2-336-29900-6, ISBN EBOOK : 978-2-296-53906-8

MYTHES ET LÉGENDES DES INDIENS NAVAJOS
Feltes-Strigler Marie-Claude
La mythologie navajo est peuplée de créatures animales ou humaines qui changent de nature au gré des circonstances, où le naturel et le surnaturel n'ont pas de limites bien définies. Leurs aventures expliquent comment le monde dans lequel nous vivions a été créé et pourquoi il est tel qu'il est. Ces histoires sont transmises oralement, donc varient au fil du temps et selon les narrateurs.
(18.00 euros, 192 p.)
ISBN : 978-2-343-00942-1, ISBN EBOOK : 978-2-296-53735-4

ROBERT KRAMER
Itinéraire d'un filmmaker
Lallement Anne-Marie
Voici un portrait de Robert Kramer, cinéaste qui resta toute sa vie un franc-tireur inclassable. Né en 1939 à New York, il compte parmi les metteurs en scène les plus originaux du cinéma indépendant américain et français. Auteur de plus de trente films, il fonde sa société Alpha 60 et coproduit avec Blue Van ses premiers films : *In the Country* en 1966 et *The Edge* en 1967. Il réalise ensuite, parmi les plus connus, *Ice* en 1969, *Milestones* en 1975 et *Route one USA* en 1989...
(20.00 euros)
ISBN : 978-2-336-29438-4

REDÉCOUVERTES DES AMÉRIQUES
Entre conflits, rencontres et recherche d'identité
Sous la direction d'Annie Blondel-Loisel et Éliane Talbot
Cet ouvrage est le fruit d'une rencontre entre historiens et linguistes autour du thème de la découverte du continent américain par les Européens, qui fut à l'origine de rencontres, de confrontations, de rejets, mais également d'assimilation et de syncrétisme. Il s'intéresse aussi aux questionnements identitaires des descendants des premières nations primitivement établies sur ces territoires ainsi que de ceux qui s'y sont enracinés ou ont tenté de le faire par la suite.
(25.00 euros, 244 p.)
ISBN : 978-2-296-99763-9, ISBN EBOOK : 978-2-296-51432-4

HÉRITAGE (L') DE THÉODORE ROOSEVELT : IMPÉRIALISME ET PROGRESSISME (1912-2012)
Sous la direction de Claire Delahaye et Serge Ricard
Un siècle après la campagne présidentielle de 1912, l'influence de Théodore Roosevelt sur la politique américaine contemporaine est plus que jamais d'actualité. Ce livre offre une sélection d'articles envisageant l'héritage de Roosevelt dans la politique américaine depuis 1912. Ces essais s'intéressent plus particulièrement aux questions clés que sont le progressisme et l'impérialisme dans l'héritage idéologique, diplomatique et stratégique rooseveltien.
(Coll. L'Aire anglophone, 24.00 euros, 244 p.)
ISBN : 978-2-336-00491-4, ISBN EBOOK : 978-2-296-50917-7

FIN DE L'ÂGE D'OR DU DOLLAR
Baba-Ahmed Mustapha
Alors que les accords de Brettons Woods de 1944, son oeuvre, a fait de l'équilibre courant la règle, l'Amérique se délie 25 ans plus tard, révoquant la convertibilité du dollar puis la stabilité des changes. Sa politique monétaire a été plus une manifestation de puissance que l'application de la théorie monétariste au service de la création des richesses. Les «19 glorieuses» d'A. Greenspan lui auront été fatales : déclin industriel, déséquilibre extérieur abyssal et finances publiques en perdition.
(20.00 euros, 202 p.)
ISBN : 978-2-296-96581-2, ISBN EBOOK : 978-2-296-50324-3

QUI EST L'ENNEMI DES NÉOCONSERVATEURS AMÉRICAINS ?
Étude de la neo-orientalist masculinity (1996-2006)
Villard Emma - Préface de Pierre Grosser
Comment les différends transatlantiques sont-ils interprétés en termes de rapports variés à la virilité ? Comment l'antiaméricanisme est-il pensé aux États-Unis mêmes ? Pour répondre, ce livre décrypte la vision néoconservatrice du monde. Quelle place le genre et l'orientalisme prennent-ils dans la formulation du discours néoconservateur ? La masculinité néo-orientaliste ne relève pas uniquement du discours identitaire ; elle est un appel à l'action guerrière et à la domination hégémonique.
(Coll. Inter-National, 20.00 euros, 202 p.)
ISBN : 978-2-296-99279-5, ISBN EBOOK : 978-2-296-50258-1

DENTISTES (LES) AMÉRICAINS DANS LA GUERRE DE SÉCESSION (1861-1865) (2e édition)
Riaud Xavier - Préambule de Françoise Tilotta
Préface de Hubert Ouvrard ; postface de Gordon Dammann
Quelle place et quel rôle pour les dentistes américains pendant la guerre de Sécession ? À travers des photos, des documents d'archives américains et des témoignages d'époque, cette deuxième édition développe le livre d'origine. De nouveaux aspects du conflit sont abordés : le scorbut au sein des deux armées, un hommage aux premiers dentistes noirs américains, la vérité sur l'identification médico-légale de John Wilkes Booth, etc.
(Coll. Médecine à travers les siècles, 22.00 euros, 222 p.)
ISBN : 978-2-296-99630-4, ISBN EBOOK : 978-2-296-50308-3

L'HARMATTAN ITALIA
Via Degli Artisti 15; 10124 Torino

L'HARMATTAN HONGRIE
Könyvesbolt ; Kossuth L. u. 14-16
1053 Budapest

L'HARMATTAN KINSHASA
185, avenue Nyangwe
Commune de Lingwala
Kinshasa, R.D. Congo
(00243) 998697603 ou (00243) 999229662

L'HARMATTAN CONGO
67, av. E. P. Lumumba
Bât. – Congo Pharmacie (Bib. Nat.)
BP2874 Brazzaville
harmattan.congo@yahoo.fr

L'HARMATTAN GUINÉE
Almamya Rue KA 028, en face
du restaurant Le Cèdre
OKB agency BP 3470 Conakry
(00224) 657 20 85 08 / 664 28 91 96
harmattanguinee@yahoo.fr

L'HARMATTAN MALI
Rue 73, Porte 536, Niamakoro,
Cité Unicef, Bamako
Tél. 00 (223) 20205724 / +(223) 76378082
poudiougopaul@yahoo.fr
pp.harmattan@gmail.com

L'HARMATTAN CAMEROUN
BP 11486
Face à la SNI, immeuble Don Bosco
Yaoundé
(00237) 99 76 61 66
harmattancam@yahoo.fr

L'HARMATTAN CÔTE D'IVOIRE
Résidence Karl / cité des arts
Abidjan-Cocody 03 BP 1588 Abidjan 03
(00225) 05 77 87 31
etien_nda@yahoo.fr

L'HARMATTAN BURKINA
Penou Achille Some
Ouagadougou
(+226) 70 26 88 27

L'HARMATTAN SÉNÉGAL
10 VDN en face Mermoz, après le pont de Fann
BP 45034 Dakar Fann
33 825 98 58 / 33 860 9858
senharmattan@gmail.com / senlibraire@gmail.com
www.harmattansenegal.com

L'HARMATTAN BÉNIN
ISOR-BENIN
01 BP 359 COTONOU-RP
Quartier Gbèdjromèdé,
Rue Agbélenco, Lot 1247 I
Tél : 00 229 21 32 53 79
christian_dablaka123@yahoo.fr

Achevé d'imprimer par Corlet Numérique - 14110 Condé-sur-Noireau
N° d'Imprimeur : 115445 - Dépôt légal : janvier 2015 - *Imprimé en France*

www.ingramcontent.com/pod-product-compliance
Lightning Source LLC
LaVergne TN
LVHW021145061026
849535LV00002B/364
* 9 7 8 2 3 4 3 0 5 5 1 6 9 *